O MAGO *das* MENTIRAS

DIANA B. HENRIQUES

O MAGO *das* MENTIRAS

Tradução de
ALESSANDRA BONRRUQUER

1ª edição

2017

CIP-BRASIL. CATALOGAÇÃO NA PUBLICAÇÃO
SINDICATO NACIONAL DOS EDITORES DE LIVROS, RJ

Henriques, Diana B.

H449m   O mago das mentiras: Bernard Madoff e a história da maior fraude financeira de todos os tempos / Diana B. Henriques; tradução de Alessandra Bonrruquer. – 1ª ed. – Rio de Janeiro: Record, 2017.

Tradução de: The wizard of lies
Inclui índice
ISBN: 978-85-01-10924-8

1. Reportagem – jornalismo investigativo. 2. Economia – mercado financeiro. I. Bonrruquer, Alessandra. II. Título.

CDD: 070.43
CDU: 070.4

17-41264

Copyright © Diana B. Henriques, 2011, 2012
Publicado através de acordo com Henry Holt Company, LLC, New York.

Título original em inglês: The wizard of lies: Bernie Madoff and the death of trust

Todos os direitos reservados. Proibida a reprodução, armazenamento ou transmissão de partes deste livro, através de quaisquer meios, sem prévia autorização por escrito.

Texto revisado segundo o novo Acordo Ortográfico da Língua Portuguesa.

Direitos exclusivos de publicação em língua portuguesa para o Brasil adquiridos pela
EDITORA RECORD LTDA.
Rua Argentina, 171 – 20921-380 – Rio de Janeiro, RJ – Tel.: (21) 2585-2000, que se reserva a propriedade literária desta tradução.

Impresso no Brasil

ISBN 978-85-01-10924-8

Seja um leitor preferencial Record.
Cadastre-se em www.record.com.br e receba informações sobre nossos lançamentos e nossas promoções.

Atendimento e venda direta ao leitor:
mdireto@record.com.br ou (21) 2585-2002.

CÓPIA NÃO AUTORIZADA É CRIME
ABDR
ASSOCIAÇÃO BRASILEIRA DE DIREITOS REPROGRÁFICOS
RESPEITE O DIREITO AUTORAL
EDITORA AFILIADA

SUMÁRIO

	Elenco	**9**
	Prólogo	**15**
1.	Um terremoto em Wall Street	**25**
2.	Tornando-se Bernie	**53**
3.	Fome de lucro	**75**
4.	Os quatro grandes	**93**
5.	A torneira de dinheiro	**109**
6.	Aquilo em que queriam acreditar	**135**
7.	Sinais de alerta	**163**
8.	Uma experiência de quase morte	**191**
9.	O mundo de Madoff	**215**
10.	O ano de viver perigosamente	**241**
11.	Acordando na ruína	**275**
12.	Calculando o prejuízo	**301**
13.	Vencedores líquidos e perdedores líquidos	**327**

14.	Os pecados do pai	347
15.	As rodas da justiça	373
16.	Esperança, perdida e encontrada	397
17.	A longa estrada adiante	419
	Epílogo	439
	Agradecimentos	459
	Notas	463
	Índice	539

Para meus colegas no *New York Times*,
ontem, hoje e amanhã,
e para Larry, sempre

ELENCO

A FAMÍLIA MADOFF

Bernie Madoff, fundador da Bernard L. Madoff Investment Securities
Ruth Madoff (nascida Alpern), esposa de Bernie Madoff
Mark Madoff, filho mais velho do casal, nascido em 1964
Andrew Madoff, filho mais novo do casal, nascido em 1966

Peter Madoff, irmão mais novo de Bernie Madoff
Shana Madoff, filha de Peter Madoff
Roger Madoff, filho de Peter Madoff

Ralph Madoff, pai de Bernie Madoff
Sylvia Madoff (nascida Muntner), mãe de Bernie Madoff

NA BERNARD L. MADOFF INVESTMENT SECURITIES

Eleanor Squillari, secretária de Bernie Madoff
Irwin Lipkin, primeiro funcionário de Madoff
Daniel Bonventre, diretor de operações
Frank DiPascali, administrador do 7º andar
Annette Bongiorno e JoAnn "Jodi" Crupi, colegas de Frank DiPascali
Jerome O'Hara, programador

George Perez, colega de escritório de Jerome O'Hara
David Kugel, corretor de arbitragens

OS CONTADORES

Saul Alpern, pai de Ruth Madoff
Frank Avellino, colega e sucessor de Alpern
Michael Bienes, sócio de Avellino
Jerome Horowitz, sócio inicial de Alpern e contador de Madoff
David Friehling, genro e sucessor de Horowitz
Paul Konigsberg, contador de Manhattan
Richard Glantz, advogado e filho de um sócio inicial de Alpern

INVESTIDORES INDIVIDUAIS E "FACILITADORES"

Martin J. Joel Jr., corretor de ações em Nova York
Norman F. Levy, magnata do mercado imobiliário em Nova York
Carl Shapiro, filantropo de Palm Beach
Robert Jaffe, genro de Carl Shapiro
Jeffry Picower, reservado investidor de Nova York
William D. Zabel, advogado de longa data de Jeffry Picower
Mendel "Mike" Engler, corretor de ações de Minneapolis
Howard Squadron, proeminente advogado de Manhattan
Fred Wilpon, dono do time de beisebol New York Mets

MAIORES FUNDOS FEEDERS NOS ESTADOS UNIDOS

Stanley Chais, investidor de Beverly Hills
Jeffrey Tucker, cofundador do Grupo Fairfield Greenwich
Walter Noel Jr., sócio-fundador do Grupo Fairfield Greenwich
Mark McKeefry, conselheiro-geral do Grupo Fairfield Greenwich

ELENCO

Amit Vijayvergiya, diretor de riscos do Grupo Fairfield Greenwich
J. Ezra Merkin, proeminente investidor de Wall Street
Victor Teicher, antigo consultor de J. Ezra Merkin
Sandra Manzke, especialista em fundos de pensão
Robert I. Schulman, ex-sócio de Sandra Manzke

INVESTIDORES E PROMOTORES INTERNACIONAIS

Jacques Amsellem, investidor francês
Albert Igoin, reservado consultor financeiro em Paris
Patrick Littaye, gerente de um fundo hedge francês
René-Thierry Magon de la Villehuchet, sócio de Patrick Littaye
Sonja Kohn, proeminente banqueira austríaca e fundadora do Banco Medici
Carlo Grosso, gestor do fundo Kingate, baseado em Londres
Rodrigo Echenique Gordillo, diretor do Banco Santander em Madri

COHMAD SECURITIES

Maurice J. "Sonny" Cohn, sócio de Bernie Madoff na empresa
Marcia Beth Cohn, filha de Maurice

DENUNCIANTES

Michael Ocrant, autor do *newsletter* de um fundo hedge de elite
Erin Arvedlund, escritora freelance da revista *Barron's*
Harry Markopolos, analista quantitativo em Boston

SECURITIES AND EXCHANGE COMMISSION (SEC)

Christopher Cox, presidente entre agosto de 2005 e janeiro de 2009
Mary Schapiro, sucessora de Christopher Cox na presidência

12 O MAGO DAS MENTIRAS

H. David Kotz, inspetor-geral independente
Grant Ward, agente regional em Boston
Ed Manion, colega de Grant Ward
Lori Richards, agente sênior em Washington
Eric Swanson, advogado em Washington
Andrew Calamari, agente regional sênior em Nova York
Meaghan Cheung, advogada no escritório de Nova York
Simona Suh, colega de Meaghan Cheung
William David Ostrow, auditor do escritório de Nova York
Peter Lamore, colega de William David Ostrow
Lee S. Richards III, advogado de Nova York, indicado como administra-
dor judicial da empresa de Madoff

ADVOGADOS DA FAMÍLIA

Ira Lee "Ike" Sorkin, advogado de defesa de Madoff
Daniel J. Horwitz, Nicole De Bello e Mauro Wolfe, equipe de defesa de Madoff
Peter Chavkin, advogado de Ruth Madoff
Martin Flumenbaum, advogado de Mark e Andrew Madoff

FEDERAL BUREAU OF INVESTIGATION (FBI)

Ted Cacioppi, agente especial
B. J. Kang, colega de Ted Cacioppi

PROMOTORES FEDERAIS EM MANHATTAN

Preet Bharara, procurador do distrito sul de Nova York
William F. Johnson, chefe da Força-Tarefa contra Fraudes no Mercado de
Valores Mobiliários
Marc Litt, chefe da equipe de acusação no caso Madoff
Lisa Baroni, colega de Marc Litt

SECURITIES INVESTOR PROTECTION CORPORATION (SIPC)

Irving H. Picard, fiduciário do caso de falência Madoff
David J. Sheehan, principal consultor legal de Irving H. Picard na Baker & Hostetler

JUÍZES FEDERAIS EM MANHATTAN

Douglas Eaton, Gabriel W. Gorenstein e Ronald Ellis, magistrados
Louis L. Stanton, juiz distrital
Burton R. Lifland, juiz do tribunal de falências
Denny Chin, juiz distrital
Richard J. Sullivan, juiz distrital

ADVOGADOS DAS VÍTIMAS

Helen Davis Chaitman, advogada de Nova Jersey
Lawrence R. Velvel, reitor de uma faculdade de Direito em Massachusetts

PRÓLOGO

TERÇA-FEIRA, 24 DE AGOSTO DE 2010

Vislumbrado através das portas duplas de vidro ao fim do longo corredor da prisão, é difícil reconhecê-lo como o impassível homem de rosto aquilino que apareceu incessantemente na TV menos de dois anos antes. Ele aparenta ser menor, diminuído — apenas um homem idoso de óculos, falando respeitosamente com um oficial da prisão e parecendo ligeiramente ansioso enquanto espera que as portas trancadas à sua frente sejam abertas.

Escoltado por um assistente do diretor, ele passa do sol do pátio cercado da prisão para a sombria sala de visitantes, recoberta com painéis baratos de madeira. A sala caberia facilmente em um canto de sua antiga cobertura em Manhattan. A mobília consiste inteiramente em móveis de plástico desbotado — cadeiras vermelhas sem braços em torno de mesas marrons — e está iluminada apenas pela luz que entra por uma grande janela e por uma fileira de máquinas de venda automática.

Na maioria de suas visitas ocasionais, essa sala estivera repleta de prisioneiros e suas famílias. Mas, quando entra escoltado nesta manhã de terça-feira, a sala está vazia, com exceção de seu advogado, de um guarda e da visitante que finalmente concordou em receber. Como exigido pelas regras, ele se senta de frente para a mesa do guarda, onde o assistente do diretor se acomoda para esperar. Ele desdobra uma única folha de papel: parecem ser algumas notas manuscritas e perguntas para seu advogado. Ele deposita a folha na mesa à sua frente.

Os vincos da camisa de mangas curtas e da calça marrom são impecáveis, a despeito da umidade da manhã de verão. Seu cabelo está mais curto, mas combina com o rosto mais magro. Os sapatos pretos de couro brilham. Com exceção de um pequeno ponto descascado na fivela de latão do cinto, está tão cuidadosamente arrumado quanto sempre. Mesmo que já não lembre muito o homem mais pesado e mais bem-vestido visto com tanta frequência nos noticiários após a prisão, ainda apresenta um quieto magnetismo que atrai o olhar.

Durante mais de duas horas, ele responde a perguntas, às vezes com olhar direto, às vezes mirando o pátio vazio do outro lado da janela. Fala de modo suave e intenso, com ocasionais demonstrações de espirituosidade. Perde a compostura apenas uma vez, ao falar da esposa. O tempo todo, parece infalivelmente honesto, sincero e confiável.

Mas ele sempre parece — mesmo quando está mentindo. É seu talento, e sua maldição. Foi o que lhe permitiu organizar o maior esquema Ponzi da história. E será o que lhe permitirá distorcer os fatos e obscurecer a verdade sobre seu crime enquanto viver, se escolher fazer isso.

Bernard L. Madoff — registro prisional número 61727054 — é atualmente o prisioneiro mais famoso do Complexo Correcional Federal nos subúrbios de Butner, Carolina do Norte.

A saída Butner–Creedmore na Interestadual 85 não anuncia que a prisão está localizada aqui. Não há sinalização clara no pequeno povoado, apenas algumas setas pintadas de preto e branco nas interseções, antiquadas e fáceis de ignorar. A prisão não está no mapa da lista telefônica e os visitantes são obrigados a pedir indicações ao porteiro do motel.

A tortuosa rota desde a interestadual envolve estradas secundárias com nomes urbanos como 33th Street e E Street, mas é circundada principalmente por árvores recobertas de trepadeiras e campos cheios de mato. O complexo prisional surge subitamente em meio à floresta de pinheiros à direita. Consiste primariamente em quatro grandes blocos em uma clareira iluminada, no centro das florestas e campos circundantes.

PRÓLOGO

À direita, ligeiramente afastada na direção do limite leste da propriedade, há uma prisão de segurança mínima, da cor de arquivos de papel pardo e distintivamente livre de muros ou cercas. Quase escondido atrás de um espesso trecho de árvores, à esquerda, há um grande e moderno hospital prisional, cuja entrada separada fica mais acima da rua de duas pistas que serpenteia pelo complexo. E, quase invisível, no alto de uma pequena colina arborizada, existe uma prisão de segurança média, com vários andares de pedras cinzentas e irregulares.

Madoff fica em uma quarta instalação nos campos de Butner, outra prisão de segurança média à esquerda da entrada principal, ao fim de uma pequena rua ladeada por jambeiros-brancos em flor. O baixo edifício de pedras cinzentas foi construído como um gigantesco jogo de dominó. Com exceção da entrada, está completamente envolvido por cercas duplas de arame, mais altas que o edifício. As cercas estão ladeadas por voltas e voltas de brilhante arame farpado. Há uma torre de guarda em cada canto do grande pátio de exercícios, que não tem praticamente nenhuma árvore, e os guardas percorrem as ruas estreitas que recortam o complexo, constantemente alertas a prisioneiros soltos ou visitantes curiosos demais.

A entrada de cimento da unidade é um labirinto de equipamentos de segurança, armários para as posses dos visitantes, telefones públicos e escritórios. Um conjunto de portas trancadas leva a uma espécie de contenção dupla: as portas traseiras de cada seção se fecham antes de as portas dianteiras se abrirem. O último par de portas dá para um grande corredor branco que leva à sala de visitantes. O corredor é imaculadamente limpo e incongruentemente decorado com cartazes de Ansel Adams em preto e branco, exibindo grandes céus e vastos espaços abertos.

Uma sensação de isolamento impenetrável surge assim que o último par de portas é fechado. Os celulares estão fora de alcance, deixados nos armários da entrada. Nenhuma mensagem escrita pode ser entregue aos prisioneiros, constantemente vigiados durante as visitas. Sem permissão, nem mesmo um bloco pode ser levado para a sala de visitantes, e gravadores não são permitidos. Como ratos de laboratório ou formigas em uma colônia de vidro, os prisioneiros estão sob constante escrutínio, de uma maneira que poucos norte-

-americanos conseguem imaginar. Telefonemas — somente a cobrar — são racionados e monitorados. Cartas são abertas e lidas. Toda interação humana é policiada, regulada, constrita, limitada, restrita — incluindo a nossa.

Todas as visitas da mídia exigem convite do prisioneiro e aprovação do diretor. Após quase um mês de burocracia, a luz verde da direção chegou com apenas uma semana de antecedência. O tempo é limitado e esse limite é polidamente mantido. (Uma segunda visita será autorizada em fevereiro de 2011. Durante esse intervalo, Madoff me entregará um bilhete prometendo enviar pelo correio respostas a quaisquer perguntas adicionais. Ele mantém a promessa, enviando várias cartas durante os meses seguintes e algumas curtas mensagens por meio do restrito e severamente monitorado sistema de e-mail dos prisioneiros.)

Até hoje, seu único visitante, com exceção dos advogados, foi a esposa. Até agora, ele não respondeu a nenhuma pergunta independente sobre seu crime, com exceção das vezes em que esteve no tribunal, perante um juiz.

Durante esse silêncio e contínuo mistério, seu tempo na prisão foi assunto em diversas revistas especulativas e especiais de TV — na verdade, o último deles irá ao ar esta semana. Um ex-prisioneiro afirmará que os guardas estão "deslumbrados"[1] com o infame prisioneiro de Wall Street, embora não haja sinal disso hoje. O programa também retratará Butner como "prisão suave", uma gentil detenção de colarinho branco se comparada às prisões estaduais mais duras, que abrigam assassinos e outros criminosos violentos. As vítimas de Madoff podem achar que ele não merece nada mais confortável que uma jaula vietcongue; se for o caso, ficarão desapontadas com as celas parecidas com quartos e partilhadas por apenas dois prisioneiros, os equipamentos de exercício e as salas de TV.

Mas Madoff está inquestionavelmente em uma prisão de segurança média. Não é uma selva de aço de brutal e quase incontida violência e depravação, mas também não se parece com um confortável "clube federal", com campos de golfe, quadras de tênis e visitas casuais dos amigos e da família. Esses prisioneiros não ultrapassam as cercas de arame farpado para fumar. Com sua sentença de 150 anos, Madoff viverá e morrerá na prisão.

PRÓLOGO 19

Não é sábio confiar nas informações que vazam desse mundo contido. Além do relato de um tabloide de que estava morrendo de câncer no pâncreas, houve outros, em veículos mais críveis, de que fora espancado durante uma discussão com outro prisioneiro.[2] Uma notícia afirmou que dissera, a um visitante, "estar cagando e andando" para os filhos.[3] A revista *New York* relatou que, após ser provocado por um prisioneiro, dissera: "Que se fodam as vítimas."[4] E o *New York Post* afirmou que contara a prisioneiros não identificados que escondera bilhões de dólares durante o curso de seu longo crime.[5]

Qual é a verdade? A prisão nega firmemente que Madoff, agora com 72 anos, tenha câncer no pâncreas ou qualquer outra doença fatal — ele concorda e não mostra sinais de estar doente. A prisão e Madoff também negam que já tenha sido atacado ou se envolvido em brigas; os pequenos ferimentos que causaram o rumor foram sofridos quando caiu, estando tonto em virtude da medicação contra hipertensão. E ele nega ter dito algo desdenhoso sobre os filhos e as vítimas ou alegado ter uma fortuna escondida em algum lugar. Alguém, nesse autocontido mundo de mentiras, está dizendo a verdade. Pode muito bem ser ele.

*

O nome de Bernie Madoff é reconhecido e vilificado em todo o mundo, o resumo taquigráfico de uma era egoísta e vergonhosa. Ele foi deplorado na Suíça e discutido em programas de rádio na Austrália; causou sussurros na China e temores no golfo Pérsico. Seu rosto esteve em todos os jornais do país, foi estapeado nas capas de revistas, em meia dúzia de línguas, e caricaturado em charges políticas por toda parte.

Mesmo em uma era de hipérboles, a história é inacreditável: um esquema Ponzi de bilhões de dólares que durou décadas estendeu-se por todo o globo e atraiu algumas das mais ricas, sábias e respeitadas pessoas do mundo. Milhares de pessoas comuns também foram pegas na rede de Madoff — e completamente arruinadas.

Em seguida à derrocada econômica de 2008, com desonestidade e tramoia sendo expostas em todo o mundo financeiro, nenhum vilão colocou um rosto humano no colapso como Madoff, talvez porque seu crime envolvesse muito mais que apenas a crise financeira. Era um drama imemorial em si mesmo, uma peça moral tão antiga quanto a cobiça humana e tão comovente quanto a confiança humana.

O escândalo Madoff ressoou profundamente naquela parte de nossa imaginação que responde às lendas populares e concede a elas tanto poder emocional. A matéria-prima de tais lendas é a transformação instantânea. Em um piscar de olhos, o sapo feioso se torna príncipe encantador. Com um beijo, a princesa adormecida é despertada, ainda bela após um século. Com um movimento da varinha mágica, uma abóbora e meia dúzia de ratos se tornam uma carruagem dourada e seis cavalos cinzentos.

A mudança instantânea foi a experiência central da queda de Madoff. Subitamente, ricos ficaram pobres, admirados foram desprezados, sábios se viram expostos como tolos e ponderados foram consumidos pela raiva. O belo príncipe se tornou um sapo horroroso. Esse único homem, Bernie Madoff, fez com que todas as economias de dezenas de milhares de pessoas excessivamente confiantes em todo o mundo desaparecessem em um instante. Milhares de vezes, pessoas foram destruídas por esse único e sombrio momento. Apenas um piscar de olhos e tudo estava acabado: o dinheiro, o status, a confiança no futuro, as viagens de primeira classe, a aposentadoria segura, o dinheiro para a faculdade, o sono pacífico, os projetos de caridade. Em um único momento de suas vidas ocupadas, enquanto dormiam, cortavam o cabelo, voltavam para casa após uma reunião ou esperavam na fila do cinema, suas fortunas simplesmente desapareceram.

E lá estava Bernie Madoff, o mago perverso que acenara com a mão e, em um terrível instante, levara tudo embora.

*

Durante décadas, Bernie Madoff viveu no centro de uma crescente rede de mentiras.

Em seu longo silêncio após a prisão, partes dessa rede se misturaram inextricavelmente a informações errôneas e fofocas maliciosas. Nas páginas

PRÓLOGO

que se seguem, muitos desses nós serão desfeitos, com a ajuda de novas informações e análises sobre seu relacionamento com a família e os principais investidores, e o envolvimento deles com seus crimes.

Ainda mais significativo, os capítulos que se seguem explorarão partes de sua meada original de mentiras que nunca vieram a público. Elas podem ser detalhadas aqui, pela primeira vez, porque Bernie Madoff concordou em me receber e falar sobre elas, nas primeiras entrevistas registradas que concedeu desde sua surpreendente prisão.

Ele evitou minhas numerosas solicitações iniciais com lisonjas e promessas. "Segui sua notável carreira durante muitos anos", disse ele em uma carta da prisão enviada em setembro de 2009. "Certamente considerarei sua solicitação no momento apropriado, que apenas será possível quando o litígio e os inquéritos estiverem concluídos. Tenha a certeza de estar no topo de minha lista. Sei que continuará a ser a jornalista profissional que sempre foi e compreenderá minha posição."

Quando finalmente se sentou comigo pela primeira vez, a conversa durou mais de duas horas e foi de sua história familiar aos pontos fracos de Wall Street. Sua opinião sobre os efeitos colaterais de seu crime era chocante — outro fio em sua intrincada rede de ilusões. Ele sabia que algumas de suas vítimas iniciais haviam conseguido retirar do esquema Ponzi mais do que haviam originalmente investido; o restante não o fez, mas ele sabia que dividiriam quaisquer valores que seu maciço caso de falência produzisse. Olhando para esses dois fatos, previu — para além de toda lógica — que "as pessoas que investiram comigo se sairão melhor do que se tivessem investido no mercado" durante o colapso de 2008.

Também revelou detalhes do início de sua vida e de sua carreira que estiveram nas sombras até então. A partir desses detalhes, fica claro que o hábito de iludir começou mais cedo do que até ele se dá conta. Já em 1962, como ele próprio admitiu, Bernie Madoff encobriu as grandes perdas que infligiu a clientes ao investir de maneira inadequada suas economias em recém-lançadas ações de alto risco. Os lucros falsamente inflados melhoraram sua reputação e lhe trouxeram mais negócios. No fim da década de

1980, ele usava estratégias obscuras para ajudar seus maiores clientes a evitar o imposto de renda e os controles sobre moedas estrangeiras, avançando ainda mais na direção das fronteiras cinzentas da fraude. Após a quebra de 1987, foi atingido pelas retiradas de investidores de longa data, nomes familiares cujos laços com ele podem ser vistos sob uma nova luz. Disse-me que começou a cobrir essas retiradas inoportunas com o dinheiro dos novos fundos hedge — e seu esquema Ponzi, a clássica fraude de "despir um santo para cobrir outro", teve nascimento.

Em 1992, estava indubitavelmente falsificando carteiras inteiras de ações, opções e bônus. No fim, seus clientes fraudados incluíam gigantescos investidores institucionais de todo o mundo — do Banco Santander na Espanha ao governo de Abu Dhabi, dos fundos hedge nas ilhas Cayman aos bancos privados na Suíça — e a escala de seu roubo não tem precedentes. No dia de sua prisão, ele deveria estar administrando cerca de US$ 64,8 *bilhões* de terceiros. Se realmente possuísse esse dinheiro, seria o maior gestor de investimentos do mundo — 50% maior que o gigante bancário JPMorgan Chase, duas vezes maior que o Goldman Sachs e mais de três vezes maior que os fundos organizados pelo lendário investidor global George Soros.[6]

Mas muito pouco desse dinheiro existia realmente. Ele estava falsificando tudo, dos extratos dos clientes aos relatórios regulamentares, em uma escala que minimiza qualquer outro esquema Ponzi da história.

"Em 1998, percebi que jamais sairia dessa", disse ele durante uma entrevista na prisão.[7] "Foi quando reconheci o fato de que, em algum momento, o machado cairia sobre mim."

Quando se tornou claro que jamais sairia do buraco que cavara, por que não fugiu com os milhões remanescentes e buscou refúgio fora do alcance da Justiça norte-americana? "Havia muitas coisas que eu poderia ter tentado durante os anos [para fugir], mas não tentei", disse ele em agosto. "Jamais pensei em fugir e esconder o dinheiro [...] Jamais passou por minha cabeça fazer isso."

Então permaneceu, cultivando a confiança e a reputação que sustentavam a fraude em expansão — vivendo uma vida que, em suas palavras, tornara-se "uma máscara" de honestidade e respeitabilidade, como ele chamou.

PRÓLOGO 23

É claro que sempre haverá mistérios sobre Madoff. Nos meses e anos à frente, investigadores governamentais ainda podem descobrir evidências que expandirão ou lançarão dúvidas sobre o que hoje parece plausível. E intenso ceticismo deve ser sempre empregado ao avaliar as memórias e descrições de Madoff em relação a seus crimes — ele diz a verdade com a mesma elegância que emprega ao mentir, e a fronteira entre verdade e mentira pode mudar em um instante. Com essa advertência, este livro mapeará a obscura rota seguida por ele em sua longa jornada até a destruição e clarificará o que ainda permanece para além das fronteiras desse mapa.

A construção do maior esquema Ponzi da história foi possível graças à Wall Street que Madoff ajudou a construir. Ele desempenhou papel proeminente na modelagem do mercado moderno, das operações informatizadas da NASDAQ, e da mística dos fundos hedge à proliferação dos tortuosos derivativos. Vislumbrou tendências, viu oportunidades, ajudou a escrever o livro de regras e incitou as fraquezas com as quais todos convivemos, mesmo hoje. E foi uma criatura do mundo que ajudou a criar um mundo ávido pelo lucro sem riscos, impaciente com as regulamentações, arrogantemente seguro do sucesso, lamentavelmente iludido sobre o que poderia dar errado e egoisticamente indiferente aos danos causados.

Que sua vida estivesse entremeada tão intimamente à história de Wall Street certamente o ajudou a sustentar seu crime durante tanto tempo. Para entender o escândalo Madoff, precisamos entender a forma fluida do mercado que ele ajudou a construir para o restante de nós, um mercado que se tornou cada vez mais crucial para nossa segurança financeira pessoal, ao mesmo tempo que ficava exponencialmente mais difícil de compreender. Madoff era reconfortantemente fluente na nova linguagem do mercado que todos nós desejávamos aprender ou fingíamos já saber. Ele parecia calidamente confortável em um lugar novo e estranho que fazia com que nos sentíssemos frios e ansiosos.

Se foi um mago perverso, seu poder foi vastamente ampliado pelo fato de todos nós nos mudarmos para o castelo com ele.

1

UM TERREMOTO
EM WALL STREET

SEGUNDA-FEIRA, 8 DE DEZEMBRO DE 2008

Ele está pronto para parar e deixar a vasta fraude desmoronar em torno de si.[1]

A despeito da postura confiante e da aparente impermeabilidade à crescente agitação do mercado, seus investidores o estão abandonando. Os executivos do setor bancário espanhol que o visitaram no Dia de Ação de Graças ainda querem retirar seu dinheiro. Assim como os italianos que gerenciam os fundos Kingate em Londres, os gestores do fundo em Gibraltar, o fundo holandês nas ilhas Cayman e mesmo Sonja Kohn, em Viena, um de seus maiores financiadores. São mais de US$ 1,5 bilhão em retiradas, de apenas um punhado de feeders. E então há a constante hemorragia no Grupo Fairfield Greenwich — US$ 980 milhões durante novembro e outros US$ 580 milhões previstos para dezembro.

Se ele assinar um cheque para os resgates de dezembro, o cheque será devolvido.

Não há como emprestar dinheiro para cobrir as retiradas. Os bancos não estão emprestando para ninguém, e certamente não para um atacadista de nível médio como ele. A corretora ainda pode parecer impressionante para seus confiantes investidores, mas, para os nervosos banqueiros e acossados reguladores, a Bernard L. Madoff Investment Securities definitivamente não é "grande demais para quebrar".

Na semana passada, ele telefonou para um advogado de defesa, Ike Sorkin. Provavelmente não há muito que mesmo um advogado formidável como Sorkin possa fazer a essa altura, mas ele precisará de um representante legal. Marcou uma reunião para as 11h30 de sexta-feira, 12 de dezembro. Ainda não está certo de por onde começar e quando fazer o quê, mas a reunião na sexta-feira deve lhe dar tempo suficiente para resolver as coisas.

Em seu escritório no 19º andar nessa fria e tempestuosa segunda-feira, Bernie Madoff começa a agir. Em torno dele, o cenário é incongruentemente sereno: móveis de laca preta contra tapetes prateados e paredes cinzentas, com uma graciosa escadaria no centro. Sua empresa ocupa o 18º e o 19º andares do Edifício Lipstick, uma torre distintivamente oval na Third Avenue com a East 53rd Street. Em torno das curvas janelas de cada piso, pranchas de vidro descem do teto para formar iluminados escritórios e salas de reuniões. Escondido atrás de portas trancadas no 17º andar, há um insípido conjunto de escritórios abarrotados que Madoff também aluga, conectados ao restante da empresa apenas pelos elevadores principais e pelas saídas de incêndio do edifício. É lá embaixo, longe de seu escritório iluminado, que, invisível e inexoravelmente, a fraude está desmoronando.

Um pouco antes do almoço, ele fala ao telefone com Jeffrey Tucker, no Fairfield Greenwich. Eles se conhecem há quase vinte anos.

A controlada frustração de Madoff soa ameaçadora na linha telefônica. Que diabos é isso, US$ 1,2 bilhão em retiradas em pouco mais de um mês? Os executivos do Fairfield Greenwich não vêm prometendo, desde junho, que "defenderiam" contra esses resgates? Eles estão retirando dinheiro até mesmo de seus próprios fundos! Grande defesa.

Ele ameaça: o Fairfield Greenwich tem de substituir os resgates que já se acumulam para 31 de dezembro ou ele encerrará suas contas.[2] Matará a galinha que fornece todos aqueles ovos de ouro para Tucker, sua esposa, seus jovens sócios e a família de seu cofundador, Walter Noel Jr.

UM TERREMOTO EM WALL STREET

— Meus corretores estão cansados de lidar com esses fundos hedge — blefa ele.[3] Várias instituições poderiam substituir o dinheiro e se oferecem para fazer isso há anos. Mas ele "permaneceu leal" ao Fairfield Greenwich.

Calmo como um litigante derrotado, Tucker assegura a Madoff estar trabalhando com Noel em um novo fundo, o Greenwich Emerald, que será um pouco mais arriscado, mas produzirá retornos melhores. Ele venderá facilmente, quando os mercados se acalmarem.

Madoff desdenha da ideia de que Tucker e Noel possam conseguir os US$ 500 milhões de suas previsões — ainda que os sócios já estejam investindo milhões de seu próprio dinheiro.[4] É melhor que foquem em manter o dinheiro que estão perdendo, diz Madoff, ou ele vai tirá-los do negócio.

Um trêmulo Jeffrey Tucker escreve um e-mail para os sócios alguns minutos depois. "Acabei de falar com Bernie, que está muito aborrecido", diz ele, repetindo as ameaças.[5] "Acho que está sendo sincero."

Não está. O fundo Fairfield Sentry será encerrado antes de 31 de dezembro, mas não porque Tucker e os sócios não "defenderam" contra os saques, e sim porque contiveram o ceticismo durante vinte anos, determinados a acreditar que sua cesta de ovos de ouro estava segura com Madoff.

Em algum momento do dia, os funcionários do 17º andar que trabalham para Frank DiPascali, braço direito de Madoff, providenciarão a documentação para que Stanley Chais, um dos financiadores de Madoff desde os anos 1970, possa retirar US$ 35 milhões de uma de suas contas.[6] Chais tem sido leal a Madoff por muito mais tempo que os caras do Fairfield Greenwich.

Por volta das 16 horas, amigos e clientes começam a chegar para uma reunião do conselho da Gift of Life Bone Marrow Foundation, que ajuda a encontrar doadores de medula óssea para adultos com leucemia. Bernie e Ruth, sua esposa, apoiam o grupo porque seu sobrinho Roger sucumbiu à doença e seu filho Andrew sofre de um mal relacionado, uma forma de linfoma. Sozinhos e aos pares, os membros do conselho sobem a escada oval na recepção do 18º andar, onde fica o staff administrativo da empresa.

No alto da escada, viram à direita e caminham até a grande sala de reuniões de paredes envidraçadas que fica entre o escritório de Madoff e o de seu irmão Peter. Ruth Madoff se junta a eles. Eleanor Squillari, secretária de Bernie, arrumou água, bebidas e canapés no aparador perto de uma das portas.

Jay Feinberg, diretor executivo da fundação e ele mesmo sobrevivente de leucemia, senta-se em uma das pontas da longa mesa de pedra com alguns dos membros de sua equipe e seu idoso pai, que é membro do conselho.[7] Bernie está na outra ponta, com Ruth à sua direita. Há pessoas aqui que participaram de cada década de sua vida — Ed Blumenfeld, colega e sócio de seu novo jato; Fred Wilpon, um dos proprietários do time de beisebol New York Mets e seu parceiro desde que eram garotos que cresciam juntos em Roslyn, Long Island; e Maurice "Sonny" Cohn, seu sócio na Cohmad Securities desde meados dos anos 1980, um amigo que partilhou muitas piadas ao longo dos anos e agora partilha seu espaço de trabalho.

Ezra Merkin, financiador e promotor de tantas instituições de caridade judaicas, chega e se ajeita na cadeira quadrada de couro negro ao lado de Ruth. O elegante corretor de ações Bob Jaffe, genro do investidor de Palm Beach Carl Shapiro e parceiro na Cohmad, senta-se por perto. Alguns outros membros do conselho ou voluntários se organizam em torno da mesa. Há um pequeno problema com o telefone, mas, finalmente, eles conseguem se conectar a Norman Braman, o genial ex-proprietário do time de futebol Philadelphia Eagles, que, presume-se, está na Flórida.[8]

Nesse momento, a maioria dos presentes é composta de amigos, admiradores e clientes de Madoff. Em alguns dias, assim como milhares de outros, serão suas vítimas. Suas fortunas serão abaladas e suas reputações questionadas. Suas vidas se tornarão um pesadelo de advogados, litígios, deposições, alegações de falência e batalhas nos tribunais. Eles lamentarão profundamente ter confiado no genial homem grisalho sentado à cabeceira da mesa.

Com Ruth tomando notas, Madoff se volta para a agenda: esforços para levantar fundos e planos para o grande jantar anual da primavera. É necessário um comitê de arrecadação.

— Quem assumirá? — pergunta Madoff. Fred Wilpon se oferece. O restante da discussão é rotina, exceto que alguns membros se lembram de

UM TERREMOTO EM WALL STREET

Feinberg distribuindo cópias da política de conflito de interesses da fundação e recolhendo as cópias assinadas de cada membro para os arquivos.[9]

Às 18 horas, a reunião está terminada. Madoff escolta a esposa e os amigos através da saída particular do 19º andar. Eles saem para a noite de inverno.

TERÇA-FEIRA, 9 DE DEZEMBRO DE 2008

As coisas estão começando a sair do controle. Madoff planejou se reunir com o filho de seu amigo J. Ira Harris, um dos sábios leões de Wall Street e agora genial filantropo em Palm Beach, mas a visita é cancelada.[10]

Em vez disso, Madoff se senta com o filho mais velho, Mark, e explica que, a despeito do recente colapso do mercado, teve um ano muito bom em sua consultoria privada de investimentos. Obteve lucro de vários milhões de dólares e deseja distribuir bônus para alguns funcionários, um pouco mais cedo que o habitual. Não em fevereiro, mas agora, esta semana. Ele diz a Mark para organizar a lista dos funcionários da corretora que devem receber os cheques.[11]

Preocupado, Mark consulta o irmão Andrew.[12] Os dois viram o pai ficar cada vez mais tenso com o avanço da crise de mercado. Somente um probleminha de liquidez no fundo hedge, dissera ele no mês anterior. Mas claramente está mais que apenas preocupado; eles nunca o viram assim. E agora quer liquidar milhões em bônus antecipados — não faz nenhum sentido. Não deveriam estar segurando o dinheiro, com as coisas difíceis como estão? Ele deveria esperar para ver como ficará a situação em dois meses, quando chegar a época dos bônus. Mas Bernie Madoff é um autocrata: ele está no comando e não tolera oposição. Mesmo assim, os irmãos decidem conversar com o pai na quarta-feira e expor suas inquietações.

Depois que os mercados fecham e a empresa começa a esvaziar, Madoff caminha pela área oval onde ficam as secretárias e entra no escritório de Peter.[13] Peter envelheceu e se isolou nos dois anos desde que o filho morreu. Ainda carrega a foto de Roger na carteira, tirada depois que a leucemia já deixara suas marcas no rosto outrora bonito. Durante décadas antes da perda, Peter fora o braço direito de Bernie, seu confidente, o guru tecnológico da empresa, o "irmão mais novo".

Se Peter ainda não sabia sobre o crime do irmão — seu advogado insiste que não —, ficará sabendo agora. Bernie inspira profundamente e pergunta se o irmão tem um minuto.[14] Peter assente e Bernie fecha a porta.

— Preciso falar sobre algo que está acontecendo — diz ele.[15]

As pessoas com frequência falam sobre momentos "transformadores". Alguns deles de fato são. Seu pedido de casamento é aceito. Você ouve "Está contratado" ou "Está demitido" e seu futuro muda instantaneamente. O médico diz "maligno" e tudo fica diferente. Mas qualquer um que tenha passado por isso pode dizer que é profundamente chocante descobrir, em um instante, que tudo que você pensava saber sobre um ser amado é mentira. O mundo estremece nos eixos; quando finalmente se aquieta novamente, você está em um lugar estranho que lembra aquele em que estava antes, mas é totalmente diferente.

Assim, se esse foi o momento em que Peter Madoff descobriu sobre o crime do irmão, parece improvável que tenha imediatamente contemplado a ruína de sua carreira e da fortuna da família ou se preocupado com a série de ações civis e investigações criminais que ocorreriam nos anos seguintes. Esses pensamentos certamente viriam depois. Mas, se a notícia chegou até ele de forma inesperada, é muito mais provável que sua mente apenas tenha parado e tentado rebobinar toda a sua vida em um segundo, para voltar a algo real e verdadeiro.

Peter é advogado e diretor de conformidade da empresa — sempre foram casuais sobre títulos, mas agora eles importam. Ele ouve enquanto Bernie explica que distribuirá bônus e enviará cheques de resgate para os mais próximos, a fim de realizar quaisquer reparações possíveis antes de se entregar. Ele precisa somente de mais alguns dias. Já tem uma reunião marcada com Ike Sorkin na sexta-feira.

Talvez ainda esperando que o mundo pare de balançar, Peter diz:

— Você precisa contar a seus filhos.[16]

UM TERREMOTO EM WALL STREET

Mark e Andrew já haviam conversado com o tio Peter sobre sua preocupação com o pai, que ficara cada vez mais inquieto nas últimas semanas. Eles insistiam em perguntar: "Está tudo bem com papai?" Peter sabe que estão assustados. Novamente, diz a Bernie:

— Você precisa contar a eles.

Ele vai, ele vai. Mas ainda não decidiu quando.[17]

QUARTA-FEIRA, 10 DE DEZEMBRO DE 2008

Em algum momento da manhã, Eleanor Squillari vê Ruth Madoff fazer uma rápida visita ao escritório. Seguindo instruções de Bernie, ela retira US$ 10 milhões da conta de investimentos na Cohmad e os transfere para sua conta bancária no Wachovia, a fim de poder emitir cheques se ele precisar de dinheiro. Não seria surpresa se ela pensasse que o marido precisava do dinheiro para cobrir os saques do fundo hedge — talvez se lembrasse dos problemas no Bear Stearns em fevereiro e temesse que Bernie estivesse enfrentando a mesma situação. O estresse do mercado era aparente para todos.

Madoff esteve em sua mesa desde às 9 horas, trabalhando em silêncio no que parece um monte de números. Na verdade, provavelmente está assinando 36 dos cem cheques que DiPascali preparou na última semana — em um total de US$ 173 milhões para amigos, funcionários e familiares, encerrando suas contas.

Peter Madoff o procura logo cedo, insistindo para que partilhe a terrível notícia com os filhos. Bernie concorda que precisa fazer isso, mas ainda não sabe quando. Hoje à noite é a festa de fim de ano do escritório. Talvez não seja o momento certo. Uma vez que conte a eles, precisarão de tempo para se habituar. Talvez o fim de semana seja melhor.

Ele telefona para Ike Sorkin e pede para reagendar a reunião para as 10 horas de segunda-feira, 15 de dezembro. Sorkin concorda e muda a data.

Mas o cronograma foge a seu controle.

No meio da manhã, Mark e Andrew Madoff passam pela mesa de Squillari e entram no escritório do pai. De acordo com ela, Peter Madoff também entra e se senta no sofá ao lado da mesa. Com pernas e braços cruzados, Peter parece abatido — "como se o ar tivesse sido esvaziado dele", lembra ela. Mark e Andrew se sentam em frente à mesa, com as costas para a porta.

Os filhos de Madoff não estão acostumados a desafiar as decisões do pai sobre a direção dos negócios. A corretora, afinal, pertence inteiramente a ele; ele retém todas as ações. Se quiser despedi-los hoje mesmo, pode fazê-lo. Mas precisam dizer alguma coisa. Mark aborda a questão dos bônus, dizendo que ele e Andrew concordam que o pagamento é prematuro e insensato.

Madoff inicialmente tenta tranquilizá-los.[18] É como ele disse: teve um bom ano, obteve lucro com a administração financeira e acha que é uma boa hora para distribuir o dinheiro.

Os filhos permanecem firmes e questionam a explicação.[19] Não seria mais prudente manter o dinheiro no caso de precisarem reabastecer o capital da empresa? Enquanto persistem, o pai fica visivelmente irritado. Ele se ergue da cadeira e olha para a área oval atrás de si. Seu escritório é um aquário. Como pode um homem com tanto a esconder terminar sem um único lugar em seu próprio escritório para falar com os filhos em particular?

Ele diz aos filhos que já não é capaz de "manter as coisas funcionando".[20] Precisa conversar com eles a sós e pede que o acompanhem até seu apartamento na East 64th Street. Então telefona para Ruth a fim de avisar que estão chegando.

As memórias da partida estão misturadas sem muita lógica, fragmentadas pelos eventos que se seguiram. Eleanor Squillari se lembra de perguntar a Bernie aonde iam e de receber a resposta de que estavam saindo.[21] Mark murmura algo sobre compras de Natal. Um dos filhos pega o casaco de Madoff no closet e o ajuda a vesti-lo. Ele levanta a gola, como se estivesse se preparando para uma tempestade. Squillari acha que eram 9h30 quando telefonou para o 17º andar e pediu que um dos motoristas apanhasse o carro. Mas o motorista mais tarde afirmou que levara quase 90 minutos para chegar com o sedã.[22] Parece improvável que pai e filhos tenham esperado

UM TERREMOTO EM WALL STREET

com seus casacos por 1h30 quando podiam chamar um táxi ou caminhar até o apartamento em menos de 20 minutos. É um detalhe do qual ninguém se lembra.

Finalmente, embarcam no grande sedã preto, com Mark na frente e Andrew e o pai atrás.[23] Eles escolhem um assunto seguro para discutir na frente do motorista: os netos de Bernie. Chegam ao apartamento e chamam o elevador para a cobertura.

Ruth os recebe e eles vão para o estúdio que Madoff tanto adora, um escuro refúgio de tapeçarias e macio couro cor de vinho, com antigas pinturas náuticas nas paredes recobertas de painéis de madeira e prateleiras abarrotadas de livros cercando as janelas.[24]

Madoff desmorona ao falar com a esposa e os filhos; quando começa a chorar, eles o imitam. Ele conta que toda a consultoria de investimentos era uma fraude, uma imensa mentira, "basicamente, um gigantesco esquema Ponzi".[25] Ele está acabado. Não tem "absolutamente nada". A empresa — o negócio da família, onde os filhos trabalharam a vida inteira, e onde esperavam passar o restante de suas carreiras — está insolvente, arruinada. Ele diz que as perdas com a fraude podem chegar a US$ 50 bilhões. Nenhum deles consegue realmente apreender tal valor, mas sabem que milhões foram confiados a ele por sua família, gerações de parentes de Ruth, seus funcionários e a maioria de seus amigos mais próximos.

Madoff assegura que já contou a Peter sobre a fraude e pretende se entregar em uma semana. E diz que, na verdade, ainda tem vários milhões; essa parte é verdadeira. Antes de se entregar, planeja pagar certos funcionários leais, membros da família e amigos.[26]

A essa altura, Ruth e os filhos estão em estado de choque. Ela pergunta ao seu marido, que chora: "O que é um esquema Ponzi?"[27] Mark está cego de fúria. Andrew está prostrado. Em certo momento, deixa-se escorregar até o chão, às lágrimas. Em outro, passa os braços em torno do pai com uma ternura que fica marcada na memória de Madoff.[28] Quando seu mundo parar de balançar, ele dirá que o que o pai fez foi "uma traição paterna de proporções bíblicas".[29]

Os irmãos deixam o apartamento e dizem ao motorista para esperar pelo pai, inventando alguma desculpa sobre almoçarem juntos.[30]

Eles concordam que precisam avisar sobre a confissão chocante, mas nenhum deles sabe como fazer isso. Mark pensa em telefonar para o padrasto de sua esposa, Martin London, sócio aposentado do escritório de Nova York da Paul, Weiss, Rifkind, Wharton & Garrison. London os encaminha ao Beekman Tower Hotel, onde ele e a esposa estão vivendo temporariamente. London é um litigante formidável e um advogado honrado.[31] É ainda é uma das pessoas que confiou em Bernie Madoff. Seguindo o conselho de Mark, investiu com o gênio da família.

Os irmãos contam a ele o que o gênio da família acabou de revelar. London também fica chocado, mas seus instintos legais entram em ação. Ele imediatamente procura um colega mais jovem na Paul & Weiss chamado Martin Flumenbaum, um dos maiores astros dos tribunais de Manhattan.[32]

Flumenbaum, um homem baixo e rotundo com um rosto sorridente, está a várias horas de distância, em um tribunal federal em Hartford, Connecticut. Seguindo as regras do tribunal, entregara o telefone celular ao passar pela segurança naquela manhã. Ao recuperá-lo, vê as mensagens urgentes de Nova York.

Por volta das 13 horas, Flumenbaum telefona e é informado sobre a confissão surreal que Bernie Madoff fez aos filhos.[33] Ele diz a London que não conseguirá chegar ao Beekman antes das 15 horas, e Mark decide aguardar em seu loft no centro. Andrew retorna à corretora e espera, confuso e sozinho, em seu escritório de paredes de vidro.

A fachada art déco do Beekman está perdida no chuvoso crepúsculo de inverno quando o motorista de Mark estaciona em frente ao edifício. Mark se junta a Andrew na suíte de London. O motorista aguarda, mas, após 90 minutos, Mark telefona e lhe diz para ir em frente e comparecer à festa do escritório.[34]

Flumenbaum e um associado chegam em breve. Quando se sentam para conversar, Mark e Andrew repetem a chocante história, acrescentando alguns detalhes explicativos.[35] A consultoria financeira de Madoff

UM TERREMOTO EM WALL STREET

opera em um pequeno escritório em um andar separado. Sempre pareceu bem-sucedida — sabem que trabalha com grandes fundos hedge e já recusou ricos potenciais clientes —, mas o pai a manteve muito privada e praticamente trancada a sete chaves. Dezenas de membros da família permitiram que Bernie administrasse suas economias, fundos fiduciários e contas de aposentadoria. Mark e Andrew sabem que ele não usou a mesa de operações para comprar ou vender investimentos a seus clientes particulares — sempre dissera estar empregando suas "contrapartes europeias". Como tinha um escritório em Londres e passava certo tempo por lá, a afirmação fazia sentido.

Agora nada mais faz sentido. Seu pai, o homem que haviam admirado durante toda a vida, instantaneamente os levara da fortuna à ruína. Não é o gênio financeiro e o estadista de Wall Street que sempre acreditaram ser, mas um trapaceiro, um ladrão, um vigarista de dimensões quase inimagináveis. Como podem ter se enganado tanto a respeito do próprio pai?

Essas não são as preocupações imediatas de Marty Flumenbaum. Madoff deixou claro para os filhos que pretende manter o comportamento criminoso por mais uma semana, distribuindo o que os procuradores em breve chamarão de "ganhos ilícitos" para familiares, funcionários e amigos. O vasto crime ainda não acabou; é uma obra em andamento. Os irmãos não têm escolha, diz ele a seus novos clientes. Precisam relatar imediatamente a conversa — a confissão — às autoridades federais.

Flumenbaum conhece gente muito importante no gabinete do procurador em Manhattan e no escritório nova-iorquino da Securities and Exchange Commission [o equivalente norte-americano à Comissão de Valores Mobiliários]. Ele dá alguns telefonemas. Quando fala com seu contato na SEC, resume os eventos da tarde, as alegações de esquema Ponzi e a estimativa do próprio Bernie de que as perdas podem chegar a US$ 50 bilhões.

Há uma pausa do outro lado da linha, e então a tensa pergunta: *bilhões*, com *b*?[36]

Sim. *Bilhões*, com *b*.

As engrenagens investigativas começam a girar. O FBI reúne seu time de combate aos crimes financeiros. A SEC, não pela primeira vez, abre um arquivo chamado "Madoff, Bernard L.".

*

Não está precisamente claro como Madoff passou o restante do último dia em que seria capaz de ir a algum lugar sem ser reconhecido. Ele se lembra de retornar ao escritório, de Andrew estar lá e lhe dizer que ele e Mark haviam consultado um advogado.[37] Segundo Eleanor Squillari, ele não voltou ao escritório no 19º andar; ela se lembra de ter telefonado para seu celular várias vezes, mas sempre ser encaminhada para a caixa postal.

Lembranças contraditórias também distorcem o que aconteceu durante o restante desse dia bizarro. Para Bernie Madoff e a família, o dia já estava entalhado com ácido em suas mentes e corações — mas, para os motoristas e outros funcionários menores, era simplesmente o dia da festa de Natal do escritório. Para eles, sua devastadora importância só seria conhecida dali a 24 horas. Desse modo, inevitavelmente, algumas peças do quebra-cabeça simplesmente não encaixam.

Mesmo assim, Squillari tem certeza de que teria visto o chefe se ele tivesse retornado ao escritório. Há uma carta entregue em mãos esperando por ele, de Jeffrey Tucker, do Fairfield Greenwich. Nela, Tucker se desculpa por não manter Madoff informado sobre os resgates pendentes e promete fazê-lo no futuro. "Você é nosso parceiro comercial mais importante e um amigo imensamente respeitado [...] Nossa missão é permanecer nos negócios com você e manter sua confiança", diz a carta.[38]

Talvez Madoff apenas tenha ido diretamente do lobby para o 17º andar, onde Frank DiPascali e alguns funcionários trabalham nos cheques que planejava distribuir.

*

Após a longa reunião com Flumenbaum, Andrew Madoff retorna a seu moderno e arejado apartamento no Upper East Side. Sem tirar o casaco, permanece imóvel sobre a cama durante horas — talvez esperando que o mundo pare de balançar.[39]

Jamais ocorre a Mark ou Andrew comparecer à festa de Natal já em andamento no Rosa Mexicano, um alegre restaurante mexicano no qual a empresa também realizara a festa do ano anterior. O evento de hoje acontece no mundo em que costumavam viver. Não conseguem chegar até lá partindo do mundo em que vivem agora.

Não ocorre a Bernie e Ruth *não* comparecer. Eles estão no piloto automático, tentando apenas se manter funcionais.[40] Que explicação poderiam dar para não comparecer? Nenhum deles conseguiria ao menos telefonar para informar a ausência sem desmoronar. Talvez comparecer à festa fosse simplesmente o caminho de menor resistência, a única opção que manteria a realidade afastada por mais algumas horas, mais alguns dias.

Assim como as imagens do dia, as memórias da noite da festa colidem e conflitam, oscilam e se alteram.

Uma pessoa se lembra de que Madoff surpreendeu o staff oferecendo a festa uma semana antes do usual.[41] Mas ela é realizada na mesma semana, quase no mesmo dia, que a festa do ano anterior — e nem mesmo Bernie conseguiria alterar a reserva em um restaurante tão popular, durante as festas de fim de ano, em tão pouco tempo.

Alguns contam que jamais disse uma palavra durante a noite, sentando-se em silêncio com Ruth em um canto do bar e evitando a multidão. Outros dizem que tinha "uma expressão morta no rosto",[42] com "aquele olhar longínquo", e parecia chocado, muito tenso, "fora de si".[43] Mas Squillari se lembra dos Madoff se comportando normalmente, "como se não tivessem um único problema no mundo".[44] Dois outros convidados e amigos concordam, embora afirmem que Madoff talvez parecesse um pouco mais emotivo, abraçando e beijando membros da família e amigos com mais frequência que o normal. Ruth também conversou com alguns funcionários, cumprindo desconfortavelmente os familiares rituais festivos. Mas deve ter sido um grande esforço — após cerca de meia hora, ela estava pronta para partir. Madoff se lembra de eles permanecerem na festa "por algumas horas".[45]

Todo mundo se lembra de "um bufê de tacos, um bufê de guacamole, um bar e garçons passando com frozen margaritas de romã, duas das quais poderiam derrubar uma pessoa"[46] — e com apenas uma sendo suficiente para manter memórias claras e ordenadas sobre a efêmera noite longe do alcance de todos, para sempre.

Além das comidas e bebidas, há outra coisa sobre a qual todos concordam: Andrew e Mark Madoff eram esperados, mas não compareceram.

Quando ele e a esposa vão para casa, é óbvio que Bernie Madoff não espera que os eventos saiam do controle tão rapidamente como sairão. Os filhos tiveram muito tempo para entregá-lo durante a tarde e, mesmo assim, ninguém apareceu no escritório ou no apartamento para prendê--lo. Ninguém telefonou para exigir que comparecesse a um interrogatório. Ele se sente confiante de que terá vários dias para ajeitar as coisas, antes de se entregar.[47]

QUINTA-FEIRA, 11 DE DEZEMBRO DE 2008

Por volta das 7h30 dessa chuvosa manhã, o agente especial do FBI Ted Cacioppi e seu parceiro B. J. Kang dirigem até o edifício de Madoff, na esquina da East 64th com a Lexington. Cacioppi, um jovem de constituição poderosa e cabelo castanho bem curto, está acordado desde as 4 horas, discutindo a delicada natureza de sua tarefa com superiores, promotores federais e advogados da SEC.

Não há indiciação. Não há prova concreta de fraude — apenas as declarações dos dois filhos de Madoff. Uma prisão precipitada poderia atrapalhar a investigação. Mas, se o FBI demorar para realizar a prisão, ele pode fugir, talvez levando o restante do dinheiro consigo. Finalmente, decide-se que os agentes do FBI o visitarão e perguntarão polidamente se tem algo a dizer sobre a história dos filhos.

UM TERREMOTO EM WALL STREET

Deixando dois outros agentes no carro, Cacioppi e Kang exibem seus distintivos na portaria e entram no elevador para a cobertura, enquanto o surpreso porteiro interfona para avisar.

Madoff estava se vestindo para o trabalho no espaçoso closet no andar abaixo da entrada da cobertura dupla.[48] Alertado pelo porteiro, sobe as escadas e abre a porta, vestindo um leve roupão azul sobre o pijama. Os agentes entram no hall do apartamento, com suas lanternas de carruagem e imenso relógio-cuco. Ruth, assustada com a chamada do porteiro, rapidamente veste jeans e uma camiseta polo, e se une a eles no vestíbulo.

Madoff está surpreso, mas diz:

— Sei por que estão aqui.

— Estamos aqui para descobrir se existe uma explicação que o inocente — diz Cacioppi.

— Não há explicação que me inocente — responde Madoff.[49]

Cacioppi pergunta se há algum lugar em que possam conversar. Madoff os conduz até o estúdio, onde se reunira com a esposa e os filhos menos de 24 horas antes. Ele se senta em uma poltrona e convida os agentes a se sentarem no sofá de couro em frente a ela. O agente Kang silenciosamente toma notas enquanto Cacioppi faz perguntas e Madoff responde.

Falando sem emoção aparente, Madoff confirma o que disse ao irmão e aos filhos: esteve operando um esquema Ponzi, pagando lucros aos investidores com "dinheiro que não estava lá" — na verdade, dinheiro retirado de outros investidores.[50] Está quebrado, insolvente. Sabe que não pode continuar. Espera ir para a prisão.

Na ausência de indiciação formal, Cacioppi não tem certeza de que efetuará uma prisão. Ele entra no banheiro mais próximo e telefona para o escritório, explicando os fatos. É orientado a prender Madoff por "causa provável".

Madoff pede licença para se vestir, escolhendo um traje dispendioso: calça cinza, blazer azul-marinho de tecido macio e impecável camisa listrada de azul e branco, com o colarinho aberto. Foi informado pelos agentes sobre as restrições da prisão: nenhum cinto, cadarço, gravata ou joia.

Durante esse tempo — talvez enquanto Madoff está se vestindo, talvez antes —, Ruth telefona para o escritório e pergunta a Squillari se Mark ou Andrew já chegaram. Ainda não. Squillari ouve Ruth dizer a alguém, provavelmente Bernie: "Eles não estão lá."[51]

Quando Madoff termina de se vestir, os agentes se preparam para levá-lo para o centro. Ele pede que Ruth telefone para Ike Sorkin, veste uma capa de chuva de sarja cinza e é algemado. Ele e os dois agentes descem pelo elevador, caminham rapidamente pelo pequeno lobby escuro e saem para a manhã chuvosa. Madoff é colocado no banco de trás do carro. Kang se senta atrás do motorista e o carro parte.

Cacioppi se dirige para o Rockefeller Center, onde se encontrará com os filhos de Madoff no escritório de seu advogado, a fim de esboçar a declaração juramentada que entregará ao tribunal para iniciar o processo.

*

Peter Madoff chega ao escritório incomumente cedo. Quando Squillari nota sua presença, ele está reunido com alguns estranhos em uma pequena sala de reuniões no 18º andar.[52] A recepcionista diz que se identificaram somente como "advogados". Então um homem brusco vestindo um impermeável chega para se unir a eles, mostrando um distintivo — talvez um agente do FBI, unindo-se ao time já presente da SEC e da FINRA [Financial Industry Regulatory Authority], a agência autorregulatória da indústria financeira.

Com tudo isso, além do telefonema de Ruth perguntando pelos filhos, o primeiro pensamento de Squillari é de que alguém foi sequestrado. Ou talvez seja um caso de extorsão. Madoff ainda não apareceu.

Frank DiPascali e sua colega de longa data, Annette Bongiorno, chegam separadamente ao 17º andar e ambos perguntam a Peter o que está acontecendo. Peter conta que Bernie foi preso por fraude de títulos. Ambos partem, abatidos, e, de acordo com Squillari, sem mais perguntas. Outros

UM TERREMOTO EM WALL STREET 41

acreditam ter visto DiPascali chorando com um grupo de funcionários do lado de fora do escritório de Sonny Cohn, vomitando no banheiro masculino e abraçando um colega. Sem ser visto por eles, DiPascali também tenta apagar informações sensíveis dos computadores do 17º andar.[53]

*

Madoff é levado até o centro, para os escritórios do FBI no número 26 da Federal Plaza, no edifício de 42 andares que forma a borda oeste da praça Foley e é o centro do maquinário judicial e legal de Manhattan. Incapaz de achar uma vaga, o motorista leva Madoff e Kang até uma entrada para funcionários perto de um pequeno playground. Eles passam apressadamente pelo lobby movimentado e chegam às portas à prova de balas que protegem os elevadores exclusivos do FBI.

Ao chegar aos escritórios do FBI no 23º andar, Madoff é conduzido até a sala 2.325, um pequeno espaço sem janelas do tamanho de um closet suburbano. Há uma mesa, duas cadeiras e um telefone. Madoff se senta, Kang remove a algema de um de seus pulsos e a prende no braço da cadeira. Madoff recebe permissão para usar o telefone e ligar para o advogado. Ele liga para o celular de Ike Sorkin.

Ruth ainda não conseguira falar com Sorkin porque ele fora para Washington a negócios no dia anterior e aproveitara a manhã livre para levar a neta à escolinha nos subúrbios de Maryland.[54]

Quando seu celular toca, ele vê um número desconhecido de Manhattan e atende.

— Ike, é Bernie Madoff. — Ele rapidamente explica que está algemado a uma cadeira no escritório do FBI; está preso.[55]

— Bernie, não diga mais nada — aconselha Sorkin imediatamente, sussurrando enquanto as crianças em torno seguem a orientação da professora e imitam o som de vários animais. Ele sai da sala apressadamente, notando que o celular está quase sem bateria. Pede a Madoff que coloque Kang na linha e então diz com firmeza ao agente para não questionar seu cliente até que um de seus representantes esteja presente. Em seguida, telefona para a secretária, Maria Moragne, e lhe pede que localize seu sócio Daniel J. Horwitz.

Dan Horwitz, um homem de cerca de 40 anos com aparência de menino, óculos de armação de chifre e cabelo castanho, está em um café da manhã político no escritório jurídico de seu sogro em Midtown. Antes de trabalhar com Sorkin, ele fora um dos "garotos de Morgy", os agressivos procuradores-adjuntos treinados pelo quase legendário procurador de Manhattan Robert Morgenthau. Como Sorkin, Horwitz conhece a rotina processual criminal de trás para a frente.

Maria consegue falar com ele pelo celular. Um dos clientes de Ike foi preso, diz ela — a sala está barulhenta e ele não entende o nome. Vai para o corredor e pede que ela repita: Bernie Madoff. Horwitz encontrou Madoff em alguns eventos de caridade. Maria diz que Ike lhe pediu que telefonasse para Peter Madoff e volta imediatamente para o escritório.

Dirigindo por Manhattan, Horwitz tenta sem sucesso falar com Sorkin, cujo telefone finalmente ficou sem bateria. Quando chega ao escritório, ele liga imediatamente para William F. Johnson, o formidável chefe da força-tarefa contra fraudes em títulos e commodities da procuradoria de Manhattan. A unidade é uma das principais equipes de combate a crimes de colarinho branco do país, e também uma das mais antigas — foi criada em 1960, muito antes de os oficiais do Departamento de Justiça reconhecerem a necessidade de habilidades especiais ao lidar com casos de fraude. Horwitz conhece Bill Johnson há anos e sua ligação é transferida rapidamente.

A conversa é breve: os procuradores ainda não têm nada além das palavras de Madoff, ditas a eles ou aos filhos. Mas as informações que Bill Johnson pode partilhar com Horwitz sem dúvida não são encorajadoras: seu cliente fez várias declarações ao FBI, obviamente muito danosas.

Horwitz descobre que Madoff ainda está no escritório do FBI no centro, agora no 26º andar, sendo fotografado e tendo as digitais colhidas. Os agentes do FBI esperam atravessar em breve a praça Foley com Madoff, conduzindo-o até o tribunal federal, onde será processado pelos delegados federais.

Rearranjando rapidamente seu dia, Horwitz convoca sua jovem e bem-sucedida colega Nicole De Bello, uma elegante loira que é parte do time de Sorkin há seis anos. Eles vão para o centro, até o novo tribunal federal na Pearl Street, 500, que se ergue atrás do clássico tribunal estadual em forma de hexágono no lado leste da praça Foley. Ao passar pela segurança, entregam seus telefones celulares — ordens do tribunal. Durante o restante do dia, dependerão de telefones públicos para navegar entre Sorkin, que está vindo de Washington; seu próprio escritório; Ruth Madoff, em seu apartamento; e um serviço de motorista.

Eles correm até o gabinete de serviços pré-julgamento, no 5º andar, onde Madoff aguarda. Precisam descobrir o máximo que puderem sobre o caso e conseguir que ele seja liberado sob fiança.

Madoff está sentado sozinho em uma pequena sala de reuniões sem janelas. Relata tudo o que aconteceu e como terminou naquela sala.

Eles o interrogam o mais polidamente que conseguem.[56] Quais são as evidências contra você? O que disse a seus filhos? O que disse ao governo? A entrevista continua durante a hora do almoço. Um deles encontra um telefone público e liga para Ruth, pedindo que se junte a eles no gabinete de serviços pré-julgamento e explicando como encontrá-lo.

Ruth Madoff já está vestida: jeans, blusa branca e blazer. Está pronta desde que Bernie foi levado, embora as horas até receber o telefonema pareçam um borrão. Ao deixar o apartamento, veste um cachecol vermelho de caxemira e um casaco verde-oliva. Então sai para a chuva.

*

Enquanto isso, o escritório de Madoff está um tumulto. Batalhões de contadores e investigadores do FBI, da SEC e da FINRA chegaram em peso — somente a SEC enviou mais de uma dúzia de pessoas —, enquanto esquadrões de advogados governamentais vão ao tribunal para assumir o controle da corretora de Madoff.

Mesmo assim, ainda há negócios legítimos em andamento, em uma mesa de operações na qual trêmulos funcionários tentam evitar telefonemas e recebem ordens de algumas das maiores empresas de Wall Street. Transações precisam ser finalizadas, a participação no pregão precisa ser encerrada, câmaras de compensação precisam ser informadas e contas bancárias precisam ser congeladas. As complexidades legais das próximas 24 horas são estarrecedoras, mesmo em retrospecto.

Quem, no caótico escritório, é inocente? Quem pode dizer? Os funcionários parecem confusos e estressados. Peter Madoff e a filha Shana, também advogada da empresa, afundam sob as perguntas e tentam oferecer orientações simples: os arquivos ficam aqui, os computadores ficam lá adiante e a consultoria de investimentos de Bernie fica no 17º andar, descendo as escadas.

Outro jovem colega de Ike Sorkin, Mauro Wolfe, foi designado para auxiliar Peter Madoff durante a crise regulatória que engolfa a empresa. Por volta das 11 horas, a secretária de Sorkin alerta Wolfe de que alguém chamado Andrew Calamari, da SEC, telefonou para ele. Wolfe, ex-advogado da SEC, o conhece bem e prontamente retorna a ligação. Calamari o coloca no viva voz.

— Queremos alertá-lo — diz Calamari, com a voz tensa e dura. A Madoff Securities é uma corretora de US$ 1 bilhão. Há uma séria fraude em andamento. A SEC vai pedir uma ordem judicial para assumir o controle da empresa e congelar todas as transações financeiras. Os advogados da SEC estão tentando encontrar um juiz que concorde em realizar imediatamente uma audiência por teleconferência: Wolfe será capaz de participar?

É claro.

Wolfe telefona para Peter Madoff — uma das incontáveis conversas que terá com Peter e Shana nesse dia. As perguntas de Peter são óbvias: o que a empresa deve fazer? O que ele deve dizer aos clientes? Wolfe sem dúvida lhe diz que a SEC obterá uma ordem judicial para suspender as operações e congelar os ativos da corretora.

Dentro de algumas horas, a empresa de 48 anos chamada Bernard L. Madoff Investment Securities é tomada pelos reguladores, que encerrarão suas atividades e a desmantelarão.

UM TERREMOTO EM WALL STREET

Em algum momento do dia, investigadores federais removem uma grossa pilha de cheques do escritório de Bernie Madoff. Emitidos sob orientação de DiPascali e assinados por Madoff no dia anterior, eles chegam a US$ 173 milhões, pagáveis a vários membros da família e amigos. Madoff dissera aos filhos que pretendia distribuir entre US$ 200 e 300 milhões; essa seria a primeira parte.

Enquanto investigadores e contadores correm para impedir que o navio naufrague até que consigam chegar a um porto seguro, seu capitão está no centro da cidade, respondendo calmamente às perguntas dos advogados sobre o quanto pode pagar de fiança. Ele tem a cobertura, a casa de praia em Montauk, Long Island, e a casa da Flórida — todas quitadas e sem dívidas. Madoff fizera com que Ruth transferisse o dinheiro da conta de investimentos para a conta bancária, então ela pode emitir cheques. Quanto os procuradores exigirão?

Horwitz ainda não sabe. Em algum momento após as 13 horas, ele encontra um telefone e liga para o gabinete do procurador, a fim de perguntar sobre o andamento da documentação oficial. Até que esteja pronta, nada pode acontecer — nenhuma audiência, nenhuma decisão sobre a fiança, nenhuma soltura.

Marc Litt, um discreto procurador-adjunto, já está ocupado com uma grande investigação de uso de informações privilegiadas quando é designado para o caso Madoff. Ele atende a ligação de Horwitz e ouve enquanto o advogado defende a possibilidade de que Madoff aguarde o julgamento em liberdade. Os promotores não têm evidências para além da confissão. Na verdade, ele se entregou ao confessar para os filhos. Para Horwitz, a proposta parece perfeitamente razoável.

A barganha começa. Nada que Horwitz propõe satisfaz Litt — nem a liberação, o apartamento de US$ 7 milhões em Manhattan oferecido como fiança ou a assinatura de Ruth Madoff como fiadora do marido.

— Eu preciso de mais — diz ele.

Ok, e quanto à esposa e ao irmão como fiadores?

— Eu quero quatro assinaturas — responde Litt.

Quatro? Horwitz sabe que os filhos de Madoff o entregaram ao governo na noite anterior. Será que concordarão em pagar a fiança do pai, depois de tudo o que fez? Ele faz uma contraproposta:

— Por que não adicionamos outra propriedade? — Ainda há Montauk ou Palm Beach.

— Não, tente conseguir quatro assinaturas. Ao menos tente.

As negociações sobre a fiança — que seria disputada, criticada e litigada durante semanas — levam menos de 5 minutos.

À espera da documentação, Horwitz também aguarda Ruth e vigia o relógio. Pretende tirar Madoff do tribunal sob fiança, antes que a imprensa chame reforços. Com o passar das horas, a chance de uma saída discreta evapora. No meio da tarde, as entrevistas com Madoff chegam ao fim e os delegados federais o levam para uma cela de contenção na ampla sala de audiências do 1º andar, conhecida como Parte Um, onde os réus federais são denunciados perante um juiz magistrado. Horwitz e De Bello se reúnem a Ruth Madoff, pegam um elevador para o lobby e caminham na direção da Parte Um. Horwitz fala brevemente com Madoff na cela de contenção e se junta a Ruth e Nicole na sala de audiências lotada.

O juiz magistrado federal Douglas Eaton, que determinará a fiança de Madoff, não está tendo um bom dia. Toda a sua manhã foi passada discutindo o destino de Marc S. Dreier, um advogado corrupto de Manhattan que fora preso no domingo anterior e acusado de vender mais de US$ 500 milhões em notas promissórias falsas para fundos hedge. Os promotores alegavam que liberar Dreier sob fiança apresentava "enorme risco de fuga". Mas o advogado de Dreier se recusava a desistir.

Quando o juiz Eaton finalmente negou a fiança a Dreier, os casos haviam se acumulado. Um deles é sobre uma apreensão de drogas com inúmeros réus, alguns dos quais não falam inglês. Tradutores são convocados. Horas se passam.

Horwitz encontra um telefone público e chama um carro. Ele tenta rascunhar uma declaração apropriada para os repórteres que já se amontoam na sala de audiências. Já passa bastante das 17 horas quando a documentação legal fica pronta. Finalmente, o meirinho do juiz Eaton chama o caso *Estados Unidos da América v. Bernard L. Madoff.*

Madoff, parecendo emaciado e mal barbeado, com um pequeno corte na bochecha esquerda, é trazido da cela de contenção enquanto Ruth observa de um dos bancos lotados. Litt informa ao juiz sobre o acordo que fez com Horwitz — fiança de US$ 10 milhões, com quatro "pessoas financeiramente responsáveis" como fiadoras. As viagens serão limitadas à área de Nova York, Long Island e Connecticut, e Madoff entregará seu passaporte.

Após a turbulenta sessão do caso Dreier, o juiz Eaton está confiante sobre liberar Madoff sob fiança. Eis um homem que, após confessar para os filhos, "não tomou nenhuma medida extraordinária e simplesmente ficou sentado, esperando ser preso", dirá ele mais tarde.[57] Sem objeção dos promotores, ele decide que Madoff será liberado imediatamente, mediante sua assinatura e a de Ruth, com as outras condições podendo ser satisfeitas mais tarde.

Horwitz e De Bello conduzem Ruth até o escritório da administração, no mesmo andar, para assinar os documentos da fiança, e então os Madoff estão livres para ir embora. Três repórteres se amontoam em torno deles, fazendo perguntas, mas Horwitz e De Bello os empurram para a noite chuvosa, e os repórteres não os seguem.

Enquanto se apressam na direção do carro que os aguarda, um fotógrafo registra uma imagem de Madoff, com as gotas de chuva na capa cinza brilhando como diamantes sob o flash da câmera. Horwitz ajuda Madoff a embarcar rapidamente no banco da frente e então se espreme no banco de trás com De Bello e Ruth. A chuva apertou e o trânsito está horrível. São quase 19 horas quando o carro deixa os Madoff em seu apartamento.

A essa altura, Ike Sorkin aterrissou no Aeroporto La Guardia e está recarregando a bateria do celular no cinzeiro do carro parado no grande estacionamento cheio de poças d'água. Ele telefona para o escritório e se assegura de que todas as tarefas legais foram executadas antes de ligar o carro e partir. Quando chega a sua casa em Long Island, ele e Horwitz falam longamente sobre o caso Madoff. Os dois tenazes defensores têm de jogar com cartas ruins. Madoff confessou a um agente do FBI em seu próprio vestíbulo. A menos que provem que está delirando ou é insano, não há muito que possam fazer.

Antes da meia-noite, as notícias que chocaram Wall Street durante a tarde se espalham como fogo pelo país. Bernie Madoff, um pioneiro do moderno mercado de ações e o homem em quem os reguladores confiaram e consultaram durante décadas, foi preso após confessar o que ele mesmo chamou de esquema Ponzi de US$ 50 bilhões.

Ainda que alguém jamais tenha ouvido falar de Bernie Madoff, o tamanho da fraude — *US$ 50 bilhões!* — garante que o fato chamará atenção. Mesmo em tempos normais, a fraude teria sido notícia, e os tempos não são nada normais. O sistema financeiro está cambaleando sob falências e resgates financeiros. O ano de 2008 desafia o de 1929 como o mais assustador e agitado da longa história de Wall Street. O banco de investimentos Bear Stearns falira. Fannie Mae e Freddie Mac, os dois gigantes financiados pelo governo, haviam recebido socorro financeiro; o venerável empreendimento Lehman Brothers, não. Um dia depois da falência do Lehman Brothers, o mais antigo fundo do mercado monetário da nação foi atingido por um tsunami de aterrorizados saques. Antes do fim do dia, os reguladores tentavam resgatar a gigantesca seguradora SIG, temendo que outra falha titânica pudesse destruir a débil confiança que ainda mantinha o frágil sistema financeiro funcionando.

As pessoas já estavam furiosas, sacudindo os punhos contra os arrogantes plutocratas que as haviam conduzido até essa confusão.

Então, em um flash, Bernie Madoff se transformou de alguém que pessoa alguma, fora seus amigos e os insiders de Wall Street, reconheceria em alguém que era manchete em todo o mundo. Clientes de longa data, gente em situação confortável, que vivera cuidadosamente e confiara seus ativos líquidos a Madoff, acordarão no dia seguinte quase destituídos.

UM TERREMOTO EM WALL STREET

Esse é o dia em que a música finalmente para de tocar para o primeiro esquema Ponzi verdadeiramente global da história — um que se tornou maior, durou mais tempo e chegou a mais recantos do globo que qualquer outro esquema anterior.

SEXTA-FEIRA, 12 DE DEZEMBRO DE 2008

Ainda é meio da noite em Nova York quando advogados em Londres chegam à pequena casa em Mayfair ocupada pela Madoff Securities Ltd.

Os mercados europeus abrirão em breve e o controle sobre as operações de Madoff em Londres deve ser assumido antes que isso aconteça. Enquanto o trêmulo staff de Londres observa, os advogados dão os passos necessários. Providenciam guardas para monitorar o escritório dia e noite.[58] Congelam contas bancárias, localizam importantes registros comerciais, assumem o controle dos computadores e mudam as fechaduras e os códigos de segurança.

Os advogados estão armados com uma ordem judicial assinada na noite passada em Nova York, a pedido da SEC; trabalham para o administrador judicial que o juiz indicou para assumir o controle da empresa de Madoff, um advogado especialista em títulos de Manhattan chamado Lee S. Richards III.

Homem calmo e meio amarrotado, com a aparência e a voz do humorista Garrison Keillor, Lee Richards é considerado um dos melhores advogados de colarinho branco do país. Cuidou de quase meia dúzia de proeminentes administrações judiciais, e seu escritório, com filiais em Nova York, Washington e Londres, é treinado exatamente para esse tipo de emergência.

Ontem, Richards estava entrando em seu trem na Grand Central quando recebeu um telefonema de Andrew Calamari, da SEC, alertando-o sobre a prisão de Madoff e perguntando se poderia assumir a administração judicial da empresa.[59] Até que esteja claro que a empresa é insolvente e deve registrar falência, um administrador precisa estar no local para proteger seus ativos e garantir a integridade dos registros, começando imediatamente.

Murmurando no telefone celular no meio da estação, Richards concorda em assumir o caso Madoff. Algumas horas depois, advogados da SEC pedem que o juiz distrital Louis L. Stanton congele os ativos da corretora e coloque Richards no comando. O juiz Stanton assinou a ordem judicial às 18h42 de quinta-feira e Richards começou a trabalhar na mesma noite, contratando os consultores forenses de que necessitaria e mobilizando sua equipe em Londres.

Hoje, por volta das 8 horas, enquanto o escritório de Madoff está sendo controlado em Londres e antes de os mercados abrirem em Nova York, Richards e vários colegas chegam ao escritório de Manhattan. Advogados e contadores da SEC estiveram no local a maior parte da noite, tentando encontrar a fronteira, se é que existe uma, entre os negócios legítimos da empresa e a maciça fraude que Madoff diz ter conduzido.

Os reguladores ocupam a sala de reuniões do 18º andar, onde a maior parte das equipes administrativa e financeira e seus registros estão localizados. Richards vai para o andar de cima e estabelece seu posto de comando na grande sala de reuniões com paredes de vidro que se estendem entre o escritório vazio de Madoff e o escritório ligeiramente maior que ainda é usado por Peter Madoff.

Quase todos os funcionários foram trabalhar, até mesmo Frank DiPascali — embora vá embora durante o dia e não retorne. À tarde, estará sentado no escritório de um dos melhores advogados criminais de defesa da cidade, tremendo e chorando enquanto descreve o trabalho que fez para Madoff durante tantos anos.[60] Madoff também passará o dia com os advogados, tentando entender o que acontecerá em seguida.[61]

No Edifício Lipstick, Richards pede a cooperação e a paciência dos funcionários; há muita coisa que ele ainda não sabe e, portanto, não pode dizer a eles.

Os membros de seu escritório legal já impediram acesso aos sistemas informatizados e confiscaram os cartões magnéticos dos funcionários.[62] Os consultores forenses começaram a analisar os extratos das contas dos clientes e os registros financeiros da empresa. Como em Londres, guardas de segurança estão presentes dia e noite. O time de Richards rapidamente descobre que também há dois depósitos no Queens nos quais registros são arquivados e backups de computador são mantidos; guardas são encaminhados até lá.

Quando notícias sobre a prisão de Madoff se espalharam, os parceiros comerciais da empresa ameaçaram voltar atrás nas negociações. A equipe de Richards precisa tentar desfazer ou completar as transações com as menores perdas possíveis para a empresa.[63] Outros advogados de seu time trabalham para congelar as contas bancárias da corretora e suas contas de investimento em outras corretoras.

Por volta das 10 horas, dois oficiais da polícia de Nova York chegam ao centro de comando de Richards.[64] Ele precisa ir imediatamente até a recepção, dizem eles. Pouco mais de trinta investidores de Madoff invadiram o andar térreo, a mídia começa a chegar e a multidão é uma preocupação para a equipe de segurança do edifício. Richards se dirige rapidamente para os elevadores.

Os investidores reunidos na recepção estão ansiosos, mas silenciosos e comportados — de maneira notável, dada a devastação que muitos deles estão prestes a sofrer. Reunidos sob o brilho discreto da decoração natalina, são as primeiras faces visíveis das dezenas de milhares de pessoas em todo o mundo prejudicadas pela impensável fraude de Madoff. São representantes de todas as viúvas confiantes, de todos os investidores de segunda geração, de todos os operários, recepcionistas de consultórios dentários, professoras aposentadas, donos de restaurantes, eletricistas, corretores de seguros, artistas, escritores, chefs, modelos, terapeutas, pequenos comerciantes e médicos e advogados razoavelmente bem-sucedidos que subitamente receberam o rótulo de "vítimas de Madoff".

Richards explica que é cedo demais para ter qualquer informação sobre contas individuais — e ele não pode prever quando isso acontecerá. Não há nada a se ganhar ficando na recepção, explica. A multidão gradualmente se dispersa e Richards retorna para o 18º andar.

2

TORNANDO-SE BERNIE

No fim da primavera de 1962, um corretor de Wall Street de 24 anos chamado Bernard Lawrence Madoff estava enfrentando a perspectiva de ruína quase total.

Madoff montou sua corretora enquanto ainda estudava na Universidade Hofstra, no inverno de 1959–1960, exatamente quando o mercado de ações estava prestes a embarcar em uma década selvagem, imortalizada mais tarde como go-go years [anos frenéticos].[1] Aquela era foi intensa, volátil e povoada por personagens que pertenciam a um filme dos irmãos Marx. E nenhuma esquina de Wall Street era mais selvagem ou arriscada naqueles dias que aquela na qual o jovem Bernie Madoff colocou sua placa: o mercado de balcão.

Pode ser difícil para os investidores modernos imaginar o enorme, descentralizado e debilmente regulado mercado de balcão da década de 1960. A Bolsa de Valores de Nova York, conhecida como Big Board, havia muito era dominada pela "Main Street" [economia de cidadãos comuns, oposta a Wall Street] — ou, mais acuradamente, pelas pessoas que possuíam e administravam a Main Street. Existiam poucos fundos de pensão ou ações ordinárias de dotações e, assim, a grande maioria das ordens diárias da Big Board vinha de investidores individuais, pessoas abastadas o bastante para se sentirem confortáveis no mercado, a despeito de sua turbulenta história. Elas eram paparicadas pelos corretores da família. Assumindo uma visão de longo prazo para os fundos fiduciários dos filhos, compravam ações de ferrovias, companhias de serviços públicos, montadoras e siderúrgicas: as ações de primeira linha [ações de alta qualidade, liquidez e ganho] que conheciam e compreendiam — e, em alguns casos, administravam ou haviam fundado. Todos os dias, conferiam os preços de suas ações nos jornais vespertinos.

Após a Segunda Guerra Mundial, contudo, novas empresas perseguindo novas tecnologias surgiam por toda parte, quase que da noite para o dia. Ao mesmo tempo, empresas familiares com poucos acionistas públicos precisavam de capital para crescer. As ações dessas companhias inexperientes — algumas destinadas a se tornarem nomes famosos, como Anheuser-Busch, Barnes-Hind, Cannon Mills, Tampax, Kaiser Steel e H.B. Fuller — não atendiam aos requisitos da prestigiada Bolsa de Valores de Nova York ou de suas irmãs menores em todo o país. Mas isso não significava que suas ações não vendessem. Elas eram o esteio do mercado de balcão, onde Bernie Madoff plantou sua bandeira no início dos anos 1960 — e onde começou a ficar rico.

Sem dúvida, muita gente começou a enriquecer naqueles dias hiperventilados. O ano em que a empresa de Madoff abriu as portas, 1960, foi o penúltimo salto na mais longa alta de mercado que o país já vira até então — uma espetacular escalada que começou no verão de 1949 e continuaria até a véspera de Ano-Novo de 1961. Nesse período, os preços das ações de primeira linha no Dow Jones Industrial Average mais que quadruplicariam, com um lucro médio de quase 13% ao ano. Após a breve baixa no primeiro semestre de 1962 — a guinada há muito esquecida que quase destruiria Bernie Madoff —, a festa continuou até o fim da década de 1960, praticamente no mesmo ritmo.

E esses eram os retornos das ações conservadoras negociadas na Big Board. Os ganhos no mais arriscado mercado de balcão durante os anos 1960 foram pobremente documentados, mas um estudo os coloca em níveis talvez cinco vezes mais altos que o Dow Jones Industrial Average.[2] Esses aumentos nos preços das ações lembram a bolha tecnológica do fim do século XX — ou os esquemas Ponzi de todas as eras. Assim, os investidores de Madoff que se lembram de lucros anuais de 20% podem não estar inflacionando suas memórias; tais retornos não teriam imediatamente suscitado bandeiras vermelhas em uma era na qual os fundos mútuos mais quentes às vezes dobravam de valor em um único ano.

As possibilidades do jovem mercado de balcão da década de 1960 foram lembradas por Michael Steinhardt, que fez uma fortuna na Street e, mais tarde, investiu parte dos ativos de sua fundação de caridade em um fundo cuja administração passou a Bernie Madoff. "Eu pensei, quando começamos a companhia, que poderia competir efetivamente com as pessoas mais velhas no negócio", disse Steinhardt durante uma entrevista pública.[3] "A juventude acredita em tais coisas porque havíamos crescido nos anos 1940, 1950 e 1960, e conhecido extraordinárias inovações tecnológicas." Ele se lembra de comprar ações de uma companhia cujo preço aumentou nove vezes em menos de um ano; ele as vendeu e, um ano depois, a empresa estava falida. "Havia muitos casos assim", disse ele.

A primeira sede da corretora de um homem só de Bernie Madoff em 1960 foi uma mesa extra no escritório de contabilidade de seu pai na Forty--second Street, perto do Bryant Park. Alguns meses depois, ele encontrou duas pequenas salas no centro, na Exchange Place, 40 — uma antessala para a esposa Ruth, que trabalhava em tempo parcial como gerente, e um escritório onde ele podia usar os telefones e tentar negociar com outros corretores.

Além de uma licença, operar uma corretora do mercado de balcão nos anos 1960 exigia duas ferramentas indispensáveis: um telefone e acesso aos catálogos diários conhecidos como as Pink Sheets [folhas rosas], publicadas pelo National Quotation Bureau. (As páginas do catálogo destinadas às ações eram impressas em papel cor-de-rosa, ao passo que as páginas que listavam bônus, em papel amarelo.) Um escritor que visitou a organização no fim dos anos 1950 disse que "a impressão das Sheets é talvez a mais impressionante operação do mercado financeiro".[4]

Em todos os dias úteis, em um surpreendente feito de mão de obra e logística, os funcionários coletavam manualmente os preços de quase 8 mil ações submetidas por cerca de 2 mil corretores do mercado de balcão. Eles coletavam os preços pelo nome da ação, registravam os dados em papel estêncil, imprimiam os catálogos e os distribuíam para milhares de empresas em questão de horas. Somente corretores com assinaturas integrais, custando US$ 460 por ano, podiam submeter ações.

Como essa era uma despesa grande demais para Madoff em seus anos iniciais, ele se valia de Pink Sheets do dia anterior,[5] recolhidas de outra corretora no mesmo andar da sua. Afinal, percebeu ele, os preços estavam desatualizados mesmo enquanto o catálogo era impresso; tudo de que ele realmente precisava era do nome e do telefone dos corretores que operavam com as ações que desejava negociar. E não há dúvida de que Bernie Madoff negociava ações naqueles dias. Os certificados de ações eram entregues na mesa de Ruth e apanhados por mensageiros, e as negociações eram registradas manualmente em grandes livros-razão mantidos no escritório. Em minúscula escala, ela era seu *back office*, mantendo todos os registros ao menos durante o primeiro ano.

Por mais difícil que isso seja de aceitar para os investidores instantaneamente conectados do século XXI, não havia absolutamente nenhuma maneira de o público verificar de maneira independente os preços das ações de balcão nos anos 1960. Um cliente de varejo interessado no preço de uma ação de balcão teria de telefonar para um corretor, que provavelmente teria de dar meia dúzia de telefonemas para alguém como Madoff a fim de obter uma resposta minimamente confiável. Os jornais não imprimiam os preços diários das ações de balcão, como faziam com ações listadas nas bolsas de valores. Era um mercado profundamente opaco, uma caixa-preta para os consumidores e apenas ligeiramente mais transparente para os reguladores. Mas, armado com nomes de corretores e preços das Pink Sheets, um operador agressivo podia passar o dia ao telefone, procurando negócios. Madoff passava seus dias telefonando para colegas confiáveis em outras empresas a fim de comprar ações que podia revender a preços mais altos para outro corretor ou talvez para um cliente de varejo — a um preço que o cliente ou corretor aceitava de boa-fé ou recusava. Todo o processo era um amplo

TORNANDO-SE BERNIE

tutorial de como conquistar e manter a confiança das pessoas. Aqueles que não conseguiam fazer isso não sobreviviam; Bernie Madoff sobreviveu.

Há poucas evidências documentais de como Bernie Madoff ganhou dinheiro nos anos 1960, mas isso se aplica à maioria das minúsculas corretoras daquela era. Sua própria versão é de que ganhou dinheiro primariamente negociando ações, regularmente comprando ações de balcão a um preço e revendendo-as a um preço muito mais alto, então usando o lucro para financiar novas compras. O único traço que seu negócio inicial deixou nos registros disponíveis foi uma subscrição que sua corretora realizou em março de 1962, para uma pequena empresa chamada A.L.S. Steel, baseada em Corona, Queens.[6] De acordo com Madoff, seu pai trabalhava como prospector de investimentos para a companhia e intermediou o negócio. A margem de lucro prometida à empresa foi imensa, mas Madoff disse não ter certeza de que a operação foi finalizada.

Anos depois, a lenda familiar dizia que ele fora de sucesso em sucesso naqueles dias iniciais, e isso pode ser verdade para a mesa de operações de seu novo negócio. Mas, como gerente de investimentos, começou a forçar as regras praticamente desde o início, o que o levou à beira da falência em meados de 1962.

Na época, estava gerenciando dinheiro para cerca de vinte clientes — muitos dos quais parentes —, a maioria investidores de pequena escala que não podiam arcar com riscos de especulação. Mesmo assim, de acordo com seu próprio relato, começou a investir suas economias no famosamente volátil mercado de "novas emissões" do início dos anos 1960, uma versão inicial das ofertas de hot stocks [ações quentes] durante a bolha tecnológica do fim da década de 1990. Como o mercado para aquelas frágeis ações da internet, o mercado de novas emissões naqueles anos frenéticos estava repleto de ações altamente especulativas vendidas por empresas jovens e inexperientes que ocasionalmente floresciam, porém quebravam com mais frequência. Pego na frenética tendência, Madoff violou o bom senso e as sólidas regras de mercado ao vender tais investimentos inadequados para clientes avessos ao risco.[7]

Esse lapso não caiu em uma área cinza regulatória. Décadas antes de ele abrir a corretora, os reguladores do mercado haviam imposto o que passou a ser conhecido como "regra da adequação". Os corretores eram proibidos de vender a seus clientes investimentos arriscados demais para suas circunstâncias financeiras individuais, mesmo que estivessem dispostos a comprá-los. Vender aquelas ações de risco para seus clientes era errado, e Madoff sabia.

Se o mercado primário tivesse continuado a acumular os imensos ganhos de 1961, ele poderia ter se saído bem. Mas, depois de se arrastar durante semanas, o mercado de ações caiu abruptamente na semana de 21 de maio de 1962 — sua pior perda semanal em mais de uma década.[8] Então, em 28 de maio, o mercado chocou legiões de jovens corretores como Bernie Madoff ao afundar em uma perda diária similar apenas à estarrecedora queda de 28 de outubro de 1929, na véspera da Grande Depressão. As cotações foram acompanhadas em pânico durante várias horas. Embora o mercado se acalmasse alguns dias depois, o boom do ano anterior chegara ao fim. Os piores atingidos na "pequena quebra" de 1962, de acordo com um relato, foram os "garotos de hot stocks, os escavadores de ações baratas, os milionários de duas semanas de 1961".[9]

Esses "garotos de hot stocks" incluíam Bernie Madoff. Quando o mercado primário entrou em colapso e o preço das ações despencou, seus confiantes clientes enfrentaram perdas substanciais. "Percebi que jamais deveria ter vendido aquelas ações para eles", admitiu Madoff mais tarde.[10]

Ele não apenas violou a principal regra de proteção ao investidor, a regra da adequação, como mentiu a respeito, agindo de maneira a preservar sua reputação e estabelecendo a fundação de tudo o que aconteceria mais tarde em sua vida de crimes. Simplesmente apagou as perdas das contas dos clientes comprando as ações primárias pelo preço original e escondendo o fato de que o lucro fora engolido pela agitação do mercado.[11] "Eu me senti obrigado a recomprar as posições de meus clientes", explicou mais tarde.[12]

Fazer isso exigiu que gastasse por inteiro os US$ 30 mil de capital que acumulara em seus dois primeiros anos. A menos que pudesse conseguir mais dinheiro, estava essencialmente fora do negócio. Para recapitalizar a empresa, recorreu ao sogro, Saul Alpern. Madoff disse que emprestou alguns bônus municipais de Alpern e os usou como garantia para um empréstimo de US$ 30 mil — "uma grande quantia de dinheiro para mim naqueles dias".[13] A infusão de dinheiro permitiu que retomasse as atividades da corretora. Foi uma prova amarga de fracasso, "uma experiência humilhante".

Mas, embora Madoff tenha se sentido "obrigado" a apagar as perdas que sua imprudência causara às contas, não se sentiu obrigado a revelar o que fizera a sua pequena carteira de clientes, que continuou a pensar nele como brilhante gestor de ativos que podia navegar com segurança mesmo pelo tumultuado mercado de 1962. "Meus clientes não estavam conscientes de minhas ações devido a sua falta de experiência no mercado de balcão", reconheceu ele mais tarde em carta enviada da prisão. "Se estavam conscientes, certamente não objetaram."

Madoff insistiu que sua primeira viagem através da fronteira entre o certo e o errado — vender ilegalmente ações inadequadas a seus clientes e então esconder as perdas com preços falsos — não foi um esquema Ponzi, que é uma forma de fraude na qual os lucros prometidos aos primeiros investidores são pagos com o dinheiro arrecadado entre novos investidores, e não com os lucros de um investimento legítimo. Madoff disse que simplesmente usou dinheiro da empresa para apagar as perdas dos clientes e melhorar sua reputação como astro do mercado. Essa reputação o ajudaria a atrair e manter os abastados e influentes investidores que se tornariam os primeiros a testemunhar sobre sua genialidade.

De início, sugeriu ter encorajado o sogro a pensar que a recompra das ações era uma prática comercial legítima, prevista nos acordos originais de subscrição. Mas, em carta subsequente, disse que Alpern "estava consciente de como aquilo acontecera e entendia que eu me sentia obrigado a fazer o que fiz. Fui capaz de pagar o empréstimo em um ano, o que deixou ambos felizes". Talvez Alpern simplesmente acreditasse que o jovem Madoff aprendera uma lição valiosa e não quebraria as regras de novo. Ou, possivelmente — mas muito menos plausivelmente, para aqueles que o conheciam —, sabia que Madoff estava jogando com o dinheiro dos investidores e decidiu participar.

De todo modo, o incidente não abalou visivelmente sua confiança no ambicioso genro e eles permaneceram em bons termos durante o restante de sua vida.

Para além dos indisputáveis fatos de que Madoff era corretor do mercado de balcão e esse mercado atingiu um turbulento bolsão de ar na primavera de 1962, não há como saber se sua versão é ao menos parcialmente verdadeira. Ao contá-la aos promotores nos emotivos dias após a prisão, Madoff acrescentou uma truncada cronologia de confusos detalhes sobre arriscadas "vendas a descoberto" e outras estratégias empregadas em nome de seus maiores clientes nos últimos anos, negociações que, segundo ele, não deixaram rastros documentais.[14] Com isso, criou a indelével impressão, nas mentes dos advogados do governo, de que o esquema Ponzi começou muito antes do que mais tarde admitiria, possivelmente já no incidente de 1962.

Na visão de Madoff, essa mancha inicial em seu histórico foi rapidamente eclipsada pelo número cada vez maior de negócios — e pela incontida admiração — que seu legítimo sucesso como corretor lhe trouxe nos anos que se seguiram. Mas temos de nos perguntar quão voluntariamente os novos clientes teriam recorrido a ele se conhecessem a verdade a respeito de suas desastrosas perdas em 1962.

*

Bernie Madoff não entrou em Wall Street pelos brilhantes portões que estavam sempre abertos para os ex-alunos de escolas preparatórias das aristocráticas vizinhanças de Manhattan. Ele veio de uma família de recursos modestos e desapontamentos financeiros que vivia no mais distante limite sudeste da cidade, o Queens.

Seus avós de ambos os lados eram imigrantes que haviam partido da Europa Oriental no início dos anos 1900.[15] Seu avô paterno fora Solomon David Madoff, que em 1930 acomodara a esposa Rose e os filhos no Bronx e trabalhara como alfaiate na indústria de vestuário de Nova York. Seu

TORNANDO-SE BERNIE 61

avô materno fora Harry Muntner, que possuíra e administrara uma casa de banho no Lower East Side, onde poucos apartamentos contavam com o luxo de ter encanamentos.

Seus pais, Ralph Madoff e Sylvia Muntner, casaram-se em 1932, quando Nova York ainda estava nas viciosas garras da Depressão. Na certidão de casamento, Ralph Madoff descreveu seu ramo de trabalho como "crédito", mas evidentemente abriu caminho por meio de uma série de empregos em fábricas e lojas de varejo.[16] O próprio Madoff disse que o pai frequentou a universidade, mas foi vago a respeito dos detalhes.[17] Claramente, Ralph Madoff era um homem ambicioso e, em algum momento, conseguiu um bom emprego de colarinho branco na Everlast Sporting Goods Manufacturing Company, em Manhattan, a principal fonte nacional de equipamentos profissionais de boxe.[18]

A posição econômica de Ralph era sólida o bastante para Sylvia e ele sentiu que podiam começar uma família: em 1934, nasceu sua filha Sondra. Em algum ponto desses anos, Ralph levou a família para o Brooklyn. Foi lá que, em 29 de abril de 1938, nasceu Bernie. Sete anos depois, em outubro de 1945, chegou seu irmão Peter.

Insatisfeito com a Everlast e encorajado pela robusta economia, Ralph pediu demissão no fim dos anos 1940 para abrir sua própria fábrica de produtos esportivos, a Dodger Sporting Goods Corporation, que produziu o icônico saco de boxe Joe Palooka (ainda procurado por colecionadores de brinquedos antigos) e outros produtos baseados no popular personagem de quadrinhos.[19] Ele também conseguiu comprar uma modesta casa de dois andares e tijolos vermelhos em Laurelton, uma das pequenas comunidades na extremidade sul do Queens, perto do que agora é o Aeroporto Kennedy. Em abril de 1946, ele, Sylvia e os três filhos se mudaram para o que era então uma fechada e sólida comunidade judia de classe média.[20]

O jovem Bernie Madoff frequentou a Escola Pública 156 e se tornou escoteiro da Tropa 225.[21] As praias da South Shore de Long Island ficavam por perto e ele se tornou excelente nadador, uma habilidade que usou para conseguir empregos como salva-vidas durante o verão. Por trás dessa fachada idílica,

62   O MAGO DAS MENTIRAS

todavia, os Madoff enfrentavam sérias ansiedades financeiras. No início de 1951, quando Bernie ainda não tinha 13 anos, a Dodger Sporting Goods pediu falência. A empresa sofrera com o aumento de preço das matérias-primas causado pela Guerra da Coreia e acumulara dívidas de quase US$ 90 mil.[22] A falência foi suficientemente pública para que alguns vizinhos se lembrem de Sylvia, mãe de Bernie, conseguindo um emprego administrativo em um banco de sangue local para ajudar a sustentar a família. Depois que uma segunda iniciativa empresarial fracassou, o crédito de Ralph ficou seriamente prejudicado e um penhor tributário foi imposto sobre a casa da família.[23]

Desistindo dos produtos esportivos, Ralph Madoff foi para a periferia da indústria financeira como "prospector" independente, ajudando companhias recém-criadas a encontrarem investidores em troca de comissão. Embora prospectores de investimentos não precisem automaticamente se registrar como corretores, Ralph Madoff o fez — mas de maneira não muito honesta. No fim dos anos 1950, ele montou uma corretora de títulos, de um homem só, chamada Gibraltar Securities e a registrou na Securities and Exchange Commission.[24] Por causa do crédito ruim e dos problemas financeiros, todavia, registrou-a no nome de Sylvia, embora a utilizasse para conduzir seus esporádicos negócios como prospector.[25] Foi uma lição precoce de trapaça para um filho determinado a ser mais bem-sucedido que o pai.

Em meio à prosperidade de uma Laurelton de classe média, esses fracassos comerciais em série foram traumáticos para a família — o próprio Madoff mais tarde confirmou o quanto ficaram angustiados. Mas, na época, ele se recolheu a uma concha de discreta autoconfiança e reconfortante competência. Era um garoto de boa aparência que parecia se adequar sem problemas à cena social da Escola Pública 156 e, mais tarde, da Far Rockaway High School. Certamente não era um solitário deprimido ou um seguidor passivo. Um antigo colega de classe lembra que Bernie e um amigo iniciaram sua própria fraternidade, um clube social chamado Ravens [Corvos] que se reunia na sinagoga local, mas admitia tanto judeus como gentios.[26] A fraternidade era um grupo de admiradores imediatos e Bernie era um dos caras descolados no comando.

No Ensino Médio, Bernie se uniu ao time de natação e foi um competidor decente, mas não um exibicionista, segundo as lembranças de seu treinador.[27] Era um aluno adequado, embora indiferente, obtendo notas B e C com facilidade suficiente para não ter problemas acadêmicos e conseguir entrar na faculdade, mas sem jamais se esforçar demais para agradar professores ou diretores. Seus colegas se lembram de algumas brincadeiras temerárias, mas nada exageradas. Em resumo, Bernie Madoff parecia um adolescente normal e atraente, valendo-se de empregos de verão e da própria engenhosidade para lidar com a ansiedade das incertas finanças da família e obtendo o diploma do Ensino Médio em 1956 sem muita atenção ou fanfarra.

Com a família Madoff não partilhando da crescente prosperidade da década de 1950, Ralph Madoff encorajou os filhos a estudar Direito. Para um sobrevivente da Grande Depressão incapaz de firmar o pé na economia do pós-guerra, era um desejo compreensível — sem dúvida, queria que os filhos obtivessem diplomas que lhes garantiriam os empregos de status elevado que ele não conseguira.

Como todos de sua geração, os Madoff mais velhos jamais pensariam no mercado de ações como fonte de status ou segurança financeira. Haviam visto o mercado atingir o ponto máximo antes da queda de 1929 e então cair 90% até sua derrocada em 1932. Fortunas evaporaram. Casas elegantes foram vendidas subitamente e aerodinâmicos conversíveis foram colocados à venda no meio-fio, com os tanques vazios. Os corretores de ações terminaram na fila do pão. Pessoas com essas lembranças não viam nada de glamoroso em Wall Street — muitas a viam como um jogo viciado que prometia fortuna fácil, mas proporcionava apenas ansiedade e perdas. Se tivesse algum dinheiro, você o guardava no banco, ou mesmo em uma lata de café escondida na prateleira de cima do closet.[28]

Se investir em Wall Street parecia insensato, trabalhar lá parecia no máximo uma remota possibilidade para garotos como Bernie Madoff na década de 1950 — e não apenas porque era arriscado. Ninguém ganhava muito dinheiro como corretor de ações no fim dos anos 1940 e início dos 1950, quando os bônus do governo eram bem mais atraentes para os investidores traumatizados que as ações corporativas. Além disso, os executivos na maioria das principais empresas WASP [*white, anglo-saxon and protestant,* branco, anglo-saxão e protestante] de Wall Street teriam ignorado completamente um garoto judeu de um endereço de classe média no Queens.[29] Ele poderia ter encontrado espaço em antigas empresas judias dirigidas pelos Lehman ou Loeb — em mesas de operações ou no *back office*. Mas, mesmo nelas, o sucesso significaria galgar uma longa e instável escada durante um longo e incerto período de tempo.

Embora tivesse absorvido a espinhosa preferência do pai por ser seu próprio chefe, Bernie não desejava ser advogado. Quando criança, esperava trabalhar na fábrica de artigos esportivos do pai e, eventualmente, dirigi-la, mas, após a falência em 1951, decidiu que gostaria de vender esses artigos como representante, uma espécie de caixeiro-viajante que não estaria preso à vida entediante e conservadora em uma banca de advocacia ou escritório comercial.[30] A maioria dos colegas de classe que ofereceram suas lembranças dos anos de adolescência e faculdade de Madoff na década de 1950 lembra do precário negócio de instalação de aspersores para jardim que ele montou durante o Ensino Médio, após a falência da fábrica do pai. Eles se lembravam de pensar que ele parecia um jovem adulto, que sentira o ferrão da necessidade e sonhara em ter mais.

E, é claro, se lembravam de seu romance com Ruthie Alpern.

Os pais de Ruth Alpern, Saul e Sara Alpern, moravam em Laurelton no início dos anos 1950, mas, como Bernie, Ruth nascera no Brooklyn. No papel, suas famílias tinham uma história comum: tanto ela como Bernie tinham avós imigrantes que haviam trabalhado duro para colocar os filhos no caminho para Laurelton. Ambos eram judeus, embora Sylvia Madoff mantivesse uma casa kosher e os Alpern não fossem muito observantes das tradições. E no mínimo um ou dois degraus da escada social separavam os Madoff recém-chegados à classe média e acossados por fracassos comerciais dos firmemente profissionais Alpern.

Saul Alpern, que emergiria como uma das mais intrigantes figuras do início da história de Madoff, era o segundo filho de Benjamin Alpern, um habilidoso consertador de relógios que chegara aos Estados Unidos em 1904.[31] Saul era o primeiro dos cinco irmãos Alpern a ir para a faculdade, formando-se no City College, conhecido por seus programas de contabilidade. Em 1948, Saul Alpern e um sócio haviam montado um pequeno escritório contábil em Manhattan. As pessoas que o conheciam bem lembram-se de um homem discreto e reservado com "um brilho no olhar", mas o que domina suas lembranças é sua amável retidão. Se Saul dissesse que as coisas eram de um jeito, então elas eram. Era um homem muito meticuloso.

Ruth Alpern nasceu em 18 de maio de 1941, três anos depois da irmã mais velha Joan. Ruth, uma loira magrinha com enormes olhos azuis, era tão popular quanto bonita. Uma pessoa que a conheceu na época se lembrou dela como particularmente animada e otimista — talvez um pouco ingênua, mas dotada de resiliente senso de humor. "Você conhece a atriz Goldie Hawn?", perguntou a pessoa, caracterizando a original e sagaz comediante estereotipada do humorístico televisivo *Laugh-In* como loira dada a risinhos. "Essa era Ruth. Ela acordava feliz todos os dias. Era uma garota vivaz e exuberante."

Desde que Ruth conheceu Bernie, não houve mais ninguém no mundo para ela. Conheceram-se no verão, logo antes de Ruth começar o Ensino Médio. Ele tinha 16 anos; ela, 13. Um dos amigos de Ruth deu uma festa informal em um porão equipado com um jukebox e algumas mesas, como um pequeno clube noturno. Bernie compareceu e Ruth imediatamente se sentiu atraída pelo salva-vidas loiro e bronzeado. Foi mútuo: ele caminhou com ela até sua casa após a festa e esses foram os primeiros passos de sua longa jornada juntos.

Com Ruth ainda no Ensino Médio — e com os pais dela desejando que namorasse outras pessoas e não se comprometesse tão jovem —, Bernie foi para a faculdade no Alabama, em uma escolha barata para seus empobrecidos pais. Mas sentiu falta de Ruth e voltou após um único semestre, matriculando-se na Universidade Hofstra. Como no Ensino Médio, embora a vida acadêmica não fosse seu foco, saiu-se bem o bastante para apaziguar o pai e entrar na faculdade de Direito. Mas, antes de receber a carta de admissão da Faculdade de Direito do Brooklyn, perdeu o interesse nas ambições do pai para ele. Viu uma vida diferente para si mesmo: casado com Ruth e com uma carreira em Wall Street.

Em 25 de novembro de 1959, com ele a um passo de obter o diploma e ela ainda frequentando o vizinho Queens College, Bernie Madoff e Ruth Alpern se casaram no Centro Judaico de Laurelton. Ruth tinha 18 anos. Alguns dias depois, de acordo com a tradição familiar, ele preencheu os formulários para abrir a própria corretora, embora a data de nascimento da Bernard L. Madoff Investment Securities nos livros oficiais seja 19 de janeiro de 1960. Ele estava no último ano da faculdade e ainda não completara 22 anos. Mais tarde, se matricularia na faculdade de Direito, mas abandonaria após um ano, tendo passado quase todas as tardes tentando conseguir negócios para sua recém-nascida corretora.

Pelo relato do próprio Bernie Madoff, apenas no fim da faculdade ele considerou com mais seriedade uma vida em Wall Street. Mas, certamente, aprendeu sobre essa vida durante seus primeiros anos — um de seus amigos mais próximos, Michael Lieberbaum, era filho de uma das primeiras histórias de sucesso no mercado de ações.[32] Enquanto Bernie estava no Ensino Médio, o pai de Michael — assim como milhares de outras pessoas — começara a vender ações no novo fundo mútuo de Jack Dreyfus, um dos fundos de crescimento espetacular que revolucionaram o mercado de investimentos de varejo do pós-guerra. De acordo com os relatos da família, Lieberbaum recebeu mais que comissões de sua associação com o lendário Jack Dreyfus; conseguiu a melhor dica de investimento de sua vida: comprar ações da Polaroid.[33] Ele o fez quando a companhia estava prestes a abrir seu capital e isso o tornou milionário.

Embora Madoff tenha dito que raramente discutia o mercado de ações com o pai de Michael Lieberbaum, certamente é provável que contos de enriquecimento rápido como esse tenham feito com que Wall Street parecesse atraente para alguém como ele, ansioso para subir na vida. Mas os anos no Ensino Médio e na universidade também foram um ponto de virada no cíclico relacionamento de amor e ódio entre a América e Wall Street, conforme os medos da Depressão começavam a se dissipar em razão dos fortes retornos dos investimentos e da prolongada prosperidade. Essa nova excitação a respeito do mercado de ações aparentemente chamou a atenção de Bernie Madoff enquanto ainda estava na faculdade. Algumas pessoas de seu convívio durante esses anos se lembram de ele oferecer ações para os amigos antes de obter o diploma — ou uma licença de corretor.

Sua entrada no mundo de Wall Street ocorreu em uma época na qual os reguladores federais e estaduais apenas começavam a estender os braços na direção do mercado. A fraude era crônica como uma febre baixa. Milhares de corretores mal treinados e sem supervisão galopavam o boom para pôr as mãos em alguns de seus extraordinários lucros. No início da década de 1960, os reguladores começaram a reprimir a proliferação desgovernada de corretoras duvidosas, muitas das quais consistiam em pouco mais que um corretor autodidata e um telefone.

Uma das minúsculas corretoras pegas na crise regulatória foi a Gibraltar Securities, a empresa que Ralph Madoff abrira no nome da esposa para conduzir seu trabalho como prospector financeiro. Nunca tivera muito sucesso e, segundo Madoff, a Gibraltar estivera essencialmente dormente durante vários anos. Em 6 de agosto de 1963, foi uma das 48 empresas citadas por não fornecer declarações financeiras anuais. Em janeiro de 1964, a SEC abandonou a ação quando a Gibraltar cancelou seu registro e foi oficialmente encerrada. Em 2008, olhando em retrospecto, haveria muita especulação sobre esse confronto precoce com os reguladores, mas sua importância primária para a família parece ter sido o fato de que foi outro tácito fracasso comercial de Ralph Madoff.

*

Mesmo após as perdas ocultas de 1962, Saul Alpern continuaria a falar aos membros da família e aos amigos próximos sobre quão habilmente Bernie Madoff estava jogando com o mercado galopante dos anos 1960. Ele falava sobre esse talento em discretas conversas com o irmão mais velho, que contratara seu escritório para fazer a contabilidade de sua joalheria; com o irmão mais novo, executivo de uma seguradora; e com o irmão caçula, um advogado em ascensão. Todos eles investiriam com Madoff e o encarregariam dos fundos de seus filhos. Deixariam o dinheiro com ele durante décadas, na verdade, vivendo dos lucros que ele parecia produzir tão facilmente.

Em uma carta da prisão, Madoff descreveu pela primeira vez como supostamente funcionava esse relacionamento comercial com Saul Alpern. "Nos anos 1970, meu sogro montou uma sociedade limitada composta de alguns familiares e clientes de seu escritório de contabilidade", explicou. Madoff abriu uma conta em sua corretora para a sociedade e Alpern aceitava cheques de amigos, familiares e clientes, entregando o dinheiro para que Madoff o investisse — legitimamente, insistiu. O escritório de contabilidade recebia as confirmações das transações e "as separava em transações individuais com preços idênticos e cotas proporcionais para cada membro da conta da sociedade", disse ele.[34] "Os indivíduos relatavam essa informação como ganho de capital em suas declarações de renda. O escritório do meu sogro cobrava uma taxa pelos serviços de contabilidade e cálculo de impostos."

E, engenhosamente, acrescentou: "Imagino que era algo similar à contabilidade de um clube de investimentos."

É possível que Alpern tenha achado que estava meramente apresentando pessoas a Madoff e reunindo seu dinheiro na conta do escritório apenas para simplificar as coisas para eles e para Madoff. Sem surpresa, o próprio Madoff insistiu que não havia nada ilegal no arranjo. Da maneira como via as coisas, o número de investidores de Alpern era baixo demais para exigir que se registrasse junto aos reguladores de títulos como consultor de investimentos ou obtivesse licença de corretor. Mas, na verdade, a sociedade era um fundo mútuo informal e não licenciado, tomando dinheiro de investidores do varejo e entregando-o à administração de Madoff. Mesmo assim, nada jamais abalaria a fé da família Alpern na crença de que Saul Alpern jamais os conduziria propositalmente à fraude do genro.

Em 1958, Alpern contratara um jovem contador chamado Frank Avellino, um graduado do City College, em Nova York, jovem, esperto e ligeiramen-

TORNANDO-SE BERNIE

te arrogante. Ele recebeu parte do escritório após a súbita morte do sócio original de Alpern, em 1967. No ano seguinte, um experiente contador de impostos chamado Michael Bienes chegou para trabalhar com eles após vários anos no Internal Revenue Service [equivalente norte-americano à Receita Federal]. Bienes logo sentiu uma intensa conexão com Avellino. Os dois homens, nascidos com meses de diferença, seriam parceiros durante quase toda a vida.

De acordo com Bienes, Alpern mantinha registros simplificados dos investidores individuais de Madoff em um fichário de capa verde.[35] Parecia casual, mas todo mundo que conhecia Alpern usou a palavra *meticuloso* ao menos uma vez para descrevê-lo. Usando formulários que criou para que coubessem no fichário, ele registrava o valor pago por cada investidor e gerava um recibo simples pelo dinheiro, talvez com uma nota pessoal de agradecimento. Na versão de Bienes, Madoff inicialmente aceitava as contas individuais "do pessoal de Saul" e sua pequena equipe administrativa lidava com a burocracia. Mais tarde, ainda segundo Bienes, ele disse ao sogro que as coisas precisavam mudar.

Em uma entrevista à TV, Bienes interpretou o papel de Madoff em uma cena que teria ocorrido — se é que ocorreu — anos antes de ele começar a trabalhar no escritório de Alpern:

— Não, não posso lidar com contas pequenas como essa. É trabalhoso, e uma aporrinhação.[36]

Então disse a fala de Alpern:

— Abra uma conta chamada A&A e eu manterei os registros. Lidarei com os cheques. Farei tudo.

"A&A" equivalia a "Alpern & Avellino", o nome do escritório de contabilidade. De acordo com Bienes, Avellino também recebeu "uma parte" do negócio de apresentações a Madoff quando se tornou sócio em 1970 — assim como Bienes, ao se tornar sócio anos depois. Em 1974, Alpern se aposentou e seu velho escritório de contabilidade passou a ser chamado de Avellino & Bienes. As contas na corretora de Madoff foram renomeadas para "A&B".

Segundo Bienes, Saul Alpern insistiu:

— Vou levar o fichário verde para a Flórida.[37] Assim terei algo para fazer. Enviarei as coisas pelo correio [para a secretária do escritório] e ela datilografará e distribuirá os cheques.

Madoff afirmou que a conta criada por Saul Alpern "cresceu até um máximo de entre cinquenta e setenta investidores" sob administração do sogro.[38] Bienes mais tarde estimou que a conta de investimento representava "somente 10%" dos negócios do escritório contábil, mesmo vários anos após a aposentadoria de Alpern, embora não soubesse dizer quantos investidores estavam envolvidos ou quanto dinheiro haviam investido em meados dos anos 1970.

Entrementes, Avellino e Bienes conectaram Madoff a uma outra dupla de contadores com quem partilhavam o escritório. A dupla iniciou um fundo separado para investir com Madoff por meio das contas A&B.[39] Os investidores pagavam comissão tanto a eles como à Avellino & Bienes, mas, com um histórico constante como o de Madoff, ninguém reclamava da despesa duplicada. Mesmo que os retornos de Madoff não fossem melhores que os dos fundos mútuos go-go e do mercado de ações quentes — e costumavam não ser —, eram muito mais previsíveis, muito menos voláteis.

Durante as entrevistas na prisão e em cartas subsequentes, Madoff alegou que gerava esses lucros sólidos e consistentes para as contas da sociedade do sogro por meio de uma estratégia de investimento que, segundo ele, era a especialidade de sua empresa na década de 1970. Ela se chamava *arbitragem sem riscos* e era amplamente compreendida e aceita entre os profissionais de Wall Street daquela era.[40]

A arbitragem sem riscos é uma antiga estratégia para explorar diferenças momentâneas de preço para o mesmo produto em diferentes mercados. Pode ser algo tão simples quanto encomendar pacotes de cigarro pelo telefone a um vendedor em um estado com baixos custos e vendê-los simultaneamente, também por telefone e por um preço mais alto, em estados onde custam mais caro, assim obtendo lucro. Ou algo tão complexo quanto usar softwares de computador para detectar instantaneamente um minúsculo diferencial de preço para um grupo de ações em duas moedas diferentes e executar a negociação sem intervenção humana — novamente, com lucro.

O que distingue a arbitragem sem riscos da mais familiar "arbitragem de fusões" dos anos 1980 — que envolvia especulação com as ações envolvidas em possíveis fusões — é que o lucro pode ser capturado no momento em que é percebido, se a negociação for executada com rapidez suficiente. Um corretor convencional poderia comprar um título na esperança de vendê-lo com lucro mais tarde; se seu palpite estivesse errado, ele perderia dinheiro. Um corretor de arbitragens, ao contrário, não compraria um título a menos que pudesse vendê-lo (ou seu equivalente) quase instantaneamente, com lucro; se tivesse dúvida quanto ao lucro, não faria o negócio.

Nos anos 1970, a arbitragem sem riscos de ações era tão básica quanto explorar breves diferenças de cotação em várias bolsas regionais. Não era incomum que as ações de uma empresa fossem negociadas a US$ 12 na Bolsa de Valores do Pacífico, em São Francisco, no mesmo momento em que mudavam de mãos por US$ 11,25 na Bolsa de Valores de Boston, por exemplo. Ao simultaneamente comprar em Boston e vender em São Francisco, um investidor alerta poderia conseguir a diferença de US$ 0,75 como lucro de arbitragem sem riscos.

Em um nível mais sofisticado, um nível que Madoff ficou conhecido por explorar, a arbitragem sem riscos envolvia bônus corporativos ou ações preferenciais que podiam ser convertidas em ações ordinárias. Um bônus de subscrição que podia ser convertido em dez ações costumava ser negociado por ao menos dez vezes o preço da ação — mas nem sempre. Se um bônus que pudesse ser convertido em dez ações de US$ 15 pudesse ser comprado por menos de US$ 150 — a US$ 130 por bônus, digamos —, essa era uma oportunidade para arbitragem. Um investidor poderia comprar o bônus por US$ 130, simultaneamente vender dez ações ordinárias por US$ 15 cada uma e obter, nessa arbitragem "sem riscos", um lucro de US$ 20 — a diferença entre os US$ 130 que pagara pelo bônus e os US$ 150 que recebera pelas dez ações ao convertê-lo.

Madoff também empregava estratégias mais complexas envolvendo ações negociadas antes de serem oficialmente postas à venda, mudando de mãos no assim chamado mercado "pré-emissão", a preços que às vezes ofereciam oportunidades de arbitragem.[41] De vez em quando, ele assumia riscos ao não fazer transações simultâneas,[42] esperando para comprar ou vender, na esperança de que um movimento do mercado aumentasse os lucros. Segundo um relato, era especialmente ativo em arbitragens envolvendo ações vendidas *in tandem* [ao mesmo tempo] com títulos chamados "mandados de estoque",[43] que permitiam que os investidores comprassem ações a um preço específico. Já na década de 1980, sua empresa supostamente fazia parte de um pequeno grupo de corretoras que ativa e visivelmente negociavam com arbitragem de mandados, que alguns corretores da época consideravam "negócios fáceis".[44]

De acordo com Madoff, estratégias de arbitragem como essa estavam entre as principais maneiras pelas quais ganhava dinheiro para si mesmo e para seus clientes nos anos antes do esquema Ponzi. "Após o colapso do mercado em 1962, percebi que apenas especular no mercado fazia pouco sentido", escreveu em uma carta. "Percebi que o mercado era um baralho de cartas marcadas, controladas pelas grandes empresas e instituições." As grandes corretoras lidando com ordens de gigantescos negociantes do varejo sempre teriam vantagem sobre empresas minúsculas como a sua. "Procurei um nicho para minha corretora e a encontrei na criação de mercado de títulos de arbitragem."

Criadores de mercados eram corretores que consistente e publicamente mantinham um mercado de títulos específicos, comprando de corretores que queriam vender e vendendo para os que queriam comprar. Oferecer-se continuamente para comprar e vender os títulos envolvidos em estratégias de arbitragem sem riscos — bônus conversíveis, ações preferenciais, ações comuns com mandados de estoque — e negociá-los para si mesmo e para seus clientes se tornou o cada vez mais lucrativo nicho de mercado de Madoff.

De acordo com ele, nenhuma das grandes corretoras de Wall Street estava disposta a fazer pequenas negociações de arbitragem sem riscos para investidores do varejo. Mas ele estava, e alguns dos maiores nomes de Wall Street lhe enviavam as pequenas ordens de arbitragem de seus clientes. "Eles gostavam de me enviar negócios", lembrou. "Achavam que eu era um bom garoto judeu."

Ele estava bem posicionado para obter lucros honestos com arbitragem. Como os custos da transação consumiriam a maior parte dos lucros desse tipo de negociação, que tendiam a ser muito baixos, as arbitragens em geral eram realizadas apenas por insiders do mercado que podiam negociar a um custo bem mais baixo que o dos clientes do varejo — insiders como Madoff.

A velocidade também importava de outras maneiras. Se a corretora demorasse demais para completar a burocracia envolvida na conversão de um bônus nas ações equivalentes, a oportunidade de lucro poderia desaparecer. A corretora de Madoff indiscutivelmente conseguia realizar conversões de maneira rápida e eficiente. Como os lucros estariam assegurados somente se o corretor pudesse comprar e vender quase simultaneamente, Madoff — com a ajuda, depois de certo tempo, do irmão mais novo, Peter — começou a construir um dos sistemas de negociação mais rápidos de Wall Street.

"Esse tipo de negociação tinha uma exposição limitada ao risco e era isso que eu procurava", lembrou em sua carta. "Comecei a fazer essas negociações para a conta de minha própria corretora e meus poucos clientes. Nos anos 1970, negociei também em nome das contas da sociedade [de Alpern]."

E concluiu: "A combinação entre minha criação de mercado e os lucros das arbitragens foi substancial e nosso capital cresceu bastante." Sua reputação cresceu com ele.

O quanto a versão de Madoff sobre seu sucesso inicial com arbitragem sem riscos é verdadeira? Como observado, há algumas indicações de que sua corretora obteve reputação legítima em Wall Street negociando os mandados de estoque envolvidos nas estratégias de arbitragem — negociações de larga escala que outras corretoras podiam ver e das quais podiam participar, não as transações retroativas e ficcionais que se tornariam a marca registrada de seu esquema Ponzi. Naqueles anos, houve certas oportunidades de arbitragem sem riscos que poderiam ter produzido lucros substanciais. Entre 1973 e 1992, por exemplo, os lucros dos bônus conversíveis foram ligeiramente maiores e muito menos voláteis que os das ações comuns,[45] e a arbitragem de bônus conversíveis foi uma estratégia que ele afirmou ter empregado.

Mas uma subsequente ação judicial afirmou que falsificava os lucros da arbitragem de bônus conversíveis nas contas de alguns clientes já em agosto de 1977.[46] Para alguém familiarizado com a arbitragem sem riscos, essas negociações de 1977 não fornecem evidências incontestáveis de fraude. Contudo, a análise de um especialista protocolada no tribunal no início de 2012 citava muitos outros exemplos de transações de arbitragem obviamente fictícias nas contas dos clientes no fim da década de 1970.

É bem difícil traçar a linha entre verdadeiro e falso tanto tempo após o fato, especialmente dada a extraordinária fluência de Madoff não só na verdade como também na mentira. Havia dinheiro a ser ganho com aqueles títulos exóticos e ele era conhecido como grande jogador em ao menos alguns cantos desse mercado relativamente pequeno. Mas também é o homem que cobriu as perdas que infligiu a seus clientes no ruinoso mercado primário em 1962.

Assim, a possibilidade de que estivesse embelezando os lucros com arbitragem de seus clientes nos anos 1970 não pode ser descartada.

3

FOME DE LUCRO

No início dos anos 1970, Wall Street estava mudando por dentro e por fora e Bernie Madoff aproveitaria essas mudanças para chegar a uma posição de liderança pública que manteria por quase quarenta anos — e que reforçaria sua credibilidade junto a investidores e reguladores.

Como ocorre tão frequentemente, a regulamentação se tornara mais relaxada durante os intoxicantes mercados em alta dos anos 1950 e 1960. Os anos 1970 rapidamente ficaram mais sóbrios quando a Securities and Exchange Commission, a principal agência reguladora dos mercados financeiros da nação, começou a tentar solucionar a extraordinária confusão que a farra do pós-guerra deixara para trás.

No fim dos go-go years, o trabalho manual necessário para lidar com a burocracia gerada pelas negociações naqueles dias de escriturários e livros-razão anotados à mão estava além da capacidade de muitas empresas de Wall Street. Quando os fundos mútuos aumentaram de ritmo, o volume de negociações cresceu e a burocracia ficou ainda mais atrasada. O restante do público também começou a ficar animado com o mercado de ações, e então o volume de negociações cresceu ainda mais e a documentação ficou desastrosamente para trás, pois os certificados de ações precisavam ser movidos fisicamente de uma corretora para outra. Manter registro de toda essa movimentação rapidamente superou a capacidade do exército de funcionários dedicados à tarefa, e os consequentes atrasos e discrepâncias tornaram cada vez mais difícil para os reguladores federais assegurar que toda essa atividade era realizada honestamente e às claras. A velha guarda de Wall Street chamou o fenômeno de "crise do papel", que chegou ao auge entre 1968 e 1969, causando a ruína de várias corretoras da Big Board e despertando no jovem Bernie Madoff a certeza de que era preciso automatizar os procedimentos burocráticos do mercado.

A essa altura, Ruth Madoff já não trabalhava na empresa — parara alguns meses antes do nascimento do primeiro filho, Mark, em 1964.

Desde 1961, Madoff partilhava o escritório no número 39 da Broadway com um colega empreendedor chamado Martin J. Joel Jr., cliente do escritório de contabilidade de Saul Alpern. No mesmo mês de 1960 em que Madoff abrira sua empresa, Marty Joel e um sócio haviam fundado uma corretora chamada Joel, Zuchs & Company. A sociedade rapidamente se dissolvera e Joel convidara Madoff para dividir o escritório e o aluguel.

Marty Joel trabalharia com e em torno de Madoff durante décadas. Em 1961, ele era um jovem agressivo e ambicioso de quase 30 anos que dirigia uma pequena e ligeiramente estridente corretora que discutia com os reguladores e enfrentava ações judiciais dos clientes. Seus seguidos confrontos com os reguladores durante o fim da década de 1960 sugerem certa indiferença às regras do mercado. Em 1970, a SEC o suspendeu por 75 dias em função de repetidas violações às regras de registros e margens entre 1966 e 1968.[1]

Além de dividir o aluguel, Madoff também partilhava a gerente do escritório de Joel, Carole Lipkin, que lidava com as tarefas administrativas que já haviam sido de Ruth. Alguns anos depois, Madoff contratou o marido de Carole, Irwin Lipkin, como seu próprio gerente de *back office* — o primeiro funcionário externo da Bernard L. Madoff Investment Securities —, talvez para estabelecer uma divisão entre sua empresa e a de Joel.[2] Não há sinal de que a corretora tenha se envolvido nos espinheiros regulatórios daqueles anos, embora ele tenha sido citado por violações técnicas menores no início da década de 1960. Quaisquer que fossem suas diferenças operacionais, Madoff e Joel socializavam frequentemente e suas famílias recém-formadas eram amigas.[3]

Comparados às empresas da Big Board que serviam a um crescente exército de investidores do varejo, pequenos corretores de balcão, como a Madoff Investment Securities, escaparam do pior da crise do papel no fim dos anos 1960, simplesmente porque tinham menos clientes, negociavam amplamente no atacado com outros corretores e foram mais rápidos em adotar mecanismos poupadores de trabalho, como os computadores. De fato, algumas dessas empresas não só sobreviveram como prosperaram ao fornecer melhores serviços para fundos mútuos e outros investidores institucionais que estavam frustrados com os atrasos na Big Board e exigiam execuções mais rápidas para suas transações. Mas isso não significa que as coisas eram fáceis; em 1968, Ruth Madoff foi chamada brevemente de volta ao trabalho para ajudar a minúscula corretora a lidar com o acúmulo de papéis.

Em resposta ao excesso de burocracia e à crescente onda de corretoras fechando no fim dos anos 1960, em 1970 o Congresso criou a Securities Investor Protection Corporation [Corporação de Proteção aos Investidores de Títulos].[4] Embora seu conselho fosse politicamente nomeado, a SIPC (pronunciada "Sipik") não era uma agência governamental, mas sim uma organização sem fins lucrativos financiada por taxas anuais cobradas das empresas de Wall Street. Sua missão era facilitar o processo de falência para os clientes de varejo das corretoras falidas. A mesma lei que criou a SIPC acrescentou elementos ao código federal de falência que se aplicavam exclusivamente às corretoras. Como outras empresas de Wall Street, a Bernard L. Madoff Investment Securities se afiliou à organização e passou a pagar sua taxa anual.

Nos anos 1970, os reguladores também começaram a exigir que Wall Street automatizasse as transações, permitindo sua realização em um período razoável de tempo e possibilitando a verificação de sua acuidade e legitimidade. A automatização também eliminaria a necessidade de transportar os certificados de ações, pois a posse seria documentada eletronicamente. A tecnologia — na forma de computadores cada vez mais rápidos e baratos, e equipamentos mais sofisticados de comunicação — gradualmente começou a substituir o processo de registro quase dickensiano, construído em torno de escriturários humanos e livros-razão de papel, que havia falhado tão espetacularmente na "crise do papel" do fim dos anos 1960.

Mas a mesma tecnologia também começou a modificar a própria ideia do que era o mercado de ações — e isso deu a Bernie Madoff uma oportunidade legítima de buscar a grandeza.

Para os mais tradicionais de Wall Street, o mercado de ações era um palco centralizado de transações no qual homens de paletós coloridos ficavam frente a frente e gritavam cotações uns para os outros em algumas horas específicas do dia. Esse modelo de "leilão" — com corretores dando lances como colecionadores de arte na Sotheby's ou na Christie's — parecia cada vez mais inadequado conforme gestores de fundos mútuos e outros investidores profissionais começavam a dominar os mercados, e as ações de balcão se tornavam cada vez mais atraentes para eles.

Como corretora do mercado de balcão, a empresa de Madoff jamais realizara negócios na tradicional maneira de leilões. O mercado de balcão, com dezenas de milhares de ações não listadas, não tinha um centro de negociação no qual corretores gritavam seus lances. Em vez disso, era mais como um vasto mercado de pulgas telefônico cujo mapa eram as Pink Sheets. Um corretor como Madoff podia comprar ações em um mercado de pulgas na segunda-feira e tentar vendê-las a um preço mais alto em outro mercado no mesmo dia ou no mesmo mercado em outro dia.

Quando alguém em um mercado notava a etiqueta de preço de um corretor em uma ação, ela podia ser vendida por mais ou menos que isso em outro lugar. Assim, corretores como Madoff colocavam um isolamento confortável entre o preço pelo qual compravam a ação de outro corredor e o preço mais alto pelo qual podiam vendê-la. Esse isolamento era chamado de "spread". Outro termo para ele seria "lucro".

Os spreads das ações de balcão eram enormes — às vezes chegando a 50% — e esses grandes lucros ficavam quase inteiramente ocultos do investidor de varejo. Conseguir uma fatia era a parte difícil.

FOME DE LUCRO

O mercado era dominado por um punhado de grandes corretores de atacado com um grande inventário. Como centenas de outros pequenos corretores, Madoff lutava para conseguir atenção. "Muito frequentemente, a empresa de Madoff não era chamada quando havia negócios a fazer", notou um repórter da *Traders Magazine*.[5]

Juntamente com um quadro de outros corretores previdentes, Madoff rapidamente percebeu que, se as Pink Sheets fossem informatizadas, de modo que seus preços pudessem ser constantemente atualizados e disponibilizados a todos os corretores — como nos teletipos da Big Board —, o corretor que oferecesse os melhores preços por determinada ação teria uma chance melhor de ser notado. "Sentimos, como pequena empresa criadora de mercado, que isso nivelaria o campo de jogo para nós", disse ele a um escritor.[6] Também daria um incentivo muito necessário a seu negócio de compra e venda de ações.

Ele não estava sozinho na convicção de que as Pink Sheets deviam ser automatizadas: há ao menos seis outras pessoas com alegações muito mais plausíveis que a sua de terem "inventado" o mercado automatizado — que se tornou a NASDAQ. Mas ele apoiou a ideia enfaticamente e desde o início, mesmo enquanto alguns criadores de mercado resistiam a ela porque "era preciso mostrar as cartas e eles não queriam fazer isso", lembrou Madoff.[7] "Se alguém telefonasse perguntando sobre as Pink Sheets, você podia dizer que o preço estava obsoleto e fornecer diferentes cotações para diferentes pessoas. O sistema que propúnhamos daria transparência aos preços. Foi bastante controverso."

Mas os reguladores federais estavam do seu lado. Eles rapidamente perceberam que tornar "eletrônicas" as Pink Sheets lançaria mais luz sobre as cotações e criaria mais competição no mercado de balcão. Isso diminuiria os spreads e garantiria acordos melhores para os investidores.

Em sua pressão por mais automação, a SEC pediu a ajuda de sua parceira controlada pela indústria no campo de regulamentação do mercado financeiro, a National Association of Securities Dealers [Associação Nacional de Corretores de Títulos] ou NASD. Durante três décadas, o trabalho de policiamento da SEC fora teoricamente reforçado pelas medidas de segurança da NASD.[8] A organização tinha o poder de conceder licenças aos corretores e criar e impor regras de negociação. Escândalos crônicos naqueles anos, todavia, mostraram que seus recursos com frequência eram menores que suas responsabilidades. Sua liderança estava dividida entre empresas pequenas preocupadas com os custos e empresas gigantescas preocupadas com a reação dos investidores. E, como qualquer cão de guarda alimentado pelas pessoas que deve vigiar, seu apetite por políticas vigorosas era mais ambição que realidade.

Por mais dividida e ocasionalmente comprometida que estivesse, a liderança da NASD percebeu que o *status quo* não era uma opção. O comitê de automação do grupo lutou durante anos para automatizar as cotações no mercado de balcão e, em fevereiro de 1971, para mudo alarme das bolsas de valores tradicionais, um sistema automatizado construído para a NASD por uma empresa de informática chamada Bunker Ramo fez sua estreia, ligando corretores de todo o país em uma rede eletrônica.[9] A rede foi chamada de NASDAQ, acrônimo de National Association of Securities Dealers Automated Quotation [Cotações Automatizadas da Associação Nacional de Corretores de Títulos]. Melhorias em seu arquétipo primitivo — construído sobre um chassi de software similar aos que já controlavam os sistemas de reserva de companhias aéreas e hotéis — viriam na sequência.

Madoff se aliou firmemente a essas forças de automação — e, de algum modo, sua pequena corretora conseguiu dinheiro para investir em equipamento e softwares. Será que pegou parte do dinheiro dos investidores que Saul Alpern, Frank Avellino e Michael Bienes representavam? Mais tarde, ao menos um ex-funcionário achou que sim, de acordo com alegações em uma ação judicial subsequente.[10] Mas Madoff negou enfaticamente ter roubado das contas dos clientes durante os anos 1970 e 1980, e, quase dois anos após sua prisão, nenhuma evidência em contrário veio a público. De qualquer modo, as batalhas regulatórias

FOME DE LUCRO 81

em relação à automação permitiriam que, a cada ano, ele acrescentasse algumas pinceladas a seu retrato como inovador engajado, um aliado na cruzada para arrastar os mercados da nação, amarrados pela tradição, até a era moderna.

*

Não é coincidência que essa transformação na reputação de sua empresa — de pequena corretora de balcão para a vanguarda do mercado — tenha começado com a chegada de Peter, seu irmão mais novo.

Peter Bennett Madoff estava no jardim de infância quando a empresa do pai faliu e era adolescente quando o irmão se casou com Ruth Alpern. Sua irmã Sondra era mais de dez anos mais velha que ele. Como muitos temporãos, ele criou seu próprio caminho — uma transição mais suave para a vida adulta que a do irmão.

Em vez de frequentar a Far Rockway High School, ele se candidatou e foi admitido na Brooklyn Tech, uma das mais prestigiadas e concorridas instituições de Ensino Médio do país.[11] Formou-se no Queens College em Flushing, Nova York, onde conheceu a futura esposa, Marion, e obteve o diploma em Direito pela Universidade Fordham, em 1970, logo após o nascimento da filha Shana.

A essa altura, a família de Bernie estava crescendo. Seu primeiro filho, Mark, cuja chegada em março de 1964 fizera com que Ruth encerrasse sua breve atuação como gerente da corretora, foi seguido por outro filho, Andrew, em abril de 1966.

A despeito das dificuldades de entrar no fechado mercado de balcão, a corretora aparentemente se saía muito bem. Ele levou sua jovem família para Roslyn, na cada vez mais abastada costa norte de Long Island, e saía todos os dias para trabalhar no novo e melhorado escritório no número 110 de Wall Street, a seis quarteirões do Mercado de Peixes Fulton, no East River. Ele e Ruth entraram para um clube de campo; ela aproveitava os dias de verão no clube e o golfe da família melhorou.[12]

Parece que Peter começou a trabalhar na empresa do irmão enquanto ainda estava na faculdade — os registros mostram que obteve a licença de corretor em 1969 — e voltou para ficar após obter o diploma em Direito. O caçula chegou em meio a algumas das mais revolucionárias mudanças desde a invenção da fita de telex e do telégrafo, um ano antes. E colocou a empresa de Madoff no mapa tecnológico, gastando muito dinheiro para isso.

Houve pouco consenso, em retrospecto, sobre se o Peter Madoff daquela época era amável e simpático ou exigente e de língua afiada. Alguns ex-funcionários, aborrecidos com as perdas, lembraram-se do Peter de maneiras menos lisonjeiras. Mas, mesmo após a queda de Bernie Madoff, os jornais do ramo estavam cheios de comentários de pessoas que os conheciam havia anos e de fato gostavam deles. Peter Chapman, da *Traders Magazine*, descobriu que Peter, como Bernie e os filhos, "era quase universalmente estimado" na Street.[13] Os irmãos Madoff "eram ótimas pessoas", disse um de seus clientes institucionais.[14]

Houve duas vívidas correntes de concordância entre essas diferentes lembranças.

Primeira, a percepção de que Bernie depreciava o irmão mais novo, com sutileza e humor, porém de maneira persistente. Pode não ter sido mais que o antigo atrito entre um homem bem-sucedido e um promissor irmão mais novo tentando encontrar seu lugar à mesa. A despeito do diploma de Direito de Peter — uma credencial que Bernie decidira que não valia seu tempo —, ele começou como funcionário assalariado da corretora, embora seu salário fosse cada vez mais alto. Quase quarenta anos depois, ainda seria funcionário assalariado, trabalhando para um irmão que nunca o transformou em sócio do negócio a que devotara toda a vida. Durante décadas, sua única participação societária na empresa primária de Madoff foi parte das ações da subsidiária de Londres, formada em 1983, com o irmão retendo o controle acionário com mais de 88%.[15]

É possível que a maneira como Bernie tratava Peter simplesmente ecoasse a dinâmica de sua infância. Em 1970, seu pai, Ralph Madoff, se interessara pela corretora, e ele e Sylvia às vezes o ajudavam inspecionando empresas

FOME DE LUCRO 83

que estava considerando como investimento.[16] A ocasional presença de Ralph na empresa pode ter reforçado os papéis infantis de Bernie e Peter como irmão mais velho e irmão mais novo. Se foi assim, a influência não durou muito. Em julho de 1972, Ralph Madoff morreu de infarto, aos 62 anos. Dois anos e meio depois, em dezembro de 1974, Sylvia Madoff morreu subitamente, após um ataque de asma durante um cruzeiro de férias pelo Caribe. Ela estava a semanas de seu 63º aniversário.[17]

Mesmo com as baixas expectativas atuariais do início da década de 1970, foi um choque para os irmãos Madoff perderem ambos os pais tão cedo. Amigos daquela época lembram que Bernie se tornou paternal em relação ao irmão mais novo, assumindo o papel de Ralph como patriarca da família.

A segunda percepção comum entre aqueles que o conheciam bem é que Peter Madoff era a força essencial que impelia a empresa do irmão para a vanguarda da tecnologia informatizada de mercado, mantendo-a competitiva e atraindo atenção regulatória favorável. Em um relato sobre a automação de Wall Street, os autores os apresentam: "Bernard (que fundou a empresa) e Peter (o gênio de computação da companhia)."[18] Mesmo uma das ações movidas contra ele após a queda do irmão dá a Peter o crédito por ter desenvolvido a tecnologia de transações empregada pela mesa de operações.[19]

Bernie Madoff adotou a ideia de que a tecnologia claramente remodelaria o mercado de ações e ele também teria de remodelar sua empresa. Mas seu irmão compreendeu todos os passos necessários para chegar lá. Quando a perícia de Peter se revelou, ele assumiu papel mais amplo na supervisão das operações da empresa, nas quais a nova tecnologia era necessária todos os dias.

Se certos relatos de insiders estiverem corretos, sua contribuição para a empresa do irmão foi ainda mais significativa. Tais histórias afirmam que foi ele que viu o potencial de criar um mercado para ações que normalmente eram negociadas na Bolsa de Valores de Nova York. "E foi essa decisão", observou o autor de um relato, "que catapultou a empresa para as grandes ligas do atacado".[20]

A compra e venda de balcão de ações listadas na bolsa foram chamadas de "terceiro mercado", um nome que, segundo alguns estudiosos, deriva da visão de Wall Street de que a Big Board e outras bolsas tradicionais são o "primeiro mercado" e o mercado de balcão é o "segundo mercado". As grandes empresas de Wall Street afiliadas à Bolsa de Valores de Nova York eram obrigadas a negociar ações listadas na NYSE [New York Stock Exchange] somente na Big Board. Assim, o terceiro mercado — a negociação de ações da NYSE entre corretores do mercado de balcão — era um nicho menor que as empresas que não faziam parte da bolsa podiam explorar facilmente, sem a pressão das gigantes. Quando os investidores institucionais começaram a migrar para o terceiro mercado, cujas comissões eram mais baixas que na Big Board, o crescente volume de transações gerou nova renda para as empresas menores trabalhando com o terceiro mercado. Foi aqui que a empresa de Madoff começou a aumentar sua fatia do volume de transações de Wall Street e construiu sua reputação entre outros líderes do mercado. E participar do terceiro mercado, de acordo com muitos, foi ideia de Peter Madoff.

Seu papel durante a turbulenta década de mudanças tecnológicas em cascata fez de Peter um homem tão influente quanto o irmão nos círculos regulatórios. Ele também se tornou uma figura cada vez mais importante na própria empresa, assumindo várias responsabilidades, inclusive o cumprimento das regulamentações.

É por trás do mundo da tecnologia de transações que surge o mistério. Como diretor de conformidade, o quanto ele sabia sobre o que acontecia nas contas dos clientes? O quanto descobriu sobre todo o dinheiro que os familiares de Ruth enviavam por meio do velho escritório de contabilidade de seu pai? O quanto Bernie dividiu com ele sobre a condição financeira das partes da empresa que ele não via? Em resumo, o quanto Bernie lhe disse sobre a fraude cada vez mais ampla?

Absolutamente nada, de acordo com o próprio Madoff e com o advogado de Peter, comentando a prisão e respondendo a perguntas nos anos que se seguiram — anos em que Peter permaneceu sob investigação, mas não foi preso ou acusado de nenhum crime.

FOME DE LUCRO 85

Peter Madoff tinha suas próprias contas de investimento, gerenciadas pelo irmão, e elas teriam gerado milhões para ele e os membros de sua família durante anos. Será que nunca suspeitou de que os lucros eram bons demais para serem reais? Os registros mais tarde mostrariam certo número de negociações retroativas nas contas que o enriqueceram. Será que nunca se sentou e conferiu os registros com Bernie, para ver como lucros tão surpreendentes eram possíveis?

Sua resposta, desde o dia em que o irmão foi preso, foi "não". Sua defesa legal em uma série de ações foi de que, como milhares de outras pessoas, achou que podia confiar no espetacularmente talentoso irmão para gerenciar seu dinheiro — assim como o irmão confiava nele para gerenciar as transações da empresa e mantê-la à frente da curva tecnológica.

Se Bernie confiava a Peter algo além das altamente tecnológicas negociações da empresa, houve poucos registros escritos para documentar publicamente o fato.

*

No fim dos anos 1970, Frank Avellino e Michael Bienes perceberam que tinham de fazer algo a respeito de seu acordo com Bernie Madoff.

De acordo com Bienes, o processo que Saul Alpern iniciara uma década antes — receber os cheques dos investidores, registrar os lucros individuais, enviar os cheques das retiradas e registrar quando o dinheiro fosse reinvestido — se tornara trabalhoso demais.[21] Os contadores sofriam com a mesma crise do papel que atacara Wall Street uma década antes, mas não tinham acesso aos mainframes que teriam solucionado seus problemas, e os computadores pessoais ainda estavam a alguns anos de distância. Além disso, eles tinham um escritório de contabilidade para gerenciar.

A Avellino & Bienes herdara quase todos os clientes contábeis de Saul Alpern após sua aposentadoria, com exceção de uma conta muito importante: a da Bernard L. Madoff Investment Securities. Os livros da corretora eram de responsabilidade de Jerome Horowitz, outro contador do escritório de Alpern que estava suficientemente bem estabelecido a ponto de Bienes esperar que, em breve, abrisse seu próprio escritório — como acabou fazendo. A despeito da conexão com a família Alpern, era Horowitz quem cuidava da contabilidade tributária anual e das auditorias da corretora. Quando Horowitz deixou o escritório de Alpern para abrir o seu no fim dos anos 1960, levou consigo a conta de Madoff.

Aparentemente, não houve ressentimentos em relação a isso, pois Bernie Madoff continuou a investir dinheiro para os clientes da Avellino & Biennes depois que o sogro se aposentou. O número de contas cresceu ligeiramente, "para acomodar as contas de aposentadoria e as contas dos familiares dos clientes originais", disse Madoff em carta enviada da prisão, mas jamais passou de meia dúzia — todas, segundo ele, envolvidas com arbitragem, sua marca registrada.

"Eu achava que todas as [contas] Avellino & Bienes deviam operar de maneira idêntica à conta original de meu sogro", disse ele — em outras palavras, o dinheiro de muitos investidores seria reunido em algumas poucas contas e os lucros seriam alocados pelo escritório de contabilidade. Ele afirmou ter alertado os dois contadores para manter o número de investidores abaixo do nível que exigiria que fossem registrados como fundo mútuo público — uma alegação que Michael Bienes contestou fervorosamente em seu relato daqueles anos.

Embora os retornos fossem atraentes para Avellino, Bienes e seus clientes — os reguladores mais tarde diriam que passavam de 15%, mas não há evidência clara nos registros de Madoff daqueles anos —, a burocracia ameaçava soterrá-los. Bienes credita a Avellino uma ideia inovadora: "Duas palavras — pagar juros. É simples. Pagaremos a eles uma taxa fixa trimestral. Eles podem reinvestir ou receber um cheque."[22]

Esse passo merece nota porque foi a primeira grande mudança na maneira como a Avellino & Bienes lidava com o dinheiro investido com Madoff, uma mudança que, segundo ele, foi feita sem seu conhecimento ou aprovação. Também foi algo que simplificou suficientemente o processo para que o minúsculo escritório de contabilidade pudesse lidar com um número

FOME DE LUCRO

enorme de clientes e uma surpreendente quantidade de dinheiro. Não houve uma estrutura societária formal ou uma unidade comercial separada para marcar a nova abordagem dos dois contadores. Foi tudo muito casual, mas o escritório de contabilidade "sempre respondeu pelas mudanças", disse Michael Bienes anos depois.[23]

"O que mostra o quanto confiávamos em Bernie", declarou ele.

Era uma época na qual as pessoas queriam desesperadamente algo sólido em que acreditar. Os anos 1970 pareciam a década que arruinaria Wall Street. O contraste entre o estado desanimador de Wall Street e o aparente sucesso de Madoff com suas arbitragens fez crescer ainda mais sua reputação.

"O mercado de ações quebrou nos anos 1970 e ninguém notou", observou o autor financeiro Jerry Goodman. Ao contrário da quebra de 1929, a de 1970 ocorreu em câmera lenta. Como Goodman memoravelmente resumiu: "Se a primeira quebra foi um salto dramático de um edifício de sessenta andares, a segunda foi como se afogar na banheira. Afogar-se na banheira parece menos assustador, mas você morre do mesmo jeito."[24]

A inflação — alimentada pelo empenho governamental em uma cara guerra estrangeira no Vietnã e um ambicioso programa de bem-estar no país — estava destruindo o valor do papel-moeda. Quando Bernie Madoff iniciou seus negócios em 1960, a inflação era de menos de 2% ao ano. Quando o presidente Richard Nixon assumiu em 1969, era de 5% ao ano. Nos primeiros nove meses de 1979, chegou a 10,75%. "Uma inflação tão alta durante tempos de paz não tinha precedentes na história norte-americana", observou um estudioso do Federal Reserve.[25]

A década de depressão deixou o mercado de ações de joelhos; o frenético mercado go-go da década anterior chegara ao fim. Parecia não haver nenhum lugar seguro em meio à tempestade. Os preços das ações oscilavam bruscamente — ninguém conseguia se lembrar de variações daquele tipo, mês após mês. Os bônus não mantinham seu valor, especialmente no fim da década, quando o Federal Reserve interferiu para tentar curar a febre inflacionária, aumentando tremendamente os juros. Os investidores de varejo norte-americanos aprenderam novas palavras com as quais se preocupar: *volatilidade* e *estagflação*.

Colocar dinheiro no banco, uma opção outrora segura, já não parecia razoável. Durante anos, as regras do Tesouro haviam limitado os juros que os pequenos poupadores podiam esperar; somente as grandes instituições podiam fazer aplicações a taxas que se mantinham acima da inflação. Quando as taxas finalmente subiram para os pequenos poupadores, as instituições de poupança da nação entraram em uma arriscada tendência de empréstimos que prometia acabar mal. Mesmo que pudesse encontrar um banco ou instituição que permanecesse estável, apenas estabilidade não era suficiente. A inflação dos anos 1970 erodia o poder de compra de cada dólar que os poupadores cuidadosos haviam colocado no banco ou empregado para comprar bônus.

A fome de lucro se tornou quase uma obsessão para toda uma geração. Você tinha de encontrar algo que pagasse mais que o custo de vida ou estaria sempre endividado. Os investidores invadiram o recém-criado mercado de fundos mútuos. Alguns se voltaram para complexas sociedades que investiam em reservas de petróleo e gás ou prata e outros metais preciosos, cujos preços subiam rapidamente.

Os investidores prudentes haviam aceitado o elo blindado entre nível de risco e taxa de retorno: para conseguir retornos mais altos, era preciso assumir riscos maiores. Os bônus corporativos pagavam taxas mais altas que os bônus do Tesouro porque eram mais arriscados; afinal, o Tio Sam jamais iria à falência. Pequenas ações de balcão subiam bem mais rapidamente que as ações de primeira linha, mas tinham muito mais probabilidade de acabarem sem valor. As coisas eram assim. O preço que os bravos pagavam por lucros maiores incluía riscos maiores e noites insones. Não se iluda, diziam os sábios: aqueles que querem dormir tranquilamente precisam aceitar lucros menores.

Perversamente, agora o maior risco parecia ser aceitar um lucro muito baixo para o investimento. Aparentemente, fora de algum modo repelida a "lei" que preconizava que investimentos que pagavam taxas mais altas eram mais arriscados que aqueles que pagavam taxas mais baixas. Os anos 1970 inverteram a tradicional fórmula de risco e recompensa. Era preciso

FOME DE LUCRO

segurança *e* lucro — os robustos lucros da especulação sem toda aquela insana volatilidade, e a segurança de um investimento de baixo risco sem a lenta erosão de suas economias.

Esse sonho impossível era exatamente o que algumas pessoas de sorte afirmavam conseguir, ano após ano, com Frank Avellino e Michael Bienes: pagamentos reais e constantes de lucros, com zero volatilidade. Uma vez que os retornos de Madoff, como os de muitos corretores de arbitragem daquela época, estavam sempre dentro de uma faixa estreita, o pagamento de juros aos clientes fazia sentido para eles. Significava que, em alguns pagamentos trimestrais, pagavam um pouco mais do que haviam recebido de Madoff e, em outros, um pouco menos; mas, no fim, tudo se equilibrava. E, com o tempo, se a maioria dos clientes deixasse os lucros nas contas, as diferenças se tornariam praticamente invisíveis. A Avellino & Bienes parecia ter transformado a especulativa e arriscada prática de investir no mercado de ações em um fluxo constante e previsível de renda — como os juros de um bônus corporativo de elite, mas sem a erosão do capital. Os retornos constantes de Bernie Madoff tornaram isso possível.

Em um ambiente obcecado pela inflação, a mudança que Avellino e Bienes fizeram na maneira de lidar com os investidores inicialmente recrutados por Saul Alpern — "vamos pagar juros" — sobrecarregou o pequeno negócio, voltado para um grupo de "amigos e familiares".

Madoff mais tarde insistiria que se recuperou dos erros cometidos em 1962 e realmente ganhou dinheiro para esses clientes — e, dado o ambiente aquecido do mercado nos anos 1960 e as estratégias que ele afirmou ter usado, pode estar dizendo a verdade. Em sua primeira década no ramo, o mercado de balcão conseguia ganhos anuais muitas vezes superiores ao que seus investidores supostamente recebiam naqueles dias. Mesmo nos anos 1970, Madoff podia estar ganhando mais dinheiro como investidor institucional que Avellino & Bienes pagavam aos investidores de varejo. De fato, algumas esmaecidas lembranças entre os investidores sugerem que ele pode ter usado o dinheiro de alguns deles como capital de giro para a jovem corretora, produzindo lucro suficiente para cobrir com facilidade os retornos prometidos.

90 O MAGO DAS MENTIRAS

Isso ainda seria uma violação das regras — se soubessem disso, os reguladores teriam acusado Madoff de apropriação indébita dos fundos dos clientes. Ao menos era estatisticamente possível que estivesse investindo com sucesso a limitada quantidade de dinheiro que Saul Alpern lhe trazia de familiares e amigos.

A notícia se espalhou, e a notícia era que a Avellino & Bienes era a única maneira de investir com o notável Bernie Madoff, que não aceitava contas de clientes individuais.

O fato de que tantos dos clientes do escritório de contabilidade tenham investido a partir dele pode simplesmente refletir o papel que contadores desempenhavam antes que "banqueiros privados" e "consultores de investimentos" estivessem amplamente disponíveis para pessoas moderadamente abastadas que possuíam pequenos negócios. Para elas, o escritório de contabilidade era o mais próximo que conseguiam chegar de um consultor financeiro — e quem tinha tempo para qualquer coisa mais elaborada, ainda que pudesse encontrar alguém mais qualificado? Afinal, essas pessoas tinham um negócio para cuidar.

Assim, o número de investidores da Avellino & Bienes cresceu exponencialmente e a quantidade de dinheiro envolvida cresceu com ele. No fim dos anos 1970, a operação de investimentos de Madoff representava mais de um terço dos negócios do escritório de contabilidade.[26] Quatro pessoas do escritório de Nova York lidavam com os telefonemas e as aplicações, e enviavam pelo correio cheques e extratos — dois funcionários, uma recepcionista e um gerente, que cuidava das consultas pelo correio e por telefone.[27]

E o escritório sempre pagava; ninguém jamais reclamou ou expressou dúvidas sobre a operação. Não surpreende que os cheques estivessem sempre chegando e as indicações fossem incessantes.

Bienes insistiu mais tarde que ele e Avellino "jamais fizeram propaganda, promoveram o escritório ou mesmo enviaram cartões de Natal — e o dinheiro continuava chegando".[28] Quando coletavam uma soma substancial, enviavam para Madoff. Ao fim de cada trimestre, retiravam dinheiro da conta da corretora e o depositavam para cobrir os cheques individuais de dividendos que tinham enviado pelo correio.

FOME DE LUCRO

Além do dinheiro, a confiança que os clientes investiam no arranjo informal era notável. Ninguém em Wall Street ou nas agências regulatórias de Washington jamais ouvira falar de Avellino ou Bienes. Não havia folhetos, informes nem nenhum tipo de documentação — e os dois contadores deixavam enfaticamente claro que jamais haveria, então não adiantava pedir. Tudo o que se podia esperar era um recibo simples declarando a quantidade investida e a taxa de retorno prometida. "Era tudo que dizíamos. Éramos durões", lembrou Bienes mais tarde.[29] Esta era a regra: nada por escrito.

Enquanto isso, eles também lidavam com o trabalho do escritório de contabilidade. "Tínhamos clientes de pequeno e médio porte, e individuais", contou Bienes.[30] "Muitos deles eram excêntricos. Mas, como Saul Alpern costumava dizer, a pessoa normal não abre um negócio — ela consegue um emprego."

Os próprios Bienes e Avellino eram excêntricos, uma dupla de personagens de Damon Runyon na vida real. Frank Avellino tinha o curioso hábito de se referir a si mesmo na terceira pessoa, pelo nome completo. Perguntado em um depoimento posterior sobre quaisquer empréstimos bancários que seu escritório obtivera, respondeu: "Tudo o que posso dizer é que, em certo momento, Michael Bienes e Frank Avellino emprestaram milhões de dólares do Chemical Bank, sem garantia [...] Voluntariamente pagamos nosso empréstimo ao banco. Eles nos odiaram por isso."[31]

Avellino o fez porque "Não gosto de preencher declarações financeiras, não gosto que saibam — sou muito reservado, assim como Michael. Falando claramente, isso não é da maldita conta de ninguém e acho que podemos nos dar ao luxo de não fazer empréstimos".[32]

Avellino e Bienes se referiam às pessoas que lhes enviavam dinheiro como "credores", não investidores. Eles repetidamente explicavam aos clientes que estavam emprestando dinheiro para financiar as atividades de investimento do escritório. Prometiam pagar a esses credores individuais certa taxa de juros, que honravam com os lucros que obtinham ao investir com Madoff. Sua insistência nessas descrições sugere que achavam que podiam incluir esse lucrativo negócio na brecha legal das "livranças", que não precisavam ser registradas junto aos reguladores de títulos.

Mais tarde, em resposta à pergunta sobre como a sociedade se assegurava de que poderia pagar os juros prometidos a esse universo de "credores" em expansão, Avellino disse: "Michael Bienes e Frank Avellino [...] tinham seus próprios ativos, e sempre soubemos que eles poderiam ser necessários, porque éramos pessoalmente responsáveis pelos empréstimos."[33]

A despeito desses arranjos altamente heterodoxos, uma multidão de investidores veio a acreditar que essa, enfim, era uma solução legítima para seu persistente dilema de investimento. Viajando para bem além da regulada Wall Street, eles acampavam em uma terra lamacenta, sem regras escritas ou adultos de olho. Mesmo assim, achavam ter encontrado um refúgio seguro: estavam obtendo a segurança de retornos consistentes sem sacrificar os lucros mais altos, superiores à inflação, de investimentos mais arriscados e voláteis. Subestimando intensamente os riscos que assumiam, eles se sentiam afortunados por poder investir seu dinheiro com — ou melhor, *emprestar* dinheiro para — a Avellino & Bienes.

Para muitos investidores espertos, porém crédulos, a estrada através de Madoff levava a uma regulatória terra de ninguém. E, para muitos deles, essa estrada foi pavimentada, voluntariamente ou não, por seus confiáveis contadores. Frank Avellino e Michael Bienes foram apenas os primeiros.

4

OS QUATRO GRANDES

A tecnologia de computadores que se enraizou em Wall Street nos anos 1970 permitiu que o mundo visse mais de perto os magos do mercado de ações que haviam capturado a atenção do público na década anterior. Infelizmente para a fraternidade de magos, os analistas descobriram que uma carteira cuidadosamente escolhida por algum gênio célebre não costumava se sair melhor que uma carteira de ações escolhida de maneira completamente aleatória.[1]

A ideia fatalmente sedutora de que há um gênio no qual os investidores podem confiar para escolher as ações corretas no momento certo e vencer o mercado por dois ou três dígitos, ano após ano, sem erro — bem, essa noção é uma fênix, um conceito alado que se ergue, mais ou menos intacto, das cinzas de cada colapso do mercado.

Seu apelo indestrutível para um investidor abastado chamado Stanley Chais teve enormes consequências para Bernie Madoff, que parecia ser exatamente o tipo de gênio que Chais e todos os outros estavam procurando.

Chais era um polido cavalheiro que, no fim da década de 1960, vendera a malharia da família na Costa Leste e se aposentara.[2] Antes de se mudar para a área de Los Angeles por volta de 1970, ele viveu em Sands Point, Long Island, com sua atraente esposa Pamela — um artigo do *New York Times* da época notou sua tez "pêssego com creme" e seu cabelo loiro "cuidadosamente penteado" — e os três filhos.[3] Pamela Chais era filha de um dramaturgo da Broadway e ela mesma uma promissora autora na época em que a família se mudou para o oeste.[4]

Antes de a família se mudar, Chais conheceu Bernie Madoff por intermédio de Marty Joel, o corretor independente que dividira o escritório com Madoff na Broadway, 39, e era cliente do escritório de contabilidade de Saul Alpern. Chais e Joel foram colegas de classe na Universidade de Siracusa e tornaram-se amigos. Os Madoff socializavam com os Joel e era natural que conhecessem os Chais. Chais ficou impressionado com o dinheiro que Madoff estava ganhando com arbitragem e decidiu investir parte de seu próprio capital nessas transações.[5] Em breve, também estava ganhando.

Stan Chais e Bernie Madoff permaneceriam conectados por quase quarenta anos. Os fundos fiduciários para os três irmãos Chais e outros membros da família foram investidos com Madoff. Com o tempo, Chais passaria a ter mais de quarenta contas com Madoff, incluindo as de sua fundação de caridade. Com base em algumas poucas evidências documentais, parece possível que também tenha conhecido outros membros de seu círculo imediato, incluindo seu sogro, Saul Alpern.[6]

Chais não foi apenas um investidor individual nem alguém que simplesmente tinha uma conta na corretora e colocava o dinheiro de outras pessoas nela, como fazia a Avellino & Bienes. Começando em 1970, ele estabeleceu três sociedades formais que arrecadavam dinheiro com outras pessoas e investiam com Madoff. Isso o tornou o precursor de centenas de empreendedores que criariam e venderiam fundos privados designados unicamente a levar o dinheiro de seus clientes até a porta de Madoff.

Chais criou o primeiro "fundo feeder" formal. Um fundo feeder é simplesmente um fundo que arrecada dinheiro de investidores e o aplica em outros fundos. Fundos feeder arrecadando dinheiro para investir com Madoff proliferariam como coelhos após 1990. Mas tudo começou aqui, com a primeira sociedade de Chais.

OS QUATRO GRANDES

Chamava-se Lambeth Company,[7] e começou seus negócios em 1970. A Brighton Company se seguiu em 1973 e a Popham Company em 1975. Chais cobrava taxas para administrar esses fundos iniciais, que se pareciam muito com fundos mútuos informais, embora jamais os tenha registrado junto à SEC. Ele acreditava não precisar fazer isso porque tinha apenas algumas dúzias de investidores diretos, de acordo com pessoas que o conheciam bem.[8] Por razões similares, não achava necessário se registrar na SEC para atuar como consultor informal de investimentos.

A maioria de seus clientes chegou até ele por conta do boca a boca, fosse nos círculos criativos de Hollywood frequentados por sua mulher, fosse por meio do escritório de contabilidade que empregava. E, embora nem ele nem suas contas de investimento fossem registrados ou regulados, Chais e seus muitos clientes aparentemente se sentiam confiantes de que nada poderia dar errado.

Cada um dos três sócios de Chais pegou dinheiro de "subfundos" adicionais, outras sociedades formais, mas não registradas, que coletavam dinheiro e pagavam taxas a seus sócios. Todo o dinheiro, reunido diretamente por intermédio de suas próprias companhias ou indiretamente pelos subfundos, era investido com Madoff.

A documentação inicial dos três fundos feeder de Chais indicava que estavam sendo formados para perseguir estratégias de arbitragem — o que combina tanto com as memórias de alguns investidores iniciais de Madoff e outras fontes familiarizadas com as contas, quanto com a versão dos eventos oferecida pelo próprio Madoff.[9]

Um jovem membro de uma família de investidores iniciais — devastado com as perdas posteriores — disse que o pai ouvira diretamente de Madoff, em algum momento no fim dos anos 1970, que ele usava a arbitragem como estratégia para ganhar dinheiro. "Ele supostamente criara esse sistema informatizado para identificar oportunidades de comprar ações preferenciais e vender ações comuns", lembrou ele.[10]

Assim, parecia possível — talvez Stanley Chais tenha se convencido de que era até mesmo plausível — que Bernie Madoff talvez tenha usado estra-

96 O MAGO DAS MENTIRAS

tégias legítimas de arbitragem a fim de gerar lucros constantes e confiáveis para o dinheiro que Chais angariava para as contas da Lambeth, da Brighton e da Popham na década de 1970.

A estratégia começaria a parecer um pouco menos plausível quando o dinheiro confiado a Madoff passasse a crescer todos os anos. A maioria das oportunidades de arbitragem desaparecia rapidamente se muito dinheiro fosse investido nelas em um curto período de tempo.[11] E, no início dos anos 1980, Madoff estava aceitando uma porção de dinheiro. Além disso, seus investidores institucionais começavam a se interessar por ações conversíveis — o elemento básico das estratégias de arbitragem — no fim dos anos 1970 e começariam a competir com ele pelas melhores oportunidades de lucro.

Pelo que Chais sabia, contudo, Madoff tinha apenas alguns poucos clientes e só aceitava novas contas como favor para algum amigo próximo. Talvez, nesses dias iniciais, isso fosse verdade. Madoff já estava cultivando um ar de quieta exclusividade. Esperava que seus afortunados clientes mantivessem silêncio sobre seu clube de elite — falar a respeito faria com que mais pessoas o procurassem para entrar e ele dizia não querer isso.

Essa atitude não apenas forneceu um toque de classe a seu negócio, como também, aparentemente, manteve cada fonte de dinheiro no escuro sobre a existência das outras. Ao longo dos anos, seria difícil para qualquer um marcar o ponto em que os investimentos baseados em arbitragem se tornaram grandes demais para serem plausíveis.

As lembranças são enevoadas sobre o tipo de lucro que as sociedades de Chais produziram durante os anos 1970. Madoff poderia estar produzindo lucros constantes entre 10% e 14%, anualmente, como lembram algumas pessoas? Talvez. Um bocado de gente inteligente se permitiu acreditar que era isso que ele fazia. E talvez, naqueles dias dos primeiros fundos feeder legítimos, isso fosse mesmo verdade.

As contas que Chais criou para sua própria família não eram contas de arbitragem. Supostamente compravam ações em companhias fortes e promissoras e as mantinham durante anos ou mesmo décadas. Quando os registros das contas de Madoff foram examinados após a prisão, essas contas

OS QUATRO GRANDES

de "comprar e manter" da família de Chais demonstraram resultados muito melhores que as sociedades formais de arbitragem que ele estabelecera para investidores externos.

Ações judiciais demonstrariam que, em 2008, havia vários erros estranhos em muitas contas de Chais. Ações que haviam sido compradas ou vendidas em datas nas quais o mercado estava fechado ou a preços que ultrapassavam os limites nas datas especificadas. Também haveria acusações, negadas por Chais, de que orientara Madoff a retroagir a data das negociações e garantir que não haveria perdas em suas contas ou fabricar negociações para produzir ganhos ou perdas específicas.[12]

A fortuna que se acumulou nas contas de Chais, algumas delas alimentadas por taxas que ele cobrava de seus investidores externos, permitiram que se tornasse um benfeitor devotado e consistente de instituições de caridade em Israel. Também foi generoso com instituições judaicas nos Estados Unidos e era amplamente respeitado e admirado.

Advogados da família disseram mais tarde que Stanley Chais ignorava completamente a traição de Madoff — jamais suspeitara de nada. Ele acreditava que Madoff era um daqueles raros gênios do mercado — como Warren Buffett, George Soros ou o fundo Magellan de Peter Lynch, que tinham um instinto para ganhar consistentemente muito dinheiro, não importando as condições de mercado. Se suspeitava, de alguma forma, que Madoff era um trapaceiro, disseram; certamente não teria deixado a maior parte da fortuna de sua família, sua renda com taxas e seus ilusórios lucros de investimentos nas mãos dele.

*

Stanley Chais fazia parte de um quarteto de empreendedores judeus muito abastados que abriram contas na corretora de Bernie Madoff no fim dos anos 1970. Os outros membros desse clube de elite eram Carl Shapiro, lendário sucesso da indústria de vestuário; Norman F. Levy, gigante no ramo imobiliário de Nova York; e Jeffry M. Picower, o mais jovem dos quatro,

98 O MAGO DAS MENTIRAS

que começaria promovendo operações isentas de impostos e emergiria no fim da década como o homem para o qual a palavra *inescrupuloso* teria sido inventada.

Ao contrário de Chais, os outros membros dessa clientela não formaram fundos feeder ou recrutaram ativamente fluxos de outros investidores para Madoff. Mas, como Chais, permaneceriam com ele por ao menos quatro décadas, obtendo lucros surpreendentes e confirmando sua credibilidade entre outros investidores ricos, de Park Avenue a Palm Beach e Beverly Hills.

Sua afinidade com ele parecia ao menos parcialmente enraizada em seu status como *self-made man* e eles tinham grande confiança em seu próprio detector de trapaças. E, mesmo assim, esses detectores parecem jamais ter soado em relação a Bernie Madoff. Jovem como era — ele só faria 40 anos em 1978 —, Madoff já tinha um ar de calma maestria, livre de qualquer exibicionismo ou falsa teatralidade. Não parecia ansioso por seu patrocínio. Jamais tentou entretê-los com piadas ou histórias pessoais; em vez disso, ouvia pacientemente suas piadas e histórias pessoais. Jamais parecia estar tentando impressioná-los — e, de alguma forma, isso os impressionou.

Ele impressionou Carl Shapiro pela primeira vez no início dos anos 1960, ao prestar um serviço melhor do que Shapiro estava recebendo de uma empresa maior de Wall Street. Shapiro, nascido em 1913, fora criado em um abastado subúrbio de Boston e se formara na universidade da mesma cidade. Em 1939, ele e o pai fundaram a Kay Windsor Inc., que colonizou um nicho voltado para a classe C na indústria de vestuário — roupas baratas de algodão — e o transformou profundamente.

"Quando a Kay Windsor foi inaugurada, vestidos de algodão e vestidos baratos de usar em casa eram sinônimos",[13] escreveu um repórter do *New York Times* em 1957. "E os vendedores de varejo dispensavam rapidamente os serviços de qualquer comprador tolo o bastante para sugerir que vestidos de algodão podiam ser vendidos durante todo o ano."

A Kay Windsor ajudou a mudar isso, produzindo elegantes peças de vestuário feitas de algodão para o ano todo, que se tornaram peças essenciais do guarda-roupa das "garotas trabalhadoras" e donas de casa suburbanas do início do boom do pós-guerra. Vendedor habilidoso e gerente exigente, Shapiro assumira as rédeas da empresa no início dos anos 1950, quando o pai se aposentara. No fim dessa década, a Kay Windsor era uma das maiores fabricantes de vestidos do ramo e Carl Shapiro, um homem muito rico. Ficou ainda mais rico quando vendeu a Kay Windsor para uma companhia maior em 1970.

A essa altura, ele já fazia ao menos alguns negócios com Madoff. De acordo com Madoff, a conexão se deu por meio de seu colega de Ensino Médio e colega corretor Michael Lieberbaum, cuja família estava associada ao pequeno trecho de Wall Street que Madoff ocupava naqueles dias. O irmão de Mike Lieberbaum, Sheldon, trabalhava para uma grande corretora e Carl Shapiro era um de seus clientes, disse Madoff durante a primeira entrevista na prisão.[14]

Shapiro "estava interessado em fazer arbitragem e eles tiveram dificuldades com isso" na corretora de Sheldon Lieberbaum, contou ele.[15] Acossada pelos atrasos burocráticos que em breve engolfariam Wall Street, a corretora demorava demais para converter os bônus em ações comuns, uma etapa básica em muitas estratégias de arbitragem. "Eu era mais rápido", disse Madoff.

Após sua prisão, Shapiro contou uma versão praticamente similar da história. "Naqueles dias, demorava três semanas para completar uma venda", contou ele.[16] "Esse garoto ficou em pé na minha frente e disse: 'Posso fazer em três dias.' E fez." De acordo com alguns relatos, ele deu ao jovem corretor US$ 100 mil para conduzir negociações de arbitragem e ficou feliz com os resultados. A ligação entre os dois ficou mais forte.[17]

Quando Shapiro se aposentou da indústria de vestuário, ele se devotou à filantropia em Boston e confiou ainda mais ativos a Madoff. Muitas pessoas diriam mais tarde que confiava em Madoff "como em um filho", mas seu elo inicial foi claramente comercial — ele apostou em Madoff na mesa de arbitragem e Madoff usou esse dinheiro para ganhar mais dinheiro. Para o extremamente bem-sucedido Shapiro, a equação era aparentemente simples: ele confiava em Madoff porque Madoff cumpria o que prometia.

Norman F. Levy entrou na órbita de Madoff mais tarde e percorrendo um caminho mais convoluto, mas acabou por se tornar um de seus amigos mais próximos e admiradores mais fiéis. Um ano mais velho que Shapiro, Levy se formou na DeWitt Clinton High School, no Bronx, em 1931, bem a tempo de ver a economia de Nova York mergulhar na Grande Depressão. Em 1934, após trabalhar como escrivão e caixeiro-viajante, ele aterrissou na Cross & Brown, uma das maiores empresas imobiliárias do país. Um amigo próximo da família disse que Levy brincava que era "o primeiro judeu" a ser contratado pela venerada empresa, cujas raízes datavam de 1910, por um período de teste de duas semanas. Se assim ocorreu, claramente foi aprovado: em dois anos, havia economizado o bastante para pagar US$ 700 dólares por um edifício no centro comercial, o qual, após sete anos, vendeu com um lucro de US$ 15 mil.[18] Em 1967, era presidente da empresa e estava a caminho de se tornar um homem muito rico.

Em meados dos anos 1970, Nova York estava à beira da falência e seu mercado imobiliário era vacilante. Levy era dono de vários edifícios comerciais de primeira linha, mas precisava gerar mais fluxo de caixa, lembrou Madoff. Eles se conheceram por meio de uma corrente que começou com o sogro de Madoff, Saul Alpern. Um proeminente líder judeu e empreendedor aposentado da indústria química chamado Maurice Sage, que fora cliente do escritório de contabilidade de Alpern, conhecia um membro do clube de campo de Levy, Arthur Schlichter, que fez as apresentações.[19] "Nós nos conhecemos e nos demos bem", disse Madoff. Levy abriu uma conta na corretora em 1975 e a manteve até sua morte, em 2005.

Como Madoff, Levy era um *self-made man* — mas, ao contrário de Madoff, era gregário, ligeiramente exuberante e profundamente despretensioso. Alto e robusto, ele iluminava a sala com sua personalidade, e Madoff parecia se banhar em sua luz.[20] Levy se tornou uma figura familiar para o staff de Madoff, que gostava de suas visitas. Levy, por sua vez, apreciava a disposição de Madoff de gerenciar sua vida financeira para que ele pudesse focar no que conhecia melhor: imóveis de alta classe.

OS QUATRO GRANDES

Com o tempo, Madoff se tornou muito mais que o corretor de Levy. Orquestrou elaboradas férias para ele e gerenciou os ativos da fundação de sua família. Sua ligação com Levy lhe deu credibilidade nos círculos bancários, nos quais era um cliente cobiçado. Madoff era conhecido no JPMorgan Chase como "amigo íntimo e corretor" de Levy.[21] Uma década depois do primeiro encontro com Madoff, Levy tinha ao menos US$ 180 milhões na conta da corretora; nos doze anos seguintes, esse valor subiria para US$ 1,5 bilhão.[22] Em 2001, formidáveis US$ 35 bilhões entrariam e sairiam de sua conta em doze meses.[23]

O quarto e mais misterioso membro do quarteto inicial de Madoff era um advogado e contador, alto e careca, chamado Jeffry Picower. Como Levy, Picower conhecera Madoff por intermédio de Saul Alpern, embora a conexão tenha sido muito mais direta. Michael Bienes, que começara a trabalhar no escritório de contabilidade em 1968, era casado com Emily Picower, irmã de Jeffry. De acordo com várias fontes, Picower — quatro anos mais jovem que Bernie Madoff e recém-formado em Direito — visitava o escritório de Alpern com frequência naquele tempo. Madoff se lembra de que Alpern era o contador pessoal de Picower na época, mas confirmou que se conheceram graças a Bienes.[24]

O pai de Picower era um imigrante polonês que trabalhara na indústria de chapéus em Nova York e estabelecera a jovem família em Long Beach, uma pequena cidade costeira no litoral sul de Long Island.[25] Ainda jovem, Jeffry se mostrou extraordinariamente inteligente; formou-se na Penn State em 1963 e, em 1967, obteve o MBA em Columbia e um diploma de Direito pela Faculdade do Brooklyn. Foi certificado como contador público em 1971 e acabou no Laventhol & Horwath, um escritório de contabilidade conhecido em todo o país.[26]

Tinha muito talento para ganhar dinheiro no mercado de ações, paixão pela privacidade e disposição para assumir grandes riscos em busca de grandes lucros. Às vezes, perdia — como em 1976, quando investiu mais de US$ 600 mil com um audaz e persuasivo produtor da Broadway que prometeu colossais retornos de mais de 50%, mas que se descobriu estar conduzindo um esquema Ponzi paralelo.[27] No entanto, ganhava com mais frequência, mesmo que seus clientes não o fizessem. Ele ajudou a vender deduções tributárias baseadas no leasing de computadores nos anos 1970 e, quando as declarações de renda de alguns de seus clientes começaram a ser questionadas pelo IRS, conseguira ganhar o bastante para se estabelecer como importante investidor nas fusões e incorporações que começavam a proliferar em Wall Street no início dos anos 1980.

Seus adversários nas batalhas corporativas que ocorreriam mais tarde se lembrariam dele como duro, agressivo e altamente litigioso, um homem que costumava caminhar às margens das regras de mercado e do fair play. Essas batalhas de incorporação colocariam bilhões de dólares em seus bolsos — e, por fim, nas contas da corretora de Madoff.

Do quarteto de clientes iniciais de Madoff, Picower se destaca como o único com quem ele parecia não se sentir à vontade. Em uma resposta escrita a perguntas feitas após sua prisão, Jeffry Picower e a esposa Barbara disseram que a relação com Madoff "começou como relacionamento profissional", acrescentando que "só estabeleceram amizade pessoal anos mais tarde".[28]

No início dos anos 1980, Madoff acrescentara outro círculo de clientes aos Quatro Grandes: um pequeno grupo de abastados investidores franceses que gostavam de jogar com arbitragem no mercado norte-americano. Na primeira entrevista concedida na prisão, ele disse que se conectou a esses clientes franceses graças a Maurice Sage, o mesmo notável líder judeu que participou de sua apresentação a Norman Levy.

Um desses clientes influentes era Jacques Amsellem, cidadão francês que investiu no mercado norte-americano durante os anos 1970, mais destacadamente apostando alto na rede de supermercados Shopwell no fim da década.[29] Amsellem abriu contas com Madoff que permaneceram ativas até sua morte, em 1994, e foram passadas para sua viúva e netos.

Por meio de Amsellem, Madoff conheceu outro importante cliente francês, Albert Igoin, industrial e estudante de Spinoza. Madoff se lembra de fazer sua primeira viagem a Paris no início dos anos 1980 para se encontrar com Igoin, que disse que "amava o mercado de ações" e queria fazer arbi-

OS QUATRO GRANDES 103

tragem de pequena escala em dólares norte-americanos. Igoin e a esposa estadunidense levaram Madoff para jantar "em algum horroroso restaurante chinês. Foi meu primeiro jantar em Paris, e foi horrível".

O relacionamento valia algum desconforto. Embora Igoin fosse ao menos trinta anos mais velho que Madoff, eles gostaram imediatamente um do outro e desenvolveram um relacionamento próximo. Igoin tinha um currículo notável, tendo servido brevemente no gabinete de esquerda francês antes de começar a dirigir uma grande empresa de navegação.[30] Ao conhecer Madoff, trabalhava na maior parte do tempo como consultor financeiro de elite e, assim como Levy em Nova York, ajudou a abrir as portas dos bancos franceses para ele. Tais apresentações gerariam bilhões de dólares nas décadas seguintes.

*

Os anos 1970, que trouxeram tantas novas oportunidades para Bernie Madoff, não foram fáceis para a maioria das pequenas corretoras que haviam surgido no início dos anos 1960. Após uma avalanche de falências entre as corretoras, os reguladores focaram no ambiente insulado que havia permitido o surgimento de tais frágeis empresas: oficialmente, um mundo sem competição de preços.

Os clientes deviam pagar a mesma comissão fixa para cada ação que comprassem ou vendessem, fosse o serviço bom ou ruim. Corretores deviam receber a mesma comissão fixa para cada ação que negociassem, quer a ordem fosse para 100 mil cotas da mesma ação ou mil cotas de cem ações diferentes. Os maiores clientes podiam exigir preços melhores, é claro, mas os pequenos investidores não. Ninguém achava que esse arranjo era uma boa ideia, com exceção das pequenas e pouco competitivas corretoras que ele protegia.

Durante os anos 1970, a SEC forçou a indústria a aceitar mais competição de preços e as comissões fixas foram abolidas em 1º de maio de 1975 — data que passou a ser conhecida na Street como May Day. A mudança

104 O MAGO DAS MENTIRAS

condenou legiões de frágeis corretoras com escritórios elegantes e dispendiosos e muito pouco poder computacional e mão de obra.

Mesmo assim, algumas empresas pequenas, especialmente nos centros financeiros regionais em todo o país, permaneceram como fontes confiáveis de consultoria financeira para incontáveis pequenos proprietários e investidores moderadamente abastados. Ao fazer isso, involuntariamente também ajudaram a pavimentar o caminho até Bernie Madoff.

Uma corretora regional que se tornou um canal confiável para os investidores de Madoff foi a Engler & Budd, em Minneapolis. Mendel "Mike" Engler fundou a empresa em 1961, e o relacionamento entre ela e a Bernard L. Madoff Investment Securities representou um importante passo na evolução do esquema secreto de administração de ativos de Madoff: a confiança por associação.

Os esforços iniciais de recrutamento de Saul Alpern eram claramente focados em pessoas que queriam investir com seu brilhante genro, mesmo que estivessem pouco familiarizadas com as estratégias de arbitragem que praticava. A Avellino & Bienes herdou esse quadro de investidores confiantes, que disseminaram a fama de Madoff a partir de elogios sussurrados. Mas Mike Engler recrutou investidores que poderiam jamais ter ouvido falar de Madoff, mas conheciam e confiavam em Engler. Esse se tornou um padrão familiar. Inicialmente, as pessoas investiam porque confiavam em Bernie Madoff; no fim, investiam porque confiavam na pessoa ou na instituição que era o último elo na longa corrente que levava até ele.

Mike Engler conheceu Bernie Madoff não muito depois de Peter Madoff se unir à corretora em 1969. Como parte de seus deveres iniciais como irmão mais novo, Peter Madoff viajava pelo país vendendo os serviços de atacado da corretora para empresas regionais menores.[31] O sócio de Engler gostou de Peter e concordou em enviar os negócios de sua empresa para Madoff.[32]

A Engler & Budd era uma bem-sucedida corretora de balcão regional em uma época na qual o clube de corretores do mercado de balcão ainda era muito pequeno. Mike Engler se tornou ativo nos comitês da indústria e frequentou suas conferências, assim como os irmãos Madoff. As duas famí-

OS QUATRO GRANDES

lias tiravam férias durante a temporada de esqui em Aspen, onde os Engler eram donos de um condomínio, e ambas tinham laços com os enclaves de aposentados no sul da Flórida. Mike Engler e a esposa passaram a gostar de socializar com Bernie e Ruth. "Eles os achavam o máximo", lembrou o filho de Engler.

Embora naturalmente reservado, Madoff parecia gostar de conversar com Mike Engler, um empreendedor expansivo e exuberante de uma família de homens de negócio bem-sucedidos. Seu pai desenvolvera uma cadeia de cinemas locais. Com outros familiares, Engler fundara uma loja de bebidas, um negócio de barcos e uma companhia de desenvolvimento imobiliário.[33]

Quando Engler vendeu sua corretora em 1986, Madoff o convidou para ser seu "consultor de investimentos",[34] supostamente porque estava abrindo um negócio de gerenciamento financeiro puramente institucional para indivíduos abastados. Foi por volta dessa época que Engler confiou parte de sua própria fortuna a Madoff — era visto como uma oportunidade de ouro ter o "reitor de Wall Street" gerenciando seu dinheiro, disse seu filho. "Jamais teria ocorrido a nenhum de nós suspeitar de algo — ninguém questionava Bernie Madoff."

Engler também era membro do Templo Israel, em Minneapolis, e do Oak Ridge Country Club, em Hopkins, ambos frequentados por judeus influentes nas Cidades Gêmeas. Com o passar dos anos, mais e mais amigos de Engler no clube de campo,[35] conhecidos do templo e clientes da corretora se tornariam investidores de Madoff, atraídos pelos retornos constantes, mas não espetaculares, e pela brilhante reputação local de Mike Engler.

"Eu o chamava de meu investimento 'Eddie constante'", disse uma viúva de Minneapolis.[36] Seu falecido marido decidira investir com Madoff depois que seu amigo de longa data Mike Engler fizera uma discreta reunião de vendas na sala de sua casa de férias na Flórida, no início dos anos 1990. "Ele não entrou em muitos detalhes", lembrou ela. "Disse que era considerado um fundo hedge" e o investimento mínimo era de talvez US$ 1 milhão.

Diferentemente do marido, ela era uma investidora de razoável experiência — antes de se casarem, investira no famoso fundo Magellan do

Fidelity durante seus anos dourados e gerenciara sua própria carteira de ações de primeira linha e bônus. Nunca ouvira falar de Madoff, mas fizera algumas pesquisas, lendo alguns artigos de jornal e telefonando para um casal abastado que conhecia em Boston. Descobriu que o casal, que ela considerava investidores sofisticados, confiava seu dinheiro a Madoff havia trinta anos e que outros homens de negócios em quem confiava — "um contador muito esperto" na cidade, o dono de uma fábrica de sapatos em Minneapolis — haviam investigado Madoff, ficado satisfeitos com sua honestidade e investido algum dinheiro com ele. Todas as pessoas em quem confiava também confiavam em Madoff havia anos. Esse foi o fator decisivo. Ela enviou seu dinheiro.

*

No fim dos anos 1970, embora clientes ricos como Stanley Chais, Norman Levy e Jeffry Picower ainda recebessem seus antiquados extratos em papel, Bernie Madoff aprimorou sua reputação como inovador de mercado de maneiras bastante dispendiosas. Ele se tornara membro da pioneira Bolsa de Valores de Cincinnati, a primeira a eliminar completamente a sala de pregão e realizar somente transações eletrônicas. Ele investiu uma quantidade substancial do dinheiro da corretora para ajudar a financiar a transformação, auxiliando a bolsa a se tornar um exemplo do mercado virtual do futuro. Ele e Peter se alternaram no novo conselho da bolsa. Essas posições — eles eram, afinal, diretores de uma reconhecida bolsa de valores regional — melhoraram a visibilidade de Madoff entre os reguladores.

Em 1979, Bernie Madoff também se tornou membro do comitê da NASD que ajudou a criar o sistema eletrônico que ligava todas as bolsas de valores regionais (incluindo a de Cincinnati) à Bolsa de Valores de Nova York, de modo que as ordens dos clientes podiam ser distribuídas entre elas, em busca do melhor preço. Em sua própria empresa e na indústria em geral, ele estava desafiando a sabedoria convencional e apostando muito dinheiro na automação do mercado de ações. Alguns haviam considerado

OS QUATRO GRANDES 107

o mercado morto nos anos 1970, mas ele estava prestes a experimentar um dos mais robustos períodos de crescimento da história.

Seria um boom mundial de ações e Madoff estaria pronto para ele.

Ele abriu um escritório em Londres, chamado Madoff Securities International Ltd. A queda de barreiras regulatórias em toda a Europa tornou lógica a escolha por Londres. A nova afiliada abriu as portas em fevereiro de 1983, em Mayfair. Ela existia principalmente para negociar títulos estrangeiros e manter contas em moedas estrangeiras para a sede, mas Madoff recrutou pessoas proeminentes nos círculos locais como seu staff executivo e, com o tempo, colocou o irmão e os filhos no conselho da corretora.

A nova filial foi montada com a ajuda de um investidor e amigo, Paul Konigsberg, um contador cada vez mais proeminente de Nova York. Em poucos anos, Konigsberg seguiria os passos de Saul Alpern, criando uma conta de investimentos para fornecer aos clientes de seu escritório de contabilidade, o Konigsberg Wolf, seu próprio caminho até Madoff. Esse padrão seria repetido várias vezes, em outros escritórios de contabilidade, nos anos que se seguiram.

Conforme o dinheiro entrava durante os anos 1970 e início dos anos 1980 — de abastados clientes individuais, da Avellino & Bienes, de profissionais confiáveis como Paul Konigsberg e Mike Engler, e dos fundos feeder de Chais em Beverly Hills —, Bernie Madoff começou a viver um pouco melhor.

Por volta de 1979, ainda vivendo na suburbana Roslyn, os Madoff compraram uma bela casa de fim de semana em Montauk, na extremidade leste de Long Island.[37] Bem atrás dos já elegantes Hamptons, Montauk era uma comunidade litorânea silenciosa e quase rústica no fim dos anos 1970. Mesmo assim, a casa de fim de semana, de frente para o mar, com piscina coberta e um grande e ensolarado deque sobre as dunas, foi uma impressionante aquisição para um jovem corretor de 40 e poucos anos que tinha dois filhos para colocar na faculdade.

Bernie Madoff não era um executivo convencional — longe disso. Outros pais podiam viajar até o trabalho pelas ferrovias de Long Island com as maletas equilibradas sobre os joelhos. Mas, em todas as manhãs dos anos

1970, Madoff dirigia de sua casa em Roslyn até Port Washington, em Long Island Sound, onde um hidroavião Cessna esperava por ele.

Ele fazia parte de um grupo de ousados executivos de Wall Street, todos vivendo perto de Port Washington, que usavam o avião para as viagens diárias para Manhattan, poupando-se das frustrações do trem (chamado de "a lesma prateada") ou do engarrafado tráfego das rodovias.[38] Não era algo incomum naqueles dias — a base do aeroplano era bastante movimentada —, mas era um arranjo ligeiramente arrogante que certamente forjaria amizades entre os quatro ou cinco passageiros que se espremiam dentro da apertada cabine para a cênica viagem de 25 minutos até as torres ensolaradas de Manhattan.

Além de fornecer a Madoff um acesso mais fácil ao trabalho, o hidroavião era bom para os negócios. Alguns de seus companheiros de viagem se tornaram seus clientes ou lhe apresentaram outros clientes. Um desses companheiros era o genial corretor da Amex e vizinho de Roslyn, Maurice J. Cohn, conhecido entre os amigos como "Sonny", que vivia a algumas casas de distância dos Madoff.

Começando em 1985, Bernie Madoff e Sonny Cohn iriam partilhar bem mais que um hidroavião.

5

A TORNEIRA DE DINHEIRO

A amizade que começou no avião Cessna na década de 1970 se transformou em sociedade comercial em 1985, quando Sonny Cohn e Bernie Madoff fundaram a Cohmad Securities, nome formado a partir das três primeiras letras de seus sobrenomes.

Simpático piadista e sete anos mais velho que Madoff, Cohn era destaque entre os corretores da American Stock Exchange [Bolsa de Valores Americana] e da Big Board há quase um quarto de século. Ele começara a carreira no Salomon Brothers, mas logo se unira à orgulhosa comunidade de corretores da Amex, que desdenhava ligeiramente o ainda desajeitado mercado de balcão em que Bernie Madoff estava se estabelecendo. Mas, como vizinhos em Roslyn, os dois se tornaram amigos, participando de brincadeiras e pegadinhas — um amigo se lembra de colocarem um brilhante telefone vermelho na janela traseira do Cadillac com motorista que partilharam brevemente para ir ao trabalho, imitando a "linha quente" nuclear da Casa Branca.[1]

Cohn costumava dizer que Madoff "jamais teve um dia de perdedor";[2] sempre falava como um vencedor, mesmo quando suas ações estavam em baixa.

Em 1982, um ano antes de Madoff abrir a filial de Londres, a corretora de Cohn, a Cohn, Delaire & Kaufman, foi comprada por uma grande corretora da Bolsa de Valores de Londres, a Akroyd & Smithers. Durante algum tempo, Cohn permaneceu como presidente do conselho. Mas, em 1984, um banco de investimentos inglês comprou a Akroyd & Smithers, e sua posição passou a ser absolutamente honorária. Ele ficou cada vez mais inquieto e começou a querer algo novo e não muito cansativo para fazer.[3]

Madoff já planejava a mudança para a parte alta da cidade. Após anos na Wall Street, 110, em um edifício negro e quadrado perto da South Street Seaport, ele alugou o 18º andar do número 885 da Third Avenue, a torre ultramoderna na esquina com a East 53rd Street que rapidamente se tornou conhecida entre os nova-iorquinos como Edifício Lipstick [Batom], em função de sua forma tubular. Haveria espaço de sobra para os mais de cinquenta funcionários da corretora. (Com o tempo, a operação se expandiria também para o 17º e o 19º andares.)

A Cohmad claramente nasceu para ser o segundo ato de Sonny Cohn. De muitas maneiras, a nova corretora era um retorno às pequenas e valentes empresas que galopavam por Wall Street no início da década de 1960, quando ele e Madoff estavam apenas começando.

No fim dos anos 1980, essas empresas estavam praticamente extintas, e seus corretores haviam se espalhado, superadas por empresas maiores que construíam redes de varejo em todo o país e estavam unidas por meio de tecnologias cada vez mais complicadas. A nova empresa de Cohn era um lugar no qual os refugiados de uma esquecida Wall Street podiam fazer o relógio andar para trás, aproveitando a camaradagem das negociações por telefone e persuadindo seus clientes em lautos almoços no salão do P. J. Clarke's ou com drinques no histórico Harmonie Club.[4]

Não havia nada high-tech na Cohmad; ela prometia "serviço de antigamente" para a clientela. Em alguns anos se tornaria um paraíso para velhos corretores que procuravam um lugar para pendurar o paletó; um dos corretores tinha 77 anos quando se uniu à empresa em 1991.

Marcia Beth Cohn era uma exceção, claro. Filha de Sonny Cohn, ainda não tinha 30 anos ao se unir à Cohmad em 1988, após seis anos na

A TORNEIRA DE DINHEIRO 111

Cowen & Company, uma corretora de pequeno porte. Contava com 25% da Cohmad, seu pai com 48% e o irmão de Sonny e um funcionário de longa data, 1% cada.[5]

Os outros 25% estavam divididos: 24% eram partilhados pelos irmãos Madoff — 15% para Bernie e 9% para Peter — e o 1% final era de propriedade de um bostoniano alto e bem-vestido chamado Robert Martin Jaffe.[6]

Bob Jaffe era um homem sociável e atraente com o amor de um dândi pela moda. Começou a carreira em Wall Street em 1969, na E. F. Hutton & Company, e, em 1980, foi para a Cowen & Company, onde trabalhou durante vários anos com Marcia Cohn.[7] Ainda mais importante, casou-se com Ellen Shapiro, filha de um dos primeiros e mais abastados clientes de Madoff, o multimilionário Carl Shapiro.[8] O rumor em Boston era que Shapiro apresentara Jaffe a seu primeiro cliente. Talvez Bernie Madoff tenha dado a ele uma fatia da Cohmad no mesmo espírito: como um gesto de cortesia para o genro de um velho amigo.

Bob Jaffe tinha 45 anos em 1989 quando abriu um escritório para a Cohmad em Boston, onde a família Shapiro tinha conexões nos círculos sociais e filantrópicos. Jaffe tinha bom discernimento, mas não muita percepção. "Ele é alguém que identifica os melhores restaurantes observando quem os frequenta", não fazendo sua própria avaliação do cardápio, disse um colega de seu círculo profissional.

Alguns meses após a inauguração do novo escritório, os reguladores de títulos do estado repreenderam a Cohmad por fazer negócios em Massachusetts sem licença local. Sonny Cohn concordou em se adequar às regras e supervisionar seus agentes com mais cuidado.

Por sua sugestão, a Cohmad era uma expressão bastante casual do negócio de corretagem, um reflexo do clima regulatório menos rigoroso da época em que ele estava no auge — uma época na qual o uso de informações privilegiadas ainda não era crime, as exigências por transparência eram baixas e os reguladores estavam menos atentos ao mercado de balcão.

O staff de Madoff cuidava da burocracia da Cohmad. Não está claro quem se assegurava de que ela atendia às complexas leis de títulos estaduais

112 O MAGO DAS MENTIRAS

e federais — na verdade, não está claro se alguém fazia isso, embora ações judiciais subsequentes tenham afirmado que a gerente de conformidade da empresa era a filha de Peter Madoff, Shana.[9] As linhas entre a Cohmad e a corretora muito maior de Madoff se tornaram difusas e, em alguns lugares, quase invisíveis. A Cohmad lidava com um pequeno número de ordens da corretora e tinha várias centenas de clientes com contas tradicionais de corretagem.[10] Mas a maior parte de seu pequeno corpo de corretores passava o tempo apresentando a Bernie Madoff pessoas ansiosas para conhecê-lo.

A Cohmad oferecia acesso ao gênio dos investimentos sobre o qual já se sussurrava nos círculos abastados — o homem a quem Carl Shapiro e Norman Levy confiavam seu dinheiro, o homem a quem outros membros abastados dos clubes de campo e convidados de jantares de caridade queriam confiar seu dinheiro. Em breve, a compensação que os corretores recebiam por apresentar novos investidores a Madoff passou a ser a fonte primária de renda da Cohmad, um fato que não foi relatado pela corretora e passou despercebido pelos reguladores.

O arranjo de compensação parecia estranhamente estruturado. A comissão de cada corretor era baseada em quanto dinheiro o investidor entregava a Bernie Madoff, não no lucro das contas desse investidor em meses e anos futuros. Quando um investidor retirava todo o dinheiro originalmente investido, a comissão do corretor era interrompida — mesmo que a conta ainda mostrasse, no papel, lucros de milhões de dólares. Os reguladores apontaram que essa contabilidade no estilo Ponzi era evidência de que a Cohmad era cúmplice na fraude. Mas os Cohn mais tarde alegariam no tribunal, com sucesso, que esse arranjo apenas refletia o fato de que não gerenciavam o dinheiro e, como consequência, não recebiam crédito pelos lucros que Madoff supostamente produzia.

Quando a Cohmad foi fundada, a suposta estratégia de Bernie Madoff para produzir lucros estava mudando — uma mudança que começara em 1980, quando seus maiores clientes o pressionaram (conforme seu relato) para "oferecer outra forma de negociação que gerasse ganhos de capital de longo prazo, em vez dos ganhos de curto prazo da arbitragem". As estratégias

A TORNEIRA DE DINHEIRO 113

de dedução tributária dos anos 1970 estavam falhando, os impostos sobre a renda pareciam altos e seus clientes mais ricos queriam reduzir os valores que pagavam. Ele alegou ter lhes oferecido uma nova estratégia — "uma carteira diversificada de títulos, garantida, se necessário" por vários tipos de vendas a descoberto.

Em uma carta enviada da prisão, Madoff insistiu ter avisado aos clientes que as ações de suas carteiras teriam de ser mantidas por tempo suficiente para se qualificarem para a isenção de impostos sobre os ganhos de capital e, "ainda mais importante, que o mercado de ações teria de subir durante o período de manutenção, o que certamente era difícil de prever". Mesmo assim, "alguns clientes abastados escolheram essa estratégia — notavelmente as famílias Levy, Picower, Chais e Shapiro".

A essa altura, estava "montando uma carteira de hedge para um banco francês". Ele decidiu que "os clientes institucionais franceses seriam uma excelente contraparte para a estratégia. Eu já estava negociando com eles como contrapartida para algumas de minhas negociações de arbitragem".

Alguma parte disso será verdadeira? Certamente é verdade que, naquele período, Madoff estabelecera relacionamento com uma empresa francesa de elite chamada Banque Privée de Gestion Financière, ou BPGF. Um de seus executivos, Jean-Michel Cédille, conhecera Madoff por intermédio de um amigo em comum, Albert Igoin. Madoff alegou ter recebido uma oferta de sociedade no banco e tê-la vendido mais tarde com lucros substanciais, quando o banco foi incorporado por uma instituição francesa maior. Com seus registros há muito dispersos e com Igoin e Cédille já falecidos, é quase impossível verificar esse elemento da história, mas Madoff claramente tinha laços com o banco: o antigo número de telefone da instituição estava em seus arquivos eletrônicos na época da prisão. E ele tinha clientes franceses com contas de longa data, que surgiram como vítimas nos documentos de falência do tribunal.

Ele também tinha clientes que queriam usar essas contas, nos anos 1980, para escapar dos impostos franceses mais altos e dos controles mais rigorosos sobre a evasão de moeda, determinados após a eleição do governo socialista de François Miterrand, em 1981. "Todo mundo na França estava preocupado com Miterrand", disse ele durante uma entrevista na prisão. "Estava nacionalizando bancos e eles estavam preocupados com o comunismo [...] Não era possível retirar francos do país — a única maneira de proteger o dinheiro era comprar títulos norte-americanos." Com a moeda francesa perdendo valor, os clientes de Madoff queriam transformar suas fortunas em dólares americanos — e ele os ajudou.

Alguns desses clientes franceses mais tarde se envolveram em disputas tributárias com as autoridades nos Estados Unidos e na França. Mas, na época, Madoff recebeu sua gratidão — e conseguiu um conjunto de clientes menos preocupados em acompanhar o mercado que em continuar a investir em dólares. Da maneira como Madoff via a situação, isso os tornava "contrapartes" ideais para a nova estratégia que elaborou para os investidores americanos, famintos por lucros e avessos a impostos.

Logo depois de a Cohmad ser fundada, em 1985, Madoff começou a dizer a muitos de seus investidores que estava modificando a abordagem de investimento em suas contas, passando das clássicas negociações de arbitragem sem riscos para a complexa estratégia que ainda afirmaria estar empregando quando seu esquema Ponzi ruiu, vinte anos depois.

Sua abordagem fez com que mesmo as mais complicadas negociações de arbitragem parecessem simples. Alguns corretores de opções chamaram essa nova estratégia de bull spread.[11] Madoff veio a chamá-la de estratégia de "split-strike conversion" ["conversão de duplo preço de exercício"].

Em sua forma honesta, a estratégia ganhou poder com as inovações na negociação de opções introduzidas nos mercados financeiros de Chicago nos anos 1970. Uma opção é simplesmente um contrato que dá ao comprador o direito (a "opção") de comprar ou vender uma ação a um preço específico, durante um período específico de tempo.[12] Muito menos dispendiosas que as ações, as opções dão aos especuladores uma maneira mais barata de apostar na subida dos preços — uma opção que lhes permitisse comprar uma ação por US$ 10 seria uma aposta vencedora se a ação subisse para US$ 20 antes de a opção expirar. Eles poderiam exercer a opção, comprando a ação por

US$ 10 e vendendo imediatamente por duas vezes esse valor. As opções também forneciam aos investidores cautelosos uma garantia contra a baixa dos preços — a opção para vender uma ação a US$ 10 garantiria lucro se o preço da ação caísse para menos que isso.

As opções de ações específicas começaram a ser negociadas livremente em bolsas organizadas na década de 1970, mas, alguns anos depois, novos produtos baseados em opções começaram a ser desenvolvidos, cobrindo carteiras inteiras de ações, como as ações do índice Standard & Poor's 500. Mas o conceito ainda era o mesmo: as opções forneciam uma maneira mais barata de lucrar se o índice subisse e podia amortecer as perdas se caísse.

Assim, a nova estratégia de Madoff era comprar uma ampla carteira de ações — ampla o bastante para ter desempenho parecido com o do mercado de ações de primeira linha — e usar as opções para se proteger contra futuras quedas nos preços.[13] O custo das opções reduziria um pouco os lucros, mas elas também reduziriam as perdas. A estratégia exigia um mercado profundo e líquido para as opções usadas a fim de proteger a carteira, mas, como a negociação de opções se tornou mais popular nos anos 1980, isso não parecia uma limitação ameaçadora.

Como as estratégias de arbitragem, essa abordagem de investimento tinha alguma credibilidade na Street. Em dezembro de 1977, um fundo mútuo público chamado Gateway foi criado em Cincinnati para praticar basicamente a mesma estratégia. Seus registros iniciais foram bastante impressionantes, mas muito voláteis. Entre 1977 e o período durante o qual Madoff supostamente adotou uma estratégia similar, seus retornos mensais pularam de uma perda de 7,7% em outubro de 1978 para um ganho de 7,5% em agosto de 1982.[14] Começando em 1983, seus retornos de doze meses foram formidáveis, embora ainda imprevisíveis; em alguns períodos de doze meses durante o início da década de 1980, seus ganhos ultrapassaram 20%. Isso sem dúvida explica por que a estratégia parecia vencedora para Madoff e, se conseguisse retornos comparáveis, ele certamente manteria os investidores felizes.

Infelizmente, o fundo Gateway permaneceu pequeno e obscuro demais para chamar atenção dos investidores tardios de Madoff, que, de outra maneira, teriam notado que sua adoção da mesma estratégia estava produzindo resultados notavelmente menos erráticos.

Sonny Cohn explicou a nova estratégia a um potencial cliente seis anos depois, chamando-a de "simplista e, ainda mais importante, muito conservadora".[15] Após a prisão de Madoff, os advogados de Cohn insistiriam que ele tinha absoluta fé no que escreveu — estava certo de que Madoff adotara uma estratégia conservadora cuja própria consistência era prova de que a executava extremamente bem. Afinal, Cohn apostara sua empresa, grande parte de sua fortuna, a futura carreira da filha e sua longa reputação em Wall Street ao confiar no bom e velho amigo Bernie Madoff.

*

Além de marcar uma mudança na declarada estratégia de investimento de Madoff, os anos 1980 também viram uma modificação nas operações de seus antigos investidores, Frank Avellino e Michael Bienes, que haviam herdado a prática contábil de Saul Alpern e o pequeno conjunto de "amigos e familiares" que investiam com Madoff.

Em 1983, seu interesse no escritório de contabilidade desaparecera após uma causticante batalha judicial sobre algumas auditorias que haviam realizado para uma pequena importadora de couro em Lower Manhattan no fim dos anos 1970.[16] As apelações se arrastaram até 1984 e eles venceram de maneira consistente. Mas Bienes, mais tarde, disse que o litígio causara enormes despesas e fora um grande aborrecimento.[17]

Além disso, Frank Avellino estava exausto.[18] Ele sofria de hipertensão e problemas cardíacos. Como não conseguia suportar o estresse tanto do litígio como do trabalho contábil, ele e Bienes decidiram fechar o escritório em 1983 e se dedicar exclusivamente aos negócios com a corretora — os quais, até onde sabiam, e de acordo com Bienes, eram a única maneira de investidores individuais se beneficiarem do gênio financeiro de Bernie Madoff.[19]

A TORNEIRA DE DINHEIRO

Em breve, expandiram os negócios para muito além dos "amigos e familiares" de Saul Alpern, que incluíam menos de cem contas relativamente modestas, e passaram a ter mais de mil clientes com contas cujos saldos chegavam a US$ 100 milhões.

Esses milhares de investidores incluíam uma pequena e oculta indústria de "subcontratantes", investidores de longa data que exploravam seu abençoado acesso à Avellino & Bienes a fim de ganhar algum dinheiro extra. Eles aceitavam dinheiro de seus próprios "familiares e amigos" e investiam com a Avellino & Bienes. Então dividiam os lucros *pro rata* — talvez com alguns dólares a menos em função das taxas. Não há como saber quantas pessoas se tornaram subcontratantes autônomos para o escritório de contabilidade, mas os números certamente eram substanciais. Alguns deles até mesmo abriram suas próprias consultorias financeiras, baseados na força de sua ligação com Madoff.

Frank Avellino e Michael Bienes não se preocupavam com isso. Eles tinham prosperado além de seus sonhos mais extravagantes graças a sua longa associação com Madoff. Compraram belas casas, gastaram dinheiro com hobbies dispendiosos, como obras de arte, e se tornaram cobiçados patronos das instituições culturais e de caridade de suas comunidades.

Mas ainda eram notavelmente casuais sobre a burocracia de seu enorme negócio de investimentos.[20] Sua equipe de quatro pessoas em Nova York mantinha os registros das contas — o arquivo de um cliente em geral não apresentava mais de quatro folhas de papel — e lidava com as perguntas do público. Os dois reuniam os cheques que chegavam, enviavam o dinheiro para Madoff e retiravam dinheiro de sua conta quando os investidores solicitavam desembolsos. Todos os meses, recebiam extratos da corretora; a cada trimestre, recebiam também uma lista eletrônica de uma empresa de processamento de dados com todos os investidores que haviam contribuído para as contas e quanto cada um possuía.

E isso era tudo. Sem despesas fixas, sem complicações, sem formulários.

Nisso, ao menos, Frank Avellino e Michael Bienes estavam perfeitamente de acordo com o clima do mercado e a agenda dos reguladores nos anos 1980.

118 O MAGO DAS MENTIRAS

Com a nação se sentindo ferida e irritada com uma década de quedas nas ações, aumentos desregrados da gasolina, preços manipulados da prata, e inflação e desemprego cada vez mais altos, Ronald Reagan assumiu a presidência em 1981 com a otimista determinação de exterminar o que via como geração de regulamentações governamentais desnecessárias.

Suas ambições enfrentariam a oposição do formidável apetite por regulamentação da Securities and Exchange Commission. Na verdade, o constante avanço da filosofia antirregulamentação se combinaria ao gerenciamento ineficaz e aos orçamentos inadequados para deixar a outrora respeitada SEC tímida demais para lidar com as fraudes que se propagaram como fogo durante os 25 anos seguintes, incluindo o quase fatal incêndio chamado Bernie Madoff.

Após se arrastar durante várias décadas, nos anos 1970 a comissão se esforçara para se recuperar e tratar com seriedade as mudanças revolucionárias em seu mercado, do comércio de opções às informações privilegiadas. O Congresso, reconhecendo tacitamente que esfaimara a comissão durante uma década, começara a lhe fornecer um orçamento quase adequado. No fim dos anos 1970, a agência assumira a supervisão da crescente indústria de fundos mútuos da nação, pressionara por supervisão mais rigorosa dos corretores e desenvolvera novas regras para lidar com incorporações hostis. Seu trabalho era desafiador e interessante, e muitos advogados brilhantes e ambiciosos queriam fazer parte dele.

Alguns dos mais brilhantes e ambiciosos queriam trabalhar para o famoso diretor da Divisão de Execução da SEC, Stanley Sporkin, um funcionário público extremamente engajado que estava na comissão havia vinte anos e cujo interesse em usar o cargo como plataforma para uma lucrativa sociedade em um escritório de advocacia era zero.[21] Jovens advogados rezavam por uma chance de trabalhar com ele e agradeciam à sorte se conseguissem um dos difíceis e inovadores casos que chamavam sua atenção.

Em 1981, Sporkin foi retirado da SEC pelo presidente Reagan, que escolheu John Shad, um veterano de Wall Street, como novo presidente da comissão.[22] Shad era menos hostil à missão da SEC do que os defensores

A TORNEIRA DE DINHEIRO 119

da desregulamentação esperavam, recusando-se a impor os profundos cortes de orçamento exigidos pela nova administração.[23] Mas, embora soubesse que a Street tinha seus trapaceiros, acreditava com firmeza que era, "no fundo, um lugar honesto", completamente capaz de se autopoliciar. [24]

Isso claramente não era verdade. Os observadores financiados pela indústria da NASD, os reguladores de primeira linha responsáveis por policiar corretores como Bernie Madoff, tinham no máximo um histórico medíocre. Parte do ímpeto por mudanças nas leis de títulos adotado em 1975 fora a visão do Congresso de que a NASD falhara em seu trabalho regulatório.[25] Mas o Congresso não tinha poder para aumentar os recursos da NASD ou seu apetite pela regulamentação e ela continuou a ser a irmã mais fraca da SEC.

A presidência de Shad produziu "uma comissão competente, porém cautelosa", na conclusão de um historiador.[26] Aqueles brilhantes e ambiciosos advogados que queriam mais que competência e cautela aos poucos começaram a reduzir suas expectativas — ou simplesmente partir. Em uma década, Madoff teria seu gigantesco esquema Ponzi em funcionamento e seria muito grato por sua partida.

No início dos anos Reagan, Bernie Madoff parecia estar a mil. O mercado em alta iniciado em agosto de 1982 disparara os preços e os lucros da corretora subiam com eles. É verdade que a jornada se tornou cada vez mais árdua. Wall Street não se importava com a crescente volatilidade, mas muitos investidores sim — e vários deles fugiram desse mercado volátil e encontraram seu caminho até os retornos constantes oferecidos por Madoff. Embora não haja registros confiáveis desses retornos nos anos 1980, uma multidão de investidores de longa data se lembrou com saudades dessa reconfortante consistência. Eles não ganhavam tanto dinheiro quanto os outros investidores no estrondoso mercado em alta, mas tampouco estavam em uma montanha-russa.

Em meados de 1980, a corretora de Madoff tinha um patrimônio líquido relatado de mais de US$ 18 milhões, 5,4 milhões a mais que dois anos antes; suas reservas de capital haviam mais que dobrado no mesmo período, chegando a US$ 7,5 milhões, o que a colocava na lista das cem maiores da Associação da Indústria de Títulos em 1985. No mesmo ano, Madoff foi eleito para o primeiro de seus quatro mandatos consecutivos no conselho de dirigentes da NASD. Isso foi outro feito notável. Ele também se uniu ao conselho internacional do comitê, pois era um dos poucos representantes de pequenas corretoras a ter um escritório no exterior. Claramente, apreciava o prestígio: esteve por cinco mandatos no conselho. Suas opiniões eram consultadas sobre questões em geral consideradas de domínio exclusivo de corretoras muito maiores.

A essa altura, o mercado em alta já havia esfriado um pouco, mas logo voltou a crescer conforme aumentava a confiança nas reduções de impostos e na agenda de desregulamentação de Washington. O volume estava chegando às alturas no mercado eletrônico da NASDAQ, onde a corretora de Madoff se tornara uma importante criadora de mercado, pronta para comprar ou vender centenas de títulos e, consequentemente, manter um mercado líquido para essas ações. A NASDAQ, a que tantos na Street haviam resistido, provara a si mesma durante a última década ao recrutar um número cada vez maior de corretores e atrair um crescente número de ações e ordens de clientes.

Para celebrar todas essas realizações, Madoff concedeu a si mesmo o costumeiro troféu de Manhattan: um imóvel de luxo. Em 1984, os Madoff compraram uma cobertura de dois andares em um clássico edifício do pré--guerra na East 64th Street com a Lexington Avenue. Embora não ficasse em nenhum enclave histórico da elite, como a Fifth Avenue ou Sutton Place, o edifício fora construído no fim dos anos 1920 e tinha um prestígio discreto.[27] A unidade supostamente fora decorada por Angelo Donghia, proeminente designer de interiores de Manhattan cujos clientes incluíam celebridades como Donald Trump, Barbara Walters e Ralph Lauren. Ruth Madoff fez algumas mudanças menores — principalmente customizando os closets e acrescentando uma estufa para ligar a espaçosa cozinha ao amplo terraço.[28] O apartamento, decorado com elegância e bastante confortável, foi um passo significativo para os Madoff, que haviam saído de Laurelton, no Queens, e passado por Roslyn, em Long Island.

A TORNEIRA DE DINHEIRO 121

Alguns anos depois, a corretora também ganhou um endereço mais sofisticado, mudando-se, em 1987, para o Edifício Lipstick. A realocação foi parcialmente organizada por um jovem funcionário chamado Frank DiPascali. Foi a primeira de uma série de tarefas profundamente avassaladoras que ele executaria para o chefe nas duas décadas seguintes.

DiPascali estava na corretora havia uma década. Ele chegara diretamente do Ensino Médio no Queens em 1975, por recomendação de Annette Bongiorno, originalmente contratada como recepcionista, mas que se tornara o esteio da equipe administrativa, lidando com algumas das contas mais importantes. Bongiorno conhecia DiPascali da vizinhança — como ele, ela começara a trabalhar para Madoff assim que saíra do Ensino Médio — e sugeriu seu nome a Daniel Bonventre, o diretor de operações da corretora.

DiPascali inicialmente trabalhou como pesquisador para Peter Madoff. Ele afirmou que, depois disso, atuou como corretor de opções, mas só conseguiu a licença em 1986. Na maior parte do tempo, realizava pequenas tarefas para Bernie Madoff, que passou a considerar seu mentor e tutor. Madoff o encarregou da instalação da plataforma de tecnologia no novo escritório do Edifício Lipstick e, aparentemente, DiPascali executou com maestria a tarefa.

Para saber exatamente o que mais DiPascali fez para Madoff durante a transição, teríamos de saber exatamente quando o esquema Ponzi começou — do meio para o fim dos anos 1980 parece ser uma distinta possibilidade. Mas, claramente, ele forjou um elo de inquestionável lealdade com Bernie Madoff e, de acordo com seu próprio relato, ficou muito excitado ao ser encarregado da mudança para a parte elegante da cidade.

Esses anos também viram Madoff desenvolver conexões com várias grandes empresas de Wall Street, companhias de fundos mútuos e outras instituições financeiras. Ele lidava com um número cada vez maior de ordens de investidores profissionais, especialmente para ações normalmente negociadas na Bolsa de Valores de Nova York — transações no chamado "terceiro mercado" que Peter com tanta presciência o encorajara a desenvolver. O patrimônio líquido da corretora cresceu de cerca de US$ 18 milhões em 1985 para quase US$ 60 milhões no fim da década, e suas reservas de

122 O MAGO DAS MENTIRAS

capital subiram de quase US$ 8 milhões para mais de US$ 43 milhões no mesmo período. A entrada precoce no mercado londrino também rendia dividendos. Os preços de muitas ações estrangeiras estavam subindo a taxas que faziam as ações de primeira linha domésticas parecerem anêmicas. Para a imprensa, Bernie Madoff se tornou o homem a se procurar quando surgiam questões internacionais.[29]

Em 1986, ele recebeu o tipo de homenagem que todo mundo em Wall Street notava: foi incluído na lista dos cem executivos mais bem pagos feita pela revista *Financial World*. De acordo com a revista, ganhara US$ 6 milhões no ano anterior. "A única empresa de Madoff, fundada há 26 anos, está envolvida com corretagem, capital de risco e arbitragens", relatou a revista.[30] "Obscuro fora dos círculos bancários de investimento, Madoff, de 48 anos, não busca publicidade."

Ainda que o público em geral ainda o considerasse obscuro, sua influência nos círculos da indústria começava a superar o tamanho relativamente modesto de sua empresa familiar — mesmo que ela parecesse estar crescendo de maneira exponencial. Seu status como "empresa familiar" ganhou um reforço quando Mark Madoff — filho mais velho de Bernie, formado em Economia na Universidade de Michigan em 1986 — foi trabalhar com o pai. Em junho de 1987, Mark era um corretor licenciado na Bernard L. Madoff Investment Securities, a empresa que esperava herdar algum dia. Dois anos depois, seu irmão mais novo, Andrew, recém-saído da Faculdade Wharton, da Universidade da Pensilvânia, também obteve a licença e foi trabalhar com eles.

1987 foi um ano e tanto para se iniciar uma carreira na indústria de títulos, como Mark Madoff em breve descobriria. Quando obteve a licença, naquele verão, os criadores de mercado da corretora tentavam se ajustar a uma nova e tensa normalidade. Ondas de compras e vendas institucionais subitamente atingiram várias das maiores ações da Big Board, aquelas com as quais trabalhavam os corretores do terceiro mercado de Madoff. As ordens eram geradas por programas de computador que automaticamente empregavam complexas estratégias de hedge — ainda mais complexas que

A TORNEIRA DE DINHEIRO 123

a sua. Entre janeiro e julho de 1987, o mercado subiu quase que em linha reta — o S&P 500 teve alta de mais de 30% em apenas sete meses. Ele tropeçou nos meses remanescentes do verão — uma correção que já não era sem tempo, segundo os analistas —, mas, mesmo assim, teve ganho nos primeiros nove meses do ano.

Então veio a Black Monday [Segunda-feira Negra, também conhecida como "crash de 1987"], em 19 de outubro de 1987, quando tudo começou a dar errado. Em um grande recorde, 600 milhões de ações foram negociados na Big Board nesse dia, enquanto o Dow Jones Industrial Average caía 508 pontos — uma queda de 22,6%, mais de duas vezes o dano infligido no pior dia da histórica quebra de 1929. O S&P 500 caiu quase tanto quanto o Dow Jones e tão rapidamente quanto ele.

O índice da NASDAQ caiu somente metade — porque todo o mercado da NASDAQ caiu. Houve queixas disseminadas de que os corretores de balcão não atendiam ao telefone. O mercado de balcão ficou "em pedaços", de acordo com um relato, quando incontáveis ordens de venda dos clientes simplesmente não foram executadas.[31] "Isso aumentou a confusão e o pânico nos mercados", concluiu mais tarde o General Accounting Office [órgão equivalente à Controladoria Geral da União].[32]

A Black Monday foi o dia em que os investidores aprenderam que a NASD não exigia que os corretores "criadores de mercado" realmente mantivessem um mercado contínuo para as ações de balcão que negociavam, como faziam as bolsas de valores tradicionais. Muitos dos pequenos criadores de mercado estavam perdendo escandalosas quantias de dinheiro e não podiam continuar a comprar ações que só conseguiriam vender com prejuízo — se é que conseguiriam. Em vez disso, eles se arrastaram para as laterais do campo. As regras da NASD permitiam que parassem de negociar. Para muitos, a alternativa seria a falência.

Ainda mais preocupante, a tecnologia de negociação que a NASDAQ vendera como a face do futuro se mostrara profundamente incapaz de lidar com as pressões desse dia extraordinário. Os corretores temiam que os lances mostrados nas telas de computador fossem ultrapassados e pouco confiáveis, e estavam certos. Mesmo grandes empresas se recusaram a negociar às cegas e, no dia seguinte, o mercado de balcão foi atingido pela tempestade que afligira as bolsas tradicionais durante a Black Monday. O dano levou um membro sênior da equipe da NASDAQ a declarar para o *Wall Street Journal* que "Estamos assustados. É claro que estamos assustados.[33] Estamos olhando para condições indescritíveis de mercado; perdas tão gigantescas que nos fazem perder o fôlego". Parecia que o muito aclamado mercado do futuro — aquele no qual Bernie Madoff construíra sua reputação — falhara profunda e inesperadamente.

A empresa de Madoff, negociando como atacadista principalmente para clientes institucionais, foi protegida do pior do tsunami causado pelas aterrorizadas ordens do varejo. Com redes de computador que podiam lidar com grandes volumes em alta velocidade, sobreviveu à tempestade. Mike Engler, amigo e sócio de Madoff em Minneapolis, mais tarde diria ao filho que a corretora na verdade ganhou dinheiro para si mesma e para seus clientes naqueles dias sombrios, ao usar suas opções para derrubar os preços.[34] E ela foi elogiada pelos reguladores por seu sólido desempenho durante a Black Monday, quando tantos criadores de mercado entraram em colapso.

A realidade era diferente. A quebra do mercado abalara profundamente a confiança de alguns dos maiores clientes de Madoff. Homens com os quais ele achava que podia contar para manter suas carteiras intactas e suas fortunas em suas mãos — homens como Carl Shapiro e Jeffry Picower — subitamente começaram a sacar os lucros e retirar o capital. "Eles temiam que seus ganhos desaparecessem após 1987", disse Madoff durante a primeira entrevista na prisão.

Madoff estimava que as contas de investimento totalizavam US$ 5 bilhões na época da quebra. Mas alegou que grande parte de sua fortuna estava amarrada às complexas estratégias de hedge: ele não podia pagar integralmente os grandes clientes americanos sem pagar as contrapartes francesas, que queriam continuar investindo em dólares americanos. Se honrasse as demandas de retirada, corria o risco de perder as conexões francesas; se não honrasse, perderia investidores americanos de longa data.

A TORNEIRA DE DINHEIRO 125

Esses investidores de longa data ficaram ainda mais nervosos após o "mini crash" que ocorreu quase exatamente dois anos após o crash de 1987. Seus pedidos de retirada aumentaram e, embora Madoff reconhecesse que "não havia nada pelo que eu pudesse processá-los", ele ficou furioso.

"Parte do acordo que eu tinha com eles era que os lucros seriam reinvestidos, não sacados. E eles foram os únicos que não cumpriram essa parte. Mudaram o acordo que tinham comigo", disse ele durante a primeira entrevista na prisão. "Fiquei na mão."

A raiva de Madoff sugere fortemente que a prolongada crise monetária que começou após o crash de 1987 foi real, mesmo que sua explicação para ela traga mais perguntas que respostas. Sua estratégia envolvia grandes ações de primeira linha; mesmo nos abalados mercados, ele deveria ter sido capaz de liquidar uma carteira legítima de ações de primeira linha, embora por menos que seu valor antes do crash. O fundo Gateway também teve um ano ruim após a quebra, mas seguiu em frente e relatou somente sete meses de perda entre outubro de 1988 e o fim de 1992 — por que Madoff não conseguiu os mesmos resultados com a mesma estratégia?[35] Ele mentira aos clientes sobre blindar as contas contra perdas? Ou, como sugeriu em uma carta subsequente, negociara outro "acordo" de investimento com seus maiores clientes, um que não se parecia com a estratégia de "split-strike conversion" que supostamente estava empregando?

Madoff reconheceu que passou grande parte dos anos 1980 realizando um crescente volume de complicadas negociações "sintéticas" para ajudar seus maiores clientes — incluindo Norman Levy e Jeffry Picower — a evitar os impostos sobre os lucros com ações de curto prazo. Ele forneceu poucos detalhes claros sobre essas transações, a não ser para explicar que eram realizadas na expectativa de que durariam anos.[36] As operações para evitar impostos só foram proibidas por lei em 1997, mas estavam próximas dos limites da ilegalidade, como Madoff relutantemente reconheceria mais tarde. "Eu não sentia que eram transações fraudulentas [...], mas tinham estratégias mais elaboradas. No pior dos casos, era uma área cinzenta."[37]

126 O MAGO DAS MENTIRAS

Essas complexas negociações para evitar impostos eram mais difíceis de desfazer sem imensas perdas? Ou Madoff simplesmente garantiu que os antigos seguidores não sofreriam se tais perdas o atingissem, assumindo que poderia eventualmente sair à frente se eles mantivessem suas posições e não sacassem os lucros? Ele jamais forneceu uma resposta direta a essas perguntas, mas foi claro sobre as consequências da crise.

"Antes que me desse conta, estava em um buraco de alguns bilhões de dólares", reconheceu durante a primeira entrevista na prisão. Isso não aconteceu da noite para o dia — começou ao menos em 1988 e deve ter envolvido enormes somas de dinheiro para ter chegado a esse nível em 1992.

Claramente, as complexas carteiras e as pressões por dinheiro que marcariam o esquema Ponzi começavam a tomar forma, mesmo que Madoff tenha insistido que o esquema ainda não começara e haja evidências de que ao menos algumas transações ocorreram nas contas de seus clientes favoritos durante esses anos.

Evidentemente, esses são os fatos "segundo Madoff", possivelmente a fonte menos confiável da história. Assim, pode ser verdade que, nos anos anteriores ao crash de 1987, ele já estivesse despindo um santo para cobrir outro — roubando as contas da Avellino & Bienes, talvez, para pagar Chais, Picower, Levy e Shapiro. Ele negou consistentemente e, até agora, não há evidências contrárias nos registros públicos. Mas não negou que as raízes do esquema Ponzi foram plantadas durante as exigências por dinheiro que enfrentou em seguida ao crash de 1987 — e, afinal, mesmo que o esquema já estivesse em funcionamento, as retiradas inesperadas após a queda o teriam deixado contra a parede.

*

Bernie Madoff podia estar se contorcendo a portas fechadas, mas, para o mundo externo, emergiu da queda como astro do mercado de balcão. Ainda era membro do conselho da NASD e se tornou uma voz influente na reestruturação da NASDAQ nos três anos seguintes.[38]

A TORNEIRA DE DINHEIRO

Além dos danos causados pela quebra, o mercado da NASDAQ também lutava com as consequências da frouxa disciplina da NASD — falhas que a menos aventureira SEC sob a tutela de John Shad repetidamente falhou em solucionar.[39] A disciplina por infrações era débil e tardia, para frustração dos reguladores e dos irados clientes. Apesar de todo o seu brilho tecnológico, o jovem mercado ainda estava na adolescência, sendo desregrado e resistindo à crescente supervisão. Na verdade, precisamos nos perguntar se o conhecimento de primeira mão de Madoff em relação às falhas da NASD como órgão regulador o encorajou a pensar que poderia implementar um esquema Ponzi por tempo suficiente para compensar as perdas que estava sofrendo.

Nessa mesma época, ele estava injetando capital em equipamentos e softwares da corretora, a fim de poder lidar com mais rapidez com as ordens automatizadas, e pressionando a concorrência a segui-lo. Em 1983, Peter liderara a adoção de um novo software customizado para gerenciar o sistema de ordens automatizado da corretora. Ao ser completado, após o crash, tornou-se um novo padrão de velocidade no atendimento das ordens dos clientes.[40]

Depois do crash de 1987, Madoff continuou a investir na Bolsa de Valores de Cincinnati — novamente, uma grande e surpreendente despesa para sua empresa —, o que ajudou a venerável bolsa regional a conduzir todas as suas negociações eletronicamente.

Quando a NASD introduziu o pregão noturno no fim da década, a corretora de Madoff e um punhado de outras estavam prontas — tendo investido no staff necessário para realizar negociações após o horário comercial e durante a noite.

Em 1990, ao melhorar ainda mais sua crescente reputação na indústria e entre os reguladores, Bernie Madoff se tornou presidente de mercado da NASDAQ. Seu trabalho de *back office* nos comitês e as iniciativas de sua própria corretora na frente tecnológica foram mais significativos para modelar a NASDAQ que seus três anos como presidente, mas a posição era uma excelente plataforma. Ele precisaria dela na batalha que o definiria para muitos veteranos do mercado de ações de Wall Street — a batalha sobre a prática, iniciada em 1988, de pagar alguns centavos por ação a corretoras de varejo para enviar as ordens de seus clientes para ele.

Ele chamava esses centavos de "pagamentos pelo fluxo de ordens" e "compensações". As bolsas que tradicionalmente recebiam essas ordens, especialmente a Bolsa de Valores de Nova York, os chamavam de "suborno, puro e simples" e "propinas". Elas lutaram ferozmente para que a prática fosse declarada ilegal, mas, no fim, perderam a batalha junto aos reguladores depois que as corretoras, aceitando os centavos de Bernie, demonstraram obter execuções mais rápidas e baratas de suas ordens que na Big Board. Na verdade, no início dos anos 1990, mais de 5% de todas as transações com ações listadas na Big Board ocorreriam nos computadores de Bernie Madoff, sem serem tocadas por mãos humanas. Um estudo sobre o mercado observou que, "embora a empresa de Madoff não seja tecnicamente uma bolsa de valores, funciona como substituta *de facto* para a Bolsa de Valores de Nova York".[41]

A prática de pagar pelo fluxo de ordens atraiu a antipatia de uma porção de pessoas importantes em Wall Street, muitas das quais tinham acesso a fontes de informação administrativas sobre ele e a corretora. Aparentemente, nenhum de seus hostis e proeminentes críticos encontrou qualquer indício de um esquema Ponzi oculto — se tivessem encontrado, sem dúvida o teriam usado para desacreditá-lo e destruí-lo durante a amarga batalha sobre suas práticas de compensação.

A falha em encontrá-lo, contudo, não significa que o esquema ainda não tivesse começado; pode simplesmente significar que Madoff plantara as primeiras sementes do esquema em um dos campos menos visíveis e regulamentados do cenário financeiro: os fundos hedge offshore.

*

No fim dos anos 1980, Madoff estava interpretando em um palco social muito mais amplo, que aumentaria sua reputação entre uma multidão de generosos doadores e instituições de caridade — muitos dos quais mais tarde se tornariam seus clientes e, por fim, suas vítimas.

A TORNEIRA DE DINHEIRO 129

No papel, todos os seus grandes clientes pareciam estar enriquecendo — somente ele sabia quão precárias eram suas finanças. Por uma medida popular, o mercado de ações subira mais de 17% ao ano entre o início da alta em agosto de 1982 e o fim em 1989.[42] E, nos círculos que agora frequentava, as pessoas ricas deviam ser generosas. Assim, inevitavelmente, ele se tornou um filantropo cada vez mais ativo, doando às instituições escolhidas por clientes favoritos ou cobiçados, comprando ingressos para os jantares beneficentes corretos e conhecendo as pessoas certas.

Na Manhattan da década de 1980, as "pessoas certas" incluíam Howard Squadron, um proeminente advogado nova-iorquino envolvido em incontáveis iniciativas políticas e culturais — e o homem que, involuntariamente, seria um dos primeiros a levar importantes instituições judaicas de caridade para a órbita de Madoff. Seu relacionamento com Madoff se tornaria um padrão cada vez mais familiar nos círculos legais e contábeis de Nova York.

Squadron já fora o menino-maravilha do mundo legal de Nova York.[43] Em 1947, com apenas 20 anos, obtivera um bacharelado em História e um diploma em Direito pela Universidade de Columbia. Além de ser bem inteligente, ele se tornou muito bem relacionado. Passou dois anos como conselheiro do Congresso Judaico Americano e mais tarde seria presidente da organização. O Congresso Judaico Americano era um caldeirão de doadores abastados para causas e instituições judaicas e foi lá que Squadron conheceu Bernie Madoff.

Recrutador incansável para numerosos conselhos educacionais e culturais, Squadron foi essencial no resgate do New York City Center, uma importante instituição cultural.[44] Ele presidiu o conselho do City Center durante quase um quarto de século e, pelo caminho, conseguiu o apoio de Madoff. Com o tempo, pessoas importantes do Congresso Judaico Americano e do City Center se tornariam clientes do bom amigo de Squadron, Bernie Madoff, e o próprio Madoff participaria do conselho do City Center — onde seus colegas conselheiros incluiriam a esposa de Squadron e um membro da família Wilpon, dona do New York Mets.

Quando a empresa de Squadron conseguiu a conta da Rupert Murdoch's News Corporation, Howard Squadron ficou muito rico. Ele investiria boa parte de sua fortuna com Bernie Madoff e lhe apresentaria clientes e amigos.

Advogados de vários escritórios de Nova York estabeleceram uma sociedade formal para que seus clientes pudessem investir com Madoff. O mesmo padrão se desenvolveu em importantes escritórios contábeis, como o Konigsberg Wolf, o escritório que atendia Stanley Chais, e o Halpern & Mantovani, em Los Angeles — ambos abriram contas por meio das quais seus clientes podiam investir indiretamente com Madoff. Mesmo o Friehling & Horowitz, o pequeno escritório contábil que cuidava das auditorias da corretora de Madoff, tornou-se um portal para que outros investissem com ele.

Foi nesses dias de mercado em alta dos anos 1980 que um ex-advogado da SEC chamado Jeffrey Tucker decidiu deixar o escritório de advocacia que formara e criar um fundo de opções com um de seus clientes.[45] O cliente dividia seu escritório no centro comercial com um atraente ex-bancário chamado Walter Noel Jr., que tentava montar seu próprio negócio de gerenciamento de ativos apoiando-se em suas conexões influentes e nas de sua esposa brasileira. Noel achava que o novo fundo de Tucker poderia ser promissor para seus investidores estrangeiros.[46] "Walter ficou muito impressionado com o negócio — não apenas por conta das estratégias, mas também dos retornos", disse um colega contemporâneo.[47]

Em algum momento de 1989, Tucker se separou de seu antigo cliente e começou a trabalhar exclusivamente com Noel para dar os toques finais em um novo fundo chamado Fairfield Greenwich. Por volta dessa época, o sogro de Tucker, um dono de malharia aposentado, sugeriu que Tucker e Noel conversassem com um brilhante gestor de ativos que ele conhecia: Bernie Madoff.[48]

O que havia em Madoff que fazia com que todas essas pessoas inteligentes e analíticas confiassem tanto nele, tão facilmente e durante tanto tempo? As impressões de minha experiência pessoal e das entrevistas com dezenas de pessoas que o conheciam forneceram algumas pistas. Diferente de tantos trapaceiros bem-sucedidos, ele jamais foi exuberante ou ousado, nem mesmo

A TORNEIRA DE DINHEIRO

abertamente "carismático". Em vez disso, sem dizer uma palavra, parece criar um discreto, porém intenso, campo magnético que atrai as pessoas, como se ele fosse o norte verdadeiro ou o olho calmo de uma tempestade. Um associado chamou esse efeito de "aura".[49] Como um ator talentoso, ele chama atenção simplesmente ao subir ao palco ou entrar em uma sala.

Madoff exibia sua maestria de maneira casual — "ele tinha um anel decodificador", disse um antigo regulador — e parecia sedutoramente impassível em tempos que pareciam confusos, caóticos e assustadores para todos os outros. Inspirava confiança e fazia as pessoas se sentirem seguras. Outro associado se lembrou de seu sorriso calmo durante as quase semanais ameaças de bomba no Edifício Lipstick que se seguiram aos ataques terroristas de 2001; ele sempre era o último a sair, conduzindo os nervosos funcionários escadas abaixo. Como o piloto de voz calma na cabine do avião ou o pai que espanta os pesadelos, simplesmente fazia parecer que tudo estava sob controle, tudo ficaria bem. Aqueles que lhe eram próximos sabiam que podia ficar zangado e intimidador, ser controlador, irônico e rude, mas mesmo então transmitia a reconfortante aspereza de um prático sargento que jamais entra em pânico ou perde o controle, que trata seus homens com dureza, mas sempre os traz de volta vivos.

Qualquer que fosse a fórmula para seu charme fatal, sua reunião com Tucker e Noel deve ter sido encorajadora. Em meados do verão de 1989, ambos investiram US$ 1,5 milhão com Madoff, dinheiro que haviam conseguido por meio de um veículo que mais tarde chamaram de fundo Fairfield International. Seis meses depois, colocaram mais US$ 1 milhão em suas mãos. Em novembro de 1990, estavam prontos para vender seu novo fundo de US$ 4 milhões, o Fairfield Sentry, e deixar o mundo participar do sucesso com Madoff — "o mundo" quase literalmente, como se viu.[50]

É esse período que gera as mais agudas questões sobre as origens de seus crimes. Claramente, suas circunstâncias financeiras passaram por uma dramática mudança após o crash de 1987, pressionando-o de maneiras que podem tê-lo levado das áreas cinzentas dos jogos tributários e da fuga de divisas para um esquema Ponzi de escala integral. A certeza absoluta é impossível — a menos e até que ele e os cúmplices abram o jogo ou uma nova evidência documental possa ser desenterrada da pilha de seus registros comerciais ou dos registros das pessoas que negociaram com ele. Mas conjecturas razoáveis são possíveis, e elas focam nesses anos cruciais da segunda metade da dourada década de 1980.

As condições para um esquema Ponzi estavam todas no lugar. Além da nova conexão com Tucker e Noel, Madoff chamara atenção de alguns recentes fundos hedge offshore.[51] Aproveitando a primeira onda de crescente interesse em fundos hedge, esses fundos começaram a enviar quantidades cada vez maiores de dinheiro. Os negócios assumidos pela Avellino & Bienes — que provavelmente tinha apenas algumas dezenas de clientes nos anos 1960 e que Madoff disse que ainda não eram "um grande negócio" no fim dos anos 1970 — tiveram enorme crescimento após 1983, colocando mais dinheiro em suas mãos. Ao mesmo tempo, as exigências por dinheiro de alguns de seus maiores clientes após o crash do mercado em 1987 colocaram grande pressão sobre sua liquidez.

Esses grandes clientes "contribuíram muito para a criação de meus problemas" porque "falharam em honrar seus acordos", escreveu ele em um e-mail enviado da prisão.[52] E continuou: "Tenho certeza de que você se pergunta como pude ser tão crédulo. Acho que não conseguia enfrentar o fato de que não podia confiar em amigos tão próximos."

Obviamente Madoff percebeu quão irônico era o fato de justo ele, entre todas as pessoas, estar se queixando da traição de amigos. "Estou certo de que alguns de meus outros amigos se perguntam como pude fazer isso com eles", continuou. "Não há justificativa. A diferença é que pensei que conseguiria resolver o problema e já ganhara muito dinheiro para eles no passado, com negociações legítimas."

E acrescentou: "Nada disso altera o período em que as falsas transações começaram."

Por sua própria admissão, todavia, ele enfrentava grandes e inoportunas exigências por dinheiro, justamente no momento em que a torneira jorrava

A TORNEIRA DE DINHEIRO

com mais força. Foi uma coincidência tentadora que corrobora a conclusão de que, no mínimo, o esquema Ponzi começou nos anos logo após o crash de 1987, usando o dinheiro dos novos investidores para financiar as retiradas dos antigos.

Ele insistiu, mais tarde, que isso não era verdade, que os rios de grana fresca não o tentaram a trapacear — ao menos, não até alguns anos depois.

6

AQUILO EM QUE QUERIAM ACREDITAR

No início da década de 1990, Bernie Madoff estava dirigindo uma corretora legítima e aparentemente bem-sucedida, com 120 funcionários e lucros próximos dos US$ 100 milhões ao ano.[1] Sua empresa era responsável por notáveis 10% do volume total de negociações em ações da Big Board e concluía 385 mil transações por mês para outras corretoras de varejo de Wall Street e gigantescos fundos mútuos.[2] Por mais que seus rivais nas bolsas de valores odiassem sua prática de pagar às corretoras uma pequena compensação por lhe enviar as ordens de seus clientes, estudos acadêmicos demonstraram que ele executava essas ordens tão rapidamente quanto qualquer outro e a preços que eram tão bons ou melhores do que os clientes poderiam encontrar em outros lugares. Sua grande habilidade ao "executar ordens" impressionou os reguladores e aumentou a reputação da empresa. Seus filhos estavam desenvolvendo uma pequena operação de investimento com o dinheiro da própria corretora e seus softwares eram considerados os melhores da Street.[3]

Por trás de portas fechadas, entretanto, ele também estava dirigindo um negócio imensamente maior de administração de ativos, sobre o qual os reguladores nada sabiam. A operação oculta de consultoria de investimentos supostamente gerava comissão para a corretora e retornos constantes para os investidores, cujas contas agora totalizavam no mínimo US$ 8 bilhões.[4] Seus clientes incluíam investidores privados como Norman Levy, Jeffry Picower e Carl Shapiro; fundos feeder como os dirigidos por Stanley Chais e Walter Noel; "facilitadores" como Mike Engler e os corretores da Cohmad; e, é claro, as legiões de pequenos investidores cujo dinheiro residia em algumas poucas contas maiores sob o nome "Avellino & Bienes".

Madoff foi cada vez mais cuidadoso para esconder quão amplo e profundo era o rio de dinheiro fluindo para sua consultoria de investimentos. Ele advertiu os financiadores do fundo feeder para manter silêncio sobre quem realmente administrava seu dinheiro; acautelou os clientes privados para não falarem sobre o volume de negócios que faziam com ele — ou mesmo que faziam negócios com ele. Sua cautela refletia o fato de que sua estratégia de "split-strike conversion", como a estratégia de arbitragem que substituiu, enfrentava inflexíveis limitações de tamanho. Somente algumas das ações de primeira linha em sua carteira eram negociadas ao mesmo tempo e seu número era relatado todos os dias. Somente algumas opções eram negociadas nos pregões públicos em Chicago e seu volume também era relatado diariamente.

Assim, uma estratégia de "split-strike conversion" não podia crescer de forma indefinida. Quanto maior Madoff ficasse, mais difícil seria para investidores experientes acreditarem que estava produzindo lucros honestos.[5] Em algum momento, simplesmente não haveria opções suficientes sendo negociadas nos mercados públicos ou privados para cobrir a quantidade de ações que ele estaria comprando, e existiriam poucas chances de que de fato pudesse comprar e vender ações na escala requerida sem movimentar os mercados para cima e para baixo, de maneiras muito visíveis.

Mesmo assim, sua aura de sucesso como gerente de investimentos era baseada no fato de que jamais falhara em fornecer os retornos que seus investidores esperavam. Ele os fizera passar com lucros por todos os tempos difíceis — os tropeços do mercado em 1962, a estagnação da década de 1970 e mesmo o crash de 1987 e o período instável que se seguiu. Ninguém sabia que emprestara dinheiro de Saul Alpern para

AQUILO EM QUE QUERIAM ACREDITAR 137

reabastecer as contas dos clientes em seus anos iniciais e ninguém sabia que fora deixado quase a seco por uma onda de saques no fim da década de 1980. Tudo o que seus clientes sabiam era que oferecia retornos estáveis mesmo em tempos voláteis — e todos queriam investir mais dinheiro com Bernie Madoff.

Foi nesse cenário, diz ele, que o esquema Ponzi começou. Desde que a maioria dos clientes deixasse as contas intactas, "rolando" os lucros relatados e fazendo poucas ou nenhuma retirada, ele podia pagar o ocasional desembolso com o fluxo de dinheiro novo chegando.

É a gênese clássica de um esquema Ponzi em Wall Street. Um gestor fica sem dinheiro para cobrir alguma despesa, aplacar algum cliente ou cumprir alguma promessa, e rouba um pouco das contas. O raciocínio é que será capaz de pagar o que roubou antes de ser detectado. Talvez isso aconteça às vezes — esses são os esquemas Ponzi sobre os quais nunca ficamos sabendo. Como ocorre com mais frequência, a soma de dinheiro roubado cresce com mais rapidez do que os lucros honestos, e o esquema caminha para a destruição certa.

De acordo com Madoff, foi o que aconteceu, embora conteste o momento em que isso aconteceu. Ele entrou em um buraco — possivelmente antes de 1980, provavelmente em meados dos anos 1980, mas certamente em 1992 — e não conseguiu sair. Sua consultoria financeira se tornou um vasto jogo das cadeiras. A única maneira de esconder o fato de que não havia cadeiras suficientes para todos os clientes era manter a música tocando pelo máximo de tempo possível.

*

A música quase parou no verão de 1992. No início de junho, um par de investidores céticos enviara dois documentos para o escritório de Nova York da Securities and Exchange Commission descrevendo um atraente esquema de investimentos que os deixara desconfortáveis.[6] Um era um informe sobre a "Conta Rei Arthur". O documento de duas páginas certamente fazia o investimento parecer atraente. "É um fundo seguro sem riscos, com altos juros", dizia. A conta pagava 13,5% ao ano, trimestralmente — ou 14% para investimentos de US$ 2 milhões ou mais.

Não surpreende que os dois potenciais investidores estivessem céticos: essas taxas eram mais de três vezes maiores que as taxas de juros disponíveis em certificados de depósito "sem riscos" nos bancos. E notavelmente mais altas que os ganhos produzidos pelo muito mais arriscado índice de ações S&P 500 no ano anterior — que eram de cerca de 8% sem reinvestimento dos dividendos e 11% com reinvestimento. De acordo com o informe, esses notáveis retornos eram gerados a partir de "negociações sem risco" em contas de arbitragem que os patrocinadores, Avellino & Bienes, mantinham com um "corretor de atacado" em Nova York, que negociava ações de alto volume da Big Board. (A referência à arbitragem é curiosa: Madoff já estava dizendo a outros investidores que usava a estratégia de "split-strike conversion" — e, de fato, o pequeno fundo Gateway vinha produzindo ganhos legítimos com essa estratégia em anos recentes, que se igualavam ou excediam as promessas do Rei Arthur. Mas ninguém poderia tê-lo chamado honestamente de investimento "sem risco".) O informe estava no papel timbrado de um consultor financeiro em São Francisco e é provável que tenha sido escrito por volta de 1989.[7]

O segundo item fornecido à SEC foi uma breve e direta carta que Lola Kurland, a gerente do escritório Avellino & Bienes, enviara em resposta à pergunta de um investidor em agosto de 1991. Ela declarava que o escritório fornecia serviços financeiros somente para "familiares, amigos e ex-clientes. [...] um grupo muito privilegiado".[8] O estilo dissimulado da carta era puro Avellino. "Não encorajamos novas contas e, consequentemente, não as solicitamos", dizia a carta. "Em resumo, trata-se de um grupo muito reservado e nenhum tipo de prospecto, declaração financeira ou brochura foi publicado ou está disponível."

Ambos os documentos deixavam claro que o dinheiro dos participantes seria tratado como empréstimo para o escritório, que o usaria para investir em suas próprias contas junto a um corretor nova-iorquino não identificado.

AQUILO EM QUE QUERIAM ACREDITAR 139

Os documentos também deixavam claro — ao menos para os advogados do escritório da SEC em Nova York — que havia algo muito suspeito sobre a Conta Rei Arthur.

Um desses advogados entrou em contato com Frank Avellino.

Avellino não pode ter ficado chocado ao ser procurado pela SEC. Pouco tempo antes, recebera um telefonema de seu amigo Richard Glantz, advogado na Califórnia.[9] O pai de Glantz fora sócio do antigo escritório de Alpern e um dos primeiros subcontratantes a arrecadar dinheiro para as contas Madoff.[10] O jovem Glantz partilhara daquele negócio e levara outros a ele.[11]

Avellino gracejou um pouco e então ouviu, com crescente horror, enquanto Glantz explicava por que havia telefonado.[12] Um consultor de investimentos que ele apresentara a Avellino em 1989 acabara de receber uma carta da SEC com uma advertência sobre o informe Rei Arthur que o consultor estivera distribuindo. Avellino poderia receber um telefonema dos reguladores, avisou.

Então o telefonema previsto ocorreu. Avellino prontamente telefonou para Michael Bienes, que se lembrou da conversa anos mais tarde:

— Preciso contar uma coisa. Recebemos um telefonema da SEC fazendo perguntas — disse Avellino.[13]

As perguntas eram sobre "um cara na Califórnia" que estava enviando dinheiro para a Avellino & Bienes por intermédio de Glantz. Esse cara da Califórnia "estava imprimindo folhetos com nosso nome". É claro que isso violava a longa proibição da dupla de fornecer qualquer material de venda escrito para os clientes.

— Ah, meu Deus. Ele ficou louco? Ele conhece as regras — respondeu Bienes. — Qualquer um que negocie conosco conhece as regras. O que aconteceu?

Avellino claramente assumiu a liderança ao lidar com o interesse da SEC no escritório. Assim, muito provavelmente, foi ele quem telefonou e deu a notícia a Bernie Madoff.

Madoff fez duas coisas. Primeira, telefonou para seu amigo e investidor de longa data Howard Squadron e perguntou se seu escritório de advocacia podia assumir o caso.[14] Squadron transferiu a ligação para seu sócio Ira Lee "Ike" Sorkin, um homem robusto de rosto expressivo e espesso cabelo grisalho que se juntara ao escritório em 1976, após três anos como advogado do escritório da SEC em Nova York e um agitado período de cinco anos como promotor federal.

Em 1992, Ike Sorkin conhecia Bernie Madoff apenas de passagem — algumas breves conversas em jantares beneficentes para as instituições filantrópicas judaicas que ambos apoiavam, nada mais.[15] Mas conhecia quase todo grande advogado de defesa em casos financeiros em Manhattan e trabalhara com ou contra muitos deles. Ele falava a língua da SEC fluentemente. Em 1984, deixara brevemente o escritório de Squadron para retornar à SEC, cujo escritório nova-iorquino estava desorganizado em função das mudanças que John Shad implementara. Durante os dois anos seguintes, administrara o escritório de Nova York, antes de retornar alegremente ao escritório de Squadron.

Após conseguir um advogado eficiente para os dois contadores, Madoff também começou um frenético esforço para criar registros falsos que apoiassem suas alegações sobre quanto dinheiro havia nas contas na corretora. O esforço levou a uma trilha de papel que seria reconstruída pelo administrador da falência mais de quinze anos depois — e forneceria algumas das evidências mais persuasivas de que a fraude já estava em andamento muito antes desse encontro com a SEC.

Quando os funcionários da SEC contataram Frank Avellino pela primeira vez, em junho de 1992, a conversa apenas aumentou suas suspeitas. Um deles observou, em um memorando subsequente: "Quando perguntado o que faz com o dinheiro emprestado, Avellino declarou que investe em imóveis e 'alguns títulos'."[16]

Mas a carta de Kurland em 1991 fora enfática: "Não negociamos com imóveis ou qualquer outra coisa além de títulos."[17] E o informe do consultor de investimentos da Califórnia não mencionava imóveis.

A credibilidade de Avellino já estava se desfazendo.

Logo depois, alguém do time da SEC recebeu um telefonema de Ike Sorkin dizendo estar representando os sócios da Avellino & Bienes.[18] Ele garantiu aos investigadores que "nada inapropriado" estava ocorrendo e propôs que os dois sócios comparecessem voluntariamente para conversar, sem necessidade de intimação. A história de seus clientes era de que emprestavam dinheiro na base do boca a boca e pagavam juros aos credores, retirados dos lucros que obtinham ao investir o dinheiro emprestado. Quaisquer lucros que restassem eram retidos por eles.

Às 13h30 de 7 de julho de 1992, Frank Avellino e Michael Bienes chegaram ao escritório da SEC na Park Place 75, um edifício sem nada de especial dois quarteirões a oeste do famoso Edifício Woolworth. Com eles estava Sorkin, um de seus sócios e um estagiário de verão do escritório. Corados por causa do calor de julho, eles foram conduzidos a uma sala de reuniões no 14º andar, onde três advogados da SEC e outro estagiário de verão estavam sentados à mesa. Durante as 4 horas seguintes, Sorkin fez seu trabalho, duelando repetidamente com os advogados da SEC. Eles o ouviram com paciência e fizeram mais perguntas a Frank Avellino, que respondeu alternadamente com prolixas explicações e tensos silêncios.[19]

— Sr. Avellino — perguntou um dos advogados da SEC —, em que tipo de negócios a Avellino & Bienes está envolvida?

— Investimentos privados — respondeu Avellino.

— O senhor pode elaborar?

— Sim. Michael Bienes e Frank Avellino possuem investimentos privados — respondeu ele, retornando ao velho hábito de evitar o pronome "eu".

Eventualmente, explicou como o "grupo muito privado" atendido por sua sociedade crescera por meio de um boca a boca, sem que os sócios solicitassem qualquer negócio.[20]

— Se Lola Kurland recebe um telefonema, e geralmente é meu tio Lou quem telefona para Lola, porque Lou está comigo desde o início de tudo, ele diz que Joe, John ou Tom "telefonará para você. Eu os conheço e, se ligarem, você deve aceitar a ligação" — disse Avellino.

E quantas pessoas haviam emprestado dinheiro para a Avellino & Bienes por meio desse processo caseiro?

— Uma estimativa aproximada? — perguntou Avellino.

— Sim — respondeu o advogado do governo.

— Cerca de mil.

Não está claro se a equipe da SEC já sabia quão grande era o caso. Se não sabia, deve ter sido um momento tenso.

E quanto a Avellino & Bienes devia a esses mil credores?

Sorkin interrompeu para discutir quanto dinheiro entrara e quando entrara, mas a resposta de Avellino chegou à transcrição da conversa: US$ 400 milhões.[21]

Cerca de mil pessoas haviam emprestado US$ 400 milhões a seu pequeno escritório, que operava num espaço equivalente a um armário de vassouras em Wall Street. De acordo com Avellino, todo esse dinheiro — além de uma "almofada" que elevava o total a cerca de US$ 440 milhões — foi investido em títulos mantidos em várias contas da sociedade, administradas por um corretor de Wall Street chamado Bernard L. Madoff.

O advogado da SEC não reconheceu o nome.

Quando as contas finalmente foram analisadas, descobriu-se que um "grupo muito privado" de mais de 3.200 pessoas era credor da Avellino & Bienes, recebendo pagamento de juros entre 13,5% e 20%.

Dois dias depois, uma equipe da SEC surgiu no escritório da Avellino & Bienes, no 8º andar da nova e disputada Heron Tower, na East 55th Street. (Aparentemente preocupado com rumores, Sorkin pediu que os investigadores não mostrassem os distintivos na recepção do edifício, apenas fornecendo seus nomes, sem apresentar credenciais governamentais ou revelar quem era seu empregador.) Eles reuniram os registros e começaram a analisar o universo de credores.

Um desses credores era a Telfran Associates, cujos sócios fundadores incluíam o pai do amigo de Avellino, Richard Glantz.[22] Os reguladores disseram para a Avellino & Bienes e para a Telfran que parassem de aceitar novos "empréstimos" e começaram a montar uma ação civil acusando-as

AQUILO EM QUE QUERIAM ACREDITAR

de vender títulos não registrados através do que constituía, na prática, um fundo mútuo ilícito. E ansiosamente buscaram garantias de que o dinheiro ainda estava lá, seguramente investido com Bernie Madoff.

Estava?

Madoff mais tarde insistiria que ainda não começara o esquema Ponzi quando a SEC foi atrás da Avellino & Bienes — que o dinheiro estava todo lá, investido em negociações de arbitragem —, mas isso simplesmente não é plausível. Mesmo seu fiel tenente Frank DiPascali reconheceu isso em uma observação impensada a um juiz federal anos depois, dizendo que percebeu que estava envolvido em uma fraude "no fim dos anos 1980 ou início dos anos 1990".[23]

Uma ação civil no caso de falência de Madoff mais tarde declararia que Avellino e Bienes haviam mentido para a SEC sobre quanto dinheiro deveria haver nas contas da corretora. De acordo com a ação, os saldos demonstrados em seus extratos não incluíam a prometida "almofada" de dinheiro; em vez disso, eram quase US$ 30 milhões a menos que os totais devidos pelos dois a seus investidores.[24]

A ação alegou que essa diferença era resultado do uso fraudulento do dinheiro dos investidores para benefício dos contadores — uma alegação que seus advogados negaram — e que Madoff os encobria.[25] Ele teria criado uma conta falsa, em 23 de junho de 1992, e falsificado um número suficiente de lucros retroativos nessa conta para fazer com que a diferença desaparecesse magicamente e as suspeitas fossem afastadas.

Todo o episódio foi um terrível teste para Madoff. Uma ação subsequente alegaria que a provação terminaria lhe custando quase US$ 60 milhões em subornos elaboradamente ocultos nos anos seguintes.[26] Também pesou sobre Frank DiPascali, o aluno do Ensino Médio que se fizera útil de tantas maneiras desde que fora contratado em 1975. Ele estivera gerando os extratos enviados regularmente para os clientes, auxiliado por dois colegas muito próximos na pequena equipe dedicada aos investidores de Madoff.[27] Mesmo depois que Madoff iniciou a fraude, esses extratos continuaram a parecer bastante convincentes para evitar qualquer suspeita dos investidores, muito graças a DiPascali.

144 O MAGO DAS MENTIRAS

Mas construir esses registros era brincadeira de jardim de infância se comparado à tarefa apresentada pela investigação da SEC no verão de 1992. Se o esquema Ponzi já estivesse em funcionamento, como parece provável, Madoff teve de produzir registros de transações para sete contas da Avellino & Bienes que mostrariam o volume necessário de negociações consistentemente lucrativas, durante vários anos. Esses registros tinham de ser convincentes o bastante para os reguladores federais, não apenas para clientes e contadores privados. E precisavam estar disponíveis com urgência — antes que a SEC aparecesse para analisar os documentos arquivados no escritório de contabilidade.

DiPascali, um homem muito ativo com o linguajar pouco polido do seu nativo Queens, deu seu melhor por Madoff. Usando suas habilidades com o computador, que adquirira sozinho, e os históricos dos preços de ações e opções disponíveis para qualquer corretora, ele criou um convincente rastro de papelada que cobria vários anos de complexas transações que quase certamente nunca ocorreram. Com base nesses registros falsos, um advogado da SEC mais tarde relatou que sua equipe "analisara" as contas da Avellino & Bienes na corretora de Madoff, "verificando o valor do patrimônio nessas contas". Uma nota de rodapé afirmava que Madoff explicara fluentemente todas as transações, como faria em anos futuros, com calma confiança e uma terminologia que quase certamente estava acima da compreensão da equipe.[28]

Mesmo assim, os registros fabricados de DiPascali e as hábeis conversas de Madoff com reguladores que não conheciam o jargão eram apenas táticas de procrastinação — necessárias, mas de modo algum suficientes para evitar que a armadilha se fechasse. Dentro de meses, a SEC obteria uma ordem judicial exigindo que Madoff devolvesse US$ 400 milhões aos clientes da Avellino & Bienes até o fim de novembro de 1992.

Madoff mais tarde reconheceu que essa demanda de dinheiro criou dificuldades, embora negasse o esquema Ponzi. Ele alegou que as dificuldades ocorreram porque as posições de "arbitragem *bona fide*" das contas da Avellino & Bienes, assim como as misteriosas transações "sintéticas" nas

AQUILO EM QUE QUERIAM ACREDITAR

contas de seus outros grandes clientes, não podiam ser fácil ou rapidamente liquidadas. "Eu estava fazendo as transações", insistiu.[29] Mas isso muito provavelmente não era verdade; o mais provável é que não houvesse bônus conversíveis ou ações preferenciais nas contas da Avellino & Bienes.

Mesmo assim, até mesmo Madoff reconheceu que precisava o quanto antes de US$ 400 milhões e havia um número limitado de maneiras de obtê-los. De acordo com ele, conseguiu o dinheiro com seus três maiores clientes: Carl Shapiro, Jeffry Picower e Norman Levy. Os três homens apenas concordaram em "assumir as posições" das contas da Avellino & Bienes, investindo mais dinheiro para isso. "Shapiro, Picower e Levy enviaram dinheiro, 'dinheiro novo'", disse ele.[30]

Registros descobertos em investigações posteriores confirmam que ele recebeu grande parte do dinheiro de que precisava das contas de Norman Levy. Eles não mostram se o fez com a permissão de Levy, ou mesmo seu conhecimento.

É possível que Levy realmente pensasse que estava "assumindo" investimentos que supostamente estavam nas contas da Avellino & Bienes, sem saber que eram fictícios. Ou é possível que Madoff, que tinha poder de decisão sobre suas contas, simplesmente tenha movido as falsas posições para elas, a fim de explicar para onde fora o dinheiro. Afinal, DiPascali podia alterar os extratos, se fosse necessário.

O que parece altamente improvável para todos os que conheciam Norman Levy é que tenha voluntariamente ajudado Bernie Madoff a preservar seu esquema Ponzi. Afinal, Levy mais tarde nomeou Madoff executor de seu testamento e deixou que seus dois filhos lhe confiassem os ativos de sua fundação e parte de sua fortuna pessoal, uma demonstração de fé de outra forma inexplicável se soubesse que Madoff era um trapaceiro.

Qualquer que tenha sido o estratagema usado por Madoff para tirar dinheiro de Levy, teria funcionado igualmente bem com Picower e Shapiro. No fim de novembro, ele juntara o dinheiro necessário para aplacar os reguladores da SEC, que não investigaram onde ele o conseguira nem nenhuma das intrigantes pontas soltas que pendiam em torno do caso.

Enquanto isso, Frank Avellino, um multimilionário, disputou durante meses os US$ 429 mil cobrados pelo auditor que a SEC o forçara a contratar. "Não sou uma vaca que dá dinheiro e não serei ordenhado", disse ele em uma memorável declaração juramentada durante a disputa.[31] "Supervisionei pessoalmente os livros e registros da Avellino & Bienes", afirmou ao tribunal.[32] "Em todos os nossos anos no negócio antes da intervenção da Securities and Exchange Commission, não recebemos nenhuma reclamação não solucionada de nossos credores. Jamais fomos processados por um credor. Nunca deixamos de pagar os juros."

O problema, segundo ele, era que os contadores estavam exigindo todo tipo de registros sofisticados que simplesmente não existiam, jamais haviam existido. Tudo o que o escritório tinha eram algumas folhas de papel para cada credor e isso era tudo o que podiam entregar.

Quando a disputa chegou perto do fim, na primavera de 1993, nem mesmo o juiz federal cuidando do caso tinha muita fé em Frank Avellino.

— Não acredito em seu cliente — disse o juiz bruscamente a Ike Sorkin.[33] — Ouvi seu depoimento, vi seu comportamento, percebi suas inconsistências. [...] Não acredito nele. Sempre que houver questões de credibilidade, decidirei contra ele.

O caso, que começou e terminou com dúvidas sobre a honestidade de Frank Avellino, foi um desfile de bandeiras vermelhas. O *Wall Street Journal* exibiu algumas delas em um modesto artigo de 17 de dezembro de 1992, detalhando a investigação da SEC sobre a trilha de dinheiro que levava à porta de Bernie Madoff. Mas essas advertências não foram investigadas, para intenso alívio de Madoff; paradoxalmente, alguns investidores se sentiram tranquilizados pelo artigo. Afinal, não o acusava de nada.

Os advogados da SEC também se sentiram aliviados, achando que haviam devolvido US$ 400 milhões a milhares de investidores que tinham se envolvido inocentemente em um fundo mútuo inconsistente, não registrado e não regulamentado. Além das disputadas despesas de auditoria, a multa de US$ 350 mil para a Avellino & Bienes foi alta pelos padrões da época. A operação não registrada de investimento e sua subsidiária Telfran foram encerradas.

AQUILO EM QUE QUERIAM ACREDITAR 147

A SEC estava satisfeita e passou para outras questões. Uma das tristes peculiaridades do caso Madoff é que, de seus milhares de investidores, os únicos que poderiam ter recuperado toda a fortuna fictícia indicada em seus extratos e mantido o dinheiro que haviam sacado no passado eram os clientes da Avellino & Bienes que pegaram o dinheiro que a SEC lhes devolveu em 1992 e foram embora.

A maioria não fez isso. Eles não perceberam que haviam sido resgatados. Acharam que tinham sido banidos do Éden, excluídos de um maravilhoso investimento de baixo risco que pagava boas taxas de juros. Assim, ficaram deliciados quando Madoff propôs que abrissem novas contas diretamente com ele, mesmo que as taxas fossem mais baixas que as oferecidas pela Avellino & Bienes. A maior parte do dinheiro que Madoff pagara voltou para suas mãos.

Que papel Avellino e Bienes desempenharam na devolução desse dinheiro ao esquema Ponzi? Eles negaram qualquer envolvimento, com Bienes publicamente insistindo que ambos estavam apenas satisfeitos por terem se livrado das dificuldades com a SEC e mantido seu relacionamento comercial com Madoff.[34]

Entretanto, uma ação judicial posterior contra os dois contadores no tribunal de falências mostrou um cenário diferente,[35] no qual os dois supostamente mantiveram silêncio sobre as atividades obviamente fraudulentas de Madoff, ajudaram a recrutar novos jogadores para manter seus papéis como facilitadores e encorajaram os clientes antigos a investirem diretamente na corretora. Em troca, exigiram que Madoff pagasse lucros garantidos de 17% ao ano em suas próprias contas, juntamente com comissões secretas de 2% ao ano sobre o dinheiro que seus antigos investidores haviam devolvido.

No mundo de Frank DiPascali, esses pagamentos supostamente passaram a ser conhecidos como pagamentos "schupt"[36] — o administrador da falência mais tarde teorizaria que o termo era uma deturpação fonética da palavra *schtup*, um rude verbo iídiche cujo equivalente seria *foder*.

A investigação da SEC em 1992, por mais incompleta que tenha sido, teve consequências significativas para a fraude em expansão de Bernie Madoff.

148 O MAGO DAS MENTIRAS

Primeiramente, forçou Madoff a aplicar ao esquema Ponzi parte da tecnologia computacional que já empregava em seus negócios legítimos. Era impossível para Frank DiPascali fabricar manualmente os registros de transação e extratos mensais para milhares de novas contas que Madoff herdara subitamente da Avellino & Bienes. Ele precisava automatizar o esquema e pediu a ajuda de DiPascali.

DiPascali, por sua vez, recorreu a dois programadores que haviam sido contratados alguns anos antes e que, mais tarde, foram acusados de criar softwares para um dos novos computadores IBM AS/400 da corretora que simplificavam o processo de gerar extratos fictícios.[37] DiPascali e alguns membros de sua equipe supostamente pesquisavam as transações necessárias nos registros históricos e então o software customizado as distribuía, em perfeita proporção, entre as contas dos vários clientes, usando uma simples função eletrônica de "mala direta".

Além de reduzir o trabalho manual envolvido, a automação forneceu novas oportunidades de trapaça. Foi por volta dessa época que Madoff alugou um espaço separado no 17º andar do Edifício Lipstick — ostensivamente, para seus novos computadores IBM, mas, na verdade, para criar um ambiente mais seguro à fraude cada vez mais elaborada. Como lembrou mais tarde, ele se instalou em um andar separado porque "Não podia operar à vista das pessoas no 18º andar".[38] O medíocre labirinto de escritórios e cubículos do 17º andar se tornou o domínio de Frank DiPascali, um laboratório privado para suas criativas trapaças.

Ao aperfeiçoar suas habilidades, DiPascali também começou a diversificar. Ele criou falsos formulários de câmaras de compensação que apareciam nas telas dos computadores — réplicas perfeitas e constantemente atualizadas. Sob ordens de Madoff, manteve um suprimento de velhos papéis timbrados que usava quando documentos retroativos eram necessários em arquivos que os reguladores queriam ver. Com o tempo, até ordenou a criação de um programa que fazia parecer, a um observador, que um corretor no terminal estava comprando ou vendendo para a conta de um investidor quando, na verdade, o "corretor" estava

AQUILO EM QUE QUERIAM ACREDITAR 149

meramente apertando teclas em resposta a outro membro da equipe, em um computador escondido em uma sala no fim do corredor.

Essa aldeia Potemkin de papel se tornou tão convincente que, durante anos, Madoff foi capaz de enganar dezenas de reguladores insuficientemente céticos, bem como advogados e contadores inadequadamente observadores.

*

Outra consequência da intervenção da SEC na casual rede de "amigos e familiares" da Avellino & Bienes foi que Madoff passou a se apoiar muito mais naquelas fontes de dinheiro maiores e mais profissionais conhecidas como fundos hedge.

Fundos hedge existem desde aproximadamente 1949, mas, até o fim dos anos 1960, foram praticamente invisíveis; discretamente, produziam notáveis lucros para seus abastados e intensamente reservados investidores, enquanto evitavam a regulamentação e, na maior parte do tempo, a atenção da mídia. A teoria por trás dos fundos hedge é que estratégias inerentemente arriscadas — comprar ações com dinheiro emprestado ou vender ações a descoberto — podem ser combinadas em um único fundo, reduzindo o risco total e gerando lucro em mercados bons ou ruins.[39] O objetivo é jamais perder um ano, esteja o mercado subindo ou descendo — o Santo Graal dos investidores de todas as épocas, o canto da sereia que levou tantos até a porta de Madoff.

O pioneirismo da criação do fundo hedge é mérito de um sociólogo e jornalista financeiro chamado Alfred W. Jones, que, no início da década de 1960, fornecia a seus investidores espantosos retornos de 65%.[40] Mas a baixa do mercado em 1969 derrubou muitos desses novos fundos; mesmo o famoso fundo Jones sofreu perdas de até 40% nos nove primeiros meses daquele ano.[41]

Muitos fundos hedge fracassaram no difícil mercado dos anos 1970, mas sua mística se provou extremamente resistente às más notícias. Na década de 1980, tomou forma a ideia de que os fundos hedge eram superiores aos

150   O MAGO DAS MENTIRAS

fundos mútuos regulamentados usados pelos investidores de renda média, e os investidores abastados e sofisticados acorreram para eles.

O que persistiu em todas as encarnações dos fundos hedge foi sua notável estrutura de taxas: o gestor recebia 20% dos lucros que conseguisse com o dinheiro dos investidores. Com o passar dos anos, uma taxa anual de 1% dos ativos do fundo foi adicionada. Essas taxas eram gigantescas quando comparadas às dos fundos mútuos regulados, mas homens sábios e ricos estavam dispostos a pagá-las — era o custo de ter um mago administrando sua carteira. Um acadêmico se referiu às taxas de desempenho como o "aluguel" que os investidores pagavam ao gênio para administrar seu dinheiro.

Parecia haver pouco brilhantismo por trás do Grupo Fairfield Greenwich, a família de fundos dirigida por Jeffrey Tucker e Walter Noel Jr. que patrocinava os maiores de todos os gigantescos fundos pegos no escândalo Madoff. O próprio Madoff mais tarde observaria que seus sócios "não eram Einsteins".[42] E "gênio" não era um termo normalmente aplicado ao amável presidente e cofundador da empresa, Walter Noel, embora ele fosse muito mais esperto do que parecia.

É difícil imaginar dois homens com menos probabilidade de forjar um relacionamento durável e multibilionário. Se Bernie Madoff era um vilão criado por Horatio Alger a partir de um esboço de Anthony Trollope, Walter Noel era um personagem menor pensado por F. Scott Fitzgerald: um estudo em estilo pré-escolar sobre ascensão social.

Nascido em Nashville e educado na Universidade Vanderbilt, Noel era bonito — alto e magro, com feições expressivas, cabelo negro espesso e sobrancelhas exuberantes — e genial o bastante para conseguir cargos em algumas modestas organizações do campus.[43] A despeito de impressões tardias, era esperto o suficiente para entrar na Phi Beta Kappa na Universidade Vanderbilt e conseguir tanto um mestrado em Economia como um bacharelado em Direito em Harvard, em 1953 e 1959, respectivamente. Entre suas duas passagens por Harvard, serviu no Exército. Seu anúncio de noivado em 1962 dizia que trabalhara como "linguista russo durante três anos". Na época, trabalhava como consultor para a Arthur D. Little Inc.,

AQUILO EM QUE QUERIAM ACREDITAR

em Lagos, Nigéria. Mais tarde, ajudou a desenvolver uma operação privada internacional para o Chemical Bank e, em 1983, passou a atuar como consultor para clientes internacionais.[44]

Enquanto Madoff se casara com a bela adolescente que cortejava no ônibus da Far Rockaway High School, a noiva de Walter Noel era a adorável Monica Haegler, cujos pais ricos e cosmopolitas dividiam seu tempo entre Zurique e o Rio de Janeiro, e a enviaram para colégios particulares no Brasil e na Suíça.

Se os dois belos filhos de Madoff se formaram nos anos 1980 em boas faculdades, Michigan e Penn, as cinco belas filhas de Walter Noel se formariam em *excelentes* faculdades — Harvard, Yale, Brown e Georgetown — e quatro delas se casariam com membros de importantes famílias da Europa e da América Latina.[45] Monica Noel tinha suas próprias e influentes conexões familiares.[46] Um de seus primos era um rico industrial brasileiro e um de seus irmãos, em certo momento, foi o representante brasileiro do Credit Suisse. Português, espanhol, italiano e inglês eram usados à mesa da família Noel.

Quando a Avellino & Bienes foi obrigada a fechar as portas, Walter Noel fazia negócios com o ex-advogado da SEC Jeffrey Tucker havia seis anos e investia com Madoff havia três. Desde o início, deixou o escrutínio legal e os detalhes estruturais dos fundos para Tucker, cujo sogro o apresentara a Madoff em 1989. Com seu conhecimento das leis de títulos, Tucker era quem supostamente realizava as avaliações de riscos conduzidas pelo Grupo Fairfield Greenwich. Ao contrário, Noel era um vendedor expansivo, explicando os novos fundos para os clientes atuais, cortejando novos clientes em bancos privados e instituições estrangeiras que conhecia de sua carreira anterior e divulgando os fundos entre as famílias abastadas com quem ele e Monica socializavam em sua casa em Greenwich, Connecticut, ou em privilegiados enclaves como os Hamptons e Palm Beach.

Foi durante esses dias iniciais em que estavam cultivando o Fairfield Greenwich — que quase certamente coincidiram com os dias iniciais do esquema Ponzi — que Madoff e DiPascali aperfeiçoaram a estratégia de vendas para sua estratégia de investimento de "split-strike conversion" e a testaram em Tucker e Noel. Funcionou como um passe de mágica.

O MAGO DAS MENTIRAS

É claro, não havia nada de ilícito na estratégia em si; ela era familiar a qualquer corretor de opções da época. Em 1989, Tucker e Noel não tinham como saber que a suposta execução dessa estratégia por Madoff ao longo dos anos produziria lucros mais consistentes e substanciais que a estratégia em si era capaz de produzir. Não tinham como saber que a quantidade de dinheiro que Madoff por fim alegaria estar investindo se moveria pelos mercados de ações e opções como um navio de guerra em uma banheira se ele realmente estivesse fazendo as transações. No início, fazia sentido — e fazia dinheiro, especialmente para eles. Afinal, como gestores do fundo, eles embolsavam 20% dos lucros líquidos que Madoff produzia para os investidores privados.

Em 1990, haviam investido cerca de US$ 4 milhões na corretora por meio de seu fundo Fairfield Sentry, incorporado nas Ilhas Virgens Britânicas para servir a investidores estrangeiros. Em 1993, criaram uma versão do fundo para clientes domésticos e o chamaram de fundo Greenwich Sentry.

Os lucros constantes do Fairfield Sentry o tornavam atraente, mas os retornos não eram espetaculares, se comparados a outros fundos hedge oferecidos nesse bazar muito elitista. Entre 1990 e 1994, o fundo meramente acompanhou o mercado, medido pelo índice S&P 500. Mesmo alguns fundos mútuos públicos, como o popular Contrafund do Fidelity e seu lendário fundo Magellan, estavam produzindo retornos melhores e cobrando taxas microscópicas, se comparadas às que os investidores do Fairfield Sentry tinham de pagar. E ficou pior: do fim de 1996 ao fim da década, o Fairfield Sentry na verdade ficou abaixo do S&P 500.

Claramente, o fundo Fairfield Sentry e seus afiliados não se venderiam bem. Provavelmente não se venderiam de modo algum se seus deméritos não fossem transformados em virtudes. Walter Noel era bom nisso; ele mesmo, um investidor conservador, conseguiu fazer com que o fundo soasse como um investimento cuidadosamente projetado e rigorosamente monitorado para pessoas cautelosas dispostas a trocar parte de seus lucros por estabilidade e segurança a longo prazo.

A jogada funcionou e a empresa cresceu. Seus materiais de marketing em breve começaram a ganhar o brilho do profissionalismo. Jovens con-

AQUILO EM QUE QUERIAM ACREDITAR

tadores e administradores com MBA foram contratados. Eles criaram elaborados gráficos que avaliavam o desempenho do fundo contra várias referências. Desenvolveram uma lista formal de perguntas sobre as operações a serem feitas ao gestor de ativos — perguntas que fizeram a Bernie Madoff quando acompanharam Tucker em suas visitas. Madoff e DiPascali respondiam a algumas delas e mostravam registros falsos, talvez até mesmo uma falsa transação eletrônica enquanto eles observavam, e então exibiam os extratos das câmaras de compensação que apoiavam o que haviam dito.

Madoff simplesmente se recusava a responder a algumas perguntas. Em retrospecto, sua intransigência pode parecer uma evidente bandeira vermelha, mas, na época, dado seu status na indústria financeira e seu provável sucesso em Wall Street, era tudo muito convincente. Os jovens membros da equipe de avaliação de riscos aparentemente não levaram quaisquer preocupações aos sócios. Ou, se o fizeram, foram ignorados.

A fé que os sócios do Grupo Fairfield Greenwich tinham na integridade de Bernie Madoff pode ter sido afirmada em meados dos anos 1990, quando mais de vinte empresas criadoras de mercado foram acusadas de fixar preços nas ações da NASDAQ que negociavam. A fraude estava em operação havia anos, sem ser detectada ou, ao menos, corrigida. Algumas das maiores empresas da Street haviam entrado no intimidador cartel e os reguladores da NASD tinham falhado durante anos em pegá-las.

Foi o pior escândalo que o mercado de balcão enfrentou durante a permanência de Madoff no conselho — mas suas mãos estavam completamente limpas. O advogado particular que liderou as primeiras investigações confirmou que sua equipe jamais vira qualquer indicação de que sua corretora estivesse envolvida no esquema. Em carta enviada da prisão, Madoff disse que a empresa "não fez parte" do escândalo porque "era nossa crença que a credibilidade de mercado da NASDAQ dependia da criação de um mercado mais competitivo, transparente e eficiente". E, além disso, ela estava mais focada nos lucros das transações de ações da Big Board no "terceiro mercado" e era indiferente aos jogos com ações de balcão. Também é possível que ele tenha avisado seus corretores para não participarem do esquema porque tentava evitar quaisquer ações que pudessem colocar o esquema Ponzi sob escrutínio.

Dado o tamanho da corretora e sua proeminência no mercado da NASDAQ, entretanto, a ausência de Madoff no escândalo foi conspícua. Para Walter Noel, Jeffrey Tucker e suas equipes de avaliação de riscos, a noção de que estavam lidando com um dos poucos criadores de mercado da NASDAQ a serem exonerados pode ter sido reconfortante, especialmente se estivessem um pouco frustrados com sua maneira excêntrica de fazer negócios e sua constante recusa em lhes dizer tudo o que queriam saber.

Quando o Fairfield Greenwich se expandiu e conseguiu dinheiro para investir com outros corretores além de Madoff, seu pessoal revisou auditorias e fez cuidadosas perguntas a esses corretores. Como Madoff, os outros corretores eram bem-sucedidos e os outros pequenos fundos prosperaram. Ao contrário de Madoff, eles responderam às perguntas integralmente e forneceram a documentação solicitada. Com o tempo, o Fairfield Greenwich começou a se orgulhar da qualidade de seu trabalho de avaliação de riscos e a descrevê-lo em termos cintilantes em seu material de marketing, a fim de se distinguir dos outros fundos hedge que estavam surgindo e oferecendo retornos estranhamente similares.

Em meados dos anos 1990, uma parte crescente do trabalho de venda do Sentry estava sendo realizada por uma equipe montada por Andrés Piedrahita, o marido colombiano da filha mais velha de Walter Noel, Corina. A carreira anterior de Piedrahita em Wall Street fora rotineira: seis anos como "consultor financeiro" na Prudential Bache, seguidos por três anos como vice-presidente da Shearson Lehman Hutton. Em 1991, menos de dois anos após seu casamento, Piedrahita montou sua própria empresa de marketing para fundos hedge, a Littlestone Associates. (Seu sobrenome significa "pequena pedra" em espanhol.) Em 1997, a empresa de Piedrahita e suas vendas internacionais se uniram à sociedade do sogro, e ele se tornou "sócio-fundador" do novo Fairfield Greenwich. Uma de suas primeiras tarefas no novo regime foi abrir um escritório em Londres.

No mesmo ano, outra filha de Walter Noel, Alix, casou-se com Philip J. Toub, corretor de outro fundo hedge, em uma romântica cerimônia realizada ao ar livre na Igreja Bamboo, na exclusiva ilha Mustique, nas Ilhas Virgens Britânicas. (Monica e Walter Noel haviam comprado uma bucólica casa branca nas colinas da ilha em 1995, enquanto os Madoff compravam uma casa de veraneio de US$ 3,8 milhões em Palm Beach. "Mustique é a antítese de Palm Beach", disse Monica a um repórter da *Town & Country* alguns anos depois.[47] "Ainda é rústica. Também é muito internacional. E não há malas da Hermès.") Após o casamento, Toub também se uniu à força de vendas do Fairfield Greenwich e se tornou um de seus membros mais bem-sucedidos, usando suas conexões comerciais no Brasil e no Oriente Médio.

Em 1991, outro dos genros de Noel, Yanko Della Schiava, subiu a bordo, divulgando os fundos do grupo no sul da Europa a partir de sua casa em Lugano, na Suíça. Em 2005, um quarto genro, Matthew C. Brown, um californiano, também se uniu à empresa familiar de Noel.

Madoff não poderia ter uma força de vendas mais elegante e cosmopolita — nem, aparentemente, efetiva. No fim de 1999, um pequeno fundo hedge que lhe confiara US$ 4 milhões em 1990 tinha assombrosos US$ 3 bilhões em suas contas na corretora e seus ativos cresciam mais de 30% ao ano, por meio de novos depósitos e ganhos reputados. Centenas de milhares de dólares haviam entrado nas contas do Fairfield Greenwich na corretora de Madoff, vindos de outros fundos hedge na Europa e no Caribe. Conforme seus ativos cresciam, o mesmo faziam as taxas de administração — e, consequentemente, as fortunas que financiavam o estilo de vida de seus afortunados sócios.

Os Noel, com suas ilhas luxuosas, e os Tucker, que criavam puros-sangues na região de Saratoga, estado de Nova York, viviam bem. Não está claro exatamente quanto Tucker e o clã Noel coletaram em taxas durante a década de 1990, mas o total provavelmente ultrapassou os US$ 45 milhões em 1998,[48] um ano no qual havia apenas um punhado de sócios dividindo os lucros da minúscula empresa. (Registros apresentados em ações posteriores mostrariam que o grupo recebera cerca de US$ 920 milhões entre 2002 e 2008.)[49]

156 O MAGO DAS MENTIRAS

E, embora os Noel e os Tucker talvez não tenham vivido melhor que seus extravagantes pares no mundo dos fundos hedge, viviam mais publicamente, com ostentatórias fotografias mostrando suas casas exóticas nas revistas e aparições de suas glamorosas filhas nas colunas sociais. O orgulhoso dinheiro antigo de Greenwich, Saratoga e dos Hamptons pode ter torcido o nariz, mas o socialmente ambicioso dinheiro novo do mundo dos fundos hedge provavelmente pensou que a bela família de Noel e os esportivos Tucker haviam tirado a sorte grande.

E deviam tudo isso a Bernie Madoff.

*

O dinheiro dos fundos hedge offshore, de ricas famílias europeias e de butiques privadas de investimento — todas fontes familiares aos sócios do Fairfield Greenwich — foi crucial para que Madoff expandisse os ativos disponíveis para o esquema Ponzi nos anos 1990. Outra fonte que se tornou cada vez mais importante estava conectada ao mundo sem fins lucrativos: as dotações, instituições educacionais, fundações e comitês de investimento que passaram a confiar seus ativos a ele.

O que Walter Noel era para o sofisticado mundo das fortunas internacionais, J. Ezra Merkin era para o intimista e fraterno mundo da filantropia judaica.[50] Ao contrário de Noel, todavia, que galgara os degraus da sociedade cosmopolita, Merkin nascera na comunidade financeiramente generosa e profundamente religiosa que se tornou a clientela essencial de sua carreira nos fundos hedge — e um alvo significativo para a devastadora fraude de Madoff.

Ezra Merkin cresceu à sombra do rico e incrivelmente inteligente pai, Hermann Merkin, um judeu profundamente ortodoxo que fugiu da Alemanha nazista e, mais tarde, participou de missões de inteligência para o Exército norte-americano. Após a guerra, construiu sua fortuna em Nova York, a maior parte da qual veio da aposta em uma frota de petroleiros. Também fundou um pequeno banco de investimentos; sua busca constante

AQUILO EM QUE QUERIAM ACREDITAR

por novas ideias e dicas de ações o levou a cultivar certo número de talentosos corretores em Wall Street. Um deles se lembrou do ritual de almoçar com Hermann Merkin naqueles anos do pós-guerra.[51] O cavalheiro idoso estava sempre acompanhado por um assessor silencioso e bem-vestido que mantinha um pequeno bloco de notas no bolso do paletó. Se o corretor mencionasse uma ação de que gostava — talvez uma promissora companhia de tecnologia, como a IBM —, Merkin, com um sotaque muito acentuado, perguntava ao assessor:

— Eu tenho ações da IBM?

O assessor rapidamente consultava o bloco de notas. Se a resposta fosse não, Merkin dizia ao corretor:

— Quero comprar mil ações.

Então eles voltavam a almoçar. Esse ex-corretor achou provável que o jovem Bernie Madoff estivesse entre aqueles que Merker cultivava durante esses almoços.

Mas Wall Street não era o único laço que ligava Bernie Madoff à família Merkin. Em 1955, Hermann Merkin deixou sua sinagoga de origem e ajudou a fundar a nova Sinagoga da Fifth Avenue. Durante os anos como presidente e então presidente do conselho, a sinagoga se tornou o lar espiritual de vários congregantes abastados que se transformaram em patrocinadores generosos de importantes causas e instituições judaicas — e, por fim, importantes investidores de Madoff.[52]

Com o crescimento de sua fortuna, Hermann Merkin se tornou um filantropo cada vez mais generoso, especialmente para a Universidade Yeshiva. Ele foi membro do conselho de administradores da Yeshiva durante quase quarenta anos e era vice-presidente em 1996, quando Madoff foi convidado a fazer parte da diretoria.

Jacob Ezra Merkin, um entre seis irmãos, foi um sucessor digno das tradições acadêmicas ortodoxas da família. Frequentou a escola preparatória Ramaz, uma das primeiras academias particulares judaicas no Upper East Side de Manhattan. Formou-se em Inglês na Universidade de Columbia, sendo membro da Phi Beta Kappa e se formando com *magna cum laude* em 1976. Recebeu o diploma de Direito com honras em Harvard em 1979 e passou algum tempo estudando em Israel. Um amigo se lembra dele como "leitor voraz"[53] e outro o descreveu como "pio, profundo e devotado às preces".[54] Amigos próximos viam seu humor autodepreciativo, mas também seu às vezes áspero desdém por aqueles que considerava intelectualmente inferiores.[55]

Após exercer o Direito brevemente em um escritório de advocacia de elite em Nova York, ele seguiu o pai até Wall Street.[56] Trabalhou para um fundo hedge de tradição e então criou o próprio, constituindo o que se tornaria a Gabriel Capital Corporation. Em 1988, criou dois fundos hedge que se tornaram conhecidos como Gabriel e Ariel. Era um hábil vendedor, mas se envolvia muito menos na administração do dinheiro, terceirizando discretamente a tarefa.[57]

Desde o início, as decisões de investimento dos fundos Ariel e Gabriel foram tomadas quase exclusivamente por um jovem chamado Victor Teicher, um investidor intuitivo com uma personalidade irrepreensível que dividia o escritório com Ezra Merkin havia vários anos.[58] Esse fato não era revelado aos investidores e, assim, não houve constrangimento público quando Teicher foi condenado, em 1990, por uso de informações privilegiadas em um caso não relacionado a seu trabalho nos fundos de Merkin. (De acordo com Teicher, ele continuou a ser consultor dos dois fundos após a condenação e por telefone durante a pena de treze meses iniciada em 1993, uma alegação contestada por Merkin.)[59]

Em 1989, acossado pelo fraco desempenho após o crash de 1987, Merkin começou a pensar em colocar parte do dinheiro dos fundos Ariel e Gabriel nas mãos de outro gestor: Bernie Madoff.[60] Em algum momento de 1990, ele visitou o exclusivo e intensamente reservado mago do mercado no Edifício Lipstick.

Qualquer um que desse uma olhada no escritório em forma de aquário de Madoff ou ouvisse a conversa naquele dia ficaria chocado com o contraste entre o homem atrás da mesa e seu visitante, sentado pesadamente em uma das poltronas. Merkin era um homem grisalho e de óculos, de 30 e poucos anos, já ligeiramente acima do peso e a caminho de se tornar obeso. Madoff,

AQUILO EM QUE QUERIAM ACREDITAR

que acabara de passar dos 50 anos, não perdera a boa forma dos tempos de salva-vidas e vestia com elegância roupas feitas sob medida. Merkin era um erudito, com tendência a se exibir fazendo alusões literárias e devaneios filosóficos. Parecia ser um homem essencialmente honesto com a tendência de embelezar ligeiramente os fatos para melhorar uma história ou evitar uma verdade desconfortável. Madoff falava como um homem prático sem pretensões intelectuais, mas era um consumado trapaceiro que certamente estava prestes a iniciar um esquema Ponzi, se já não o tivesse iniciado.

A despeito de suas diferenças de idade e temperamento, os dois se deram bem. Merkin pareceu gostar da conversa inicial — sua irmã mais tarde especulou que ele vira em Madoff "um homem gentil e *haimish*, comparável a meu pai".[61]

Ele ouviu enquanto Madoff descrevia a estratégia de investimento a que atribuía seus retornos constantes e profundamente confiáveis — a mesma apresentação de vendas da "split-strike conversion" que obtivera tanto sucesso com os fundadores do Fairfield Greenwich. Um de seus sócios mais tarde diria que Merkin pensava em Madoff como um mecânico habilidoso, não um teórico de talento — como se ele fosse um arquiteto que piedosamente aceitasse discutir design com o empreiteiro.[62] Mas esse empreiteiro parecia dar conta do recado e, no fim, Merkin decidiu entregar parte do dinheiro de seus fundos hedge a ele.

Como com Teicher, o papel de Madoff como um dos gestores dos fundos não foi oficialmente revelado, embora Merkin mais tarde argumentasse no tribunal que muitos investidores estavam conscientes do relacionamento com Madoff e, na verdade, satisfeitos com ele.[63]

De acordo com Ezra Merkin, seu pai o apresentou a Madoff no fim dos anos 1980.[64] Hermann Merkin era conhecido por ser excessivamente econômico com seus elogios e, assim, teve grande peso junto ao filho o fato de falar bem de Madoff.[65]

Deve ter tido, pois outras pessoas em Wall Street que Merkin conhecia e respeitava não partilhavam da boa opinião de seu pai. Victor Teicher teve dúvidas instintivas sobre a falta de volatilidade dos retornos da corretora, mesmo em mercados abalados. Merkin "descrevera Madoff em termos do que ele estava fazendo, da consistência dos retornos, e senti que simplesmente não era possível", disse Teicher mais tarde.[66] "Nunca vi ninguém ter retornos tão consistentes [...] não parecia possível." Ele suspeitaria de Madoff durante anos.

Merkin recebeu avisos similares de John Nash,[67] lendário investidor e cofundador do fundo hedge Odyssey Partners. Nash e o filho haviam feito um pequeno investimento pessoal com Madoff e não confiavam em seus resultados. Eles sacaram o dinheiro e partilharam suas dúvidas, em caráter privado, com Merkin.

Mas sua fé em Madoff — ou, talvez, a fé na opinião de seu pai sobre Madoff — levou a melhor. Em 1992, o ano da investigação na Avellino & Bienes e o ano que Madoff mais tarde identificou como data de lançamento do esquema Ponzi, ele formou um novo fundo hedge chamado Ascot Partners, a fim de investir exclusivamente com Madoff.

Como Madoff era pago exclusivamente por meio de comissões sobre as transações que supostamente fazia para o Ascot, as gordas taxas geradas pelo novo fundo hedge fluíam diretamente para Merkin. Ações judiciais posteriores calcularam que recebeu perto de US$ 170 milhões em taxas de administração somente do fundo Ascot entre 1995 e 2007,[68] e mais de US$ 500 milhões em taxas dos dois outros fundos que investiam parcialmente com a corretora. Como Walter Noel e Jeffrey Tucker, Ezra Merkin estava prestes a conseguir grande fortuna, graças a Bernie Madoff.

Ezra Merkin seria tão generoso com sua fortuna quanto fora seu pai, mas também estaria mais disposto a gastá-la com confortos e luxos para si mesmo e a família. Por volta de 1994, pagou US$ 11 milhões por um apartamento de dezoito cômodos em um dos lendários edifícios de Manhattan, na Park Avenue, 740. Gastou milhões de dólares com arte de alta qualidade, especializando-se em obras do artista do século XX Mark Rothko, cujas enormes aquarelas dominariam a decoração do apartamento.

Durante a década de 1990, equilibrou tal consumo conspícuo com generosas doações à sinagoga e a instituições como a Universidade Yeshiva e sua

AQUILO EM QUE QUERIAM ACREDITAR 161

antiga escola preparatória, Ramaz. As filantropias o acolheram. Ele presidiu o comitê de investimento da UJA — Federation of New York durante dez anos e trabalhou nos conselhos da Universidade Yeshiva, do Carnegie Hall e de várias outras organizações não governamentais. Sua reputação lhe abriu portas em outras dotações sem fins lucrativos — Faculdade Bard, Universidade Tufts, Universidade de Nova York e Faculdade de Direito de Nova York. Com o tempo, mais de trinta grupos sem fins lucrativos confiariam seu dinheiro a ele — e, assim, a Madoff.

Em carta da prisão, Madoff expressou grande consideração por ele: "Ezra Merkin é uma das pessoas mais brilhantes e maravilhosas que já conheci. É um homem honrado." Bernie e Ruth ocasionalmente jantariam com ele e a esposa em seu luxuoso apartamento e socializariam com seus amigos proeminentes de instituições educacionais e filantrópicas em jantares particulares e eventos de caridade.

O Prêmio Nobel e sobrevivente do Holocausto Elie Wiesel mais tarde se lembrou de um desses jantares. "Não falamos sobre mercados", disse ele.[69] "Falamos sobre ética [...] Ele se apresentou como filantropo." Wiesel se lembra de Madoff tentar atraí-lo para o Queens College, a *alma mater* de Ruth, oferecendo-se para fazer dotação para uma cátedra em seu nome.

Por mais estimulantes que fossem esses encontros para Ruth e Bernie Madoff, seu relacionamento com Merkin ajudou a cimentar sua reputação entre os filantropos judeus. A atração era comovedoramente simples: suas habilidades ao realizar investimentos amplificariam os impulsos generosos dos filantropos. Como disse Wiesel, ao explicar por que decidiu investir toda a sua dotação com o modesto e magnético homem do Queens: "Todo mundo que conhecíamos disse que poderíamos realizar muito mais se conseguíssemos multiplicar nosso dinheiro com Madoff."[70]

Nesses círculos, a reputação de homem generoso de Madoff foi reforçada quando ele e Ruth compraram uma bela casa em Palm Beach em 1994 e foram aceitos como membros do Palm Beach Country Club, em 1996, um paraíso de fortunas predominantemente judias desde sua fundação, na década de 1950. Todos sabiam que os membros potenciais tinham de demonstrar que faziam doações anuais regulares no mínimo iguais à taxa de ingresso do clube, algo entre US$ 150 mil e US$ 200 mil na época.[71]

A documentação do Ascot Partners dava a Merkin a liberdade de colocar o dinheiro dos investidores nas mãos de outros gestores. Mas, considerando-se o que estava fazendo, é difícil ler os documentos como sendo mais que enganosos. Davam a impressão de que ele era o gestor primário do fundo e indicavam claramente que, se escolhesse outros gestores, diversificaria os ativos entre eles. Na verdade, desde o início pretendera investir o fundo Ascot exclusivamente com Madoff, e foi isso o que fez — um fato que jamais revelou nos documentos formais fornecidos aos novos investidores.

Em vez disso, disse a eles que o fundo "negociará primariamente com investimentos de risco em arbitragem de títulos de crédito privados e títulos publicamente negociados de empresas falidas ou em dificuldades". Também poderia fazer investimentos indiretos em "fundos mútuos, sociedades privadas de investimento, fundos fechados e outros veículos coletivos de investimento que empreguem estratégias similares".

Mesmo que Madoff estivesse honestamente empregando a estratégia de "split-strike conversion" em nome de Merkin — e não estava fazendo isso —, ela não teria se adequado, nem mesmo remotamente, a esses parâmetros.

7

SINAIS DE ALERTA

Enquanto o mundo celebrava o advento do novo século, Bernie Madoff estava se saindo muito bem. Os anos 1990 haviam presenciado uma extraordinária explosão em Wall Street, incluindo o aumento do preço das ações de empresas de internet na NASDAQ. O sistema automatizado de balcão que ele ajudara a criar era o mercado mais quente do planeta. A negociação eletrônica de ações, da qual fora pioneiro na década de 1970, emergira como poderosa ferramenta para investidores individuais, que contavam cada vez mais com os mercados financeiros para conseguir uma aposentadoria segura. Legiões de day traders ["corretores de um dia", que fazem transações de curtíssimo prazo] começaram a jogar com o mercado a partir de seus computadores, comprando e vendendo ações e aprendendo que fortunas podiam ser ganhas através de puts [opções de compra], calls [opções de venda], shorts [vendas a descoberto] e outros ardis outrora disponíveis somente para corretores estabelecidos como o próprio Madoff.

A democratização dos mercados não diminuiu o apelo do gênio financeiro de Bernie Madoff. Sim, fortunas podiam ser ganhas, mas também podiam ser perdidas, e os investidores persistiam em acreditar que havia uma maneira de garantir altos retornos sem se expor a altos riscos. Quando a bolha tecnológica explodiu nos meses iniciais de 2000, isso serviu para

164 O MAGO DAS MENTIRAS

afirmar sua reputação como um dos mais exclusivos e bem-sucedidos gestores de ativos no ramo. Durante algum tempo, ele cultivara a impressão de que novos investidores simplesmente não podiam entrar — tinha todo o dinheiro que queria e nem sequer conversava com potenciais clientes. Quando concordava em acrescentar um fundo hedge a seu círculo exclusivo de clientes institucionais, era como ganhar na loteria. Essa abordagem, claro, era magistral. Ela provava que a famosa regra de Groucho Marx também funcionava ao contrário: todos queriam entrar no clube que não os aceitava.

E os afortunados que já haviam entrado — Avellino & Bienes, Fairfield Greenwich, Cohmad Securities, Stanley Chais, Ezra Merkin, uma miríade de fundações privadas e de caridade, um exército de fundos hedge offshore — não queriam aborrecer a meticulosa galinha que botava todos aqueles ovos de ouro. Eles haviam apostado suas reputações, seu dinheiro e o dinheiro de seus clientes na premissa de que podiam confiar em Bernie Madoff. Simplesmente ignoraram as discretas advertências que começavam a surgir na comunidade de fundos hedge de que seus retornos eram consistentemente bons demais para serem críveis.

Então essas suspeitas sussurradas vieram a público.

A edição de maio de 2001 de uma publicação muito popular da indústria de fundos, chamada *MARHedge*, publicou um longo artigo do escritor Michael Ocrant que revelava a surpreendente escala do extremamente privado negócio de administração de ativos de Madoff.[1] Ocrant estimava que ele administrasse mais de US$ 6 bilhões. Isso era muito menos do que ele pretendia administrar, mas mesmo essa soma o teria transformado em um dos maiores consultores financeiros individuais do mundo, ainda que o dinheiro estivesse ostensivamente fluindo por centenas de outros consultores.

Ocrant escreveu que mais de uma dúzia de pessoas confiáveis no mundo dos fundos hedge — nenhuma identificada pelo nome — estavam perplexas com o desempenho de Madoff. Elas não duvidavam de seus retornos anuais, mas tais resultados eram "considerados meio altos para a estratégia" que ele alegava estar empregando.[2] Ocrant lembrou os leitores sobre o Gateway,

SINAIS DE ALERTA 165

o pequeno fundo mútuo público que empregava uma estratégia similar de "split-strike" desde 1978, mas "experimentou muito mais volatilidade e retornos mais baixos no mesmo período".[3]

Os especialistas que consultou "perguntaram por que ninguém fora capaz de duplicar retornos similares usando a estratégia e por que outras empresas de Wall Street não estavam conscientes do fundo e negociando contra ele, como acontecera tão frequentemente em outros casos". O artigo também questionava por que Madoff concordava em receber apenas as comissões das transações, permitindo que os gestores dos fundos ficassem com a maior parte das excelentes taxas. Seu papel, sua estrutura de taxação, seus segredos — tudo ia contra as regras do jogo que eles conheciam.

Ocrant reconheceu que "quatro ou cinco profissionais" que entrevistou compreendiam a estratégia e não contestavam os retornos relatados — ainda mais evidência de que Madoff no mínimo selecionara uma história plausível para encobrir a fraude, que provavelmente estava em operação havia uma década. Mas mesmo esses profissionais duvidavam de que ele pudesse empregar a estratégia da maneira que declarara, usando ações e opções S&P 100, especialmente com US$ 6 bilhões para administrar.

Em uma entrevista a Ocrant depois do expediente, espontânea e aparentemente relaxada no escritório do Edifício Lipstick, Madoff minimizou todas essas dúvidas, dizendo que os fundos privados eram um pouco mais voláteis do que pareciam nos retornos mensais e anuais, e que sua profunda experiência e a sofisticação e força de negociação de sua corretora explicavam integralmente os resultados.

Sua força de negociação fora afirmada menos de um ano antes por alguns dos maiores nomes de Wall Street. Conforme as redes de transações por computador se multiplicavam em Wall Street, os reguladores começaram a pressionar pela eliminação das restrições da Big Board ao lugar onde seus membros podiam negociar suas ações. Antecipando a liberação, em 2000 cinco corretores se uniram para investir em um novo sistema de transações chamado Primex. Os cinco eram Goldman Sachs, Merrill Lynch, Morgan Stanley, Salomon Smith Barney e Bernard L. Madoff Investment Securities, que ajudava a desenvolver a nova rede. "Nunca, em meus sonhos mais desvairados, achei que teria parceiros como esses",[4] disse Madoff aos repórteres quando o consórcio foi anunciado.

Ele não foi arrogante ou desdenhoso com Ocrant. Em vez disso, foi charmoso e pareceu confuso. Agiu com calma, mostrando-lhe o salão de operações, discutindo com confiança sua contestada estratégia de investimento e casualmente oferecendo explicações plausíveis para seu sucesso.

"Conhecer os melhores momentos do mercado e saber como escolher ações são fatores importantes para que a estratégia funcione" escreveu Ocrant, "e, para aqueles que expressam surpresa com a habilidade de sua corretora nessa área, Madoff indica sua longa experiência, a excelente tecnologia que fornece uma capacidade de execução excepcional e de baixo custo, bons modelos de precificação para ações e opções, infraestrutura estabelecida, habilidade de criação de mercados e inteligência de mercado derivada do maciço volume de ordens com que lida todos os dias".[5] Tudo isso certamente era verdade e foi o que deu a Madoff tanta credibilidade na Street — simplesmente não tinha nada a ver com os retornos de seus investimentos.

Madoff explicou que não criara seu próprio fundo hedge ou exigira taxas de administração porque acreditava que a corretora devia focar em seus "pontos fortes". Essa explicação não satisfez os "especialistas céticos" consultados por Ocrant. "A maioria continuou a expressar surpresa e indicou que ainda tentava entender como tais resultados poderiam ter sido obtidos durante tanto tempo."

Na semana seguinte, uma opinião similarmente cética sobre as operações de Bernie Madoff foi expressa por outra escritora, Erin Arvedlund, da revista *Barron's*, uma expressiva publicação financeira que provavelmente chegaria a muitos mais investidores que a história de Ocrant.[6]

Após a publicação dos dois artigos, Madoff colocou de lado sua costumeira atitude de "pegar ou largar" em relação aos grandes investidores e procurou imediatamente seus maiores fundos feeder, a fim de reassegurá-los.

Jeffrey Tucker, do Fairfield Greenwich, prestara pouca atenção ao artigo de Ocrant e não ficara perturbado com o "crítico" artigo da *Barron's*.

SINAIS DE ALERTA

"Honestamente, achei que era apenas jornalismo irresponsável", disse ele mais tarde.[7] Mas então recebeu um telefonema de Madoff.

— Você está recebendo algum feedback de seus clientes? — perguntou ele.

— Alguns estão preocupados — respondeu Tucker. — Minha principal preocupação é saber que os ativos estão lá.

— Venha me ver hoje à tarde — disse Madoff.[8]

Quando Tucker chegou para a improvisada visita de avaliação de riscos, Madoff estava pronto, graças aos esforços criativos de Frank DiPascali. Além das falsas confirmações de transações e extratos que gerava havia mais de uma década, ele criara uma falsa "plataforma" que fazia parecer que transações reais estavam sendo conduzidas com as contrapartes europeias, embora o corretor do outro lado fosse, na verdade, um funcionário ou outro terminal de computador escondido em alguma sala. E tinha o argumento final: provas aparentes de que todas as ações que afirmava ter comprado estavam seguras em sua conta na câmara de compensação central de Wall Street, a Depository Trust & Clearing Corporation, oficialmente chamada de DTCC, mas conhecida informalmente entre os veteranos como "a DTC".[9]

Este foi o teste final para a obra-prima de DiPascali: a simulação eletrônica de uma transmissão ao vivo da DTCC. Ele tomara o cuidado de duplicar exatamente o logotipo, o formato da página, a fonte de impressão e a qualidade do papel dos registros da DTCC. É claro, esses registros falsificados sempre verificariam que o número requerido de ações estava na conta de Madoff, são e salvo. Somente um telefonema autorizado para a própria DTCC poderia provar o contrário, e a câmara de compensação tinha o cuidado de manter confidenciais todas as informações de seus clientes.

Tucker mais tarde contou aos reguladores sobre essa visita crucial ao Edifício Lipstick.[10] O escritório executivo, agora no 19º andar, lhe era familiar. A tela de computador atrás da esguia mesa de Bernie estava acessível e DiPascali se encontrava presente com pilhas de livros-razão e diários.

Longe de se ressentir de qualquer suspeita implícita, Madoff o encorajou a ser cético e verificar as transações conduzidas em nome do fundo

Fairfield Sentry. Tucker recebeu um "registro de compras e vendas" com ar oficial, mostrando o registro de cada transação realizada nas contas de seus fundos. Então viu um diário que supostamente continha registros de ações da corretora.

— Escolha duas ações — disse Madoff.

Quaisquer duas? Tucker escolher a AOL Time Warner, que sabia estar entre os títulos do fundo Sentry. Enquanto isso, Frank ou Bernie ativou a tela do computador, explicando que forneceria uma transmissão ao vivo da conta de Madoff na DTCC.

— Eles continuaram a mover as páginas na tela até chegarem à página da AOL — contou Tucker. No diário de ações, ele podia ver o número de ações da AOL que Madoff deveria ter em nome dos clientes de seu fundo hedge; na tela, podia ver o número de ações creditadas a Madoff pela câmara de compensação. Os dois números eram iguais.

Tucker jamais vira as telas da conta de um corretor na DTCC, como ações judiciais subsequentes demonstrariam. Mesmo que tivesse visto, é improvável que tivesse detectado a fraude. Afinal, DiPascali tinha acesso à tela real da DTCC todos os dias — existia uma disponível para a corretora legítima — e tomara imenso cuidado para se assegurar de que sua imitação era exatamente igual à original.

Madoff encorajou Tucker a escolher outra ação, mas ele estava satisfeito. As ações estavam lá; não havia possibilidade de fraude. Ele partiu seguro de que não havia nada verdadeiro no artigo da *Barron's* e nenhuma razão para se preocupar.

Mesmo sem esse tour de force para Tucker, a maior parte de sua crescente coleção de fundos hedge aparentemente deu de ombros ao ler os artigos céticos em maio de 2001, certos de que sua confiança era justificada pelo caráter e pela reputação de Madoff. Um deles, Ezra Merkin, manteve uma cópia do artigo da *Barron's* em seus arquivos durante anos, mas continuou a investir milhões de dólares com a corretora.

*

SINAIS DE ALERTA 169

Outra cópia do artigo da *Barron's* também permaneceria por anos nos arquivos do Departamento de Inspeções de Conformidade da SEC em Washington, D.C. Esse era o ramo da agência federal responsável por inspecionar corretoras como a de Bernie Madoff.

O diretor do departamento enviara o recorte à diretora associada, com uma nota dizendo que Arvedlund era "muito boa" e que "Essa seria uma grande inspeção para nós!".[11] Mas nenhuma inspeção da corretora foi ordenada; aparentemente, a única ação que a associada realizou em resposta ao artigo foi arquivá-lo.

A falta de ação se tornara quase um reflexo na agência carente de mão de obra, incerta de seu mandado e de si mesma. Os anos 1990 haviam visto o moral desabar na SEC, conforme o Congresso aprovava leis que enfraqueciam o ambiente regulador das empresas financeiras. Uma peça desencorajadora de legislação fora a Lei de Reforma dos Litígios sobre Títulos Privados, de 1995, que tornava mais difícil para advogados particulares levarem empresas ao tribunal a fim de questionar suas práticas contábeis ou gerenciais. Outra veio um ano mais tarde, quando o Congresso ampliou a brecha que permitia que fundos hedge evitassem registro na SEC.[12] Isso naturalmente tornou mais fácil e lucrativo formar um fundo hedge sem muita supervisão regulatória. Milhares de gestores tiraram vantagem desse espaço adicional de manobra.

Durante anos, a qualidade da equipe da SEC estivera sob incessante pressão, a princípio por causa dos orçamentos cada vez mais apertados. A rotatividade na equipe era tão alta que atraiu a preocupada atenção do General Accounting Office. As taxas de rotatividade para os advogados, contadores e investigadores da SEC, que eram de 15% em 2000, eram duas vezes maiores que a taxa média em posições governamentais comparáveis. Em um relatório de 2001,[13] o GAO descobriu que um terço da equipe da agência — mais de mil funcionários, ao menos metade eram advogados — deixou o órgão entre 1998 e 2000.[14] Com os salários disponíveis, parecia improvável que esses lugares fossem disputados por alguém além de novatos. Nos anos seguintes, criminosos cada vez mais criativos de Wall Street,

170 O MAGO DAS MENTIRAS

como Bernie Madoff, seriam policiados por investigadores cada vez mais inexperientes e mal treinados. Os relatórios desonestos que os analistas de Wall Street haviam entregado sobre as frágeis ações de tecnologia e a contabilidade fraudulenta empregada por gigantes como Enron e WorldCom na década de 1990 seriam finalmente expostos — mas não por conta dos esforços ou das iniciativas da SEC, e não em tempo de evitar os maciços danos a funcionários e investidores. Durante uma audiência do Congresso após os escândalos, o senador Paul Sarbanes, de Maryland, citaria a avaliação de um observador não identificado da SEC: "O moral está em seu nível mais baixo. Esse lugar é uma sombra do que era há dez anos."

Apenas um mês antes de o artigo da *Barron's* ser publicado, um diretor-assistente do escritório da SEC em Nova York recebera uma advertência sobre Madoff do escritório de Boston. Era uma queixa complexa e ligeiramente misteriosa de um analista quantitativo que disse ter examinado matematicamente os retornos de Madoff e estava convencido de que ele era uma fraude.

A acusação veio de Harry Markopolos, um gerente de carteira na Rampart Investment Management, em Boston. Markopolos se interessara pelos retornos de Madoff alguns anos antes, quando um executivo da Rampart lhe pedira que investigasse por que as estratégias de cobertura de opções da Rampart não conseguiam o tipo de retorno rotineiramente divulgado por Bernie Madoff.[15] Filho de imigrantes gregos donos de um restaurante em Erie, na Pensilvânia, Markopolos obteve bacharelado em Administração na Universidade Loyola, em Maryland, e fez mestrado em Finanças no Boston College. Também trabalhara na cadeia de restaurantes da família, servira na reserva do Exército, unira-se a uma corretora familiar e fora funcionário de uma pequena sociedade de investimentos antes de chegar à Rampart, em 1991.[16] Em 1996, cumprira os rigorosos requerimentos para a credencial de analista financeiro e era ativo na Sociedade de Analistas Financeiros de Boston.

Markopolos era um homem inteligente e ligeiramente ingênuo, com uma pronunciada fraqueza pelas hipérboles e um rude humor sexista. Em sua biografia, relatou ter provocado a futura esposa ao se oferecer para pagar por implantes de silicone no lugar do anel de noivado de dois

SINAIS DE ALERTA

quilates que ela queria. "Dessa maneira, nós dois podemos aproveitar", teria dito a ela. Por fim, "Decidimos por um quilate e meio".[17]

Mesmo seus amigos concordavam que ele era meio esquisito. O homem que se tornaria seu mais firme aliado no escritório da SEC em Boston, o veterano investigador Ed Manion, observou que poucas pessoas que conheciam Markopolos ficavam indiferentes. "Você gosta dele ou não gosta", disse Manion, acrescentando que achava que sua personalidade "promovia" essa reação. "Às vezes, Harry não é muito sutil" ao lidar com "assuntos interpessoais", observou.[18] De fato, Markopolos diria desavergonhadamente que a diferença entre os membros femininos e masculinos da SEC era que as mulheres conseguiam contar até vinte e os homens até 21 — "mas somente se baixassem as calças".[19] E acrescentou: "Isso costumava irritar as mulheres, até que eu acrescentava 'Isso assumindo que conseguem encontrá-lo e, na SEC, infelizmente, ninguém consegue encontrá-lo. Estão completamente perdidos'." Como sugere a piada, ele não fazia segredo de seu desprezo pelos reguladores seniores do mercado.

Ao analisar os retornos de Madoff, Markopolos descobriu que não seguiam sequer remotamente os títulos de primeira linha que ele supostamente estava comprando. Não viu nenhuma razão honesta para Madoff permitir que seus fundos feeder ficassem com as polpudas taxas de administração, enquanto ele ficava apenas com as comissões sobre as transações. Duvidava de que houvesse opções indexadas no mundo inteiro capazes de cobrir uma carteira tão grande quanto a de Madoff. E notou que ele perdera dinheiro somente em três dos 87 meses entre janeiro de 1993 e março de 2000, ao passo que o S&P 500 caíra em 28 desses meses. "Isso seria como um jogador de uma grande liga ter uma média de rebatidas de .966",[20] observou Markopolos mais tarde. (Essa analogia seria menos convincente para investidores profissionais que para leigos. O fundo mútuo Gateway, por exemplo, que adotava uma estratégia similar, perdera em apenas quatorze meses no mesmo período, obtendo uma "média de rebatidas" de .839 — e, mesmo com 28 meses de perda, o S&P 500 obtivera uma média de .678 durante aqueles anos.[21] Essas também seriam realizações implausíveis para um jogador de beisebol, mas foram indiscutivelmente o resultado de atividades legítimas de mercado, não fraudes.)

Mesmo assim, Markopolos imediata e acuradamente concluiu que Madoff estava trapaceando de alguma maneira — conduzindo um esquema Ponzi ou usando seu conhecimento de ordens futuras para negociar à frente de seus clientes e se beneficiar das mudanças de preço causadas por suas transações, uma prática ilegal conhecida como front running [correr à frente]. Animado por essas descobertas, levou-as à atenção de Manion. Em maio de 2000, Manion conseguiu uma reunião entre Markopolos e Grant Ward, o principal advogado do escritório de Boston.

A reunião não foi boa. "Harry tende a alienar as pessoas", reconheceu Manion mais tarde. Markopolos era um orgulhoso analista quantitativo — um "quant", no jargão de Wall Street — que infelizmente superestimava sua capacidade de explicar as coisas claramente para "não quants". Explicando uma ideia complexa em um quadro, ele desenhava um círculo aqui, então uma flecha apontando para outro círculo lá adiante e outra flecha apontando para mais um círculo em outro lugar. Manion descreveu a experiência como uma mistificação em expansão, acrescentando: "Harry dizia 'Viu, está aqui'. E você olhava e não via nada."[22]

Durante a reunião, Markopolos e Manion perceberam que os olhos de Ward estavam desfocados mesmo antes de Markopolos chegar à primeira "evidência" de sua análise dos retornos de Madoff.[23] Provavelmente, não ajudou o fato de que Ward estava prestes a trocar a agência por um emprego em um escritório privado, mas, para sermos justos, a abertura da explicação era uma mistura de jargão do mercado e termos matemáticos, mais ou menos assim:

> Retornos não podem estar vindo de longa exposição líquida ao mercado. Parte A, uma conversão split-strike com algo entre trinta e 35 ações que seguem as cem do índice OEX, opções de compra de ações do OEX vendidas a descoberto fora do dinheiro (Delta < .5) e opções de venda de ações do OEX vendidas a seco fora do dinheiro (delta, -.5) [...][24]

Para um não quant como Grant Ward — e, de fato, para a maioria dos advogados reguladores —, isso poderia muito bem ser sânscrito arcaico.

SINAIS DE ALERTA

Ward mais tarde assegurou a um frustrado Ed Manion que enviara a denúncia sobre Madoff para o escritório de Nova York, para seguimento. Mas não há evidência pública de que o tenha feito — e uma investigação oficial mais tarde concluiria que não o fez. Quando perguntado a respeito, disse que não se lembrava da reunião com Markopolos, embora o relatório oficial tenha concluído que isso também não era verdade.[25]

Durante o ano seguinte, Markopolos continuou a seguir o sucesso estatisticamente impossível de Madoff. Em nota a Manion, disse: "Esses números realmente são bons demais para ser verdade.[26] E todas as vezes que acho que os números de uma empresa ou de um corretor são 'bons demais para ser verdade', há fraude envolvida."

Com o encorajamento de Manion, ele preparou um relatório atualizado para o novo chefe de execução do escritório de Boston. Dessa vez, em 3 de abril de 2001, sua análise realmente foi enviada para o escritório de Nova York, onde foi encaminhada à diretora-assistente de execução, uma advogada competente e respeitada. No dia seguinte, ela enviou um e-mail a seu supervisor dizendo que revisara a queixa, mas não achava que merecesse investigação. "Não acho que devamos prosseguir nessa questão", escreveu.[27]

Lendo o documento anos depois, ela ficou pasma com sua decisão, da qual afirmou não se lembrar. "Minha impressão é de que esse é um documento sobre o qual eu precisaria ter consultado alguém", disse ela.[28] "Espero ter consultado alguém. Honestamente, não lembro." E acrescentou: "Eu também teria achado que o autor do documento era estranho, para dizer o mínimo. Mas espero que isso não tenha feito com que eu ignorasse o documento — simplesmente não lembro."

*

Os ataques terroristas de 11 de setembro de 2001 levaram a atenção da nação para longe do mercado de ações e quaisquer possíveis investigações da SEC, e a atenção da mídia para longe das óbvias sequências sugeridas pelos artigos de Ocrant e da *Barron's* e dos persistentes sussurros em Wall

174 O MAGO DAS MENTIRAS

Street sobre Bernie Madoff. Na verdade, a equipe nova-iorquina da FIN-RA, Financial Industry Regulatory Authority [Autoridade Reguladora da Indústria Financeira], foi obrigada a evacuar seu escritório em Wall Street depois dos ataques ao World Trade Center, e sua equipe legal se refugiou no escritório de Madoff no centro comercial da cidade. Quando o mercado de ações reabriu em 17 de setembro, a Bernard L. Madoff Investment Securities estava pronta, assim como o restante de Wall Street, fazendo lances, aceitando ordens e reagindo aos ataques.

Conforme o mercado de ações se recuperava gradualmente e os norte-americanos tentavam se ajustar a uma nova percepção das questões mundiais, a farra de fundos hedge que ajudava a alimentar a fraude de Madoff foi retomada com toda a força. Os dólares confiados a gestores de fundos majoritariamente não regulamentados cresceram mais de um terço entre 2001 e 2003. Investidores institucionais adicionaram fundos hedge a suas carteiras, atraídos pelos lucros que superavam de longe aqueles disponíveis nos fundos mútuos públicos e sustentados pela fé de que podiam avaliar acuradamente os riscos cada vez maiores que acompanhavam esses altos retornos.

Embora os fundos hedge tenham permanecido inacessíveis para qualquer um que não fosse rico e sofisticado, a percepção de que americanos de renda média "mereciam" o direito de partilhar desses altos retornos, já adotada em certas partes da academia, ganhava tração entre estrategistas políticos e reguladores. Pouco foi dito sobre se investidores de renda média teriam as mesmas habilidades de avaliação de riscos que suas contrapartes institucionais — ou, aliás, se os investidores institucionais eram tão bons quanto achavam ser em avaliar riscos. Não demoraria muito para que trabalhadores comuns pegassem a febre do fundo hedge e aproveitassem a oportunidade para enviar seu dinheiro, direta ou indiretamente, para os fundos hedge que negociavam com Bernie Madoff.

Uma maneira de os investidores de classe média entrarem no mundo dos fundos hedge era por meio de algo chamado "fundo de fundos hedge", um instrumento financeiro que começou a ser empregado pelo mercado

SINAIS DE ALERTA

no verão de 2002. Era um conceito emprestado da indústria de fundos mútuos dos anos 1960. Naquela época, os investidores podiam comprar cotas de um "fundo de fundos mútuos", pagando uma dose dobrada de taxas pelo privilégio de ter alguém reunindo uma carteira de fundos de alto desempenho. O fundo de fundos hedge seguia a mesma ideia, vestida de Armani.[29] Investidores menores podiam aplicar apenas US$ 25 mil no fundo oferecido publicamente, cujos gestores passariam o dinheiro adiante, para um conjunto de fundos hedge promissores. (Mesmo esse modesto mínimo era autoimposto; legalmente, aqueles eram fundos mútuos que, por lei, não precisavam estabelecer um investimento mínimo.)

"Fundos de fundos hedge suscitam preocupações especiais porque permitem que os clientes invistam indiretamente em fundos hedge nos quais não investiriam diretamente, em razão de restrições legais", disse o presidente da SEC, William H. Donaldson, durante um depoimento ao Congresso em abril de 2003.[30] Eles não seriam capazes de investir diretamente porque a lei só permitia que fundos hedge aceitassem "investidores autorizados" com um patrimônio líquido de no mínimo US$ 1 milhão. Em 2003, todavia, um número crescente de famílias estadunidenses de renda média atendia a esse requerimento. Os valores dos imóveis estavam altos e subindo, fornecendo substancial patrimônio líquido a muitas famílias, e suas IRAs [*individual retirement accounts*, contas individuais de aposentadoria] e planos de aposentadoria existiam por tempo suficiente para ter acumulado ativos substanciais. Como resultado, milhões de americanos se tornaram potenciais clientes de fundos hedge.

Na verdade, um número crescente deles já movera suas IRAs "autodirigidas" para as mãos de Bernie Madoff. Uma IRA autodirigida era tipicamente uma conta com investimentos além dos tradicionais (e tradicionalmente regulamentados) bônus, ações e fundos mútuos.[31] Essas alternativas iam de commodities a imóveis, mas proeminentemente incluíam fundos hedge. Quando os clientes faziam suas escolhas de investimento, o código tributário exigia que usassem uma empresa de apoio, chamada guardiã de IRAs, para seguir as direções dos clientes, fazer os investimentos e cuidar do trabalho administrativo. Um investidor de Madoff na Flórida encontrou uma pequena empresa chamada Retirement Accounts Inc. para administrar a conta que investira com a Avellino & Bines, a despeito do fato de a relaxada operação dos contadores não ser registrada, não fornecer prospectos e manter registros mínimos.[32]

A notícia se espalhou e logo a Retirement Accounts Inc. era a administradora de centenas de contas autodirigidas investidas com Madoff. Após várias fusões e incorporações, ela se tornou uma unidade da Fiserv Inc., uma gigantesca companhia de serviços financeiros. Em 2008, ela cuidaria de cerca de oitocentas IRAs autodirigidas investidas com Madoff, um valor que se acreditava ultrapassar US$ 1 bilhão.[33]

Outra maneira de americanos de renda média terem acesso aos fundos hedge e outros investimentos privados e apenas levemente regulamentados — tendo, consequentemente, uma chance de cair na armadilha de Bernie Madoff — era a partir dos fundos de pensão de suas empresas.

Durante alguns anos, gigantescos fundos de pensão públicos e corporativos vinham colocando minúsculas frações de seus ativos em "investimentos alternativos", incluindo fundos hedge. Em 2003, incontáveis fundos de pensão menores também estavam investindo nessas "alternativas" de alto risco — de fato, dezenas deles já investiam com Bernie Madoff.

Ainda em 1989, seis pequenos sindicatos no interior do estado de Nova York haviam começado a investir ativos das pensões com Madoff, por meio de uma consultoria de investimentos de Long Island chamada Ivy Asset Management. Os fundadores da Ivy haviam sido apresentados a Madoff em 1987 por um de seus próprios clientes e mantiveram um relacionamento com ele por mais de uma década.[34] Em breve, outros consultores financeiros inexperientes estavam investindo o dinheiro dos fundos de pensão de seus clientes com Madoff, por intermédio da Ivy, que cobrava taxas substanciais em troca de seus conselhos e avaliações de riscos. Algumas sociedades limitadas foram formadas unicamente para investir com Madoff por meio da Ivy e certo número de fundos de pensão foi atraído por seus retornos constantes e confiáveis.[35]

SINAIS DE ALERTA   177

Em 1991, alguns executivos da Ivy ouviram rumores inquietantes sobre Madoff, de acordo com e-mails obtidos em um litígio posterior.[36] Em 1997, notaram que o volume de opções indexadas negociadas publicamente era pequeno demais para cobrir a estratégia de investimento de Madoff para seus clientes — e eles acreditavam que Madoff estava administrando vários bilhões de dólares também para outros clientes.

Voando de volta para Nova York com Bernie Madoff após uma reunião com um dos fundos de pensão de sindicatos no interior, um executivo sênior da Ivy supostamente perguntou-lhe sobre a disparidade entre o volume de opções e os ativos que administrava. Ele ignorou a pergunta, dizendo que podia negociar algumas opções com bancos ou bolsas estrangeiras, mas isso era raro.

O executivo aparentemente não argumentou — embora soubesse que a disparidade na verdade acontecia com bastante frequência —, mas deve ter deixado transparecer que não estava muito convencido. Alguns meses depois, talvez para eliminar quaisquer dúvidas restantes, Madoff mencionou que ocasionalmente negociava opções em outras bolsas. Mas as opções que supostamente usava eram negociadas com exclusividade na Bolsa de Opções de Chicago. Sua história ainda não fazia sentido.

Em face dessas débeis explicações, o executivo concluiu que ele estava mentindo. Chegando perto (mas não perto o bastante) da realidade do esquema Ponzi, o executivo suspeitou de que Madoff estava usando o dinheiro dos investidores para financiar seu negócio legítimo de compra e venda de ações. Os "ganhos de investimento" creditados nas contas poderiam ser apenas "compensação pelo uso do dinheiro", sugeriu ele em uma nota aos fundadores da Ivy em maio de 1997.[37] Em resumo, o executivo supôs que Madoff poderia estar mentindo sobre como ganhava dinheiro para os investidores — pagando-lhes parte dos lucros legítimos da corretora em vez de investir em sua misteriosa estratégia —, mas, ao menos, de fato estava ganhando dinheiro para eles.

Essa tese — a de que os investidores de Madoff eram na realidade credores que financiam involuntariamente suas próprias atividades e recebiam

178 O MAGO DAS MENTIRAS

pagamento com parte dos lucros da corretora — ganhou substância dois anos depois, quando o executivo da Ivy falou com um proeminente gestor de fundos hedge que não foi identificado nos registros do tribunal. O executivo descreveu a conversa em um memorando interno:

> [O gestor] se encontrou na noite passada com alguém que conhece há muito tempo e que trabalha para Bernie. [Ele] disse: "Vamos falar sobre a realidade." [Ele] expôs a teoria de empréstimo subordinado que seria a real estratégia. Seu contato assentiu — "Você pode pensar nas coisas dessa maneira".[38]

Um dos fundadores da Ivy passou a duvidar ainda mais de Madoff nos anos seguintes, embora mais tarde tenha negado suspeitar de um esquema Ponzi. Em um memorando interno de 2001, ele observou que "Madoff pode falir a comunidade judaica se não for 'real'". Respondendo em 2002 à tentativa de um membro da equipe de analisar e explicar seus retornos notavelmente consistentes, escreveu: "Ah, Madoff. Você omitiu outra possibilidade — ele é uma fraude."[39]

Com base em seu crescente desconforto, os executivos da Ivy haviam retirado sua própria fortuna e a de seus clientes privados das mãos de Madoff por volta do ano 2000. Mas não tinham removido o dinheiro da pensão de seus clientes, de acordo com uma subsequente ação judicial. Aparentemente, os sindicatos estavam felizes com os retornos constantes. Além disso, a Ivy se beneficiava com as taxas e com o fato de o dinheiro dos fundos de pensão ser contado como parte de seus "ativos sob administração", uma referência-chave no ramo das consultorias financeiras. Assim, os pequenos planos de pensão para uma multidão de trabalhadores sindicalizados, totalizando mais de US$ 220 milhões, permaneceram com Madoff.

Esses sindicatos locais realmente eram peixe pequeno entre a legião de fundos de pensão que marchavam para o mundo dos fundos hedge. Quando gigantescos fundos de pensão estatais, como os da Califórnia e o de Nova York, coletivamente aumentaram a porcentagem de seus ativos investidos

SINAIS DE ALERTA 179

em fundos hedge em apenas um ou dois pontos, o resultado foi uma inundação de bilhões de dólares procurando fundos quentes administrados por consultores brilhantes.

E uma das pessoas que ajudaram a encontrar esses consultores foi uma mulher esperta e ambiciosa do subúrbio de Nova York chamada Sandra Manzke, uma das poucas mulheres a chegar ao topo da indústria de fundos hedge — e uma das primeiras a apresentar planos de pensão e investidores de renda média a Bernie Madoff.

Manzke era uma mulher articulada, obstinada e muito astuta, que ascendera no lado analítico de Wall Street em uma época na qual os elegantes escritórios executivos ficavam bem longe do banheiro feminino. No início dos anos 1970, ela desenvolveu métodos de avaliar o desempenho dos fundos para uma pequena mas prestigiada empresa de fundos mútuos.[40] Após se graduar em Artes Plásticas no Instituto Pratt e trabalhar brevemente na indústria cinematográfica, ela retornou a Wall Street com seus fartos cabelos loiros e seu estilo teatral. Em 1976, conseguiu uma posição na Rogers, Casey & Barksdale, uma das mais proeminentes consultorias para fundos de pensão do país.

Naquela época, o financeiramente deprimente mercado de ações da década de 1970 era terreno desconhecido para a maioria dos planos de pensão, que, havia tempos, se restringiam a bônus e outros investimentos menos arriscados. Mas os bônus não estavam sequer acompanhando a inflação, muito menos o crescimento prometido aos aposentados. Em meados dos anos 1970, mesmo o proverbial "homem prudente" do mundo fiduciário estava pronto para admitir que a prudência exigia que acrescentasse ações a sua carteira.

A especialidade de Manzke era procurar promissores gestores de fundos mútuos e lhes entregar o dinheiro dos fundos de pensão de seus clientes. Ela foi uma das primeiras a apresentar fundos de pensão a gestores lendários como Peter Lynch, Fred Alger e Mario Gabelli.[41]

Em 1984, deixou a Rogers Casey e passou a trabalhar sozinha, formando o que se tornaria a Tremont Partners. Inicialmente foi uma luta, mas ela se

180 O MAGO DAS MENTIRAS

estabeleceu e sua pequena empresa logo tinha um excelente histórico com os clientes. Alguns dos primeiros foram os fundos públicos de pensão de Fairfield, Connecticut, que assinaram com ela no início de 1985.

Mas sua real fortuna era seu Rolodex, e não somente porque Manzke tinha o número de Bernie Madoff. Ela parecia conhecer todo mundo na cada vez mais agitada interseção entre os fundos de pensão e os fundos hedge, e elaboradamente construiu sociedades com muitos deles. Em 1990, era diretora de uma nova família de fundos hedge offshore chamada fundos Kingate, administrados por uma dupla de executivos italianos baseados em Londres — Carlo Grosso e Federico Ceretti. Um pioneiro fundo Kingate foi incorporado em 1991 e provavelmente investiu com Madoff desde o início — o próprio Madoff o identificou como um dos primeiros fundos hedge a investir com ele.[42] Em março de 1994, um segundo fundo Kingate abriu uma conta na corretora; menos de dois anos depois, havia um terceiro.

Além desses fundos offshore, Manzke colocou a Tremont Partners na vanguarda do desenvolvimento de fundos hedge acessíveis para os investidores domésticos norte-americanos. Em 1994, a Tremont lançou o que se tornariam os fundos Rye, uma escolha popular entre os consultores dos planos de pensão e contas individuais de aposentadoria. No fim, mais de US$ 1 bilhão encontrou seu caminho até as mãos de Madoff, por meio dos fundos Rye.

Os fundos Rye nasceram no mesmo ano em que Manzke aceitou um sócio na Tremont: Robert I. Schulman, que dirigira a Divisão de Serviços de Consultoria de US$ 60 bilhões da Smith Barney's e seu "Grupo de desenvolvimento de novos produtos de varejo". Com seu rosto redondo e franco, e seu cabelo encaracolado, Bob Schulman era uma figura popular e respeitada em Wall Street. De acordo com uma ação judicial, sempre foi enfático em seus elogios a Madoff e seu desempenho, mas depoimentos posteriores mostram que Manzke já tinha acesso a Madoff antes de Schulman chegar à Tremont.

Na primavera de 2001, enquanto Michael Ocrant e a *Barron's* publicavam artigos céticos sobre o negócio secreto de administração de ativos de Madoff, o gigantesco grupo OppenheimerFunds fazia a avaliação de riscos do acordo

SINAIS DE ALERTA 181

de compra da Tremont Partners. Não há evidência pública de que os artigos tenham causado qualquer consternação entre os advogados e analistas que trabalhavam no acordo. Ele foi fechado e, em julho, Sandra Manzke e Bob Schulman haviam retirado uma grande pilha de fichas da mesa.

Em função de sua conexão com o grupo Oppenheimer, a Tremont formou complexas e prestigiosas alianças no mapa internacional dos fundos hedge. Em uma joint venture com o Credit Suisse, popularizou um índice de desempenho de fundos hedge, levando banqueiros criativos a inventar novas maneiras de apostar nos fundos hedge com derivativos exóticos baseados no índice.

Manzke e Schulman foram muito procurados enquanto os reguladores tentavam entender "as implicações do crescimento dos fundos hedge", o tópico de um fórum público realizado em 2003.[43] Eles exsudavam confiança nessa indústria, embora Manzke fosse violentamente franca em sua crença de que os reguladores deveriam exigir que os gestores dos fundos fossem mais cooperativos com consultores de "fundos de fundos" como ela.

Em um fórum, disse aos reguladores que era "muito difícil receber respostas dos gestores e, nesse momento, eles têm todas as chaves nas mãos.[44] Se quiser entrar em um bom fundo e fazer perguntas difíceis, você pode não conseguir respostas". Aliás, pode não entrar no fundo. Ela poderia ter Madoff em mente ao expressar sua frustração — ele sabidamente desafiava os que o questionavam a levar seu dinheiro para outro lugar e o deixar em paz. Ser banido por Bernie seria uma sentença de morte para qualquer fundo cuja existência inteira, incluindo as lucrativas taxas de administração, era baseada no acesso a ele.

Em 2002, o passado profissional e o lucrativo presente de Sandra Manzke colidiram quando analistas de seu antigo trampolim, agora chamado Rogerscasey Inc., analisaram a linha de fundos hedge da Tremont — e aconselharam seus clientes a ficar longe deles.[45]

A base para o aviso foi o fato de que a Tremont simplesmente não podia ver o interior da caixa-preta de Madoff — ela "recebe transparência limitada de uma terceira parte independente", disse a consultoria, traduzindo a

182   O MAGO DAS MENTIRAS

mensagem simples para o jargão dos consultores financeiros. Os analistas da Rogerscasey não gostavam do hábito de Madoff se mover inteiramente para títulos do Tesouro ao fim de cada ano, compensando suas próprias transações e enviando seus próprios recibos — o que, notaram, "pode estar fabricando". Sua avaliação para os fundos da Tremont ligados a Madoff foi de "venda".[46]

Notas nos arquivos da Rogerscasey em relação aos fundos Tremont, datadas de 26 de fevereiro de 2004, incluem certos trechos em linguagem clara e inequívoca: "A exposição a Madoff é um desastre em potencial.[47] Mesmo que alguns produtos não sejam diretamente afetados [...] a reputação dos produtos da Tremont será destruída quando Madoff emborcar como um grande navio."

*

Em 2002, o esquema Ponzi de Madoff estava no auge. O Grupo Fairfield Greenwich tinha mais de US$ 4 bilhões investidos com ele e bilhões adicionais chegavam dos fundos Kingate, dos vários produtos da Tremont e de três fundos Merkin. Milhões haviam chegado dos investidores leais originalmente conquistados pela Avellino & Bienes e retirados dos barcos salva-vidas da SEC pelo próprio Bernie, dando telefonemas e agendando reuniões. Se alguém organizando uma fraude tão gigantesca pudesse se sentir seguro, esse alguém seria Madoff.

Mas, por baixo da superfície, o esquema Ponzi estava sendo atrapalhado por um de seus clientes mais antigos: Jeffry Picower. Picower era um agressivo advogado tributário que entrou na órbita de Madoff na década de 1960, quando o sócio de Saul Alpern, Michael Bienes, se casou com sua irmã. Bienes já estava casado com outra pessoa, mas Picower se tornara um dos maiores investidores de Madoff — e uma de suas maiores dores de cabeça.

A principal tarefa em qualquer esquema Ponzi, obviamente, é manter dinheiro suficiente circulando, para que os investidores se sintam reconfortados e reassegurados pela facilidade e velocidade com que grandes somas podem ser sacadas. A essa altura, os primeiros investidores de Madoff ha-

SINAIS DE ALERTA

viam envelhecido; alguns deles eram fabulosamente ricos e a maioria era incansavelmente generosa. Eles retiravam milhões das contas na corretora todos os anos para educar os netos, reformar escolas, construir hospitais, renovar museus, financiar pesquisas médicas e apoiar uma miríade de organizações de caridade e dotações universitárias.

No entanto, ninguém mergulhou mais profunda ou constantemente na fortuna administrada por Madoff que Jeffry Picower e sua esposa Barbara. Eles eram um casal discreto, raramente aparecendo nas colunas sociais de Palm Beach ou na lista de mais ricos da *Forbes*. Mas certamente pertenciam a ela. De fato, Picower era ainda mais rico do que mesmo Madoff podia supor.

Ele vencera espetaculares apostas em promissoras companhias médicas e tecnológicas e fusões corporativas, ganhando mais de US$ 1 bilhão em um único negócio e circulando seus lucros regularmente pelas contas na corretora. Com o tempo, investiu cerca de US$ 620 milhões em dinheiro e títulos com Madoff.[48] Com as taxas constantes de retorno da corretora, as contas chegaram a bilhões de dólares. Já em 1986, ele era rico o bastante para investir US$ 28 milhões em um fundo de arbitragem administrado por Ivan Boesky, o notório corretor que aumentou ilegalmente os lucros de seu fundo ao comprar dicas de insiders de Wall Street e que foi modelo para o personagem de Gordon Geckko no filme de 1987 *Wall Street: poder e cobiça*, de Oliver Stone.[49] No fim da década de 1990, a conta de investimentos de Picower no Goldman Sachs — quase certamente apenas uma de suas contas em corretoras de Wall Street — continha US$ 10 bilhões.[50] Em certo momento, ele conseguiu um empréstimo marginal de US$ 5 bilhões, o que indica que era tão rico que o Goldman sabia que poderia facilmente pagar o empréstimo se o mercado se virasse contra ele.

Seu nome aparecia frequentemente na caixa de entrada de Frank DiPascali, com pedidos de retirada que aumentaram rapidamente entre 1995 e 2003, mas, de acordo com Madoff, começaram após o crash de 1987. Registros disponíveis mostram que Picower e a esposa retiraram US$ 390 milhões das contas na corretora em 1996, mais de sete vezes a quantidade que retiraram em 1995.[51]

184 O MAGO DAS MENTIRAS

Os Picower sacaram mais de US$ 400 milhões em 1997, mais de US$ 500 milhões em 1998 e quase US$ 600 milhões em 1999. E estavam apenas começando. Entre 2000 e 2003, sacaram um total de US$ 3,4 bilhões — somente em 2002, fizeram 52 retiradas, em um total pouco superior a US$ 1 bilhão.

Para colocar isso em perspectiva, é como se cada centavo que os investidores do Grupo Fairfield Greenwich deram a Madoff em 2000 tivesse sido entregue a Jeffry Picower em 2003.

Após sua retirada de US$ 1 bilhão em 2002, os Picower surgiram nas manchetes filantrópicas ao doar o Instituto Picower de Aprendizado e Memória, de 7.400 m², para o Instituto Massachusetts de Tecnologia, que buscava se tornar o primeiro centro mundial de pesquisa sobre o cérebro e suas agonizantes aflições, do autismo ao mal de Alzheimer.

Desde o dia em que essas retiradas se tornaram públicas, logo após a prisão de Madoff, um dos mais profundos mistérios do caso tem sido por que ele permitiu que Picower — que não lhe apresentou outros clientes, não administrou um fundo feeder para ele e nem mesmo fez grandes doações para suas instituições de caridade favoritas — permanecesse como investidor, a despeito de suas enormes e cada vez maiores retiradas.

A essa altura, Madoff e Picower pareciam ter um relacionamento próximo — os dois casais muitas vezes dividiam o jato particular entre Palm Beach e Nova York, e jantavam juntos com bastante frequência —, mas, no que diz respeito a Madoff, a aparente amizade era falsa. "Picower não tem amigos", disse ele durante a primeira entrevista na prisão. "Ele é uma pessoa muito estranha. Sempre foi um relacionamento muito tenso."

Havia ampla evidência de que Madoff ocasionalmente "demitia" clientes difíceis. Por que não pediu polidamente a Picower para pegar seu dinheiro e aplicá-lo em outro lugar?

De acordo com ele, Picower simplesmente se tornara o equivalente Ponzi de um banco grande demais para quebrar: um investidor grande demais para dispensar. Cobrir suas retiradas anuais já era bastante difícil; conseguir o dinheiro para encerrar completamente sua conta multibilionária teria sido impossível. "Eu tinha de mantê-lo comigo", admitiu Madoff, oferecendo um vislumbre dos interesses que, durante sua vida, muitas vezes se passaram por amizade.

Picower fora vítima de um esquema Ponzi nos anos 1970. Será que agora seria astuto o bastante para perceber o que Madoff estava fazendo e sagaz o suficiente para explorar a vantagem que esse conhecimento lhe dava? Madoff com frequência suspeitava que sim. Ele, em setembro de 2003, pela primeira, mas não a última, deixou de honrar completamente uma das solicitações de retirada de Picower, pagando apenas uma fração — sem queixas ou repercussões aparentes. Naquela época, Picower já retirara muito mais dinheiro do que depositara originalmente na corretora. Talvez apenas tenha decidido que exploraria as contas alimentadas pela fraude até que o dinheiro acabasse, sabendo que Madoff não tinha escolha a não ser deixá-lo fazer isso.

Durante algum tempo, Picower certamente acreditou que Madoff era legítimo — mais de uma década antes, ele aplicara milhões de dólares em dinheiro e títulos nas contas da corretora e os deixara lá durante várias tempestades do mercado que poderiam muito bem ter derrubado um esquema Ponzi. Seus advogados e sua família insistiram mais tarde que essas ações provavam que ele não sabia que Madoff era um trapaceiro.

Como com todos que ficaram na festa até o amargo fim, trata-se de separar os vilões das vítimas, os cafajestes dos tolos. Se Picower estivesse entre os tolos, tornou-se um dos tolos mais ricos do mundo — muito mais rico que aqueles que certamente eram vilões, incluindo o próprio Madoff.

*

Além da dor oculta que as exigências por dinheiro de Picower causavam ao esquema Ponzi, o novo século também trouxe dor inesperada para a família Madoff e seu negócio legítimo, a Bernard L. Madoff Investment Securities.

Em setembro de 2002, um sobrinho e funcionário de Madoff, Charlie Wiener, descobriu que a filha mais nova tinha câncer. Enquanto ela se tratava, Peter Madoff — que já havia se tratado de câncer na bexiga — descobriu em novembro que seu filho Roger tinha uma forma agressiva de leucemia. No início da primavera de 2003, após Roger iniciar o debilitante tratamento que ele registraria em uma biografia póstuma chamada *Leukemia for Chickens* [Leucemia para covardes],[52] o filho de Bernie, Andrew, fez os testes. Ele também tinha câncer — o diagnóstico inicial foi de linfoma de células do manto, outro adversário muito difícil.

Conforme a nova década avançava, o foco de atenção de Peter Madoff se concentrou em uma cama de hospital. Um membro da equipe médica se lembraria, comovido, de Peter delicadamente esfregando um bálsamo nos pés do filho para confortá-lo, dias antes de sua morte.[53] Ruth e Bernie usaram a fundação da família para apoiar as pesquisas sobre a doença e outras formas de câncer do sistema circulatório; a irmã de Roger, Shana, foi ativa em vários esforços de arrecadação de fundos, mas estava tomada pelo pesar. Foi uma época difícil que sobrecarregou a família.

Ele mais tarde negaria, mas o aclamado negócio de criação de mercados de Madoff também estava ferido. A informatização e a competição que ele defendera durante muito tempo junto aos reguladores de fato reduziram o custo de negociar ações — mas também reduziram os lucros de empresas como a sua. Registros reconstruídos sugerem que o negócio visível em Wall Street dirigido por ele e sua família perdeu quase US$ 160 milhões entre 2001 e 2003, perdas que ele insistiu terem sido compensadas pelo capital que acumulara durante os anos. Mas essas perdas aumentaram ainda mais a complexidade do esquema Ponzi.

Sua clientela crescente de fundos hedge — muito provavelmente de maneira involuntária, mas não ingênua — trazia dinheiro suficiente de um campo cada vez mais amplo de investidores para permitir que ele acomodasse as inoportunas retiradas de Jeffry Picower. E Frank DiPascali estava encontrando maneiras de transformar os lucros em fluxos de renda que pareceriam legítimos nos livros contábeis, sem que ninguém arqueasse as sobrancelhas dentro ou fora da corretora.

Para fazer isso, ele meticulosamente calculava quais teriam sido as comissões se Madoff realmente estivesse realizando o volume declarado de

SINAIS DE ALERTA

transações para seus clientes. Então retirava a soma apropriada da conta bancária do esquema Ponzi, depositava nas contas da afiliada londrina e movia o dinheiro novamente para Nova York, que surgia nos livros-razão como comissão legítima supostamente gerada por transações nos mercados europeus — o que se encaixava na história de Madoff sobre por que o irmão e os filhos não viam as transações do fundo hedge na mesa de operações de Nova York.

A despeito das perdas pessoais daqueles anos, Madoff e DiPascali estavam bastante orgulhosos da maneira como mantinham seus segredos — e roubavam dinheiro.

Sempre parecia haver dinheiro suficiente para cobrir as despesas do escritório, os gordos contracheques para DiPascali e alguns dos ocupados funcionários do 17º andar, os salários e bônus dos executivos e os empréstimos para a família Madoff no 19º andar. Sempre havia dinheiro para viagens de primeira classe, compras de primeira classe, estilo de vida de primeira classe e, é claro, filantropia de primeira classe. Era um estilo de vida que espelhava o de seus maiores investidores, as crédulas pessoas que o haviam acompanhado em sua jornada até a terra dos quase inimaginavelmente ricos.

Carl Shapiro ainda era um dos filantropos mais respeitados de Boston e também uma figura proeminente, mas menos ativa, na brilhante vida de clube de campo de Palm Beach, onde ele e a esposa Ruth viviam, se refestelando em uma suíte do luxuoso Hotel Breakers. Suas filhas sempre elegantemente vestidas e seu vistoso genro Robert Jaffe compareciam a vários eventos de caridade todos os anos e seus nomes e rostos surgiam com frequência nas colunas sociais locais.

Sonny Cohn, o cofundador da Cohmad Securities, ainda vivia confortavelmente em Long Island, onde ele e o irmão haviam se tornado patronos famosos do sistema hospitalar judaico da costa norte. Mas passava muito mais tempo com um grupo de colegas multimilionários na área de Miami e confiou as operações da Cohmad à filha Marcia Beth, que conhecia Madoff desde criança e confiava completamente nele.

Stanley Chais e a esposa, uma roteirista de sucesso, viviam com quase ostentatória simplicidade em Beverly Hills — seu carro era um importado japonês não muito novo e, pelos padrões da vizinhança, sua casa estava longe de ser sofisticada. A vida estava ficando mais difícil para Chais, que começava a sofrer com uma rara desordem sanguínea que acabaria por tirar sua vida em 2010. Mas sua família e seus clientes pareciam estar prosperando com as contas na corretora de Madoff, e seus presentes filantrópicos lhe garantiam admiração e atenção em Los Angeles e Israel.

O velho amigo e representante de Madoff em Minneapolis, Mike Engler, morrera em 1994, mas a viúva e os filhos adultos permaneciam em sua órbita, juntando-se a sua família para viagens de esqui e jogos de golfe durante anos e confiando a ele sua fortuna. Os laços entre os Engler e os Madoff eram reconfortantes para os muitos outros investidores em seu círculo de amigos.

Ezra Merkin se tornara um leão de Wall Street, admirado por suas eloquentes cartas trimestrais para os investidores e cercado pelos sinais óbvios do sucesso: arte com qualidade de museu, um apartamento de luxo em um dos edifícios lendários da Park Avenue e um assento no conselho de várias e prestigiadas escolas, universidades e organizações de caridade. Presidente da Sinagoga da Quinta Avenida que o pai ajudara a fundar, era visto como homem pio e generoso, detentor de grande fortuna e sabedoria.

Para o mundo externo, a corretora de Madoff também parecia estar prosperando. Em 2004, contava com quase duzentos funcionários e um patrimônio líquido relatado de US$ 440 milhões — um crescimento de cinco vezes em relação à década anterior e duas vezes o valor relatado cinco anos antes.[54] Isso a colocava entre as cinquenta maiores corretoras de Wall Street.

Ninguém jamais parecia investigar muito seriamente o que acontecia em seu interior. Madoff se esquivara com facilidade de algumas poucas sabatinas da SEC em anos anteriores. Alguns consultores argutos e bancos privados encontraram as mesmas inconsistências que haviam preocupado a equipe da Ivy Asset Management no fim dos anos 1990 e feito com que colocassem a corretora na lista negra. Além disso, até mesmo algumas pessoas influentes — gestores proeminentes de fundos e funcionários de nível sênior do Credit

SINAIS DE ALERTA

Suisse, cuja palavra teria peso junto aos reguladores — haviam desistido de fazer negócios com ele e avisado seus clientes sobre suas suspeitas.[55] Felizmente para Madoff, nenhuma dessas tais pessoas influentes parecia ter pegado o telefone e alertado os reguladores ou qualquer agência da lei.

Era como se esses céticos tivessem visto que a operação era uma armadilha incendiária que podia irromper em chamas a qualquer momento. Mas sua resposta foi simplesmente conduzir seus clientes até a saída e ir embora discretamente. Se o edifício lotado pegasse fogo, não seria culpa deles o fato de os bombeiros e inspetores não terem sido espertos o suficiente para perceberem sozinhos, seria?

Assim, entre a ansiedade e a angústia da família Madoff e sua preocupação bilionária com as contas de Picower, ao menos algo estava dando certo para Bernie: sua reputação em Wall Street era melhor que nunca, sua fraude secreta estava a salvo dos reguladores e carregamentos de dinheiro novo chegavam quase todos os dias.

8

UMA EXPERIÊNCIA
DE QUASE MORTE

— O que vocês estão procurando?[1]

Em 20 de abril de 2005, Bernie Madoff confrontou os dois inspetores da SEC que ocupavam um escritório com paredes de vidro no 19º andar havia três semanas. Ele já não era o anfitrião charmoso que recentemente os entretivera com histórias sobre os velhos tempos em Wall Street — era um leão de chácara irritado morrendo de vontade de chutá-los para fora.

— Digam o que estão procurando — insistiu.

Os funcionários da SEC, William David Ostrow e Peter Lamore, ficaram surpresos com essa demonstração de mau gênio — mas não tão surpresos quanto ficariam quando Madoff, o presidente da corretora, insistisse em ser seu único contato no escritório.[2] Ambos eram experientes o bastante para saber o quanto isso era estranho, especialmente para uma empresa daquele tamanho. Deveriam estar lidando com alguém mais abaixo na cadeia alimentar.

Mas Madoff estava lidando pessoalmente com a inspeção; ele sempre lidava pessoalmente com os reguladores. Tinha coisas demais a esconder e havia poucas pessoas nas quais podia confiar para ajudá-lo com isso. Frank DiPascali, no 17º andar, estivera ocupado desde o telefonema que avisara sobre a inspeção.[3] Ele estava conferindo os registros falsos de papel e no computador que eles haviam criado para manter nas sombras o esquema Ponzi. Os elaborados registros apoiavam as mentiras de Madoff e sua história: ele era apenas alguém contratado para executar transações de fundos hedge por alguns centavos o cento.

Funcionara com a SEC antes.

Em 18 de dezembro de 2003, Madoff estava caminhando pela recepção do Edifício Lipstick quando seu celular tocou.[4] Ele reconheceu o número como sendo de Lori Richards, uma funcionária de alto nível da SEC em Washington. Fora Richard quem achara que o artigo da revista *Barron's* sobre Madoff, em 2001, seria "um grande teste para nós". Nada fora feito na época, mas, em 2003, alguém de sua equipe recebera uma denúncia detalhada do gestor de um fundo hedge questionando os retornos de Madoff e ela estava investigando.

— Bernie, é a Lori — disse ela.[5]

— Oi, Lori.

— Preciso da sua ajuda. Você pode me falar sobre fundos hedge?

Madoff ficou imóvel.

— Eu não tenho um fundo hedge — respondeu ele.

— Eu não achei que tivesse — disse ela.

— Eu faço transações para fundos hedge — acrescentou ele rapidamente.

A distinção pareceu satisfazer a oficial da SEC, embora ela tenha indicado que haveria uma inspeção. Quando sua equipe chegou com mais perguntas, Madoff se esquivou com facilidade. A investigação foi interrompida sem nem mesmo um relatório final para encerrar o caso. Os registros foram empilhados em um par de caixas e esquecidos.[6]

Embora Madoff estivesse pronto para a visita de Ostrow e Lamore em 2005, a inspeção estava sendo particularmente irritante. Lamore era um garoto esperto, mas Madoff achara Ostrow odioso.[7] Ele rangera os dentes enquanto Ostrow folheava e-mails, registros, contas telefônicas — uma pescaria sem objetivo, pelo que ele podia ver. Manteve a calma quando Lamore pediu outro relatório eletrônico, dessa vez em outro formato.

UMA EXPERIÊNCIA DE QUASE MORTE 193

Até então, os inspetores não haviam perguntado nada sobre fundos hedge — ou contas de custódia, registros de transações ou confirmações de terceiros sobre todas as opções e ações de primeira linha que Madoff supostamente estava comprando e vendendo. Se não fosse isso, então estavam procurando *o quê?*

Ostrow e Lamore tentaram acalmá-lo.[8] Era apenas uma inspeção de rotina nos livros e registros da corretora, disseram, algo que acontecia o tempo todo.

Isso não era inteiramente verdade; a inspeção não era de rotina. Era uma resposta tardia a uma série de e-mails que um atento funcionário da SEC encontrara nos arquivos de uma proeminente empresa de fundos hedge durante uma inspeção verdadeiramente de rotina no ano anterior.[9] A gestora do fundo, Renaissance Technologies, tinha negócios indiretos com Madoff por meio de seu fundo hedge Meritor.[10] Os e-mails da Renaissance, escritos no fim de 2003, expressavam a mesma mistificação com o desempenho e as práticas de Madoff que os artigos da *Barron's* e de Ocrant na primavera de 2001.[11]

Em um dos e-mails, um executivo sênior partilhava suas dúvidas com o comitê de investimentos. "Primeiro, falamos com um ex-corretor de Madoff", contou o executivo.[12] "Disse que Madoff é bastante reservado e por isso ele não sabia realmente como eles ganhavam dinheiro." Então, um respeitado consultor de fundos hedge "nos disse confidencialmente que acredita que Madoff terá problemas sérios dentro de um ano. Vamos falar [com o consultor] em onze dias para ver se conseguimos mais detalhes".

Mas o executivo praticamente já se decidira. "O ponto é que não sabemos por que ele faz o que faz e não temos ideia se há conflitos em seus negócios que poderiam chamar atenção de algum regulador." Simplesmente não fazia sentido arriscar um escândalo por causa do retorno relativamente modesto que eles esperavam. "O custo/benefício dessa aposta não está a nosso favor", concluiu ele, acrescentando: "Por favor, mantenham esse assunto confidencial."

O inspetor da SEC mostrou os intrigantes e-mails a seu supervisor, que os levou a sério e pediu que descobrisse mais com o fundo hedge. Mas, quando a equipe da SEC retornou, o executivo da Renaissance não deu importância ao assunto. O autor do e-mail estivera em uma conferência "na qual houve algumas conversas sobre Madoff", disse o executivo, mas, pelo que ele sabia, fora tudo insubstancial.[13] É verdade que o fundo hedge cortara sua participação no acordo com Madoff, mas apenas por causa dos retornos medíocres.

Era uma explicação estranha. As dúvidas expressas no extenso e-mail haviam sido convincentes, bem pesquisadas e inequívocas. Ainda em 2003, esses homens tinham deixado de confiar no jogo de Madoff e começado a trocar suas fichas. E eles conheciam outras pessoas espertas em Wall Street que haviam feito o mesmo. Certamente poderiam ter ajudado o jovem inspetor da SEC, que tentava descobrir o que Madoff estava fazendo.

Mas, aparentemente, as pessoas na Renaissance — como aquelas do Credit Suisse e da Rogercasey, que haviam discretamente colocado Madoff na lista negra no início de 2004 — não queriam se envolver. Um executivo de ponta da Renaissance, Nat Simons, mais tarde explicou ter pensado que todas as informações que possuía eram de fácil acesso para a SEC. "A despeito do fato de que somos bastante espertos, estávamos apenas olhando questões de conhecimento público [...] Não é como se fôssemos doutores em Matemática", disse ele.[14]

Além disso, a informação de que dispunham não era difícil de conseguir. De fato, embora Simons não soubesse, a SEC já recebera essa informação sem qualquer ajuda de jogadores de elite como a Renaissance. Embora tivesse ignorado as acusações de Harry Markopolos em 2000 e 2001, recebera advertências similares em maio de 2003, a própria denúncia que levara Lori Richards a telefonar para o celular de Madoff em dezembro e perguntar sobre fundos hedge.

A denúncia chegou ao escritório da SEC em Washington como resultado de uma pesquisa feita por seu Departamento de Administração de Investimentos, em 2002, junto à indústria de fundos hedge. Na época, a agência

UMA EXPERIÊNCIA DE QUASE MORTE

encorajava os executivos a relatar qualquer atividade suspeita — e, em 20 de maio de 2003, o diretor administrativo de um fundo hedge fez exatamente isso.[15] Ele disse à SEC, em segredo, que sua empresa considerara investir em dois diferentes fundos feeder de Madoff, mas recuara nas duas vezes. Havia todo tipo de bandeira vermelha, disse ele, mas o mais preocupante era o fato de que ninguém com quem conversara na comunidade de opções confirmara estar fazendo negócios com Madoff. É claro que os corretores deviam manter em segredos quaisquer informações sobre seus clientes, mas ainda parecia estranho não confirmar nem mesmo um relacionamento comercial com alguém que deveria ser um de seus maiores clientes.

A denúncia foi enviada para o departamento da SEC que lidava com corretoras e permaneceu sem exame durante meses. Quando enfim foi analisada, a investigação que se seguiu não focou na misteriosa falta de transações com opções — mas, mesmo assim, chegou dolorosamente perto de revelar a fraude. Alguém na equipe de inspeção teve a ideia de conseguir dois anos de registros de Madoff com os reguladores da indústria da NASD — que imediatamente teriam mostrado que ele não estava negociando bilhões de dólares em ações e opções de primeira linha.

Mas o pedido jamais foi enviado, por razões que ninguém consegue lembrar.[16]

Um estudo oficial mais tarde concluiria que os funcionários decidiram que era mais fácil solicitar os registros ao próprio Madoff, e não à NASD — e, com a ajuda de Frank DiPascali, Madoff, é claro, criou registros falsos. Perguntas foram deixadas sem resposta, mas, no início de 2004, os atarefados funcionários da SEC receberam ordens para deslocar a atenção para uma ampla investigação sobre a indústria de fundos mútuos, que parecia mais importante porque fundos mútuos eram o principal veículo de investimento dos Estados Unidos.

Ninguém registrara a denúncia de Harry Markopolos em 2001 ou a denúncia quase idêntica do gestor do fundo hedge em 2003 na base de dados da agência. Assim, não havia registro daqueles avisos anteriores quando os e-mails da Renaissance Technologies foram descobertos, em 2004.

Ao menos os e-mails foram levados a sério na SEC — ainda que a ritmo de lesma. Na verdade, eles eram a razão para William David Ostrow e Peter Lamore estarem sentados em um escritório do Edifício Lipstick em abril de 2005, observando Bernie Madoff perder o controle.

Quase gritando, Madoff repetiu a pergunta original:

— O que vocês estão procurando?

— O que você quer que procuremos? O que acha que estamos procurando?

— Front-running — respondeu Madoff imediatamente. — Vocês não estão procurando por front running?[17]

Front-running era uma forma de uso de informações privilegiadas. Qualquer corretor que pudesse ver as ordens futuras da empresa poderia antecipar quais seriam grandes ou numerosas o suficiente para mover o preço de uma ação para cima ou para baixo. Ao inserir suas próprias transações na frente dessas grandes ordens modificadoras do mercado, ele podia lucrar com base em seu conhecimento privilegiado.

Para a SEC, e para muitos céticos de Wall Street, front-running sempre seria a típica explicação para as crônicas dúvidas sobre Bernie Madoff. Pela mesa de operações de sua corretora passavam centenas de milhares de transações por dia, das maiores companhias de fundos mútuos da nação, corretores on-line e mesas de operações de Wall Street. Parecia perfeitamente plausível que Madoff pudesse interromper esse fluxo, negociando para seus clientes particulares antes das ordens capazes de movimentar o mercado, a fim de conseguir lucro certo. A SEC não parecia perceber que as redes informatizadas que Madoff ajudara a criar haviam tornado a prática ilícita muito mais difícil. E, como front-running era um crime que seu irmão e seus filhos tinham absolutamente certeza de que ele não estava cometendo, ao menos não na mesa de operações, a fixação dos reguladores era reconfortante para aqueles que achavam conhecer Bernie.[18]

Para o oficial da SEC que supervisionou Ostrow e Lamore nessa inspeção de 2005, front-running era o foco principal do exercício. Ele os instruíra a investigar "a possibilidade de que Madoff esteja usando suas vastas quan-

UMA EXPERIÊNCIA DE QUASE MORTE

tidades de ordens de clientes para benefício dos US$ 6 bilhões em dinheiro de fundos hedge que acreditamos que ele administra".[19]

Em defesa da SEC, alguns dos próprios investidores de Madoff, que eram muito sofisticados, também achavam que seu acesso ao fluxo de ordens da corretora estava por trás dos lucros que ele produzia, embora mais tarde negassem veementemente essa alegação em ações judiciais contra eles.[20] Alguns especialistas citados na inspeção de Michael Ocrant em 2001 também apresentaram essa teoria. Anos depois, um gestor de ativos italiano disse que *inteligência de mercado* era a palavra-chave que surgia durante as conferências financeiras na Europa e, ocasionalmente, em alguns prospectos de fundos hedge.[21]

Outra possibilidade sussurrada era que Madoff secretamente alocava as ações e opções mais lucrativas para os fundos hedge, uma prática ilegal conhecida como "escolha seletiva".[22] Considerando o volume de transações que conduzia para seus gigantescos clientes de atacado, talvez estivesse melhorando os lucros dos fundos — ou diminuindo sua volatilidade — ao escolher as melhores ofertas do dia para eles e cumprir as ordens de atacado com os segundos melhores preços.

Em ambos os casos, a hipótese era clara e simples: Madoff estava beneficiando seus clientes de consultoria financeira ao trapacear os maiores clientes institucionais da corretora. Mas, uma vez que os fundos hedge eram os beneficiários dessa violação técnica das regras, por que deveriam se preocupar? No pior dos casos, os reguladores pegariam Madoff e acabariam com o jogo. No melhor, os fundos hedge continuariam a receber aqueles lucros ligeiramente sujos durante anos.

Por quase outro mês, Ostrow e Lamore analisaram registros inúteis e reuniram mais detalhes sobre as operações de Madoff. Seu supervisor chegou ao ponto de solicitar informações sobre o mês de março para o Barclays, um dos bancos cujo nome aparecia em transações em Londres, seguindo a teoria de que Madoff poderia estar negociando para seus fundos hedge por meio da instituição. Em 16 de maio de 2005, o supervisor recebeu uma curiosa resposta do Barclays: a corretora de Madoff recentemente abrira uma conta, mas nenhuma "atividade relevante" ocorrera em março. O supervisor não partilhou a resposta com Lamore ou Ostrow, aparentemente achando que era inútil.[23]

Uma semana depois, em 25 de maio, os dois inspetores e o supervisor se reuniram com Madoff e enfrentaram a questão de frente. Madoff administrava dinheiro para fundos hedge?

Inicialmente, ele repetiu sua história básica de mão de obra contratada:

— Fazemos algumas transações em nome de corretoras e instituições que incluem certo número de fundos hedge.[24]

Quantas? Talvez quatro.

Ostrow colocou uma cópia do artigo de Michael Ocrant sobre a mesa em frente a Madoff e se reclinou na cadeira.

— Fale sobre esse artigo.

Madoff o olhou de relance.

— O que tem ele? Lori Richards tem um arquivo inteiro com as informações que enviei a ela. Ela tem tudo.

Ele explicou ainda que uma equipe do escritório da SEC em Washington o procurara em 2003, em relação à mesma questão.

A notícia foi um choque para os homens do escritório de Nova York, embora Madoff tenha pensado que sua surpresa fosse encenação. Ele assumira que sabiam sobre a inspeção anterior e estavam lhe dando seguimento.[25]

Recuperando-se, Ostrow disse algo sobre a SEC ser uma grande organização na qual as coisas podiam se perder.[26] Ele chamou atenção de Madoff novamente para o artigo sobre a mesa. Ele e Lamore já haviam encontrado mais de quatros fundos que afirmavam empregar sua estratégia.

Madoff admitiu que talvez houvesse quinze entidades usando o algoritmo que ele desenvolvera.[27] Mas eram todas investidores estrangeiros e ele não mantinha custódia dos títulos para nenhum deles. Claro, ele daria aos inspetores uma lista das entidades, sem problemas. Extratos também? Claro.

Inicialmente, disse ele, o modelo envolvia negociar ações de primeira linha e cobri-las com opções. Mas o modelo parara de usar opções há um ano, acrescentou — sem dúvida, para desencorajar os inspetores de perguntarem

UMA EXPERIÊNCIA DE QUASE MORTE

pelas contrapartes inexistentes dessas fictícias transações com opções.[28] Frank DiPascali já preparara os extratos falsos, mas nem mesmo ele podia falsificar registros de negociações de opções. E, é claro, o primeiro telefonema para uma suposta contraparte de opções destruiria toda a fraude. A pessoa diria "Jamais negociei opções de balcão com Madoff" e tudo estaria acabado.

Assim, Madoff reconheceu seus negócios com fundos hedge, mas minimizou sua importância, garantindo aos constrangidos inspetores, com um traço de condescendência, que tudo isso era notícia velha para a SEC. Eles haviam esclarecido tudo em 2003.[29]

No dia seguinte, por volta das 16h30, o supervisor de Nova York enviou um e-mail para a diretora associada Lori Richards, em Washington, relatando a alegação de Madoff de que já contara à SEC sobre seus negócios com os fundos hedge. "Esperamos que, se o que ele está dizendo tiver algum fundo de verdade, você tenha informações sobre suas atividades relacionadas a fundos hedge para nos enviar", dizia o e-mail.[30]

Levou algum tempo para encontrar as caixas marcadas com "Madoff"; estavam empilhadas em um corredor, esperando para ser arquivadas.[31] Demorou um pouco mais para que Ostrow e Lamore, em Nova York, tivessem acesso ao sistema informatizado em Washington no qual alguns arquivos estavam organizados. Por teleconferências, ficaram sabendo que a inspeção anterior não encontrara nada de útil — a equipe nem ao menos fizera um relatório final sobre suas descobertas.[32]

Nesse meio-tempo, o supervisor observava o relógio. Ele estava convencido de que sua equipe provara serem falsas as alegações de front-running. Assim, em uma reunião em 16 de junho de 2005, ele disse aos dois inspetores que precisavam concluir as coisas e partir para a próxima inspeção.[33] Durante o verão, eles fizeram seu relatório: concluíram que Madoff estava dizendo a verdade ao negar que estava se valendo de front-running com seus clientes de corretagem para beneficiar os clientes dos fundos hedge.

Talvez fosse a única coisa sobre a qual ele estava dizendo a verdade.

*

O MAGO DAS MENTIRAS

Todo mundo no negócio de fundos hedge parecia estar se saindo bem no verão de 2005, mas o nível de dinheiro na conta bancária de Madoff — a conta no JPMorgan Chase que servia como caixa dois para o esquema Ponzi — começava a diminuir.

O que estava acontecendo com o dinheiro?

Inicialmente, parecia haver três explicações possíveis.

Um dos maiores fundos feeder de Madoff, o da Tremont Partners, estava em meio a grande agitação. Sua fundadora, Sandra Manzke, anunciara em abril sua saída a fim de dar início a sua própria família de fundos, chamados Maxam Capital. Ela esperava que alguns de seus clientes deixassem a Tremont e a seguissem.[34] Mas poderia haver alguma derrapagem durante o processo.

Enquanto isso, a equipe do Fairfield Greenwich foi atingida por US$ 175 milhões em resgates em abril, outros US$ 85 milhões em julho e US$ 30 milhões no início de setembro.[35] O Fairfield Greenwich aumentara suas taxas administrativas e alguns de seus clientes foram embora. E o desempenho do fundo estava caindo: os retornos do Sentry haviam ficado em menos de 7% desde outubro. O Fairfield Greenwich estava descobrindo que muitos investidores do Sentry simplesmente não estavam dispostos a aceitar lucros de menos de 7% ao ano.[36]

Madoff, é claro, decidia arbitrariamente que tipo de retorno o Fairfield Sentry e todos os outros fundos feeder apresentariam. As únicas variações eram causadas pelas taxas que os fundos cobravam dos investidores. Se os lucros brutos (antes das taxas) do Fairfield Sentry caíram, foi porque Madoff os derrubou. Talvez estivesse tentando conservar o dinheiro ao reduzir os lucros que pagava. Se foi assim, a estratégia saiu pela culatra: ele estava consumindo mais do dinheiro existente para pagar os resgates e, como as taxas mais baixas tornavam os fundos menos atraentes, menos dinheiro novo estava entrando.

Mesmo então ele poderia ter evitado uma crise real, não fosse pelo escândalo no fim do verão de 2005 que engolfou uma coleção de fundos hedge chamada Grupo Bayou.

UMA EXPERIÊNCIA DE QUASE MORTE 201

O Grupo Bayou fora fundado em meados dos anos 1990 por Samuel Israel III, um corretor com boas conexões que aproveitou ao máximo o boom dos fundos hedge.[37] Em 2005, estava ganhando muito dinheiro com as taxas de seus extremamente bem-sucedidos fundos, cujos ativos totalizavam US$ 411 milhões — ativos que eram verificados nas auditorias independentes realizadas todos os anos por um pequeno escritório contábil chamado Richmond Fairfield Associates.[38]

Em 27 de julho de 2005, não muito depois de um grande investidor começar a fazer perguntas sobre as auditorias e os ativos do Bayou, Sam Israel anunciou que estava encerrando os fundos. Em meados de agosto, o cético investidor chegou aos escritórios do Bayou para receber seu prometido cheque de resgate com o diretor financeiro do fundo.[39] O cheque voltou. Quando o investidor retornou para exigir uma explicação, encontrou o escritório vazio e o que parecia uma nota de suicídio na qual o diretor confessava que o Grupo Bayou era uma fraude.

A polícia foi chamada, o diretor foi encontrado com vida e, em 1º de setembro, ele e Israel foram acusados de conduzir um esquema Ponzi de US$ 400 milhões.[40] A fraude estava em andamento desde no mínimo 1998, sustentada pelas convincentes auditorias anuais do Richmond Fairfield Associates, um escritório contábil fictício inventado pelo diretor financeiro. Ele e Israel confessariam o crime de fraude federal e conspiração, e seriam sentenciados a vinte anos de prisão.[41]

Inicialmente, Bernie Madoff pode não ter ligado para o escândalo em andamento. Seu velho amigo Norman Levy estava gravemente doente quando o crime chegou às manchetes. Levy e Madoff eram próximos havia décadas, desde que Levy começara a investir com ele em meados dos anos 1970. Ao longo dos anos, eles haviam viajado juntos. Bernie e Ruth brindavam à hospitalidade de Levy e riam de suas loquazes piadas, maravilhando-se com a maneira como ele conseguia fazer graça com sua cada vez mais debilitada força física. No verão de 2005, sua imensa energia se reduzira a quase nada, mas sua mente ainda estava afiada. Um de seus últimos telefonemas do leito de morte foi para se despedir do querido amigo Bernie.[42] Segundo seu filho, seu último conselho foi: "Confiem em Bernie Madoff."[43]

202 O MAGO DAS MENTIRAS

Levy morreu em 9 de setembro de 2005, aos 93 anos. Nomeara Madoff o executor de seus ativos financeiros, que incluíam ao menos US$ 250 milhões investidos na corretora.[44] Era muita coisa para dispor. E, sendo justos, Madoff pode ter ficado genuinamente abalado com a perda do velho amigo, a despeito do ainda presente ressentimento por conta das retiradas de Levy e outros grandes clientes no fim dos anos 1980. Qualquer que fosse a razão, o colapso do Bayou não chamou imediatamente sua atenção.

Mesmo assim, o caso gerou um breve espasmo de ceticismo entre os investidores de fundos hedge, que começaram a olhar mais de perto para as auditorias anuais e fazer mais perguntas sobre a segurança dos ativos. Além disso, algumas das pessoas fraudadas no esquema do Bayou também tinham dinheiro com Madoff, diretamente ou por meio de um fundo feeder.[45] O cético investidor que encontrara a confissão do diretor financeiro do Bayou tinha um pequeno investimento em um dos fundos de Ezra Merkin. A família Wilpon, dona do New York Mets e que investira com Madoff durante anos, participara do Bayou por intermédio do fundo hedge da família Sterling. Mais de dez outros investidores de Madoff perderam dinheiro com a fraude do Bayou. Se eles começassem a olhar mais de perto para seus outros investimentos, Madoff estaria diretamente na linha de tiro.

Há claras evidências de que o caso Bayou estremeceu as fundações de confiança sobre as quais Madoff se apoiara durante décadas. Alguns dos clientes institucionais do Fairfield Greenwich enviaram e-mails para o grupo após o escândalo, fazendo perguntas explícitas sobre o auditor de Madoff e sobre onde seus ativos estavam sendo depositados.[46] É provável que outros fundos feeder estivessem respondendo às mesmas questões. De qualquer modo, semanas depois das manchetes sobre o Bayou, os níveis de dinheiro de Madoff começaram a baixar, a despeito do saudável crescimento dos negócios.

Como a minúscula empresa do Bayou se revelou ficcional, a fraude focou a atenção dos investidores no minúsculo escritório de contabilidade de Madoff, o Friehling & Horowitz. Quando vários sócios do Fairfield Greenwich investigaram o escritório, descobriram que era uma operação de um homem

UMA EXPERIÊNCIA DE QUASE MORTE

só baseada em um minúsculo gabinete em uma área quase rural de Rockland County, Nova York. Seu único contador ativo, um agradável senhor de meia--idade chamado David Friehling, era técnico do time esportivo dos filhos e membro da sociedade de contabilidade local. Seu sócio Jerry Horowitz, seu sogro e antigo colega de Saul Alpern, se aposentara e se mudara para a Flórida anos antes. Seus únicos clientes na indústria de corretagem eram Madoff e a Cohmad Securities, a minúscula empresa da qual Madoff era sócio e que partilhava seus escritórios no Edifício Lipstick.

O problema com a empresa de auditoria de Madoff, que era real, não era seu tamanho. O problema era que não estava realizando auditorias. David Friehling simplesmente pegava as informações que recebia e as transformava em algo que parecia uma auditoria anual independente. Ele sabia que isso era errado, mas, posteriormente, alegou jamais ter suspeitado de que Madoff operava um esquema Ponzi. Embora Madoff lhe pedisse que simplificasse as auditorias, mesmo assim confiava nele. Friehling, sua família e muitos de seus amigos tinham grande parte de seu dinheiro, se não todo ele, aplicado com Madoff.[47]

Os sócios do Fairfield Greenwich jamais consideraram Friehling uma necessária linha de defesa contra fraudes. Seus fundos eram auditados separadamente por uma das maiores empresas do mundo, a PricewaterhouseCoopers, não por Friehling & Horowitz. Quaisquer auditorias realizadas na corretora eram problema de Bernie Madoff, não deles.

Eles não dividiram o que haviam descoberto sobre o escritório de Friehling com seus preocupados investidores. Em vez disso, publicaram material de vendas detalhando como a avaliação de riscos do grupo protegia os investidores de uma fraude "no estilo Bayou". Eles escreveram, por exemplo: "Teríamos questionado a obscura empresa de auditoria do Grupo Bayou."[48]

O que fora um lento pinga-pinga no caixa dois de Madoff no verão de 2005 se tornou um vazamento constante durante o outono. Entre outubro e abril, mais de US$ 900 milhões seriam retirados das várias contas do Fairfield Greenwich — além dos quase US$ 130 milhões retirados antes da crise Bayou.

Durante esse período, representantes de vários bancos europeus e gestores de fundos hedge insistiram em visitar Madoff para revisar seus controles financeiros — e, embora estivesse ficando sem dinheiro, ele estava totalmente guarnecido com documentação persuasiva e depoimentos impressionantes.

David Friehling foi convocado ao escritório de Madoff em 18 de novembro para uma reunião com a equipe de avaliação de riscos da família de fundos Optimal, uma unidade de fundos hedge baseada na Suíça e pertencente ao Banco Santander, o gigante financeiro espanhol, popular fundo feeder de Madoff entre os investidores latino-americanos. Um memorando sobre a reunião reportou que Friehling alegara que as auditorias levavam "250 horas durante um ano"[49] e que "ativos, obrigações e renda são 100% verificados". A equipe também ouviu que a auditoria incluía "a verificação dos balancetes com a DTC e outros corretores, e a comparação entre as declarações internas e as declarações dos clientes".

Mais tarde, tais alegações pareceriam absurdas: ninguém poderia ter verificado as contas dos clientes de Madoff na câmara de compensações da DTCC sem descobrir o esquema Ponzi. Mas o afável Friehling aparentemente ofereceu algum conforto à equipe da Optimal. "David pareceu surpreso ao ouvir a Madoff Securities ser descrita como organização secreta — aparentou desconhecer essa reputação e não encontrar nenhum obstáculo ao seu trabalho lá", segundo o memorando.[50]

Durante uma reunião de avaliação de riscos, Frank DiPascali foi apresentado como chefe das operações institucionais e, de algum modo, soou convincente. Promotores federais mais tarde afirmariam que Dan Bonventre, diretor de operações de Madoff havia muitos anos e um de seus executivos mais bem pagos, treinara DiPascali para o papel.[51]

Mas sua contribuição primária para manter a fraude oculta e em funcionamento durante a tempestade que se aproximava estava escondida na placa-mãe e nos circuitos dos computadores IBM que funcionavam em seu domínio no 17º andar. DiPascali aparentemente estava convencido de que, com as teclas certas, podia gerar registros elaborados e realistas o bastante para enganar qualquer um.

UMA EXPERIÊNCIA DE QUASE MORTE

O cuidado que teve ao criar um ambiente informatizado convincente para a fraude foi notável — o resultado era digno de todos os louvores high--tech publicamente concedidos à corretora legítima de Madoff. O programa básico para gerar o extraordinário volume de falsos extratos para o esquema Ponzi estava instalado desde ao menos 1994. Mas, a partir do fim de 2003, a quantidade de softwares criados sob encomenda para o esquema proliferou drasticamente.[52] Seis programas separados, e as grandes bases de dados que manipulavam, já eram usados para gerenciar, modificar e gerar os registros que reguladores e contadores visitantes poderiam pedir. Quatro outros programas estavam sendo escritos em 2005 e seriam terminados antes do fim do ano.

Havia programas que geravam números aleatórios de compra de ações para tornar mais plausíveis os registros fictícios.[53] Com algumas teclas, as falsas transações podiam ser divididas e designadas, *pro rata*, para as contas dos clientes — após o ajuste automático da comissão de 4% que Madoff supostamente cobrava. Um programa modificava instantaneamente as identidades de uma miríade de extratos, fazendo parecer que os títulos supostamente naquelas contas estavam sob custódia de uma variedade de bancos e outras instituições, e não de Madoff. Outro programa capturava os registros mensais na DTCC da corretora legítima, localizada no andar de cima, e acrescentava as falsas transações do esquema Ponzi, produzindo um relatório DTCC de aparência escrupulosamente acurada que Madoff podia usar para comprovar suas posições fictícias.

Os registros gerados eletronicamente já haviam salvado Madoff durante a imprevista sessão de avaliação de riscos com Jeffrey Tucker, do Fairfield Greenwich, em 2001, e durante as primeiras inspeções da SEC. Ele estava certo de que podiam dirimir as dúvidas dos incrédulos que o visitavam agora.

Mas nem todas as convincentes farsas informatizadas do mundo o salvariam se sua fraude ficasse sem dinheiro real. E, em 2 de novembro, o saldo de sua conta de caixa dois no JPMorgan Chase era de apenas US$ 13 milhões — nem de longe suficiente para cobrir os US$ 105 milhões em cheques que teria de enviar pelo correio nos três dias seguintes.[54]

206 O MAGO DAS MENTIRAS

Qualquer hesitação, qualquer atraso no pagamento, certamente geraria pânico. Tudo estava em jogo: a vida luxuosa, a quase reverente gratidão dos "investidores", o status e o respeito da indústria, todo o edifício de sua vida — uma mentira que vivia por tanto tempo que provavelmente já parecia realidade.

Desde 1992, Madoff sobrevivera ileso às inspeções da SEC e às visitas de avaliação de riscos. Enganara reguladores, gestores de fundos hedge e auditores durante anos, conjurando registros falsificados e falsos dados de computador que pareciam satisfazê-los. Mas não se pode conjurar um saldo bancário falsificado e assinar cheques com base nele. O dinheiro está lá ou não está — e não estava.

Seu esquema Ponzi tinha um débito de US$ 92 milhões. Madoff tinha apenas três dias para arranjar mais dinheiro ou seus cheques voltariam, como acontecera com o Bayou.

*

A crise financeira de novembro de 2005 levou a fraude de Madoff ao limite. Somente oportunas transferências de suas contas comerciais legítimas e um empréstimo bancário de última hora para a corretora evitaram o desastre imediato. Mas o preço do resgate foi que a fronteira entre a fraude e os negócios legítimos em Wall Street — seu grande orgulho, a carreira vitalícia de seu irmão e seus filhos — foi irremediavelmente rompida.

Embora o esquema Ponzi estivesse quase sem dinheiro, a corretora não estava. Suas contas bancárias eram saudáveis, seu crédito era bom e seus negócios pareciam robustos, ao menos vistos de fora. Na verdade, sob a direção de seus filhos, a mesa de operações da corretora gerava lucros e consistentemente se saía melhor que a média.[55] E ainda lidava com uma parcela impressionante do volume de negociações do mercado. Assim, como medida temporária, Madoff moveu parte do dinheiro legítimo da corretora para a conta bancária do esquema Ponzi em 3 de novembro de 2005, a fim de cobrir os cheques pendentes. No dia seguinte, como solução mais dura-

UMA EXPERIÊNCIA DE QUASE MORTE   207

doura, ele se apropriou de alguns bônus que pertenciam a Carl Shapiro, um de seus clientes mais antigos, e os usou como garantia para um empréstimo bancário de US$ 95 milhões. O dinheiro, recebido dez dias depois, era supostamente para seu negócio legítimo, mas foi imediatamente transferido para a conta minguante do esquema Ponzi, a fim de atender a continuadas demandas de retirada.

Uma acusação criminal subsequente afirmou que foi Dan Bonventre, que trabalhou com Madoff por mais de três décadas, a executar as medidas de resgate e as esconder dos reguladores e dos outros executivos da corretora.[56] Bonventre negou saber qualquer coisa sobre a fraude, e o caso criminal contra ele ainda estava pendente em fevereiro de 2011. Entrara na corretora em 1968, aos 20 e poucos anos, após ter trabalhando brevemente como auditor bancário, e aprendera praticamente sozinho a cuidar do lado operacional de uma corretora de médio porte em Wall Street. Em 1975, era executivo sênior e, em 1978, quando Frank DiPascali foi contratado, diretor de operações.

Promotores e reguladores da SEC mais tarde afirmaram que Bonventre falsificava registros havia anos a fim de evitar que qualquer traço do esquema Ponzi surgisse nos livros-razão do negócio legítimo de Madoff, uma acusação que também negou.[57] De acordo com os promotores federais, quando esse negócio legítimo teve problemas no fim dos anos 1990, Madoff moveu US$ 750 milhões para as contas da corretora, fazendo com que o dinheiro parecesse lucro legal de consultoria de investimentos.[58] Ainda segundo os promotores, na época da crise financeira, entradas falsas nos livro-razão foram criadas para explicar por que o dinheiro agora estava se movendo na direção oposta.[59] Os advogados de Bonventre insistiram que ele era "absolutamente inocente" de qualquer participação na fraude.

Tenha Bonventre agido com conhecimento de causa ou sido enganado por Madoff, milhões de dólares de fato foram transferidos da conta da corretora para o esquema Ponzi durante a crise financeira do outono de 2005. O dinheiro, grande parte do qual retirado das contas bancárias da corretora, ajudaria a manter o esquema funcionando até a primavera de 2006.

Foi uma longa e precária temporada para Madoff — e ficou muito pior quando ele descobriu, em meados de novembro de 2005, que a SEC iniciara outra investigação de sua operação de fundos hedge, apenas meses depois de encerrar a anterior. Dessa vez, investigando com atraso mais uma denúncia mal compreendida, a SEC estava batendo à porta de um de seus maiores fundos feeder, o Fairfield Greenwich.

A fonte da investigação fora novamente uma acusação de Harry Markopolos, o incrédulo "quant" de Boston. Em outubro de 2005, ele fez uma terceira tentativa de persuadir a SEC a iniciar uma investigação sobre Bernie Madoff. Procurando deliberadamente chocar os reguladores, chamou o relatório de "O maior fundo hedge do mundo é uma fraude".[60] Como em seus esforços anteriores, o relatório discutia todas as bandeiras vermelhas que ele via na operação de Madoff: uma consistência de retornos que era humanamente impossível, transações furtivas que não deixavam traços nos mercados de ações, e opções e contrapartes absurdamente generosas ou ineptas que estavam sempre dispostas a ficar no lado perdedor das negociações. Como em seus esforços anteriores, o texto era complicado, obtuso e desdenhoso em relação às habilidades quantitativas da própria SEC. "Pouquíssimas pessoas no mundo têm o background matemático necessário para lidar com esse tipo de produto, mas eu sou uma delas", escreveu.[61] Estava tão claro para ele que Madoff estava operando um esquema Ponzi; por que ninguém mais conseguia ver?

O que aconteceu à terceira submissão de Markopolos à SEC é um exemplo didático de desordem burocrática. Animosidade, arrogância, atitudes defensivas, ignorância, teimosia, desatenção e pura preguiça — todas as "características interpessoais" da vida em um escritório — fizeram parte da equação. Não era preciso ser um "quant" para ver como tudo terminaria.

Mas tudo começou bastante bem.

Membros da equipe de execução de Boston leram o último memorando de Markopolos e se encontraram com ele pessoalmente durante várias horas, em 25 de outubro de 2005. Ficaram impressionados — na verdade, alarmados.[62] Embora o memorando reconhecesse que front-running era uma

UMA EXPERIÊNCIA DE QUASE MORTE   209

explicação remotamente possível para o sucesso de Madoff, ele enfatizava que um esquema Ponzi era muito mais provável. Se Harry estivesse certo, as perdas dos investidores seriam de *bilhões* de dólares.

Mas, novamente, o escritório de Boston estava preso à realidade burocrática: Madoff estava em Nova York e o escritório de lá teria de investigá-lo.[63] A equipe de Boston tentou convencer Nova York sobre a credibilidade de seu informante e a urgência de seus avisos. Em uma atitude incomum, o chefe do escritório encaminhou pessoalmente o relatório a sua contraparte em Nova York, para enfatizar o quanto achava que a denúncia era importante.

O e-mail foi enviado um dia após a reunião com Markopolos e incluía um anexo resumindo suas preocupações: "O informante acredita que Bernie Madoff pode estar operando um gigantesco esquema Ponzi, e há sinais de que pode estar próximo do colapso. De acordo com o informante, se isso acontecer, haverá vastas ramificações, pois muitas pessoas investiram seu dinheiro com Madoff."[64]

No dia seguinte, 27 de outubro, um chefe de departamento de Boston enviou um e-mail aos três vice-diretores de execução do escritório de Nova York, oferecendo-se para ligar Markopolos diretamente aos funcionários apropriados na cidade.

O aviso de Boston não podia ser mais claro: a SEC precisava descobrir se Madoff estava operando um esquema Ponzi.

A equipe designada para a tarefa em Nova York praticamente não tinha know-how para investigar esquemas assim.[65] Um dos investigadores-chave não tinha nenhuma experiência, estando na SEC havia apenas dezenove meses. Mais tarde, a líder da equipe diria que fora "prejudicada pela falta de recursos e de pessoal", e pela passividade de colegas que poderiam ter sido úteis, mas não ofereceram ajuda.[66] A cultura da agência desencorajava os funcionários a procurar auxílio fora de seu próprio "silo" e, dessa forma, aqueles que conheciam esquemas Ponzi não foram consultados. Mesmo aqueles que achavam saber algo sobre o esquema claramente nada sabiam. A despeito da clareza do aviso, as pessoas da equipe mais tarde lembrariam que jamais acharam realmente crível que um homem como Bernie

Madoff pudesse ser um criminoso — ele simplesmente não se adequava a sua errônea imagem de trapaceiro "típico" operando um esquema Ponzi.

Finalmente, a predição de Ed Manion sobre as pessoas instantaneamente gostarem ou desgostarem de Harry Markopolos se provou verdadeira. Markopolos achou que a chefe de departamento de Nova York e líder da investigação, Meaghan Cheung, de cara antipatizou com ele. Mesmo após Boston ter enfatizado que acreditava nele, Cheung permaneceu distante e pouco receptiva — e sua opinião foi partilhada pelas duas outras mulheres da equipe. "Eu me lembro de ouvir que ela achava que Markopolos era condescendente com a SEC, em termos de suas habilidades e conhecimentos", lembrou um de seus subordinados.[67]

Embora alguns possam dizer que certa condescendência era justificada, dada a maneira como a agência lidara com suas dicas anteriores sobre Madoff, Markopolos não facilitou as coisas com seu modo de tratar as mulheres em Nova York. Ele mais tarde afirmou que, em sua primeira conversa telefônica com Cheung, questionou seu conhecimento inadequado de derivativos e desdenhou alguns de seus sucessos anteriores em casos de fraude contábil. Segundo ele, Cheung pareceu "ofendida" com isso.[68] Na verdade, suas perguntas eram irrelevantes: nenhum conhecimento de derivativos é necessário para investigar um esquema Ponzi. Se de fato for um esquema, *não há derivativos* — apenas um mentiroso com uma conta bancária. A experiência prévia de Cheung poderia ter sido mais relevante, uma vez que investigações de fraude contábil às vezes envolvem verificar se os ativos presentes no balancete realmente existem, ou seja, exatamente a pergunta a que uma investigação de esquema Ponzi deve responder.

Se Cheung tivesse mais intimidade com esquemas Ponzi, saberia como lidar com as perguntas obtusas e equivocadas de Markopolos. Mas ela não sabia. E, se Markopolos soubesse lidar com pessoas, jamais teria feito aquelas perguntas ofensivas, em primeiro lugar. Mas ele não sabia. Para um "quant", a equação humana costuma ser a mais difícil de solucionar.

No fim de 2005, Harry Markopolos fez um último esforço para expor Madoff, por fim procurando a mídia. Seguindo o conselho de um amigo em

UMA EXPERIÊNCIA DE QUASE MORTE

um grupo de advogados tributaristas baseados em Washington, abordou John Wilke, do *Wall Street Journal*.[69] Wilke passara a maior parte de sua notável carreira em Washington, onde escrevera sobre congressistas corruptos e as empresas que os corrompiam.[70] Quando Markopolos o contatou, ele já estava trabalhando em outro projeto importante. Ao ouvir a denúncia, pode ter se mostrado pouco disposto a perseguir uma história que invadia o terreno dos repórteres do *Journal* que cobriam a indústria de títulos em Nova York. Alguns dos aliados de Markopolos o incentivaram a abordar outros repórteres — no *Journal* e em outros veículos nova-iorquinos — diante da negativa,[71] mas ele queria trabalhar somente com Wilke.[72] Em fevereiro de 2007, desencorajado, preferiu acreditar que a relutância do repórter era uma evidência de conspiração. "Fiquei convencido", escreveu ele mais tarde, "que alguém no alto escalão do *Journal* decidira que era muito perigoso ir atrás de Bernie Madoff".[73] Editores do *Wall Street Journal*, que haviam derrubado algumas das mais poderosas figuras de Wall Street e Washington, negaram completamente que havia algo por trás da decisão de Wilke de não investigar Madoff em 2006 além de suas próprias prioridades profissionais.[74]

Em defesa da equipe do escritório de Nova York da SEC, seus membros também foram mal informados pelos colegas sobre as primeiras investigações da corretora, nenhuma das quais realmente procurara indícios de um esquema Ponzi. O homem que supervisionara a inspeção de 2005 afirmou que Lamore e Ostrow haviam investigado "basicamente as mesmas questões", sem nada encontrar.[75] Lamore concordou em se reunir com a nova equipe, mas sua resposta foi desencorajadora. "Em resumo, essas são praticamente as mesmas alegações que ouvimos antes. A motivação do autor é ganhar dinheiro ao revelar a suposta fraude", disse ele. Lamore se referia à recompensa que a SEC oferecia por dicas sobre casos de uso de informações privilegiadas, uma categoria de crimes que incluía front-running. "Acho que ele está dando palpites e não tem o mesmo entendimento detalhado que nós temos sobre as operações de Madoff e que refuta a maior parte de suas alegações."[76] Outro supervisor concordou: "Ainda há certo mistério em relação a Madoff", mas, "pelo que vimos", um esquema Ponzi ou front-running não parecia provável.[77]

A impressão da nova equipe foi de que os inspetores anteriores achavam que não havia embasamento na análise de Markopolos sugerindo um esquema Ponzi. Ninguém se preocupou em rever os arquivos cuidadosamente e, assim, ninguém notou a queixa quase idêntica do gestor de fundo hedge feita em 2003 ou os e-mails da Renaissance encontrados em 2004. E ninguém notou também que as inspeções anteriores jamais procuraram um esquema Ponzi.

Lamore comentou que sua equipe não abordara nenhum dos fundos hedge que eram clientes de Madoff e, assim, a nova equipe decidiu cobrir ao menos essa base. Uma carta foi enviada ao Grupo Fairfield Greenwich solicitando os documentos que relatavam suas negociações com Madoff. O plano, aparentemente, era verificar se os extratos do Fairfield (que DiPascali fabricara) combinavam com os extratos que ele entregara à equipe de Lamore (e que DiPascali também fabricara). Se Madoff estivesse operando um esquema Ponzi, esse exercício seria inútil.

Mas chamou sua atenção. Lá estava Madoff com o saldo bancário próximo do zero e subitamente sua maior e mais confiável fonte de dinheiro estava recebendo da SEC cartas sobre ele.

O perigo para a fraude aumentou em 13 de dezembro, quando o membro júnior da equipe da SEC em Nova York descobriu uma "estranha discrepância" entre os documentos do Fairfield e as notas da equipe anterior durante a entrevista com Madoff, em maio. Na primavera, ele afirmara não usar opções como parte de sua estratégia já havia um ano. Mas os extratos recentes do Fairfield ainda mostravam transações com opções. Parecia não existir nenhuma outra explicação além de que Madoff estava mentindo para alguém.[78] Como todos os seus fundos feeder acreditavam que ele ainda estava comprando opções, seria devastador se a SEC começasse a sugerir que não estava.

Mas mesmo a discrepância sobre o uso de opções não sugeriu à equipe da SEC que confiar em Madoff como fonte de informações verdadeiras era má ideia. Pelo que sabiam, ele ainda era uma figura extremamente respeitável

UMA EXPERIÊNCIA DE QUASE MORTE

em Wall Street. Refletindo sobre o caso mais tarde, um investigador escreveu a um colega dizendo que não havia "nenhuma razão *real* para suspeitar de algum tipo de má conduta".[79]

Em dezembro de 2005, o diretor de riscos do Fairfield Greenwich confirmou durante uma entrevista com a SEC — conduzida depois que recebeu permissão para consultar Madoff antes de depor — que as opções ainda eram parte de sua estratégia.[80] A equipe investigativa decidiu que seria uma boa ideia localizar algumas das contrapartes dessas misteriosas transações com opções antes de questioná-lo sobre elas. Teria sido uma excelente ideia — na verdade, se as coisas fossem feitas da maneira correta, a investigação certamente teria exposto a fraude. Mas isso não aconteceu.

Bernie Madoff e Frank DiPascali passaram o mês de janeiro de 2006 produzindo documentos em resposta às novas demandas da SEC — embora as grandes pilhas de papéis não incluíssem nenhum contrato de opções de balcão. Em 26 de janeiro, DiPascali foi até o escritório da SEC para responder a perguntas sobre as contrapartes supostamente no outro lado das transações, e suas mentiras foram suficientemente convincentes para despistar os investigadores por mais algum tempo.

Reguladores e promotores mais tarde acusaram Dan Bonventre de passar esse perigoso mês de janeiro lidando com a cada vez pior crise financeira do esquema Ponzi, usando outros US$ 54 milhões em bônus do governo da conta de Carl Shapiro como garantia para um empréstimo bancário de US$ 50 milhões.[81] O dinheiro do empréstimo foi colocado na conta do esquema para cobrir os saques contínuos. Em ao menos quatro ocasiões, dinheiro oriundo das contas bancárias legítimas da corretora foi usado para cobrir retiradas gigantescas do esquema. Não estava claro por quanto tempo isso poderia continuar antes que a corretora também começasse a ter problemas de caixa — ou alguém trabalhando lá começasse a dar com a língua nos dentes sobre os curiosos empréstimos ou transferências.

Enquanto isso, os investigadores da SEC continuavam a procurar os fundos feeder nos quais Madoff se apoiava para obter o dinheiro novo de que precisava tão desesperadamente. Em 30 de janeiro de 2006, eles entrevistaram Jeffrey Tucker, do Fairfield Greenwich.[82] Dois dias depois, enviaram uma carta para a Tremont Partners solicitando a mesma documentação que o Fairfield fornecera em dezembro.[83]

Então, em meados de fevereiro, a equipe pediu a Madoff um documento que, ele sabia, poderia enviá-lo para a cadeia. Eles queriam uma lista de todas as contas por meio das quais ele executava, compensava ou resgatava quaisquer transações, incluindo as contestadas transações de opções — as quais suspeitavam que Madoff ainda realizava, apesar de seu depoimento anterior. É claro que ele não estava executando, compensando ou resgatando nenhuma transação, mas não podia recusar o pedido sem disparar todos os alarmes da SEC. Assim, em 23 de fevereiro, apostou alto e produziu uma lista de seis páginas de entidades financeiras por intermédio das quais supostamente conduzia transações para os fundos hedge, juntamente com o número de sua conta na câmara de compensação da DTCC.[84]

E então esperou que o céu desabasse.

9

O MUNDO DE MADOFF

É difícil imaginar como Bernie Madoff conseguiu lidar com a prolongada crise de liquidez e a investigação da SEC no fim de 2005 e início de 2006. Mesmo no papel, a magnitude do escoadouro de dinheiro era chocante. Entre abril de 2005 e junho de 2006, os investidores sacaram cerca de US$ 975 milhões somente do fundo Fairfield Sentry, cerca de 20% de seus ativos.[1] A situação parecia tão ruim que não surpreende que Dan Bonventre e dois programadores que trabalhavam com DiPascali no 17º andar tenham esvaziado suas contas na corretora na primavera de 2006 e movido os ativos para outros lugares — embora os três tenham negado saber qualquer coisa sobre a fraude ou problemas financeiros.[2] Madoff não podia se recusar a permitir que retirassem o dinheiro. Mesmo que não estivessem ajudando o esquema Ponzi a se manter à tona, e negaram enfaticamente que estivessem, teria despertado suspeitas se não fossem capazes de realizar as retiradas. Em 13 de abril, Madoff usou novamente a conta operacional da corretora para cobrir uma solicitação de US$ 120 milhões do fundo Sentry, que sacara US$ 150 milhões apenas um mês antes.

A despeito do perigo para o esquema, Bernie Madoff aparentemente não colocou qualquer restrição ao acesso de sua família ao dinheiro. Os mercados de ações estavam fortes e os fundos hedge pareciam saudáveis. Qualquer um

216 O MAGO DAS MENTIRAS

que acreditasse que ele dirigia um negócio de fundos hedge extremamente bem-sucedido necessariamente acreditaria que tinha dinheiro a queimar. Todos os outros gestores de fundos hedge bem-sucedidos o tinham.

Se seus familiares sabiam que o esquema Ponzi secreto estava nas garras de uma crise financeira potencialmente fatal, não fizeram nada para facilitar as coisas, e suas retiradas eram as que ele certamente poderia ter recusado sem ser questionado, se eles fossem de fato seus cúmplices. Em dezembro de 2005, Madoff emprestou US$ 5 milhões a cada um dos filhos. Entre setembro e abril, permitiu que o irmão retirasse US$ 3,2 milhões das contas que gerenciava para ele. Ninguém da família correu para encerrar suas contas durante a crise ou mover seus ativos para refúgios mais seguros. Eles deixaram a maior parte de sua fortuna — pensões, remunerações diferidas e fundos fiduciários dos filhos — nas mãos de Bernie.

Em retrospecto, o fato de que a família continuou a sacar dinheiro mas não esvaziou suas contas sugere que não estava consciente nem da fraude nem dos perigos que enfrentava no outono de 2005. Eles simplesmente continuaram a retirar moedas do cofrinho de Bernie, como sempre haviam feito, como se tudo na corretora estivesse em perfeita ordem, como sempre.[3]

Sua generosidade também podia refletir o fato de que a vida por trás dos negócios estava longe de ser fácil para a família Madoff. O filho de Peter, Roger, estava perdendo a longa batalha contra a leucemia e deslizara em direção à morte durante todo o inverno, sob os cuidados da jovem esposa e de sua desconsolada família. Em 15 de abril de 2006, Roger morreu, aos 32 anos. A secretária de Bernie, Eleanor Squillari, mais tarde diria que o Peter que conhecera durante tantos anos também morrera naquele dia.

Foi durante esses meses de angústia privada, na secretamente precária temporada de escrutínio da SEC e de frenéticos empréstimos e transferências de dinheiro, que Madoff quase perdeu a batalha para manter vivo o esquema Ponzi. Em abril de 2006, ele transferira mais de US$ 260 milhões das contas da corretora para os fundos secretos do esquema, a fim de cobrir retiradas e manter a fraude em funcionamento — e ainda não fora suficiente.

O MUNDO DE MADOFF 217

A maré começou a virar em 18 de abril, quando o problemático investidor Jeffry Picower depositou US$ 125 milhões em sua conta — sem dúvida, uma infusão muito bem-vinda de dinheiro, realizada somente cinco dias depois de o Fairfield Greenwich retirar US$ 120 milhões. É mais uma evidência que sugere que Picower estava mais bem informado sobre o continuado crime de Madoff do que ele jamais suspeitara — ou, ao menos, do que qualquer um dos dois jamais admitiu.

Após sua oportuna chegada à conta, o fortuito depósito de Picower passou por uma notável transformação. Em duas semanas, cresceu no papel para US$ 164 milhões, graças aos grandes ganhos nas ações supostamente compradas com o dinheiro. De acordo com o extrato de Picower, contudo, a lucrativa compra de ações fora feita três meses antes, a dez semanas de o cheque de US$ 125 milhões de dólares chegar à corretora para pagar por elas. E, em setembro de 2006, quando a crise financeira de Madoff começava a ceder e dinheiro novo entrava todos os dias, Picower retirou os US$ 125 milhões, deixando os lucros não realizados de US$ 80 milhões na conta após apenas cinco meses. É possível que achasse que comprara as ações meses antes em margem e pagara por elas após o fato. Mas o administrador de falências mais tarde interpretaria a transação como evidência circunstancial de que socorrera Madoff e fora recompensado com lucros fabricados, gerados a partir de transações retroativas. É quase inconcebível que Madoff pudesse ter fabricado tais transações claramente fictícias na conta de um investidor tão sofisticado quanto Picower sem que ele notasse.

Mas o bem-vindo e mutuamente compensador cheque de Picower e, finalmente, uma queda nas retiradas não eram suficientes para salvar o esquema corrupto naquela temporada de crises. Madoff ainda precisava tirar a SEC do seu pé. Felizmente para ele, os investigadores da agência foram atrasados por se recusarem a confiar em Harry Markopolos e sua análise. Falharam em fazer o difícil dever de casa de estudar os arquivos das investigações anteriores. Sabiam pouco sobre esquemas Ponzi e as pessoas que os criavam. Mas, apesar de todas as suas falhas, os reguladores chegaram perigosamente perto de expor Madoff na primavera de 2006.

218 O MAGO DAS MENTIRAS

Em algum momento de maio, a equipe investigativa da SEC rascunhou cartas a serem enviadas ao Banco Barclays e ao Banco de Nova York pedindo-lhes que confirmassem as transações de Madoff. Respostas a essas cartas o teriam colocado em risco, pois revelariam que simplesmente não havia nenhuma transação em andamento. Por alguma razão, contudo, Meaghan Cheung e sua colega Simona Suh decidiram postergar o envio até que o próprio Madoff fosse entrevistado posteriormente naquele mês.[4] No fim, as cartas jamais foram enviadas — mais tarde, ninguém lembraria por que não.

Então, em meados de maio, a equipe da SEC pediu a um funcionário da FINRA que verificasse as negociações de opções de Madoff em determinada data. O funcionário respondeu que ele não fizera nenhuma negociação de opções naquela data.[5] Mesmo assim, a equipe simplesmente leu o estranho relatório e o ignorou, convencendo-se de que Madoff ou não estava revelando suas negociações ou as estava realizando no exterior. A despeito de todas as suas óbvias mentiras, eles jamais suspeitaram de que não fazia nenhuma negociação. Àquela altura, após tantos anos de cautela e inércia burocrática na SEC, a mentira aparentemente era grande demais para caber na limitada imaginação da agência.[6]

Eventualmente, toda a investigação se resumiu ao próprio Madoff.

Um pouco depois das 10 horas, numa sexta-feira, 19 de maio de 2006, Bernie Madoff chegou ao escritório da SEC em Nova York, na torre do American Express, adjacente à grande pegada vazia do World Trade Center. Ele foi sozinho, sem advogado. Do outro lado da mesa estavam cinco funcionários da SEC, incluindo Meaghan Cheung, Simona Suh e Peter Lamore.

Ele parecia relaxado e cordial. Ficou expansivo ao falar sobre a arte de negociar ações e a ciência dos computadores, os quais admitiu não serem seu forte. "Se eu estivesse falando com um cirurgião e ele começasse a usar a terminologia de sua área, *isso* eu não saberia. Mas, se ele me falasse 'Pegue esse bisturi, coloque ele aqui', isso eu entenderia", disse ele.[7]

Todo mundo tinha diferentes algoritmos eletrônicos para guiar suas negociações. "As pessoas projetam seus sistemas para dizer 'Eu não me im-

O MUNDO DE MADOFF

porto com isso, mas sim com aquilo'." Mas ele não dava muita importância às informações amplamente difundidas que corriam pelo mercado. "As pessoas estão sempre me perguntando o que faz uma boa negociação. Ou por que negocio melhor que os outros. É a mesma coisa: somos corretores e criadores de mercado. Alguns são mais corajosos que outros. Alguns são apenas estúpidos e não ficam assustados quando deveriam ficar. Algumas pessoas apenas sentem o mercado. Outras sabem como analisar os números para os quais estão olhando."

A explicação para seu sucesso era simples, sugeriu Madoff, sem ser explícito: ele era uma das pessoas que "sentiam o mercado".

Perguntaram-lhe por que não fazia suas negociações de opções em uma das bolsas públicas, em vez de no obscuro mercado de balcão. "Todo mundo vai para o mercado de balcão para negociar opções. É assim que opera o mercado", respondeu ele.[8] Opções listadas só podiam ser negociadas "durante o horário americano, o que ninguém quer fazer". Além disso, acrescentou, "realmente não há liquidez no mercado de opções. Ele está melhorando, mas não é para onde você quer ir".

Ele parecia confiante, informado, relaxado — não havia nenhum sinal de que quase ficara sem dinheiro. Não havia indicação de que, após entregar a lista de contrapartes fictícias, em fevereiro, temera já ter ficado sem tempo. Todos os dias, durante os três meses anteriores, Madoff esperara ouvir que a SEC telefonara para um dos nomes na lista e descobrira que ele estava mentindo. Até então, não tinham feito isso — na verdade, jamais fariam —, mas subitamente a lista potencialmente fatal estava a sua frente, na mesa da sala de reuniões da SEC.

— Eu gostaria de rever essa lista, e que você explicasse um pouco mais detalhadamente a função de cada conta — disse Simona Suh. — Qual é a função da conta na Depository Trust Clearing Corporation?[9]

— Essa é a conta geral de compensação da corretora, que lida com a conciliação de todas as negociações — respondeu ele honestamente.

Os recursos em compensação estabeleciam contas separadas para os diferentes clientes institucionais?

Sim, respondeu Madoff. Bem, havia uma única grande conta, mas códigos diferentes eram usados no caso de os títulos pertencerem a uma corretora ou a um cliente institucional.

— Você conhece esses códigos?

— Não.

— Mas a DTC saberia dizer?

— Sim.

Bem, aquele provavelmente era o passo final, fatal — o momento em que seu tempo acabaria. "Achei que era o fim, game over. Na segunda-feira pela manhã, eles telefonariam para a DTC e tudo estaria acabado", lembrou ele mais tarde. "Mas isso nunca aconteceu."[10]

Isso o "surpreendeu", disse ele, porque, "se você está procurando um esquema Ponzi, essa é a primeira coisa a fazer".[11]

Se a equipe investigativa tivesse verificado a conta de compensação de Madoff naquele dia ou na segunda-feira seguinte, teria descoberto que continha menos de 24 milhões em ações de primeira linha, em uma época na qual deveria conter bilhões de dólares em ações ou uma quantidade equivalente de bônus do Tesouro, com base nos extratos que haviam conferido.

Mas os investigadores entenderam de forma equivocada a maneira como os recursos de compensação funcionavam e assumiram que seria extremamente trabalhoso separar as transações de fundos hedge do grande volume de negociações de ações normais da corretora. Assim, não investigaram a conta na DTCC.

A essa altura da entrevista, Peter Lamore estava extremamente agitado. Madoff sentara-se ali durante 3 horas, completamente autoconfiante, descrevendo suas negociações de opções — quase exatamente um ano depois de dizer a Lamore que já não usava opções como parte de sua estratégia de investimento. Simona Suh confrontou Madoff sobre a discrepância.

— Você se lembra de dizer a Peter que, em 1º de janeiro de 2004, já não incorporava opções a sua estratégia para transações institucionais?[12]

— Eu disse que não eram parte do modelo — mentiu ele, sem hesitar. — As opções não deveriam fazer parte do modelo. Eu não disse... certamente não me lembro de ter dito que as contas não negociavam mais com opções. Eu disse que as opções haviam sido retiradas do modelo e elas já não fazem parte dele.

O MUNDO DE MADOFF

— Então a que mudança você estava se referindo naquela declaração? — insistiu Suh.

— Bem, costumavam fazer parte do modelo — respondeu. E explicou que haviam sido retiradas porque enfraqueciam sua alegação de propriedade intelectual sobre o software que guiava sua estratégia de investimentos. — Consideramos o modelo nossa propriedade intelectual. Acredito que isso está dito na diretiva de autorização.

Mas simplesmente não havia "carne suficiente" na porção de opções do modelo:

— Assim, basicamente, nós as retiramos do modelo e as tratamos separadamente.

Ele não dissera a Lamore, em 1º de janeiro de 2004, que os clientes podiam garantir a estratégia ao comprar suas próprias opções?

— Não — respondeu Madoff.

— Você não se lembra de fazer essa declaração?

— Eu me lembro do que acabei de dizer, que eram originalmente parte do modelo, que já não faziam parte do modelo, mas que... eu me lembro especificamente de dizer que opções ainda eram usadas para proteger transações.

Lamore ficou furioso.[13] "Eu me lembro de ficar sentado lá durante o depoimento dizendo 'Ele está mentindo'", recordou-se anos depois. "Era espantoso para mim."[14]

Como tantos outros, Lamore não cogitou a possibilidade de que um homem que podia contar uma mentira tão descarada também pudesse cometer uma fraude descarada. "Quero dizer, passar de 'mentiras e esquivas' para 'fraude e esquema Ponzi' era um grande passo, um grande salto."[15]

Era um salto que Bernie Madoff dava todos os dias, mas a SEC falhou em compreender isso. Quando sua equipe encerrou oficialmente a deficiente investigação em 3 de janeiro de 2008, após um longo período de inatividade, concluiu que, a despeito de todas as mentiras que descobrira, não havia evidência de fraude.[16]

*

222   O MAGO DAS MENTIRAS

Nove meses depois do surgimento da quase desastrosa crise de liquidez de 2005, o esquema Ponzi finalmente saíra do vermelho.

Fora uma batalha de grande orçamento. Quando Madoff se sentou para iludir a SEC no fim de maio de 2006, ele emprestara US$ 342 milhões sob as cartas de crédito da corretora para manter o esquema funcionando. No fim de agosto de 2006, quando a SEC finalmente desistiu da descuidada investigação — meramente exigiu que Madoff se registrasse como consultor de investimentos —, o dinheiro emprestado já fora pago aos bancos. No fim de junho, ele fora capaz de diminuir a dívida, transferindo US$ 262 milhões de volta à conta operacional da corretora ao rever os artifícios contábeis que usara para esconder os pagamentos feitos mais cedo naquele ano.

Como o arriscado esquema Ponzi se recuperou tão rapidamente? Com muita ajuda de seus amigos — especificamente, alguns novos amigos nos fundos hedge.

Ajudou imensamente o fato de que o apetite global pelos fundos hedge dissipara rapidamente qualquer desconforto causado pelo colapso do fundo Bayou. A mudança de opinião na Europa foi simplesmente espetacular.[17] Um gestor financeiro que em 2001 comprara ações em um fundo Kingate investido com Madoff decidiu vendê-las em 2005. "Eu disse que queria vender e as pessoas começaram a gritar 'Para mim, para mim, para mim'. Em 15 minutos, eu estava com o dinheiro."[18] Ele ganhou 40% nessa negociação, mas continuou procurando uma oportunidade de investir com Madoff por meio de outros fundos. "Todos pensávamos que ele estava se valendo de front running. Mas e daí?"

Graças aos contínuos esforços de venda liderados pelos belos genros de Walter Noel, Madoff estava bem situado para se beneficiar dessa reviravolta, embora o Fairfield Greenwich só tenha começado a se recuperar do declínio de 2005 no fim do ano e visto seus maiores ganhos em 2007.

A verdadeira força por trás do sucesso redentor de Madoff na Europa em 2005 e 2006 foi Sonja Kohn, a enérgica fundadora de uma butique de investimento em Viena chamada Banco Medici. Nascida em 1948 em Viena, Sonja Blau[19] se casou com Erwin Kohn, um banqueiro de carreira, em 1970 e

O MUNDO DE MADOFF

teve cinco filhos. Ainda no início do casamento, eles operaram um negócio de importação em Milão e Zurique,[20] mas, em 1983, mudaram-se para Nova York e, em 1985, ela obteve sua licença de corretora.[21] Mulher exuberante e ligeiramente chamativa, fluente em ao menos quatro línguas, trabalhou brevemente, no fim dos anos 1980, para o Merrill Lynch e o Oppenheimer. Embora alguns se lembrem de ela gerar grandes comissões para a empresa naqueles dias, dois de seus clientes no Merrill Lynch disseram que ela os conduziu a investimentos inadequados e os registros mostram que a empresa gastou mais de US$ 125 mil para resolver a questão.[22]

Publicamente, Sonja Kohn afirmou que fora apresentada a Madoff nos anos 1990, quando seu "fundo hedge" tinha o endosso de "pessoas e empresas que eram o padrão-ouro da comunidade financeira".[23] Na verdade, foi apresentada a ele em meados dos anos 1980 por seu alegre vizinho em Roslyn e parceiro comercial, Sonny Cohn.

Quando Cohn estava pensando no que faria após a aposentadoria, seu contador no conhecido Oppenheim, Appel, Dixon & Company sugeriu que conversasse com uma dinâmica austríaca que supostamente era uma das "grandes produtoras" do Merrill Lynch.[24] Houve uma reunião — mas, aparentemente, nenhuma reunião de mentes a respeito de qualquer tipo de joint venture. Sonja Kohn era muito obstinada e tinha ambições amplas e ideias expansivas, ao passo que Sonny Cohn provavelmente estava procurando uma espécie de calma semiaposentadoria. Mesmo assim, ele a apresentou a Madoff, que estava mais que à altura de sua obstinação e ambição.

Em abril de 1987, Sonja Kohn fundou uma pequena empresa em Nova York chamada Erko. Alguns meses depois, abriu a Windsor IBC, uma corretora de total propriedade da Erko. Em alguns anos, estaria no centro de um vertiginoso complexo internacional de empresas fantasmas, holdings, fiduciárias offshore e sociedades privadas, sendo que a mais proeminente delas era sua instituição principal, o Banco Medici, fundado em 1994.

A primeira a se tornar publicamente conhecida foi uma pequena empresa de investimentos que criou em 1990 chamada Eurovaleur, um fundo hedge coletivo baseado em Nova York que trabalhava com alguns dos principais

224 O MAGO DAS MENTIRAS

gestores de ativos da Europa.[25] Quando surgiu na agenda de Madoff, mesmo duas décadas depois, era mais comumente identificada como sendo da Eurovaleur, não do Banco Medici.[26]

Em 1996, uma década após o início de sua frutífera associação com Madoff, Kohn abriu outra pequena empresa nova-iorquina chamada Infovaleur, mais tarde descrita como prestadora de serviços de pesquisas financeiras. Um de seus clientes mais lucrativos era Bernie Madoff, cuja corretora legítima tinha fácil acesso a qualquer pesquisa sobre Wall Street que desejasse. O administrador que liquidou a corretora anos depois afirmou que a Infovaleur era "uma farsa",[27] uma de muitas empresas fantasmas criadas simplesmente para receber milhões de dólares de Madoff e enviar o dinheiro para outras empresas fantasmas controladas pela família Kohn e seus associados em Gibraltar, além de outros lugares da Europa e Israel. O dinheiro — que supostamente sempre era entregue pessoalmente, nunca pelo correio — era a compensação de Kohn pelos bilhões de dólares que ajudou a desviar para o esquema Ponzi ao longo dos anos, afirmou o administrador.

Outra ação judicial movida pelo administrador afirmaria que a pequena filial de Madoff em Londres, a Madoff Securities International Ltd., era um elo dessa corrente de compensação desde 1987. O caso descreveu reuniões nas quais um dos executivos de nível sênior de Madoff em Londres entregava a Kohn seu cheque trimestral, "tomando chá no Ritz ou no Claridge's em Londres".[28] Essas taxas eram identificadas nos registros como pagamento por pesquisas, mas o intermediário estava "consciente de que qualquer pesquisa que Kohn realizasse para Madoff era inútil". O executivo de Londres não quis fazer comentários, mas contestou as afirmações do administrador no tribunal. Por intermédio de seus advogados, Kohn insistiu que nunca teve qualquer conhecimento sobre a fraude.[29]

Após conhecer Bernie Madoff em meados da década de 1980, Kohn não fez segredo de sua admiração por ele — embora tenha atendido a seus desejos e obscurecido seu papel no material de venda de seus fundos. De acordo com os funcionários de Madoff, ela visitava o escritório com frequência e sempre era recebida com grande cordialidade.

O MUNDO DE MADOFF

Como Ezra Merkin nos círculos filantrópicos judaicos e Walter Noel no mundo dos fundos hedge, Sonja Kohn foi decisiva para Madoff desde o início dos anos 1990, ligando-o a novas fontes de dinheiro na Europa e além. Ela o apresentou a Mario Benbassat, fundador de uma empresa suíça chamada Genevalor, Benbassat & Cie, e seus dois filhos. A empresa criaria cinco fundos feeder na Europa, incluindo os grandes fundos Thema, e acabaria colocando quase US$ 2 bilhões nas mãos de Madoff. Benbassat era o diretor de outra proeminente empresa suíça de investimentos chamada Union Bancaire Privée e, em 2003, a UBP estabeleceu sua própria coleção de fundos feeder, que levantaria US$ 1 bilhão em dinheiro novo para ele. Litígios subsequentes também identificaram Sonja Kohn como a pessoa que o apresentou a Carlo Grosso e Federico Ceretti, os dois financistas italianos baseados em Londres que criaram os fundos Kingate no início dos anos 1990 e enviaram US$ 1,7 bilhão em sua direção. Ela também supostamente o apresentou a Charles Fix, o herdeiro de um império grego em formação que se estabeleceu como gestor de ativos em Londres — e investiu milhões com Madoff por meio dos fundos hedge Harley e Santa Clara.[30]

Para esses investidores, as credenciais de Kohn eram impecáveis. Em sua inconfundível peruca ruiva bufante e suas roupas caras, porém ligeiramente desalinhadas, ela se tornou conhecida como "a austríaca de Wall Street",[31] dividindo seu tempo entre Nova York e a Europa. Quando o Banco Medici recebeu licença integral de serviços bancários do governo austríaco em 2003, ela e o marido se estabeleceram novamente em Viena, onde já fora homenageada por suas contribuições à economia austríaca.

Então o banco que fora seu sócio minoritário quando fundara o Banco Medici foi comprado pelo Creditanstalt, uma das maiores instituições financeiras da Áustria, e ela foi catapultada para a aristocracia dos banqueiros europeus.[32] Após algumas fusões, seu sócio minoritário, agora chamado de Bank Austria, foi comprado pela gigantesca holding Unicredit, da Itália. Não demorou muito para que a Unicredit criasse sua própria família de fundos feeder para Madoff, chamados de fundos Primeo.

De seu escritório dourado e mobiliado ao estilo barroco, com vista para a ópera de Viena, Sonja Kohn ajudaria a conduzir quase US$ 9 bilhões para as mãos de Madoff nas décadas após seu primeiro encontro em 1985, de acordo com a ação do administrador judicial contra ela. Seu império de fundos hedge se expandiria pela Europa e além, chegando à antiga União Soviética e ao mundo de fundos offshore do Caribe.

Do ponto de vista de Madoff, uma das coisas mais significativas que Sonja Kohn fez foi ajudar a criar o fundo Herald, que começou a operar em abril de 2004.[33] Dos mais de dez gigantescos fundos feeder que serviram a ele naqueles anos, nenhum enviou mais dinheiro novo durante a crise de 2005 que o Herald, de acordo com um estudo acadêmico posterior.[34] Desde sua criação, o Herald bombeou mais de US$ 1,5 bilhão para as mãos de Madoff,[35] mas grande parte disso ocorreu durante os anos iniciais de operação do fundo, quando ele precisava tão desesperadamente de dinheiro.

Mesmo assim, o fundo Herald foi apenas o safety car de outros fundos feeder europeus recém-nascidos que o ajudaram. Outra fonte promissora de dinheiro em 2005 foi a Access International, uma empresa privada de administração de ativos dirigida por dois elegantes franceses. A Access era a patrocinadora dos fundos Lux-Alpha, formados em 2004, que forneceram um fluxo constante de dinheiro novo na hora de necessidade de Madoff. O diretor-executivo da Access era o caloroso, porém aristocrático, René--Thierry Magon de la Villehuchet, mas seu amigo e sócio, o mais prosaicamente nomeado Patrick Littaye, foi quem forneceu o elo com Bernie Madoff.

Ações judiciais subsequentes contra a Access diriam que Littaye insistia para que ninguém na empresa lidasse com Madoff a não ser por intermédio dele.[36] Não está muito claro como os dois se conheceram. Madoff achava que a conexão se dera por meio de um executivo francês que conhecera via seu velho amigo Albert Igoin em Paris, cujos laços com Madoff datavam dos anos 1970.[37] Littaye mais tarde disse que o conheceu em 1985,[38] quando telefonou para seu escritório a fim de confirmar uma transação para um de seus clientes privados. De qualquer modo, os dois pareciam gostar da companhia um do outro, e Madoff ficou impressionado com as conexões europeias de Littaye.[39]

O MUNDO DE MADOFF

Em 1995, Littaye e de la Villehuchet, um talentoso vendedor, formaram a Access International, discretamente investindo o dinheiro de seus clientes privados com Madoff. Com a formação dos novos fundos Lux-Alpha em fevereiro de 2004, a Access se tornou uma fonte de dinheiro ainda mais formidável. Com o *imprimatur* do UBS, um prestigiado banco internacional baseado na Suíça, o fundo atraiu investimentos de nomes históricos como Rothschild et Cie e a fortuna de várias famílias aristocráticas — incluindo o dinheiro do próprio Villehuchet, que lhe permitira restaurar a bela propriedade provinciana perto de St. Malo, na costa norte da França, que estava em sua família desde 1685.[40]

Parecia que nada poderia abalar a confiança de Littaye e de la Villehuchet em Madoff. No início de 2006, um executivo da Access confirmou um fato estranho notado por membros de sua equipe: as opções supostamente negociadas por Madoff não estavam refletidas nos registros da principal câmara de compensação de opções de Wall Street.[41] Quando o executivo levou a questão aos fundadores, eles insistiram em contratar um experiente analista independente de fundos hedge para fornecer uma segunda opinião — e essa opinião foi fortemente negativa. No início de maio, o analista almoçou com Littaye e de la Villehuchet no salão de jantar recoberto de painéis de madeira do University Club, em Manhattan. "Fiz meu melhor para injetar dúvidas de maneira cortês, porém eficiente", lembrou ele mais tarde.[42] Mas Littaye, parecendo "bastante sensível e na defensiva", supostamente defendeu Madoff, questionando o "julgamento comercial" do analista e desconsiderando suas preocupações.

*

Em 2006, Madoff plantara sua bandeira em praticamente todos os continentes. Sua presença na Europa se expandira enormemente, com o Banco Medici em Viena e a Union Bancaire Privée em Genebra não apenas administrando fundos feeder diretamente, como também fornecendo serviços de consultoria para alguns dos outros fundos — incluindo os do Grupo

Fairfield Greenwich, baseados em Nova York e nas Bermudas. Os fundos Primeo da italiana Unicredit atraíram um pequeno investimento de um banco multinacional de desenvolvimento na África Central e acrescentaram esse dinheiro ao US$ 1,5 bilhão que fluíram para o fundo Herald.[43] Uma empresa offshore chamada Euro-Dutch Management, dirigida por banqueiros holandeses, levantou mais de US$ 2,3 bilhões para seu fundo feeder baseado nas ilhas Cayman.[44] No processo de levantar um total de US$ 4,5 bilhões em dinheiro novo para Madoff,[45] o Fairfield Greenwich atraiu dinheiro de Singapura, Qatar, Abu Dhabi, Dubai, Coreia e Tóquio. Os fundos Optimal patrocinados pelo prestigiado Banco Santander da Espanha arrecadaram ao menos US$ 1,5 bilhão com investidores nos abastados enclaves das Américas Central e do Sul.[46]

Mesmo esses grandes fundos feeder tinham fundos feeder próprios, que por sua vez também tinham fundos feeder, criando um vasto sistema mundial de irrigação que sustentava a fraude de Madoff com constantes e intensos fluxos de dinheiro. Muitos dos fundos feeder pagavam "taxas retroativas" — o administrador judicial mais tarde as chamaria de "propinas", mas elas também poderiam ser chamadas de comissões sobre a venda — que forneciam uma recompensa tangível e um poderoso incentivo para aqueles que traziam novos investidores.[47]

Conforme os fundos hedge ganhavam força na Europa, na Ásia e no Oriente Médio, também se multiplicavam nas Américas. Um exemplo de sua proliferação após 2006 — uma tendência que Madoff aproveitou ao máximo — foi um fundo de um homem só da Flórida chamado Anchor Holdings LLC.

Muitos dos clientes de Anchor eram pequenos "fundos hedge" familiares ou individuais com nomes como "John Doe Hedge Fund" e "Jane Doe IRA Hedge Fund". Alguns poucos eram planos sindicais ou profissionais de pensão. Em seu auge, quando a Anchor Holdings supostamente tinha mais de US$ 12 milhões em ativos, sua maior conta individual valia um pouco menos de US$ 750 mil e sua menor era uma conta Roth IRA que valia apenas US$ 3.224,43.[48] A Anchor Holdings investia essas modestas

O MUNDO DE MADOFF

economias em outro fundo hedge, que investia todos os seus ativos em uma carteira aparentemente diversificada de fundos hedge internacionais. Essa carteira consistia, a princípio, no fundo Primeo, no fundo Santa Clara e em quatro outros — cada um deles investido exclusivamente com Madoff. Acreditando ter evitado o risco de colocarem todos os ovos em uma única cesta, esses pequenos investidores na verdade tinham entregado todas as suas economias para um único homem: Bernie Madoff.

Não surpreende que alguns membros do Congresso estivessem exigindo que a SEC aumentasse a atenção sobre as incursões da indústria de fundos hedge na classe média. A Anchor Holdings seria a Evidência A no argumento de que os fundos hedge estavam "partindo para o varejo". Mas, como não precisavam ser registrados na SEC — um projeto de lei mal desenhado exigindo regulamentação fora destruído em um tribunal de apelações em 2006 e jamais reformulado —, a SEC não tinha como saber sobre a Anchor Holdings ou os incontáveis fundos como ela.

Em dezembro de 2006, a SEC tentou estancar a debandada de poupadores de classe média para os praticamente desregulamentados fundos hedge ao aumentar as exigências de patrimônio líquido para "investidores acreditados" — aqueles que eram ricos o bastante para comprar fundos hedge legalmente — de US$ 1 para US$ 2,5 milhões. Ao fazer isso, contudo, enfrentou a feroz oposição de pessoas que já investiam em fundos hedge, mas não se qualificariam pelo novo padrão. Como observou o relatório do Serviço de Pesquisas do Congresso, "Esses investidores não desejam ser protegidos dos riscos que a SEC pode ver como excessivos".[49] O esforço foi arquivado.

Alguns críticos do registro dos fundos hedge notaram que, quando a Europa introduziu um regime de registro, isso simplesmente fez com que os fundos parecessem mais seguros e, consequentemente, mais atraentes para os investidores de renda média. E alguns acadêmicos importantes de ambos os lados do Atlântico produziram artigos eruditos e altamente divulgados apoiando o conceito de "fundos hedge para todos".[50] Por que, perguntavam eles, os lucros dos fundos hedge deveriam ficar limitados apenas aos ricos e sofisticados?

230   O MAGO DAS MENTIRAS

Havia mais nessa questão que classe social, embora um irônico observador tenha comentado que os fundos mútuos tinham se tornado "tão ultrapassados" no circuito das casas de verão. As baixas taxas de interesse estabelecidas pelo Federal Reserve para sustentar a economia após o colapso das ações de tecnologia em 2000 reduziram drasticamente a quantidade de dinheiro que a geração de Baby Boomers podia ganhar seguramente a partir de suas economias. Ao mesmo tempo, a crescente bolha imobiliária aumentava o valor de seus ativos primários, suas casas. Com taxas hipotecárias tão baixas e o valor das casas tão alto, muitas pessoas podiam fazer empréstimos garantidos por suas casas, investir com Madoff e ganhar muito mais para suas aposentadorias do que teriam ganhado com um certificado de depósito bancário ou um fundo mútuo de baixo risco.

Assim, tanto no cenário doméstico como no exterior, diretamente e por meio de seus fundos de pensão, cada vez mais investidores colocavam sua cesta de ovos de ouro, isto é, sua aposentadoria, em fundos hedge — e uma quantidade suficiente desse dinheiro chegaria às mãos de Madoff para mais que solucionar a crise que lhe parecera tão mortal em novembro de 2005.

*

Outro importante fator para a notável recuperação de Madoff foi o boom dos derivativos ligados ao desempenho dos fundos hedge, um subconjunto da mania por derivativos que se intensificava em Wall Street e outros centros financeiros ao redor do mundo.

Nesse ponto da história de Madoff, Harry Markopolos estaria desenhando círculos e flechas em seu quadro. Mas é útil pensar nos derivativos simplesmente como contratos privados entre um vendedor e um comprador; cada contrato é designado para atingir um objetivo específico. O objetivo desses contratos particulares era permitir que, por uma taxa, o comprador partilhasse dos ganhos futuros de determinado fundo hedge sem ter de investir diretamente no fundo.

O MUNDO DE MADOFF 231

Por que alguém desejaria fazer isso? Bem, há várias razões. Talvez um fundo hedge atraente não estivesse aceitando novos investidores; um contrato derivativo designado para seguir esse fundo daria aos investidores o benefício de estar nele mesmo com a porta fechada.

Ainda mais importante para Madoff, alguns desses contratos derivativos permitiam que o comprador investisse com dinheiro emprestado, o que significava que podia receber duas, três ou mesmo quatro vezes os ganhos produzidos por um fundo hedge em particular — lucros alavancados que nem mesmo o próprio fundo poderia ter fornecido. Eventualmente, contratos derivativos seriam criados para seguir os fundos feeder de Madoff, mas, inicialmente, o "fundo seguido" primário foi o gigantesco Fairfield Sentry, cujos ativos totalizavam quase US$ 5 bilhões no fim de 2005.

Em agosto de 2006, conforme crescia o apetite global por todos os tipos de derivativos exóticos, um proeminente grupo bancário espanhol chamado Banco Bilbao Vizcaya Argentaria (BBVA) vendeu US$ 20 milhões de derivativos que pagariam aos investidores cinco vezes os lucros futuros do fundo Fairfield Sentry.[51] Um mês depois, vendeu mais US$ 5 milhões. O banco tinha presença substancial na América Latina, em adição a seus negócios na Espanha, e sua impecável reputação suportou o novo e pouco familiar produto.

Logo depois, o Nomura Bank International,[52] uma instituição global com especial força nos mercados asiáticos, emitiu US$ 50 milhões em derivativos, oferecendo-se para pagar três vezes os ganhos futuros do fundo Sentry. Comparado a alguns dos derivativos vendidos em Wall Street na época, o acordo parecia conservador.

Em dezembro de 2006, outros US$ 25 milhões em contratos que seguiam o Sentry, derivativos se oferecendo para pagar cinco vezes os lucros do fundo, foram emitidos pelo banco do próprio Madoff, o JPMorgan Chase, uma instituição nascida em 2000 da fusão de dois dos mais afamados nomes da história bancária norte-americana. A J.P. Morgan & Co., é claro, foi fundada pelo lendário financista que, praticamente sozinho, reverteu o pânico financeiro de 1907. O Chase Manhattan Bank, que traçava suas origens até

1799, fora dirigido durante duas décadas por David Rockefeller, neto do primeiro barão do petróleo americano, John D. Rockefeller. As notas do JPMorgan Chase atraíram a atenção de um gestor de ativos italiano que estivera procurando uma maneira de investir com Madoff. As notas produziam retornos melhores, mais ainda estavam presas aos conservadores fundos Fairfield Sigma, a afiliada do fundo Sentry com base na Europa. "É como se eles estivessem oferecendo um paraquedas e uma viagem mais animada", disse ele. "E era o J.P. Morgan!"

Os fundadores do Fairfield Greenwich, Walter Noel e Jeffrey Tucker, haviam percorrido um longo caminho desde que dividiram um escritório com um corretor de opções em 1989. Agora dividiam sua gigantesca aposta em Bernie Madoff com um dos bancos historicamente mais bem-sucedidos do mundo.

O desenvolvimento desses derivativos foi importante para Madoff porque os bancos que os vendiam tinham de cobrir os riscos que estavam assumindo — e faziam isso investindo diretamente nos fundos hedge cujo desempenho os derivativos estavam seguindo. Os fundos, por sua vez, investiam esse dinheiro com Madoff. Ele disse desaprovar os derivativos alavancados, mas eles foram uma nova fonte de dinheiro no verão de 2006, quando ele precisava desesperadamente de liquidez.

Mas esses e outros derivativos — que em breve seriam oferecidos pelo HSBC, Citibank, Fortis, Merrill Lynch e várias outras instituições globais — também foram um marco para o esquema Ponzi.[53] Inicialmente, as pessoas haviam investido com Madoff porque confiavam nele. Depois, passaram a investir com ele porque confiavam no proeminente contador, advogado ou consultor de fundos de pensão que abrira as portas até ele. Em seguida, confiaram em notórios investidores individuais que se relacionavam com ele, como J. Ezra Merkin e Sonja Kohn, ou em fundos feeder, como Fairfield Greenwich e Tremont Partners, cujos fundadores o conheciam. Agora, pessoas que nunca haviam ouvido falar em Bernie Madoff estavam ligando seus destinos ao dele porque confiavam nos bancos gigantescos que vendiam os complicados contratos, bancos cujos diretores executivos provavelmente tampouco haviam ouvido falar de Madoff.

O MUNDO DE MADOFF

Ler as letras miúdas desses derivativos com o cinismo do retrospecto torna a confiança dos investidores bastante notável. Advogados trabalharam durante muito tempo nos complicados contratos para proteger os interesses dos bancos e protegê-los dos riscos. Os investidores eram avisados repetidamente de que deviam estar preparados para perder *todo o dinheiro* que haviam investido.

Nos termos finais do contrato vendido pelo JPMorgan Chase em dezembro de 2006, alguma variação da palavra *risco* é empregada 139 vezes. Um desses trechos diz o seguinte:

> Possibilidade de Fraude e Má Conduta: há o risco de que o gestor do fundo ou um fundo hedge possa desviar os ativos ou se evadir com eles, falhar em seguir as estratégias de investimento acordadas, fornecer falsos relatórios de operações ou se engajar em outras condutas inadequadas.

Em outras palavras, *caveat emptor*: comprador, cuidado.

É claro, avisos similares estavam espalhados pela documentação de praticamente todo fundo hedge no mercado. Pelo visto, pessoas que haviam investido muito mais do que podiam perder não acreditavam de verdade que poderiam perder tudo. Além disso, todos aqueles espertos gestores que cuidavam dos fundos estavam fazendo avaliações de risco que detectariam fraudes, certo?

A noção inerente a esses avisos — a de que você pagava pelos lucros mais altos dos fundos hedge assumindo riscos muito maiores — aparentemente era desconsiderada como jargão legal. Ninguém perdia o sono por causa disso.

A manobra final que Bernie Madoff usou para retirar o esquema Ponzi da queda de novembro de 2005 foi aumentar substancialmente as taxas de retorno que seus fundos feeder podiam oferecer, tornando-os mais atraentes para os investidores. O retorno do fundo Fairfield Sentry em 2006, por exemplo, era quase um terço mais alto que seus resultados em 2005.[54] Foi uma aposta corajosa. Se Madoff tivesse apostado errado sobre onde estavam os investidores em sua jornada perpétua entre o medo e a cobiça,

234 O MAGO DAS MENTIRAS

a iniciativa poderia ter sido desastrosa — se as retiradas continuassem, a taxa mais alta instantaneamente aceleraria a evaporação de seu dinheiro.

Mas o cenário financeiro no início de 2007 tornou esse risco menos preocupante. Os valores dos imóveis estavam subindo havia anos e parecia que subiriam para sempre. O índice S&P 500 quase recuperara o terreno que perdera após o colapso das ações de tecnologia em 2000. Mesmo o surrado índice composto da NASDAQ estava de volta aos níveis de janeiro de 1999, antes que a última lufada de ar saísse da bolha da internet. A desregulamentação financeira ainda parecia uma excelente ideia. Assim como toda a criativa engenharia financeira que produziu as notas derivativas do fundo Fairfield Sentry e os incontáveis outros complexos derivativos que estavam sendo adotados por investidores institucionais em toda parte.

Assim, parecia que Madoff apostara corretamente ao subir suas taxas. Os investidores ainda estavam mais interessados em lucros que em segurança. E, é claro, seus investidores — fossem gestores de fundos hedge ou aposentados, economistas de destaque ou atrasados sindicatos industriais — se convenceram de que, com Bernie Madoff, conseguiriam ambos.

*

Por baixo da superfície da atenção pública, as coisas já estavam desabando no fim do verão de 2007 — para Madoff e para a nação.

No reino de Madoff, os banqueiros e gestores de fundos hedge, embora agindo de maneira discreta, estavam cada vez mais desconfiados de seus segredos e resultados constantes. A proliferação de investidores em seus fundos hedge e a construção de todos aqueles complexos derivativos haviam aumentado a atenção que recebia dos círculos bancários. Certas equipes bancárias de avaliação de riscos estavam preocupadas com o que descobriam — e não descobriam — em suas visitas aos gestores de seus vários fundos feeder. Em 2007, executivos de um banco gigantesco que atendia clientes de seu fundo hedge procuravam maneiras de se eximir legalmente de qualquer responsabilidade se o que quer que Madoff estivesse fazendo terminasse mal.

O MUNDO DE MADOFF 235

Mesmo o banco de Madoff, o JPMorgan Chase, estava começando a ter suspeitas — ao menos alguns de seus executivos estavam. Em 15 de junho de 2007, o principal executivo de gerenciamento de riscos do banco de investimentos do Chase enviou um e-mail para os colegas durante a hora do almoço: "Pelo que quer que isso valha", escreveu ele, "estive almoçando com [outro executivo sênior do Chase] e ele acabou de me dizer que há uma nuvem negra sobre a cabeça de Madoff e especula-se que seus retornos façam parte de um esquema Ponzi".[55] Felizmente para o esquema, os executivos de varejo do Chase não haviam aumentado nem seu escrutínio nem seu ceticismo, e Madoff ainda era capaz de movimentar bilhões de dólares em suas contas, sem que ninguém fizesse perguntas. Mas as dúvidas sussurradas sobre ele estavam ficando mais altas a cada dia.

No cenário mais amplo, as fundações sob o castelo de cartas de Wall Street começavam a estremecer. O atraso no pagamento das hipotecas estava aumentando e os derivativos baseados em hipotecas estavam enfraquecendo. Bancos e analistas de Wall Street se preocupavam com as dívidas de uma multidão de seguradoras e fundos hedge que haviam investido pesadamente nesses derivativos.

Ainda que os investidores mais civilizados do mercado de ações ainda não vissem razão para alarme, será que Bernie Madoff, que era capaz de "sentir o mercado", percebeu quão fragmentária se tornara a situação? Será que ouviu os sussurros cada vez mais incrédulos e suspeitou de que seu tempo estava acabando?

Talvez. Por qualquer razão, 2007 foi seu ano de viver de maneira extravagante, como os reis dos fundos feeder cujos estilos de vida opulentos e compras milionárias ele ajudara a tornar possíveis. Em março, recebeu um jato fabricado no Brasil sob encomenda e decorado, como seu escritório, em tons de preto e cinza. O plano era fretar o jatinho para financiar o custo — US$ 24 milhões divididos entre ele e um coproprietário —, mas, mesmo assim, tornava luxuosas as viagens da família. Em junho, um novo iate de US$ 7 milhões foi entregue em um ancoradouro perto de sua casa, em Cap d'Antibes, no sul da França. Essa brilhante e branca adição a sua armada era um aerodinâmico "superiate" Leopard de quase 88 pés, com três cabines para hóspedes, todas com banheiro privativo, e três beliches para a tripulação. Na primavera, compareceu a uma série de dispendiosos eventos de caridade — em uma mesa de US$ 50 mil aqui e outra de US$ 25 mil ali, em seu smoking inglês feito à mão, ele sorria um pouco e bebia sua Diet Coke.

Ele entreteve uma parada cosmopolita de visitantes no Edifício Lipstick: Manuel Echevarria, dos fundos Optimal do Banco Santander; Patrick Littaye, da Access International; e Carlo Grosso, o italiano baseado em Londres que geria os fundos Kingate, um de seus primeiros fundos feeder. As coisas ainda pareciam boas e as vendas continuavam firmes.

Na primavera, compareceu a um evento na Universidade Hofstra para homenagear Frank G. Zarb, um veterano de Wall Street que fora recrutado para retirar a NASD do escândalo de fixação de preços em 1994 e cruzara espadas com Madoff em algumas batalhas regulatórias.

Os anfitriões não estavam certos de que Madoff compareceria; embora fosse aluno da Hofstra, dera muito pouco à universidade, focando sua filantropia em outras instituições. Mas ele compareceu e, em certo momento da noite, abordou o presidente da Hofstra e conversou sobre uma doação de US$ 1 milhão.[56]

Sua família, é claro, também aproveitava a fortuna crescente; por que não partilhariam de seu óbvio sucesso? Peter Madoff e os filhos de Madoff podiam saber que o negócio de criação de mercados estava reduzido a margens minúsculas de lucro. Os ganhos da mesa de operações eram bons, mas flutuavam com os mercados. No entanto, cada vez mais essas fontes de renda pareciam menores em comparação com o dinheiro supostamente sendo gerado no negócio de fundos hedge. Como todos sabiam, isso era verdade em muitas empresas de Wall Street naquela época.

Durante anos, enquanto o negócio de fundos hedge de Madoff crescia, a corretora suportara o estilo de vida cada vez mais sofisticado da família. Nos ainda nebulosos dias do início de 2007, podia parecer que seria sempre assim.

Em 2007, Madoff dobrou o salário anual de Frank DiPascali de US$ 2 milhões para um pouco mais de US$ 4 milhões, um belo contracheque para

O MUNDO DE MADOFF

o prestativo aluno do Ensino Médio do Queens.[57] Não era sua única fonte de renda. Desde 2002, ele retirara cerca de US$ 5 milhões diretamente da conta bancária que Madoff mantinha para o esquema Ponzi, falsificando a documentação para que parecesse legítima. Usara parte do dinheiro para comprar um novo barco de pesca de 61 pés e encher sua casa em Nova Jersey com brinquedos que iam de uma mesa de bilhar a uma brilhante máquina vermelha de pipoca.[58] Mas não partilhou essas boas notícias com o Internal Revenue Service. Não fez declarações de renda entre 2002 e 2006,[59] talvez porque estivesse ocupado demais com a papelada do esquema Ponzi. Também não faria em 2007.

Sua colega Annette Bongiorno, que trabalhara principalmente na Flórida durante a última década e realizava tarefas administrativas para Madoff havia quase trinta anos, viu salário e bônus triplicarem em 2007, de US$ 202.200 para US$ 624 mil. Os promotores mais tarde a acusariam de participar da fraude, afirmando que criara extratos falsos para os maiores investidores individuais de Madoff. Ela negou enfaticamente a acusação e seria levada a julgamento em 2011.*[60]

Em meados de maio, Bernie e Ruth foram para o sul da França, onde relaxariam em sua pequena vila durante quase dois meses. Eles jogaram golfe em vários campos perto do Mediterrâneo, fizeram excitantes passeios com o novo iate e se acomodaram ao gracioso ritmo de um verão francês.

No outono, Madoff compareceu ao casamento da sobrinha Shana com Eric Swanson, ex-advogado da SEC. Enquanto Swanson estava na SEC — mas antes de começar a namorar a sobrinha de Madoff —, ele supervisionara uma das errôneas inspeções da corretora. Uma investigação posterior conduzida pelo inspetor-geral da SEC concluiu que, embora o relacionamento parecesse um conflito de interesses, não havia evidências de que tivera qualquer impacto sobre as imprudentes decisões que haviam marcado a inspeção.[61] De qualquer maneira, Madoff mais tarde diria que nem sequer sabia que Shana estava namorando um advogado da SEC até pouco antes do casamento — Peter não quisera contar, disse ele.[62]

---

* No fim de 2014, Annette Bongiorno foi sentenciada a seis anos de prisão. [N. do E.]

Como sempre, Madoff era o "banco" da família e do staff. Ele emprestou dinheiro a Shana para que investisse na companhia de energia que ela e Andrew estavam montando. Fez empréstimos aos filhos e a vários funcionários. Concordou em emprestar US$ 9 milhões ao ainda enlutado irmão e começou a planejar um presente especial para ele: um antigo Aston-Martin, como o dos primeiros filmes de James Bond, a ser entregue na primavera de 2008.

E, em 20 de outubro de 2007, prestou um favor a Frank Levy, filho do falecido Norman Levy, ao fazer parte de um painel do Centro Philoctetes que o jovem ajudara a fundar em 2003.[63] O tópico era "O futuro do mercado de ações", e Bernie Madoff se apresentou com brilhantismo.

"Vocês precisam entender que Wall Street é uma grande guerra por território", disse ele. "[...] Ao beneficiar uma pessoa, você está prejudicando outra."[64]

E não se deve esquecer que é um negócio em busca de lucro — um fato "que os reguladores às vezes perdem de vista, assim como os acadêmicos", continuou.[65] "Em todos os aspectos, a pessoa que está comprando um lote de ações está convencida de que sabe algo que a pessoa que está vendendo o lote não sabe."

Madoff explicou de maneira convincente as forças que a automação havia liberado em Wall Street. "Wall Street — para que vocês compreendam sua escala — é uma das poucas indústrias na qual, do ponto de vista do cliente, o custo de fazer negócios caiu drasticamente, em termos de comissão. E, mesmo assim, do ponto de vista da indústria, o custo de fazer negócios subiu drasticamente. O custo da regulação subiu drasticamente."[66]

Ele riu e deu de ombros. "Mas ninguém montará uma fundação filantrópica para Wall Street", continuou.[67] "E, sempre que vou a Washington, e me reúno com a SEC e reclamo que a indústria está regulada demais ou que o ônus é grande demais, eles reviram os olhos — assim como fazem nossos filhos quando começamos a falar dos bons e velhos tempos."

Respondendo a uma pergunta sobre como as empresas estavam sobrevivendo, disse: "Hoje, ganha-se dinheiro em Wall Street basicamente assumindo riscos.[68] As empresas foram levadas a esses negócios, incluindo a

O MUNDO DE MADOFF

nossa, porque não é possível ganhar dinheiro apenas cobrando comissões." Negociar para suas próprias contas — "é aí que elas ganham dinheiro".

Também discutiu a questão da criminalidade em Wall Street. "Em geral, no ambiente regulatório de hoje, é praticamente impossível violar as regras", disse.[69] "Isso é algo que o público realmente não entende. Se lê algo nos jornais ou vê alguém violando uma regra, você diz 'Bem, eles estão sempre fazendo isso'. Mas é impossível que uma violação não seja detectada, certamente não por um período considerável de tempo."

Enquanto falava, quase exatamente dois anos depois de seu esquema Ponzi ficar à beira da exposição, ele estava no auge de um dos mais atordoantes crimes da história das finanças. Por uma estimativa, mais de US$ 12 bilhões de todo o mundo haviam sido despejados no esquema somente nos 24 meses anteriores — e, nos doze meses seguintes, quase todo esse dinheiro iria embora novamente, trincando, por fim, a fachada que ele mantivera com tanto sucesso durante tanto tempo.

10

O ANO DE VIVER PERIGOSAMENTE

QUARTA-FEIRA, 12 DE DEZEMBRO DE 2007

Hoje é o primeiro dia do último ano da épica fraude de Bernie Madoff.

Já está pronta a documentação para um empréstimo sem garantias de US$ 9 milhões para Peter Madoff, cujos títulos na corretora agora incluem diretor sênior de gestão, diretor de conformidade, chefe do departamento de opções e (há alguns anos) diretor de conformidade do negócio de gestão privada de ativos que Bernie opera no 17º andar.[1]

Mas a empresa é casual sobre títulos — Bernie parece inventá-los quando necessário. O título primário de Peter sempre foi "irmão de Bernie". E seu último empréstimo, para financiar um investimento em imóveis, reflete essa realidade. A ser pago em cinco anos, ele inclui uma taxa de juros de 4,13% ao ano, muito baixa quando se considera o desconforto que assola os mercados de crédito.[2]

Na maioria das grandes empresas de hoje, a solicitação de um executivo por um empréstimo interno de US$ 9 milhões com juros baixos seria fria e firmemente negada como "inapropriada". Embora o mercado de ações pareça saudável, os mercados de crédito vêm se deteriorando

242 O MAGO DAS MENTIRAS

desde o último verão. O mercado imobiliário começa a azedar. Riscos ignorados há apenas um ano começam a parecer maiores na mente do mercado. Mesmo assim, funcionários de longa data da corretora de Bernie Madoff não têm problemas em conseguir dinheiro quando precisam dele. Bernie raramente diz não.

Mas esse empréstimo para Peter — como todos os empréstimos internos que vieram antes e os que serão concedidos nos meses seguintes — está sugando dinheiro de que Bernie Madoff precisará quando a agitação sem precedentes que se aproxima de Wall Street finalmente chegar.

Hoje à noite é a festa de fim de ano da corretora e os funcionários estão aproveitando as margaritas e a cerveja mexicana no Rosa Mexicano, um popular bistrô na First Avenue, a alguns quarteirões do escritório.[3] É a primeira vez que a festa acontece aqui. A do ano passado foi em um popular clube noturno chamado Au Bar, com música alta e dançante. Esse ambiente parece mais compatível com o confortável estilo de festa familiar da corretora.

Ruth Madoff aplaude a mudança.

— Faça imediatamente as reservas para o ano que vem — diz ela a um funcionário, com uma risada feliz.

A festa é quase uma reunião familiar. Para além de sua própria família, os funcionários de Madoff trabalham com seus pais, primos, sobrinhos, enteados e mesmo vizinhos. Alguns deles — especialmente o staff do 17º andar — foram contratados assim que saíram do Ensino Médio e jamais trabalharam em outro lugar.

Os corretores podem brincar sobre a exigência quase obsessiva de Madoff de que mantenham as mesas organizadas e limpas e podem revirar os olhos para seu humor grosseiro, mas a corretora parece um excelente lugar para se trabalhar. Além de ser generoso com os empréstimos internos, ele também administra muito do dinheiro que seus familiares e outros funcionários acumularam: remunerações diferidas e aposentadorias. Embora seja irritadiço e reservado sobre o assunto, todos sabem que fundos hedge gigantescos e indivíduos muito ricos estão constantemente competindo

O ANO DE VIVER PERIGOSAMENTE

para conseguir que ele gerencie seu dinheiro. Os funcionários se sentem afortunados por Madoff também estar cuidando deles.

Pode haver um traço de inquietação no ar. Os corretores trocam piadas com corretores de outras grandes instituições de Wall Street e, ultimamente, por trás das risadas, todos ouvem os débeis estrondos da tempestade que se aproxima.

Talvez eles se sintam reconfortados ao saber que Bernie Madoff já viu tempo ruim antes — dos trêmulos mercados logo após os ataques terroristas em 2001 até o excesso de documentos incompletos que quase sufocaram Wall Street no fim dos anos 1960. Ele viu tudo e sobreviveu a tudo.

QUARTA-FEIRA, 23 DE JANEIRO DE 2008

Na agenda de Madoff, a noite pertence ao New York City Center, a inovadora instituição cultural que ele e Ruth apoiam há anos e de cujo conselho ele participa há mais de uma década.[4] O centro está apresentando um de seus populares espetáculos "Encores!", um show de tango perfeitamente adequado ao auditório de estilo distintamente mouro na West 55th Street. O dilapidado edifício, construído como templo Shriners em 1923, precisa de muito trabalho de renovação e uma grande campanha de arrecadação de fundos já está sendo planejada.

Quando Ruth e Bernie assumem seus lugares, a crescente ansiedade de Wall Street sobre a recessão que se aproxima provavelmente parece uma distração distante. Madoff tem ao menos US$ 5 bilhões no banco para sustentar o esquema Ponzi, dos quais pequenas parcelas foram enviadas pelas pessoas sentadas em torno dele no auditório e grandes fatias depositadas por sua clientela global de fundos hedge.

Em teoria, essa garantia deveria ser suficiente mesmo durante uma grave recessão. Mas os fundos hedge colidem com as tendências, saem em debandada novamente e mudam bruscamente de direção como uma ma-

244 O MAGO DAS MENTIRAS

nada de animais selvagens. Se entrarem em pânico durante uma trovoada econômica, Madoff terá sorte se conseguir não ser pisoteado.

E, se ele cair, muitos dos ricos doadores dos quais o City Center depende cairão com ele.

Quinta-feira, 14 de fevereiro de 2008

Bernie Madoff pega um voo noturno para Palm Beach, onde vivem centenas de seus investidores.[5] Entre eles está Carl Shapiro, o empreendedor aposentado da indústria de vestuário que é seu cliente desde a década de 1960. Shapiro está celebrando seu 95º aniversário com um baile de gala organizado pelas filhas. Os Madoff foram convidados.

A festa na noite seguinte é um evento deslumbrante, mesmo para Palm Beach. Há braçadas de orquídeas, torres de rosas, e caviar e champanhe em atordoante abundância. A colunista Shannon Donnelly, a principal observadora de celebridades de Palm Beach, trabalha para registrar os detalhes, como o comovente momento em que Shapiro pega o microfone para fazer uma serenata para a mulher, com quem é casado há quase setenta anos.[6]

Donnelly registra quarenta nomes socialmente notáveis entre os convidados, incluindo o dono do time de futebol americano New England Patriots e um conhecido financista de Chicago. Ela não menciona Bernie e Ruth Madoff — seus nomes estão quase totalmente ausentes dos arquivos sociais de Palm Beach, mesmo eles sendo donos de uma casa na minúscula e rica ilha durante quase quinze anos.

Muitos dos convidados que serão mencionados na coluna de Donnelly são clientes de Madoff. Isso não quer dizer que confiem nele — se o conhecessem, provavelmente sentiriam a quase obsessiva reserva que mantém a maioria das pessoas a distância. Mas acreditam em Carl Shapiro e ele claramente acredita em Madoff. Como alguém poderia duvidar do julgamento de Carl Shapiro?

A festa de aniversário é um grande sucesso. Após uma discreta conversa com Shapiro, Bernie e Ruth se despedem e saem para a noite suave de Palm

O ANO DE VIVER PERIGOSAMENTE

Beach, para a breve viagem através do campo de golfe do Hotel Breakers e do Royal Poinciana Way, ladeado por palmeiras, até sua casa em North Lake Way.

Uma intrincada figueira-de-bengala quase obscurece a frente da casa, lançando sombras sobre a entrada e espalhando folhas pelas estreitas sacadas do segundo andar. A casa é enganosamente grande, estendendo-se profundamente atrás de sua modesta fachada. Pelos padrões locais, não é luxuosa — certamente é menos grandiosa que a casa de Peter Madoff, em estilo château, e não se compara à mansão de US$ 33 milhões do cliente de longa data de Bernie, Jeffry Picower, perto da extremidade sul da ilha.

Para os padrões de Palm Beach, Bernie e Peter Madoff são recém--chegados. Mas Shapiro e a família confiam em Madoff — Bernie citou o genro de Shapiro, Robert Jaffe, como referência durante a bem-sucedida candidatura para o Palm Beach Country Club.[7] Pouco tempo depois, dezenas de membros multimilionários do clube estariam procurando uma chance de conhecer Bernie e investir com ele.

O que eles não sabem é que Madoff cresceu mais do que qualquer um deles pode imaginar. Se os fundos hedge ficarem com ele, não precisará dos amáveis convidados que se reuniram esta noite para a celebração de Carl Shapiro. E, se os fundos hedge o abandonarem, há pouco que mesmo Shapiro possa fazer para salvá-lo, não importa quão disposto e confiante possa ser.

QUINTA-FEIRA, 21 DE FEVEREIRO DE 2008

Bernie Madoff recebe o executivo de um banco inglês em seu escritório no 19º andar. Ele trabalha em Londres para o HSBC, que cuida da parte administrativa de um conjunto cada vez maior de fundos hedge globais, incluindo vários que fazem negócios com Madoff.

Não é uma visita social. Algumas unidades do HSBC recomendam fundos feeder de Madoff para seus clientes há anos, começando com o Fairfield Sentry em 1999.[8] Alguns fundos hedge offshore do banco investem com ele e confiam em sua corretora para garantir a custódia de seus ativos.

246 O MAGO DAS MENTIRAS

Legalmente, isso o transforma em "subcurador" dos fundos, uma vez que o HSBC cobra taxas como curador oficial. Por mais que todos confiem na reputação de Madoff, esse é um arranjo pouco comum, especialmente com o mundo em tal humor instável.

O executivo precisa responder a uma pergunta muito simples: os títulos que os fundos hedge deixaram em sua custódia estão realmente lá?

Não estão, é claro. Madoff sabe disso — e, a essa altura, há rumores suficientes sobre ele na comunidade de fundos hedge para sugerir que ele já sabe que os outros estão começando a suspeitar.

Mesmo no HSBC, há céticos. Já em 2001, alguns executivos do banco expressaram dúvidas sobre ele.[9] Em setembro de 2005, o banco pediu a um grande escritório de contabilidade, o KPMG, que revisasse os "riscos operacionais" de seus negócios. Quando o relatório chegou, no início de 2006, incluía uma assustadora lista do que poderia dar errado, de transações inadequadas a fraudes.[10] Mas, a despeito das advertências e de algumas dúvidas internas, o banco aparentemente sentiu que a impecável reputação de Madoff e sua posição junto aos reguladores do mercado faziam tais pesadelos parecerem remotos.

Mesmo assim, no mês que vem, o banco pedirá ao KPMG uma nova avaliação dos riscos de fazer negócios com Madoff.[11] Talvez o executivo tenha vindo para dizer isso. Ou talvez a avaliação seja ordenada como resultado da visita de hoje.

A despeito desse renovado escrutínio, o HSBC continuará a fornecer serviços administrativos e de custódia para os fundos que negociam com Madoff por mais dez meses.

SEXTA-FEIRA, 14 DE MARÇO DE 2008

Depois que o mercado cambaleia para seu suado fechamento no dia de hoje, colegas veem Marcia Beth Cohn subir a escadaria oval até o 19º andar e se jogar na cadeira da secretária, perto do escritório de paredes de vidro de Bernie Madoff. Ela é uma mulher atlética e esguia, de cabe-

O ANO DE VIVER PERIGOSAMENTE

los ruivos bem curtos. Ela gira a cadeira na direção de Madoff, que está próximo, e pergunta, com um sorriso trêmulo:

— Ó, sábio, o que será de nós?

Mais cedo no dia de hoje, o Federal Reserve concedeu uma linha de crédito emergencial para o Bear Stearns, que foi pego em uma antiquada "corrida ao banco". Foi a primeira vez na história que o Fed, um banco regulador, interveio para resgatar uma corretora. Rumores de perdas não reconhecidas com hipotecas também estão abalando a fé das pessoas em outras empresas gigantescas de Wall Street — as ações da Morgan Stanley e do Lehman Brothers foram pegas na corrente que derrubou os preços do Bear pela metade. O Dow Jones fechou perto dos 200 pontos.

Provavelmente não há nenhuma corretora em Wall Street com laços mais estreitos com Madoff que o Bear Stearns. Ele é cliente de sua mesa de operações há anos. Bernie e Ruth têm bons amigos entre seus principais executivos. Quando a divisão de Wall Street do Comitê Judaico Americano homenageou Madoff durante um evento de arrecadação de fundos no Harmonie Club em 1999, o anfitrião da recepção foi o presidente do Bear Stearns, Alan C. Greensberg.[12]

Para Marcia Beth Cohn, todavia, a ameaça é mais que acadêmica. Ela é presidente da Cohmad Securities, a minúscula corretora que divide o escritório com a empresa de Madoff, mas compensa seu pequeno volume de ações no Bear Stearns. A despeito de seu tom irônico, ela parece genuinamente assustada. E se alguma ordem de seus clientes for pega no colapso do banco de investimentos?

É um dia para assustar qualquer um, mas Madoff está calmo como sempre. Ele faz ao pequeno grupo em torno dela uma breve e reconfortante palestra sobre a rede de segurança que protege as contas dos clientes em Wall Street. Está confiante de que o Bear Stearns se recuperará assim que o pânico ceder.

Mas os reguladores federais já estão tentando encontrar um comprador para a corretora antes que os mercados asiáticos abram na noite de domingo.

248   O MAGO DAS MENTIRAS

No último momento, o JPMorgan Chase concordará em comprá-la, após receber a promessa de substanciais empréstimos do Fed. Mas oferecerá apenas US$ 2 por cota — para ações que fecharam a US$ 30 hoje.

O banco aumentará a oferta, mas o dano já terá sido feito. Os investidores abandonarão o setor financeiro, temendo que falências consideradas impensáveis já não o sejam. Deste fim de semana em diante, os fundos de pensão e outros investidores institucionais exigirão mais informações sobre os bancos e corretoras com que negociam.[13] Mais perguntas serão feitas a Madoff, mais respostas serão exigidas e mais retiradas nervosas serão solicitadas.

É um dia ansioso e ligeiramente aterrorizante, mas as coisas não estão nem de perto tão ruins quanto ficarão. De fato, isso tudo é só um prólogo.

SEXTA-FEIRA, 25 DE ABRIL DE 2008

Um sócio do Grupo Fairfield Greenwich, um dos primeiros e maiores investidores em fundos hedge de Madoff, está estudando a velocidade com que o dinheiro está saindo de seu principal produto, o fundo Fairfield Sentry, cujos US$ 7 bilhões em ativos estão inteiramente investidos com Madoff. O Fairfield Greenwich se colocou discretamente à venda e o sócio sabe que qualquer comprador sofisticado escrutinará os números para calcular o valor potencial da empresa.

Uma explicação definitivamente será necessária, baseada nos números que o sócio divide hoje, por e-mail, com alguns de seus colegas. As taxas de resgate estão altas — duas vezes a média da indústria de fundos hedge. O sócio pode explicar: "Com [redenções permitidas] mensais com quinze dias de aviso, muitos investidores usam o Sentry como conta corrente."[14] Isso contribui para o apelo do fundo — e para sua vulnerabilidade.

Do lado positivo, Madoff colocou um limite na quantidade de dinheiro que aceitará do Fairfield Greenwich e, assim, os saques lhes permitirão satisfazer investidores excluídos no passado. Do lado negativo, a taxa de saques pode destruir as esperanças do grupo de encontrar um comprador.

O ANO DE VIVER PERIGOSAMENTE

Em um e-mail particular enviado alguns minutos antes, o sócio fora mais franco. O risco de declínio de não substituir o dinheiro sacado "é bastante significativo". Isso reduziria a renda do grupo com taxas de administração e, consequentemente, seu valor para o comprador potencial.

"E, infelizmente", continuou ele, "o risco de alta é limitado pela capacidade na corretora de Madoff, de modo que o custo/benefício é desproporcional — um risco menos óbvio com Madoff que o risco de ele 'quebrar', mas, mesmo assim, um risco real."

Outros fundos hedge, banqueiros privados e indivíduos abastados espalhados pelo mundo haviam investido bilhões de dólares no fundo Fairfield Sentry. Se um dos riscos que esses investidores estão assumindo é o risco de Madoff quebrar, claramente isso não é óbvio para eles.

QUARTA-FEIRA, 14 DE MAIO DE 2008

Bernie Madoff olha interrogativamente para os dois homens que esperam por ele na sala de reuniões do 19º andar desde as 11 horas e, com um gesto, pede que o acompanhem até seu escritório.

— Não sei por que concordei em receber vocês — diz ele. Ele não soa rude, apenas um pouco confuso.[15]

Ele caminha até sua cadeira atrás da mesa enquanto os visitantes, um empresário aposentado de Nova Jersey e seu contador, se ajeitam nas poltronas a sua frente.

O empresário menciona o nome do abastado investidor que fizera as apresentações. Madoff permanece sem expressão, como se não reconhecesse o nome. Ele tem milhares de investidores — mas seus visitantes não sabem disso. Ainda pensam que é um exclusivo e altamente seletivo consultor de investimentos. Afinal, o empresário deu ao menos meia dúzia de telefonemas antes de finalmente conseguir um horário em sua agenda.

— Muito bem, já que vocês estão aqui... — diz Madoff, parecendo relaxar ligeiramente, com o rosto angelical abrindo um amável sorriso. Não tem muito tempo disponível: está partindo no dia seguinte para o sul da França. Eles trocam algumas amenidades sobre seus planos para as férias. Ele não parece com pressa de fechar a venda e não dá nenhum sinal de querer o dinheiro do empresário.

— Você não nasceu em uma família rica, nasceu? — pergunta o empresário subitamente.

Madoff sorri. Ele começa a falar sobre suas origens humildes, a clássica biografia do self-made man, algo que tem em comum com seu visitante.

Finalmente eles passam aos detalhes.

Qual é sua taxa? Não há taxa.

Qual é o investimento mínimo? US$ 5 milhões.

— Não estou preparado para investir tanto assim inicialmente — diz o empresário. Em geral, começa com pequenos investimentos com um novo gestor, esperando bons resultados antes de comprometer a quantia que Madoff requer.

Madoff dá de ombros.

— Você pode investir US$ 2 milhões agora, mas, no fim do ano, terá de acrescentar o restante.

Com isso, o contador percebe que a conversa não chegará a lugar algum e volta sua atenção para o ambiente que o cerca. Não há um único item na mesa — nem mesmo um lápis. Ele nota as várias e caras impressões de Roy Lichtenstein nas paredes, todas variações da figura de um touro, o ícone de Madoff. Observa sua cara camisa e bela gravata, o cabelo prateado curvando-se sobre o colarinho. Madoff realmente parece indiferente ao resultado da reunião.

O empresário continua a fazer perguntas — é seu estilo, como ele pode atestar. Ele empurra e cutuca até receber respostas.

Abruptamente, Madoff assume uma postura mais firme.

— Escute, você faz muitas perguntas. Vamos deixar uma coisa clara: com todo respeito, depois de investir, você não deve me telefonar. Tratará com outra pessoa.

O empresário sorri — o contador sabe que o comentário encerrou qualquer possibilidade de acordo. Talvez fosse o que Madoff pretendia. Por mais que precise do dinheiro do homem, ele não pode se arriscar com aquela insaciável curiosidade. Após mais algumas amenidades, eles se levantam, apertam as mãos e caminham em direção às portas duplas de vidro que levam aos elevadores.

SEXTA-FEIRA, 6 DE JUNHO DE 2008

Hoje a corretora de Madoff envia um cheque de pouco mais de US$ 6 milhões para os advogados que estão processando a compra, por Mark e Stephanie Madoff, de uma nova casa de telhado cinzento na praia de Nantucket.

É uma bela propriedade, maior e mais bem situada que sua antiga casa de férias, que acabaram de vender por US$ 2,3 milhões. Localizada na exclusiva costa sul da ilha, ela tem cinco suítes, um gracioso chalé de hóspedes, piscina, hidromassagem e uma vista de 180 graus de relva, areia e oceano de sua ampla varanda.[16]

Há espaço para sua filha de 2 anos brincar e para os dois filhos mais velhos de Mark, do casamento anterior, o visitarem durante o verão para andar de bicicleta, pescar e jogar.

Talvez não seja prudente deixar Mark pegar tanto dinheiro logo agora. As tendências estão ficando mais preocupantes. Alguns dos importantes fundos feeder estão retirando mais do que estão trazendo. Mesmo o vasto fundo hedge Fairfield Sentry, aquele gigante de US$ 7 bilhões, está perdendo dinheiro.

Mas dizer não a Mark seria quase impossível. Como ele poderia explicar a recusa, após todos esses anos sendo o banco da família? Seus dois filhos vivem como os herdeiros de qualquer gestor de fundos hedge bem-sucedido esperariam viver. Operando no nível que ele pretendeu ter atingido — com muitos bilhões em ativos supostamente investidos com ele, uma rede de

O MAGO DAS MENTIRAS

negócios de milhões de dólares e três casas de veraneio —, como poderia
explicar que simplesmente não é uma boa hora para se desfazer de meros
US$ 6 milhões?

Os Madoff mais jovens fecharão o negócio na segunda-feira, bem a tempo
dos doces meses de verão em Nantucket.

SEXTA-FEIRA, 13 DE JUNHO DE 2008

Não é realmente seu trabalho, mas um consultor financeiro em Boulder, Colorado,[17] sente que deve avisar o Grupo Fairfield Greenwich sobre a negociação
de opções que Madoff fez para o Fairfield Sentry no mês passado. Em primeiro
lugar, ela viola as regras que Madoff deveria estar seguindo ao negociar pelo
fundo. Opções devem ser usadas somente para cobrir posições existentes, não
para gerar lucros independentes. Mas foi exatamente isso que Madoff relatou
estar fazendo no mês passado: ele comprou duas vezes mais contratos de opções
do que suas posições exigiam. De fato, a negociação com esse excesso de opções
respondeu por US$ 95 milhões dos ganhos mensais do fundo.

Algo simplesmente não está certo. Essa não é a primeira vez que o consultor nota que Madoff está "over-hedging", mas é o exemplo mais extremo.

Em um e-mail enviado pela manhã para o diretor de riscos do fundo, o
consultor admite que pode estar passando um pouco dos limites, uma vez
que foi contratado meramente para inventariar as transações, "sem fornecer
comentários editoriais". Contudo, "devo mencionar que achei incomuns e
difíceis de explicar as negociações com opções no mês de maio e o encorajo
a investigá-las mais detalhadamente".

O diretor de riscos respondeu um pouco mais tarde, dizendo que ele
também achava "a atividade de algum modo anormal". Mas ele tem duas
semanas de viagens pela frente e então concordam em discutir as negociações
durante uma teleconferência, mais tarde neste mês.

Durante a conferência, o consultor exporá seu medo fundamental.
Mesmo um corretor habilidoso como Madoff não pode acabar no lado
vencedor de cada negociação de opções e, desse modo, há o risco de que

O ANO DE VIVER PERIGOSAMENTE

ele esteja retroagindo suas negociações para falsificar lucros. Alguém precisa descobrir quem está negociando com ele. Com ainda mais urgência, alguém precisa verificar se de fato possui todos os ativos que supostamente comprou para os fundos do Fairfield Greenwich.

É provável que haja uma explicação simples para todas as negociações de opções; o mais provável é que fossem as únicas transações fictícias que Madoff pôde inventar para explicar como ganhou dinheiro quando todo o mercado estava em baixa. Mas a jogada foi desajeitada — e muito óbvia. Talvez ele se pergunte por que ninguém do Fairfield Greenwich telefonou para tratar do assunto, mas ninguém jamais o fez.

TERÇA-FEIRA, 15 DE JULHO DE 2008

Bernie Madoff está recebendo quatro visitantes da Flórida — e sabe que essa reunião pode lhe custar até US$ 33 milhões.[18]

Três dos visitantes estão associados à MorseLife Foundation, em West Palm Beach, que opera um dos melhores centros de atendimento à terceira idade da dourada Costa Leste da Flórida. O quarto é um planejador financeiro no escritório de West Palm Beach do Merrill Lynch que recentemente expressou algumas dúvidas para o conselho da fundação sobre seu investimento com Madoff. Sua preocupação específica é que a fundação está colocando muitos de seus ovos em uma única cesta. Na primavera, ele recomendou retirar parte do dinheiro investido com Madoff e aplicá-lo em outro lugar.

A MorseLife Foundation, cujo conselho é dominado pelo mesmo tipo de abastado judeu filantropo que Madoff cultivou por toda parte, abriu uma conta com ele em 1995. Desde então, investiu mais de US$ 11 milhões e jamais fez uma retirada. Nesse dia quente de verão, os visitantes acreditam que a fundação tem cerca de US$ 33 milhões nessa conta, representando quase 60% de sua dotação total.

Não há nada na conta, é claro. É apenas outra pequena tubulação na imensa empreitada criminosa de Madoff. Mas, se a MorseLife pedir parte do dinheiro, ele terá de fazer um cheque — reduzindo ainda mais o montante que está mantendo a fraude em operação.

Ele está preso em um ambiente de mercado cada vez mais perigoso. Nesta semana, as ações da outrora inexpugnável gigante das hipotecas Fannie Mae estão em queda livre. Madoff sabe que alguns de seus grandes e nervosos clientes, os fundos hedge, em breve pedirão seus bilhões de volta. Mas dotações estáveis e de longo prazo como a da MorseLife foram seu arroz com feijão durante anos. Suas preocupações aumentarão muito se elas também começarem a retirar o dinheiro.

Sem dúvida, está determinado a seduzir o homem do Merrill Lynch.

Está relaxado e calmo, como sempre, e claramente consegue reassegurar aos visitantes sua garantida e conservadora estratégia de "conversion split-strike". Logo após a reunião, o executivo do Merrill irá reverter sua posição e aceitar que a fundação continue a investir com Madoff.

Mesmo assim, foi uma vitória funesta. Há não muito tempo, a questão sobre se a fundação deveria permanecer jamais teria surgido, muito menos chegado à agenda de Bernie Madoff.

QUARTA-FEIRA, 20 DE AGOSTO DE 2008

Há um forte cheiro de preocupação no tráfego de e-mails de hoje no Grupo Fairfield Greenwich. Investidores nervosos e potenciais clientes estão pressionando por respostas sobre Madoff — na verdade, um cliente está retirando US$ 74,5 milhões do fundo Sentry especificamente por causa de seus temores em relação a ele.[19] E funcionários do HSBC estão fazendo perguntas como parte de uma análise de riscos operacional do fundo Sentry.

Mesmo após anos de avaliações, o diretor de riscos do Fairfield Greenwich, Amit Vijayvergiya, reconheceu em um e-mail de ontem que "há certos aspectos da operação BLM que permanecem pouco claros" para ele e seus colegas.[20] Eles estão tentando responder às perguntas do HSBC, ainda totalmente focadas em Madoff.

A raiz de todas essas preocupações é o risco da contrapartida. Mesmo instituições confiantes sobre sua própria riqueza sabem que podem ser derrubadas pela falência de uma instituição do outro lado de uma negociação ou do lado recebedor de um empréstimo. Há um temeroso burburinho em Wall Street sobre Lehman Brothers e Morgan Stanley. Essas preocupações podem se tornar profecias autorrealizáveis — se as contrapartes temem Lehman ou Morgan, podem se recusar a negociar ou a emprestar, assegurando o próprio fracasso que temem.

Confiança — tudo se resume à confiança.

Em uma de suas curtas mensagens de hoje, Vijayvergiya lembra ao Comitê de Avaliação de Riscos do grupo que "a maior exposição ao risco de contrapartida que temos no FGG"[21] é Bernard L. Madoff. "Acho que a maior pergunta é se o grupo de risco está confortável com o risco de contrapartida de BLM."

Ele costumava estar. Ainda está?

DOMINGO, 7 DE SETEMBRO DE 2008

O clima está quente e úmido, mas um suave vento oeste torna a costa de Long Island um pouco mais confortável. A agenda de Bernie Madoff mostra que seu filho Andrew e seus netos passarão o fim de semana com ele e Ruth na casa de praia em Montauk.

Qualquer um que saia da praia e ligue a televisão hoje verá notícias quase impensáveis: o governo federal está assumindo o controle da Fannie Mae e da Freddie Mac, as duas maiores companhias financiadoras de hipotecas do país. O resgate é obra do secretário do Tesouro, Henry Paulson, e afirma-se que o preço é de mais de US$ 25 bilhões.

A alternativa poderia ser muito mais cara. A Fannie Mae e a Freddie Mac emitiram bilhões de dólares em títulos de dívida negociados publicamente e garantidos por hipotecas. Os temores sobre a qualidade desses empréstimos estão afastando os investidores dos mercados de crédito, e o dinheiro para financiar novas hipotecas está secando.

Andrew Madoff certamente sabe que essas notícias irão tumultuar os mercados amanhã, e ele e outros corretores da empresa do pai provavelmente terão um dia difícil.

Em caráter privado, Bernie Madoff sabe que as notícias irão alarmar ainda mais seus investidores institucionais, especialmente os fundos hedge estrangeiros que ele está tosquiando por meio do esquema Ponzi.

Mas ninguém sem uma bola de cristal poderia saber que esse épico resgate — detalhado em grandes manchetes em todos os jornais do dia seguinte e debatido nos programas de televisão como intrusão injustificada e perigosa do governo federal no setor privado — em breve parecerá uma mera nota de rodapé na calamidade que se aproxima de Wall Street.

SEGUNDA-FEIRA, 15 DE SETEMBRO DE 2008

Setembro é a época perfeita para visitar o sul da França. O ar é doce e fresco, os vinhedos cintilam e o mar está vívido e limpo. Bernie e Ruth Madoff e alguns amigos chegaram no jato da companhia antes do fim de semana. Planejam voar para a Itália após alguns dias na pequena casa de estuque dos Madoff, aconchegada na parte traseira de um modesto complexo chamado Château des Pins.[22]

Mas as notícias de Nova York são tão alarmantes que os Madoff e seus convidados provavelmente se agrupam em torno da televisão, ignorando a luz do sol sobre as colinas de Cap d'Antibes.

O Lehman Brothers, um dos nomes mais famosos de Wall Street, pediu falência esta manhã, após um frenético fim de semana de negociações malsucedidas com reguladores e oficiais do governo. Oficiais do Tesouro se recusaram a socorrer a empresa; o Fed não ofereceu apoio financeiro para atrair um comprador. Desta vez — após Bear Stearns, Fannie Mae e Freddie Mac —, não há resgate. É a maior falência da história dos Estados Unidos.

O ANO DE VIVER PERIGOSAMENTE 257

Em poucas horas, há sombrias predições de que outro gigante de Wall Street, a seguradora American International Group, está afundando sob o peso das perdas com derivativos. Tomados pelo medo e procurando capital, executivos do Merrill Lynch correm para um casamento forçado com o Bank of America. O mercado de ações parece estar em uma espiral da morte, e mesmo veteranos experientes de Wall Street estão abalados pelo débil traço de pânico que ouvem nas vozes de clientes, reguladores e comentadores da TV.

— Vamos para casa.

É a decisão do grupo, não apenas de Bernie. Algo profundo no leito de rocha de Wall Street está se partindo e os tremores podem ser sentidos mesmo daqui. Há telefonemas para o aeroporto a fim de preparar o jato. Malas são arrumadas rapidamente. Quando a aeronave chega a sua altitude de cruzeiro, talvez Madoff dê uma última olhada para o charmoso cenário que se afasta debaixo dele.

Ele está voando para a tempestade financeira do século e não sairá mais dela.

TERÇA-FEIRA, 16 DE SETEMBRO DE 2008

O mundo financeiro está cambaleando.

O Lehman Brothers está falido. A venda do Merrill Lynch para o Bank of America é vista como emergencial, e os preços das ações de corretoras e bancos estão oscilando. O mercado caiu assustadores 5% no dia de ontem, enquanto os reguladores decidiam se, e como, resgatariam a AIG, que estava prestes a atrasar o pagamento de suas obrigações baseadas em derivativos para outros gigantescos investidores institucionais em todo o mundo.

O Tesouro anunciou um pacote de resgate para a AIG esta manhã, mas rachaduras inesperadas resultantes do impacto do colapso do Lehman Brothers estão surgindo por toda parte. Hoje, o fundo The Reserve, o mais antigo do mercado monetário da nação, *"breaks the buck"* [algo como "perder o dólar", numa tradução literal] ao relatar um valor patrimonial líquido de menos de US$ 1 por ação. A notícia alimenta o pânico crescente. Se essa falha financeira pode infectar até mesmo fundos monetários supostamente seguros, durante décadas o substituto da conta bancária para a classe média, então não há escapatória.

No Grupo Fairfield Greenwich, cujos abastados investidores há muito pensam em Madoff como uma espécie de plutocrático fundo do mercado monetário, os clientes estão em busca de clareza e conforto.

Hoje o grupo envia aos investidores uma reconfortante carta de Amit Vijayvergiya, seu diretor de riscos.[23] Ele menciona rapidamente que o fundo Sentry não tem exposição ao Lehman, ao Bank of America ou ao Merrill Lynch. "Correntemente", continua ele, a carteira Sentry "está totalmente investida em títulos de curto prazo do Tesouro norte-americano".

Nessa tempestade, não se pode ficar mais seguro que isso. É uma excelente notícia para os investidores do Fairfield Sentry e prova adicional da maestria que Madoff exerce sobre os mercados.

Ou seria, se fosse verdade. Mas não é; apenas meias-verdades baseadas em uma mentira enrolada em um erro.

No dia anterior, em um e-mail para os colegas enviado às 10h55, Vijayvergiya relatou uma conversa que tivera com Frank DiPascali, que estava atendendo os telefones no misterioso 17º andar de Madoff. DiPascali lhe disse que quase 20% do fundo Sentry ainda estavam investidos em ações e opções, a cena do pior morticínio no mercado. E era pouco provável que isso mudasse por um dia ou dois, porque ele e Madoff "não querem vender por fraqueza hoje e estamos procurando uma oportunidade de sair amanhã de manhã ou na quarta-feira".

Em um telefonema feito mais tarde naquela manhã, DiPascali disse que estava "procurando fazer uma saída ordenada no dia seguinte", disse Vijayvergiya aos colegas.[24] Esse dia chegou e a carta tranquilizadora foi enviada, embora não seja precisa: DiPascali não confirmou a "saída ordenada" do mercado altamente desordenado.[25]

O ANO DE VIVER PERIGOSAMENTE

Toda a noção de "saída ordenada" é uma fantasia, claro. Não há nada para sair. Não há ações para vender, títulos do Tesouro para comprar ou estratégias para iniciar. É tudo uma farsa.

É uma mentira que não combinará com o próximo conjunto de mentiras de Madoff e DiPascali. Daqui a alguns dias, o Fairfield Greenwich receberá um extrato desses dias angustiantes. Eles mostrarão que Madoff só chegará ao porto seguro dos títulos do Tesouro na sexta-feira, daqui a três dias.[26] Os extratos são todos falsos, mas um DiPascali cada vez mais frenético aparentemente está perdendo o controle sobre qual mentira conta a quem.[27]

SEGUNDA-FEIRA, 22 DE SETEMBRO DE 2008

Washington é uma grande sala de guerra enquanto reguladores do Federal Reserve, o FDIC [Federal Deposit Insurance Corporation, Corporação Federal de Garantia de Depósitos], o Departamento do Tesouro e a SEC procuram combater o pânico que surge em várias frentes. Tentando interromper a liquidação do mercado de ações, a SEC revive uma medida de emergência que impôs temporariamente em julho. É uma regra que teria prejudicado a habilidade de Madoff de empregar sua complexa estratégia de conversion split-strike — se realmente estivesse tentando empregá-la. A regra proíbe vendas a descoberto de ações financeiras, algumas das quais há muito fazem parte das carteiras de seus fundos feeder.

Em uma troca de e-mails hoje no Fairfield Greenwich, um sócio se preocupa com o impacto da regra sobre Madoff e suas contrapartes, os grandes bancos que supostamente aceitam suas transações com opções. Outro sócio faz uma pergunta mais fundamental: por que os bancos estão dispostos a negociar com Madoff agora que os mercados estão tão perto da paralisia? Seu entendimento é que os bancos "não estão fornecendo capital de risco para ninguém".[28]

260   O MAGO DAS MENTIRAS

Frank DiPascali tentará garantir aos nervosos sócios que as ações financeiras foram retiradas da estratégia e a proibição de vendas a descoberto não será um problema.

Mas a questão-chave permanece. Em meio ao pânico disseminado, por que qualquer banco ainda estaria disposto a negociar bilhões de dólares em opções cada vez mais arriscadas?

A resposta mais óbvia é também a mais impensável: eles não estão.

TERÇA-FEIRA, 23 DE SETEMBRO DE 2008

A agenda de Bernie Madoff mostra uma visita de Sonja Kohn, a fundadora e sócia controladora do Banco Medici, sua butique de investimentos em Viena. A vibrante austríaca costuma navegar pelo domínio privado de Bernie como uma grande duquesa, sorrindo e deliciada em ver todo mundo — há um ar quase celebratório em suas visitas. Kohn conhece Madoff pessoalmente há mais de vinte anos e o relacionamento a tornou rica e respeitada em toda a Europa, um status muito distante do de simples corretora de ações de Wall Street de antes de conhecê-lo.

Muita coisa mudou desde sua última visita, em novembro de 2007. Na época, a rede de fundos feeder do Banco Medici ainda relatava ganhos de investimento. No geral, os fundos ainda eram sólidas fontes de dinheiro para o esquema Ponzi de Madoff. Mas a ansiedade que tomou conta do mercado desde o "fim de semana Lehman" está minando mesmo seus mais impassíveis investidores.

Nenhum deles sabe, mas hoje será a última visita de Sonja Kohn. Não há relato independente do que foi dito dentro do escritório de paredes de vidro — na verdade, de acordo com o administrador judicial, Madoff rotineiramente pedia que todos os registros de seus contatos com Kohn fossem destruídos —, mas o talão de cheques que ele usa para o esquema Ponzi sugere que as notícias são ruins.[29]

O ANO DE VIVER PERIGOSAMENTE   261

Daqui a nove dias, Madoff fará um cheque de US$ 113 milhões para cobrir saques do fundo Herald, o esteio da rede do Banco Medici. Um mês depois, assinará outro cheque para o fundo, na assombrosa quantia de US$ 423 milhões. Mais de meio bilhão de dólares em dinheiro prestes a sair de sua conta bancária, no pior momento possível.[30]

Se essa é a notícia que Sonja Kohn está relatando a seu amigo Bernie Madoff hoje, ele não tem absolutamente nada para celebrar.

QUARTA-FEIRA, 24 DE SETEMBRO DE 2008

O cheque é de US$ 10 milhões.

Para variar, foi assinado para Bernie Madoff, não por ele. Representa os ativos de 35 planos de pensão de sindicatos administrados por um único gestor. Esses pequenos planos de pensão têm sido as vítimas ideais para o esquema Ponzi. O dinheiro flui em uma agenda regular e os pedidos de retirada são pequenos e previsíveis. Os fundos não são tão grandes como os que ele cobiçou outrora, mas seu dinheiro ajuda.

E hoje é extremamente bem-vindo.

Na próxima semana, a Cohmad Securities esperará seu cheque mensal de comissões por apresentar investidores á Madoff — um pagamento de precisamente US$ 214.722,03. Além disso, em seu papel como banqueiro da família, ele prometeu ajudar Andrew a comprar um novo apartamento no Upper East Side, um de apenas doze unidades em um moderno e elegante edifício de sete andares na East 74th Street.[31] A unidade sai por mais de US$ 4 milhões.

É claro que seria mais seguro para Bernie se ele ignorasse o pedido de empréstimo de Andrew e simplesmente depositasse os US$ 10 milhões na conta do esquema Ponzi, que está sendo rapidamente drenada por tensas retiradas dos fundos hedge.

Talvez Madoff tema criar suspeitas demais se subitamente disser não ao filho mais novo após tantos anos de liberalidade — e depois de ter emprestado uma soma ainda maior para a casa em Nantucket que Mark e a mulher compraram em junho. Ou talvez queira que Andrew, o filho que lutou contra o câncer e foi poupado, tenha seu elegante apartamento.

A única coisa que não tem intenção de fazer é investir o cheque de US$ 10 milhões, para que possa gerar dinheiro e cobrir as pensões dos esforçados membros dos sindicatos nos anos que virão.[32] Ele o derrama no rio de dinheiro que nutre sua fraude e beneficia sua família, como fez tantas vezes antes.

Mas certamente ele pode ver que a época de cheia do rio ficou no passado.

QUINTA-FEIRA, 2 DE OUTUBRO DE 2008

O escritório do Fairfield Greenwich, em um andar alto da torre de quarenta andares na East 52nd Street, fica a apenas alguns quarteirões do escritório de Bernie Madoff no Edifício Lipstick. Seria uma caminhada agradável nesse dia fresco e enevoado.

Os três homens percorrendo o caminho — Jeffrey Tucker, Walter Noel e seu colega mais jovem, o conselheiro Mark McKeefry — precisam obter algumas respostas sobre uma estratégia de investimento que parece desafiar a gravidade. Todas as ferramentas em que Madoff se apoia, das ações de primeira linha às opções negociadas em caráter privado, estão envolvidas pelo frio que agora toma conta dos mercados. Nesse clima, quem no mundo estaria disposto a negociar com ele? A pergunta tortura os sócios do grupo há semanas.

Tucker, Noel e McKeefry entram no escritório de Madoff.[33] Frank Di-Pascali se une a eles, vindo do 17º andar; Amit Vijayvergiya participa pelo telefone, talvez de seu escritório em Hamilton, nas Bermudas.

Madoff começa aplicando sua fórmula mágica: exclusividade, confiança, conhecimento magistral. Ele os lembra novamente de que não deveria sequer se submeter a essas sessões de avaliação de riscos, dado o quanto é procurado pelos investidores globais. Menciona que um amigo no JPMorgan Chase lhe pediu que se reunisse com a formidável equipe de avaliação de riscos

O ANO DE VIVER PERIGOSAMENTE

londrina do banco e ele simplesmente recusou. "A mesma coisa uma semana depois", diz ele, parecendo enojado. Ele recusou novamente. Não precisa apertar algumas mãos e mostrar o escritório para um punhado de pessoas.

Ele diz, confiante, que seu negócio de criação de mercados está mais lucrativo do que esteve em vários anos. Madoff ainda tem "acesso à liquidez", diz casualmente, como se o mundo inteiro não estivesse imobilizado pelo pânico. Há muita liquidez lá fora para seus clientes de split-strike conversion e também para seu negócio de criação de mercados. Ele está indo muito bem, apesar do tumulto.

Empregando seu profundo conhecimento da história do mercado, ele explica exatamente como outras empresas de Wall Street se meteram em problemas: com a mudança das sociedades para as corretoras negociadas publicamente, os gestores não têm incentivos para ficar no topo dos negócios. Tudo com que se importam é atingir a estimativa de renda do próximo trimestre. Para fazer isso, empregam produtos exóticos que jamais compreenderam e assumem dívidas em excesso. Ele sabe como evitar essas armadilhas, porque construiu sua corretora do zero.

É Bernie das antigas. Mas não responde às perguntas feitas pelos homens do Fairfield Greenwich.

Madoff simplesmente se recusa a nomear os funcionários da corretora envolvidos na execução da estratégia do fundo Sentry. Ele não discutirá seu plano de sucessão. Não identificará as pessoas cujas assinaturas são necessárias para retirar dinheiro da conta dos clientes. E, ainda mais desapontador, não identificará nenhuma das "grandes instituições" que são contrapartes em suas negociações de opções — "por razões óbvias".

Ninguém o pressiona ou o desafia a explicar por que consegue negociar quando ninguém mais consegue. Ninguém lhe pergunta sobre as inadequadas transações com opções que o consultor do Colorado descobriu na última primavera. Ninguém o pressiona sobre nada, na realidade — mesmo que os e-mails estivessem voando em seu escritório há apenas uma semana, angustiados sobre como Madoff conseguia funcionar quando até mesmo o mercado de moeda estrangeira, um dos mais intensos e ativos do mundo, estava quase imobilizado.

Mesmo assim, Madoff e DiPascali enfatizam calmamente que tudo o que foi discutido hoje deve permanecer confidencial.

Em cartas e e-mails para clientes na próxima semana, os homens do Fairfield Greenwich fornecerão a melhor interpretação dessa visita. Mas, quando saem para o frio de outubro, ainda não têm as respostas de que precisam para enfrentar a crescente onda de ansiedade entre seus investidores — ou a crescente onda de dinheiro saindo do Fairfield Sentry.

QUARTA-FEIRA, 8 DE OUTUBRO DE 2008

Stanley Chais, cliente de Bernie Madoff, está na cidade, vindo de Los Angeles, em seu apartamento na Fifth Avenue com vista para as primeiras pinceladas de cor no Central Park.[34]

Aos 80 anos, Chais ainda é um homem atraente, alto e vigoroso, com um sólido bronzeado, cabelos brancos bem penteados e um elegante bigode de astro do cinema. Mas está cada vez mais debilitado, lutando contra uma rara doença no sangue e, em junho, escreveu aos investidores de suas sociedades para dizer que o filho Mark assumirá a gestão das contas.[35]

As contas de Chais drenaram dinheiro da conta bancária de Madoff durante todo o ano e ontem ele fez outra pequena retirada. Eles têm um longo e aparentemente caloroso relacionamento, mas Madoff se pergunta se Chais suspeita da fraude.[36] Será que está brincando com ele, tendo descoberto que precisa ceder a qualquer demanda de saque para não correr o risco de ser exposto?

Madoff não tem certeza, e certamente não pode perguntar. Mais tarde, Stan Chais negará veementemente saber qualquer coisa sobre a fraude ao fazer as retiradas ou em qualquer momento de seu longo relacionamento.

O cheque que Madoff assinou ontem para ele é minúsculo, se comparado aos milhões de dólares em ativos que suas contas supostamente indicam, uma fortuna que desaparecerá quando a fraude ruir.

O ANO DE VIVER PERIGOSAMENTE

Da perspectiva de Madoff, o dinheiro saindo das contas de Chais é trivial em vista dos valores que ele enviou recentemente para o fundo Kingate Euro, um dos mais antigos fundos feeder offshore.[37]

Não, um cliente como Chais — cujo número de telefone é o primeiro na discagem rápida de Madoff — jamais poderia causar ao vacilante esquema Ponzi os danos que podem ser infligidos por alguns irrequietos fundos hedge internacionais.

Quando o dia claro lentamente se transforma em uma noite enevoada, Bernie Madoff e Stanley Chais se encontram no Fred's, o calidamente iluminado restaurante no 9º andar da elegante loja de departamentos Barney's, na Madison Avenue — apenas dois velhos amigos jantando juntos.

QUINTA-FEIRA, 16 DE OUTUBRO DE 2008

O dia começa mal para Amit Vijayvergiya.[38] O primeiro telefonema que ele recebe é da mesa de derivativos do JPMorgan Chase, um dos bancos globais que criaram e venderam complexos derivativos designados para seguir o desempenho do fundo Fairfield Sentry.

Vijayvergiya ouve enquanto o funcionário do banco faz uma série de perguntas sobre — quem mais? — Bernie Madoff. As questões do banco se tornaram mais frequentes e insistentes, e nada que o Fairfield Greenwich possa dizer parece satisfatório.

Então o banco envia suas solicitações de resgate — são um choque. Um executivo do escritório do Fairfield em Londres estivera trocando e-mails com um contato no banco durante a semana passada, mas os valores discutidos, alguns milhões de euros, eram quase rotineiros. A solicitação de hoje é muito maior que a estimativa original.

Com o súbito pico nas solicitações de resgate do banco e essas perguntas sobre Madoff, algo obviamente está errado. O que aconteceu?

Yanko Della Schiava, o genro italiano de Walter Noel e um dos primeiros agentes de venda para os fundos na Europa, tenta descobrir. Ele telefona para alguns de seus contatos no banco, sem sucesso.

O JPMorgan Chase está se preparando para retirar US$ 250 milhões do fundo Fairfield Sentry, praticamente todo o seu investimento.[39] Também está retirando dinheiro de alguns outros fundos administrados por Madoff e envolvidos com derivativos, incluindo o fundo Herald. O banco claramente está preocupado com mais que o risco de contraparte.

QUINTA-FEIRA, 23 DE OUTUBRO DE 2008

Maurice E. Maertens, diretor de investimento da dotação da Universidade de Nova York, e seu assistente são conduzidos até o escritório de J. Ezra Merkin na torre de granito negro da Park Avenue, 450.[40] O edifício de 33 andares abriga vários fundos hedge, e os escritórios de Merkin no 32° andar são de primeira linha nessa comunidade.

Maertens, durante muito tempo diretor do fundo de pensão da Ford Motor Company, foi atraído para fora da aposentadoria precoce em 1997 pelo comitê de investimento da NYU. Na época a NYU já era uma investidora do fundo Ariel de Merkin, tendo aplicado seus primeiros US$ 20 milhões em janeiro de 1994. Agora seu investimento — que o comitê achava estar sendo gerido por Merkin — supostamente cresceu para mais de US$ 85 milhões.

Durante a reunião de rotina de hoje, Merkin recomenda que a NYU invista diretamente em um fundo gerido por Bernie Madoff. Sim, é verdade que Madoff compensa suas próprias transações — não há uma terceira parte para assumir a custódia dos ativos —, mas ele tem oferecido um bom e constante retorno, ano após ano.

Maertens e seu assistente negam imediatamente. Como investidor institucional, a NYU jamais investiria em qualquer fundo que se "autocompensa". Falando claramente, Maertens diz a Merkin que investir com Madoff não seria adequado.

Por alguma razão, ele não responde: "Mas vocês já investem com Bernie Madoff por meio do fundo Ariel."[41] Ele investiu cerca de um terço

O ANO DE VIVER PERIGOSAMENTE   267

dos ativos do fundo, mais de US$ 300 milhões, com Madoff. É parte dos quase US$ 2 bilhões que ele acredita que seus três fundos hedge possuem nas contas com Bernie. Na verdade, sua confiança é tão sólida que ele acrescentou outros US$ 10 milhões às suas contas neste mês.

Maertens mais tarde contou que eles simplesmente passaram para outros tópicos. Quando a reunião de rotina termina, os executivos da NYU apertam a mão de Merkin e partem.

TERÇA-FEIRA, 28 DE OUTUBRO DE 2008

Um executivo sênior do JPMorgan Chase em Londres assina e data um surpreendente relatório confidencial para a Serious Organised Crime Agency [Agência de Crimes Organizados Graves], uma agência nacional da lei na Grã-Bretanha. Na seção do formulário intitulada "Razões para suspeita", o relatório descreve as complexas transações com derivativos do banco, envolvendo três fundos que investem com a Bernard L. Madoff Investment Securities.

O banco está preocupado com o desempenho de Madoff, "que é tão consistente e significativamente à frente de seus pares, ano após ano,[42] mesmo nas condições de mercado atuais, que parece bom demais para ser verdade — significando que provavelmente é". Além disso, ele se recusa a lançar qualquer luz sobre a maneira como consegue esses resultados. Assim, o banco enviou um aviso de resgate para um dos fundos e está se preparando para retirar seu dinheiro dos outros dois.

Depois que o primeiro aviso foi enviado, o executivo falou com um gestor de fundos em Genebra cuja empresa vendia os derivativos ligados a Madoff afetados por esses resgates. Na conversa gravada, conduzida em francês, o gestor suíço fez referências a "interesses colombianos que não ficarão felizes" com as ações do JPMorgan Chase, "avisos de que o valor dos fundos em questão não deveria cair e ameaças veladas à segurança da equipe do banco", relatou ele.

A transcrição do telefonema, revelada mais tarde pela imprensa francesa, continua com o executivo londrino insistindo que sempre fora claro sobre quão arriscados eram os complexos derivativos.

— Entendo o preço que você quer — diz ele —, mas esse não é o preço que pode conseguir na realidade...[43]

— Você ouviu que o preço será menor? — pergunta o homem em Genebra.

— Neste momento, sim — responde o executivo.

Ainda protestando, o homem em Genebra titubeia:

— Se realmente precisamos chegar a isso... e queremos ser amigos, insisto nesse ponto, você sabe que temos amigos na Colômbia que podem causar danos quando se aborrecem, e quase me parece que alguém está mesmo tentando aborrecê-los agora.

— Isso é uma ameaça ou... ? — começa a perguntar o executivo, parecendo perplexo.

Risos de Genebra interrompem a pergunta.

— Não, é apenas informação — diz o homem. — Somos pessoas simples aqui na Suíça.[44]

No mesmo dia em que o executivo do JPMorgan em Londres relata as suspeitas sobre Madoff, um preocupado empresário em Dubai chega para uma reunião com seu gerente de banco.[45] Reuniões como essa estão ocorrendo por todo o globo, enquanto todos procuram segurança em meio à turbulência que varre os mercados financeiros. Nenhum lugar está imune, nem mesmo a florescente cidade no golfo Pérsico.

Desde 2004, o rico empresário e quatro sócios investem no fundo Fairfield Sentry. Ele se lembra de o gerente recomendar o fundo como "substituto para o dinheiro", um fundo hedge com um longo histórico de retornos baixos, porém seguros. De fato, ele se lembra de ter ficado impressionado quando o gerente disse que o fundo adquirira "status mítico" em função de sua consistência. E ficou lisonjeado com o fato de, apesar de o fundo Sentry supostamente estar fechado para novos investidores, o banco conseguir fazê-lo entrar. O investimento que ele e os sócios fizeram na conta supostamente crescera para mais de US$ 5,3 milhões.

O ANO DE VIVER PERIGOSAMENTE   269

Mas agora ele quer sair. Orienta o gerente a resgatar todas as cotas do Sentry que pertencem a ele e aos sócios. Leva a documentação formal necessária para um pedido de resgate consigo e a devolve no dia seguinte, esperando que o dinheiro seja devolvido no fim de novembro.

TERÇA-FEIRA, 4 DE NOVEMBRO DE 2008

Hoje os Estados Unidos vão às urnas para decidir se o próximo presidente dos Estados Unidos será o senador Barack Obama ou o senador John McCain e, graças à eleição, o mercado de ações conhece uma alta nos preços que eleva o índice S&P 500 em mais de 4% e acrescenta mais de trezentos pontos ao Dow Jones.

Também é hoje que Bernie Madoff quase certamente começa a se perguntar se vai sobreviver ao pânico de 2008 — ou se quer sobreviver.

No 17º andar, Frank DiPascali recebe primeiro a notícia: o fundo Fairfield Sentry solicitou dois resgates para o mês que vem no exorbitante total de US$ 850 milhões.[46] Isso eleva as retiradas do Fairfield Sentry desde setembro para US$ 1,25 bilhão, sem contar os milhões em saques de alguns dos fundos menores do grupo.

Os outros grandes fundos hedge também estão retirando seu dinheiro. Mas, por mais de uma década, o fundo Sentry foi a maior fonte de dinheiro de Madoff. Talvez seja apropriado que tenha se transformado em sua maior preocupação.

Durante dias, ele esteve ao telefone com Palm Beach, delicadamente implorando a seu velho amigo Carl Shapiro para se apressar e fazer um investimento de US$ 250 milhões na conta da corretora. O dinheiro está a caminho, diz Shapiro, e de fato está. Quando chegar, fará diferença na piscina cada vez mais rasa de dinheiro na conta bancária de Madoff.

Pode ser tudo de que ele precisa: apenas dinheiro suficiente para construir uma ponte entre hoje e o dia em que Wall Street finalmente se acalmará e o dinheiro voltará a fluir para o esquema Ponzi.

É claro que, como qualquer pessoa realista pode perceber, dessa vez o dinheiro de Shapiro é muito pouco e chega bem tarde. Mas essa pessoa não é Bernie Madoff. Mesmo agora, ele está certo de que pode evitar o desastre.[47]

Potenciais clientes ainda querem se encontrar com Madoff. Ele pode pressionar Jeffry Picower a colocar algum dinheiro novo em suas contas — Picower tem os dólares para isso, bilhões deles. Talvez alguns outros clientes fiéis também façam acréscimos às suas contas.

Ele pode conseguir dinheiro suficiente para se manter à tona — ou é o que diz para si mesmo. Não reconhece erro ou fracasso, somente fadiga. Tem participado dessa dança há tempo demais, fazendo malabarismos com as contas bancárias, sussurrando mentiras reconfortantes e fascinando a todos com seus passos elegantes. Mas agora se pergunta: será que eu realmente quero continuar dançando, ainda que consiga?

Cada vez mais, está inclinado a dizer que não.[48]

QUINTA-FEIRA, 27 DE NOVEMBRO DE 2008

É Dia de Ação de Graças e, no West Side de Manhattan, o desfile da Macy's produz gritinhos felizes, repicar de tambores e problemas no trânsito.[49] No East Side, a Third Avenue está silenciosa, com a maioria das lojas e escritórios fechada para o feriado. No lobby do Edifício Lipstick, a banca de jornal está fechada e alguns seguranças estão na mesa da recepção quando chegam os homens do Banco Santander. Eles são encaminhados aos elevadores do lado sul e sobem até o 19º andar do silencioso edifício.

A pessoa mais importante no elevador é Rodrigo Echenique Gordillo, um homem de aparência distinta com pouco mais de 60 anos. Ele faz parte do conselho do gigantesco banco espanhol há vinte anos. Echenique Gordillo veio de Madri somente para a reunião com Bernie Madoff. Ele está surpreso por Madoff tê-la agendado para o feriado, mas Madoff disse que era o único dia disponível e a reunião é importante.[50]

Advogado por formação, Echenique Gordillo está aqui a pedido do presidente da holding que é dona do Banco Santander.[51] O fundo hedge do banco, o Optimal, tem mais de US$ 3 bilhões investidos com Madoff — ou acha que tem.

Ao menos duas vezes nos últimos seis anos, os analistas do Optimal escreveram memorandos citando fraquezas nos controles financeiros e contábeis

O ANO DE VIVER PERIGOSAMENTE

de Madoff.[52] Mesmo assim, a equipe de avaliação de riscos da unidade e os executivos de nível sênior sempre conseguiram se convencer de que ele era seguro — afinal, geria dinheiro há anos, era regulado pela SEC, tinha uma corretora de atacado estabelecida e respeitada, e era um estadista de Wall Street, com excelente reputação.[53]

Mas isso foi antes da morte do Bear Stearns, da falência do Lehman Brothers e dos resgates financeiros a Fannie Mae, Freddie Mac e AIG. Os tempos são diferentes. Os riscos pesam mais na balança do que antes, e a reputação pesa menos.

Echenique Gordillo e seus colegas saem do elevador recoberto por painéis de madeira. O próprio Madoff os espera nas portas de vidro que levam a seu escritório. O andar parece deserto; nem mesmo a secretária de Madoff está presente. Ele se senta e, após algumas amenidades, Echenique Gordillo expõe suas questões.

Para sua surpresa, Madoff não é conciliatório; ele não tenta adular ou persuadir. Quando surge a questão dos resgates, o clima fica tenso e mesmo ameaçador.[54]

Mais tarde, haverá boatos conflitantes em Madri sobre o que aconteceu em seguida. De acordo com um relato, Madoff avisou aos espanhóis: retirem seu dinheiro agora e jamais receberão permissão para voltar. A porta até ele — até os US$ 77 milhões em taxas anuais de administração que o banco tem embolsado em sua unidade de fundos hedge nos últimos anos — estará fechada para sempre para o Santander. Certamente é uma ameaça que ele já fez antes.

Se ameaças são feitas hoje, elas são ineficazes. A reunião é rapidamente encerrada e os banqueiros pegam o elevador de volta para o lobby silencioso. Sem dúvida alguma haverá resgate das contas do Santander com Madoff.

QUARTA-FEIRA, 3 DE DEZEMBRO DE 2008

Em algum momento do dia de hoje, Bernie Madoff se senta para uma conversa com Frank DiPascali,[55] para se assegurar de que seu fiel tenente conhece a situação. A conta bancária do esquema Ponzi no JPMorgan Chase, que tinha mais de US$ 5,5 bilhões há seis meses, está reduzida a algumas centenas de milhões, insuficientes para cobrir os bilhões em resgates pendentes e ameaçados.

E, quando o dinheiro no banco acabar, diz Madoff a DiPascali, não haverá nada para os investidores. Ele está cansado de tentar conseguir dinheiro.[56] Acabou.

DiPascali sabe há muito que Madoff conduz uma fraude maciça — como não saberia? Ele criou a trilha falsificada de papel e a falsa verificação eletrônica que sustentaram o esquema durante meia dúzia de investigações ao longo dos anos. Mentiu para reguladores, contadores e clientes por no mínimo quinze anos, talvez mais.

Posteriormente, ele alegaria que também mentiu para si mesmo, confortando-se com a estranha ideia de que Bernie tinha "outros ativos", oceanos de riqueza escondidos para além de seu limitado horizonte, suficientes para cumprir todas as promessas refletidas naqueles extratos.

Se essa reconfortante ilusão jamais existiu em sua mente, ela morre hoje. Se houvesse uma fortuna oculta em algum lugar, Madoff certamente a usaria para mantê-los à tona. Os mercados não podem permanecer aterrorizados para sempre. Se ele tivesse apenas mais alguns bilhões, talvez fossem suficientes.

Mas há apenas o dinheiro deixado na quase vazia conta bancária, e Madoff está cansado da infindável batalha para reabastecê-la. Ele quer usar o dinheiro para resgatar as contas de amigos e membros da família, não para cobrir os cheques que deveria enviar para um bando de fundos hedge.[57] Ele pede que DiPascali comece a preparar uma lista dessas contas favorecidas e seus saldos atuais, para que possa dividir o dinheiro restante entre elas.

Em algum momento após a conversa, DiPascali supostamente desce pelo elevador para se encontrar com uma de suas colegas, JoAnn "Jodi" Crupi, em uma esquina varrida pelo vento perto do Edifício Lipstick. Os promotores mais tarde alegarão que foi nessa ocasião que contou a Crupi que Madoff estava sem dinheiro e não havia ativos disponíveis para cobrir os bilhões que devia aos clientes.

Será que ele realmente acreditou naquela ilusão? Se sim, lida bastante bem com sua destruição. Ele não agarra qualquer ativo em que possa pôr as

O ANO DE VIVER PERIGOSAMENTE

mãos e foge do país. Não delata seu mentor para o FBI a fim de conseguir leniência para os próprios crimes. Ele retorna do encontro na esquina e começa a seguir as ordens de Madoff.[58] Os cheques estarão prontos para assinatura no meio da próxima semana.

Quinta-feira, 4 de dezembro de 2008

Jodi Crupi, uma mulher angulosa de pele morena e espessos cabelos negros, trabalha para Bernie Madoff desde 1983 e, supostamente, cuida dos extratos de ao menos um de seus grandes investidores individuais desde 2000. Os promotores, baseando-se no depoimento confidencial de DiPascali, mais tarde afirmarão que seus deveres também incluíam fornecer a Madoff o "relatório diário", uma planilha com a quantidade de dinheiro entrando e saindo das contas bancárias da consultoria de investimentos, juntamente com as solicitações de resgate que haviam recebido, mas ainda não tinham honrado.

Se sim, o desastre está escrito na página a sua frente hoje. Há menos de US$ 300 milhões na conta bancária e os resgates em aberto totalizam um valor pouco abaixo de US$ 1,5 bilhão — as solicitações dobraram nos últimos dez dias.

Domingo, 7 de dezembro de 2008

De acordo com os promotores federais, Frank DiPascali deixa sua espaçosa casa no alto da colina nos subúrbios de Nova Jersey neste frio e tempestuoso dia e dirige até um café Panera Bread para se encontrar com Jodi Crupi, que vive em Westfield, Nova Jersey, mas comprou uma luxuosa casa de praia em Jersey Shore no mês passado.[59]

DiPascali alegará que, nos últimos dias, ele e Crupi discutiram repetidamente como explicarão seu trabalho na empresa de Madoff para as autoridades quando a fraude enfim for revelada. Esse é supostamente o tema do encontro de hoje. De acordo com seu relato, revelado em uma subsequente acusação federal, Crupi lhe diz que planeja "manter minha história" de que sempre achou que Madoff conduzia negócios legítimos no exterior.[60]

Crupi negará ter conscientemente ajudado DiPascali a sustentar a épica fraude de Madoff. Ela se declarará inocente da acusação federal e insistirá que foi enganada por seu sempre plausível chefe, como todo mundo.

Nada do que acontecerá mais tarde pode mudar o que virá logo em seguida. Antes de a semana terminar, o mundo em que DiPascali e Crupi vivem se espatifará em mil pedaços. A empresa a que serviram durante décadas ficará sob controle federal; seu impassível líder, Bernie Madoff, será preso; e ambos serão suspeitos de ajudá-lo a manter o maior esquema Ponzi da história.

11

ACORDANDO NA RUÍNA

Um dia depois de a música parar para Bernie Madoff, começa a longa marcha de suas vítimas. Como um grande terremoto ou um ciclone devastador, o colapso do esquema Ponzi deixa as vítimas se sentindo confusas, traídas e emocionalmente desamparadas. O mundo que conheciam foi destruído; elas não podiam permanecer naquele mundo, mas não tinham ideia do caminho que deveriam seguir para chegar a um futuro menos precário.

Os humilhados reguladores e os exaustos advogados que tinham de procurar entre os escombros enfrentaram suas próprias jornadas — em direção à redenção, para fora do caos.

Todos nesse arruinado cenário haviam sido forçados a iniciar uma expedição de descoberta, penosa e incerta, mas possivelmente heroica. Os homens e mulheres da SEC tentariam restaurar sua honra. Os advogados contratados para deslindar a fraude de Madoff no tribunal de falências tentariam encontrar qualquer tesouro escondido e devolvê-lo àqueles que ele destruíra. Mas as vítimas individuais da fraude, que haviam acreditado durante tanto tempo nesse mago das mentiras, estavam em busca do prêmio mais elusivo de todos: justiça.

A maioria delas começou com apenas uma vaga ideia sobre o terreno à frente. Elas não sabiam que algumas pontes já haviam sido destruídas.

Ainda mais tragicamente, não podiam ver as encruzilhadas nas quais ao menos metade delas seria desviada para um labirinto de fúria e amarga frustração.

Inicialmente, não havia como saber o número de vítimas, muito menos aonde estavam indo e o que encontrariam quando chegassem. A única pista era o atordoante número fornecido pelo próprio Madoff: US$ 50 bilhões.

Horas após a prisão, especialistas financeiros autoproclamados afirmaram na internet que o número era exagerado e implausível. Outros o aceitaram como possibilidade, mas argumentaram que provavelmente representava somente lucros de papel, não perdas monetárias — como se uma perda no papel que levasse embora tudo o que você possui fosse menos danosa que uma perda monetária. Na verdade, a estimativa de Madoff fora modesta. Em breve, seria estabelecido que US$ 64,8 bilhões em riquezas de papel desapareceram quando foi preso, incluindo perdas monetárias de cerca de US$ 20 bilhões.

Algumas vítimas institucionais foram descobertas rapidamente. A Fundação Picower, a fundação da família Chais e as fundações da família de Norman Levy fecharam as portas quase imediatamente, surpreendendo funcionários e beneficiários.[1]

Na sexta-feira, 12 de dezembro, alguns fundos hedge de elite, muito encabulados, revelaram aos investidores que, apesar de todas as suas presunçosas alegações sobre cuidadosas avaliações de risco, eles haviam sido roubados.

Cartas de "Caro investidor" começaram a chegar por fax, como anexos de e-mail e entregas urgentes via FedEx em todo o mundo. "Como temos certeza de que os senhores estão conscientes, Bernard L. Madoff foi preso ontem [...]" (Mas, como podem *não* estar conscientes, seu fundo investiu essencialmente todos os seus ativos em outro fundo, que investiu em três outros fundos, todos inteiramente investidos com Madoff.) "Estamos chocados [...] procurando conselho legal [...] coletando todas as informações pertinentes [...] nós os manteremos informados." Os destinatários dessas cartas telefonavam para seus próprios advogados e esses advogados recebiam ligações da mídia.

ACORDANDO NA RUÍNA

O choque e o horrorizado constrangimento eram especialmente intensos para os gigantescos fundos feeder cujos gestores haviam se orgulhado tanto de suas avaliações de risco e, mesmo assim, sofrido uma perda tão imensa: Grupo Fairfield Greenwich, Ezra Merkin, Banco Medici, fundos Tremont. Blogueiros imediatamente começaram a chamá-los de cúmplices, recusando-se a aceitar que tais pessoas, inteligentes e sofisticadas, pudessem ter sido enganadas por tanto tempo, em um crime tão elementar quanto o esquema Ponzi.

Grandes bancos europeus começaram a emitir comunicados de imprensa: os fundos Optimal do Banco Santander estavam investidos com Bernard L. Madoff... fundos afiliados ao UBS podem ter investido... o HSBC pode ter sido exposto por meio de sua unidade de administração de fundos hedge... o BNP Paribas tinha cerca de US$ 500 milhões em risco em função de transações e empréstimos a fundos hedge.

Pessoas que durante anos haviam escutado seus colegas de clube de campo se vangloriarem ou cochicharem sobre suas contas Madoff enviaram notas anônimas ou deixaram mensagens de voz para repórteres, citando nomes.

Listas foram feitas, expandidas, corrigidas. Naturalmente, os nomes mais cintilantes surgiram primeiro: Fred Wilpon, um dos donos do New York Mets; Norman Braman, antigo dono do Philadelphia Eagles; Sandy Koufax, da calçada da fama do beisebol; Mort Zuckerman, magnata do mercado imobiliário e dono do *New York Daily News*; os atores Kyra Sedgwick, Kevin Bacon e John Malkovich; o celebrado roteirista Eric Roth; a ex-mulher do ator Michael Douglas; os herdeiros do cantor e compositor John Denver; uma fundação criada por Jeffrey Katzenberg, cofundador do estúdio DreamWorks em Hollywood, no qual seus sócios eram o premiado produtor musical David Geffen e o diretor vencedor do Oscar Steven Spielberg, cujas fundações também foram afetadas.

O que imediatamente se tornou aparente foi o inacreditável alcance geográfico do crime de Madoff, um perverso monumento a duas décadas de globalização financeira. As listas logo incluíam banqueiros suíços, uma seguradora de Singapura, um fundo de pensão de professores coreanos, uma holding bancária italiana, grandes seguradoras e bancos japoneses, fundos fiduciários em Hong Kong, gestores de ativos holandeses, um fundo soberano em Abu Dhabi, a herdeira francesa de uma fabricante de cosméticos, a baixa realeza na Inglaterra e em Mônaco, duas escolas católicas em St. Croix, fundos hedge em Luxemburgo e famílias abastadas no México, no Brasil, na Argentina e em Dubai. Um consórcio legal na Europa mais tarde estimaria que 3 milhões de pessoas foram afetadas pelo escândalo.

Nos Estados Unidos, as vítimas visíveis incluíam administradores de instituições culturais em Nova York, executivos aposentados de Wall Street, abastados donos de construtoras em Chicago, respeitadas figuras acadêmicas em Boston, uma fundação em Seattle, um legislador estadual em Nova Jersey e um grupo de aposentados em Aspen, Colorado. Até mesmo o Comitê Olímpico Internacional tinha parte de seus ativos investida com Madoff.

Contra essa tapeçaria cosmopolita, uma resposta mais primitiva começou a emergir. Sites de notícia na internet tinham de eliminar constantemente os insultos antissemitas dos comentários postados em resposta a artigos sobre Madoff e sua fraude. Quando o ganhador do Prêmio Nobel e memorialista do Holocausto Elie Wiesel, reverenciado por sua coragem e humanidade, confirmou que Madoff roubara toda a dotação de sua pequena fundação — para alguns, a traição final —, muitos membros da comunidade judaica temeram a reação que isso poderia inspirar em tempos tão sombrios.

Durante um café da manhã no Club "21" em Manhattan, Wiesel ofereceu sua própria explicação para o escândalo.[2] "É quase simplista", disse ele. "A imaginação dos criminosos excede a dos inocentes." Estava claro o que queria dizer: um criminoso consegue se imaginar cometendo tais crimes, ao passo que suas vítimas não conseguem imaginar que *alguém* possa cometer tais crimes.

Quando perguntaram se ele algum dia conseguiria perdoar a Bernie Madoff, houve um longo e quase doloroso silêncio. Então o homem que parecia ter perdoado tantos por tanta coisa respondeu em voz baixa:

— Não.

ACORDANDO NA RUÍNA

O Instituto de Pesquisas Judaicas em Manhattan organizou uma discussão para contemplar "a enormidade Madoff", como descreveu o moderador do painel, Martin Peretz.[3] O auditório estava totalmente lotado; os debatedores eram eminentes e pareciam pensativos e preocupados. Alguns temiam que a traição de Madoff abalasse os laços de confiança que haviam permitido, durante séculos, a sobrevivência dos judeus da diáspora e suas bem-sucedidas carreiras nos centros financeiros. Mas o historiador Simon Schama lembrou à plateia que uma nação cada vez mais tolerante acabara de eleger seu primeiro presidente negro, Barack Obama, e talvez tal antigo preconceito já não estivesse em vigor. Além disso, não havia nenhuma onda evidente de antissemitismo naqueles dias pós-Madoff.

Os jornalistas na plateia sabiam que havia, sim: eles precisavam apenas olhar para suas caixas de entrada de e-mails.

Uma semana após a prisão de Madoff, a Liga Antidifamação relatou acentuado aumento de viciosos insultos contra judeus na internet, a maioria relacionada a Madoff. O fato de que ele e muitos dos afetados por seu esquema Ponzi fossem judeus criou uma "tempestade perfeita para os antissemitas", advertiu Abraham Foxman, chefe da organização.[4] A lista reunida pela liga incluía comentários postados nos sites de revistas e jornais: "Um ladrão judeu rouba outro bando de ladrões judeus — suponho que isso é o que se pode chamar de crime sem vítimas"; "Outro judeu trapaceiro em Wall Street. Encontre um judeu que não seja trapaceiro. Isso sim seria notícia"; e "Apenas outro cambista judeu e ladrão. Isso acontece há 3 mil anos."

Na realidade, o crime de Madoff ultrapassara e muito suas conexões judaicas originais. Quase todo o dinheiro vivo roubado pela fraude chegara após a crise do final de 2005 e viera de fundos hedge de todo o mundo, de europeus aristocráticos, russos suspeitos e fundos soberanos do golfo Pérsico. Se esses investidores alguma vez tivessem ouvido falar de Bernie Madoff, eles o teriam associado à ascensão da NASDAQ e à automação de Wall Street, não aos clubes de campo judeus em Long Island e Palm Beach ou ao conselho de governadores da Universidade Yeshiva.

280   O MAGO DAS MENTIRAS

Mas ele *fora* membro daqueles clubes de campo judeus, e centenas de seus membros haviam perdido décadas de lucros aparentes. E *fora* conselheiro da Yeshiva, e a universidade tentava calcular os valores que haviam sido subitamente apagados de suas dotações. Suas primeiras redes de venda valeram-se do boca a boca e tinham suas raízes nos locais onde seus amigos e familiares judeus se reuniam: sinagogas, clubes e resorts, bem como conselhos de organizações de caridade, hospitais e escolas judaicas.

Assim, seu crime certamente começou como uma "fraude por afinidade", o agradável termo que os criminalistas empregam quando um participante de uma comunidade fechada e confiante explora essa confiança para roubar os outros participantes. Isso acontece por toda parte, sempre que membros de um grupo coeso possuem suficiente fé em outro membro para não enxergar as mentiras que se acumulam. Um pastor rouba de sua devotada congregação. Um militar aposentado explora suas tropas. Um imigrante do Haiti, da Rússia, da China ou de Cuba — de qualquer parte, na verdade — rouba dos compatriotas que se estabeleceram nos Estados Unidos.

No início, Madoff explorou a confiança e o respeito que conquistara em uma fechada comunidade judaica. Sua reputação nesses círculos foi seu passaporte original para a credibilidade financeira no mundo mais amplo. Ele melhorou essa reputação formando laços com outros membros confiáveis do grupo, como Ezra Merkin e Stanley Chais; seus investidores sem fins lucrativos incluíam gigantes como o Congresso Judaico Americano, a Fundação da Comunidade Judaica de Los Angeles e a Hadassah. No fim, estava retirando dinheiro de todos os cantos do globo, mas essa colheita crescera a partir de suas próprias raízes como judeu.

Assim, inevitavelmente, esse se tornou um escândalo judeu entre os próprios judeus. Rabinos refletiram sobre suas lições, um clube de campo judeu convidou palestrantes para falar sobre ele, e um professor da Universidade Yeshiva o acrescentou ao programa de sua classe de ética religiosa. Organizações de caridade, fundações e dotações judaicas juraram ser menos confiantes e mais rigorosas em suas práticas financeiras. Alguns investidores choraram ou tiveram ataques de fúria em função do que Madoff significaria

ACORDANDO NA RUÍNA   281

para os judeus, mas muitos outros se mantiveram firmes sendo corajosos
ou se valendo de um humor mordaz. O site de notícias do *Jewish Journal*
criou um novo blog sobre o caso Madoff e o chamou de "Swindler's List"
[lista do trapaceiro, trocadilho com *A lista de Schindler*].

*

O quebra-cabeça crucial naqueles dias iniciais — que modelaria a reação
da opinião pública durante meses — era esta: quem eram as vítimas de
Madoff? Além de algumas valorosas fundações filantrópicas e instituições
culturais, eram apenas um bando de estrelas de cinema, plutocratas e fundos hedge, cada uma delas lamentando uma perda de US$ 100 milhões?
Ou eram dezenas de milhares de famílias comuns de classe média que
também haviam perdido centenas de milhares de dólares em dinheiro da
aposentadoria?

Infelizmente, o segundo cenário estava mais próximo da verdade. Para
cada nome em negrito como Steven Spielberg ou Larry King, havia uma
multidão de dentistas, advogados, professores aposentados, encanadores e
pequenos comerciantes. Aproximadamente mil contas Madoff tinham saldos
fictícios de menos de US$ 500 mil.[5] Mas, inicialmente, ninguém sabia disso.

Houve e-mails e telefonemas para a mídia de pessoas comuns, como
uma dona de casa do Brooklyn, um advogado especializado em zonea-
mento de Coral Gables, Flórida, e um curador de museu em tempo parcial
em Connecticut — todos explicando que eles mesmos ou seus familiares
idosos viviam da modesta cesta de ovos confiada a Madoff gerações antes.
Alguns ficaram sem nada, com exceção da Previdência Social. Logo surgiram relatos de que planos de pensão para pequenos consultórios médicos
e sindicatos locais de operários da construção civil haviam sido zerados. E,
mesmo assim, algumas dessas vítimas relutavam em se identificar ou foram
aconselhadas por seus advogados a permanecer em silêncio. Infelizmente,
seu poder de brilhar era débil, se comparado ao dos fundadores do estúdio
DreamWorks e aos donos do New York Mets.

O público e a mídia tiveram dificuldade para compreender que a pergunta-chave não era "Quanto você perdeu", mas sim "Quanto sobrou".[6] Muitos, se não a maioria, dos nomes notáveis haviam perdido milhões, mas ainda tinham muito de sobra, por qualquer padrão razoável de conforto humano. Algumas das vítimas obscuras haviam perdido apenas alguns milhares de dólares, mas não tinham mais nada com exceção do carro, da casa hipotecada e do dinheiro na carteira.

Talvez seja compreensível que essa questão tenha demorado tanto tempo para vir à tona. O primeiro mandamento dos investimentos é: "Não coloque todos os ovos na mesma cesta." Não parecia possível que essa regra tivesse sido tão ampla e catastroficamente ignorada, mesmo por organizações sem fins lucrativos e planos de pensão com obrigações fiduciárias. Normalmente, a falência de uma corretora legítima de médio porte, como a de Madoff, não levaria embora cada centavo de seus investidores. Muito — ou, ao menos, um pouco — restaria em um plano de pensão empresarial, uma conta bancária ou um fundo do mercado monetário. Quanto aos fundos hedge, eles supostamente aceitavam apenas pessoas ricas e sofisticadas que, por definição, são espertas demais para arriscar toda a sua fortuna em um único investimento. De fato, essa fora uma das razões para os fundos hedge não sofrerem uma regulamentação mais rigorosa.

Incêndios, terremotos e furacões são imediatamente reconhecidos como eventos que exigem resposta emergencial para aliviar o sofrimento humano; a fraude de Madoff não foi. Poucas pessoas se perguntaram, no começo, se havia vítimas que perderam tudo da noite para o dia em função desse crime, vítimas que precisavam de socorro imediato e que não podiam recorrer aos familiares porque eles também haviam sido subitamente destituídos.

Assim, a imaginação pública focou nos nomes cintilantes das vítimas mais ricas, pessoas que sofreriam apenas constrangimento em função das perdas causadas por Madoff. O crime se transformou em apenas outra retribuição, havia muito devida, para os ricos e ambiciosos que ajudaram a

ACORDANDO NA RUÍNA

levar a nação para o buraco em 2008. Os políticos hesitavam em defender vítimas que suspeitavam ser apenas gestores desafortunados de fundos hedge e colegas de clube de Madoff.

Em vez de focar em como ajudar as vítimas mais necessitadas, eles focaram em procurar alguém para levar a culpa.

*

No dia da prisão de Bernie Madoff, o veterano advogado de falências Irving H. Picard estava em seu escritório em Manhattan, localizado em uma torre cinzenta no centro comercial, acima de Madison Square Garden, quando recebeu um telefonema de um advogado da Securities Investor Protection Corporation, em Washington, a organização que fornecia uma rede de segurança para os clientes de instituições financeiras falidas.

— Você pode ser o administrador judicial de Madoff, se necessário? — perguntou o advogado.

Picard era a escolha óbvia: ele lidara com mais liquidações de falência da SIPC que qualquer outro advogado do país. Ele prometeu verificar imediatamente se seu escritório tinha qualquer conflito de interesses que pudesse impedi-lo de aceitar a nomeação.

O momento não era ideal. Aos 67 anos, Picard tinha um pé na porta de seu antigo escritório de advocacia baseado em Newark, Nova Jersey, com uma filial em Manhattan. Ele estava considerando seriamente uma mudança para os escritórios no Rockefeller Center do Baker & Hostetler, um gigantesco escritório de Cleveland que estava expandindo sua presença em Nova York. Seu amigo e antigo sócio David J. Sheehan, também com 60 e poucos anos, já estava no Baker e queria que ele fosse também. Mas nada fora formalizado e os dois planejavam discutir a questão após o Ano-Novo.

Logo depois que desligou o telefone, Picard encontrou um problema: tempos atrás, seu escritório representara o senador Frank Lautenberg, de Nova Jersey. Os filhos e a fundação da família de Lautenberg eram investidores de Madoff — agora suas vítimas. Ele discutiu o potencial conflito de interesses com seus sócios em Newark e achou que haviam concordado que o escritório não defenderia os interesses de Lautenberg, de modo que ele pudesse assumir o caso da SIPC.

Naquela noite, enquanto ele e a esposa estavam saindo de um jantar na West 57th Street para comparecer a um concerto da Sinfônica de Boston no Carnegie Hall, ele notou uma mensagem telefônica dizendo que os repórteres estavam perguntando sobre Lautenberg. Protegendo-se da chuva, ele telefonou para o sócio e o lembrou do conflito que isso apresentaria para o caso da SIPC.

Nos jornais da manhã seguinte, seu sócio foi citado falando em nome dos Lautenberg. Picard agora tinha de escolher: seu atual escritório, que estava ficando menos amigável, ou o caso Madoff. Sheehan, que já fora convidado pela SIPC a auxiliar legalmente quem quer que fosse nomeado administrador judicial, discutiu a mudança com Picard durante o jantar daquela noite com as esposas em um elegante bistrô belga perto do Central Park.

Na tarde de domingo, Sheehan reuniu um time de associados do Baker & Hostetler para entrevistar Picard. Ofereceram-lhe um cargo e asseguraram que a oferta permaneceria, quer ele aceitasse o caso da SIPC ou não. Bem cedo na manhã de segunda-feira, 15 de dezembro, ele telefonou para seu escritório, para informar sua imediata demissão, e em seguida para Sheehan, para aceitar a oferta do Baker & Hostetler.

Quando os advogados da SIPC foram para um tribunal federal naquela tarde, a fim de providenciar a nomeação de Picard como administrador judicial de Madoff, ele estava em uma transitória terra de ninguém entre o antigo e o futuro emprego. Mais de um ano depois, seu novo escritório no 9º andar do Rockefeller Center — com uma estupenda vista dos vitrais da Catedral de São Patrício, do outro lado da rua — dava a impressão de que ele acabara de chegar e ainda não desencaixotara suas coisas.

Picard e Sheehan haviam trabalhado juntos em uma dezena de liquidações de corretoras ao longo dos anos, mas seus estilos pessoais eram completamente diferentes.

ACORDANDO NA RUÍNA

Magro e com mais de 1,80 metro, com o cabelo começando a rarear e um amplo sorriso, Picard era metódico e calmo, cuidadosamente (talvez em excesso) legalista em suas conversas e discretamente corporativo em seu conservador guarda-roupa. Criado em Fall River, Massachusetts, era filho de um dermatologista bem-sucedido e neto de abastados imigrantes judeus de origem alemã. Fizera Direito após mudar de ideia sobre uma carreira como contador.

Após vários anos como advogado empresarial em Wall Street e cinco anos na SEC, ele fora nomeado, em 1979, primeiro administrador judicial norte-americano para os tribunais federais de falência em Nova York, uma nova posição que o Congresso criara no Departamento de Justiça para responder à crescente preocupação com falências fraudulentas. Então passara para a prática privada e, em 1984, fora contratado para administrar sua primeira liquidação da SIPC. Com o passar dos anos, essa se tornou uma de suas especialidades.

A outra metade da estranha dupla era David J. Sheehan — baixo e desgrenhado, um litigante temperamental e combativo, com humor mordaz, barba grisalha, bolsa atravessada sobre a parca e óculos de armação preta terrivelmente chiques.

Sheehan era filho de um zelador na urbana cidade de Kearny, Nova Jersey. Ele trabalhara durante toda a faculdade de Direito. Durante o alistamento para o Vietnã, entrara como tenente no Corpo Geral de Advogados e Juízes da Marinha e passara seu tempo de serviço lidando com questões legais no Arsenal do Brooklyn.

Sua prática legal civil era eclética — tudo, de produtos defeituosos e batalhas sobre marcas registradas até trabalho *pro bono* em casos de pena de morte. O tema unificador era a sala de audiências. Enquanto Picard parecia mais à vontade em salas de reuniões, negociando acordos e as estratégias de liquidação que faziam parte de seu trabalho, Sheehan gostava dos combates judiciais e dos desafios intelectuais e administrativos de um julgamento complicado. Ele era regularmente reconhecido como um dos principais litigantes da cidade.

Por sua vez, a SIPC, a agência para a qual Picard e Sheehan trabalhariam durante os contenciosos anos da liquidação Madoff, era uma embarcação frágil e pobremente equipada na qual teriam de confiar enquanto navegassem o mar agitado que tinham pela frente.

O trabalho da SIPC, definido pelo estatuto federal que criara a agência em 1970, era assegurar que as reivindicações dos clientes tivessem prioridade no tribunal de falências — à frente de credores gerais, como proprietários de imóveis e serviços de limpeza — e manter um fundo para pagar adiantamentos aos clientes que esperavam que o tribunal processasse suas reivindicações. Embora esses procedimentos fossem melhores que a antiga abordagem (que tratava todas as reivindicações do mesmo modo e não fornecia adiantamentos de dinheiro), eles essencialmente moveram os investidores para a frente da fila no tribunal de falências. Mas a SIPC pouco fazia para acelerar o ritmo em que essa fila se movia pelo sistema judiciário — e isso seria um enorme problema para as vítimas de Madoff, algumas das quais não tinham dinheiro nem para as despesas diárias.

O caso Madoff também evidenciaria o fato de que a SIPC fornecia uma rede de segurança muito menos ampla que os programas de garantia de depósitos criados por bancos e instituições de poupança após a Depressão. (Teria sido estranho se, em 1970, o Congresso tivesse pretendido tornar o investimento em ações tão seguro quanto colocar dinheiro no banco. As ações pagavam retornos mais altos que os bancos precisamente porque envolviam mais riscos.) A despeito dos comentários de alguns poucos legisladores da época, poucas pessoas em Washington consideravam a SIPC uma "segurança" contra a fraude interna em uma corretora — até que surgiram as vítimas de Madoff.[7]

Em 2008, a SIPC fora modelada por sua própria história nos tribunais de formas que agravariam suas dificuldades em lidar com a bagunça de Madoff. Se uma corretora falisse por razões financeiras, todo mundo concordava que o papel da SIPC era supervisionar a transferência das contas dos clientes para uma corretora mais saudável. Se ativos fossem roubados dos clientes por algum corretor, sem dúvida a primeira linha de defesa do consumidor era sempre o empregador desse corretor.

ACORDANDO NA RUÍNA

Mas e se uma corretora falisse, em virtude de uma fraude sistêmica — por exemplo, um esquema Ponzi como o de Madoff? Infelizmente, as batalhas judiciais da SIPC em casos de falência ao longo dos anos haviam deixado uma trilha de decisões limitadas e ocasionalmente inconsistentes que se tornariam um agitado campo de batalha antes que o caso chegasse ao fim. A maioria desses desafios judiciais surgiu da liquidação de minúsculas corretoras vendendo ações baratas — empresas cujos clientes tinham relativamente poucas reivindicações ou, em alguns casos, não eram totalmente inocentes. Essa experiência também seria singularmente inútil para preparar a SIPC para lidar com a liquidação Madoff.

E havia a reputação da SIPC como prestadora de serviços — irregular, para dizer o mínimo. Em 1992, o General Accounting Office exigiu que a agência explicasse com mais clareza aos investidores o que fazia e o que não cobria. Doze anos depois, ainda era crítico sobre a maneira como a SIPC lidava com as relações públicas.[8] Nem mesmo tinha um departamento especializado para garantir que o público recebesse informações exatas e oportunas sobre o que acontecia nos casos importantes. Em vez disso, deixava a maioria das tarefas de relações públicas para qualquer advogado que estivesse lidando com o caso — uma abordagem insensata, uma vez que advogados costumam ser treinados para não falar sobre os casos fora da sala de audiências ou do gabinete do juiz.

Fundamentalmente, a SIPC — como tantas pessoas em Washington, Wall Street e todas as Main Streets dos Estados Unidos — apenas havia simplificado sua visão do que poderia dar errado nos mercados financeiros. Conforme as empresas se tornavam mais profissionais e capitalizadas, o risco de uma grande falência começava a parecer remoto. Em 1996, o fundo de emergência da SIPC para cobrir adiantamentos a clientes fraudados crescera para mais de US$ 1 bilhão — muito mais do que esperava precisar, dado que lidava com apenas alguns poucos casos anualmente. Assim, naquele ano, reduziu a taxa de afiliação de uma porcentagem dos ganhos de cada empresa a uma mera anualidade de US$ 150.

Em 1992, o GAO já avisara que a SIPC não estava realmente preparada para uma falência titânica.[9] Mas o aviso não foi levado a sério pelo Congresso, nem por Wall Street, nem pela SEC, nem pelo público investidor, nem mesmo pela própria SIPC.

A despeito de suas falhas, a SIPC atraiu pouca atenção do público ou do Congresso após 1993 simplesmente porque se tornou cada vez mais marginal no mundo de Wall Street. Mercados fortes e regulamentação dirigida reduziram drasticamente o número de corretoras falidas. Em seus primeiros quatro anos de existência, no início dos anos 1970, a SIPC liquidou 109 empresas, algumas delas bastante conhecidas. Desde então, seu ano mais ocupado fora 1992, com treze casos abertos.[10] Nos quatro anos antes de 2008, houve apenas cinco casos, e nenhum em 2007. Três pequenas empresas quebraram no início de 2008, mas certamente não colocaram a SIPC no radar do público.

Isso mudou um pouco em 15 de setembro, quando caiu o Lehman Brothers, na maior falência de uma corretora da história. Mas, com o serviço de atendimento aos clientes e a infraestrutura contábil do Lehman ainda funcionando, as coisas transcorreram suavemente. Mais de 135 mil clientes com mais de US$ 140 bilhões em ativos foram movidos para as mãos de dois outros bancos de investimento em algumas semanas. Embora as batalhas legais entre as gigantescas contrapartes do Lehman em Wall Street devam continuar durante anos, os clientes de varejo mal foram incomodados pela maciça falência.

As vítimas claramente não eram o tipo de cliente servido pela legítima corretora de atacado de Madoff. Os clientes da corretora eram como o Fidelity e o Merril Lynch, cujos corretores tomam suas próprias decisões sobre o que e quando comprar e vender.

Além disso, Madoff estava registrado junto à SEC como consultor de investimentos desde 2006. Embora seus clientes abrissem suas contas com a documentação de uma corretora padrão, era óbvio que confiavam inteiramente em Madoff para seguir sua própria estratégia de investimentos. Essa era uma das razões pelas quais a SEC o forçara a se registrar como consultor, em primeiro lugar.

ACORDANDO NA RUÍNA 289

E se uma coisa estava perfeitamente clara na confusa lei que governava a falência de corretoras era que a SIPC não cobria os negócios de consultoria de investimentos de seus membros.

Nos dias logo após a prisão de Madoff, a pequena equipe da SIPC em Washington lutou para definir suas responsabilidades. Antes que qualquer um pudesse saber o que realmente acontecera, uma decisão tinha de ser tomada. O conselho e a equipe da SIPC aparentemente concluíram que se recusar a assumir responsabilidade pelas alegações de fraude contra Madoff, embora fosse uma atitude talvez defensível no tribunal, seria suicídio político.

O único negócio formal de Madoff era sua corretora protegida pela SIPC. Mesmo depois de se registrar como consultor de investimentos, ele não incorporou uma unidade separada para seus clientes. Todos os extratos estavam no papel timbrado da corretora. E, nesse papel timbrado, estava o logotipo, minúsculo como uma joaninha, anunciando que a corretora era membro da SIPC.

Com a tempestade se formando nas semanas após a prisão de Madoff, era impossível para essa organização financiada por Wall Street se afastar da gigantesca trapaça de Wall Street. Assim, o conselho e a equipe da SIPC forçaram ligeiramente suas definições e assumiram as reivindicações de fraude contra Madoff.

Então eles as forçaram um pouco mais e decidiram tornar toda reivindicação válida elegível para o maior adiantamento que a SIPC já ofereceu. Pela lei, vítimas com reivindicações de dinheiro estavam limitadas a um adiantamento de US$ 100 mil; aqueles com reivindicações de títulos podiam chegar a US$ 500 mil. Embora a SIPC não soubesse o que supostamente deveria haver nas contas de Madoff nem o que ainda estava lá, a agência decidiu que toda reivindicação contra ele seria tratada como uma reivindicação de títulos, não de dinheiro.

Assim, antes que a maioria das devastadas vítimas de Madoff tivesse pelo menos ouvido falar da SIPC, a agência tomou duas decisões que beneficiariam muitas delas à sua própria custa. Esses passos não lhe garantiriam nenhuma vantagem nas batalhas que estavam por vir: a SIPC

290   O MAGO DAS MENTIRAS

enfrentaria os desafios legais mais formidáveis de sua história e investidores furiosos exigiriam que fosse completamente reformulada.

Mas essas batalhas ainda estavam no futuro na tarde de segunda-feira, 15 de dezembro, quando Picard e Sheehan se agasalharam para o trajeto de metrô até o centro, para uma audiência perante o juiz Louis L. Stanton, no 21º andar do tribunal federal de Foley Square. Eles estavam acompanhados de um advogado sênior da SIPC e, logo antes da audiência, a eles se juntaram os advogados da SEC. O juiz Stanton conhecia a questão; ele assinara uma ordem judicial de emergência na noite da prisão, autorizando Lee Richards a assumir imediato controle das operações de Madoff em Nova York e Londres.

Durante a audiência, a SEC propôs que a SIPC recebesse autorização para declarar a falência da corretora doméstica, com Picard como administrador judicial da SIPC e com o Baker & Hosteler — na realidade, um exército de advogados liderados por David J. Sheehan — à frente do aconselhamento legal.

Pouco depois das 16 horas, o juiz Stanton assinou a ordem atendendo à solicitação da SEC, após orientar Picard a depositar uma fiança de US$ 250 mil.

Richards permaneceria no controle da operação de Londres por mais alguns dias, até que sua falência fosse decretada pelos tribunais ingleses. Ele ainda estava operando no Edifício Lipstick na noite de segunda-feira quando Picard e Sheehan chegaram, após uma reunião com promotores federais no gabinete do procurador-geral.

Deixando sua "sala de guerra" na sala de reuniões do 19º andar, Richards mostrou o escritório aos dois advogados — a impressionante sala de operações preta e cinza do outro lado daquele andar; e, então, descendo a escadaria oval, os escritórios administrativos mais congestionados no 18º andar; e, finalmente, o coração do mistério: o 17º andar. Os escritórios naquele andar eram desinteressantes e estranhamente banais, considerando-se os danos financeiros e a dor emocional que haviam gerado nos cinco dias anteriores. Apenas mesas de aparência barata, alguns computadores, alguns arquivos — mas nenhuma pessoa. Quando voltaram para o andar de cima, Richards lembrou, com uma risada, que Frank DiPascali estivera

ACORDANDO NA RUÍNA

lá na semana passada, mas "saiu para tomar um café e não voltou". Então ele foi para o aeroporto e pegou um voo para Londres, enquanto Sheehan e Picard começavam seu trabalho.

Para aquela dupla de velhos amigos, a liquidação Madoff seria a oportunidade de uma vida, o auge de suas longas carreiras — e o caso mais difícil que chegara às suas mãos.

Eles haviam encontrado casos de fraude antes, e mesmo esquemas Ponzi. Mas jamais haviam enfrentado nada nessa escala. Os números das perdas dos clientes eram atordoantes e as vítimas estavam espalhadas por todo o globo. A própria corretora era uma cena de crime, sob jurisdição de agentes do FBI e promotores federais. Funcionários com os quais contariam para obter informações estavam contratando advogados e permanecendo em silêncio. Eles não conseguiram encontrar o tipo de registros que esperavam encontrar; em vez disso, receberam milhares de páginas de confusa documentação, guardadas em milhares de caixas em três locais diferentes da cidade, muitas das quais em antiquadas microfichas.

Havia mais de cem funcionários, sabe-se lá quantos credores e ao menos 4 mil contas ativas, cada uma delas representando uma pessoa, uma família, uma sociedade, os beneficiários de um plano de pensão, um gigantesco fundo hedge com milhares de clientes ou uma agência do governo investindo o dinheiro de toda uma nação. Alguns dos clientes claramente eram inocentes e quase destituídos, mas outros eram fabulosamente ricos e possivelmente cúmplices — e, no dia em que Picard e Sheehan foram nomeados, eles não faziam ideia de quem era quem.

No papel, seu trabalho era simples: reunir tanto dinheiro dissipado quanto possível e dividi-lo entre os reivindicantes elegíveis sob supervisão do tribunal de falências. Mas a jornada que Picard e Sheehan teriam de empreender para chegar a esse objetivo os colocaria em rota de colisão com mais de metade das vítimas de Madoff.

*

No dia seguinte, terça-feira, 16 de dezembro, um drama legal diferente estava sendo encenado. Uma sala lotada no gabinete do procurador-geral em Manhattan foi o cenário escolhido pelos exaustos promotores para sua primeira reunião confidencial com Bernie Madoff e seus advogados.[11] Para alguns ex-promotores naquela sala, foi um cenário curioso para o delicado ritual conhecido como "a oferta".

A oferta é a ocasião na qual um advogado de defesa acompanha seu cliente para responder a perguntas e fornecer informações sob uma oferta limitada de imunidade que cobre o dia da conversa. Se as informações do réu forem boas e seu desejo de cooperar for persuasivo, a oferta pode dar a ele uma chance de acordo e aos promotores um mapa para futuros casos contra outros que podem estar implicados no crime.

Como em qualquer entrevista emocionalmente carregada, o ambiente é importante. Um promotor esperto quer que o réu se sinta à vontade, relaxado, quase íntimo das pessoas que o interrogam. Mas não existia esperança disso naquela oferta. Havia quase uma dúzia de pessoas na sala, algumas na longa mesa central e outras em cadeiras contra as paredes, e Madoff ainda nem chegara.

O promotor, Marc Litt, e seu chefe, Bill Johnson, sentaram-se em um dos lados da mesa, ao centro. Em torno deles havia dois agentes do FBI, vários advogados da SEC e algumas pessoas da SIPC.

Então, por volta das 11 horas, Madoff entrou, acompanhado por seus advogados Ike Sorkin, Dan Horwitz e Nicole De Bello. Eles assumiram seus lugares em torno da mesa, bem diante de Litt e Johnson.

Após as formalidades — principalmente o esclarecimento sobre o acordo de imunidade limitada —, Litt e Johnson começaram a fazer perguntas a Madoff.

Ele contou como começara seus negócios, como queria se estabelecer junto aos empresários judeus bem-sucedidos que cultivava e impressioná-los. Teve alguns problemas em 1962 e precisou pegar dinheiro emprestado com o sogro para cobrir as perdas dos clientes. Estava fazendo todo tipo de transação complicada, que tentou explicar. Teve problemas novamente, e

ACORDANDO NA RUÍNA 293

então começou a trapacear. Foi o início do esquema Ponzi. Esperava encerrá-lo rapidamente, mas não conseguiu. O esquema tornou-se grande demais.

Ele insistiu que operara o elaborado esquema sozinho. Ninguém o ajudara.

E quando ele saía de férias? Ele se comunicava através de Frank DiPascali?

Madoff deu de ombros. Não, disse, ele apenas era cuidadoso; ninguém mais estava envolvido.

Ninguém na sala acreditou nele.

Após várias horas, a reunião foi interrompida para o almoço. Madoff e seus advogados trouxeram sanduíches enrolados em papel para a mesa.

A sessão de oferta foi retomada. Perguntas começaram a ser feitas por toda a sala e algumas saíram pela culatra, interrompendo as respostas de Madoff e prejudicando a linha de raciocínio de quem fazia as perguntas.

Em algum momento dessa desordem intelectual, alguém perguntou a Madoff como e quando seu crime começara — e, mais tarde, ninguém concordou sobre o que ouvira, talvez porque ninguém tenha especificado qual crime. Algumas pessoas o ouviram dizer que o esquema começara nos anos 1960, quando perdera dinheiro dos clientes e precisara fazer um empréstimo com Saul Alpern para cobrir as perdas. Quando perdeu dinheiro mais tarde — ninguém se lembra se ele disse quando —, não podia novamente pedir ajuda a Alpern. Assim, começou a roubar de um cliente para pagar outro.

Outros mais tarde insistiriam que a fraude inicial que descrevera não era o esquema Ponzi, que ele afirmaria ter começado na década de 1990, mas sim os retornos falsos que relatara aos clientes nos anos 1960.

Qual era a resposta? Como sempre com Bernie Madoff, a verdade era uma criatura escorregadia. Ela deslizou para fora da sala lotada antes que alguém pudesse pegá-la e prendê-la.

Mas, se a verdade não podia ser presa, isso não significava que o próprio Madoff podia ficar livre. Na audiência inicial perante o juiz Douglas Eaton na quinta-feira anterior, seus advogados haviam concordado com os promotores sobre uma fiança de US$ 10 milhões, a ser assinada por quatro "pessoas financeiramente responsáveis". Agora, quase uma semana depois, Madoff não conseguia encontrar quatro pessoas para assinarem a fiança; somente a mulher e o irmão estavam dispostos.[12]

Os filhos nem sequer consideraram a hipótese. Mesmo que não tivessem sido silenciados pelo pesar e pela fúria, seus advogados não os deixariam falar com os pais, determinados a protegê-los de qualquer suspeita de estarem conspirando após o fato.

Madoff tampouco podia se voltar para os amigos mais próximos; eles também eram suas vítimas. Mesmo que seus advogados os deixassem atender o telefone, seria fatal para sua credibilidade durante as batalhas na sala de audiências que fossem vistos ajudando o homem que roubara tanto de tantos.

Assim, na quarta-feira, 17 de dezembro, Litt concordou em aceitar um acordo. No lugar de mais assinaturas, Madoff teria de se submeter à prisão domiciliar com monitoramento eletrônico e ofereceria como garantia as casas em Montauk e Palm Beach, ambas no nome de Ruth. Além disso, Ruth entregaria seu passaporte, como fizera Madoff. O magistrado Gabriel W. Gorenstein aprovou o novo acordo sem necessidade de audiência.

Naquela tarde, casualmente usando um boné de beisebol azul-marinho e uma jaqueta preta da Barbour, Madoff retornou a seu apartamento na East 64th Street, após receber o equipamento de monitoramento eletrônico. Não houve tempo para que seus advogados conseguissem seguranças para o trajeto até em casa e, assim, ele estava sozinho quando se aproximou das câmeras e microfones na calçada de seu edifício.

A mídia se esforçou para mantê-lo em foco enquanto ele, determinado, caminhava em direção à porta, com o rosto parecendo uma máscara e os lábios contraídos em uma linha fina. Alguém bloqueou seu caminho enquanto perguntas eram gritadas. Uma pessoa o empurrou pelo ombro esquerdo; ele tentou se esquivar, empurrando de volta e seguindo em frente. Abalado, finalmente chegou ao lobby e desapareceu no interior do edifício. A cena seria repetida pela televisão nos dias seguintes.

Se os promotores, cegados pela furiosa reação do público à fiança, estivessem procurando uma oportunidade de rever a questão, o empurra-empurra forneceu uma. Na manhã de quinta-feira, eles começaram a perguntar aos advogados de Madoff se seria seguro para ele permanecer em liberdade.

ACORDANDO NA RUÍNA

Seus advogados fizeram um esforço para preservar sua liberdade sem queimar os ativos que o governo precisaria reivindicar para suas vítimas. Conseguiram uma equipe de segurança 24 horas liderada por um ex-detetive da Polícia de Nova York, Nick Casale, e formada majoritariamente por ex--policiais.

Com a equipe em posição, os promotores concordaram em manter Madoff confinado a seu apartamento, saindo apenas para o tribunal ou em caso de emergência médica.

Os programas humorísticos imediatamente chamaram o arranjo de "prisão na cobertura".

*

Para as pessoas da SEC, especialmente no escritório de Nova York, a prisão de Madoff foi um momento de virar o estômago.

Foram necessárias apenas algumas horas para que traços das investigações anteriores fossem encontrados nos arquivos. Alguns funcionários haviam trabalhado nas inspeções mais recentes e assinado um memorando que dizia "A equipe não encontrou evidência de fraude". Durante um curto espaço de tempo, ainda torceram para que Madoff tivesse iniciado o esquema Ponzi *depois* de eles terem encerrado a investigação de 2006 baseada nas denúncias de Harry Markopolos. Essa implausível esperança durou menos de um dia.

"Quando ouvi a notícia de que Madoff fora preso, não pensei que estivesse relacionado com isso", lembrou o supervisor da equipe de 2006. "Achei que ele fizera algo diferente e foi só no dia seguinte que percebi do que se tratava."[13]

A reação de Harry Markopolos à notícia da prisão foi característica. De acordo com seu próprio relato, ele se armou com uma espingarda para se preparar para a possibilidade de os reguladores civis da SEC conseguirem armas, invadirem sua casa, apreenderem seu computador e seus documentos e destruí-los, a fim de se salvar da humilhação pública.[14] Em um nível mais prático, forneceu cópias de sua extensa documentação a repórteres do *Wall Street Journal*.[15] Na terça-feira, 16 de dezembro, um repórter do *Journal* telefonou para o escritório da SEC em Washington com perguntas sobre suas interações com Markopolos.

Mais tarde naquela noite, o presidente da SEC, Christopher Cox, saiu de uma reunião que durara o dia inteiro com a comissão e emitiu uma declaração sobre o caso Madoff. Ele disse que os investigadores da SEC estavam trabalhando com as agências da lei para rever "grandes quantidades" de informações que mostravam "os complicados passos dados pelo sr. Madoff para enganar investidores, o público e os reguladores".[16]

Essa tentativa de manter a dignidade ao mencionar a engenhosidade criminosa de Madoff foi eclipsada pela seguinte revelação de Cox: "A comissão descobriu que alegações críveis e específicas em relação à má conduta financeira do sr. Madoff, datando de no mínimo 1999, foram repetidamente levadas à atenção da equipe da SEC, mas nunca encaminhadas à comissão [...] Estou gravemente preocupado com as aparentes múltiplas falhas em investigar essas alegações no curso de ao menos uma década."[17]

Cox procurou pessoalmente o agressivo inspetor-geral da agência, H. David Kotz, orientando-o a iniciar uma investigação independente sobre o que dera errado.[18] Também ordenou que todos os funcionários da SEC que haviam tido "mais que contatos pessoais insubstanciais com o sr. Madoff ou sua família" se retirassem da investigação em andamento.

Suas declarações causaram um estrondo — o som de uma agência outrora orgulhosa batendo no fundo do poço. A SEC, que surfara durante anos sobre uma gasta reputação de excelência, chocou-se contra as duras consequências de mais de uma década de negligência e negação. O próprio Cox endossara muitas das políticas de desregulamentação e prioridades orçamentárias — e ignorara deficiências administrativas e habilidades declinantes — que contribuíram para o desastre. Mas havia culpa suficiente para distribuir a todos.

A reputação da agência já fora prejudicada naquele ano por sua má supervisão dos gigantescos bancos de investimento e outras instituições reguladas

ACORDANDO NA RUÍNA

que haviam quebrado ou pedido falência — incluindo o Bear Stearns e o Lehman Brothers. A SEC parecera cada vez mais irrelevante durante o pânico pós-Lehman, quando Cox era rotineiramente relegado às margens das entrevistas coletivas dominadas pelo secretário do Tesouro, Hank Paulson, e pelo presidente do Federal Reserve, Ben Bernanke. Agora estava claro que a agência falhara espetacularmente em cumprir sua principal missão: proteger os investidores. Era quase impossível de entender. Não perceber o crime de Madoff, a despeito de anos de denúncias e advertências "críveis", começou a parecer a mais assustadora falha dos 75 anos de história da SEC.

Mas Cox estava de saída. O presidente eleito Barack Obama estava a dias de anunciar que pretendia nomear Mary Schapiro como sucessora de Cox na presidência da SEC. Schapiro, uma mulher pequena e organizada com cabelo loiro na altura do queixo e maneiras suaves, era presidente da FINRA, a agência autorregulatória que evoluíra da NASD, desde 1996. Bernie Madoff já se tornara menos ativo na organização quando Schapiro chegou e ela só o encontrou algumas vezes durante seu mandato; não o via há anos.[19] Ela não sabia, na época, que Madoff administrava dinheiro em larga escala — e não havia razão para que soubesse, uma vez que nem a NASD nem a FINRA tinham jurisdição sobre gestores de fundos hedge ou consultores de investimentos. Ela tampouco lera os artigos publicados em 2001 sobre suas misteriosas habilidades como investidor.

Quando soube pela primeira vez da fraude de Madoff, ela estava limpando sua mesa no escritório da FINRA em Washington. Estava distraída com as exigências do processo de nomeação — os formulários financeiros, as perguntas do FBI e a preparação para a audiência de confirmação. Trabalhava com a televisão do escritório ligada e olhou para ela quando ouviu sobre a prisão. Ficou chocada. Mas, como os promotores que concordaram com a fiança, não compreendeu imediatamente a catástrofe que Madoff seria para seus investidores — e para a agência que ela concordara em liderar.

Obama anunciou sua nomeação na quarta-feira, 17 de dezembro, um dia após as chocantes revelações de Cox. Mas ela só assumiria dali a um mês, porque não podia ser confirmada pelo Senado antes da posse de Obama, em 20 de janeiro. Assim, só pôde observar enquanto Cox e seu staff sênior se debatiam durante os primeiros dias do escândalo devastador.

Estava claro para ela que a resposta da agência precisava convencer o público de que a SEC era capaz de restaurar regulações competentes e efetivas para o mercado — ou poderia não sobreviver como agência independente.

*

Sozinhos na cobertura na véspera de Natal, Bernie e Ruth Madoff organizavam alguns de seus tesouros pessoais.[20] Eles haviam acumulado coisas maravilhosas: um par de brincos antigos de diamante do início dos anos 1800; graciosos braceletes e brincos eduardianos em combinações de ônix negro, esmeraldas e diamantes; dezenas de relógios novos e antigos; e uma notável corda de 320 pérolas barrocas que podiam ser divididas em seções para formar gargantilhas, colares e braceletes.

Madoff certamente sabia que a maioria de seus tesouros, se não todos, fora comprada com dinheiro roubado. Na verdade, um dia antes da prisão, ele concordara com o congelamento de seus bens imposto pelo tribunal. As joias de Ruth não estavam tão claramente sob controle do tribunal — ela não fora acusada de nenhum crime e ainda não se submetera a um congelamento voluntário de bens, embora fosse fazer isso em alguns dias. Mas, independentemente dos detalhes legais, ambos sem dúvida sabiam que as joias de Ruth — como as paredes em torno deles, a mobília na qual se sentavam e os casacos e botas no closet — em breve seriam confiscadas pelo governo para as vítimas de seu marido.

Mesmo assim, a cobertura, a mobília e as roupas ainda estavam lá, reunidas em torno deles, ao alcance das mãos. Após o drama quase surreal das últimas duas semanas, talvez esses tesouros e todo o mundo confortável no interior da cobertura parecessem seus.

Ruth reuniu quatro broches de diamantes, um colar de diamantes, um anel de esmeraldas e algumas outras belas peças. Bernie escolheu dois conjuntos de abotoaduras, uma delas um presente pouco dispendioso de uma de suas netas; algumas caras canetas-tinteiro; e mais de uma dúzia de

ACORDANDO NA RUÍNA

exemplares de preciosos relógios de sua adorada coleção. Eles embalaram esses artigos cuidadosamente, formando uma pilha de pequenos pacotes, e incluíram breves notas de remorso e afeto. Tentando adivinhar o custo da postagem, Ruth adicionou selos aos pacotes e os enviou para os filhos, a nora, sua irmã, Peter Madoff e alguns de seus amigos mais próximos.

Ela jamais pensou no furor legal que os presentes causariam, pois acreditava que ela e Bernie estariam mortos antes mesmo de eles serem entregues.[21]

A vida desde a prisão do marido havia sido feia, assustadora e triste, cheia de "cartas odiosas, telefonemas e advogados", lembrou ela mais tarde. Madoff disse que ambos estavam em "um estado severo de depressão".[22] Em certo momento, Ruth disse a Bernie: "Não sei como vou conseguir passar por tudo isso; não sei se quero tentar."[23] Ela sentiu que eles concordavam em não continuar vivendo aquele pesadelo.

Após enviar seus presentes de despedida, eles juntaram todos os Ambien que conseguiram encontrar no apartamento, engoliram punhados dos minúsculos comprimidos cor-de-rosa e foram se deitar. Ruth esperava morrer dormindo.

"Acordamos na manhã passando muito mal, mas vivos", contou Madoff.[24] Ruth mais tarde descreveu a tentativa de suicídio como "muito impulsiva" e disse ter se sentido "feliz por ter acordado". Mas o mundo que os aguardava do lado de fora da cobertura naquela manhã ainda estava cheio de suspeita, isolamento e ódio. Ruth começou a simplesmente ignorar as notícias, construindo um casulo para se proteger de uma brutal nova vida, tão dolorosa que, durante alguns momentos, ela estivera pronta para abandoná-la para sempre.[25]

Alguns dias depois, um dos filhos alertou os promotores, dizendo ter recebido presentes valiosos. Os impensados mimos dariam a Marc Litt mais uma oportunidade de argumentar que Bernie Madoff não era confiável o bastante para permanecer livre sob fiança.

Uma semana após, em uma reunião com os advogados do marido, Ruth mencionou os presentes. O advogado logo a avisou que tinha de tentar recuperar os pacotes — imediatamente. Ela enviou e-mails urgentes para os filhos, pedindo que os pacotes fossem devolvidos.

Não houve resposta.

12

CALCULANDO O PREJUÍZO

Como em todos os eventos de devastação pessoal, eles se lembram exatamente de onde estavam e o que estavam fazendo quando foram arruinados.

Tim Murray, gerente de propriedades em Minnesota, cuja família inicialmente investira com Madoff por intermédio de Mike Engler, estava viajando e quase saiu da estrada quando ouviu a notícia sobre a prisão. Inicialmente, achou que era apenas mais um dos rumores invejosos que surgiam regularmente sobre ele — sempre investigado, sempre inocentado. Dada a estatura de Madoff em Wall Street, ele pensou: "Devo acreditar que um dia ele se levantou pela manhã e fez algo para ser preso? Acho que não."[1] Mas Madoff *fora* preso e todo o dinheiro que Murray e a família haviam confiado a ele desaparecera.

Outra investidora de segunda geração estava cortando o cabelo quando a irmã telefonou com notícias de que "tudo evaporou".[2] A percepção de que seus idosos pais haviam perdido tudo "chegou rapidamente e me atingiu com força. Ficamos muito preocupadas".

O papel cinzento rolou da máquina de fax de Mary Thomajan um dia depois de ela voltar de sua viagem de busca espiritual à Índia. Ela esperava que fosse um extrato confirmando que tinha dinheiro para a vida de sonhos que planejava construir em Santa Fé, no Novo México. O fax era de um pequeno fundo feeder no qual ela confiara durante dezoito anos, dizendo que todo o seu dinheiro estivera investido com Madoff, que fora preso. "Nos 50 segundos que levei para ler o fax, passei de multimilionária para alguém cujas economias haviam desaparecido. A vida que eu conhecia havia sido alterada para sempre."[3]

Ellen Bernfeld, cantora e compositora com sonhos de ser autora, estava almoçando com amigos quando recebeu "o telefonema arrasador que mudou meu mundo".[4] Ela refletiu tristemente: "Meu pai não está vivo para ver esse terrível desastre e sofrer as consequências, mas minha mãe está e, como filha da Grande Depressão, esse é seu pior pesadelo."

O filho de Robert Halio telefonou para ele em sua casa de repouso em Boca Raton. "Quase caí no chão", lembrou ele. "Não conseguia recuperar o fôlego e pensei que estava tendo um infarto. Fiquei em choque."[5] Economias de toda a vida, o valor sacado de suas apólices de seguro — 95% da modesta fortuna dele e da esposa — haviam sido confiados a Madoff e desaparecido. Sua esposa, Stephanie, estava entrando no cinema com uma amiga, também investidora de Madoff, quando a amiga recebeu um telefonema com as mesmas terríveis notícias. O telefonema de Robert chegou alguns momentos depois. "Eu tinha esperança de que fosse tudo um terrível engano", disse ela.[6]

Uma investidora estava com o marido num consultório ortopédico em Nova York, recebendo uma injeção de cortisona para o quadril dolorido. Enquanto vestia a calça jeans, o marido recebeu a notícia pelo celular. Ele ficou desolado, quase histérico. Ela teve de ajudá-lo até o carro e dirigir até sua casa em Nova Jersey. "Tudo pelo que ele trabalhara durante toda a vida havia sumido — puf!"[7] Quando eles finalmente entraram em casa, "Fui para o banheiro e vomitei".

Steven Norton, de Fort Lauderdale,[8] acabara de chegar em casa após o funeral do irmão de seu sócio. Uma mensagem de voz do corretor lhe informou que sua aposentadoria desaparecera. Norton telefonou para a cunhada viúva de seu sócio em Miami, a fim de repassar a mesma terrível notícia. Tendo acabado de perder o marido, também um investidor de Madoff, ela agora perdera tudo o que ele economizara para mantê-la confortável.

CALCULANDO O PREJUÍZO 303

Kate Carolan ouviu a notícia quando o marido, Gordon Bennett, a acordou e disse: "Kate, acabamos de perder nossa casa."[9] Bennett vendera seu bem-sucedido negócio de alimentos naturais em 1988 e devotara seu tempo e dinheiro às causas ambientais. Graças às suas economias, todas investidas com Madoff, ele e Kate trabalhavam em sua nova e semiacabada casa perto da magnífica reserva litorânea em Point Reyes, ao norte de São Francisco. A princípio, ela achou que o marido estava brincando. "Kate, estou falando sério: Madoff foi preso por fraude de títulos", repetiu ele.

Outra vítima de meios muito modestos disse que se sentiu como se um talismã valioso tivesse subitamente saído de seu alcance. Saber que seu dinheiro estava investido com Madoff "era como a pena de Dumbo", disse ela, refletindo sobre o clássico da Disney sobre o elefante voador que acha que sua habilidade é resultado da pena mágica que lhe foi dada por um corvo. "Não é a pena que faz com que você voe", disse ela.[10] "Mas ela a faz pensar que você tem uma coisa mágica [...] sentíamos como se tivéssemos uma bela rede de segurança e agora não há nenhuma."

Frenéticos telefonemas foram dados de sobrinhas para tias, filhas para pais, netos para avós, de um amigo para outro: "Bernie Madoff acaba de ser preso!" E, com sua prisão, seus mundos mudaram para sempre.

*

Na terça-feira, 23 de dezembro de 2008, a angústia que assaltara dezenas de milhares de vítimas invisíveis de Madoff em todo o mundo subitamente se tornou vívida e tragicamente evidente para o público.

René-Thierry Magon de la Villehuchet, o aristocrático vendedor de produtos financeiros francês, cofundador da Access International, fora pessoalmente advertido contra Madoff. Um aviso viera na primavera de 2006, do analista de fundos hedge que ele e o sócio haviam contratado, mas cujos conselhos haviam ignorado. Outro supostamente viera de Harry Markopolos,[11] que afirma em sua biografia que ele e o francês viajaram juntos pela Europa para vender um novo produto financeiro que Markopolos

304 O MAGO DAS MENTIRAS

criara. Ele disse que fez a advertência antes da viagem, mas o francês se tornou "extremamente defensivo" e imediatamente rejeitou a possibilidade de fraude. Markopolos também alegou que de la Villehuchet ignorou sua oferta para expor seu caso ao diretor de pesquisa da Access International.

Quando foi ao ar, em 11 de dezembro, a notícia de que Madoff fora preso, a equipe do escritório da Access International em Midtown, na Madison Avenue, amontou-se em torno da televisão do escritório do chefe, boquiaberta e silenciosa. "Foi um momento eterno", lembrou um funcionário mais tarde. "Um castelo de cartas desabando ao vivo na CNBC."[12]

De la Villehuchet tinha 65 anos e passou os dias após a prisão consultando freneticamente seus sócios e advogados sobre a situação do fundo com Madoff — um total de cerca de US$ 1,6 bilhão, incluindo US$ 50 milhões de seu próprio dinheiro. Na época, parecia haver pouca esperança de recuperar alguma coisa. "É um pesadelo", disse ele a um devoto cliente em Paris durante um telefonema na manhã de segunda-feira, 22 de dezembro.[13]

Naquele dia, ele calmamente pediu a seu jovem assistente que comprasse um estilete, como se fosse algo de que precisava no escritório.

— Deixe-o sobre minha mesa — disse ele.

Mais tarde, ele pediu a chave do assistente, dizendo que trabalharia até tarde e precisava da chave para trancar o escritório. Telefonou para a esposa, dizendo que tinha um compromisso e que ela não deveria esperá-lo. Então dispensou a equipe de limpeza às 19 horas e trancou a porta.[14]

Em algum momento da noite, ele posicionou a lixeira para proteger o carpete, cortou o pulso e o antebraço com o estilete e sangrou até a morte.

*

Irving Picard era um homem absolutamente prosaico. Ele ergueria as sobrancelhas à imaginativa noção de que o drama legal que cercava a corretora falida que administrava judicialmente era uma jornada heroica para fugir do caos ou uma busca mítica por um tesouro perdido. No nível racional, no qual preferia operar, era apenas um caso de falência sob a Lei de Proteção aos

CALCULANDO O PREJUÍZO 305

Investidores em Títulos — o maior, mais triste, duro, furioso e possivelmente longo caso jamais litigado sob essa lei. Mesmo assim, um caso de falência.

Isso o tornava um dos 10.629 casos pendentes perante os dez juízes federais de falência em Manhattan, um total que incluía o caso do gigante Lehman Brothers e, em breve, incluiria as falências da Chrysler e da General Motors. E um caso de falência, que marca a morte de uma empreitada comercial, move-se no imponente passo de um cortejo fúnebre. Ele não galopa, não corre e não envereda por desvios ou atalhos.

Em uma falência corporativa típica, esse ritmo fúnebre é irritante, mas tolerável. O devedor está reorganizando ou liquidando um negócio fracassado e tem trabalho a fazer, e os bancos e outros credores experientes sabem o que esperar. Mas, nesse caso, muitos dos credores eram vítimas desesperadas de um crime, que haviam perdido tudo em uma fraude maciça, e algumas delas dependiam do dinheiro do patrimônio do devedor para pagar a hipoteca ou comprar remédios. A poesia do sistema judicial pode ser que "justiça tardia é justiça negada", mas a tradução em prosa é que demora muito para a justiça chegar em uma complicada liquidação da SIPC entremeada pela investigação criminal de uma fraude que se estendeu por todo o mundo e afetou milhões de pessoas.

A maneira como Madoff organizou a fraude aumentou as complexidades para a SIPC, criando um nó de angustiantes questões que não seria desfeito durante anos.

Primeiro, havia a questão de quem se qualificava como "cliente" elegível para a proteção da SIPC. Os clientes de Madoff eram apenas fundos feeder como o Fairfield Sentry e o Ascot Partners de Ezra Merkins, cujos nomes estavam nos extratos? Ou todos os vários investidores desses fundos se qualificavam individualmente como clientes? A longo prazo, isso poderia não fazer diferença — quaisquer ativos recuperados terminariam nas mãos certas, diretamente ou por meio de um desvio pelos fundos. Mas, no curto prazo, a resposta determinava se um fundo feeder receberia um único adiantamento de US$ 500 mil da SIPC para dividir entre todos os seus investidores ou se *cada um* desses investidores seria elegível para um adiantamento nesse valor.

306 O MAGO DAS MENTIRAS

Segundo, e supostamente mais importante, havia a questão de quanto um cliente elegível poderia reivindicar como perda. Seria o valor demonstrado no último extrato, recebido algumas semanas antes da prisão de Madoff? Ou a quantidade de dinheiro que o cliente investira originalmente do próprio bolso, sem nenhum lucro ficcional adicionado? Uma vítima com um saldo considerável, mas que já retirara o dinheiro que originalmente investira, deveria receber parte dos ativos que Picard conseguisse recuperar? Ou cada centavo que o administrador judicial recuperasse deveria ser reservado àqueles que não haviam retirado todo o seu investimento antes de o esquema ruir?

E quanto às vítimas que haviam retirado milhões de dólares a mais do que haviam investido, pensando que estavam apenas sacando lucros legítimos? O administrador judicial poderia processá-las para pegar o dinheiro de volta? Se sim, basearia sua decisão em quanto haviam retirado? Em quanto ainda tinham? Ou, de algum modo, em quanto poderiam saber sobre o que Madoff estava fazendo?

Era preciso bancar o rei Salomão com essas questões e cada possível resposta deixaria alguém furioso ou confuso. E, assim como no precedente bíblico, conseguir a resposta "certa" exigiria sabedoria sobre o coração humano, não apenas conhecimento sobre as regras da Justiça. A imperfeita busca por respostas a essas questões impediria a liquidação da empresa de Madoff por mais de dois anos e infligiria danos a todos os envolvidos.

Picard e Sheehan acreditavam que a lei que se aplicava ao esquema Ponzi era clara: as vítimas podiam recuperar apenas o dinheiro que haviam investido, não os lucros fictícios supostamente gerados pela própria fraude. Sua opinião era partilhada pelos advogados da SIPC, pelos oficiais da SEC e por grande número de advogados de falência.

Também era apoiada por decisões já publicadas em relação à falência pendente do fundo hedge Bayou, o esquema Ponzi cujo colapso em meados de 2005 quase destruiu a fraude do próprio Madoff. Ainda em 2007, o juiz do caso Bayou decidiu que, se uma vítima tivesse retirado dinheiro além de seu investimento original,[15] os lucros fictícios teriam de ser devolvidos.

CALCULANDO O PREJUÍZO

Quase todos os investidores do fundo Bayou que haviam retirado dinheiro até seis anos antes do colapso da fraude — o prazo de prescrição sob as leis de proteção ao credor de Nova York — receberam ordens de devolver os lucros fictícios.[16]

Mas, ao adotar essa visão de como calcular as perdas no maior esquema Ponzi do mundo, Picard e Sheehan se tornaram os defensores solitários de algumas das vítimas (aquelas que não haviam sacado nada, ou apenas parte, do dinheiro que haviam investido) e os adversários amargamente desprezados de outras (aquelas que haviam sacado todo o seu investimento original e talvez muito mais).

Os investidores de Madoff que se opunham a Picard argumentariam que o fundo Bayou era diferente porque não era um caso da SIPC — e que a SIPC era obrigada a honrar as "expectativas legítimas" dos clientes, refletidas nos extratos finais antes do colapso da fraude. Da maneira como viam a situação, fazer qualquer coisa diferente seria simplesmente ilegal.

Em breve, alguns deles passariam a acreditar sinceramente que Picard e Sheehan estavam deliberada e insensivelmente violando a lei para proteger a SIPC à custa de milhares das arrasadas vítimas de Madoff. E qualquer um que dissesse outra coisa cruzara a linha para o campo inimigo.

*

Um pouco depois das 14h30 de segunda-feira, 5 de janeiro de 2009, o magistrado Ronald Ellis se inclinou para a frente e disse: "Sr. Litt, por que o senhor não me diz exatamente por que estamos aqui?"[17]

A essa altura, o ultraje público contra Madoff e sua família se tornara um rugido incessante e reverberante. Os filhos de Madoff não podiam deixar suas casas sem que fotógrafos os seguissem. Shana Madoff, que esperava o seu primeiro filho, e o marido Eric Swanson, ex-advogado da SEC, viram-se sob feroz escrutínio depois que o *The Wall Street Journal* publicou um artigo sugerindo que seu relacionamento poderia ter ajudado a retirar a atenção da SEC da fraude oculta de seu tio.[18]

Quanto a Ruth Madoff, o consenso nos tabloides da cidade e nas virulentas fofocas da internet era de que ela era a nova Maria Antonieta, a tola e mimada rainha do marido e, muito provavelmente, sua cúmplice. Ela não podia deixar o apartamento para ir ao mercado na esquina sem ter um bando de paparazzi em sua cola. O clamor contra Madoff e a família estava no máximo.

Durante a audiência, Litt fez seu melhor para convencer o juiz Ellis a mudar de ideia sobre a fiança de Madoff. Mas ele estava lutando contra o princípio legal de que todos os réus são supostamente inocentes até que seus casos sejam julgados. Mesmo que uma pessoa acusada tenha confessado, ela ainda é considerada inocente aos olhos da lei e será ônus do promotor provar sua culpa para além de qualquer dúvida razoável. Por causa desse princípio, todos os réus têm direito à fiança, a menos que sejam um perigo para a comunidade ou para si mesmos, ou apresentem grande probabilidade de fuga.

Litt argumentou que as circunstâncias haviam mudado desde que o colega do magistrado, o juiz Eaton, aprovara a fiança de Madoff em 11 de dezembro. A investigação governamental progredira e a extraordinária escala do crime havia sido confirmada. Madoff estaria enfrentando uma pena "muito, muito longa", continuou Litt em sua suave voz de palestrante. E concluiu: "A idade do réu, a duração da provável sentença e a força das provas contra ele, incluindo suas confissões, apresentam claro risco de fuga."

O juiz Ellis observou brandamente que todos esses fatos eram de conhecimento do governo quando concordara com as condições para a fiança de Madoff, aprovadas pelo juiz Gorenstein uma semana após a prisão. Além disso, Madoff já entregara seu passaporte. Então, o que realmente mudara?

O que mudara, explicou Litt, fora que os Madoff enviaram todos aqueles pacotes com valiosos presentes de Natal para a família e os amigos, desafiando o congelamento de bens imposto no caso civil iniciado pela SEC. Embora os itens tivessem sido rapidamente recuperados, o episódio era prova de que Madoff "não é capaz de respeitar os limites impostos pelo tribunal".

Quando chegou a vez da refutação de Ike Sorkin, ele observou que, mesmo agora, Litt não estava afirmando que Madoff violara qualquer uma

CALCULANDO O PREJUÍZO

das condições para a fiança que haviam sido impostas no caso criminal contra ele. Em vez disso, estava se queixando de que Madoff violara um congelamento de bens que havia sido imposto por um juiz diferente em um caso diferente — um congelamento que nem sequer se aplicava a Ruth.

E como Madoff fizera isso? Enviando itens que são "mais bem descritos como relíquias de família". Sim, alguns itens possuíam valor material, mas a maioria possuía valor sentimental — algumas luvas, algumas abotoaduras. Ele retratou o incidente como um erro inocente, causado pelo constrangido desejo de Madoff de realizar um gesto de reconciliação e conexão em relação aos filhos que então lhe eram hostis, ao irmão e aos amigos.

Tão próximo da raiva visível quanto já estivera em um tribunal, Litt protestou: "O governo não está aqui por causa de luvas e abotoaduras." E continuou, mais calmamente: "Estamos aqui por causa de centenas de milhares, talvez milhões de dólares em relógios sofisticados e outras joias." O réu violara uma ordem judicial ao enviar esses presentes pelo correio e "isso é uma mudança de circunstâncias. Foi isso que nos trouxe até aqui".

Novamente, Litt falhou em convencer o tribunal de que Madoff deveria ser preso antes do julgamento. O juiz Ellis decidiu que o réu poderia permanecer em liberdade, confinado a sua cobertura.

Um mês depois, em um tribunal diferente, com um mandato diferente, o juiz Burton R. Lifland estava ficando preocupado.

Um dos juízes servindo há mais tempo no tribunal federal de falências de Manhattan, Lifland, que supervisionava a liquidação dos ativos de Madoff, também era um especialista na complicada interação entre as leis norte--americanas de falência e as regras aplicadas em países estrangeiros. No caso Madoff, que se estendia por todo o globo, estava se tornando evidente que havia cozinheiros demais na superaquecida cozinha.

O Serious Fraud Office em Londres estava investigando a afiliada inglesa de Madoff após receber um relatório confidencial dos contadores que liquidavam a corretora sob a lei inglesa.[19] Mas Lee Richards, o consignatário que a SEC colocara a cargo da afiliada de Londres, não estava recebendo a cooperação que esperava dos liquidantes londrinos.[20] Enquanto isso, vários outros governos europeus conduziam suas próprias investigações sobre Madoff. Promotores franceses deram início a um inquérito preliminar e estavam de olho nas propriedades de Madoff na França — a casa, o iate de US$ 7 milhões e o estaleiro de US$ 1,5 milhão ao qual estava ancorado — como fonte de compensação para as vítimas locais.[21] Os reguladores espanhóis examinavam as perdas dos fundos Optimal.[22] Oficiais austríacos haviam iniciado uma inspeção emergencial do Banco Medici.[23] Irving Picard já pedira ao juiz Lifland permissão para contratar um advogado inglês e preparava solicitações para auxílio legal adicional em mais de meia dúzia de outros países.

Havia vagas insinuações de conflito também no cenário doméstico. David Sheehan discutia com os promotores federais sobre as intimações que desejava enviar a dezenas de indivíduos que os promotores ainda não queriam que abordasse. Algumas propriedades confiscadas de Madoff que Picard poderia vender em benefício das vítimas estavam sendo retidas pelo Serviço de Delegados dos Estados Unidos — que, ao contrário da SIPC, deduziria as próprias despesas dos ativos disponíveis para as vítimas, irritando Picard e Sheehan. A SEC tentava investigar o caso Madoff enquanto era investigada por seu próprio inspetor-geral.

E assim, na quarta-feira, 4 de fevereiro, após uma audiência de rotina sobre o caso, o juiz Lifland fez um gesto indicando que Picard e Sheehan deveriam esperar um momento.

"Acho que as coisas estão andando um pouco mais devagar do que as pessoas esperavam, ao menos no front público", disse ele.[24] "Realmente não sei o que está acontecendo nos bastidores." Mas, com "tantos agentes, agências e unidades do governo encarregados de maximizar a recuperação", Lifland começava a sentir que "as agências não estão trabalhando juntas".

E acrescentou: "Eu gostaria de que todas as partes envolvidas começassem a trabalhar em harmonia, não em desarmonia."

Ele não soou otimista — e por uma boa razão. A desarmonia estava vencendo, sem nenhuma dúvida. Um exemplo perfeito disso ocorreu naquele mesmo dia em Washington, D.C., onde o House Financial Services

CALCULANDO O PREJUÍZO

Committee [Comitê de Serviços Financeiros da Câmara dos Representantes] realizou sua segunda audiência pública sobre o escândalo Madoff desde o Ano-Novo.

As vítimas de Madoff haviam esperado encontrar justiça nos salões do Congresso, mas ele se provaria um beco sem saída para aqueles que procuravam ajuda prática imediata ou rápidas mudanças legislativas. No entanto, aqueles que pediam que a SEC fosse responsabilizada por suas catastróficas falhas foram rapidamente atendidos. Nesse dia, a principal testemunha foi Harry Markopolos, o ignorado denunciante de Boston. Seu depoimento foi apimentado por insultos de baixo calão e energizado por uma raiva em relação à SEC que refletia perfeitamente a fúria das vítimas de Madoff.

"O pior cego é aquele que não quer ver, e essa foi a atitude adotada pela SEC", disse ele.[25]

"A SEC é um grupo de 3.500 galinhas encarregadas de caçar raposas. Bernie Madoff, como muitos outros fraudadores de títulos, teve de se entregar porque as galinhas não conseguiam pegá-lo, mesmo quando lhes disseram exatamente onde olhar."[26]

Houve vários floreios de filmes de espionagem. "A fim de minimizar o risco de descoberta de nossas atividades e a ameaça de potencial dano físico a mim e a minha equipe, submeti relatórios à SEC sem assiná-los", disse Markopolos aos membros do comitê.[27] "Minha equipe e eu presumimos que, se o sr. Madoff soubesse de nossas atividades, poderia se sentir suficientemente ameaçado para tentar nos calar."

Como Madoff já enfrentava a perspectiva de prisão perpétua, "ele não teria nada a perder" se simplesmente mandasse matar seus acusadores. "Em vários momentos durante esses nove anos, tememos por nossas vidas."[28]

Essas dramáticas revelações simplesmente reforçaram as perguntas que *não* foram feitas a Markopolos: se ele estava convencido de que Madoff era um criminoso perigoso, por que não o delatou às autoridades? Por que insistiu em enviar denúncias sobre um trapaceiro potencialmente assassino a uma agência civil — e sempre a *mesma* agência civil? Se o escritório de Boston da SEC o via como fonte crível, por que não o enca-

312   O MAGO DAS MENTIRAS

minhou ao escritório do FBI em Nova York ou mesmo ao Departamento de Justiça, e não apenas à SEC? Ele nunca esclareceu esses mistérios.

Alguns membros do Congresso pareceram desconfortáveis, particularmente quando Markopolos descreveu como usara luvas de látex ao preparar o pacote anônimo de informações que, sem sucesso, tentou entregar a Eliot Spitzer, então procurador-geral de Nova York, durante uma palestra em Harvard. Ninguém fez a pergunta óbvia: por que não colocar o pacote no correio?

Na maior parte do tempo, entretanto, Markopolos foi aplaudido e celebrado. Em seguida, deu-se o flagelo público da SEC.

Um painel de reguladores sentou-se à mesa de testemunhas, liderado por Linda Chatman Thomsen, a diretora nacional de execução da SEC. A equipe aparentemente não compreendera bem a situação: ela viera armada com tecnicalidades e vagas insinuações de privilégio executivo.[29]

O painel do Congresso não queria ouvir que uma investigação criminal em andamento e uma investigação interna do inspetor-geral da SEC tornavam legalmente impossível que as testemunhas fornecessem os detalhes reveladores que o comitê exigia — embora isso provavelmente fosse verdade. Em vez disso, o comitê disparou perguntas retóricas, ficando mais zangado a cada resposta inadequada. Seus insultos revelaram um nível chocante de hostilidade.

A observação mais impiedosa foi feita pelo representante Gary L. Ackerman, democrata de Nova York. "Achávamos que o inimigo era o sr. Madoff", disse ele aos oficiais da SEC alinhados a sua frente. "Acho agora que são vocês."[30]

Um pouco mais tarde naquele dia, a recém-empossada presidente da SEC, Mary Schapiro, enviou uma carta apologética ao presidente do comitê e seus principais membros republicanos, prometendo trabalhar com eles para seguir em frente.

Mas o dano estava feito. O Congresso estava retomando a questão de uma maciça reforma regulatória aventada após o colapso financeiro de setembro

CALCULANDO O PREJUÍZO

de 2008. A falha da SEC no caso Madoff ameaçava apagar todas as realizações que ela poderia oferecer para justificar sua existência independente. O desprezo e a impaciência vistos na audiência certamente faziam com que isso parecesse uma terrível possibilidade.

*

Em seu esforço para apressar o processamento das reivindicações, Irving Picard precisava localizar o maior número de vítimas de Madoff, o mais rapidamente possível. A SIPC já criara um site e uma linha de atendimento e agora ele estava decidido a adotar uma abordagem mais proativa, procurando as vítimas em vez de esperar que fossem até ele. Em 6 de fevereiro, instruiu seus consultores forenses a protocolar uma evidência pública no tribunal de falências, que consistia em mais de 13 mil nomes encontrados nos extratos dos arquivos de Madoff. Como documento público, a lista estava disponível para qualquer um que quisesse uma cópia e rapidamente foi postada na internet.

Os "nomes Madoff" instantaneamente se tornaram uma sensação mundial, um mapa para os astros e titãs que haviam sido roubados e também um rol de pessoas comuns que tinham — ou algum dia possivelmente tiveram — uma conta Madoff. Na França, ela foi chamada de *la liste de pigeons*. Na Inglaterra, o *Guardian* a publicou com destaque. O *The Wall Street Journal* criou um mapa que mostrava a concentração geográfica das vítimas. O *The New York Times* criou um banco de dados on-line que podia ser pesquisado por nome, cidade, estado e CEP, e imediatamente atraiu um número surpreendente de visitantes. Praticamente toda publicação regional do país, se não do mundo, publicou uma matéria sobre os "nomes" locais que haviam surgido na "lista". Algumas contas estavam ativas, outras não. Algumas pessoas nomeadas insistiam que jamais haviam investido com Madoff e algumas já haviam revelado sua participação.

Entre as surpresas encontradas na lista estavam os nomes de Nathan e Rosalie Sorkin, de Boca Raton, Flórida — os falecidos pais de Ike Sorkin.

A lista também continha o nome "Squadron, Ellenoff, Plesent & Sheinfeld", o agora extinto escritório de advocacia do qual Sorking já fora sócio.

Parecia bizarro: o cliente de Ike Sorkin atraíra seus pais e seus antigos sócios para um esquema Ponzi. Mas era verdade.

Em um caso observado com tanta atenção e interesse, os promotores precisavam ter certeza de que tudo era feito estritamente pelas regras. E, pelas regras, o advogado de um réu não deveria ter uma conexão tão próxima com suas supostas vítimas. Era um conflito que poderia lançar dúvidas sobre o empenho de Sorkin na defesa de seu cliente — e isso poderia causar problemas para o governo se Madoff apelasse da condenação ou da sentença. Nos bastidores, os promotores começaram a insistir para que Madoff desistisse de evocar conflitos de interesse durante a apelação; algumas semanas depois, ele o fez publicamente.

A lista pode ter servido a seu objetivo. Certamente conseguiu a atenção das pessoas cujos nomes estavam nela, e isso permitiu que Picard rapidamente excluísse as contas encerradas havia muito ou simplesmente errôneas. Mas, para muitas vítimas traumatizadas de Madoff, sua publicação pareceu uma agressiva invasão de privacidade — mais uma injúria causada por Irving Picard.

A lista elencou apenas clientes diretos, não aqueles que haviam investido por meio de fundos feeder. Assim, não havia registro de uma conta do fundo Herald em nome de William Foxton, um homem corado de cabelos ruivos que era major reformado do Exército inglês.

Como seu filho Willard Fox mais tarde relatou durante um comovente documentário da BBC,[31] o major Foxton passara a vida servindo bravamente em lugares perigosos. Perdera uma mão em combate e recebera a Ordem do Império Britânico. Mais tarde, participara de missões de auxílio humanitário e testemunhara contra criminosos de guerra. Em todos os níveis, o major Foxton era um homem corajoso, ético e muito reservado.

As pesquisas de sua família indicaram que Foxton investira quase US$ 3 milhões nos fundos Herald USA e Herald Luxembourg, ambos patrocinados

CALCULANDO O PREJUÍZO 315

pelo Banco Medici em Viena, em algum momento do fim de 2004 ou início de 2005. Ele esperava viver desses investimentos após a aposentadoria civil em novembro de 2008.

Willard Foxton mais tarde diria que o pai não tinha ideia de que era um investidor de Madoff — ele acreditava que seu dinheiro estava investido em um fundo seguro e diversificado em um estável banco austríaco.

No início de fevereiro, o major Foxton disse ao filho que estava discordando do banco quanto aos investimentos. Então seu filho recebeu um e-mail erraticamente pontuado:

> Querido Will, serei breve. Eu tinha algum de fato todo o meu dinheiro em dois fundos Herald USA e Herald Luxembourg investido na Áustria. Agora descobri que o escritório está fechado e o dinheiro foi investido em fundos hedge de Madoff do esquema Ponzi. Perdi tudo. Estou considerando se devo ou não declarar falência. Sentindo-me bastante para baixo e deprimido. Isso é tudo por enquanto.[32]

Em 10 de fevereiro, Foxton levou sua pistola militar para um pequeno parque perto de sua casa em Southampton. Ele se deitou em um longo banco sob algumas árvores desfolhadas e, algum tempo depois, atirou em si mesmo.

*

Normalmente, não há "reuniões com credores" em casos de falência da SIPC. Mas não havia nada normal nesse caso e o código de falência permitia tais encontros. Assim, Irving Picard e David Sheehan decidiram que fariam uma — não exatamente uma reunião de "credores", mas uma reunião de "clientes". Ela foi agendada para sexta-feira, 20 de fevereiro.

Os investidores começaram a fazer fila logo cedo na Old Customs House, o clássico edifício com colunas que abriga os tribunais federais de falência na parte baixa de Manhattan. Algumas vítimas ainda esperavam que remanescentes dos US$ 64,8 bilhões que achavam que possuíam alguns meses antes tivessem sido encontrados.

Logo depois das 10 horas, Picard e Sheehan subiram ao palco do auditório do edifício e se sentaram a uma mesa dobrável de metal com um advogado sênior da SIPC chamado Kevin Bell, um homem alto e taciturno com cabelos grisalhos em um distinto corte à escovinha.[33] Microfones foram instalados na mesa e em ambos os lados do auditório, perto do palco.

A plateia, aglomerada perto da frente do salão, era bastante diversa — alguns usavam suéteres ou camisas de flanela, outros vestiam ternos e caras gravatas. Muitos falaram com os repórteres sobre as dificuldades que eles ou suas famílias enfrentavam desde a prisão de Madoff e expressaram sua fúria em relação aos reguladores federais que haviam falhado em protegê-los.

Abrindo a reunião, Picard explicou que ele e Sheehan fariam uma breve explicação e então responderiam a perguntas.

"Há algumas regras", disse ele. "Número 1, esse caso — como vocês bem sabem — envolve um crime e, por isso, estamos operando em uma cena de crime."[34] Embora ele e sua equipe trabalhassem de maneira coordenada com os agentes do FBI e os investigadores da SEC, "há um limite para o que podemos dizer". Ele pediu que os investidores "respeitassem o sistema judicial, para que ele possa funcionar".

Suas explicações foram detalhadas e legalmente precisas, mas possivelmente um pouco densas para os investidores menos sofisticados na plateia. Ele explicou que as vítimas seriam pagas de suas fontes de dinheiro: adiantamentos da SIPC e quaisquer ativos que ele conseguisse recuperar, o que levaria "algum tempo. Não podemos, a essa altura, especular sobre quanto tempo".

Ele discutiu a possibilidade de vender a operação de criação de mercados de Madoff em benefício dos investidores. Disse que contratara um consultor para aconselhá-lo sobre a venda das impressões de Roy Lichtenstein e outras obras de arte encontradas nas premissas. Contratara outros consultores para reconstruir e digitalizar os extratos, uma enorme tarefa que tinha de ser realizada antes que as reivindicações dos clientes pudessem ser pagas. Havia muito a fazer.

CALCULANDO O PREJUÍZO 317

De fato, nos quatro meses seguintes, um furacão de atividade legal teria origem na mesa de cecídio do escritório de Picard no Rockefeller Center.

Ele enviaria mais de 230 intimações como parte de investigações sendo realizadas nas Bahamas, Bermudas, Ilhas Virgens Britânicas, Ilhas Cayman, França, Gibraltar, Grã-Bretanha, Irlanda, Luxemburgo, Espanha e Suíça.[35]

Agarraria ativos sempre que os encontrasse, começando pelos que estavam a seu alcance. Faria um complicado acordo para vender o negócio de criação de mercados de Madoff. Encerraria todas as contas bancárias e de investimentos da corretora, conseguindo US$ 37 milhões, e finalizaria as transações financeiras pendentes por US$ 297 milhões. Sua equipe venderia a pequena participação da corretora em um serviço de voos fretados. Ele venderia os ingressos para os jogos do New York Knicks e New York Ranges e leiloaria os ingressos para a temporada 2009 do New York Mets.

Nada seria trivial demais. Picard cancelaria apólices de seguro, coletando cerca de US$ 243 mil em prêmios. Sugeriria que políticos e instituições de caridade devolvessem US$ 145 mil em contribuições que haviam recebido do agora tóxico doador. Venderia a participação da corretora na DTCC, a cooperativa de compensação de Wall Street, por mais de US$ 200 mil. Assim que o FBI permitisse, cancelaria os aluguéis de todos os andares da corretora no Edifício Lipstick, com exceção do 17º. Cancelaria até mesmo as assinaturas de revistas, afiliação a clubes e leasings de veículos, embolsando outros US$ 54 mil.

Ele mencionou esses planos apenas de passagem ao conversar com as vítimas de Madoff. Mas enfatizou durante a reunião de 20 de fevereiro que a SIPC, financiada por Wall Street, pagaria por todas as despesas envolvidas — incluindo seus honorários e os de seu escritório. A despeito de disseminados relatos em contrário, explicou, nenhuma das contas dos administradores judiciais estava sendo paga com ativos destinados às vítimas, como seria o caso em uma falência normal. Todas as despesas legais e outras incorridas pela liquidação eram pagas pela SIPC, sem custo para as vítimas.

Houvera notícias errôneas, um mês antes, de que Picard, como administrador judicial, tinha direito a 3% dos ativos que recuperasse por meio

318 O MAGO DAS MENTIRAS

de litígio. Esse arranjo estava presente no código federal de falências, mas não se aplicava aos casos da SIPC. Em vez disso, Picard e seu escritório submetiam suas contas à SIPC, que regateava um pouco e as enviava ao juiz presidente do caso, que tinha a palavra final. Então a SIPC pagava as contas com dinheiro das mensalidades cobradas das empresas de Wall Street. O valor envolvido não tinha nenhuma relação com o quanto Picard conseguia daqueles que processava.

Mas era tarde demais para desfazer os mal-entendidos. Mais de um ano depois, algumas vítimas aborrecidas ainda reclamariam da "taxa de 3%" de Picard e se oporiam a cada conta que submetesse, uma vez que ele estava recebendo dinheiro que, de outra maneira, teria ido para elas.

No que talvez fosse o primeiro sinal do quanto as linhas de comunicação com as vítimas se tornariam ruins, Picard apresentou a mais surpreendente revelação da reunião como parêntesis de sua misteriosa discussão sobre o prazo apropriado para apresentar reivindicações.

Alguns advogados estavam dizendo a seus clientes que suas reivindicações tinham de ser apresentadas até 4 de março, ao passo que Picard disse que o único prazo significativo era 2 de julho de 2009, seis meses após a nota oficial de falência ter sido enviada aos investidores. O prazo de 4 de março, explicou, aplicava-se somente aos casos da SIPC nos quais os investidores queriam ser reembolsados com ações, e não ao valor em dinheiro dos títulos em suas contas.

O prazo de 4 de março não se aplicava às vítimas de Madoff, continuou ele, porque — de acordo com o que sua equipe fora capaz de confirmar, voltando ao menos treze anos no tempo — nenhum título jamais fora comprado para suas contas. Assim, o único prazo relevante para elas era 2 de julho.

Era quase como aquela velha e dolorosa piada sobre como o sargento informou a um soldado sob seu comando que sua família tinha morrido. "Todos com pais ainda vivos, deem um passo à frente. Não tão depressa, soldado Jones."

Todos que acham que ao menos algumas ações de primeira linha, alguns títulos do Tesouro e um pouco de dinheiro ainda podem estar em suas contas, deem um passo à frente. Não tão depressa, todo mundo.

CALCULANDO O PREJUÍZO

"Isso significa que, para fins de reivindicação, não nos apoiaremos nos extratos de 30 de novembro, que afirmavam que vocês possuíam vários títulos", disse Picard. "Nesse caso, olharemos para o dinheiro que entrou e o dinheiro que saiu."

As manchetes do dia seguinte divulgaram a notícia de que a equipe de Picard analisara todos os registros disponíveis até 1995 e alguns datados de 1993 e não encontrara nenhuma evidência de que Madoff tivesse comprado qualquer título para seus clientes.

Fora um esquema Ponzi puro e simples, a maior e mais geograficamente disseminada fraude da história das finanças — mas, essencialmente, um esquema Ponzi clássico, despindo um santo para cobrir outro. E, da maneira como Picard via as coisas, havia regras claras para se lidar com um esquema Ponzi, regras que não tinham nenhuma relação com os extratos finais guardados esperançosamente nas bolsas e maletas depositadas atrás das cadeiras do tenso auditório.

Muitas das vítimas discordavam — e discordariam para sempre.

*

Duas semanas e meia depois, na terça-feira, 10 de março, um sedã prateado parou na entrada norte do tribunal federal em Worth Street, Manhattan.[36] A rua lateral da Foley Square estava tomada por caminhões equipados com antenas de satélite e câmaras de TV. Fotógrafos empurravam as barreiras de metal que criavam um corredor entre o carro e a entrada do edifício.

Um segurança ajudou Bernie Madoff a descer do carro e o conduziu à entrada do tribunal. Delegados federais observavam o perímetro, com os olhos inquietos e alertas ao perigo, enquanto os olhos do próprio Madoff permaneciam fixos na calçada quase dois metros adiante. Ele era um estudo em cinza — terno grafite, gravata de tricô prateada, cabelo grisalho emoldurando as têmporas, rosto acinzentado e vazio.

Alguns minutos antes das 15 horas, ele foi conduzido por uma porta lateral à sala de audiências do juiz Denny Chin, um homem de aparência

320 O MAGO DAS MENTIRAS

juvenil apesar de seus 50 e poucos anos. Nascido em Hong Kong, mas criado em Nova York, o juiz Chin era o primeiro chino-americano a ser nomeado juiz federal em Manhattan. Recebera o caso Madoff por sorteio e era a primeira vez que via o acusado.

O promotor Marc Litt, sua colega Lisa Baroni e o agente especial do FBI Ted Cacioppi, que havia prendido Madoff três meses antes, esperavam na mesa mais próxima da tribuna elevada do juiz Chin.

Na mesa lotada atrás deles, o time legal de Madoff contava com mais um advogado, Peter Chavkin. Esguio e ativo, Chavkin tinha forte semelhança com o magnata de Las Vegas Steve Wynn — embora hoje estivesse sóbrio e sério.

Chavkin estava lá para assegurar ao juiz Chin que Madoff fora aconselhado de maneira independente sobre os conflitos enfrentados por Ike Sorkin, que incluíam não apenas os investimentos de seus pais e de seu antigo escritório com Madoff, mas também sua representação da Avellino & Bienes em 1992.

Sorkin estivera negociando com os promotores em benefício de Madoff desde o dia da prisão. Na sexta-feira anterior, 6 de março, o juiz fora notificado de que Madoff abrira mão da acusação e seria confrontado apenas com um documento menos detalhado chamado de "informação criminal". A desistência era a primeira dica de que provavelmente se declararia culpado em algum momento, em vez de enfrentar julgamento.

Mas, primeiro, o juiz Chin tinha de se assegurar de que os conflitos de interesse de Sorkin não prejudicariam o processo de confissão, o que poderia dar a Madoff uma chance de sucesso na apelação.

Madoff prestou juramento e o juiz Chin começou a interrogá-lo sobre os conflitos, repetindo a mesma pergunta com ligeiras variações. O sr. Madoff entende que tem direito a um advogado livre de quaisquer conflitos ou lealdades divididas? Sim, entende. E, mesmo assim, deseja que o sr. Sorkin continue a ser seu advogado? Sim, deseja. E compreende que, ao fazer isso, abre mão do direito de citar esses conflitos ao apelar sobre qualquer aspecto de seu caso? Sim, compreende.

CALCULANDO O PREJUÍZO

O juiz Chin estava satisfeito por Madoff conscientemente abrir mão de seu direito de mudar de advogado. Então repassou rapidamente com o réu os passos envolvidos na desistência da acusação e na determinação do valor da restituição que seria imposta.

Finalmente, soltou a bomba do dia.

— Entendo que a expectativa é que o sr. Madoff se declare culpado na quinta-feira? — perguntou ele.

— Acho que é uma expectativa razoável, Meritíssimo — respondeu Ike Sorkin suavemente.

— E ele se confessaria culpado das onze acusações presentes na informação criminal?

— Sim, Meritíssimo.

Ninguém na lotada sala de audiências vira as acusações ou sabia que a confissão era iminente. O juiz Chin pediu que Marc Litt revisasse detalhadamente as acusações.

— Sim, Meritíssimo — respondeu Litt. — Fraude de títulos, fraude de consultoria de investimentos, fraude postal, fraude eletrônica, três acusações de lavagem de dinheiro, falsas declarações de imposto de renda, perjúrio, falsas alegações à SEC e roubo do plano de benefícios de um funcionário. Não há acordo de confissão com o réu.

— E isso significa que, se o sr. Madoff se declarar culpado na quinta-feira, no que diz respeito ao governo, ele estaria se declarando culpado de todas as acusações presentes na informação criminal? — pressionou o juiz Chin.

— Está correto — respondeu Litt.

O juiz se recostou, ainda olhando para Litt.

— Muito bem, por favor nos diga qual é a mais longa sentença possível, considerando-se as onze acusações.

— No total, 150 anos — respondeu o promotor.

Dois dias depois, centenas de vítimas se reuniram do lado de fora do tribunal federal antes do amanhecer, esperando conseguir lugares na sala de audiências do juiz Chin, no 24º andar. Uma grande sala auxiliar fora preparada no primeiro andar, na qual telas de TV exibiriam os procedimentos ao vivo.[37]

A segurança era estrita. As ruas e calçadas eram um circo de câmaras de TV, caminhões-satélite, repórteres e fotógrafos. Helicópteros sobrevoavam a cidade, rastreando o progresso da SUV de Madoff desde seu apartamento.

Quando a sala de audiências finalmente foi aberta, vários desenhistas de jornais, com os dedos manchados de giz colorido e segurando pranchetas gigantes, pegaram a primeira fila em frente ao banco dos jurados. Os repórteres se espremeram atrás deles.

Às 9h36, os promotores Marc Litt e Lisa Baroni chegaram e assumiram seus lugares na mesa perto do juiz Chin. Litt vestia terno azul-marinho, camisa branca e gravata vinho de bolinhas. Baroni vestia tailleur preto e tinha o cabelo loiro escuro para trás. Ted Cacioppi, seu chefe Keith Kelly (líder da força-tarefa Madoff do FBI) e dois outros agentes usando terno se juntaram aos promotores à mesa.

Às 9h47, Bernie Madoff e Ike Sorkin entraram na sala de audiências a partir de uma porta lateral em frente ao banco dos jurados. Como na terça--feira, Madoff estava vestido de cinza. Ao contrário da terça-feira, não usava relógio nem aliança.

Às 10 horas, o juiz Chin entrou e assumiu seu lugar. Apresentações foram feitas e Madoff prestou juramento.

— Sr. Madoff — perguntou o juiz Chin —, o senhor entende que está sob juramento e que, se responder falsamente a minhas perguntas, suas respostas podem ser usadas em outro julgamento de perjúrio e falsas alegações?

— Sim, entendo — respondeu Madoff em voz baixa.

— Tente falar mais alto, por favor, para que eu possa ouvi-lo — pediu o juiz.

— Sim, entendo, Meritíssimo — respondeu Madoff, mais alto.

Sorkin pediu a um atendente do tribunal que providenciasse um pouco de água, colocada ao alcance de Madoff.

Após algumas preliminares, o juiz Chin lembrou a Madoff que ele estava abrindo mão de seu direito de ser confrontado com uma acusação formal e concordara em responder qualquer informação criminal detalhadamente, explicando o caso do governo contra ele.

CALCULANDO O PREJUÍZO

— Correto? — perguntou o juiz.

— Sim.

— E como o senhor se declara em relação à informação, culpado ou inocente?

— Culpado — respondeu Madoff.

Os advogados do governo descreveram as acusações, o que levou algum tempo.

Finalmente, o juiz Chin disse:

— Sr. Madoff, conte-me o que o senhor fez.

Com Ike Sorkin em pé a seu lado, Madoff desdobrou uma declaração datilografada e começou a ler, errando ligeiramente no nome legal de sua empresa:

— Meritíssimo, durante muitos anos até minha prisão, em 11 de dezembro de 2008, operei um esquema Ponzi por meio da consultoria de investimentos de minha empresa, Bernard L. Madoff Securities LLC. Estou grato por essa oportunidade de falar publicamente sobre meus crimes, em relação aos quais estou profundamente arrependido e envergonhado. Iniciei minha fraude sabendo que o que estava fazendo era errado e criminoso. Quando comecei o esquema Ponzi, acreditava que terminaria em breve e eu seria capaz de sair dele com meus clientes. Contudo, isso se provou difícil e por fim impossível; e, com o passar dos anos, percebi que minha prisão e este dia inevitavelmente chegariam.

Com voz monótona e controlada, continuou:

— Estou dolorosamente consciente de que feri profundamente muitas, muitas pessoas, incluindo membros de minha família, meus amigos mais próximos, associados comerciais e milhares de clientes que me entregaram seu dinheiro. Não posso expressar adequadamente o quanto lamento o que fiz. Estou aqui hoje para aceitar a responsabilidade por meus crimes, declarando-me culpado.

Embora ele alegasse estar explicando como operou e escondeu sua fraude, partes de sua declaração estavam longe da verdade.

O MAGO DAS MENTIRAS

— Quero enfatizar hoje que, embora minha consultoria de investimentos, o veículo para meus erros, fizesse parte de minha empresa, a Bernard L. Madoff Securities, os outros negócios de que minha firma participava, compra e venda de ações e criação de mercados, eram legítimos, lucrativos e respeitáveis em todos os aspectos...

— Pelo que posso me lembrar, a fraude começou no início dos anos 1990...

Ele sozinho criara falsos documentos, enviara esses documentos para os clientes e transferira dinheiro entre Nova York e Londres para criar a ilusão de atividade com ações.

Algumas dessas declarações — sobre a saúde financeira de sua empresa, a data inicial de seu crime — sempre estariam envolvidas em dúvidas. Outras — como a de que agira sozinho — em breve se revelariam completas mentiras.

Quando Madoff terminou a elegante descrição de seu crime e se sentou, o juiz Chin se voltou para Litt.

— O governo acredita que as admissões do sr. Madoff cobrem os elementos do crime em cada acusação?

— Sim, Meritíssimo — respondeu Litt. — O governo não concorda totalmente com todas as descrições do réu sobre sua conduta. Todavia, o governo acredita que sua declaração cobre os elementos das acusações.

O governo sabia que Frank DiPascali já estava negociando para se declarar culpado e citar nomes. Mesmo assim, Litt ainda não estava livre para contestar publicamente a alegação de Madoff de que cometera os crimes sozinho. E, a despeito das óbvias mentiras, seria tolo desperdiçar recursos levando-o a julgamento por perjúrio, considerando-se todo o trabalho que ainda precisava ser feito.

A versão de Madoff claramente pretendia proteger seus funcionários e preservar o máximo possível da fortuna da família, uma vez que o governo não podia reivindicar os ativos acumulados antes do início da fraude. Sua história não era toda a verdade que ele jurara contar. Era, em vez disso, uma clara declaração de que não pretendia entregar ninguém, com exceção de si mesmo.

CALCULANDO O PREJUÍZO   325

Tendo recebido a chance de falar, uma vítima chamada George Nierenberg insistiu que o governo deveria ter acusado Madoff de conspiração, uma vez que era óbvio que não poderia ter produzido todos os documentos sozinho. Maureen Ebel, uma viúva que perdera todas as suas economias, exortou o juiz a rejeitar a confissão e forçá-lo a enfrentar julgamento, para que "tenhamos mais uma chance de compreender o escopo global de seu tremendo crime".

Quando o juiz pediu que Marc Litt respondesse às declarações das vítimas, ele solicitou um momento para pensar e disse:

— Acho que a única coisa que o governo pode dizer é que as investigações continuam. Elas continuam. Muitos recursos e muitos esforços estão sendo despendidos, tanto para encontrar ativos como para encontrar qualquer um que possa ser responsável pela fraude.

O homem que podia responder às perguntas do governo estava sentado em silêncio na mesa da defesa.

O que se seguiu foi um diálogo unilateral sobre fiança. Quando Ike Sorkin descreveu o cordão de segurança em torno de Madoff "à custa da esposa", as vítimas na sala de audiências riram amargamente da noção de que Ruth tivesse algum dinheiro que não fosse o delas. O juiz Chin pediu ordem.

Depois da longa exposição de Sorkin, Litt se levantou para responder. O juiz Chin lhe fez sinal para que permanecesse sentado.

— Não preciso ouvir o governo — disse ele. — É minha intenção deter o sr. Madoff.

Vivas se fizeram ouvir.

— Senhoras e senhores, por favor — disse o juiz, com um olhar severo na direção da sala de audiências lotada. O silêncio retornou, mas com uma qualidade diferente, não mais ansioso e hostil, mas paciente e aliviado. O juiz continuou:

— Ele tem motivo e meios para fugir e, assim sendo, representa risco de fuga. A fiança está revogada.

Após mais alguns arranjos procedimentais, ele olhou para o réu e disse:

— Sr. Madoff, eu o verei na audiência de sentença. Esta sessão está encerrada.

Madoff ficou em pé ao lado da mesa da defesa, olhando diretamente para os delegados federais de terno que se aproximavam. Ouvindo algo que foi dito em voz baixa, colocou as mãos atrás das costas. Com um clique praticamente inaudível, as algemas foram colocadas em seus pulsos.

Bernie Madoff foi conduzido silenciosamente por uma porta lateral, saindo para um corredor de lajotas brancas que levava à vida atrás das grades.

13

VENCEDORES LÍQUIDOS E PERDEDORES LÍQUIDOS

Na quarta-feira, 18 de março, uma semana após o circo da mídia em torno de Madoff, David Friehling e seu advogado chegaram discretamente e sem serem notados ao tribunal federal em Manhattan.[1]

Alto e esguio em um terno cinza-claro, o contador de Bernie Madoff estava se entregando em face das acusações de fraude criminosa que haviam sido feitas publicamente naquela manhã. Após o costumeiro processamento pelo FBI e pelos delegados federais, Friehling foi levado à presença do magistrado federal, onde se declarou inocente e foi imediatamente liberado sob fiança de US$ 2,5 milhões.

Na quinta-feira anterior, o dia em que Madoff se declarara culpado, o sogro e sócio aposentado de David Friehling, Jerry Horowitz, morrera em Palm Beach Gardens, Flórida, após uma longa batalha contra o câncer. Horowitz fora auditor de Madoff já nos anos 1960, quando trabalhava em Manhattan juntamente com Saul Alpern, Frank Avellino e Michael Bienes. Mesmo depois de montar seu próprio escritório, Horowitz continuou a realizar as auditorias independentes que a corretora submetia à SEC todos os anos. E regularmente investia parte substancial de seus próprios ativos e os da família e amigos com Madoff.

328 O MAGO DAS MENTIRAS

Não era um arranjo estritamente kosher. Um contador não pode ser considerado "independente" se investe seu dinheiro com a empresa que audita. Mas todos no escritório de Alpern investiam com Madoff.

No início dos anos 1990, quando Jerry Horowitz passou a se concentrar em sua aposentadoria, Friehling assumiu os negócios e montou um pequeno escritório em New City, Nova York, cerca de 50 quilômetros ao norte de Manhattan, para onde ele e a esposa haviam se mudado em 1986. Também assumiu as auditorias independentes para a corretora de Madoff — e continuou a investir suas economias com ele, como seu sogro havia feito.

Solto sob fiança, Frehling caminhou rapidamente do tribunal até a SUV preta que o esperava no meio-fio, ignorando as perguntas gritadas por vários repórteres. Seu advogado de defesa, Andrew Lankler, grisalho e silencioso, embarcou no banco de trás com ele e o carro partiu. Lankler trabalhara duro para evitar o espetáculo midiático de uma prisão em casa pelo FBI e uma "caminhada do réu" pelo tribunal. Mas suas negociações com os promotores ainda não estavam finalizadas e não estava claro o quanto Friehling poderia ajudá-los em sua busca por cúmplices de Madoff. As acusações apresentadas contra Friehling em 18 de março eram apenas a primeira rodada desse jogo de pôquer.

A prisão, o primeiro desenvolvimento público da investigação criminal em três meses, não respondeu a muitas perguntas sobre a fraude. Na verdade, os promotores não afirmaram claramente que Friehling, de 49 anos, sequer sabia sobre o esquema Ponzi. Ele foi acusado apenas de auxiliar a fraude ao certificar falsamente que realizara auditorias independentes na corretora, quando não o fizera.

Nem as acusações dos promotores nem a ação judicial da SEC iniciada no mesmo dia mencionaram a curiosa reunião de novembro de 2005 entre Friehling e a equipe de avaliação de riscos dos fundos Optimal — a reunião, no auge da quase fatal crise financeira, na qual ele implausivelmente afirmou ter verificados as contas de Madoff na DTCC.

Mas os advogados da SEC e os promotores federais disseram que as investigações ainda estavam em andamento.

VENCEDORES LÍQUIDOS E PERDEDORES LÍQUIDOS 329

Enquanto isso, na SIPC, uma questão ainda estava pendente no ar, confrontando Irving Picard aonde quer que fosse: para onde foi o dinheiro?

Era um refrão constante nos sites e programas de TV, com participantes rejeitando firmemente a noção de que todos aqueles bilhões de dólares haviam simplesmente desaparecido. Fontes de Wall Street ocasionalmente telefonavam para os repórteres com intrigantes dicas e teorias: Madoff convertera os bilhões em diamantes de baixo quilate e os escondera em cofres por toda a Europa; comprara imóveis luxuosos em todo o mundo por meio de empresas fantasmas baseadas no Panamá; fora chantageado por mafiosos russos; ou fizera parte de um complô ilícito para financiar missões secretas da Mossad, a agência nacional de inteligência de Israel. De que outra maneira uma única pessoa poderia consumir tanto dinheiro?

Mesmo ignorando os ficcionais US$ 64,8 bilhões nos extratos finais, a maior parte dos quais, aliás, jamais existiu, ainda havia uma enorme quantidade de dinheiro real pela qual responder. Os especialistas de Picard estimavam que a soma de todas as perdas entre as vítimas — dinheiro que haviam investido, mas não sacado — era de cerca de US$ 20 bilhões.

Mas Picard sabia que a maior parte do dinheiro desaparecera.

Além das centenas de milhões que Madoff desviara para uso próprio ao longo dos anos, o dinheiro entregue pelos investidores havia sido pago a outros investidores como falsos lucros. Picard tinha os registros bancários mostrando quando o dinheiro fora retirado e por quem, e sabia quais contas o haviam recebido e em que países.[2] Por sua estimativa, mais de US$ 6 bilhões foram sacados do esquema Ponzi entre o colapso do Lehman Brothers em setembro de 2008 e a prisão de Madoff em setembro. No último ano do esquema, as retiradas totalizaram quase US$ 13 bilhões — grande parte dos quais havia sido investida desde o início de 2006.

Mesmo assim, saber para onde fora o dinheiro era uma coisa; consegui-lo de volta era outra.

Embora o código federal de falências lhe permitisse buscar a devolução do dinheiro sacado até dois anos antes da falência, a lei do estado de Nova York estendia essa janela para seis anos. (A declaração de falência

330 O MAGO DAS MENTIRAS

fora feita em 15 de dezembro de 2008, mas o tribunal decidiu que a data oficial seria 11 de dezembro, dia da prisão de Madoff.) Saques nos últimos três meses do esquema eram chamados de pagamentos "preferenciais" e relativamente fáceis de recuperar. Saques feitos nos cinco anos e nove meses anteriores geralmente eram conhecidos no tribunal de falências como "transmissão fraudulenta" e recuperá-los envolvia uma disputa no tribunal.[3]

Como sabiam aqueles que eram versados na lei de falências, o termo *transmissão fraudulenta* se referia aos motivos fraudulentos do próprio Madoff para transferir o dinheiro para outras pessoas, ou seja, ele o fazia para perpetuar o esquema Ponzi. A palavra *fraudulenta* não se referia aos motivos das pessoas para quem o dinheiro fora transferido, que simplesmente haviam sacado o que achavam ser seu dinheiro. Mas muitos investidores não estavam familiarizados com o jargão legal e ficaram ultrajados quando as cartas de Picard se referiam a seus saques de boa-fé como "transmissões fraudulentas" e os orientavam a contatar seu escritório para discutir a devolução do dinheiro.[4]

Para a lei de falências, não importava quão puros eram os motivos dos investidores. Picard tinha o direito de iniciar ações judiciais para recuperar todos os "pagamentos preferenciais" e qualquer dinheiro "fraudulentamente transmitido" a outros por Madoff naquela janela de seis anos. No jargão das falências, essas ações eram conhecidas como "recuperações" [clawbacks] e, para os pequenos investidores, eram tão assustadoras quanto soavam.

Picard odiava o termo *ações de recuperação*, mas, no fim de junho, iniciaria oito delas contra investidores gigantescos e fundos feeder cujos saques individuais totalizavam centenas de milhões de dólares e, em alguns casos, bilhões.[5]

Ele acionou os fundos Kingate, geridos por Carlo Grosso, para o retorno de US$ 395 milhões, incluindo quase US$ 260 milhões sacados nos últimos noventa dias do esquema Ponzi.[6]

Iniciou uma ação pedindo o retorno de cerca de US$ 1 bilhão de dezenas de contas criadas por Stanley Chais, agora com 83 anos. O primeiro

VENCEDORES LÍQUIDOS E PERDEDORES LÍQUIDOS 331

empreendedor de fundos feeder de Madoff se mudara de Los Angeles para Nova York, onde passava por tratamento médico. Mesmo depois do escândalo, Chais fora homenageado *in absentia* por uma vida de generosidade como patrocinador de grandes organizações israelenses sem fins lucrativos, incluindo o Instituto de Ciência Weizmann, o Instituto de Tecnologia Technion—Israel e a Universidade Hebraica, em Jerusalém.[7]

Picard pediu cerca de US$ 250 milhões a Cohmad Securities; seu cofundador, Maurice "Sonny" Cohn; sua filha e presidente da empresa, Marcia Beth Cohn; e um longo rol de corretores que trabalharam lá. Ele alegou que a corretora conscientemente servira como força de vendas para o esquema Ponzi, alegações que a destruída empresa e os próprios Cohn negaram veementemente.[8]

Ele foi atrás de outros US$ 3,5 bilhões dos fundos Fairfield Sentry, geridos por Walter Noel, Jeffrey Tucker e seus sócios no Grupo Fairfield Greenwich.[9] Com outros fundos menores para operar, o Fairfield Greenwich não fora completamente destruído pelas perdas com Madoff. Mas todo o grupo negou qualquer conhecimento dos crimes e se armou com advogados prontos para uma longa disputa.

E, em 12 de maio, na mais ambiciosa dessas primeiras ações judiciais, Picard exigiu de Jeffry e Barbara Picower a devolução de mais de US$ 6,7 bilhões — uma soma atordoante que, após investigações posteriores da equipe de Picard, subiria para US$ 7,2 bilhões alguns meses depois.[10] Ninguém — nem mesmo Madoff e toda a sua família — retirara do esquema Ponzi nada remotamente próximo desse valor.

As revelações das ações judiciais foram como um estimulante para as teorias de conspiração. Será que Picower estivera retirando dinheiro a fim de escondê-lo para a família de Madoff? Madoff negou — se fosse verdade, ele certamente teria usado o dinheiro para manter o esquema funcionando em seus meses finais. Além disso, teria sabido que as futuras fontes de renda de sua família seriam escrutinadas com um microscópio pelas agências da lei durante o resto de suas vidas. Outros especularam que talvez Picower fosse a mente por trás do esquema Ponzi e Madoff apenas o mensageiro. Madoff também negou — se fosse verdade, certamente ele o teria exposto em troca de leniência quando fora confrontado com aqueles letais 150 anos de prisão. Simplesmente não havia nenhuma explicação que fizesse muito sentido — exceto, como o próprio Madoff suspeitava, que Jeffry Picower fosse sagaz o bastante para saber que não devia deixar seus lucros possivelmente fictícios nas mãos de Madoff por muito tempo.[11]

Pela lei, Picard tinha até 11 de dezembro de 2010 para iniciar suas ações de recuperação. Antes do fim do verão de 2009, ele fora ao tribunal exigir a devolução de US$ 13,7 bilhões, todos de fundos feeder gigantescos ou indivíduos imensamente ricos cujos advogados estavam preparados para um longo cerco de moções e objeções que terminariam ou com uma sentença ou com um acordo. Eles podiam trabalhar 24 horas por dia e aumentar o custo do litígio, mas, na verdade, as ações custavam o mesmo para Picard, estivesse ele acionando um gigante ou um anão. Assim, não fazia sentido processar anões quando havia tantos gigantes lá fora com dinheiro de Madoff nos bolsos.

Mesmo assim, muitos pequenos investidores disseram estar aterrorizados com a ideia de que ele pudesse processá-los.[12] Seu medo era um sinal do quão antagônico seu relacionamento com Picard se tornara nos meses após a reunião de 20 de fevereiro. A crescente hostilidade o entristecia e frustrava seu colega David Sheehan.[13] Da maneira como eles viam as coisas, Picard estava sendo tão acessível, flexível e empático quanto a lei permitia. Ele respondeu a milhares de e-mails e telefonemas ou os encaminhou a alguém de sua equipe. Era um caso extremamente complexo de falência internacional, mas ele sentia que estava fazendo seu melhor para explicar essas complexidades às pessoas mais severamente afetadas por elas. Era raro perder a calma, apesar das pesadas acusações que lhe eram atiradas quase diariamente.

Entretanto, havia dois problemas dos quais ele simplesmente não conseguia se livrar: o lento ritmo no qual as reivindicações estavam sendo pagas e a maneira como ele estava calculando as perdas.

VENCEDORES LÍQUIDOS E PERDEDORES LÍQUIDOS

No fim de junho, após quase seis meses de trabalho, menos de seiscentas das 13.704 reivindicações haviam sido integralmente processadas. Era um número irritantemente baixo e as vítimas mais desesperadas estavam ultrajadas com ele.

Essa situação não era totalmente culpa do administrador judicial. Como a maioria dos registros de Madoff era antiquada, a equipe de Picard gastara centenas de horas e dezenas de milhares de dólares convertendo milhões de páginas de papel e microfichas em registros digitais que podiam ser examinados e distribuídos por computador. O FBI estava examinando cuidadosamente os registros em busca de possíveis cúmplices escondidos por trás de contas fictícias e interrompera o pagamento de alguns reivindicantes. O Departamento de Justiça proibira a equipe de Picard de entrevistar mais de cinquenta pessoas, incluindo quase duas dúzias de funcionários da corretora. Além disso, a falência não é um processo rápido, mesmo no melhor dos casos.

Mesmo assim, os adversários de Picard o culpavam pessoalmente pelo lento ritmo dos pagamentos porque acreditavam que era resultado direto da maneira como ele calculava as perdas dos investidores. Eles argumentavam que a custosa e demorada reconstrução das contas não seria necessária se ele simplesmente aceitasse os extratos finais como base para as reivindicações à SIPC, como acreditavam que a lei obrigava a fazer. A melhor maneira de apressar o processo era desistir de sua insistência na abordagem de "dinheiro que entrou, dinheiro que saiu".

A equipe de Picard eventualmente aumentaria o ritmo dos processos de pagamento, criando uma rede informatizada na qual advogados em diferentes locais podiam trabalhar simultaneamente.[14] Mas o administrador judicial e seus adversários simplesmente estavam em um impasse quanto à maneira de calcular as perdas. Ele acreditava estar interpretando a lei de forma correta, e milhares de investidores acreditavam que estava mortalmente errado.

A SIPC reconheceu que os atrasos estavam criando severo estresse para alguns investidores quase destituídos. Pressionada pelos advogados de vários

334 O MAGO DAS MENTIRAS

deles a criar algum tipo de auxílio intermediário, em maio a organização estabeleceu um novo programa de "adversidade" que deveria processar com rapidez as reivindicações especialmente urgentes — foi a primeira vez que fez ou precisou fazer isso. Mas as regras confusas e pouco familiares que se aplicavam ao novo programa apenas enfureceram ainda mais os investidores idosos que precisavam de ajuda.

Picard manteve sua posição. As reivindicações seriam calculadas na base de "dinheiro que entrou, dinheiro que saiu". Nessa abordagem, milhares de contas, afetando milhares de pessoas, não teriam "patrimônio líquido", porque seus titulares já teriam retirado mais dinheiro do que haviam investido. No doloroso idioma do tribunal de falências, eram "vencedores líquidos" [net winners, que lucraram com a fraude] e não tinham direito a receber nenhuma parte do patrimônio até que todos os outros investidores tivessem recuperado seu investimento inicial — o que, nesse caso, parecia outra maneira de dizer "nunca". Ainda mais importante para aqueles em grande necessidade, os vencedores líquidos não eram elegíveis para os adiantamentos de até US$ 500 mil da SIPC.

Muitos especialistas na lei de falências já esperavam esse resultado. Em seu ponto de vista, essa era a única maneira testada nos tribunais de calcular perdas em esquemas Ponzi. Mas alguns investidores estavam convencidos de que o envolvimento da SIPC mudava as regras estabelecidas para as liquidações de esquemas Ponzi e alguns deles estavam dispostos a lutar para provar isso.[15] Um deles era uma advogada de Nova Jersey chamada Helen Davis Chaitman.

Analisando seu currículo, Helen Chaitman parecia uma candidata improvável para o papel de Joana d'Arc nessa guerra sobre como calcular o patrimônio líquido. Ela era uma graduada de Bryn Mawr que decidira entrar na faculdade de Direito em meados dos anos 1970.[16] Estava na prática privada no escritório de Phillips Nizer e dividia seu tempo entre os escritórios de Manhattan e um pequeno posto avançado em Nova Jersey. Sua especialidade eram as obrigações dos credores, um substrato da lei de falências tão misterioso quanto as liquidações da SIPC; ela até escrevera um respeitado livro didático sobre o tópico.

VENCEDORES LÍQUIDOS E PERDEDORES LÍQUIDOS 335

Alta, magra e pálida, com cabelos curtos e loiros, Chaitman parecia muito mais jovem do que realmente era e falava com uma voz suave e relaxante. Mas era uma defensora incansável e tenaz para seus clientes.[17] Em seu trabalho *pro bono*, ela se mantinha firme ao lado do perdedor e em suas batalhas legais usava uma linguagem poderosa e persuasiva — dentro e fora da sala de audiências.

E, nessa batalha, Chaitman tinha interesses pessoais. Seguindo a recomendação de um amigo, em 2004 investira todas as suas economias com Madoff. A estratégia parecia "segura e conservadora", escreveu ela mais tarde.[18] "Disse a meu amigo que o único risco era de que Madoff fosse uma fraude. Meu amigo riu e disse que Madoff tinha uma reputação impecável na indústria, tendo sido presidente da NASDAQ."

Desde a prisão de Madoff, Chaitman estava determinada a salvar o que pudesse dos escombros e responsabilizar alguém. Ela focou seus argumentos em um complicado caso de apelação chamado *In re: New Times Security Services*, que lidava com um esquema Ponzi muito menor liquidado pela SIPC anos antes. Era um caso complexo e confuso que apresentava três conjuntos de vítimas, cada um deles com circunstâncias distintas; uma disputa interna entre a SIPC e seu próprio administrador judicial; e duas visitas separadas ao tribunal de apelações.[19]

Para um conjunto de vítimas, aqueles que achavam que seu dinheiro roubado fora usado para comprar fundos mútuos, a SIPC honrou os extratos finais — cujos saldos, ao contrário dos das contas Madoff, retratavam acuradamente as flutuações do mundo real nos preços das ações de fundos mútuos, subindo e descendo com o mercado. A decisão jamais foi questionada durante a apelação.

Mas o tribunal manteve a recusa da SIPC em honrar os extratos finais de outro conjunto de vítimas que haviam comprado títulos que pareciam altamente lucrativos, mas que foram inventados pelo autor do esquema Ponzi. "Tratar [...] lucros fictícios como estando no âmbito das 'expectativas legítimas' dos clientes levaria ao absurdo de investidores 'enganados' colherem frutos como resultado de promessas fraudulentas em relação a falsos títulos", decidiu o tribunal.[20]

336 O MAGO DAS MENTIRAS

Que aspecto da decisão do caso *New Times* se aplicava? As ações de primeira linha que os clientes de Madoff achavam que possuíam obviamente estavam mais próximas de fundos mútuos reais que de títulos imaginários. Mas os valores que ele atribuíra a essas ações se pareciam mais com os inatingíveis valores fictícios dos títulos do *New Times* que os acurados preços flutuantes dos fundos mútuos. Assim, era exagero dizer que as regras do caso *New Times* estavam claramente a favor da posição de Chaitman — ou, aliás, que eram claras em relação a qualquer coisa.[21]

Havia outras decisões judiciais que simplesmente a contradiziam — *In re: Old Naples Securities*, por exemplo. Nesse caso, decidido na Flórida em 2002, o tribunal reconhecera que "há muito pouca jurisprudência para determinar o que constitui o patrimônio líquido do cliente em uma situação como essa", outro pequeno esquema Ponzi liquidado pela SIPC.[22] Mas, mesmo assim, o tribunal decidiu que deixar as vítimas "recuperarem não apenas seu investimento inicial de capital, mas também os falsos 'juros' que receberam [...] é ilógico".

Assim, Chaitman também baseou seus argumentos contra Picard em sua leitura da lei de 1970 que criara a SIPC e nos comentários que os legisladores haviam feito sobre suas intenções. Na opinião de Chaitman, a SIPC era um programa de proteção criado para restaurar a confiança dos investidores após o colapso dos desvairados go-go markets dos anos 1960. A confiança do investidor podia ser mantida somente se a SIPC honrasse as "expectativas legítimas" dos clientes. Nesse caso, argumentou ela, essas expectativas legítimas estavam baseadas nos extratos finais que eles haviam recebido logo antes de o reino mágico de Madoff se transformar em fumaça.

Novamente, essa não era uma tese consensual. O próprio estatuto da SIPC não dizia claramente como o administrador judicial devia calcular o patrimônio líquido em um esquema Ponzi nem exigia que ele honrasse os extratos finais dos clientes, independentemente das circunstâncias.[23] Mas definia "patrimônio líquido" de uma maneira complicada, que poderia apoiar a posição de Chaitman. Ele dizia que o termo significava "a soma que teria sido possuída pela [corretora] se tivessem sido liquidadas [...]

VENCEDORES LÍQUIDOS E PERDEDORES LÍQUIDOS 337

todas as posições de títulos" do cliente, após subtrair-se qualquer dinheiro que o cliente ainda devesse à corretora por esses títulos.

Irving Picard respondeu que, durante anos, as vítimas de Madoff haviam pagado por "posições de títulos" demonstradas em seus extratos com dinheiro de brinquedo — com os lucros falsos creditados em suas contas. Elas não haviam investido qualquer dinheiro real para pagar pelos títulos demonstrados nos extratos — com exceção dos vários pagamentos em dinheiro que fizeram, pelos quais Picard lhes dava crédito.

Algumas decisões judiciais anteriores desafiavam a leitura de Picard dessa parte do estatuto — certamente uma questão que precisava ser esclarecida pelos tribunais ou pelo Congresso. Contudo, não é verdade que sua definição de patrimônio líquido foi "inventada" ou que sua posição era indefensável ou estava em clara contradição com a lei e a jurisprudência.

Mas foi isso que Helen Chaitman disse — repetida, eloquente e amplamente, em qualquer fórum disponível. Para ela, esse não era um tópico sobre o qual pessoas razoáveis pudessem discordar, nem mesmo um tópico que precisasse desesperadamente de esclarecimento judicial. Ela argumentou que estava definindo de maneira correta o patrimônio líquido e que Picard estava ignorando deliberadamente a lei para ludibriar as vítimas e proteger a SIPC e seus mestres de Wall Street.

Seus clientes e admiradores não duvidaram dela nem por um momento. Para os tragicamente mal caracterizados "vencedores líquidos", que não tinham direito a nenhum pagamento da SIPC sob a análise de Picard, ela era uma centelha de esperança por um resultado melhor. Eles confiavam completamente nela.

As opiniões inequívocas de Chaitman foram amplificadas pela câmara de eco da internet, por meio de um blog cada vez mais visitado, criado e atualizado por outra eloquente vítima de Madoff e crítica de Picard, o reitor de uma faculdade de Direito chamado Lawrence R. Velvel.

Como Chaitman, Velvel fora levado até Madoff por um amigo e vira sua cesta de ovos ser destruída pelo colapso do esquema Ponzi. Mas seu currículo sugeria sem sombra de dúvida que seria um inimigo implacável da SIPC desde o primeiro dia — ele era um autodefinido radical e o fora desde os movimentos contra a guerra na década de 1960. Também fora cofundador, em 1988, da Faculdade de Direito de Massachusetts, em Andover, uma pequena faculdade de baixo custo cuja missão era atender aos estudantes da classe operária.[24]

Velvel parecia um gnomo simpático, baixo e corpulento, com barba branca e grandes óculos. Quando agitado, contudo, podia empregar as palavras como lança-chamas.

Em sua opinião, a Justiça tinha de incorporar "os simples ditames da humanidade" ou não era justiça. Isso significava que a única definição justa de patrimônio líquido era aquela que fornecia dinheiro da SIPC às vítimas de Madoff que, de outra forma, "terão de continuar a viver da Previdência Social ou das latas de lixo".[25] Se a destituição fosse o resultado da fórmula de patrimônio líquido de Picard — como seria para um número ainda desconhecido de vítimas —, então a fórmula não podia ser justa.

Chaitman e Velvel se tornaram dois dos mais visíveis defensores dos desafortunados "vencedores líquidos". Sua análise do caso *New Times* foi passada adiante em e-mails e fornecida a repórteres como doutrina infalível. Alguns de seus apoiadores mais furiosos agrediam qualquer um — na mídia ou nos sites das vítimas — que não concordasse com eles.

Parecia impossível para eles se livrarem do vocabulário de Wall Street que Madoff usara para disfarçar seu crime. Ele estivera gerando "lucros" e eles haviam sido sacados como "renda de investimentos" — até os impostos haviam sido pagos, pelo amor de Deus. Graças a esses "lucros", eles ainda tinham dinheiro em suas contas quando Madoff confessou. E esse saldo final no extrato era a medida do que haviam perdido com a fraude, pura e simplesmente.

Mas Irving Picard e David Sheehan não viam "investimentos", "lucros" e "saldos". Em vez disso, viam crimes, mentiras e dinheiro roubado. Em sua opinião, Madoff era simplesmente um ladrão. Ele chegara à cidade e enganara todo mundo. Algumas pessoas haviam sido afortunadas o bastante para

VENCEDORES LÍQUIDOS E PERDEDORES LÍQUIDOS

pedir seu dinheiro de volta antes que ele galopasse em direção ao pôr do sol. Ele devolvera o dinheiro apenas para evitar os gritos de "Pare! Ladrão!" que teriam sido ouvidos se recusasse. E, no fim do dia, essas vítimas haviam escapado por pouco de ser roubadas.

Outras vítimas, as desafortunadas, não haviam recuperado um centavo antes de Madoff ir embora em seu cavalo. Em seu caso, o roubo tinha sido consumado. Para Picard e sua equipe, qualquer pilhagem deixada nas selas quando ele finalmente foi capturado pertencia a essas vítimas desafortunadas, aos milhares de "perdedores líquidos", e a ninguém mais.

Mas os vencedores líquidos não se sentiam tão afortunados. Sentiam como se também tivessem sido roubados — roubados da fortuna que achavam que tinham. Sentiam-se traídos por Madoff e pela SEC — e estavam certos; haviam sido tragicamente traídos. Mas os "perdedores líquidos" também haviam sido traídos, e a um custo muito mais alto, ao menos em termos de dinheiro investido. Assim, os "afortunados vencedores líquidos" não eram afortunados e não eram vencedores. Simplesmente não eram elegíveis para auxílio imediato, sob os cálculos de Picard, por mais genuinamente necessitados que alguns deles pudessem estar.

O trabalho de Picard, como os tribunais havia muito o interpretavam, era tentar colocar todas as vítimas inocentes de Madoff no mesmo barco, um barco cujos ocupantes tinham sacrificado todos os seus lucros fictícios, mas recuperado todo o dinheiro que haviam originalmente investido. No dia em que Madoff foi preso, os vencedores líquidos já tinham recebido todo o dinheiro de volta, mas os perdedores líquidos não. Os perdedores líquidos jamais receberam quaisquer lucros fictícios, mas os vencedores líquidos, sim.

Madoff despira um santo para cobrir o outro; a única maneira de consertar isso era pegar de volta o dinheiro do santo "coberto" e dar para o santo "descoberto". Mesmo que o administrador judicial pudesse encontrar uma maneira de pagar o santo "descoberto" a partir de alguma outra fonte de dinheiro, o santo "coberto" ainda teria se dado melhor que ele, porque tivera seus lucros fictícios, enquanto o outro não os teve. A menos que todos, de

340 O MAGO DAS MENTIRAS

alguma maneira, pudessem recuperar todo o dinheiro demonstrado em seus extratos, os perdedores líquidos inevitavelmente seriam tratados de maneira pior que os vencedores líquidos, o que não poderia ser justo.

*

Houve um momento, imediatamente após a prisão de Madoff, em que uma abordagem diferente poderia ter sido aplicada para ajudar as vítimas mais necessitadas de seu crime?

A justiça disponível no tribunal de falências era cega. Ela tratava "vencedores líquidos" como os donos do New York Mets da mesma maneira que tratava "vencedores líquidos" quase empobrecidos, como professores aposentados ou um escritor freelance. Tratava todos os "perdedores líquidos" do mesmo modo, fossem ricos fundos hedge no Caribe, fosse o ex-prefeito de uma cidadezinha em Nova Jersey. E esse tipo de justiça não era apenas cego, como também lento, lento demais para um plano emergencial de auxílio.

Existia um modelo para uma abordagem diferente. Após os ataques terroristas de 11 de setembro, o Congresso reconheceu que o sistema judiciário — o fórum que teria de lidar com as ações das famílias das vítimas contra as companhias aéreas, os aeroportos e a Autoridade Portuária de Nova York e Nova Jersey — era uma opção ruinosa. Milhares de provedores haviam sido mortos e suas famílias precisavam de auxílio imediato e justamente distribuído. Assim, o Congresso criou um fundo de compensação para as vítimas, cujo administrador especial tinha o poder de conceder compensações para refletir tanto justiça como compaixão, com financiamento do Congresso — em troca do compromisso de não processar as companhias aéreas ou qualquer outra entidade que pudesse ser considerada negligente. As distribuições finais foram feitas em dois anos e em geral consideradas justas.[26]

Mais recentemente, quando um grande vazamento de petróleo infligiu enormes danos às comunidades e aos empreendimentos comercias na costa do Golfo dos Estados Unidos, na primavera e verão de 2010, uma abordagem

VENCEDORES LÍQUIDOS E PERDEDORES LÍQUIDOS

similar foi adotada, com o mesmo administrador especial nomeado para tomar decisões rápidas e distribuir fundos reservados pela British Petroleum para cobrir danos.[27] O esforço teve um início tumultuado, porque o administrador especial prometeu decisões mais rápidas do que podia providenciar. Mas, embora ir ao tribunal permanecesse uma opção para os insatisfeitos com suas decisões, o conceito ainda era visto como uma rota mais rápida para a recuperação que uma longa viagem pelo sistema judiciário.[28]

É claro que um administrador especial para algum tipo de "fundo de restituição às vítimas de Madoff" teria enfrentado os mesmos problemas que o administrador judicial da SIPC: investigação criminal, possibilidade de que algumas vítimas fossem na verdade cúmplices, registros inexistentes ou inexatos. Contribuintes dispostos a financiar compensações para viúvas e órfãos do 11 de setembro sem dúvida teriam recuado perante a ideia de reembolsar ricos fundos hedge offshore, e o único bolso profundo o suficiente para interpretar o papel da British Petroleum seria a própria SIPC, que estava institucionalmente comprometida com o processo de falência.

Mesmo assim, algum tipo de acordo global com a SIPC ou auxílio emergencial para as vítimas mais necessitadas poderia ter sido possível se a SEC tivesse reconhecido imediatamente a escala da devastação financeira e feito a Casa Branca persuadir o Congresso a fornecer uma resposta mais criativa.

Mas a realidade do fim de 2008 era que a SEC estava paralisada por sua história com Madoff e pelas mudanças na liderança enquanto a nova administração assumia a Casa Branca. Um Congresso dividido já lutava com bancos falidos, seguradoras quase quebradas, montadoras de automóveis arruinadas, várias corretoras gigantescas em perigo, uma onda crescente de hipotecas executadas, altos níveis de desemprego e a paralisia que afligia a maioria das fontes de consumo e crédito comercial da nação.

Na ausência de uma opção mais criativa e flexível, a posição mais comum era uma liquidação cega, lenta e profundamente antagônica da SIPC no tribunal de falências.

Ações de recuperação eram parte integral da liquidação no tribunal de falências. Em geral, o dinheiro sacado antes que um esquema Ponzi entre em colapso é o principal ativo que o administrador judicial pode encontrar para atender às reivindicações. Com sorte, pode haver contas bancárias ou de investimento com saldo positivo ou brinquedos caros e belas casas, bens que podem ser apropriados e vendidos. Em essência, contudo, um esquema Ponzi é simplesmente uma conta bancária mentirosa, com uma pilha de comprovantes de depósito em uma ponta e um talão de cheques na outra. Sua essência vital é o dinheiro que entra como "investimento" e sai como "retirada".

Para recuperar o dinheiro que havia saído, Picard precisava acionar aqueles que o haviam retirado, uma obrigação que os vencedores líquidos viam como ameaça direta a eles, especialmente se tivessem sacado milhões de dólares a mais do que haviam investido originalmente. Se Picard pudesse ser forçado a reconhecer os extratos finais como base para as reivindicações, então eles ainda teriam dinheiro a receber, independentemente do quanto haviam sacado. Isso significaria que não estariam vulneráveis a ações de recuperação e, por sua vez, a retomada de muitos dos bilhões de dólares que Picard exigira no tribunal teria sido impossível.

A inamovível hipótese de trabalho de Picard era de que existia uma quantidade limitada de dinheiro disponível para satisfazer as reivindicações das vítimas. Da maneira como ele via as coisas, os vencedores líquidos já haviam recebido 100% de cada dólar que tinham entregado a Madoff. Mas, mesmo nos dias mais otimistas, ele temia que os perdedores líquidos fossem receber apenas US$ 0,20 por dólar — talvez US$ 0,30, se David Sheehan tivesse muita sorte com as grandes ações de recuperação.

Se essa quantidade limitada de dinheiro fosse reduzida pela invalidação da maioria das ações de recuperação e então tivesse de ser dividida com cada cliente de Madoff com base no saldo dos extratos finais, o pagamento seria de US$ 0,01 por dólar, na melhor das hipóteses.

Mas e se os ativos não fossem limitados? E se as bolsas encontradas na sela não tivessem fundo? E se alguém — como a SIPC ou a SEC — aparecesse com os US$ 64,8 bilhões necessários para pagar 100% do extrato final de todos?

Pela lei, a SIPC podia se voltar para Wall Street em busca de dinheiro e a SEC podia consegui-lo com o Tesouro norte-americano. Talvez essa

VENCEDORES LÍQUIDOS E PERDEDORES LÍQUIDOS

abordagem tivesse parecido justa para muitas das vítimas de Madoff: que os gordos gatos de Wall Street pagassem os lucros fictícios que Madoff prometera, com alguma contribuição dos reguladores negligentes que haviam permitido que o desastre acontecesse.

O debate sobre a compensação se intensificou. Por que resgatar apenas as vítimas de Madoff? Literalmente dezenas de esquemas Ponzi tinham ruído ou sido encerrados em 2008 e a primeira metade de 2009. E quanto aos lucros legítimos que o restante do país perdera no mesmo colapso do mercado que fizera Madoff implodir? Por que os lucros fictícios prometidos por um trapaceiro deveriam reaparecer magicamente nas contas bancárias dessas pessoas, enquanto os lucros reais criados por meio de transações honestas pelo restante do país simplesmente desapareciam? Se Wall Street e a SEC iam restituir integralmente as vítimas de Madoff, por que não restituir todo mundo?

Seria esse tipo de guerra que se desenrolaria, e o primeiro tiro foi disparado em 5 de junho de 2009.

Nesse dia, o pequeno escritório de advocacia Lax & Neville iniciou uma ação judicial coletiva contra Picard, em nome daqueles cujas reivindicações ele havia rejeitado.[29] Um reclamante era um nova-iorquino de 65 anos chamado Allan Goldstein, que fora uma das vítimas a depor perante o Congresso logo após a prisão de Madoff.

Ele fora um eloquente porta-voz durante seu depoimento.

"Sou a face humana dessa tragédia", disse ele ao House Financial Services Committee em 5 de janeiro. "Falo não apenas por mim mesmo, mas por muitas pessoas que perderam tudo por causa desse esquema Ponzi."[30]

Em uma vida de trabalho duro, ele acumulara US$ 4,2 milhões em economias para a aposentadoria, tudo investido com Madoff. Durante 21 anos de mercados em alta, Madoff lhe pagara retornos anuais constantes entre 8% e 12%. "Eu estava disposto a abrir mão de ganhos maiores durante os anos de boom em troca de maior segurança", disse ele. "Confiamos ao sr. Madoff tudo o que tínhamos e agora tudo pelo que trabalhei durante mais de cinquenta anos desapareceu."[31]

Desde o colapso, ele sacara o seguro de vida para pagar a hipoteca, tentava vender a casa em um mercado ruim e temia que a hipoteca fosse executada. "Nessa altura de nossas vidas, jamais teria imaginado a devastação financeira que agora sofremos", acrescentou. "Em um piscar de olhos, economias que lutei durante toda a vida para conseguir desapareceram [...] Estou aqui hoje como um homem quebrado."[32]

Ele cobrou do Congresso a criação de um fundo de restituição e a aprovação de algum tipo de legislação emergencial que permitisse à SIPC "afrouxar os padrões" e distribuir dinheiro mais rapidamente. E concluiu: "Não somos fundos fiduciários, fundos hedge ou bancos. Somos pessoas comuns que foram vítimas de um crime incompreensível e tiveram suas vidas destruídas. Estamos apelando a vocês, nossa única esperança, em busca do auxílio de que necessitamos tão desesperadamente."[33]

Mas nenhuma legislação emergencial ou fundo de restituição foi aprovado pelo Congresso ou sequer considerado. Apelos à SEC também não produziram nenhuma mudança nas políticas da SIPC. Em caráter privado, os reguladores podiam reclamar da maneira deplorável como a SIPC tratava seus problemas cada vez piores de relações públicas. Mas a SEC tinha seus próprios e gigantescos problemas de relações públicas e não participou de maneira nenhuma da batalha sobre o patrimônio líquido até pouco antes de ser obrigada a fazê-lo no tribunal.

A ação do Nax & Neville foi seguida quase imediatamente por uma ação similar de Helen Chaitman.[34] Ela argumentou que Picard estava errado e em conflito, que as ações de recuperação eram simplesmente imorais e que tanto as ações de recuperação quanto Picard tinham de ser eliminados do processo Madoff para que as vítimas tivessem uma chance de receber justiça.

Incentivados por seus incansáveis advogados, os "vencedores líquidos" se tornaram mais organizados. Em cartas ao editor, posts na internet, entrevistas à mídia e cartas ao Congresso e aos tribunais, afiaram seus argumentos contra a abordagem "dinheiro que entrou, dinheiro que saiu" de Picard. Alguns deles se associaram a outros grupos de vítimas de fraude e começaram a exigir do Congresso uma ação legislativa para forçar Picard e a SIPC a reorganizar suas reivindicações.

VENCEDORES LÍQUIDOS E PERDEDORES LÍQUIDOS

Os perdedores líquidos estavam menos inclinados a assumir uma posição pública. Eles achavam menos perturbador permanecer em silêncio — afinal, Irving Picard e David Sheehan estavam lutando sua luta e eles detestavam a ideia de se expor aos ataques dos vencedores líquidos mais eloquentes. Mas, na ausência de qualquer clamor público dos milhares de perdedores líquidos, Picard e Sheehan estavam sozinhos como únicos defensores visíveis da abordagem de "dinheiro que entrou, dinheiro que saiu".

14

OS PECADOS DO PAI

Um pouco antes das 15 horas de quarta-feira, 17 de junho de 2009, o inspetor-geral da SEC, H. David Kotz, um homem de aparência de um elfo com cabelos negros e olhos profundos, entrou no Metropolitan Correctional Center [Centro Correcional Metropolitano], um edifício chocolate à sombra dos altos prédios federais na Foley Square, em Manhattan. Com Kotz estava sua esbelta e loira vice, Noelle Frangipane.

Eles estavam indo perguntar a Bernie Madoff como ele se esquivara de dezenas de investigadores da SEC por mais de uma década.[1]

Dentro do MCC, foram levados a uma pequena sala de reuniões mobiliada apenas com um punhado de cadeiras — nenhuma mesa, nenhuma escrivaninha —, onde se uniram a Ike Sorkin e sua colega Nicole De Bello.

Após uma breve espera, Madoff chegou, escoltado por um guarda, que removeu as algemas. A despeito de ter passado três meses na prisão, ele mantinha a aparência exibida nos noticiários e especiais da TV durante os últimos seis meses, com exceção do uniforme de prisioneiro.

Kotz pediu que Madoff prestasse juramento, mas ele declinou. Simplesmente assentiu quando Sorkin o lembrou de sua obrigação de "dizer a verdade".

Madoff tinha algumas questões que queria deixar imediatamente claras. Ele alegou que os promotores e Irving Picard haviam entendido mal algumas das coisas que ele dissera durante a sessão de oferta. "Há muitas informações errôneas circulando" sobre o caso, começou ele, acrescentando rapidamente: "Não estou dizendo que não sou culpado."

Então iniciou uma narrativa que misturava verdades e mentiras sobre o que realmente acontecera, dando a Kotz um exemplo de primeira mão sobre como jogara com os advogados da SEC durante anos.

Ele insistiu que tudo que dissera à SEC sobre a estratégia de conversão split-strike e seus algoritmos eletrônicos era verdade — no início, realmente estivera comprando ações e opções e fora bem-sucedido. "Mesmo com inteligência artificial, você ainda precisa de intuição", continuou. "É uma combinação de tecnologia e intuição do corretor, e eu era um bom corretor."

Ele repetiu o que dissera no tribunal — que sua fraude começara no início da década de 1990 como medida temporária. "Assumi compromissos com dinheiro demais e então não consegui fazer com que a estratégia funcionasse", disse ele a Kotz, lançando mão do jargão e tecendo verdades e mentiras ao mesmo tempo. "Eu tinha um banco europeu, eu estava fazendo conversão e eles estavam fazendo conversão reversa [...] Achei que conseguiria." Quando seus lucros desapareceram, "Pensei 'Ótimo, vou gerar essas transações, o mercado vai voltar e vou conseguir acertar as coisas'".

E acrescentou: "Mas nunca aconteceu. Foi um erro simplesmente não aceitar a perda de alguns milhões de dólares e seguir em frente."

De maneira quase surreal, Madoff continuou a garantir a Kotz — cuidadosamente — que a estratégia de investimento que fingira empregar durante todos aqueles anos teria funcionado, poderia ter sido real, "não era tão exótica". Grandes empresas de Wall Street poderiam estar dizendo que viram através dele, mas seus clientes haviam incluído vários grandes executivos do Merrill Lynch e do Morgan Stanley.[2]

"Pessoas críveis sabiam que aquilo podia ser feito ou não teriam sido minhas clientes. [...] tudo o que você precisa fazer é olhar para o tipo de pessoa para quem eu fazia isso para saber que era uma estratégia crível",

OS PECADOS DO PAI

continuou. Aquelas pessoas "sabiam muito mais que esse Harry [Markopolos]." Madoff não reconheceu que, mesmo que a estratégia pudesse ter sido empregada honestamente, não teria produzido lucro quase todos os meses durante duas décadas e não poderia ter sido empregada honestamente em uma escala multibilionária sem estressar os mercados.

Seu desdém pela falha da SEC em capturá-lo foi sutil, mas fulminante. "Acho que tudo se resume ao orçamento."

Madoff respondeu outras perguntas feitas por Kotz: ele não se fizera acompanhar por um advogado durante seu depoimento à SEC em maio de 2006 porque achou que comparecer sem um sugeriria que não tinha nada a esconder. Tampouco estivera preocupado. "Eu tinha boas respostas para tudo", disse. "Tudo fazia perfeito sentido."

E não, ele não se preocupara quando Frank DiPascali também fora questionado no início de 2006, disse ele, mentindo mais suavemente que nunca: "Ele também não sabia que havia alguma coisa errada." E não, jamais criara registros falsos da DTCC para mostrar à SEC. De fato, insistiu que os membros da SEC que haviam investigado a Avellino & Bienes em 1992 viram que as transações eram reais. Ele disse que não fazia ideia de que os dois homens "tinham milhares de clientes".

A opinião de Madoff, que parecia estar tomando forma enquanto ele respondia às perguntas de Kotz, era de que o incessante foco da SEC em um crime que ele não cometera a cegou para o crime que estava investigando — de outro modo, teriam-no apanhado com facilidade. Eles "fizeram todas as perguntas certas, mas ainda estavam focados em front-running", disse ele, acrescentando: "Jamais passou pela cabeça da SEC que era um esquema Ponzi." Mesmo após pedir o número de sua conta na câmara de compensação da DTCC, a SEC jamais conferiu para ver se as ações e bônus dos extratos dos clientes realmente estavam lá.

"Se está procurando um esquema Ponzi, essa é a primeira coisa que você faz", disse ele a Kotz.

Madoff ficara estupefato. Ele se lembrava de pensar: "Depois de tudo isso, tive sorte."

350 O MAGO DAS MENTIRAS

Em um raro momento reflexivo, observou: "Eu me envolvi em uma terrível situação. É um pesadelo." Pragmático e mantendo a compostura até então, ele perdeu o controle por um momento enquanto refletia sobre o "inferno" que sua família estava enfrentando: "É uma tragédia, um pesadelo." Mas rapidamente se recompôs e afirmou que fizera muitas coisas boas pela indústria, antes de fazer algo errado. "A coisa pela qual me sinto pior, além das pessoas perdendo dinheiro, é que prejudiquei a indústria", disse.

A essa altura, Kotz começava a se perguntar se o próprio Madoff sabia onde estava a linha entre verdade e mentira. Meses depois, um trecho daquela conversa permaneceria vívido e sugestivo em sua mente.

Você criou falsos documentos para entregar à SEC?

Não, respondeu Madoff, parecendo quase ofendido. Ele disse que dera à SEC os mesmos documentos que fornecia a seus clientes.

Mas esses extratos para os clientes não eram, na verdade, documentos falsos?

Não, não eram. Madoff fez uma pausa de 30 segundos e então fez uma minúscula concessão à realidade.

"Entendo por que você os vê como falsos", disse ele.[3]

*

Na segunda-feira, 22 de junho, Ike Sorkin entregou uma carta ao juiz Denny Chin, que proferiria a sentença de Madoff na semana seguinte. "Não buscamos misericórdia nem simpatia", escreveu Sorkin.[4] "Respeitosamente, buscamos a justiça e a objetividade que sempre foram — e esperamos que sempre sejam — a base de nosso sistema de justiça criminal."

Sua carta era um dos rituais da Justiça estadunidense. Era a chance de Sorkin persuadir o juiz Chin a ignorar as demandas que o governo estava fazendo — os 150 anos que se acumularam quando Madoff concordou em se declarar culpado — e a pena eterna que suas vítimas exigiam nos e-mails e cartas que os promotores estavam recolhendo para submeter ao juiz.

OS PECADOS DO PAI 351

Um "relatório pré-sentença" confidencial, feito pelo departamento federal de liberdade condicional, acabara de chegar ao gabinete do juiz Chin. Ele detalhava a história dos crimes de Madoff e o devastador dano humano que haviam infligido. O relatório recomendava uma pena de cinquenta anos.

Em sua carta, Sorkin exortava o juiz a considerar uma sentença de doze anos. Dada a idade de Madoff e o fato de seus pais terem morrido jovens, isso ao menos permitiria a minúscula possibilidade de que ele algum dia fosse libertado da prisão — aos 83 anos.

Sorkin reconhecia a tempestade justificada de ódio e as "histórias comoventes de perda e privação" refletidas nas cartas das vítimas ao tribunal. Essas cartas uniformemente demandavam que Madoff ficasse preso pelo resto da vida. A fúria das vítimas, escreveu ele, "sem dúvida é justificada à luz das circunstâncias" de um caso envolvendo injúrias tão graves a tantas pessoas. Sorkin prometeu que Madoff "falará sobre a vergonha que sentiu e a dor que causou" durante a audiência de sentença.

Ele observou que as mensagens que as vítimas haviam submetido ao juiz Chin estavam livres da mordacidade antissemita e das ameaças de morte contidas em algumas das cartas que ele e seu cliente haviam recebido. Mas, mesmo assim, elas o perturbavam profundamente. "O tom unificado das declarações das vítimas sugere o desejo por um tipo de vingança coletiva", escreveu. "É dever do tribunal deixar de lado a emoção e a histeria presentes neste caso e proferir uma sentença justa e proporcional à conduta em questão."

Quando a requisição de Sorkin se tornou pública, simplesmente derramou mais combustível sobre o abrasivo ultraje das vítimas de Madoff.

*

Na sexta-feira, 26 de junho, uma máquina de fax deu sinais de vida no escritório de advocacia de Peter Chavkin, regurgitando a página de assinaturas de um documento legal.[5] Quando Chavkin e sua cliente, Ruth Madoff, assinassem a página, ela estaria entregando ao governo mais de US$ 800 milhões em propriedades — uma carteira de bônus municipais, a cobertura em Manhattan, a casa de praia em Montauk, a casa de Palm Beach, o apartamento de três quartos na Riviera francesa, os barcos e carros, a mobília e as obras de arte, o piano Steinway no qual seu filho Andrew tocara, seus casacos de pele, suas surradas malas de grife, as joias antigas, a porcelana Wedgwood e a prataria Christofle e até mesmo o anel de Hofstra de Bernie, classe de 1960.

Ela estaria abrindo mão de cada coisa preciosa que achara ser sua — até aquele dia em dezembro no qual seu marido revelara que seu mundo de sonhos fora construído inteiramente dos sonhos que ele roubara de outras pessoas, muitas das quais ela havia conhecido e amado durante toda a vida.

Ao oferecer a Ruth Madoff esse acordo civil, os promotores faziam algumas admissões significativas — pública e implicitamente. Publicamente, estavam admitindo que poderiam não ser capazes de provar no tribunal que tinham uma reivindicação válida sobre os US$ 14,5 milhões em patrimônio que Ruth detinha na cobertura de Manhattan e na casa de praia em Montauk, propriedades compradas antes da data na qual Madoff alegara ter iniciado a fraude. Também reconheciam que, caso decidisse, ela poderia requerer no tribunal os outros US$ 70 milhões que estava entregando.

Mas a mensagem não dita por trás do acordo era que os promotores não tinham acusações criminais contra Ruth Madoff. Se tivessem alguma, o acordo civil teria sido desnecessário. Se ela fosse acusada e condenada, poderiam apreender cada centavo que tinha, sob as leis de confisco criminal, e não haveria nada que ela pudesse fazer para impedi-los.

Assim, em troca de assinar a desistência dos ativos sem lutar por eles, Ruth pôde manter US$ 2,5 milhões em dinheiro para uma nova casa, uma nova vida e algum tipo de futuro.

Era talvez a única exoneração pessoal pela qual ela podia esperar, mesmo que a protegesse apenas de novas reivindicações dos promotores. Não a protegia de reivindicações feitas por outras pessoas — incluindo Irving Picard, o administrador judicial da falência. E certamente não a protegia da suspeita e dos insultos que enfrentava todos os dias no mundo para além do silencioso escritório de advocacia em uma torre anexa ao Edifício Chrysler.

OS PECADOS DO PAI

Ela assinou o acordo com mão firme, assim como Chavkin. Em algum momento, a página foi enviada por fax ao juiz Chin e aos promotores federais, no centro.

O palco estava pronto para o espetáculo de segunda-feira. Em 29 de junho, os espectadores se espremeram em cada banco polido da ricamente decorada sala de audiências cerimonial do 9º andar do tribunal federal, com suas paredes recobertas por painéis de madeira e teto arqueado com detalhes em dourado.[6] Os delegados federais observavam a multidão, atentos a qualquer tumulto.

Como era seu estilo, o juiz Chin subiu graciosamente ao assento alto e entalhado, com os promotores e os advogados de defesa já posicionados nas mesas a sua frente. Minutos antes das 10 horas, Bernie Madoff foi trazido e se sentou ao lado de Ike Sorkin. Ele parecia mais magro, já não tão elegante nos familiares terno cinza, camisa branca e gravata prateada que Ruth tivera permissão de enviar do apartamento na semana anterior. Ele parecia emaciado e cinzento, com o cabelo outrora prateado agora parecendo peltre.

O drama em quatro atos de uma sentença criminal estava prestes a começar.

Após alguns procedimentos iniciais, o juiz Chin convidou as vítimas de Madoff ao estrado. Centenas delas haviam enviado cartas e e-mails, e muitas estavam presentes no tribunal naquele dia. Nove tinham pedido para se dirigir ao tribunal e um microfone fora colocado no ornamentado corrimão que separava os bancos dos espectadores da área reservada aos advogados e ao juiz.

Dominic Ambrosino, um oficial correcional aposentado de Nova York, levantou-se de um banco lotado perto da frente. Ele descreveu as importantes decisões que as pessoas haviam tomado porque acreditavam que seu dinheiro estava seguro. Sacar o dinheiro da pensão e da aposentadoria, vender a casa, comprar um motor home para realizar o sonho de viajar — todas foram decisões que não podiam ser desfeitas, tomadas apenas porque eles tinham confiado em Madoff.

354 O MAGO DAS MENTIRAS

Maureen Ebel, a pequenina viúva de 61 anos que falara durante a audiência de confissão, apontou suas flechas para a SEC, que, "por sua total incompetência e criminosa negligência, permitiu que um psicopata roubasse de mim e do mundo". Ela agora trabalhava em três empregos e vendera a casa e muitas de suas posses. "O custo emocional disso tudo tem sido devastador", disse ela.

Múltiplos empregos eram tudo que sustentava Thomas Fitzmaurice e a esposa, ambos com 63 anos. Madoff "enganara suas vítimas por seu dinheiro, a fim de que ele, a esposa Ruth e os dois filhos pudessem ter uma vida de luxo inimaginável" — uma vida "normalmente reservada à realeza, não aos ladrões comuns".

Fitzmaurice leu a mensagem de sua esposa para Madoff. Seus filhos haviam lhe fornecido "constante amor e apoio", escreveu ela. "O senhor, por outro lado, sr. Madoff, tem dois filhos que o desprezam. Sua esposa, com toda razão, foi vilificada e isolada por seus amigos na comunidade. O senhor deixou para seus filhos um legado de vergonha. Tenho um casamento feito no céu. O senhor tem um casamento feito no inferno, e é para lá, sr. Madoff, que o senhor retornará."

Carla Hirschhorn descreveu a perda do fundo destinado à faculdade da filha durante seu primeiro ano de estudos e a frenética incerteza de como pagar as contas. "Desde 11 de dezembro, a vida tem sido um inferno", disse ela. "Parece um pesadelo do qual não conseguimos acordar."

Sharon Lissauer, uma frágil modelo loira em um pálido vestido de verão, estava quase em lágrimas ao começar. Ela confiara tudo a Madoff e ele roubara tudo. "Ele arruinou a vida de tantas pessoas", disse ela em uma voz baixa e estranhamente delicada. "Ele matou meu espírito e destruiu meus sonhos. Destruiu minha confiança nas pessoas. Destruiu minha vida."

Burt Ross, um carismático senhor apoiado em duas bengalas, estimou suas perdas em US$ 5 milhões. Então falou eloquentemente sobre a vida de Madoff. "O que podemos dizer sobre Madoff?" Que era um filantropo? "O dinheiro que ele deu para a caridade era roubado." Um bom homem de família? "Ele deixou para os netos um nome que os mortifica." Um bom judeu? "Ninguém fez mais para reforçar o feio estereótipo de que tudo com que eles se importam é o dinheiro." Ross evocou o *Inferno* de Dante e condenou Madoff ao círculo mais baixo.

Um jovem chamado Michael Schwartz explicou que parte do fundo fiduciário que Madoff roubara de sua família fora "separado para cuidar de meu irmão gêmeo, que tem problemas mentais". E concluiu: "Espero apenas que a sentença seja longa o suficiente para que sua cela se torne seu caixão."

A próxima a falar foi Miriam Siegman, que repetiu os desejos feitos durante a audiência de confissão: que fosse publicamente julgado, que toda a verdade fosse revelada na sala de audiências perante o júri e que ele reconhecesse "os efeitos assassinos" de um crime que já levara algumas pessoas ao suicídio.

A última a falar foi Sheryl Weinstein, uma eloquente contadora que fora diretora financeira da Hadassah. Em dois meses, seu pálido rosto em formato de coração, emoldurado pelo brilhante cabelo loiro, estaria na capa da biografia que escrevia secretamente e na qual afirmava ter tido um breve caso extraconjugal com Bernie Madoff. Nesse dia, ela disse: "Achei que seria importante que alguém que conheceu Madoff pessoalmente falasse aqui." E descreveu "a besta chamada Madoff. Ele caminha entre nós. Veste-se como nós. Dirige, come, bebe e fala. Sob essa fachada, realmente há uma besta".

Foi um doloroso recital, pontuado por soluços baixos e pela raiva. De maneira expressiva ou retraída, todas as vítimas falaram de um profundo senso de traição — por Madoff, pela SEC, pelos tribunais, pela vida.

Em um tom muito sincero, o juiz Chin agradeceu às vítimas e então inclinou a cabeça: "Sr. Sorkin?"

O advogado de defesa, nessas circunstâncias, frequentemente é pouco mais que uma distração entre os atos. Quem poderia defender um homem que causou toda aquela dor que havia mesmerizado o tribunal por quase uma hora? Mas, mesmo assim, Sorkin tinha de tentar.

"Não podemos deixar de nos comover com o que ouvimos", disse ele. "Não há como sermos insensíveis ao sofrimento das vítimas. Isso é uma

356   O MAGO DAS MENTIRAS

tragédia, como algumas das vítimas disseram, em todos os níveis [...] Representamos um indivíduo profundamente falho — mas representamos, Meritíssimo, um ser humano."

Sorkin encerrou simplesmente pedindo uma sentença livre de vingança e de raiva. "Pedimos apenas, Meritíssimo, que o sr. Madoff receba compreensão e justiça."

Agora era hora do segundo ato, o próprio Bernie Madoff.

Ele tinha um discurso pronto, como sua declaração em março, mas agora soava mais autenticamente como o homem que existira antes de 11 de dezembro de 2008.

"Meritíssimo, não posso oferecer qualquer desculpa para meu comportamento", começou ele, olhando para o juiz. "Como me desculpar por ter traído milhares de investidores que confiaram suas economias a mim? Como me desculpar por ter enganado duzentos funcionários que passaram a maior parte de suas carreiras trabalhando para mim? Como me desculpar por ter mentido para um irmão e dois filhos que passaram toda as suas vidas adultas ajudando a construir um negócio respeitável e bem-sucedido?"

Houve uma breve pausa. "Como me desculpar por ter mentido e enganado uma esposa que ficou a meu lado durante cinquenta anos — e ainda permanece a meu lado?"

Ele se moveu lentamente na direção de um difuso esboço do que havia feito. "Quando comecei esse problema — esse crime —, eu acreditava que seria algo do qual conseguiria sair, mas isso se tornou impossível. Quanto mais eu tentava, mais profundo era o buraco que cavava para mim mesmo." Ele estava acostumado a cometer erros durante as negociações. Era parte do negócio; ele podia desculpar a si mesmo por tê-los cometido. Mas cometera mais que um erro de negociação nesse caso, cometera "um terrível erro de julgamento. Recusei-me a aceitar o fato — não *consegui* aceitar o fato — de que, pela primeira vez na vida, havia falhado. Não consegui admitir o fracasso e esse foi um trágico erro."

No papel, suas palavras pareciam profundamente arrependidas, embora fossem ditas com uma voz inerte e sem vida. "Sou responsável por muito

OS PECADOS DO PAI 357

sofrimento e dor. Entendo isso. Vivo em um estado atormentado agora, sabendo de toda a dor e sofrimento que causei. Deixo um legado de vergonha, como algumas de minhas vítimas observaram, para minha família e meus netos. Isso é algo com que terei de viver para o resto de minha vida."

Ele tentou, tarde demais, reparar o dano causado por meses de silêncio. "As pessoas me acusaram de permanecer em silêncio e não ser solidário. Isso não é verdade", disse ele. "Acusaram minha esposa de permanecer em silêncio e não ser solidária. Nada poderia estar mais longe da verdade. Ela chora até dormir todas as noites, sabendo de toda a dor e todo o sofrimento que causei — e isso também me atormenta."

Madoff disse que ele e Ruth haviam permanecido em silêncio por recomendação de seus advogados. Mas acrescentou que Ruth emitiria uma declaração escrita mais tarde naquele dia, expressando sua angústia e sua solidariedade em relação às vítimas. "Peço que a ouçam", disse Madoff. "Ela é sincera e tudo o que peço é que ouçam o que ela tem a dizer."

De certa maneira, a total impossibilidade de modificar ou melhorar a situação pareceu retirar a vida de suas frases finais. Ele quase reconheceu isso. "Nada do que eu possa dizer pode corrigir as coisas que fiz [...] Nada do que possa fazer fará com que alguém se sinta melhor."

E concluiu: "Mas viverei com essa dor, esse tormento, pelo resto de minha vida. Peço desculpas às minhas vítimas" — ele se virou abruptamente e olhou para a sala de audiências lotada, com o rosto emaciado e profundos triângulos cinzentos sob os olhos — "Olhando para vocês, digo que sinto muito. Sei que isso não os ajuda."

Ele se voltou novamente para o juiz. "Meritíssimo, obrigado por me ouvir." Então se sentou.

O caso do governo também foi um solo curto e familiar antes do último ato. Todo mundo sabia que os promotores queriam uma sentença de 150 anos; eles haviam exposto suas razões em um memorando publicado alguns dias antes. "Por mais de vinte anos, ele roubou cruelmente e sem remorso", disse Lisa Baroni, uma das promotoras. "Milhares de pessoas depositaram sua confiança nele e ele mentiu repetidamente para todas elas."

Mas o clímax do drama só podia vir do juiz Chin.

"A despeito de toda a comoção no ar, não concordo com a sugestão das vítimas e outros que procuram vingança coletiva", observou. Ele concordava com Sorkin que Madoff tinha direito a uma sentença "determinada objetivamente e sem histeria ou emoção indevida".

Mas não parou aí. "Falando objetivamente, a fraude aqui foi assombrosa", continuou o juiz. "Ela durou mais de vinte anos." Talvez Madoff não tivesse começado a misturar o dinheiro da fraude com os ativos da corretora até o fim dos anos 1990, "mas está claro que a fraude começou antes que isso".

O juiz Chin não encontrou fatores mitigantes. "Em um caso de fraude do colarinho branco como esse, eu esperaria ver cartas de familiares, amigos e colegas. Mas nenhuma carta foi submetida atestando as boas ações, o bom caráter ou atividades cívicas ou filantrópicas do sr. Madoff. A ausência de tal apoio é reveladora."

Dada a idade de Madoff, o juiz reconheceu que qualquer sentença acima de vinte anos seria efetivamente prisão perpétua. "Mas o simbolismo é importante", continuou. A traição de Madoff deixara muitas pessoas, e não apenas suas vítimas, "duvidando de nossas instituições financeiras, de nosso sistema financeiro, da habilidade de nosso governo de regular e proteger e, tristemente, delas mesmas".

As vítimas não estavam "sucumbindo à tentação de vingança coletiva", concluiu. "Em vez disso, estão fazendo o que se espera que façam — colocando sua confiança em nosso sistema de Justiça [...] O conhecimento de que o sr. Madoff foi punido na máxima extensão da lei pode, em pequena medida, ajudar essas vítimas no processo de cura."

Ele fez uma pausa. "Sr. Madoff, por favor, levante-se."

Madoff e Sorkin se levantaram ao mesmo tempo.

"É decisão deste tribunal que o réu, Bernard L. Madoff, seja sentenciado a uma pena de prisão de 150 anos..."

Os gritos vindos dos bancos o interromperam, mas cessaram rapidamente. Ele continuou, dividindo a sentença de acordo com cada acusação.

OS PECADOS DO PAI   359

"Como questão técnica", acrescentou, "a sentença deve ser expressa [...] em meses; 150 anos são 1.800 meses." Alguns detalhes foram adicionados aos registros e Madoff foi orientado quanto aos seus direitos limitados à apelação.

A cortina desceu: "Esta sessão está encerrada."

Madoff foi novamente algemado e conduzido a uma porta lateral. Aos 71 anos, mesmo que ainda tivesse duas vezes esse tempo diante de si, ele o passaria na prisão.

*

Apenas três dias após a sentença, encerrou-se outro capítulo da história da fraude. A menos de 10 quilômetros do tribunal, uma delegada federal observava o closet da suíte principal da cobertura na East 64th Street enquanto Ruth Madoff negociava o que poderia guardar em caixas e levar consigo.

Ela estava deixando para trás os eletrodomésticos, a mobília, as obras de arte, as roupas de grife, os vestidos, os luxuosos casacos de pele — todas as "propriedades pessoais seguradas e facilmente vendíveis" no que outrora fora sua casa. Fora-lhe dito que podia manter itens que não seriam facilmente vendidos e ela esperava manter o bastante usado casaco de pele, comprado trinta anos antes, que estava segurando, supostamente velho demais para ter qualquer valor de revenda.

Talvez pudéssemos conseguir US$ 1 por ele, disse a delegada. O casaco de pele ficou.[7]

Assim como seu equipamento de golfe: sapatos usados, três luvas usadas, trinta bolas usadas e vários tacos, além de sete selos comemorativos de Ella Fitzgerald com valor em euros, encontrados em uma bolsa de moedas, e um *quarter* [US$ 0,25] de 1967 retirado de uma bolsa preta de couro.[8]

Nesse meio-tempo, as câmeras de TV estavam instaladas do lado de fora do edifício, alertas para o fato de que os delegados federais assumiriam o

360 O MAGO DAS MENTIRAS

controle da cobertura naquele dia. Ruth Madoff descobriu a manobra e conseguiu sair discretamente, pela última vez, pela porta dos fundos.

Um dia antes, o *Wall Street Journal* relatara on-line que, após seis meses de investigação, não havia evidências de que Ruth estivera envolvida na fraude do marido.[9]

*

Ainda havia muito mistério sobre o crime de Bernie Madoff, mesmo depois de ele ter se declarado culpado em março de 2009. Mas uma coisa que todo mundo parecia saber era que sua mulher e seus filhos também eram culpados.

Desde as primeiras semanas após a prisão, "fontes legais", "ex-promotores" e "advogados criminais que acompanham o caso", nenhum deles identificado, eram repetidamente citados em vários veículos da mídia afirmando que Ruth, Mark e Andrew Madoff estavam sob investigação e em breve seriam acusados. Artigos em brilhantes revistas especulavam cuidadosamente; espalhafatosos blogs acusavam temerariamente; comentaristas da TV piscavam e meneavam a cabeça maliciosamente. Toda essa feroz e orgulhosa certeza sobre sua culpa — não apoiada por nenhum fato citado — efetivamente levou os familiares mais próximos de Madoff para o exílio.

Em uma era de hipermídia, com paparazzi equipados com telefones celulares e autointitulados comentaristas de internet constantemente alertas para maneiras de chamar atenção, é digno de nota o fato de os ataques à família Madoff terem sido radicalmente diferentes da reação pública típica a casos de crime do colarinho branco, que se repetia há mais de um século.

É claro que tais criminosos — trapaceiros, estelionatários, políticos corruptos e fraudadores de todos os tipos — eram atacados selvagemente pela imprensa e pelo público quando seus crimes vinham à luz. Mas suas esposas e filhos praticamente nunca eram incluídos nesses ataques; eles eram quase sempre ignorados ou, no máximo, rapidamente deixados em paz. Houve algumas poucas exceções nas quais acusações criminais foram

OS PECADOS DO PAI

feitas contra um parente próximo, que então era levado ao pelourinho da atenção pública. Em geral, no entanto, mesmo as esposas e filhos de assassinos executados podiam reconstruir suas vidas em relativa obscuridade, a menos que buscassem os holofotes por iniciativa própria.

O tratamento dado aos réus do crime organizado no decorrer dos anos é instrutivo. A despeito da fascinação geral pelas escapadas assassinas dos assim chamados "dons" da Máfia e "capos" de famílias criminosas, era extremamente raro que qualquer atenção fosse dada à sra. Dom da Máfia ou aos filhos dos capos — mesmo que um realista pudesse ter se perguntado se sabiam por que seu marido ou pai havia pedido a todos os amigos mais próximos que carregassem armas e dormissem em colchões na garagem. Em raras ocasiões, os familiares de um mafioso cortejavam ativamente a publicidade. (A família Gotti me vem à mente.) Mas aqueles que não o faziam eram normalmente ignorados pela mídia e certamente jamais eram pública e repetidamente acusados de cumplicidade nos crimes de seus maridos ou pais.

Mas, mesmo assim, o alarido popular contra Ruth Madoff e seus filhos começou quase imediatamente após a prisão de Madoff e nunca mais parou. Quando ele se declarou culpado, o alarido se tornou ensurdecedor.

Desde o início, todavia, houve fatos no caso Madoff que simplesmente não pareciam consistentes com a culpa da família.

Primeiro, havia o fato de que nenhum deles fugira do país. Talvez Bernie Madoff, com 70 anos na época da confissão, se sentisse velho e cansado demais para viver como fugitivo abastado; e talvez Ruth, mesmo que fosse culpada e corresse o risco de passar o resto da vida na prisão, não estivesse disposta a ir sem ele. Mas os dois filhos, se fossem culpados, tinham oportunidade, meios e motivos para fugir. O fim estava claramente à vista com semanas de antecedência, ainda havia uma soma principesca no banco e eles e suas famílias eram jovens e relativamente "portáveis". Certamente, Madoff, antes de se entregar, teria entregado aos filhos as chaves do jato da empresa e dinheiro suficiente para que vivessem confortavelmente e fora do alcance da lei pelo resto de suas vidas. Afinal, se fossem seus cúmplices, sua única outra opção seria ficar e ir para a prisão.

E, mesmo assim, Madoff não fugiu — nem sua esposa ou seus filhos.

Então havia sua confissão. Alguns teóricos hostis imediatamente argumentaram que Madoff e os filhos encenaram a confissão para que eles pudessem entregá-lo e, consequentemente, desviarem as suspeitas de si mesmos. Mas isso teria sido um gesto inútil, a menos que eles estivessem absolutamente seguros de que nenhuma evidência incriminadora surgiria mais tarde e nenhum de seus cúmplices menos importantes delataria os filhos em uma tentativa de obter leniência — hipóteses que não seriam nem remotamente realistas se os filhos fossem culpados. Além disso, se Madoff realmente acreditasse que qualquer um seria protegido contra suspeitas simplesmente por entregá-lo, não teria providenciado para que essa pessoa fosse Ruth?

Lógica à parte, as hipóteses sobre a culpa da família começaram a ir de encontro ao fato de que, conforme a investigação prosseguia, as previstas prisões de sua esposa e seus filhos simplesmente não aconteceram.

É verdade que a dificuldade legal de provar que Ruth, Mark ou Andrew partilhavam da culpa de Bernie Madoff era alta. Para ligá-los ao esquema Ponzi, os promotores teriam de fazer mais que provar que haviam suspeitado da fraude, ou se deparado acidentalmente com ela, e olhado para o outro lado. Quase nunca é crime federal deixar de relatar um crime apenas observado. Em vez disso, os promotores teriam de provar que eles conscientemente ajudaram a planejar a fraude, levá-la adiante ou acobertá-la.

E, mesmo assim, durante dois anos de investigação, com outros suspeitos de cumplicidade discretamente tentando negociar acordos com os promotores e receber alguma misericórdia do tribunal, nem o governo nem esses cúmplices fizeram quaisquer acusações públicas (ou artisticamente vazadas) contra Ruth, Mark ou Andrew. Na verdade, os membros da família nem sequer foram formalmente notificados pelos promotores, como seria necessário se fossem assunto ou alvo de uma investigação criminal.

É claro que todos esses detalhes acumulados não significam que os promotores não pretendessem agir contra a família Madoff em algum momento futuro, pois novas evidências podiam surgir, mesmo anos depois. E, para

OS PECADOS DO PAI

além da fraude, a família permanecia vulnerável a acusações tributárias federais em função da maneira casual como usava o dinheiro, os cartões de crédito e os empréstimos de baixo custo da corretora. Mas o que esses detalhes acumulados *significam* é que não havia evidências suficientes para justificar nem mesmo uma notificação formal de que eram alvos de uma investigação criminal durante os meses e anos em que foram repetida e publicamente acusados de serem cúmplices de Bernie Madoff.

Outro fato, visível desde muito cedo no caso, sugere que os promotores não acreditavam que os filhos de Madoff, ao menos, soubessem qualquer coisa sobre o crime antes da confissão do pai: Mark e Andrew Madoff continuaram a ser representados pelo mesmo advogado, Martin Flumenbaum.

Normalmente, dois suspeitos em uma investigação criminal não podem ser representados pelo mesmo advogado, por razões tão óbvias que a maioria das pessoas nem ao menos precisa pensar a respeito. E se o Suspeito A e o Suspeito B tiverem o mesmo advogado quando o Suspeito A decidir fazer um acordo e testemunhar contra o Suspeito B? Quem o ajudará a negociar com os promotores, o mesmo advogado que também tem o dever de honra de defender os interesses do Suspeito B? Definitivamente, não.

Teria sido antiético para Flumenbaum representar ambos os irmãos se soubesse que estavam sob investigação criminal e se sairiam melhor se testemunhassem um contra o outro e tentassem fazer um acordo com os promotores. Mesmo que tivessem feito alguma culpada promessa mútua, teria sido irregular para os promotores permitirem que Flumenbaum representasse os dois se um caso criminal estivesse sendo secretamente montado contra um deles ou ambos.

E, no entanto, Flumenbaum permaneceu no cargo, sozinho. Advogados de defesa experientes compreendiam as implicações; o público, de maneira geral, não.

Em 16 de dezembro de 2008, o *New York Times* relatou que os investigadores não haviam encontrado nenhuma evidência ligando os filhos de Madoff ao esquema Ponzi — exceto como vítimas e testemunhas da confissão do pai.[10] Mesmo assim, Mark e Andrew foram vilificados na internet, insultados em público, processados no tribunal, acusados em livros e artigos de revistas, e perseguidos por fotógrafos aonde quer que fossem.

Os irmãos haviam crescido à sombra de um pai autocrático e controlador que toda a família considerava um gênio e a quem a mãe constantemente acedia. A despeito das dificuldades que sua personalidade criava para o relacionamento, eles aparentemente o amavam e admiravam. No mesmo momento em que o crime do pai destruiu esse relacionamento, também empurrou a vida de ambos do quase anonimato para os escaldantes holofotes da mídia, onde nada privado podia ser protegido.

O casamento de dezessete anos de Andrew Madoff com Deborah já havia terminado e eles estavam separados havia mais de um ano. Os papéis do divórcio foram protocolados no mesmo dia da prisão do pai de Andrew, uma coincidência que forneceu combustível para os tabloides durante dias. Houve notícias — falsas, como insistiriam seus amigos mais tarde — de que os pais de alguns dos amigos de seus filhos começaram a temer incluí-los nas festinhas, supostamente por medo de que os próprios filhos fossem pegos em algum fogo cruzado verbal por parte das vítimas iradas.[11] Na época da prisão, Andrew vivia com a noiva, Catherine Hooper, uma mulher bem-sucedida cujo histórico como guia de pesca-fly foi prontamente dissecado até o osso pelo circuito de fofocas.[12]

Uma das primeiras expedições de Andrew para fora de seu apartamento após a prisão do pai foi para buscar uma refeição. Terminou em uma briga na calçada com um zangado ex-corretor de Madoff que o reconheceu, o acusou de ser um criminoso e gritou insultos sexuais de baixo calão para Hooper. Ao ouvir isso, Andrew trocou socos com o corretor e foi embora furioso.[13] Mais tarde, ao se acalmar, ele se entregou à polícia. Nenhuma queixa foi apresentada.

A batalha de Andrew contra o câncer, que começara com a descoberta de um nódulo linfático inchado em seu pescoço em março de 2003, parecia ter marcado um rompimento com sua antiga vida na corretora. Aos 37 anos, ele tinha linfoma, num primeiro momento diagnosticado como linfoma de células do manto, embora um diagnóstico decisivo se provasse elusivo. Ele

OS PECADOS DO PAI

passara por seis semanas de tratamento e saíra "da experiência com a cabeça raspada, um recém-descoberto interesse por ioga e uma emotividade que eu não vira antes", observou seu primo mais novo Roger em uma biografia póstuma após perder sua própria batalha contra o câncer.[14] Após o diagnóstico e o tratamento, Andrew passou a tirar férias mais longas e passar mais tempo com os filhos, voltou a tocar piano e falava abertamente sobre a importância de aproveitar cada dia porque "a vida é curta".[15]

A vida de Mark Madoff também se tornou um aquário. Todos os tabloides de Nova York sabiam que ele e a segunda esposa, Stephanie, tiveram um bebê em fevereiro de 2009, o quarto filho de Mark e seu segundo filho juntos. Todos na blogosfera Madoff sabiam que nem Ruth nem Bernie viram o neto recém-nascido porque Mark, assim como Andrew, evitara qualquer contato com os pais desde o dia da confissão. Nos meses seguintes, todos com uma televisão ou um computador saberiam que a mulher de Mark pedira ao tribunal para mudar o próprio sobrenome e o dos filhos para "Morgan", a fim de evitar o estigma e o perigo do nome Madoff — um nome do qual o marido não podia se livrar com a mesma facilidade.[16]

A maioria das pessoas que conhecia a família achava que Bernie se sentia mais próximo de Mark, que era mais caloroso e menos cerebral que Andrew, embora ambos recebessem um beijo e um abraço sempre que Madoff retornava à sala de operações após férias prolongadas. Um amigo de longa data se lembrou de ir jantar com Ruth e Bernie em certa noite de 1999, quando o primeiro casamento de Mark estava se desfazendo após uma década. "Bernie passou 90% do jantar do lado de fora, falando com Mark e meio que segurando sua mão", disse o amigo. Também era mais provável que Mark, e não Andrew, ficasse ao lado do pai para apertar mãos e sorrir durante eventos da indústria de títulos, festas de fim de ano da corretora e na praia em Montauk.

Não obstante seus dramas pessoais, ambos tinham títulos oficiais na corretora, que lhes davam responsabilidades legais como profissionais licenciados de Wall Street. Assim, foram alvos fáceis para as ações civis da SEC, que os acusaria de não supervisionar adequadamente os negócios, especialmente depois que a corretora começou a receber uma infusão tão constante de capital da fraude secreta de seu pai. Mas, no outono de 2010, os reguladores federais ainda não haviam feito sequer essa acusação antecipada contra os dois.

É verdade que os reguladores que poderiam ter feito essa acusação também haviam falhado em detectar as estratégias desonestas de Madoff. Era um curioso paradoxo da certeza do público sobre a culpa da família: ninguém discutia que Madoff repetidamente escondera seu crime de reguladores, escritórios de contabilidade estrangeiros, equipes de avaliação de riscos de fundos hedge e os mais experimentados investidores profissionais. Por que era tão implausível que o tivesse escondido da esposa, que não tinha papel oficial na corretora, e dos filhos, que trabalhavam em uma parte separada dos negócios e só sabiam sobre sua privada e reservada consultoria de investimentos aquilo que ele escolhia contar?

Mesmo assim, não havia nada que impedisse os reguladores de acusar os filhos de Madoff de falhar em supervisionar os negócios do pai.

Haveria certa ironia se eles fossem responsabilizados pelo que acontecera nas entranhas da corretora do pai, uma vez que ele nem mesmo os transformara em sócios. Eles eram simplesmente funcionários sem vínculo empregatício, embora extremamente bem pagos. Seu pai era o único dono da Bernard L. Madoff Investment Securities; ninguém contestava que ele sempre estivera quase obsessivamente no controle.

Com a confissão e prisão de Madoff, qualquer que fossem seus ativos que não haviam sido consumidos pelo crime certamente seriam reivindicados pelas vítimas — com base no argumento de que tudo que receberam da corretora durante a maior parte, se não todos os seus anos de trabalho, era resultado dos ganhos ilícitos do pai. A empresa que esperavam herdar fora destruída, juntamente com suas reputações pessoais e profissionais, a partir das quais poderiam ter construído novas carreiras. Metade do mundo achava que eram criminosos e a outra metade que eram ingênuos ou acomodados demais para descobrir o que o pai havia feito.

OS PECADOS DO PAI

Embora nem a SEC nem o procurador-geral tenham iniciado quaisquer ações judiciais contra Mark ou Andrew nos primeiros dois anos após a prisão de seu pai, quase todo mundo o fez. Parecia que declarar falência pessoal seria a única maneira de preservar algum ativo para suas famílias. Quaisquer que fossem suas habilidades ou experiência, seria realmente corajoso o empregador que oferecesse abertamente um emprego em Wall Street para um dos filhos de Bernie Madoff.

*

Ruth Madoff estava em uma situação ainda mais precária nos meses após a prisão do marido. Os filhos ao menos ainda tinham suas jovens famílias, as famílias das esposas e os amigos mais próximos. Mas sua decisão de ficar ao lado de Bernie a separara dos filhos e de quase todo mundo em seu mundo, com exceção dos advogados de Madoff.

Uma semana após a prisão, ela estava sendo insultada na imprensa, caricaturada em cartoons e abertamente acusada de criminalidade por algumas das vítimas de Madoff. Era importunada por multidões de fotógrafos nas poucas ocasiões em que deixava o apartamento para fazer compras ou, mais tarde, fazer a visita semanal ao marido na prisão. Os ataques na internet eram especialmente virulentos. Um antropólogo cultural memoravelmente observou que Ruth era "percebida como a súcubo do íncubo Bernie" — em português claro, um demônio fêmea trabalhando de mãos dadas com um demônio macho igualmente mau.[17]

Sua única ofensa comprovada? Não ter abandonado o marido após sua confissão. De acordo com uma fonte confidencial, ela mais tarde explicou assim sua decisão: "Tive um romance com alguém por cinquenta anos — não podia abandoná-lo, embora ele tivesse cometido aquele terrível crime. Se você tivesse um filho adulto que cometesse um terrível crime, o que você faria? Você o abandonaria?" Então ela ficou, aparentemente chocada com o crime, mas incapaz de abandonar o homem que o cometera.

Em caráter privado, alguns familiares e confidentes íntimos ficaram ao seu lado, embora seu marido os tivesse roubado, mas nenhum se manifestou para defendê-la em público. Muitos amigos de vida inteira passaram a evitá--la, alguns por causa das limitações impostas por seus advogados e outros em função de sua justificável fúria com a traição de Madoff.[18] Ela passou a ser *persona non grata* no cabeleireiro, evitada pela florista e recusada em seu restaurante favorito. Seus próprios filhos a culpavam por não ter se separado do pai, embora não acreditassem que fora sua cúmplice.

Da noite para o dia, a mulher cujos pares jamais consideraram seu estilo de vida espalhafatoso ou vulgar se viu chamada de gananciosa, cafona e quase criminalmente excessiva — como se o apartamento da East 64th Street subitamente tivesse se tornado um andar todo de mármore na Trump Tower e Montauk tivesse começado a exibir sua riqueza com mais ostentação que qualquer um em Hamptons. Havia frequentes histórias arquejantes predizendo sua prisão iminente, mesmo depois que o acordo civil de confisco que a deixava com US$ 2,5 milhões foi aprovado pelo juiz Chin.

A essa altura, parecia que ela perderia mesmo isso. Em 29 de julho de 2009, Ruth Madoff foi processada pessoalmente por Irving Picard, que exigia o retorno de US$ 44,8 milhões que, segundo ele, ela recebera da empresa de Madoff nos seis anos antes que fosse destruída pelo crime de seu marido.[19] A ação detalhava mais de cem transferências eletrônicas da corretora para suas contas pessoais ou companhias nas quais ela investira. Não citava nenhuma evidência de que participara da fraude ou mesmo tivera conhecimento sobre ela.

Após abrir mão de US$ 80 milhões para as vítimas do marido, Ruth Madoff não podia atender às exigências do administrador judicial. Ela não tinha US$ 44,8 milhões — tinha exatamente US$ 2,5 milhões e agora temia precisar gastar quase tudo para responder à ação de Picard.

Ele não estava tentando tirar sangue de pedra. Simplesmente queria um julgamento contra Ruth Madoff que a obrigasse a entregar qualquer futuro ganho monetário — com uma biografia, por exemplo — ao conjunto de ativos das vítimas. O advogado de Ruth, Peter Chavkin, ficou ultrajado e deixou

OS PECADOS DO PAI   369

isso claro.[20] Bernie Madoff não podia comentar publicamente, mas ficou igualmente furioso. Qualquer inclinação que pudesse ter de cooperar com Picard — e, reconhecidamente, havia pouca evidência disso — praticamente evaporou no dia em que descobriu que a esposa fora acionada. Demoraria mais de um ano antes que ele se reunisse com a equipe legal de Picard.

A vida de Ruth poderia ficar mais humilhante? Poderia. Em agosto, uma das vítimas de seu marido, Sheryl Weinstein, a contadora e ex-diretora financeira da Hadassah que falara tão eloquentemente sobre a bestialidade de Madoff durante a audiência de sentença, publicou sua biografia, na qual afirmava ter tido um breve encontro sexual com ele em meados da década de 1990. A biografia estava cheia de comentários ofensivos sobre Ruth e os filhos — ela "mantinha Bernie na coleira",[21] "estava intimidada pelos círculos sociais pelos quais eles trafegavam" e os comentários de Bernie sobre os filhos faziam com que parecessem "mimados e irritantes".

Evidentemente é possível que Madoff tenha tido casos; ele era um homem atraente e sedutor e todo casamento às vezes passa por momentos difíceis que podem levar os parceiros a trair. Mas, em um ambiente menos histérico, mesmo isso poderia ser visto como prova de que Ruth não sabia sobre o crime do marido: que lunático correria o risco de trair uma esposa que sabia que ele era um trapaceiro e podia entregá-lo com um telefonema, uma esposa cujos advogados certamente conseguiriam um excelente acordo para ela em troca de denunciá-lo? Se Ruth fosse cúmplice de Madoff e o pegasse traindo, ele se arriscava a bem mais que a mera fúria de uma mulher preterida.

Várias vezes, os advogados de Ruth Madoff negaram concisamente ou se recusaram a comentar as alegações mais absurdas contra ela. Mas, quando a biografia de Weinstein foi publicada, Chavkin viu um momento didático e o aproveitou. Ele disse que Ruth estivera totalmente inconsciente tanto do crime do marido quanto do suposto caso.

Se o caso realmente tivesse acontecido, seria "uma poderosa lembrança, para aqueles que achavam que Ruth devia saber sobre o esquema criminoso do marido, que há coisas que alguns parceiros — por mais próximos que sejam — não dividem um com o outro".[22]

370   O MAGO DAS MENTIRAS

Mesmo assim, o apetite público por sujeira sobre essa frágil mulher de 68 anos parecia sem fim. Mais de dezoito meses após a prisão de Madoff, a ABC News exibiu uma nova matéria e um breve segmento de vídeo na web, incrementado com filmagens telescópicas, anunciando uma descoberta quente: Ruth Madoff mudara a cor do cabelo de loiro para vermelho-claro, talvez porque achasse que isso lhe permitiria andar incógnita por Manhattan. Havia pouca chance de que isso acontecesse, obviamente.[23]

Não há como negar que Ruth, Mark e Andrew Madoff teriam merecido todas essas dificuldades — e mais — se de fato fossem culpados de participar do crime cruel que destruiu a vida de tantas pessoas ou mesmo se suspeitassem e tivessem se mantido em silêncio. Se fossem cúmplices, mereciam ser mais que aviltados pela mídia; mereciam ser indiciados, condenados, arruinados e presos para sempre.

Mas, nos oceanos de tinta e galáxias de espaço cibernético devotados a Ruth Madoff e seus filhos, poucos comentadores, se algum, fizeram a pergunta óbvia: e se fossem inocentes?

Talvez eles simplesmente tenham confiado em Bernie Madoff, sem perguntas — como fizeram todas as suas vítimas. Talvez honestamente assumissem ser os afortunados beneficiários de seu obsessivamente privado, mas altamente bem-sucedido, negócio de fundos hedge, como fariam os herdeiros de qualquer bilionário de Wall Street. Talvez, se fizessem perguntas, ele os enganasse com a mesma trilha de papel falsa que iludira os reguladores durante anos.

Essa seria uma verdade desconfortável.

Milhares de vítimas de Madoff sofreram imensamente com a traição de sua confiança financeira — de fato, suas vidas foram quase arruinadas. Embora a maioria ainda tivesse suas famílias e amigos, haviam perdido seu dinheiro, seu lugar na sociedade, seu senso de segurança sobre o futuro, sua confiança em seu próprio julgamento — haviam perdido tudo em um instante, um piscar de olhos.

Ruth, Mark e Andrew também perderam todas essas coisas — todo o seu dinheiro, sua posição social, seu senso de segurança, sua confiança no

OS PECADOS DO PAI

próprio julgamento e qualquer esperança de um futuro melhor. E, no mesmo piscar de olhos, também perderam quase todo relacionamento valioso de suas vidas, incluindo sua conexão uns com os outros.

Se Ruth Madoff fosse inocente, ela descobriria em um instante que fora casada durante quase cinquenta anos com uma mentira viva e respirando. Ela perdeu cada memória feliz, cada momento perfeito de sua vida juntos. Por trás da máscara, o marido que ela ainda adorava, seu namoradinho desde que ela tinha 13 anos, era na verdade um criminoso experiente que roubara durante décadas de milhares de pessoas, incluindo quase todo membro de sua família e praticamente todos os seus amigos.

Se fosse verdade que Mark e Andrew Madoff eram inocentes, eles descobriram em um piscar de olhos que seu pai mentira para eles com cada lição sobre a vida, cada pretensão de honestidade, cada presente, cada viagem de férias. Ele mentira sobre cada luxo que apresentara como resultado de seu gênio e seu trabalho duro, quando na verdade era apenas o butim de seus crimes, alguns deles roubados deles mesmos e das pessoas que amavam. A corretora que achavam estar ajudando a construir era a cena de uma fraude histórica. Alguns dos funcionários em quem haviam confiado podiam ser cúmplices do pai. Ele destruíra seu futuro e também destruíra seu passado. Eles não tinham mais nada do pai, nem mesmo memórias.

Da noite para o dia, tornaram-se párias, desprezados, caluniados, processados e mesmo fisicamente ameaçados. Ninguém, com exceção de advogados pagos, os defenderia em público e poucos admitiriam publicamente sentir qualquer pena deles. E esse poderia ser o caso enquanto vivessem — mesmo que os promotores jamais apresentassem acusações contra eles. Sem um único fato documentado apresentado para os registros, a suprema corte da opinião pública já os acusara, condenara e banira, sem apelação.

E era exatamente isso que mereciam, se fossem culpados.

Mas se Ruth, Mark e Andrew fossem inocentes, então os três também eram vítimas de Bernie Madoff — possivelmente, suas vítimas mais prejudicadas. Mas essa não era uma possibilidade que alguém estivesse disposto a admitir no verão de 2009. Não era algo que muitas vítimas de Madoff jamais fossem reconhecer.

15

AS RODAS DA JUSTIÇA

A névoa de suspeita que engolfou a família Madoff seria especialmente espessa em torno de Peter Madoff.

Peter trabalhou ao lado do irmão mais velho durante quase quarenta anos, ajudando-o e construindo a estrutura de tecnologia que tornou sua empresa tão admirada pela indústria. Seus escritórios não ficavam a mais de doze passos um do outro. Eles se apoiaram durante terríveis tragédias e celebraram juntos as grandes realizações.

A intimidade do relacionamento de Peter Madoff com o irmão, tanto dentro como fora do escritório, o deixou mais vulnerável a ações civis e à investigação criminal que qualquer outro membro da família. Ele fora executivo sênior e diretor de conformidade da corretora, e a SEC podia possivelmente responsabilizá-lo por falhar em impedir ou descobrir o crime do irmão, embora ele nunca tenha sido oficialmente acusado de saber alguma coisa a respeito. Os reguladores podiam argumentar que, como advogado e profissional certificado de títulos, ele não poderia ter falhado em descobrir o crime se estivesse fazendo seu trabalho adequadamente.

Peter assinou por uma das contas bancárias da corretora até 1985.[1] Embora não fosse contador nem sócio da empresa, podia ter obtido acesso a seus livros-razão e visto a contabilidade criativa e os empréstimos emergenciais feitos durante a crise financeira em 2005 e início de 2006, a despeito das terríveis distrações da doença do filho durante esses meses frenéticos. E, como diretor de operações da consultoria de investimentos de Madoff, supostamente deveria ter se esforçado para saber o que estava acontecendo no 17º andar, por mais que seu irmão tentasse afastá-lo.

Como todo mundo na família, Peter foi alvo de ações das vítimas de Madoff. No fim de março de 2009, ele foi processado por Andrew Ross Samuels, neto de Martin J. Joel Jr., corretor e amigo de Madoff.[2] Peter era o administrador do fundo que Joel criara para seu neto, um fundo totalmente destruído pela fraude de Madoff. Peter fez um acordo no meio do verão, mas na época estava envolvido com uma ação em Nova Jersey iniciada pelos dois filhos e pela fundação da família do senador Frank Lautenberg, que perdera US$ 9 milhões no esquema Ponzi.

A ação argumentava que Peter, em virtude de sua posição na empresa do irmão, era responsável pelos danos causados pela fraude, soubesse ou não sobre ela. A documentação revelou que Peter Madoff repetidamente evocara os direitos da Quinta Emenda durante a deposição civil, dizendo que os promotores o alertaram de que estaria sujeito a uma investigação criminal.[3] O status processual mais sério que os promotores designam durante um caso criminal é identificar alguém como "alvo"; ser identificado como "sujeito" é menos conclusivo, mas, para Peter Madoff, não menos preocupante.

Como ele poderia não ter sabido? Sim, era o perpétuo irmão mais novo, e jamais foi sócio da empresa. Mesmo assim, como Bernie poderia ter escondido seus crimes de Peter durante tantos anos? Mesmo as pessoas que conheciam Peter Madoff e confiavam em sua integridade tinham dificuldade para encontrar respostas plausíveis para essa pergunta nas semanas e meses após a prisão de Bernie.

O advogado de Peter, John R. "Rusty" Wing, respondia a cada inquirição repetindo o que dissera durante a primeira: seu cliente não soubera nem participara da fraude do irmão.

Quando a investigação criminal entrou no terceiro ano, nenhuma acusação criminal fora feita contra Peter, e a SEC não apresentara nenhuma

AS RODAS DA JUSTIÇA

queixa civil contra a maneira como lidara com seus deveres de supervisão na empresa do irmão. Mas, de todos os Madoff, Peter era aquele cujo destino legal parecia menos certo.

O vaivém do caso Lautenberg capturou perfeitamente essa persistente incerteza.

Em setembro de 2009, o juiz federal que presidia o caso negou a moção de Peter para uma anulação, citando disputas factuais sobre se ele exercera controle suficiente sobre a empresa para ter alguma culpa na fraude do irmão.[4] Mesmo assim, em novembro de 2010, o mesmo juiz negou a moção de Lautenberg pedindo um julgamento sumário a seu favor. Não era suficiente, disse o magistrado, argumentar que Peter Madoff simplesmente não poderia ter sido enganado ou iludido sobre o que o irmão estava fazendo. O juiz reconheceu que a posição de Peter na empresa, "seus muitos anos de próxima associação com o irmão"[5] e a "natureza grosseira" da fraude "lançariam substancial suspeita sobre o envolvimento culpável do réu nessas atividades". Mas, concluiu, "suspeitas baseadas em títulos, sem evidências específicas de conduta ou responsabilidade, não pode ser a base dos julgamentos legais". Até então, nenhuma evidência específica fora apresentada.

Após processar Ruth Madoff por US$ 44 milhões em julho de 2009, em 2 de outubro Irving Picard iniciou uma ação de recuperação contra Peter, Mark, Andrew e a filha de Peter, Shana, também oficial de conformidade na extinta empresa.[6]

Mas a ação cuidadosamente elaborada — escrita por pessoas que haviam emitido centenas de intimações para apresentação de documentos, conduzido dezenas de entrevistas e examinado mais registros internos de Madoff que qualquer um, com a possível exceção do FBI — não forneceu nenhuma evidência de que Peter ou qualquer um dos réus da família tivesse sido cúmplice de Bernie Madoff.

Ao contrário, a ação dizia claramente que o administrador judicial *não* os estava acusando de saber algo sobre a fraude até que Madoff tivesse confessado — embora essa frase cuidadosamente estruturada fosse ignorada por aqueles convencidos da culpa da família. Em vez disso, a ação simplesmente afirmava que os executivos da família Madoff teriam descoberto a fraude e poderiam tê-la impedido se não tivessem "ignorado completamente" seus deveres profissionais. "Ou seja, se os membros da família tivessem feito seus trabalhos, com honestidade e retidão, o esquema Ponzi de Madoff poderia jamais ter sido iniciado ou continuado por tanto tempo", argumentou brevemente o administrador judicial.[7]

Em um documento subsequente, David Sheehan tornou a posição do administrador ainda mais clara. Ele "não assumiu o ônus de provar a cumplicidade criminal ou fraude por parte desses réus", escreveu. "Ao negarem tão vigorosamente ter participação conscientemente do esquema Ponzi, os réus pediram a anulação de um caso que o administrador não apresentou."[8] Os advogados de Peter Madoff rapidamente observaram ao tribunal que "a concessão do administrador é significativa: nesse ano e meio de investigação, ele claramente não descobriu nenhuma evidência de que Peter Madoff estava consciente ou envolvido na fraude do irmão".[9]

Não fez diferença. Analistas de poltrona sem acesso a qualquer uma das evidências disponíveis a Picard ainda assumiam que todos os réus da família, incluindo Peter, haviam sido cúmplices de Bernie e regularmente prediziam sua prisão. Algumas vítimas se referiam publicamente aos Madoff como uma família do crime organizado.

*

A ação de Picard tentava recuperar os US$ 200 milhões que haviam sido retirados das contas da família Madoff, assim como danos inespecíficos e a rejeição de quaisquer reivindicações que a família pudesse ter em relação ao auxílio da SIPC.

Ao mesmo tempo, em todo o mundo, os gigantescos fundos feeder estavam sendo processados por seus próprios investidores — embora Picard insistisse ter direitos prioritários sobre quaisquer ativos desses fundos. O mesmo era verdade para os fundos feeder menores, consultorias de fundos de pensão e gestores individuais de investimento, processados em todo o

AS RODAS DA JUSTIÇA

país, além de na Europa e no Caribe. Conforme as ações aumentavam, a alegação era sempre a mesma: "Você sabia, *ou deveria ter sabido*, que Madoff era uma fraude."

Essas ações citavam as bandeiras vermelhas de Harry Markopolos e os avisos iniciais que alguns poucos banqueiros e consultores de fundos hedge mais alertas haviam partilhado com seus clientes. Eles citaram o artigo de 2001 da *Barron's*, os erros ocasionais nas declarações contábeis e os retornos impossivelmente consistentes. Levando em consideração todos esses sinais, como qualquer pessoa financeiramente sofisticada poderia ter deixado de suspeitar da fraude de Madoff?

Mas a linha dividindo aqueles que deveriam ter suspeitado daqueles que não tinham como detectar a fraude de Madoff era extremamente difícil de ser determinada. Tornou-se uma piada amarga em Wall Street dizer que o caso Madoff provara que não há algo como um "investidor sofisticado". Mesmo pessoas financeiramente astutas podiam olhar para fatos preocupantes e tirar conclusões tranquilizadoras; e mesmo uma conclusão preocupante podia ser explicada por documentação desleixada ou privacidade obsessiva. Ela não apontava automaticamente para uma fraude maciça. Aparentemente, confiar em Bernie Madoff podia cegar o gestor de um fundo hedge tão facilmente como uma viúva aposentada.

Sem dúvida, houve sinais que deveriam ter feito com que mesmo investidores não tão sofisticados parassem para pensar antes de investir com Madoff. O site da corretora não mencionava seus serviços de consultoria, seu "fundo hedge" ou as contas de seus clientes. Com o passar dos anos, seus extratos permaneceram primitivos, impressos e enviados pelo correio, ao passo que os clientes do Fidelity ou do Merrill Lynch podiam conferir suas contas on-line. Alguns foram avisados por Madoff a não falar sobre ser seus investidores. Durante a maior parte de sua carreira, ele não foi registrado junto à SEC como consultor de investimentos, certamente algo que o administrador de um pequeno fundo de pensão ou um investidor IRA teria notado. É verdade que ele pagava retornos relativamente modestos — praticamente iguais ao de um fundo mútuo do índice S&P 500 —, mas seus resultados eram muito menos voláteis e, consequentemente, muito mais seguros que um fundo indexado. Como isso era possível? Se ele era bem mais seguro que um fundo indexado, seus retornos não deveriam ter sido menores?

Enquanto as vítimas buscavam retificações, a questão sobre quem deveria ter sabido dividiu o mundo claramente em dois grupos. Um grupo olhava para a estatura de Madoff na indústria, seu longo histórico como investidor, sua óbvia fortuna e seu falso, mas imensamente convincente rastro de papel — volumosos extratos de contas, telas simuladas da DTCC, terminais falsos para conduzir transações falsas —, e perguntava: "Como suas vítimas poderiam ter descoberto?" O outro grupo olhava para as bandeiras vermelhas — as anomalias, a impossível escala, a implausível consistência, o segredo, os avisos sussurrados em Wall Street — e perguntava: "Como suas vítimas poderiam *não* ter descoberto?"

Na verdade, a resposta para se você deveria ter sabido dependia de quem você era, quais suas circunstâncias pessoais, quanto você confiava em Wall Street — de fato, o quanto confiava na vida em geral. O mundo queria uma única resposta, mas havia milhares, cada uma diferente, discutível e profundamente acadêmica após o fato.

Era indiscutível que a SEC deveria ter apanhado Madoff — e o teria feito se não fossem suas habilidades investigativas profundamente inadequadas. Mas é igualmente verdade que as vítimas de renda média poderiam ter se protegido da ruína apenas se mantendo nos investimentos fortemente regulados, como fundos mútuos e CDBs, evitando o ambiente menos regulamentado dos fundos hedge — sem mencionar as promessas totalmente não documentadas de fundos feeder casuais como os da Avellino & Bienes.

Mesmo assim, todos os investidores que são honestos consigo mesmos perceberão que as vítimas de classe média de Madoff, menos sofisticadas, provavelmente não foram menos diligentes em fazer seu trabalho de casa financeiro, ou mais confiantes na escolha de seus investimentos, que a maioria dos investidores naqueles dias galopantes e frenéticos antes do

AS RODAS DA JUSTIÇA

colapso de 2008. Muitas pessoas tentavam administrar suas economias em suas horas livres, com bem pouco treinamento e muitas outras coisas para fazer. Assim, substituíram a confiança e os instintos pelas letras pequenas e o jargão legal que os reguladores esperavam que estudassem. Algumas confiaram no Vanguard e no Citibank; outras, em Madoff — mas foi um salto de fé para todo mundo.

Isso deveria ter preocupado todo mundo muito mais do que aparentemente o fez.

*

Às 14h45 de terça-feira, 11 de agosto de 2009, Frank DiPascali entrou em um tribunal federal no centro de Manhattan.[10] Sorrindo e parecendo relaxado, ele abraçou membros de sua equipe legal, liderada por Marc Mukasey, e dividiu algumas piadinhas com um de seus advogados.

Às 15h05, o juiz Richard J. Sullivan caminhou até sua poltrona de couro preto e espaldar alto. A voz de Sullivan, um sujeito alto e atraente, era profunda e macia, e deve ter hipnotizado os jurados enquanto ele era promotor federal. Em termos simples, ele explicou o objetivo da audiência para as duas dezenas de vítimas de Madoff presentes no tribunal.

"Na sexta-feira, recebi notícia de que o sr. DiPascali abrira mão do indiciamento", disse ele. O réu concordara em se declarar culpado de dez acusações criminais diferentes, incluindo conspiração para cometer fraude de títulos e evasão fiscal.

O juiz conduziu DiPascali pela litania de perguntas designadas para mostrar que ele compreendia o que estava fazendo. Ele compreendia; sua mente estava "perfeitamente clara".

O promotor Marc Litt resumiu o caso do governo, que acusava DiPascali de haver conspirado com Bernie Madoff "e outros" para violar a lei. Ele enganara os reguladores com registros falsos, cometera perjúrio perante a SEC, enviara dinheiro eletronicamente para simular falsas comissões, e ajudara e fora cúmplice de pessoas não nomeadas no cometimento desses crimes.

DiPascali estava enfrentando a possibilidade de 125 anos de prisão, mas Litt explicou que o governo concordara que, se ele fornecesse "assistência substancial", os promotores pediriam ao tribunal que fosse leniente na imposição da sentença.

DiPascali então se levantou e leu uma declaração descrevendo seus crimes.

"Desde o início dos anos 1990 até dezembro de 2008, ajudei Bernie Madoff e outras pessoas a conduzir uma fraude", disse ele.

Ele se lembrava de ter sido contratado por Madoff em 1975, logo depois do Ensino Médio. "Em 1990, mais ou menos, Bernie Madoff era um mentor para mim, e muito mais. Eu era leal a ele", disse DiPascali. "Terminei sendo leal a um terrível, terrível erro."

Durante anos, continuou, ele lidara com as perguntas dos investidores de Madoff. Mas havia "um único fato" que não contava a clientes nem a reguladores. "Nenhuma compra ou venda de títulos estava realmente ocorrendo em suas contas. Era tudo falso, tudo fictício."

Ele inspirou longamente. "Era errado e eu sabia que era errado na época."

"Quando você percebeu isso?", perguntou o juiz Sullivan.

"No fim dos anos 1980 ou início dos anos 1990", disse ele — corrigindo ligeiramente sua declaração anterior de que a fraude começara "no início dos anos 1990".

Admitiu também ter criado vários documentos falsos que haviam enganado a SEC muitas vezes e que mentira diretamente para os reguladores durante seu depoimento em janeiro de 2006.

Por que ele mentira para os advogados da SEC?

"Para tirá-los da pista, Meritíssimo", respondeu DiPascali.

"O senhor sentiu que eles estavam indo na direção certa?", perguntou o juiz com evidente ceticismo sobre os inaptos investigadores.

"Sim, senhor."

DiPascali concluiu, com a voz falhando: "Não sei como passei de um garoto de 18 anos que precisava de um emprego para onde estou hoje, aqui a sua frente. Jamais pretendi machucar ninguém. Peço desculpas a cada uma das vítimas. Sinto muito, muitíssimo."

AS RODAS DA JUSTIÇA   381

Litt rapidamente explicou que a fraude começara "ao menos na década de 1980", mas não ofereceu evidências. Enquanto o promotor se dirigia ao tribunal, DiPascali, sentado à mesa da defesa, enxugou uma lágrima e Mukasey colocou uma mão confortadora em seu ombro.

Tudo que restava ao juiz era ouvir as vítimas. A única a falar foi Miriam Siegman, que novamente exortou o juiz a rejeitar o acordo e enviar o caso a julgamento, para satisfazer "a busca do público pela verdade".

"Sou sensível às questões que a senhora expôs", respondeu o juiz Sullivan, "mas existe diferença entre um julgamento criminal e uma comissão da verdade". E acrescentou: "Não acredito que a busca pela verdade termine hoje."

Ele aceitou a confissão de DiPascali — mas surpreendeu Mukasey e Litt ao se recusar a aceitar o acordo para que DiPascali permanecesse livre sob fiança.

O réu estava enfrentando uma sentença "bastante astronômica", disse o juiz. E sua participação numa fraude de vinte anos "não me enche de confiança". Havia cooperação suficiente no mundo para anular uma pena de 125 anos? "Não estou convencido."

Ele ordenou que DiPascali fosse para a prisão. Às 17h18, o protegido de Madoff, obviamente chocado e tenso, foi algemado e retirado do tribunal. Meses se passariam antes que seus advogados e o governo finalmente chegassem a um acordo que o juiz pudesse aceitar.

*

As investigações dos crimes de Madoff na Europa foram anunciadas com grande estardalhaço nas semanas imediatamente após sua prisão, mas, no verão de 2009, haviam produzido poucos resultados.

O interesse oficial pelo outrora prestigiado Banco Medici de Sonja Kohn permaneceu alto. Em abril, Kohn foi questionada privadamente em um tribunal vienense por 3 horas, com presença de oficiais do Departamento de Justiça norte-americano, da SEC e do FBI.[11] E, em maio, um regulador financeiro austríaco revogou a licença bancária do Banco Medici.[12] Mas Kohn continuou a afirmar que não passava de nada além de uma das confiantes vítimas de Madoff, e havia pouca evidência pública de que um caso formal estivesse se desenvolvendo.

O Serious Fraud Office, em Londres, iniciou uma investigação da afiliada inglesa de Madoff dias depois da prisão. Mas, durante meses, não houve notícias nem indiciamentos. Nos primeiros meses de 2010, o SFO anunciou discretamente que estava encerrando seu escrutínio sem apresentar acusações contra ninguém.[13]

Agindo em resposta às reclamações dos investidores, os promotores suíços analisavam o papel da unidade de fundo hedge Optimal, do Banco Santander, em Genebra, e de outros gestores de fundos que haviam investido com Madoff ou um de seus fundos feeder. Mas apresentaram apenas acusações preliminares de fraude contra um punhado de executivos, que negaram qualquer má conduta.

Na França, os examinadores focavam nos bancos envolvidos em derivativos ligados a Madoff. Mas nenhuma acusação criminal foi feita. Os promotores do escritório de Paris investigavam queixas específicas de investidores fraudados. Em novembro, um juiz investigativo acusou Patrick Littaye, cofundador do Access International, de quebra criminosa de confiança por colocar dinheiro de um cliente no fundo feeder da corretora de Madoff. Essas acusações, no entanto, seriam extintas quando o juiz determinasse que o próprio Littaye fora vítima da fraude.[14] Nenhum indiciamento foi feito contra ele.

As investigações oficiais e ações judiciais particulares em Luxemburgo, um emergente centro europeu para fundos hedge e outros investimentos coletivos, acumulavam-se quase tão rapidamente quanto em Nova York. Ao menos vinte disputas civis relacionadas a Madoff foram iniciadas nos tribunais de Luxemburgo.

Todos esses casos eram observados atentamente por advogados contratados por Irving Picard, que tentava garantir que qualquer fundo feeder que tivesse feito grandes saques do esquema Ponzi ficasse com o dinheiro por tempo suficiente para que ele o reivindicasse para as vítimas.

AS RODAS DA JUSTIÇA

Por fim, grande parte dos litígios de investidores privados contra bancos e fundos feeder na Europa seria solucionada fora dos tribunais no verão de 2010, sem lançar luz sobre o que acontecera ou quem fora responsável.

Nos Estados Unidos, os tribunais civis tampouco faziam muito progresso. Os limites das ações sobre títulos que haviam sido aprovados pelo Congresso no fim dos anos 1990 tornavam difícil para os investidores processar os banqueiros, contadores, consultores de fundos hedge e fundos feeder que os deixaram nas mãos de Madoff, e muitos desses casos estavam sendo atirados para fora dos tribunais. Um dos casos indeferidos foi a ação da SEC contra a Cohmad Securities, a minúscula corretora que Madoff fundara com seu amigo de toda a vida, Sonny Cohn.

A ação da SEC foi capaz de alegar apenas que a Cohmad e seus executivos *"sabiam ou deveriam saber"* que estavam lidando com um esquema Ponzi. Mas, em uma decisão que lançou dúvida sobre vários casos similares e ainda pendentes, o juiz distrital Louis L. Stanton declarou que a afirmação da SEC simplesmente não era suficiente para sustentar o caso, mesmo depois de ele a ter examinado sob a luz mais favorável possível.[15]

"Em nenhum momento a queixosa alega qualquer fato que tenha fornecido aos réus conhecimento sobre a fraude de Madoff", observou o juiz Stanton.[16] Não havia referência a e-mails reveladores, nenhuma declaração juramentada sobre conversas ouvidas, nenhuma alegação do próprio Madoff de que a equipe da Cohmad participara da fraude.

"Em vez disso, a queixosa apoia a razoável inferência de que Madoff enganou os réus assim como fez com investidores individuais, instituições financeiras e reguladores" — incluindo a queixosa, a SEC.

O juiz, que lidara com elementos-chave do caso desde o dia da prisão de Madoff, recusou-se a extinguir algumas poucas violações relacionadas à acuidade dos relatórios anuais da Cohmad junto à SEC e deu à agência a chance de tentar novamente, ao extinguir o processo sem resolução de mérito. Mesmo assim, a decisão foi um aviso de que, mesmo para os reguladores federais, a questão que importava para os tribunais federais não era "quem deveria ter sabido", mas sim "quem *realmente* sabia". E a resposta para essa questão permanecia elusiva.

384 O MAGO DAS MENTIRAS

No fim do verão de 2009, a SEC iniciara apenas duas outras ações judiciais relacionadas a Madoff — contra seu contador, David Friehling, e contra o gestor de seu primeiro fundo feeder, Stanley Chais.

Como reguladores civis, os oficiais da SEC tinham necessariamente de ceder à investigação criminal sendo conduzida pelo Departamento de Justiça — embora ela também não estivesse fazendo muito progresso. Suas únicas prisões até outubro de 2009 haviam sido a do próprio Madoff, que confessara; a de Friehling, que não fora claramente acusado de saber sobre o esquema Ponzi; e a de DiPascali, que se entregara.

O caso Madoff chegara ao gabinete do procurador-geral em Manhattan quando ele estava no meio de uma maciça investigação de uso de informações privilegiadas na indústria de fundos hedge, e a mão de obra estivera escassa desde o início. Além disso, o caso era uma versão invertida de uma típica investigação criminal. Em vez do clássico processo de trabalhar de baixo para cima e fazer com que os peixes pequenos entregassem o tubarão, os promotores haviam prendido o tubarão e agora tinham de trabalhar de cima para baixo, majoritariamente sem sua ajuda.

Mesmo assim, Mary Schapiro, da SEC, sentia que havia construído um rol de importantes ações regulatórias, forte o bastante para recuperar um pouco de seu respeito perdido.[17] Ela processara a Halliburton, a gigantesca companhia de petróleo, acusando-a de violar leis contra suborno estrangeiro. Acusara o gigantesco banco suíço UBS por ajudar milhares de cidadãos norte-americanos a sonegarem impostos sobre a renda. Processara três grandes bancos por supostamente enganarem os investidores sobre os riscos de um desastroso produto chamado "auction rate securities" [títulos a preço de leilão]. E processara o diretor executivo de um grande subprime, afirmando que as notórias práticas de sua empresa não apenas haviam ajudado a minar os mercados de crédito da nação, mas também minado a própria empresa. Nos bastidores, executava uma grande investigação do Goldman Sachs.

Em um caloroso e relaxado discurso para uma associação de advogados em Nova York, no início de agosto, o novo chefe de execução da SEC, Rob

AS RODAS DA JUSTIÇA   385

Khuzami, revelou que a comissão dispensara as restrições impostas em regimes anteriores e concordara em deixá-lo emitir intimações — uma autoridade que ele pretendia delegar para outros membros apropriados da equipe.

Não haveria mais tolerância com suspeitos não cooperativos, avisou ele aos advogados de defesa na plateia. Se eles resistissem às solicitações de documentos ou testemunhas, ou demorassem a responder, "muito provavelmente haverá uma intimação em sua mesa na manhã seguinte".[18]

Era o tipo de conversa intimidadora que deveria ter sido usada com Madoff, mas não o fora — como o mundo inteiro descobriu, com muitos detalhes, algumas semanas depois, em 31 de agosto, quando o inspetor-geral da SEC, H. David Kotz, enviou a Mary Schapiro o relatório final sobre sua monumental investigação de oito meses sobre as falhas da agência no caso Madoff. Quatro dias depois, a íntegra do relatório foi a público.

As únicas boas notícias para a SEC eram que Kotz não havia encontrado qualquer evidência de que Madoff corrompera os investigadores anteriores ao lhes pagar subornos ou de que os oficiais da agência haviam deliberadamente tentado protegê-lo e ocultar seu crime. O romance de Shana Madoff com o ex-advogado da SEC, Eric Swanson, com quem ela se casou em 2007, foi examinado atentamente — até as ex-namoradas dele foram entrevistadas —, mas Kotz concluiu que o relacionamento não influenciara a interação da SEC com Madoff ou sua empresa, embora parecesse desagradável em retrospecto.[19]

O restante do relatório era uma humilhante litania de bem documentada incompetência e oportunidades perdidas. Nos anos que antecederam a prisão de Madoff, a agência recebeu ao menos seis queixas sugerindo que ele estava operando um esquema Ponzi. Um passo básico na detecção de um esquema Ponzi é verificar as transações ou confirmar a existência de ativos. "Mesmo assim, em nenhum momento a SEC verificou as transações de Madoff por meio de uma terceira parte independente", concluiu Kotz.[20] Na verdade, "a SEC nunca conduziu uma inspeção ou investigação de esquema Ponzi relacionado a Madoff". Essa falha persistiu mesmo em face de frequentes e óbvias evidências de que Madoff era um mentiroso.

386 — O MAGO DAS MENTIRAS

Talvez o pior de tudo fosse a descoberta de Kotz de que Madoff deliberadamente explorara as falhas da SEC para reassegurar as vítimas de sua honestidade. "Quando potenciais investidores expressavam hesitação em investir com Madoff, ele citava as inspeções anteriores da SEC para estabelecer credibilidade e eliminar suspeitas."[21] Assim, a falha da SEC em detectar a fraude concedeu credibilidade às operações criminosas de Madoff.

Preparando-se para uma nova tempestade de críticas, Mary Schapiro imediatamente emitiu uma declaração desculpando-se novamente pelas falhas passadas da agência.[22] O relatório do inspetor-geral, disse ela, "deixa claro que a agência perdeu numerosas oportunidades de descobrir a fraude. É uma falha que continuamos a lamentar e que nos levou a reformular, de muitas maneiras, a maneira como regulamos os mercados e protegemos os investidores".

Schapiro e sua equipe sênior já estavam implementando uma reorganização total da estrutura e dos procedimentos da agência que solucionaria muitas das falhas citadas no relatório. Essas reformas estavam sendo voluntariamente adotadas "pelos dedicados homens e mulheres" da SEC. O relatório de 477 páginas não deixava dúvidas, todavia, de que o rol daqueles que "deveriam ter sabido" que Madoff era uma fraude incluía muitos dos dedicados homens e mulheres da SEC.

Seis semanas depois, na quarta-feira, 14 de outubro, as exigências por compensação e responsabilização feitas pelas vítimas de Madoff se uniram quando os advogados de duas vítimas deram uma entrevista coletiva em Nova York para anunciar que estavam processando a SEC, buscando compensação pelas perdas dos investidores. A ação judicial afirmava que a SEC era responsável por compensar os reclamantes porque sua bem documentada negligência causara suas perdas.[23]

A ação era uma aposta arriscada. Sempre fora extremamente difícil ganhar até mesmo o direito de processar o governo norte-americano, quem dirá vencer a própria ação. Como na maioria dos países influenciados pelas tradições da *common-law* inglesa, os cidadãos não podiam processar o governo federal por suas ações oficiais — o soberano é imune a litígio. A lógica por trás da "imunidade do soberano" é simples: o lugar adequado para os cidadãos desafiarem as ações de seu governo eleito é a urna, não o tribunal.

AS RODAS DA JUSTIÇA

Há poucas exceções a esse princípio. Uma delas é a lei de alegação de injustiça federal, que permite que um cidadão mova uma ação se a ação negligente ou deliberadamente inadequada de um funcionário do governo causar danos a ele. Mas essa brecha não se aplica a decisões políticas ou passos discricionários dados por funcionários federais cumprindo seus deveres oficiais.

As vítimas de Madoff argumentaram que haviam sido prejudicadas pela negligência da SEC, não por suas decisões políticas discricionárias. Da maneira como viam as coisas, iniciar múltiplas investigações de Madoff pode ter sido uma decisão política protegida pela imunidade do soberano, mas atrapalhar-se com praticamente todos os detalhes dessas investigações fora negligência, não um ato protegido contra litígio.

O Departamento de Justiça defendeu a extinção do processo com uma lógica quase comovente. "As perdas dos queixosos são inegavelmente trágicas", lia-se em um memorando legal.[24] "E, para os objetivos dessa moção, o tribunal pode assumir que eram evitáveis — se somente a SEC tivesse encerrado o esquema de Madoff, se tivesse empregado investigadores mais qualificados ou experientes, sido mais persistente na investigação dos fatos ou devotado mais tempo e recursos para essas inspeções." Mesmo assim, os queixosos não podiam usar os tribunais "para questionar decisões tomadas por agências federais".

Nos meses a seguir, ao menos doze ações similares seriam iniciadas, incluindo uma ação conjunta buscando compensação para todas as vítimas. Mas, mesmo com o relatório do inspetor-geral apoiando seus argumentos, os reclamantes enfrentavam uma difícil batalha colina acima. Mais de dois anos após a prisão de Madoff, eles ainda estavam atolados nos tribunais federais, esperando uma decisão-chave sobre se tinham ou não o direito de processar o governo.

Se esse era o caminho em direção à justiça, seria uma longa jornada para um destino quase inacessível.

*

O MAGO DAS MENTIRAS

Dado o destino das ações judiciais privadas nos Estados Unidos e no exterior, tornou-se claro, antes do primeiro aniversário da prisão de Madoff, que o caminho mais promissor para encontrar dinheiro a fim de compensar as vítimas seria o litígio por intermédio do administrador judicial da falência, Irving Picard.

O prazo para apresentar reivindicações à SIPC terminara em 2 de julho de 2009 e o escritório de Picard no Rockefeller Center permaneceu aberto até tarde para acomodar as entregas dos correios e de mensageiros. Quando o prazo terminou, o número de reivindicações passava de 15 mil; o total final seria de 16.518.[25] Muitas eram de vítimas que haviam investido por meio de fundos feeder ou sociedades, pessoas que não correspondiam à definição de cliente da SIPC e não eram elegíveis para seu auxílio.

A batalha sobre quem era e não era cliente aos olhos da SIPC provavelmente levaria anos. Por ora, o primeiro passo era os tribunais decidirem como Picard deveria calcular as perdas das vítimas. Assim, em 28 de agosto, ele fez uma petição oficial ao tribunal federal de falências para agendar uma audiência devotada exclusivamente à disputa de "patrimônio líquido". A jornada em direção à audiência incluiria meses de pareceres e pareceres em resposta. Mas, ao menos, a questão estava no calendário e os "vencedores líquidos" teriam seu dia no tribunal, sua chance de exigir sua definição de justiça.

Durante o verão e o outono de 2009, o governo leiloou propriedades de Madoff — a casa de praia em Montauk foi vendida por mais de US$ 9 milhões; a cobertura, por US$ 8 milhões; e a casa de Palm Beach ainda estava no mercado por US$ 7,25 milhões. Os Mercedes foram vendidos e os iates e lanchas, leiloados. Em novembro, os delegados federais fizeram uma espécie de mercado das pulgas público para vender vários bens pessoais — da jaqueta personalizada do New York Mets de Bernie a alguns antigos chamarizes para patos. No total, com um armazém de itens destinados a vendas futuras, os delegados federais conseguiram pouco menos de US$ 900 mil no leilão — um número impressionante em qualquer outro caso, mas um mero erro de arredondamento na fraude de Madoff.

AS RODAS DA JUSTIÇA

389

No outono de 2009, Picard já coletara cerca de US$ 1,5 bilhão das contas bancárias e de investimento da corretora, venda de ativos e alguns acordos extrajudiciais, incluindo o acordo de US$ 234 milhões com a família do falecido Norman Levy. Ele também seguira adiante com sua ação de US$ 7,2 bilhões contra Jeffry Picower e sua esposa Barbara. Os Picower insistiram que nada sabiam sobre a fraude, mas haviam começado a falar sobre um acordo.

Contudo, no sábado, 25 de outubro, Barbara Picower descobriu o marido imóvel perto do fundo da piscina de sua propriedade em Palm Beach. Com a ajuda do caseiro, ela conseguiu tirá-lo da piscina, mas não reanimá-lo. Ele foi declarado morto às 13h30. Rumores de suicídio ou crime surgiram imediatamente, mas a necropsia demonstrou que ele sofrera um infarto e se afogara. Tinha 67 anos e sofria de problemas cardíacos e mal de Parkinson. O advogado da família, William D. Zabel, declarou que as negociações para o acordo com Picard continuariam em benefício do espólio.

No fim de outubro, Picard aprovara 1.561 reivindicações e negara 1.309 com base no fato de que mais dinheiro fora retirado das contas com Madoff do que fora investido. A SIPC já fora obrigada a pagar mais em adiantamentos aos chamados "perdedores líquidos" do que o total que desembolsara desde sua fundação, em 1970: US$ 535 milhões. A soma de reivindicações aprovadas era de US$ 4,4 bilhões, ainda bem longe do valor entre US$ 18 e 21 bilhões em perdas dos "perdedores líquidos" que o administrador judicial esperava.

A aritmética preliminar parecia mais esperançosa do que qualquer um teria imaginado no dia da prisão de Madoff. Se o total de reivindicações e o total de ativos crescessem praticamente no mesmo ritmo nos meses a seguir, Picard poderia ser capaz de pagar até US$ 0,30 por dólar para os perdedores líquidos elegíveis — a maioria dos quais esperara não receber nada.

Mas esses números eram apenas simbólicos. Ninguém saberia qual seria a equação final até que os tribunais decidissem se Picard estivera ou não errado ao negar as reivindicações de milhares de "vencedores líquidos".

390   O MAGO DAS MENTIRAS

Esse processo começaria realmente na terça-feira, 2 de fevereiro de 2010, o dia dos argumentos orais na disputa sobre os cálculos das reivindicações das vítimas. A fila para passar pela segurança do tribunal naquela ocasião incluía quase quarenta advogados. Entre eles estava Helen Chaitman, que por mais de um ano estivera incansavelmente exigindo essa audiência no tribunal.

A pequena sala de audiências estava lotada e os que chegaram mais tarde foram enviados para uma sala auxiliar. O cabideiro barato perto da porta desaparecera sob uma montanha de parcas e casacos de lã.

Após um atraso de 45 minutos para permitir que mais advogados passassem pelo lotado balcão da segurança no andar de baixo, o juiz Burton Lifland assumiu seu lugar na simples sala de teto baixo, adornada apenas por uma vista do porto de Nova York através de suas profundas e antiquadas janelas.[26]

Colegas se referiam ao juiz Lifland como um jurista "da velha guarda", e isso não era uma hipérbole — ele nascera em 1929, formara-se em Direito em 1954 e estava no tribunal de falências desde 1980. Mesmo aos 80 anos, era um juiz diligente, estudando todos os 33 pareceres legais submetidos nesse caso e as 22 cartas de investidores individuais. Homem pequeno e de óculos, com um sorriso fácil, ele raramente erguia a voz, e muito menos perdia a calma.

Respondendo ao aceno do juiz, David Sheehan, que estava apresentando o caso de Picard, carregou uma pilha de notas e referências de quase 10 centímetros para o atril entre as duas mesas dos advogados.

Sheehan foi franco e direto, como sempre. A maioria dos oponentes argumentara que o esquema Ponzi de Madoff era diferente dos outros esquemas Ponzi simplesmente por se tratar de um caso da SIPC. "Estão errados", disse ele. Estavam ignorando o fato de que os preciosos extratos finais eram simplesmente os artefatos de uma fraude. "Ninguém que estivesse pensando direito diria que precisamos usar o último extrato", afirmou ele passionalmente.

Sheehan logo foi engolfado pelos risos de escárnio na sala de audiências. Ficou em silêncio por um momento, ruborizado de constrangimento ou

AS RODAS DA JUSTIÇA   391

talvez raiva. Então continuou, em voz baixa: "É realmente triste que alguns de meus colegas tenham conduzido as pessoas por esse caminho."

O juiz Lifland pareceu surpreso com a manifestação; não era o tipo de coisa que costumava acontecer em um tribunal de falências. Ele acenou para que Sheehan continuasse.

Alguns momentos depois, quando ele se referiu com alguns detalhes ao conturbado caso *New Times*, a base para tantas alegações conflitantes sobre a adjudicação de perdas com esquemas Ponzi, houve outra onda de risadas de escárnio.

Dessa vez, Lifland não deixou passar. A multidão não "está aqui como animadores de torcida", disse ele severamente. "Vamos manter algum decoro no tribunal." Enquanto falava, havia rostos vermelhos entre os advogados oponentes. Não ajudaria seus casos se o comportamento rude de seus clientes insultasse o juiz, por mais calmo que ele fosse.

Os oponentes de Sheehan incluíam os advogados da família Wilpon e do milionário Carl Shapiro, de Palm Beach. Contudo, eles focaram em seus clientes mais simpáticos, as vítimas de classe média que haviam vivido dos juros de suas contas com Madoff, argumentando que a posição de Picard sobre o patrimônio líquido negava a elas o adiantamento de US$ 500 mil da SIPC do qual muitas precisavam desesperadamente para as despesas diárias.

Helen Chaitman disse ao juiz que seus clientes incluíam tanto vencedores como perdedores líquidos, "mas cada uma dessas pessoas acredita que a SIPC lhes garantiria US$ 500 mil". Calmamente intensa, ela apresentou com eloquência seu argumento — que custaria aos membros da SIPC em Wall Street apenas US$ 700 milhões a mais do que já havia em seu fundo de reserva para pagar US$ 500 mil a cada um dos investidores diretos, independentemente de seu status em relação ao patrimônio líquido. "Para os membros da SIPC, US$ 700 milhões não é muito dinheiro", disse ela, mas, para alguns de seus clientes, o pagamento "é a diferença entre viver com úlceras sangrando ou viver sem elas".

Para Sheehan, a proposta de Chaiman era injusta; significaria que muitas pessoas que já haviam recuperado todo o seu investimento inicial agora receberiam mais — US$ 500 mil a mais. Entretanto, as vítimas que não haviam recuperado nada de seu investimento inicial poderiam jamais fazê-lo. "No fim do dia, ainda não teriam se saído tão bem quanto aqueles que retiraram todo o seu dinheiro", disse ele.

Após quase um ano de oposição, seis meses de petições ao tribunal e 4 horas de argumentos, não havia muito mais a dizer. O juiz Lifland agradeceu aos advogados de ambos os lados, mas lembrou a todos: "Não importa o que eu decida, vai ser algo indigesto [...] para um lado ou para o outro."

Precisamente um mês depois, em 2 de março, o juiz Lifland afirmou a definição "dinheiro que entrou, dinheiro que saiu" de Picard em relação ao patrimônio líquido no esquema Ponzi de Madoff. Em uma decisão cuidadosamente estruturada, ele reconheceu que havia algumas áreas turvas na lei, mas concluiu que "uma análise detalhada e inclusiva do significado e da história legislativa do estatuto e dos [...] precedentes, além de considerações sobre equidade e praticidade" apoiavam a abordagem do administrador judicial.[27]

O argumento do juiz Lifland seguiu de perto os argumentos de Sheehan: após o investimento inicial de dinheiro, todos os títulos supostamente comprados para os clientes foram na verdade pagos com lucros fictícios e, assim, não eram "posições de títulos" legítimas, como definidas pelo estatuto da SIPC. "Dado que no mundo ficcional de Madoff nenhuma transação foi realmente executada", observou ele, "os fundos dos clientes jamais foram expostos às incertezas das flutuações de preços e os extratos não possuíam relação com o mercado de títulos dos Estados Unidos em nenhum momento".[28]

Consequentemente, "as únicas transações verificáveis" eram os depósitos e saques de dinheiro, não os saldos demonstrados nos extratos finais, que eram "inteiramente fictícios, não refletindo posições reais de títulos que poderiam ser liquidados e, consequentemente, não podem ser empregados para determinar o patrimônio líquido".

E concluiu: "Seria simplesmente absurdo creditar a fraude e legitimar o mundo fantasma criado por Madoff."[29]

AS RODAS DA JUSTIÇA

O juiz e os advogados de ambos os lados concordaram em buscar uma rápida revisão do Tribunal de Apelações do Segundo Circuito, a próxima parada na longa e insatisfatória busca por justiça dos vencedores líquidos.

*

Enquanto isso, os casos criminais prosseguiam lentamente. Em 3 de novembro de 2009, David Friehling mudou sua declaração de inocente para culpado, mas somente em relação aos crimes envolvidos no registro de falsos certificados de auditoria e declarações financeiras junto à SEC. Quando Friehling se levantou para falar ao juiz presidente em benefício próprio, ele foi enfático. "Em primeiro lugar", disse ele, "é crucial que o senhor saiba que em nenhum momento eu estive consciente de que Bernard Madoff estava operando um esquema Ponzi".[30] De fato, observou, ele e muitos membros de sua família haviam colocado suas economias e fundos de aposentadoria nas mãos de Madoff e perdido tudo.

Após se declarar culpado, Friehling foi liberado sob fiança, prometendo cooperar com as investigações.

Os próximos réus a se apresentarem perante o tribunal foram Jerome O'Hara e George Perez.[31]

Quando os agentes do FBI foram prender O'Hara, de 36 anos, ele estava em sua casa, em Malverne, Nova York, um subúrbio compacto e arborizado de Long Island, 10 quilômetros a leste da cidade natal de Madoff, Laurelton, no Queens. Grande e de cabelo grisalho, O'Hara trabalhara como programador para Madoff desde seus 20 e poucos anos. Agora, em um indiciamento realizado naquela manhã, era acusado de usar suas habilidades computacionais para ajudar Frank DiPascali a criar a documentação falsa que ocultara o esquema Ponzi durante anos.

Seu colega no 17º andar, George Perez, foi preso na mesma manhã, sob idênticas acusações. O FBI chegou cedo a sua casa em East Brunswick, uma das cidades-dormitório suburbanas que se espalham como contas ao longo da principal rodovia de Nova Jersey. Aos 42 anos, Perez era um homem musculoso, de pescoço largo e feições belicosas, e começara a trabalhar para Madoff um ano depois de O'Hara.

A SEC também estava processando os dois, ecoando as acusações do indiciamento, a mais intrigante das quais era que O'Hara e Perez, desconfortáveis após ajudar Madoff durante a crise financeira de 2005 e a inspeção da SEC que se seguiu, o confrontaram em setembro de 2006 e se recusaram a continuar ajudando — dizendo-lhe para "pedir a Frank" na próxima vez em que precisasse de alguém para fazer o trabalho sujo.[32]

De acordo com o indiciamento e a queixa da SEC, Madoff — novamente cheio de dinheiro e fora do desfocado microscópio da SEC — simplesmente dissera a DiPascali para oferecer aos dois o dinheiro que fosse necessário para mantê-los em silêncio.

O'Hara e Perez foram levados perante o magistrado do tribunal federal em Manhattan e liberados após pagamento de fiança de US$ 1 milhão cada. Seus advogados disseram que eles eram inocentes e lutariam vigorosamente contra as acusações, que implicavam termos de prisão de até trinta anos.

Em 25 de fevereiro de 2010, em um dia de muita neve, uma equipe de agentes do FBI se reuniu às 6 horas da manhã, do lado de fora de um edifício residencial na East 79th Street, perto do East River. Foram diretamente para o apartamento de Dan Bonventre e lhe deram voz de prisão.

Era o procedimento habitual. Ele teve permissão para se vestir, orientado sobre as restrições de indumentária, e foi algemado, escoltado até a calçada e colocado no banco do passageiro de um sedã governamental. Outrora, Bonventre se parecera tanto com Bernie Madoff que os funcionários brincavam sobre eles serem gêmeos separados ao nascer. A similaridade estava perdida agora. Bonventre deixara crescer uma barba branca cuidadosamente aparada e perdera peso desde que aparecera para trabalhar pela última vez no Edifício Lipstick. Os fotógrafos se aglomeraram a sua volta enquanto ele se protegia sob um guarda-chuva em Foley Square. Parecia confuso e aterrorizado.

AS RODAS DA JUSTIÇA

Ele fora executivo sênior de Madoff por mais de trinta anos, mas agora era acusado de ter conspirado para apoiar e esconder o esquema Ponzi, notavelmente ao ajudar Madoff a sobreviver à crise financeira de 2005.[33] Assim como com O'Hara e Perez, a SEC estava iniciando uma ação civil paralela contra ele.

O advogado de Bonventre, Andrew J. Frisch, rapidamente negociou uma fiança e então respondeu aos pedidos da mídia. O caso era um "esforço de última hora", disse ele. "Não estou apenas dizendo que ele não é culpado ou que não podem provar que ele é. Estou dizendo que Dan Bonventre é absolutamente inocente."[34]

*

No início de 2010, nenhuma das árduas jornadas que haviam começado após a prisão de Madoff estava perto de terminar — com exceção da jornada do próprio Madoff para uma vida atrás das grades. Os casos criminais ainda se moviam a passo constante na direção de longínquos julgamentos, conforme a investigação do governo continuava a se arrastar entre frequentes trocas de pessoal. As ações civis ainda miravam nos tribunais de apelação, onde ambos os lados esperariam e rezariam por vindicação. E a reforma regulatória da SEC ganhava tanto espaço quanto as limitações orçamentárias e do Congresso permitiam.

Milhares de vítimas haviam sido pagas pela SIPC e começado a reconstruir suas vidas. Nesse meio-tempo, no verão de 2010, cerca de trinta vítimas, quase todas vencedores líquidos, colaboraram para publicar *The Club No One Wanted to Join* [O clube para o qual ninguém queria entrar], uma comovente coleção de ensaios que prestava testemunho da dor e do discreto heroísmo que os crimes de Madoff haviam suscitado. E os grupos de advogados formados em oposição a Irving Picard continuaram a procurar isenção de impostos para as vítimas e reformas construtivas na SIPC, que seriam consideradas em audiências do Congresso naquele outono.

Nos bastidores, a primavera e o verão de 2010 foram marcados por uma atividade quase incessante no escritório de Irving Picard, enquanto ele e David Sheehan pressionavam sua equipe para cumprir o prazo de 11 de dezembro a fim de iniciar suas maiores e mais sensacionais ações de recuperação. Mas esses meses também trouxeram tensão inesperada e contínuo atrito entre sua equipe e o gabinete do procurador-geral em relação aos ativos perdidos por Madoff e outros réus. Desde o início do caso, Sheehan argumentara que a venda de bens deveria ficar por conta do administrador judicial, uma vez que a SIPC pagaria todas as despesas e, consequentemente, deixaria mais dinheiro para as vítimas. Os promotores preferiam lidar com a venda dos bens por meio do Serviço de Delegados Federais, um processo mais familiar para eles e mais vantajoso para seus próprios orçamentos.

O conflito chegou ao auge na primavera de 2010, quando os promotores interromperam prolongadas negociações entre Irving Picard e o espólio de Jeffry Picower. A centímetros de um acordo que exigia que o espólio pagasse US$ 5 bilhões ao administrador judicial, o principal advogado de Picower, Bill Zabel, recuou quando o gabinete do procurador-geral ameaçou iniciar uma ação civil de apreensão para reivindicar bens adicionais a qualquer acordo com Picard.[35] De forma polida mas implacável, Zabel afirmou que haveria um acordo global ou nenhum acordo.

Mais tarde, Sheehan diria que o dia em que ouviu essa notícia do gabinete do procurador foi o pior momento de todo o tortuoso caso.[36]

16

ESPERANÇA, PERDIDA
E ENCONTRADA

David Sheehan estava correndo contra o tempo.

Sob as regras do tribunal de falências, tinha até a meia-noite de 11 de dezembro de 2010, o segundo aniversário da prisão de Madoff, para protocolar ações judiciais com o intuito de recuperar dinheiro sacado do esquema Ponzi. No fim de setembro, cerca de mil ações de recuperação ainda abriam caminho pelo sistema do escritório. Elas incluíam pequenas ações contra os primos de Madoff, ações médias contra fundos hedge de elite e antigos funcionários da corretora e ações gigantescas contra os primeiros apoiadores de Madoff e algumas das maiores instituições financeiras do mundo.

Quase cinquenta advogados do escritório Baker & Hostetler no Rockefeller Center trabalhavam quase dia e noite. As ações contra os menores investidores haviam sido distribuídas entre dezenas de advogados espalhados pelas filiais do escritório em Orlando, Houston, Denver e Los Angeles. Contadores forenses e investigadores particulares trabalhavam junto com os times legais — assim como assistentes jurídicos, especialistas em computação e secretárias multitarefas. Além disso, um pequeno batalhão de advogados estrangeiros havia sido contratado para monitorar e responder a mais de 275 ações judiciais em tribunais de Luxemburgo às ilhas Cayman.

O MAGO DAS MENTIRAS

Sheehan, que gostava de complexidades, dividira o trabalho entre vários times especializados. Alguns eram devotados a investigar e a estruturar ações judiciais contra um único réu de destaque, como um grande banco ou fundo feeder. Outros lidavam com a vasta lista de retiradas "de boa-fé" — o dinheiro em excesso sacado pelos modestos vencedores líquidos que se opunham ao esforço de Irving Picard para recuperar qualquer dinheiro deles. Outro grande time focava no que Sheehan chamou de retiradas "de má-fé", grandes somas de dinheiro que haviam sido sacadas por investidores sofisticados que poderiam ter bons motivos para suspeitar de fraude no momento em que retiraram seu dinheiro.

Finalmente, representantes de todos esses times formavam uma força-tarefa de "revisão de queixas", que se reunia várias vezes por semana a fim de conferir a acuidade e a consistência dos esboços de cada um.

O cenário no escritório era como o das provas finais da faculdade de Direito: caixas de pizza, embalagens de comida e um cada vez mais pungente cheiro de academia de ginástica nas salas de reunião usadas como "salas de guerra" pelas amarrotadas pessoas trabalhando em um ou outro caso.[1] Como em uma guerra, todas as ausências foram canceladas até novo aviso. Um dia, sentindo uma pausa momentânea na pressão, Sheehan perguntou a uma colega se ela gostaria de retomar contato com a civilização descendo até o lobby para comer um sanduíche; ela respondeu "Não, obrigada — minha prioridade é a higiene pessoal". Se tivesse tempo para um sanduíche, ela tomaria um banho.

Em meados de novembro, Sheehan estava pronto para protocolar meia dúzia de casos para recuperar dinheiro de antigos funcionários de Madoff, alguns dos quais com currículos que datavam dos primeiros dias da corretora.

Ele processou Irwin e Carole Lipkin, cuja associação com Bernie Madoff datava de 1964, quando Irwin Lipkin foi contratado como seu primeiro funcionário. Uma carta que Lipkin escreveu em 1988, encontrada em um computador da corretora, descrevia Madoff como "o irmão que nunca tive". Carole Lipkin trabalhara primeiro para o corretor de ações Marty Joel, que dividia o escritório com Madoff no início dos anos 1960, mas

ESPERANÇA, PERDIDA E ENCONTRADA

eventualmente também se uniu à corretora. Seu filho Eric fora contratado em 1992 e ainda estava na folha de pagamento no dia em que Madoff foi preso. De acordo com a ação judicial, entre os cheques que preparou nas horas finais de sua fraude havia um de quase US$ 7 milhões a ser enviado aos Lipkin em sua casa na Flórida.[2]

Outras ações foram protocoladas no mesmo dia contra Enrica Cotellessa-Pitz, uma atrevida jovem de cachos escuros que trabalhara para Madoff desde 1978 e era listada como controladora da corretora desde o fim dos anos 1990,[3] e David Kugel, um veterano de Wall Street de ar distinto, contratado por Madoff em 1970 como corretor de arbitragem e acusado pelo administrador judicial de ajudar a falsificar transações de arbitragem nos primeiros anos da fraude.[4] Sheehan também acionou Daniel Bonventre, diretor de operações da corretora, que já enfrentava acusações criminais no caso.[5]

Duas outras funcionárias de Madoff — JoAnn "Jodi" Crupi, de quase 50 anos e dois filhos pequenos, e Annette Bongiorno, uma mulher baixa e corpulenta com 60 e poucos anos — também foram citadas em ações judiciais movidas pela equipe de Sheehan em 11 de novembro.[6] Mas, uma semana depois, as ações se tornaram a última das preocupações de Crupi e Bongiorno.

Logo antes do amanhecer de quinta-feira, 18 de novembro, agentes do FBI chegaram à casa branca de Jodi Crupi em uma rua arborizada do subúrbio de Westfield, Nova Jersey, e a prenderam sob a acusação de conspirar criminosamente com Madoff e outros para sustentar o esquema Ponzi. Ela foi levada a Manhattan para uma audiência de fiança em Foley Square. Ao sul, outros agentes do FBI passaram pelos campos e lagos do Woodfield Country Club, em Boca Raton, e pararam em frente à casa de cor pastel em estilo espanhol de Annette Bongiorno. Também presa sob acusações de conspiração criminosa, foi levada até o moderno tribunal federal de West Palm Beach, onde haveria uma audiência de fiança naquela tarde.

Os nomes das duas mulheres foram acrescentados à acusação que os promotores protocolaram originalmente em novembro de 2009 contra os dois programadores, George Perez e Jerome O'Hara, e retificaram em fevereiro para incluir Dan Bonventre.[7] Os três homens haviam negado as acusações e prometido contestá-las no tribunal.

Agora havia cinco réus, todos acusados de ter ajudado Bernie Madoff e Frank DiPascali a construir e manter a elaborada farsa no 17º andar do Edifício Lipstick. Crupi, que enfrentava possíveis 65 anos de prisão, foi acusada de manter o registro diário de dinheiro entrando e saindo da conta bancária do esquema, pesquisar falsas transações e ajudar a manter os programas de computador que geravam os extratos. Bongiorno, enfrentando uma pena de 75 anos de prisão, foi acusada de criar transações e extratos falsos para várias centenas de contas individuais, incluindo aquelas que Madoff criou para seus maiores clientes e familiares.

Como seus corréus, ambas negaram as acusações, alegaram inocência e se prepararam para o julgamento em algum momento de 2011.

*

O público em geral mal notou as ações iniciais de Sheehan ou mesmo os dois indiciamentos e as prisões. Mas, uma semana antes, na quarta-feira, 10 de novembro, a fome por notícias sobre Madoff estivera em plena exibição quando o Serviço de Delegados Federais convidara os repórteres a examinar os bens pessoais das casas de Ruth e Bernie Madoff. Esses itens seriam leiloados no fim da semana.

O leilão pendente foi uma sensação imediata. Equipes de filmagem das estações locais de TV e sites de notícias lutavam com equipes estrangeiras de documentários pelos ângulos mais iluminados entre os arranjos de mobília e caixas de roupas.[8] Os repórteres anotavam e os fotógrafos espocavam seus flashes enquanto os delegados que haviam apreendido os bens forneciam histórias sobre onde ficavam os itens nas casas de Madoff. Centenas de itens — da ornamentada cama de dossel à caneca personalizada de Dia das Mães de Ruth — haviam sido retiradas de quartos, closets e gavetas da cobertura de Manhattan e da casa de Montauk, e estavam espalhados em um vasto espaço não utilizado do Arsenal da Marinha, no Brooklyn.

ESPERANÇA, PERDIDA E ENCONTRADA

Era o segundo leilão de itens pessoais apreendidos dos Madoff. O leilão de 2009, um ano antes, fora dominado pela fabulosa coleção de relógios de Bernie, algumas das joias mais importantes de Ruth e itens estranhos, como a jaqueta de seda personalizada do New York Mets de Bernie, arrematada por US$ 14.500 dólares. A venda conseguiu um pouco menos de US$ 900 mil.

Dessa vez, os delegados federais estavam vendendo relíquias muito mais íntimas da vida privada dos Madoff — o item mais fotografado foi um par de chinelos de veludo preto, forrados de vermelho e adornados com o monograma de Madoff bordado com fio dourado. Outro objeto de fascinação foi uma cueca boxer com pregas, bem passada e exposta entre outros itens de vestuários postos à venda.

Mas onde estavam os chocantes excessos e a espalhafatosa grandiosidade que as pessoas esperavam do rei do esquema Ponzi e sua desprezada rainha?

Bem, os Madoff seguiam a moda — sem dúvida —, embora aparentemente comprassem clássicos, montes deles, e os usassem por anos. As araras de ternos Savile Row sob medida de Bernie pareciam não ter fim, mas alguns tinham mais de doze anos. As imensas pilhas de camisas sob medida e várias dezenas de pares de sapatos sem uso no mesmo estilo casual da Belgian Shoes atraíram risinhos — mas foram vendidos por muito mais do que os delegados federais esperavam. As bolsas de grife de Ruth foram um grande sucesso, mas algumas tinham forros gastos e cantos esfolados. Suas icônicas jaquetas sem gola da Chanel, todas tamanho 36, já tinham testemunhado várias estações e seus vestidos de noite eram poucos e elegantemente modestos.

Os drapeados de chita da cama de dossel estavam desbotados. Havia pequenos buracos na lateral do sofá de couro cinzento. A mobília da sala de estar parecia usada e confortável. Muitos dos tapetes estavam puídos, remendados ou danificados; o catálogo advertia: "Nota: queimaduras de cigarro na parte de baixo."

As obras de arte eram de artistas menores, com o nome mais reconhecido sendo o de Thomas Hart Benton. Os tesouros eram pequenos ou sutis, em alguns casos modestos demais para terem impressionado os delegados

402 O MAGO DAS MENTIRAS

federais. Eles esperavam não mais que US$ 12.300 por um óleo sobre tela do artista norte-americano Ernest Lawson — foi vendido por US$ 40 mil. Mas estimaram que uma bela secretária com abertura frontal do início do período georgiano, feita de imbuia e pau-rosa, conseguiria US$ 22.500, mas o martelo bateu em US$ 9.500.

Uma atmosfera de débil constrangimento surgiu quando as pessoas encontraram os itens domésticos mais modestos em exibição em um canto do showroom do Arsenal. Ah, olhe ali. Aquilo não é... um prato para latke?

Não era surpresa que Ruth Madoff tivesse aberto mão das roupas de grife, dos elegantes braceletes eduardianos e do magnífico anel de diamantes com 10,5 quilates com engate personalizado de platina — vendido por US$ 550 mil dólares. Esses itens de luxo podiam gerar substanciais quantias de dinheiro para as vítimas de seu marido. Mas o catálogo do leilão era evidência de qual completamente ela fora destituída. Listava oito pares de meias-calças, pincéis de maquiagem, 24 pares de meias (usadas), "roupas variadas de ginástica", incluindo seus gastos tops e calças de ioga, camisetas da Gap e dois lenços higienizados — juntamente com "uma caixa de lenços novos". Todo o conteúdo de seus armários do banheiro e da cozinha foi posto à venda — xampu e creme para mãos, pegadores de panela e panos de prato, um secador de salada e a capa para uma caixa de lenços de papel, tudo e qualquer coisa.

O lote número 448 incluía um troféu de pesca que Bernie ganhara com um marlim-azul de 160 quilos em 1975 e uma variedade de brinquedos da casa de Montauk — bolins, uma pipa, jogos de tabuleiro, baralhos. Também incluía "duas caixas parciais de lâmpadas", uma caixa de grampos e pilhas. Outro lote incluía alicates e outras ferramentas, várias extensões, equipamento de jardinagem e doze pacotes de pregos e parafusos variados. As bandejas de bijuterias incluíam uma manchada medalha Eagle de escotismo, com a inscrição "Esteja preparado".

Os lances, pessoalmente em um hotel de Midtown e on-line, viraram manchete. Como esperado, houve grande interesse pelos chinelos com monograma, que foram vendidos por US$ 6 mil em um lote que incluía

ESPERANÇA, PERDIDA E ENCONTRADA   403

uma das camisas Ascot Chang de Ruth. Quinze pares de calças casuais e jeans do closet de Bernie foram vendidos por apenas US$ 25.

No geral, os dois leilões Madoff conseguiram quase US$ 3 milhões.[9] O montante da venda das três casas, dos três barcos e de um carro elevou o total de bens apreendidos para US$ 27 milhões, sem contar estimados US$ 10 milhões pela venda futura da casa na França e do iate de 88 pés que Madoff mantinha ancorado por perto, e que estavam sendo discutidos em um tribunal de falência em Londres.[10]

*

Mas isso era uma gota no oceano contra as reivindicações dos "perdedores líquidos", que Picard estimava em US$ 20 bilhões. A única maneira de conseguir essa quantia de dinheiro era por meio de litígio. Conforme o Dia de Ação de Graças se aproximava, a equipe de Sheehan anunciava ação após ação, às vezes protocolando eletronicamente vários grandes casos e dezenas de casos menores em um único dia.

Em 24 de novembro, o UBS, o gigantesco banco suíço, foi acionado por um mínimo de US$ 2 bilhões em uma ação judicial que o acusava de emprestar seu prestígio a vários fundos feeder de Madoff sem tomar quaisquer precauções para proteger os investidores.[11] A ação também citava a Access International, companhia cujo aristocrático fundador francês René-Thierry Magon de la Villehuchet cometera suicídio após a prisão de Madoff. Alguns dias depois, o UBS seria citado em uma segunda ação judicial que envolvia outro conjunto de fundos feeder, elevando as reivindicações totais de Picard para US$ 2,5 bilhões.[12]

O início de dezembro trouxe uma ação judicial reclamando US$ 6,4 bilhões em taxas recuperadas e reparação de danos do JPMorgan Chase, o banco primário usado por Madoff durante sua fraude de décadas. A ação foi protocolada em segredo, mas Sheehan disse publicamente que mostraria que o banco fora "voluntariamente cego" em suas negociações com Madoff e ignorara as "claras e documentadas suspeitas" de seus próprios executivos

404 O MAGO DAS MENTIRAS

durante anos.[13] A ação permaneceria em segredo de Justiça até o início de fevereiro, quando sua detalhada documentação sobre as crescentes dúvidas do banco em relação a Madoff se tornaria pública. O formidável banco disse que as acusações eram absurdas e prometeu lutar contra elas no tribunal.[14]

Três dias depois, na noite de sábado, 5 de dezembro, a equipe de Sheehan protocolou uma maciça ação judicial pedindo US$ 9 bilhões ao HSBC, o banco global baseado em Londres, e dezenas de fundos hedge e réus individuais com quem negociara durante os anos Madoff.[15] As alegações eram familiares — o pessoal do banco suspeitara de Madoff, mas olhara para o outro lado a fim de preservar as taxas que ele gerava. Essas alegações também foram negadas.

Na terça-feira, 7 de dezembro, duas outras ações importantes foram protocoladas — ambas sob sigilo judicial. Uma era contra o Tremont Group Holdings, o segundo maior complexo de fundos feeder de Madoff, atrás apenas do Fairfield Greenwich.[16] A outra era contra várias empresas e sociedades afiliadas à família Wilpon, dona do time de beisebol New York Mets. Dessa vez, Sheehan não ofereceu detalhes — mas revelou que os advogados do administrador judicial estavam "engajados atualmente em negociações de boa-fé" com os advogados dos Wilpon, com o objetivo de resolver o caso fora dos tribunais.[17] No fim de janeiro de 2011, o *New York Times* revelaria alguns detalhes-chave sobre a ação sigilosa.[18] No dia em que Fred Wilpon anunciasse que o New York Mets estava buscando novos investidores, o *Times* relataria que o administrador judicial estava processando os Wilpon em milhões de dólares.

Havia uma ação contra os diretores da falida afiliada londrina da corretora, protocolada sob sigilo judicial em Londres.[19] Havia uma reivindicação de US$ 1 bilhão contra vários grandes bancos que venderam derivativos ligados aos fundos feeder de Madoff.[20] Havia ações multimilionárias contra gestores de fundos hedge menores, porém notáveis, em Manhattan, na Europa e no Caribe, incluindo a especialista em pensões Sandra Manzke e seu Maxam Fund Group em Connecticut.[21] E havia quase novecentas ações judiciais contra investidores individuais e suas

ESPERANÇA, PERDIDA E ENCONTRADA

sociedades familiares e fundos fiduciários — os casos que os "vencedores líquidos" na vasta fraude haviam esperado por quase dois anos.

A essa altura, a corrida do administrador judicial para atender o prazo final de 11 de dezembro para protocolar ações de recuperação se tornara uma constante nas manchetes atualizadas de hora em hora dos sites de notícias. Dada a exaustão do ambiente, bem como a possibilidade de algo dar errado ou se perder no complexo processo, Picard e Sheehan concordaram que seria imprudente arriscar um problema de última hora no sistema eletrônico de protocolo do tribunal federal e estabeleceram a meia-noite de sexta-feira, 10 de dezembro, como seu prazo interno. Ao menos isso lhes daria algum tempo se algo desse errado.

Cada metade dessa estranha dupla legal permaneceu fiel a seu temperamento. Enquanto Sheehan estava ocupado protocolando e falando publicamente sobre novas ações judiciais, Picard negociava as antigas atrás de portas fechadas.

Na segunda-feira, 6 de dezembro, ele fechou um acordo de US$ 500 milhões com o Union Bancaire Privée, o banco familiar de elite suíço que criara seu próprio fundo feeder para investir com Madoff.[22] No dia seguinte, ele e o governo norte-americano anunciaram um acordo com Carl Shapiro e sua família em Palm Beach, incluindo o ex-executivo da Cohmad Rober Jaffe, genro de Shapiro.[23] Embora Picard tivesse citado Jaffe na ação judicial contra a Cohmad, o administrador não acionara Shapiro; nem ele nem o governo o acusaram de qualquer má conduta em conexão com o caso. O acordo acrescentou US$ 624 milhões ao dinheiro para as vítimas de Madoff. Alguns dias depois, o administrador anunciou acordos menores com algumas importantes instituições de caridade, incluindo a Hadassah.[24] Os acordos quase dobraram a quantidade de dinheiro que Picard levantara e que agora se aproximava dos US$ 2,5 bilhões.

Mas todas as ações judiciais e acordos foram eclipsados por um caso protocolado na noite de sexta-feira, 10 de dezembro. Em uma ambiciosa petição inicial de 161 páginas,[25] a equipe de Sheehan acionou a banqueira austríaca Sonia Kohn; membros de sua família; sua principal empresa, o

Banco Medici; seus maiores parceiros bancários na Europa; e um batalhão de trustes, sociedades, empresas-fantasmas e indivíduos — mais de três dúzias de réus no total. Os que escolheram comentar negaram as alegações. De maneira única entre as ações protocoladas em nome de Picard, essa apresentava acusações civis de crime organizado contra os réus, alegando que Kohn conscientemente ajudara a levar US$ 9 bilhões às mãos de Madoff, apresentando-o a novas fontes de dinheiro para o esquema Ponzi em troca de milhões de dólares em comissões secretas.

A ação pedia quase US$ 20 bilhões em dinheiro recuperado e reparação de danos. Mas, como o tribunal pode ordenar que a parte perdedora de um caso de crime organizado pague três vezes o valor da ação, o caso Kohn tinha o potencial de produzir US$ 60 bilhões para as vítimas de Madoff. Os advogados de Kohn rapidamente negaram que ela soubesse ou mesmo suspeitasse de que Madoff estivera operando um sistema Ponzi e disseram que ela e a família contestariam vigorosamente as alegações do administrador judicial no tribunal.

Mais tarde naquela noite, apenas algumas horas antes da meia-noite, o último grande caso foi protocolado — um caso enraizado nos primeiros dias da fama de Madoff como mago do mercado. Seus réus principais eram Frank Avellino e Michael Bienes, os dois contadores cujas vidas haviam se cruzado no escritório de contabilidade do sogro de Madoff. Picard agora pedia US$ 900 milhões deles, de suas esposas e de várias sociedades familiares e fundos fiduciários. A ação os acusava de conscientemente embolsar milhões de dólares roubados que Madoff lhes pagara como compensação por levarem investidores até ele depois que a SEC fechou a Avellino & Bienes, em 1992.[26] Seus advogados não comentaram, mas se prepararam para lutar contra as acusações no tribunal.

*

Um pequenino floco na tempestade de neve de litígios daquela semana foi um caso que buscava compensação financeira de vários fundos fiduciários criados para os netos de Bernie Madoff, os filhos de seus filhos Mark e Andrew.[27]

ESPERANÇA, PERDIDA E ENCONTRADA

A ação não fora inesperada, disse mais tarde uma pessoa próxima a Mark Madoff. Ela chegou como publicidade renovada enquanto o prazo final de 11 de dezembro e a aproximação do segundo aniversário do escândalo empurravam os filhos de Madoff de volta para os holofotes.

Não é uma posição em que Mark Madoff alguma vez tenha se sentido confortável.

A essa altura, ele era réu em ao menos nove ações judiciais federais, incluindo várias outras iniciadas por Picard — que publicamente o caracterizara como negligente, indiferente e incompetente. O desprezo de Picard não machucara tanto quanto o silêncio forçado dos antigos colegas de Wall Street que poderiam tê-lo defendido, disse um amigo. Outros lembraram que Mark sempre fora sensível às críticas e inclinado a ruminar sobre suas mágoas e se preocupar visivelmente com seus problemas. "É por isso que jamais acreditei que ele soubesse da fraude", disse um amigo da família e antigo parceiro de negócios. "Ele estava sempre nervoso. Nunca teria aguentado — manter um segredo como aquele o teria destruído."[28]

Nem ele nem seu irmão Andrew haviam falado com os pais desde o dia da prisão de Madoff. Mesmo assim, o afastamento do passado dourado parecia ferir Mark mais profundamente que ao irmão. Em pouco tempo, Andrew já não se preocupava com as inevitáveis sobrancelhas arqueadas dos garçons olhando para seu cartão de crédito e com os seguranças do aeroporto examinando sua carteira de motorista; sim, dizia ele, dando de ombros, ele era *aquele* Andrew Madoff. Ele disse a amigos que jamais conheceu nada além de simpática cortesia. Mas Mark não parecia disposto a arriscar a má disposição de estranhos; ele concordara com a decisão da esposa de mudar o próprio sobrenome e o de seus filhos de Madoff para Morgan.

"Ele sempre sentira tanto orgulho de seu nome e de ser filho de Bernie Madoff", lembrou outro amigo. "E então, depois, tudo que enxergavam é que era o filho de Bernie Madoff."[29]

Em 14 de outubro de 2009, Mark se registrou em um hotel e ingeriu várias dezenas de comprimidos de Ambien, deixando um bilhete suicida para o pai: "Agora você sabe como destruiu a vida de seus filhos com sua vida de mentiras. Foda-se."[30] Ele sobreviveu e procurou ajuda médica. Durante o ano seguinte, pareceu recuperar o equilíbrio. Um amigo do mercado financeiro o deixava usar uma mesa livre em seu escritório; outros o convidavam regularmente para almoçar. Picard ainda controlava seu dinheiro, sob as regras do congelamento de bens, mas Mark estava encontrando novas maneiras de sustentar a família.

Seu foco primário era um novo negócio, um newsletter imobiliário on-line chamado *Sonar Report*, que ele esperava fosse o primeiro de uma série de publicações financeiras on-line. Todos os dias, ele se levantava às 4 horas para vasculhar a internet em busca de novos assuntos relevantes, montar o newsletter e, por volta das 9 horas, enviá-lo eletronicamente. Era um serviço inteligente e útil, e alguns de seus leitores regulares estavam dispostos a pagar pela assinatura. Mas a maioria dos leitores não tinha ideia de que havia um Madoff envolvido — ele sentira que precisava purgar seu nome das páginas do newsletter e dos registros da incorporadora.

A edição de sexta-feira, 10 de dezembro, foi enviada alguns minutos depois das 9 horas, como sempre. A esposa de Mark, Stephanie, e sua filha de 4 anos estavam na Flórida com sua sogra, visitando o Disney World e encarregando-o de cuidar de seu filho de 22 meses e do cachorro da família, um simpático labradoodle chamado Grouper. Durante o dia, Mark conversou com amigos e compareceu a compromissos agendados. Parecia bem — ou, ao menos, não mais aborrecido que de costume com a nova atenção da mídia focada nele durante a semana. Assentiu graciosamente quando um funcionário do estacionamento que abrigava os carros da família agradeceu pela gorjeta anual de Natal. Passeou com o cachorro por 10 minutos durante a noite, disse o porteiro mais tarde, e voltou para o apartamento para passar a noite.

Acordado às 4 horas, como sempre, no sábado — o segundo aniversário da prisão de seu pai —, ele enviou uma série de e-mails. Um foi para seu advogado, Marty Flumenbaum: "Ninguém quer acreditar na verdade. Por favor, cuide de minha família." Ele escreveu para a mulher, dizendo "Eu amo você" e pedindo que ela "por favor, envie alguém" para cuidar do filho.

ESPERANÇA, PERDIDA E ENCONTRADA   409

Quando Stephanie viu o e-mail, muitas horas depois, telefonou para o padrasto em Nova York e pediu que ele fosse imediatamente até o apartamento. Ele chegou e encontrou o corpo de Mark pendurado por uma guia preta de cachorro presa a um gancho de metal no teto da sala de estar.

Claramente fora suicídio — uma necropsia mais tarde confirmaria —, mas as evidências na cena eram prova de que Mark estivera determinado a pôr fim a sua vida. A polícia encontrou o fio partido de um aspirador pendurado no mesmo gancho e um laço descartado feito a partir do mesmo fio estava sobre uma mesa. O filho de Mark e o cachorro da família foram encontrados em outro cômodo — "ilesos", no vocabulário do relatório policial.

Uma pessoa que permaneceu próxima de Mark desde a infância disse acreditar que o aniversário que se aproximava e o consequente aumento das especulações sobre sua culpa ou inocência haviam "reaberto as feridas. Deve ter sido mais do que ele conseguia aguentar".

O suicídio de Mark Madoff aos 46 anos foi outro golpe para uma família estraçalhada. Ruth estava inconsolável, disse seu advogado. Bernie chorou ao ouvir a notícia, disse seu advogado mais tarde. Nenhum dos dois pôde comparecer ao funeral — mesmo que tivessem sido bem-vindos, o selvagem clamor da mídia tornou impossível. A prima de Mark, Shana, e seu tio Peter teriam sido bem-vindos, mas seus advogados ainda aconselhavam a evitar qualquer contato. A esposa e o irmão de Mark providenciaram uma cremação privada e uma discreta reunião da família e de alguns poucos amigos; Ruth não foi incluída.

Ainda em pé em meio aos escombros, estava Andrew Madoff. Aos 44 anos e tendo sobrevivido a um câncer, ele parecia menos assombrado pelo passado que seu irmão. Apenas algumas semanas antes da morte de Mark, Andrew e a noiva, Catherine Hooper, haviam reunido alguns amigos para um jantar de Ação de Graças em seu apartamento, no Upper East Side de Manhattan. Música sempre fora parte de sua vida e ele passava mais tempo ao piano, trabalhando com seu professor de toda a vida. Hooper iniciara um novo negócio, aconselhando famílias sobre estratégias para lidar com eventos desastrosos. Ela descreveu como ambos estavam determinados a lidar sabiamente com o evento desastroso chamado "o escândalo Madoff". "Quando tudo isso aconteceu, decidimos que não íamos ficar sentados, com nossos laptops no colo, lendo blogs", disse Hooper mais tarde a um repórter. "Não íamos ficar sentados conversando sobre como tudo era horrível."[31]

Talvez tudo se resuma aos hábitos mentais revelados naquele primeiro confronto dois anos antes. Quando Bernie Madoff confessou, como ele bem lembrou durante uma entrevista na prisão, Andrew chorou e deu um último abraço no pai, mas a raiva quase inarticulada de Mark ferveu desde o primeiro momento. Enquanto os advogados lidavam com ações judiciais e acordos com Picard, Andrew pareceu continuar sua vida — ainda disposto a ser um Madoff, mas não a ser definido pelo crime do pai.

*

Quando chegou o prazo final, Picard protocolara ações buscando mais de US$ 90 bilhões — embora pudesse levar anos de litígio para coletar mesmo uma fração dessa quantia. Essa formidável busca por ativos era encorajadora para os perdedores líquidos do caso — e para o ocasional especulador de Wall Street que comprara reivindicações válidas por US$ 0,20 ou 0,30 por dólar, esperando recuperar mais quando o caso finalmente fosse resolvido. Mas a tempestade de grandes ações causou um tremendo calafrio nos vencedores líquidos, que, sob a lei e as decisões prevalentes dos tribunais, provavelmente não receberiam um centavo do que Picard pudesse recuperar. A menos e até que todos os "perdedores líquidos" recuperassem todo seu dinheiro perdido, os "vencedores líquidos" simplesmente não tinham lugar à mesa.

Com suas reivindicações negadas por Picard, e as decisões mantidas pelo tribunal de falências e ainda não revisadas pelo tribunal de apelações, alguns "vencedores líquidos" pediram ajuda ao Congresso. Desde o início do ano, eles pediam uma legislação que exigisse que a SIPC aceitasse os extratos finais das vítimas do esquema Ponzi como prova do valor que haviam perdido, independentemente do quanto tinham investido ou sacado.

ESPERANÇA, PERDIDA E ENCONTRADA

No verão, alguns "vencedores líquidos" começaram a apoiar, relutantemente, um projeto de lei chamado "Lei dos Direitos das Vítimas de Esquemas Ponzi". O projeto era incompleto, no melhor dos casos, pois não incluía a regra de "extratos finais" que estava no centro de suas demandas. Mas os líderes de um grupo organizado de vítimas argumentaram que ele ao menos incitaria audiências e uma investigação que, "combinada a nossos extensos esforços de lobby, nos permitirão buscar as necessárias modificações".[32]

A despeito de seu lobby, o projeto não emergiu do comitê antes do encerramento das atividades do Congresso. Mas, no fim de dezembro, alguns congressistas solidários prometeram apresentar um forte substituto para o projeto de lei quando as atividades recomeçassem, em janeiro de 2011.[33]

Da maneira como estava escrito, o novo projeto proibia o administrador judicial da SIPC de protocolar qualquer ação de recuperação contra vítimas inocentes do esquema Ponzi e exigia que honrasse os extratos finais dos investidores, a menos que fossem profissionais de Wall Street que "sabiam [...] ou deveriam saber" sobre a fraude, mas não avisaram aos reguladores. A proposta "Lei de Tratamento Equânime dos Investidores" não bania as ações de recuperação.[34] Mas o projeto, submetido em fevereiro de 2011, proibia o administrador judicial de tentar recuperar o dinheiro que um investidor inocente sacara de um esquema Ponzi antes de seu colapso. A proibição encolhia o universo de investidores do qual o administrador podia recuperar dinheiro, reduzindo as probabilidades de os perdedores líquidos recuperarem seu investimento. Ainda mais intrigante, o projeto codificava a noção de que somente corretores e consultores de investimentos pertenciam à categoria dos que "deveriam saber" que Madoff era um trapaceiro.

Sujeito ao projeto, Picard teria sido proibido de acionar judicialmente alguns dos mais ricos e sofisticados investidores de Madoff, que não eram nem corretores, nem gestores de ativos. Além disso, esses investidores "civis" tinham extratos finais mostrando imensos saldos e poderiam fazer reivindicações de centenas de milhões de dólares, reduzindo ainda mais o dinheiro disponível para os "perdedores líquidos". Picard teria de honrar essas reivindicações, a menos que pudesse provar que os indivíduos sabiam sobre a fraude. Ao contrário, se um vendedor de fundos mútuos recém-

-licenciado fosse "vencedor líquido" em um esquema Ponzi, o projeto parecia lhe oferecer pouca proteção contra ações de recuperação, não importando quão pouco sofisticado fosse.

Alguns dos "vencedores líquidos" podiam justificadamente argumentar que Picard não deveria tentar recuperar dinheiro que não tinham ou não podiam pagar sem se verem reduzidos à pobreza. Mas, se um "vencedor líquido" se qualificasse para o programa de dificuldades financeiras da SIPC, Picard o deixava em paz. A semanas do prazo final do litígio, mais "vencedores líquidos" necessitados tinham feito solicitações e se qualificado, e as ações contra eles haviam sido extintas. Em dezembro, Picard desistira de ações contra mais de duzentos "vencedores líquidos" que não podiam devolver os lucros fictícios.

O projeto contrário às ações de recuperação, todavia, não buscava estender a proteção da SIPC a investidores indiretos do esquema Ponzi. Os milhares de clientes que haviam investido por meio dos fundos feeder de Madoff estavam tão frustrados com a SIPC quanto os "vencedores líquidos". Suas reivindicações também haviam sido negadas pelo administrador judicial, não porque haviam recebido lucros fictícios, mas porque não tinham contas em seu próprio nome na corretora de Madoff. O fundo feeder que pegara seu dinheiro era o "cliente" elegível para o auxílio da SIPC. Para recuperar algum dinheiro da falência, eles teriam de consegui-lo com o fundo feeder, assumindo que o fundo tivesse uma reivindicação válida.

Mais de 10 mil investidores diretos fizeram reivindicações recusadas por Picard. Se ele tinha direito, por lei, de negar as reivindicações era um dos difíceis problemas que ainda permaneciam nos tribunais dois anos após a prisão de Madoff. Investidores indiretos haviam confiado aos fundos feeder seus investimentos iniciais — e, sob a lei prevalente, teriam de confiar neles, ou em alguma corporação por trás deles, para qualquer tipo de recuperação de seus ativos. No caso de muitos fundos pequenos ou falidos, infelizmente, essa era uma esperança quase nula que assegurava aos investidores pouco mais que anos de litígio.

*

ESPERANÇA, PERDIDA E ENCONTRADA

Nos dias e semanas após a prisão de Madoff, a busca por seus cúmplices dominou a atenção pública. No segundo aniversário de sua prisão, ele e dois outros homens — o indispensável Frank DiPascali e o contador negligente David Friehling — haviam confessado. Cinco outras pessoas eram acusadas de ajudar a manter o esquema Ponzi, mas todas tinham proclamado inocência e se preparavam para lutar contra as acusações no tribunal. Os promotores insistiam em todas as oportunidades que a investigação criminal ainda estava em andamento, mas também explicavam que o ônus de provar a culpa "além de qualquer dúvida razoável" era bem mais pesado que o ônus da prova exigido em casos civis apresentados ao tribunal de falências, por mais conclusivas e dramáticas que parecessem as alegações.

Os dias e semanas após a prisão de Madoff também geraram iradas demandas por reforma — na SEC, na SIPC e nos tribunais nos quais o trabalho das duas agências era levado adiante. Sob a presidência de Mary Schapiro, a SEC sofrera uma das mais completas reorganizações de sua história. Seu departamento de execução recebera novas ferramentas — um sistema expandido de recompensa para os denunciantes, um processo simplificado para emitir intimações, uma estrutura de gerenciamento mais simples que disponibilizava mais mão de obra para a luta contra as fraudes e programas aprimorados de treinamento para seus advogados e investigadores — e mais dinheiro para implementá-las. Futuros cortes de orçamento minariam esses ganhos, mas claramente havia uma nova ousadia na agenda de execução da agência e apoio mais amplo para sua missão no Congresso — onde, apenas dois anos antes, um congressista a chamara de "o inimigo".

Schapiro participou de um debate da Faculdade de Direito Fordham, no fim de setembro de 2010, com dois ex-presidentes da SEC — ambos nomeados republicanos —, que publicamente a elogiaram por, quase sozinha, preservar a independência da comissão em seu momento mais arriscado. "Se você não fizer mais nada para salvar a agência, terá sido um excelente começo", disse Richard Breeden, que liderara a comissão entre 1989 e 1993. Harvey Pitt, o presidente entre 2001 e 2003, seguiu com os elogios, dizendo que Schapiro assumira "em uma época de crise real".

414 O MAGO DAS MENTIRAS

Na SIPC, a mudança ocorreu mais lentamente, mas parecia inevitável. Urgida por comitês do Congresso que analisavam várias propostas legislativas, algumas mais sábias que outras, a própria organização iniciou uma força-tarefa para estudar e solucionar as muitas falhas que o escândalo Madoff expusera. Quanto ao processo de falência e litígio, as questões apresentadas pelo caso Madoff levariam anos para serem respondidas. Como as perdas deviam ser calculadas? Quem tinha o direito de apresentar reivindicações? Que responsabilidade, se havia alguma, tinham os gestores de fundos hedge, contadores, banqueiros e consultores financeiros por terem falhado em detectar a maciça fraude? A própria SEC podia ser responsabilizada nos tribunais?

Por fim, nos dias e semanas imediatamente após a prisão de Madoff, recuperar qualquer coisa para suas vítimas parecia algo que somente um verdadeiro mago poderia conseguir.

Mais de 16.500 reivindicações haviam sido apresentadas no fim de 2010. Cerca de dois terços eram de investidores indiretos que nada podiam coletar, a menos que os tribunais decidissem. Cerca de 120 foram retiradas. Mais de quinhentas permaneceram no sistema — os maiores perdedores líquidos, com perdas combinadas que Picard estimava em US$ 14 bilhões, embora soubesse que esse número podia mudar enquanto as disputas eram resolvidas. Cerca de metade desses casos espinhosos já estava em litígio e muitos mais provavelmente também estariam.

Das reivindicações restantes, no fim do ano Picard negara mais de 2.700 de vencedores líquidos e aprovara pouco mais de 2.400 de perdedores líquidos, cujas perdas verificadas totalizavam quase US$ 6 bilhões.

Assim, no segundo aniversário da prisão de Madoff, Picard tinha cerca de US$ 2,5 bilhões para cobrir perdas que estimava conservadoramente em US$ 20 bilhões — US$ 0,10 por dólar. Tinha esperança de pagar mais, é claro, mas não se pode depositar esperança no banco e então emitir cheques. O infatigável time legal de Sheehan processara vários réus por US$ 90 bilhões, mas recuperar mais que uma modesta fração desse valor exigiria outro ato de magia.

ESPERANÇA, PERDIDA E ENCONTRADA

Mesmo assim, US$ 0,10 por dólar — até duas ou três vezes isso, se Sheehan vencesse no tribunal tanto quanto Picard achava possível — era muito mais do que qualquer um esperara na sombria primavera de 2009.

*

Uma semana após o segundo aniversário, a aritmética para os perdedores líquidos mudou dramaticamente — de fato, mudou tão dramaticamente que fez história, tanto quanto a saga de Madoff.

Sexta-feira, 17 de dezembro, era um dia que David Sheehan às vezes temera que nunca fosse chegar — e um dia que os promotores federais haviam postergado por meses, em sua determinação de conseguir o melhor resultado possível para as vítimas de Madoff. O dia amanheceu claro e muito frio, com um vento gelado varrendo as torres da Foley Square no centro de Manhattan. Mesmo antes de o procurador Preet Bharara anunciar que daria uma entrevista coletiva ao meio-dia para anunciar o acordo com o espólio de Jeffry Picower, investidor de longa data de Madoff, a notícia surgiu na internet. Os advogados da viúva de Picower haviam feito um acordo global com o governo e o administrador judicial, no valor total de US$ 7,2 bilhões. Era todo o valor que Irving Picard pedira na ação original e US$ 2,2 bilhões a mais do que teria recebido sem a intervenção dos promotores nas negociações, meses antes.

E era o maior confisco da história judicial americana.

A entrevista coletiva foi realizada em uma área pequena e de formato estranho no lobby da sede da procuradoria, com as paredes de concreto corrugado parcialmente cobertas de veludo azul drapeado. Acima, um móbile gigante de tubos e esferas de metal respingados de tinta pendia do teto. Quatro fileiras de cadeiras dobráveis de metal haviam sido arrumadas diante da linha de câmeras de TV. Às 12h15, a porta emoldurada pelas cortinas de veludo se abriu e várias pessoas entraram, espalhando-se, meio desajeitadamente, ao longo das paredes: David Sheehan, parecendo belicoso; Irving Picard, em um terno cinza discreto; dois executivos da SIPC, em um canto escuro; oficiais dos escritórios de Nova York do FBI e do RIS; e um grupo de jovens promotores liderados por seu chefe, o procurador do distrito sul de Nova York.

Preet Bharara, um homem atraente com cabelo preto começando a rarear e postura eloquente e confiante, caminhou imediatamente até o atril enquanto os fotógrafos se acocoravam e se espalhavam por toda a sala, procurando um ângulo que o capturasse, com Irving Picard logo atrás.

"O verdadeiramente histórico acordo de hoje com o espólio de Jeffry Picower será transformador para as vítimas de Madoff", disse Bharara, lendo o roteiro no atril. "Ao devolver cada centavo dos US$ 7,2 bilhões que seu falecido marido recebeu [da corretora de Madoff] para ajudar aqueles que mais sofreram, Barbara Picower fez a coisa certa."

O montante de que Barbara Picower abrira mão representava a diferença entre o dinheiro que seu marido retirara das contas na corretora e o dinheiro que investira — e que era estimado em um pouco menos de US$ 620 milhões. Mas não representava toda a imensa fortuna do espólio de seu falecido marido. O que sobrara seria usado para criar uma nova Fundação Picower, que continuaria a obra filantrópica do casal. Seu advogado e consultor, Bill Zabel, passara mais de um ano negociando um acordo global que permitisse que Barbara Picower continuasse seu trabalho filantrópico. Enquanto a entrevista coletiva era realizada no centro, o escritório de Zabel em Midtown emitiu uma declaração em nome da viúva: "Acredito que o acordo honra o que Jeffry teria desejado, que era devolver esse dinheiro, para que possa ir diretamente para as vítimas de Madoff. Estou absolutamente confiante de que meu marido Jeffry não foi cúmplice da fraude [...] Fui testemunha de sua integridade em nosso casamento e em sua vida durante nossos quarenta anos juntos."

A mensagem recebeu pouca atenção durante o tumulto, mas uma passagem da declaração emitida pela SIPC naquele dia citava Irving Picard falando sobre o relacionamento entre Jeffry Picower e o maciço esquema Ponzi — e, no processo, oferecia um rápido vislumbre da estratégia que produzira tantas acusações ferozes contra vários amigos e grandes investidores de Madoff nas ações judiciais iniciadas nos dois anos anteriores.

ESPERANÇA, PERDIDA E ENCONTRADA 417

"Quando iniciamos a ação judicial contra o sr. Picower e outros na primavera de 2009, os registros disponíveis nos levaram a afirmar que o sr. Picower poderia saber ou deveria saber sobre a fraude do sr. Madoff", reconhecia Picard. "Com o benefício de registros adicionais, determinei que não havia base para continuar a ação contra o sr. Picower e, em vez disso, chegamos a uma solução negociada."

Certamente não seria a última "solução negociada" para ações judiciais nas quais Picard acusava vários réus de má conduta deliberada ou cumplicidade consciente na maior trapaça do século. Mas era a maior solução até então e, embora não lançasse nenhuma luz sobre o papel de Picower na fraude de Madoff, imediatamente melhorou as perspectivas de perdedores e vencedores líquidos.

Com quase US$ 10 bilhões nas mãos, Picard parecia a caminho de devolver aproximadamente metade do dinheiro que os perdedores líquidos haviam investido com Madoff. Se Sheehan tivesse um sucesso apenas modesto nos tribunais, a recuperação poderia ser ainda maior — e o próprio Sheehan começou a dizer, em caráter privado, que achava que eles conseguiriam levar os perdedores líquidos para mais perto do Santo Graal dos administradores judiciais de falências: US$ 0,100 por dólar.

Se isso acontecesse, seria uma nova chance para os vencedores líquidos. Embora não tivessem reivindicações válidas como clientes, eles certamente tinham reivindicações de fraude contra Madoff — todos os investidores fraudados tinham, embora esse fato parecesse fútil e acadêmico até então. Se a blitz de recuperação de Picard produzisse substancialmente mais que os estimados US$ 20 bilhões de que ele precisava para pagar os perdedores líquidos — e ele já tinha quase US$ 10 bilhões nas mãos —, então o pagamento das reivindicações de fraude se tornaria uma possibilidade real.

E, se isso ocorresse, então esse crime historicamente amplo, prolongado e extenso teria conseguido outro superlativo. Teria produzido a mais notável recuperação de um esquema Ponzi de todos os tempos. Para as vítimas de Madoff, o acordo recorde com Picower devolveu algo que, durante dois anos, fora mais elusivo que a justiça: a esperança.

*

Estranhamente, Picard e Sheehan não eram os únicos que achavam que algum tipo de recuperação histórica seria possível nesse caso. Bernie Madoff também achava.

Em vários e-mails enviados da prisão após o acordo Picower, Madoff combateu quase obsessivamente a aritmética de Picard, afirmando que o administrador judicial conseguiria "ao menos US$ 24 bilhões em ações de recuperação, contra US$ 20 bilhões em alegações válidas de perdas".[35] Ele tinha certeza de que alguns bancos e fundos hedge europeus haviam fechado acordos confidenciais com seus investidores na primavera de 2010, cobrindo integralmente os US$ 15,5 bilhões em reivindicações.[36] "Sei que isso é 100% confiável e isso é tudo o que posso dizer", acrescentou.[37] Assim, parecia-lhe que Picard terminaria com muito mais dinheiro do que precisava para pagar os danos que o próprio Madoff causara.

Os US$ 20 bilhões cobririam apenas o dinheiro perdido no esquema, é claro, e não a fortuna acumulada com a qual os investidores haviam contado para sua segurança futura — fortunas confortáveis que se tornaram fantasias cruéis. E nenhuma quantidade de dinheiro poderia pagar por corações partidos, famílias enlutadas e vidas destruídas que ele deixara para trás, ou restaurar a confiança que suas vítimas traídas outrora tiveram em si mesmas e no mundo à sua volta. Mesmo em um nível puramente monetário, os investidores estrangeiros que supostamente haviam sido beneficiados por aqueles acordos confidenciais na Europa poderiam ao menos ter apresentado reivindicações a Picard. E os bancos e fundos hedge estrangeiros que pagaram esses acordos ainda podiam ter suas próprias e válidas reivindicações, mesmo que já tivessem pagado seus investidores.

Mesmo assim, Madoff estava calmamente confiante sobre o eventual resultado: "Suponho que, se as reivindicações estrangeiras forem de alguma forma 100% resolvidas e as domésticas atendidas com os ativos recuperados, o investimento inicial de todos será devolvido."[38]

17

A LONGA ESTRADA ADIANTE

Após uma breve estada em uma cela federal em Atlanta, Bernard L. Madoff chegou ao Complexo Correcional Federal de 700 acres em Butner, Carolina do Norte, na terça-feira, 14 de julho de 2009 – duas semanas após ser sentenciado pelo juiz Denny Chin.

A unidade abrigara vários proeminentes criminosos do colarinho branco durante os anos, e seus atuais prisioneiros notáveis incluíam o espião israelense Jonathan Pollard, o gângster idoso Carmine Persico e um dos executivos condenados em 2004 por embelezar a contabilidade da Adelphia Communications.

Madoff foi levado até a FCI-1, uma das duas prisões de segurança média do complexo. Agora oficialmente designado "Prisioneiro nº 61727054", recebeu o uniforme padrão, camisa e calça cáqui, e iniciou várias semanas de orientação.

O manual do prisioneiro dizia que todos os seus bens pessoais tinham de caber em um único armário, embora o espaço sob seu catre pudesse ser usado com permissão. Suas joias estavam limitadas a um único relógio barato e uma aliança sem pedras. Suas compras normais na intendência da prisão não poderiam passar de US$ 290 ao mês.

420 O MAGO DAS MENTIRAS

Seus elos com o mundo externo agora consistiriam em cartas monitoradas escritas à mão, alguns e-mails também monitorados de pessoas pertencentes a uma lista pré-aprovada e visitas ocasionais de Ruth e seus advogados.

Inicialmente, ele trabalhou na biblioteca e no departamento educacional da prisão. Depois foi designado para a intendência, um trabalho bem pago e cobiçado pelos prisioneiros. Não limpou pisos nem esfregou banheiros, como alguns relatos publicados afirmariam mais tarde. De acordo com suas próprias palavras, permaneceu com saúde relativamente boa e sempre foi "tratado bem pelos internos e pela equipe daqui", ao contrário de "todas as histórias absurdas que surgiram na mídia".[1] Quanto aos relatos de que fizera observações depreciativas sobre os filhos ou as vítimas, foi enfático: "Jamais disse nada minimamente negativo sobre meus filhos, que amo e cuja falta sinto terrivelmente. Sinto grande remorso por minhas vítimas."

*

Ruth Madoff olhou pela janela do táxi que a levava até Butner, para sua primeira visita ao marido desde sua chegada à prisão.[2]

Ela dirigira até Charlotte partindo de Boca Raton, Flórida, onde estava hospedada no apartamento de uma amiga, perto da casa da irmã Joan. A sobrinha em Charlotte a levara até Durham, onde essa mulher quintessencialmente urbana pegara um táxi para o que seria uma corrida de 45 minutos e US$ 35. O táxi era muito mais caro do que ela esperara e ela ainda tinha de reabastecer o carro para a viagem de volta à Flórida.

O táxi reduziu a velocidade, entrou no complexo de Butner e serpenteou até o topo da pequena colina dominada por um alto edifício de pedras cinzentas em um dos cantos do amplo estacionamento. O táxi a deixou na porta; ela entrou e foi orientada por um guarda a colocar a bolsa e o suéter em um armário cuja tranca não funcionava. Poucos visitantes usavam os armários, pois deixavam seus objetos de valor no carro. E se a bolsa fosse roubada? Ela continha todos os seus documentos de identificação, seu di-

A LONGA ESTRADA ADIANTE

nheiro, as chaves do carro, tudo. Ruth hesitou antes de colocar a bolsa no armário e entrar na linha para a verificação de segurança.

Foi então que soube que o táxi a deixara na unidade errada – Bernie Madoff estava na prisão térrea ao pé da colina. Não era longe, pelos padrões de caminhada na cidade. Mas o guarda disse que ela não podia caminhar até lá: tinha de ir de carro. Bernie esperava por ela. Ruth pegou o telefone celular e chamou outro táxi. Enquanto aguardava, observou sem muito ânimo o estacionamento. Havia pessoas indo embora, talvez familiares dos prisioneiros ou funcionários voltando para casa após a mudança de turno. Ela podia acenar para alguém e pedir uma carona, mas estava com medo de fazer isso.

A outrora despreocupada criança se transformara em uma mulher ansiosa e frágil cujo companheiro constante agora era o medo. Bernie lhe dissera que os prisioneiros fofocavam sobre ele para os tabloides de Nova York. Eles poderiam ter contado a um repórter que ela estava vindo. Ela poderia estar se dirigindo para um enxame de paparazzi. Ou poderia perder completamente o horário de visitas por causa do atraso do táxi, desperdiçando todo aquele dinheiro e desapontando Bernie.

Nesse verão de 2009, ela ainda se importava com isso. Bernie precisava dela, ansiava por sua atenção e se agarrava desesperadamente a sua conexão de 55 anos. Seus filhos o haviam rejeitado, furiosos, e achavam que ela devia fazer o mesmo — não conseguiam compreender os antigos hábitos de lealdade e compaixão que uniam Ruth ao marido. Seu irmão Peter, ao saber que Bernie estava sob investigação criminal, fora orientado por seus advogados a permanecer afastado. Não havia mais ninguém para Bernie, somente Ruth. Ele estivera esperando ansiosamente por sua visita.

Finalmente o táxi chegou — e cobrou outros US$ 35 para levá-la ao pé da colina. Ela estava preocupada demais com o horário para discutir. Ficou na fila, guardou a bolsa sem pensar duas vezes, passou pela verificação de segurança e entrou na agitada sala de visitantes. Encontrou Bernie um pouco afastado dos outros. Eles podiam se tocar e se abraçar, mas a etiqueta era estranha e incomum.

Bernie falou sobre os prisioneiros que conhecera, as condições de vida, o trabalho que recebera e a rotina diária. Usando uma pilha de moedas, comprou um hambúrguer na máquina de venda automática e o esquentou no forno de micro-ondas ao lado, conversando casualmente como se eles estivessem em um bistrô. Ela ouviu, mas praticamente não falou; tudo lhe parecia borrado e quase surreal. Jamais conhecera alguém que estivera na prisão. E, contudo, ali estava seu marido, em um uniforme prisional impecavelmente passado, confinado até o fim de seus dias com todos aqueles criminosos — todos aqueles *outros* criminosos.

*

Em 3 de março de 2011, a sala de audiências cerimonial no centro de Manhattan — a elegante câmara de pé-direito alto na qual Bernie Madoff ouvira sua sentença quase dois anos antes — ficou novamente lotada.[3]

Dessa vez, todavia, os bancos e mais de uma dúzia de poltronas adicionais de couro estavam repletos de advogados e repórteres. Um painel de três juízes do Tribunal de Apelação do Segundo Circuito ouvia argumentos sob a persistentemente divisora questão do "patrimônio líquido", a disputa central sobre a fórmula de Irving Picard para calcular as reivindicações dos investidores. David Sheehan e seus colegas estavam em torno da mesma mesa à qual Madoff se sentara. A sua esquerda estavam seus oponentes, incluindo Helen Davis Chaitman e Karen Wagner, a pequenina e irritável advogada loira que representava os proprietários do New York Mets, os mais visíveis dos "vencedores líquidos" que desafiavam Picard. Em uma ala lateral estava Mario Cuomo, ex-governador de Nova York, que fora convidado pelo juiz Lifland a mediar a disputa entre o administrador judicial e os donos do Mets. "Estou aqui apenas para observar", explicou ele suavemente.

Os argumentos de ambos os lados receberam novos fraseados, mas eram familiares: Chaitman e seu time argumentavam que não haveria rede de segurança em Wall Street — a proteção da SIPC perderia o sentido — se seus clientes não pudessem se basear nos extratos finais de suas

A LONGA ESTRADA ADIANTE

contas, ainda que fossem falsos. Sheehan argumentava que a realidade importava e que esses extratos finais refletiam um mundo fantasioso no qual Madoff podia comprar e vender ações de primeira linha e customizar opções em enormes volumes, sem jamais incorrer em perdas ou movimentar o mercado. Os investidores que achavam ter dinheiro em suas contas Madoff haviam, na realidade, recebido dinheiro roubado de outros investidores, e a principal obrigação do administrador judicial era recuperar o dinheiro roubado.

Os três juízes, sentados em um estrado elevado de madeira polida, interromperam as declarações cuidadosamente elaboradas após algumas frases.

O juiz Pierre Leval desafiou os adversários de Picard. "Imaginem dois clientes de Madoff, um que era seu amigo e outro que era seu inimigo", disse ele. Madoff mastiga a ponta do lápis e, magicamente, transforma o US$ 1 milhão de seu amigo em um saldo de US$ 2,5 milhões, refletindo isso em seu extrato final. Mas, com outro movimento do lápis, cria perdas fictícias que retiram tudo, com exceção de US$ 50 mil, do investimento de US$ 1 milhão de seu inimigo, também refletindo isso em seu extrato final. Se o extrato final fosse determinante, o administrador judicial não teria escolha a não ser aprovar uma reivindicação de US$ 2,5 milhões para o amigo de Madoff e uma de US$ 50 mil para seu inimigo, embora ambos tivessem perdido US$ 1 milhão. Isso seria justo?

Os advogados tentaram encontrar uma resposta que não prejudicasse seus clientes ou insultasse a inteligência do juiz.

O juiz Dennis Jacobs, presidente do Segundo Circuito, apresentou seu próprio dilema. Suponham que um corretor qualquer criasse um extrato fraudulento retirando US$ 5 milhões de um saldo de US$ 20 milhões e então fosse à falência. Esse cliente teria uma reivindicação junto à SIPC de US$ 20 milhões ou apenas dos US$ 15 milhões demonstrados em seu falso extrato final?

"Não, nesse caso o cliente teria uma reivindicação de US$ 20 milhões", respondeu Barry Lax, um dos adversários de Picard.

E como isso seria feito? O ceticismo do juiz era óbvio.

O painel de três juízes respondeu às suas próprias perguntas na terça-feira, 16 de agosto de 2011.[4] O parecer, escrito pelo juiz-presidente Jacobs, apoiou inequivocamente a decisão de Picard de limitar as reivindicações dos investidores ao dinheiro que realmente haviam perdido, e não aos saldos fictícios demonstrados nos extratos finais.

Os juízes rejeitaram a alegação de Chaitman de que a SIPC deveria ser uma apólice de seguro para os investidores, dizendo estar claro "que as obrigações impostas a uma seguradora pelas leis estaduais não se aplicam" à SIPC. A sentença citava a Lei de Proteção aos Investidores em Títulos de 1970, que criara a SIPC, e observava: "De modo algum está claro que a lei oferece proteção contra todas as formas de fraude cometidas por corretores." E corrigia firmemente o argumento de Chaitman de que a lei não dava ao administrador judicial nenhuma escolha a não ser honrar o extrato final dos investidores. Em vez disso, disseram os juízes, cada administrador devia exercer seu poder discricionário na busca pela justiça, com base nos fatos de cada caso.

"A questão suscitada pela apelação", concluíram, "é se o método que o sr. Picard selecionou para cumprir com suas responsabilidades é legalmente adequado sob a linguagem do estatuto. Afirmarmos que sim." Nesse caso, basear-se exclusivamente nos extratos finais seria "inadmissível" e um "erro legal", pois "teria o absurdo efeito de tratar como reais lucros fictícios e arbitrariamente designados e dar efeito legal às maquinações de Madoff".

A decisão vindicou Picard e o liberou para fazer uma primeira e pequena distribuição de dinheiro aos perdedores líquidos. Mas a vitória nada fez para reduzir a hostilidade dos vencedores líquidos. Seus advogados pediram reconsideração da sentença e perderam; em fevereiro de 2012, protocolaram uma improvável apelação na Suprema Corte dos Estados Unidos.

*

Não foi coincidência o fato de os proprietários do New York Mets estarem no palco central da audiência de "patrimônio líquido". Nas páginas esportivas da cidade, as batalhas judiciais entre o administrador judicial e Fred Wilpon e seu cunhado Saul Katz disputavam espaço com as matérias sobre o morno desempenho do time em campo.

Wilpon fora profundamente afetado pela fraude de Madoff.[5] "Eu tinha um relacionamento pessoal com os Madoff [...] não um relacionamento pessoal cotidiano, mas uma amizade [...] uma relação de muita confiança", disse ele. "Nenhuma pessoa com quem você conversar — nenhuma — terá sido mais traída que eu." Suas lembranças da última reunião do conselho da Gift of Life no Edifício Lipstick em dezembro de 2008, apenas alguns dias antes da prisão de Madoff, eram "como um punhal no coração".

Mas a ação iniciada pelo administrador judicial afirmava que Katz e Wilpon deveriam ter suspeitado de seu amigo de confiança anos antes de a fraude ruir, por uma variedade de razões — todas negadas pela família Wilpon ou disputadas como enganosas.

A questão de destaque era a de fraude de seguros. No início dos anos 1990, Katz encorajara um amigo abastado[6] e parceiro comercial de longa data a investir com Madoff. O amigo, um veterano de Wall Street cujos clientes incluíam os herdeiros da Sears Roebuck, inicialmente se mostrara cético, mas, em 1996, finalmente decidira investir. No início de 2000, de acordo com a ação, ele conseguira que uma subsidiária da AIG lhe vendesse uma cara e exclusiva apólice que protegeria seus clientes caso Madoff se revelasse uma fraude. Em 2001, esse amigo encorajou Katz a pensar sobre uma apólice similar. Ele o fez, consultando o corretor que o amigo empregara. Por fim, decidiu que a apólice era cara demais para uma cobertura tão limitada — ele tinha investido muito mais com Madoff que os herdeiros da Sears e, além disso, como afirmou mais tarde, "era um desperdício de dinheiro [...] porque Bernie não faria nada errado".[7] Mas o administrador judicial afirmou que as perguntas feitas por Katz ao corretor de seguros demonstravam que tinha ao menos algumas dúvidas sobre se Bernie faria ou não algo errado.

A ação citava numerosas outras circunstâncias nas quais a família Wilpon supostamente decidira ignorar advertências específicas sobre Madoff.

O administrador judicial citou e-mails que os executivos de um fundo hedge afiliado a Wilpon, chamado Sterling Stamos, supostamente trocaram após a prisão de Madoff, alegando que haviam repetidamente avisado aos Wilpon[8] que a falta de transparência de Madoff era preocupante e que seus retornos eram "bons demais para ser verdade". O administrador afirmou que os executivos ligados a Wilpon sabiam que Madoff os enganara,[9] em 2002, sobre a natureza da clientela de seu fundo hedge e deveriam ter suspeitado. Além disso, os Wilpon haviam investido[10] indiretamente no fundo Bayou, a notória fraude que ruíra em meados de 2005, e deveriam ter reconhecido suas semelhanças com a operação de Madoff.

De acordo com o administrador, em 2007 um executivo do Merrill Lynch[11] avisara a Katz que Madoff não se adequava aos padrões de risco do banco e o lembrara dos persistentes rumores de que estava envolvido com front-running ilegal. Já em 1996,[12] ainda segundo o administrador, vários bancos haviam recusado a custódia dos planos de aposentadoria de alguns funcionários de Wilpon porque seus investimentos com Madoff não eram transparentes. Além disso, Katz teria sido alertado sobre Madoff[13] em 2002, por um cofundador da Ivy Asset Management, uma alegação que ele negou enfaticamente. (A Ivy mais tarde foi processada pelo procurador-geral do estado de Nova York, que a acusou de permitir que fundos de pensão que eram seus clientes continuassem a investir com Madoff durante quase uma década depois de ter aconselhado seus clientes privados a encerrarem as contas com ele. A empresa e seus fundadores negaram a acusação.)

Picard buscava recuperar US$ 1 bilhão de Wilpon e Katz, que já estavam endividados e teriam problemas para pagar esse valor sem vender o Mets.[14] Os proprietários do time insistiam jamais ter suspeitado de que Madoff conduzia um esquema Ponzi, mas estavam em uma batalha inglória por seu bem mais precioso até que um juiz federal chamado Jed S. Rakoff determinou que a ação — assim como um número crescente de outros importantes casos Madoff ainda pendentes junto ao juiz Lifland — exigia revisão do tribunal distrital, por suscitar questões que iam além da alçada do tribunal de falências. Rakoff lidaria pessoalmente com essas complexas questões legais.

A partir do verão de 2011, o juiz Rakoff proferiu vários pareceres altamente prejudiciais a Picard, que levarão muitos meses, senão anos, para obterem

A LONGA ESTRADA ADIANTE

resolução. Ele decidiu que Picard não tinha o direito legal de acionar grandes bancos e outras instituições que haviam fornecido serviços financeiros aos fundos feeder de Madoff.[15] Decidiu especificamente que Picard não podia processar o HSBC por danos e, algumas semanas depois, outro juiz federal similarmente barrou sua reivindicação de US$ 19,6 bilhões por danos contra o JPMorgan Chase, o banco de Madoff.

O argumento, em ambos os casos, foi de que Picard, como administrador judicial do espólio, ocupava a posição do criminoso Bernie Madoff, que não tinha o direito de processar os bancos porque, claramente, não fora prejudicado por eles. Se os bancos tivessem causado qualquer dano, teria sido aos investidores de Madoff, e, assim, somente eles tinham o direito de acioná-los. Essas decisões estavam bem amparadas na lei, mas faziam pouco sentido para os investidores. Picard não era Madoff. Por que deveria ser impedido de processar os bancos apenas porque Madoff não podia fazê-lo? E de que adiantava conceder o direito aos defraudados investidores? Poucos tinham o dinheiro necessário para iniciar ações individuais contra réus tão formidáveis e as leis federais de títulos limitavam fortemente sua habilidade de acioná-los em ações coletivas. Parecia um ardil 22: Picard tinha recursos para processar os bancos, mas não tinha permissão para isso, e os investidores tinham permissão, mas não recursos.

No fim de setembro de 2011, o juiz Rakoff inesperadamente decidiu que havia uma provisão de "porto seguro"[16] na lei de falências — uma cláusula que raramente fora empregada, se é que já o fora, a esquemas Ponzi — que podia impedir Picard de recuperar quaisquer lucros fictícios que os proprietários do Mets tivessem sacado de suas contas e invalidar todas as reivindicações do administrador judicial contra eles, com exceção de duas. Essa decisão afetaria centenas de outras ações de recuperação ainda pendentes no caso. Na mesma sentença, o juiz Rakoff elevou o ônus da prova de Picard em suas alegações de que Katz e Wilpon haviam sido voluntariamente cegos à fraude. Essa decisão também afetaria vários casos similares ainda pendentes nos tribunais.

428 O MAGO DAS MENTIRAS

As duas sentenças que negaram a Picard o direito de processar terceiros para reparação de danos ainda estavam pendentes, em tribunais federais de apelação, no fim de 2011. Em janeiro de 2012, o juiz Rakoff se recusou a permitir que o administrador judicial recorresse imediatamente de seu abrangente parecer no caso do Mets.[17] Em vez disso, agendou o julgamento das questões remanescentes contra seus proprietários para a primavera de 2012.

*

Durante os anos, Ruth Madoff ocasionalmente suspeitara de que o marido a estava traindo. Ele "sempre foi um paquerador", disse ela. "Isso me feria terrivelmente." Bernie sempre negara e, com o tempo, ela decidira simplesmente confiar nele. De qualquer modo, estava certa de que ele a amava tão intensamente quanto ela o amava. Em seus primeiros dias sozinha na cobertura, depois que ele foi preso, enquanto embalava décadas de sua vida, ela encontrou seu álbum de casamento.[18] Olhou para as imagens em preto e branco daquele dia: Ruth, uma noiva de 18 anos vestida de branco, e Bernie, um noivo digno de Hollywood em seu smoking. Em um gesto impulsivo de angústia, arrancou todas as fotografias, rasgou-as e jogou-as fora, juntamente com o álbum. "Eu não conseguia olhar para elas", explicou mais tarde. O casamento e o amor que sentia pelo marido haviam sido "minha vida, todas as minhas lembranças", disse.

Então ficou sabendo sobre a biografia de Sheryl Weinstein,[19] publicada em agosto de 2009, na qual a ex-executiva da Hadassah afirmava ter tido um caso com Bernie em meados da década de 1990. "Não duvidei de que ele tivesse dormido com ela", disse Ruth. Ela visitou a prisão logo depois de o livro ser publicado e, furiosa, confrontou Bernie. "Conte-me o que aconteceu", exigiu. "Não posso suportar a ideia de você estar mentindo sobre isso."

Bernie calmamente a assegurou de que a alegação da biografia era "totalmente falsa". Não houvera nenhum caso.

"Não acreditei nele", disse ela.

A LONGA ESTRADA ADIANTE

Para outros, a traição de Madoff em relação ao casamento pode parecer trivial, comparada à traição de todas as outras promessas que ele fez ao mundo. Mas, para Ruth, o tópico era tão doloroso que, anos depois, seus olhos ainda se enchiam de lágrimas ao mencioná-lo. Depois que a biografia de Weinstein foi publicada, ela não conseguia parar de pensar nisso.

Isso a machucou demais, disse ela em sua visita seguinte. "Sinto-me miserável por pensar que você fez isso comigo." Durante vários momentos, ela esperou que ele dissesse alguma coisa.

"Ele disse 'Sinto muito'. Só isso", lembrou ela com tristeza. Ele se desculpara, talvez tacitamente admitindo a infidelidade. "Isso fez com que eu me sentisse melhor? Não." Nada poderia fazer com que ela se sentisse melhor.

*

No verão de 2011, o departamento de "denúncias" de Mary Schapiro e de sua equipe administrativa na Securities and Exchange Commission estava em pleno funcionamento, com um programa expandido de recompensas que permitia que os denunciantes lucrassem se suas informações levassem a casos bem-sucedidos. Mesmo o implacável Harry Markopolos, o analista de Boston cujas advertências sobre Bernie Madoff haviam sido ignoradas pela SEC durante uma década, tornara-se fã da nova líder da agência.

"Aquela mulher está com a corda toda", disse ele em 2009. "Ela mudou a agência. Estou realmente impressionado."[20]

E ficou ainda mais impressionado dois anos depois, quando o que chamou de "grande programa de denúncias" entrou em operação. Em uma entrevista em 2011, disse: "A SEC está no caminho certo para o desenvolvimento de um sistema de primeira linha." A agência agora é "altamente responsiva e entra em contato com as pessoas três dias depois de elas preencherem o formulário, ou mesmo antes. Está funcionando". E acrescentou: "Com a instauração do programa de denúncias, a SEC solucionará os maiores casos de sua história."[21]

430   O MAGO DAS MENTIRAS

Mas seus elogios à ainda altamente acossada agência se perderam em um furacão de controvérsias. E, no olho da tempestade, estava um quieto advogado de óculos chamado David M. Becker, um veterano da SEC com um lucrativo escritório particular e uma reputação impecável.[22] No início de 2009, Schapiro pedira que Becker a ajudasse a lidar com a crise pós-Madoff na agência;[23] a despeito do que ele mais tarde chamou de redução de salário de 90%, ele concordara.

Quando chegou para trabalhar no fim de fevereiro de 2009, ele mencionou à atarefada nova presidente que sua falecida mãe fora uma pequena investidora de Madoff. Um de seus irmãos liquidara a conta após sua morte em 2004, sacando cerca de US$ 2 milhões. Ele também partilhou a informação com o chefe do departamento de ética da agência.[24] Nenhum deles — Becker, o oficial de ética ou Schapiro — viu a conexão como razão para impedir que Becker assumisse um papel em questões relacionadas a Madoff. O oficial de ética, aliás, disse que a situação não era "um conflito de interesses e não tinha a aparência de um, no escopo dos estatutos e regras aplicáveis de ética".

Essa decisão voltaria para assombrar a agência em fevereiro de 2011, quando fosse publicada a notícia de que, nas últimas semanas de 2010, os advogados de Sheehan haviam processado o espólio Becker para recuperar US$ 1,5 milhão em lucros fictícios de sua conta Madoff. E, durante uma audiência no Congresso em março, Helen Chaitman especulou que a razão para a SEC ter falhado em forçar a SIPC a honrar os extratos finais das contas Madoff teria sido "o conflito de interesses em seu conselho geral".[25]

Mas, na SEC, Becker não agira como um homem tentando proteger a própria carteira. Sua família poderia ter economizado US$ 1,5 milhão se ele tivesse feito o que Chaitman queria e usado sua influência para forçar a SIPC a honrar os extratos finais. Em vez disso, aconselhou a SEC a fazer exatamente o oposto e apoiou a fórmula "dinheiro que entrou, dinheiro que saiu" com base na qual Picard processaria sua família.

Similarmente, em outubro de 2009, analisou uma abrangente legislação favorecida por Chaitman e outros críticos de Picard. O projeto de lei teria impedido o administrador da SIPC de iniciar qualquer ação de recuperação

A LONGA ESTRADA ADIANTE

contra investidores inocentes. Claramente, a família de Becker teria se beneficiado com a interdição — mas sua orientação para a equipe de assuntos legislativos da SEC foi a de que o projeto de lei era "incompreensível" e não "parecia justo".

Houve um ponto no qual a SEC, sob influência de Becker, diferiu da SIPC: a agência argumentou no tribunal que as reivindicações das vítimas deveriam ser corrigidas pela inflação. A SIPC se opunha a essa abordagem e a questão foi agendada para argumentação perante o juiz Lifland em algum momento de 2012. A abordagem do "dólar constante" beneficiaria um número desconhecido de investidores de longa data de Madoff que enfrentavam ações de recuperação. Também reduziria marginalmente o dinheiro que a família Becker poderia dever a Picard.[26]

A posição de Becker obviamente enfureceu executivos seniores da SIPC, que mais tarde disseram ao inspetor-geral da SEC, incorretamente, que a SEC concordara em apoiar a posição da SIPC antes da chegada de Becker e que ele então a pressionara a se contradizer — uma afirmação, atribuída a fontes não identificadas, feita em vários artigos sobre a questão. Em um depoimento juramentado, Becker disputou essa afirmação e, após algum tempo, o inspetor-geral concedeu que a SEC votara somente uma vez sobre a posição que assumiria — em novembro de 2009, quando decidira apoiar Picard, mas também buscar o ajuste inflacionário das reivindicações.[27]

É claro que Becker deveria ter se recusado a assumir qualquer função nos assuntos relacionados a Madoff que dominavam a carga de trabalho da SEC. Foi mau julgamento, ou *wishful thinking*, da parte de todos os envolvidos acreditar que qualquer parente de um investidor de Madoff trabalhando nas fileiras superiores da SEC, mesmo um com a clara tendência de apoiar posições que conflitavam com seus interesses pessoais, receberia o benefício da dúvida em um caso com tanto peso emocional. Somente isso teria sido razão suficiente para Becker se manter afastado do caso Madoff, a despeito da luz verde dada pelo departamento de ética.

O projeto de lei que Becker achou incompreensível em outubro de 2009 não foi o último esforço feito pelos vencedores líquidos de conseguir a

432 O MAGO DAS MENTIRAS

ajuda do Congresso. Em fevereiro de 2011, o congressista Scott Garrett, um republicano de Nova Jersey, apresentou um projeto de lei que exigia que os administradores judiciais da SIPC baseassem as reivindicações nos extratos finais das contas de investidores inocentes, protegendo-os de ações de recuperação.

No início de 2012, o projeto estava parado no comitê com apenas oito apoiadores, mas eles estavam confiantes de que audiências posteriores naquele ano lhe dariam um empurrão.

*

Em 2009, sem conhecimento de seu advogado, Mark Madoff enviou alguns breves e-mails à mãe, expressando amor e encorajamento. Mas as continuadas visitas, telefonemas e cartas a Bernie eram o Muro de Berlim do relacionamento. "Ruth ainda não entendia que não havia algo como neutralidade nessa guerra particular", lembrou mais tarde a viúva de Mark, Stephanie, em sua biografia.[28]

Depois da tentativa de suicídio de Mark em outubro de 2009, ele se tornou ainda mais insistente nas exigências de que Ruth cortasse laços com Bernie. "Eu continuei a enviar e-mails para ele", lembrou Ruth.[29] "Eu disse que visitara Bernie talvez quatro vezes em dois anos — não era como se eu tivesse montado uma barraca do lado de fora da prisão e o visitasse diariamente. Eu não tinha ideia de que isso afetava Mark tão cruelmente." Ruth amava o filho e queria visitá-lo, mas ele não a deixaria entrar em sua vida enquanto Bernie ainda estivesse na dela. A posição de Andrew era igualmente implacável: você pode ver Bernie ou pode ver seus filhos e netos, mas não ambos.

No outono de 2010, Ruth fez a última visita à prisão federal em Butner.

"Estou perdendo minha família porque continuo vindo até aqui", disse ela ao marido quando eles se encontraram na sala de visitantes. "Preciso parar."

Ele pareceu compreender, disse ela mais tarde. Sabia que ela tinha poucos amigos e conexões familiares restantes. Joan e Bob Roman, sua irmã e seu cunhado, haviam-na acolhido com amor e sem nenhum traço de acusação,

A LONGA ESTRADA ADIANTE

embora tivessem perdido grande parte de suas economias na fraude de Bernie e agora gerenciassem um serviço de táxi no aeroporto para pagar as contas. Os filhos dos Roman também ofereceram apoio. Mas os filhos e netos da própria Ruth eram suas conexões mais preciosas, e o preço não negociável para reatar esses laços era se afastar de Bernie. Era um preço que ela finalmente estava disposta a pagar, se conseguisse. "Preciso parar", disse ela novamente, "e você precisa me *ajudar* a parar — não pode continuar me escrevendo e telefonando".

Ele concordou e ela foi embora pela última vez. Mas ele continuou a escrever e telefonar. "Era como se ele não conseguisse *não* telefonar", disse ela. Ela podia ignorar as cartas e os e-mails, mas não os telefonemas. Após algumas semanas, mudou o número de seu telefone.

Ela falou com ele uma última vez, no dia em que soube que o filho Mark estava morto. "Eu telefonei para a prisão e fui transferida para o capelão", disse ela. "Ele mandou chamar Bernie e contou a ele antes que conversássemos." Quando Bernie retornou o telefonema, "Eu mal conseguia ouvir [...] todo mundo estava chorando". Em seu pesar, Bernie tentou retomar contato, mas ela não respondeu a seus telefonemas ou e-mails. "O suicídio de Mark foi o fim para mim", disse.

Ela construiu uma vida. Fez trabalho voluntário, entregando comida para o programa Meals on Wheels [Refeições sobre rodas] perto da casa de Joan. Fez alguns poucos novos amigos. Quando Andrew telefonou e pediu que ela visitasse a família no início de 2011, ela se alegrou.

Foi quando soube que Andrew estava cooperando com uma autora, Laurie Sandell, que escrevia uma biografia da família Madoff; Andrew queria que ela também cooperasse.

Sandell, aliás, era uma das hóspedes de Andrew quando Ruth chegou. "Inicialmente, não percebi que ela estava anotando tudo", disse Ruth, lamentando não ter considerado mais cuidadosamente como suas amargas lembranças e seu humor prático pareceriam no papel. Após algumas taças de vinho, ela esquecia que aquela não era apenas uma das jovens amigas de Andrew; era uma autora constantemente observando e tomando notas.

434 O MAGO DAS MENTIRAS

Ruth ouvira rumores de que a viúva de Mark, Stephanie, também estava trabalhando em uma biografia — que seria publicada semanas antes do livro de Sandell. Ruth não conseguia imaginar chamar a atenção para si mesma publicando um livro, depois de passar dois anos tentando escapar dos frios e duros olhos dos holofotes públicos. Mas, como era um pedido de Andrew, ela parecia não ter escolha. "Andrew me pediu que fizesse isso e eu decidi fazer o que ele queria que eu fizesse." Ela sacrificaria sua privacidade, sua paz, qualquer coisa para "construir um relacionamento melhor entre mim e Andy".

Ela encara o vazio por um momento. "Não fiz isso no caso de Mark. E lamentarei até o dia de minha morte."

*

Para os promotores federais, o caso criminal contra Madoff ganhou pouco terreno em 2011, embora os cinco réus indiciados no ano anterior ainda aguardassem julgamento no fim do ano.

Na segunda-feira, 6 de junho, Eric S. Lipkin, ex-gerente de pagamentos da empresa de Madoff, declarou-se culpado no tribunal federal em Manhattan. Seus pais, Irwin e Carole, haviam sido funcionários de Madoff desde praticamente o início e Eric trabalhara para ele desde que era adolescente, em meados dos anos 1980, realizando tarefas administrativas para o pai,[30] que era controlador da corretora. Lipkin confessou ter conspirado[31] para criar falsos registros para investidores, reguladores e auditores; ter adulterado folhas de pagamento para esconder empregos fictícios; e, apenas semanas antes da prisão de Madoff em 2008, ter mentido sobre uma aplicação hipotecária de US$ 1,4 milhão. Aos 37 anos, ele enfrentava uma possível sentença de setenta anos na prisão.[32]

Na quarta-feira, 16 de novembro, os promotores revelaram discretamente que outro funcionário de longa data da corretora, David L. Kugel, se declararia culpado na segunda-feira seguinte. A carta continha uma pequena bomba: ela afirmava que Kugel confessaria ter falsificado registros de tran-

A LONGA ESTRADA ADIANTE

435

sações com arbitragem como parte de "uma conspiração que começou no inicio da década de 1970".[33] Nenhum outro caso criminal citava um início tão antigo para os crimes de Madoff.

Quando Kugel, um homem de aparência insípida, porém bem cuidada, compareceu ao tribunal em 21 de novembro, ele disse ao juiz que estava "pronto para assumir a responsabilidade"[34] pelo que fizera e que lamentava "profundamente" suas ações e "os danos sofridos pelas vítimas". Ele admitiu ter fornecido "informações históricas de transações" para outros funcionários de Madoff, "que as usaram para criar falsas transações lucrativas" para os investidores.[35]

"Especificamente", disse ele, "a partir do início da década de 1970 e até o colapso [da corretora] em dezembro de 2008, ajudei a criar transações falsas e retroativas" que "criavam a aparência de negociações quando, na verdade, nenhuma ocorrera." Ele sabia que essas falsas transações de arbitragem seriam exibidas nos extratos mensais dos clientes, embora tivessem sido "executadas apenas no papel". E, como Lipkin, também confessou ter cometido fraudes bancárias envolvendo falsas aplicações hipotecárias.

O promotor forneceu alguns detalhes adicionais, afirmando que Kugel entregara os dados falsos de arbitragem para Annette Bongiorno durante os anos 1970 e 1980 e para Jodi Crupi depois disso. Tanto Bongiorno quanto Crupi haviam negado qualquer conhecimento sobre o esquema Ponzi.

Alguns desses dados espelhavam transações legítimas realizadas em nome da conta da própria corretora, mas Kugel sabia que estavam sendo usados para criar falsas transações. O promotor afirmou que Bongiorno dizia a Kugel precisamente quanto dinheiro precisava parecer estar sendo investido em nome de um cliente e ele informava a ela o volume total de negociações ocorridas, de modo que as transações falsas sempre parecessem plausíveis.[36] Kugel supostamente seguiu a mesma rotina com Crupi quando ela assumiu o lugar de Bongiorno. O objetivo era "satisfazer a taxa de retorno predeterminada por Madoff para aquele cliente", disse o promotor.[37]

436 O MAGO DAS MENTIRAS

Kugel, enfrentando a possibilidade de 85 anos de prisão aos 66 anos de idade, prometeu contribuir para as investigações em andamento. "Quero que o tribunal e todos saibam que farei o que puder para cooperar com o governo", disse ele.[38]

Na segunda-feira, 19 de dezembro, Enrica Cotellessa-Pitz, a morena magrinha de 50 e poucos anos que fora contratada pela corretora em 1978 e nomeada controladora em 1998, tornou-se a terceira funcionária de Madoff a se declarar culpada em 2011.[39] Ela admitiu ter fornecido documentação falsa à SEC durante vários anos. Também confessou ter conspirado com outros para ajudar Bernie Madoff a evitar os impostos sobre a renda durante mais de quinze anos, reduzindo o valor declarado dos lucros da corretora. E disse ter ajudado a falsificar os livros para esconder a transferência de milhões de dólares do negócio de gestão de investimentos de Madoff para a operação legítima de corretagem. Enfrentando a possibilidade de uma sentença de cinquenta anos, Cotellessa-Pitz concordou em cooperar com a investigação.

Assim como Lipkin, Kugel e Cotellessa-Pitz foram liberados sob fiança até que seu trabalho para o governo estivesse terminado.

*

Sua voz ao telefone era baixa, mas intensa. Bernie Madoff ficara claramente agitado ao ouvir os relatos sobre a confissão de Kugel. Em uma ligação a cobrar em 29 de novembro, insistiu que Kugel não "tinha como saber se as transações eram reais ou não"[40] durante a década de 1970. Ele repetiu essa afirmação em um e-mail que escreveu na mesma noite — um dos sete que enviou durante a semana da confissão de Kugel.

Ele parecia aborrecido principalmente com a sugestão de que falsificava transações de arbitragem nos anos 1970. Cada e-mail acrescentava novos floreios a sua inabalável afirmação de que fora um sucesso legítimo até 1992. A declaração dos promotores e do administrador judicial de que jamais fora um gestor financeiro de sucesso "me enlouquece", disse ele.[41] E lamentou ter se declarado culpado sem um julgamento, durante o qual teria refutado "todas essas especulações".

A LONGA ESTRADA ADIANTE

Para Madoff, o ano começou com pesar pela morte do filho e solidão em função da rejeição de Ruth e terminou com orgulho ferido e raiva impotente causados pela confissão de Kugel. Mas o desenvolvimento mais potencialmente significativo ocorreu durante o verão, quando ficou doente e passou por uma bateria de testes. Os médicos da prisão descobriram que tinha doença renal crônica no estágio 4, apenas um estágio abaixo do pior diagnóstico para essa condição.[42]

Os médicos avisaram que ele provavelmente precisaria de diálise em algum momento futuro. Mas, algumas semanas após o diagnóstico, ele disse a um visitante que não via sentido em tentar prolongar uma vida passada atrás das grades, rejeitado pela esposa e pela família.

No outono, estava claramente mais forte. Perguntando sobre a saúde durante um telefonema no início de setembro, disse: "Estou bem. Tenho esse problema nos rins e algum dia ele vai me matar. Mas não é muito ruim. Estou seguindo em frente."[43]

E de fato seguiu em frente. Trocou e-mails com um correspondente da Fox Business News; conversou com um professor de administração de Harvard que pesquisava o caso; recebeu visitas de um antigo vizinho, o apresentador do programa *Today*, Matt Lauer; e conversou durante duas horas, sem câmeras, com Barbara Walters, que o visitou na prisão em outubro.

Com a aproximação do terceiro aniversário de sua prisão, Madoff ficou mais contemplativo. De seu ponto de vista, "a real tragédia" desses anos fora a morte do filho e "a perda de minha mulher Ruth, meu filho Andy e todos os meus netos".[44] Mas, acrescentou, "isso de modo algum diminui a dor e o sofrimento que causei a meus amigos e clientes, cuja confiança traí".

Em janeiro de 2012, suas reflexões haviam se tornado mais sombrias. Perguntado sobre a saúde física, respondeu: "Minha saúde é tão boa quanto se pode esperar."[45] Mas a depressão severa que o afligia o estava "destruindo". "Como você pode imaginar, sinto uma falta insuportável de minha família. Após mais de cinquenta anos de constante proximidade física e emocional, é como se eu já não tivesse alma. Eu me culpo por isso."

*

Os dois livros sobre a família Madoff foram publicados no fim de outubro e, depois que a publicidade esmoreceu, Ruth Madoff decidiu se mudar para o norte, para mais perto dos netos que agora podia visitar livremente. Um parente lhe ofereceu uma casa na costa de Connecticut e ela gratamente aceitou.

Ruth empilhou suas posses — não uma grande coleção — em seu pequeno Honda preto, disse adeus à leal irmã em Boca Raton e iniciou a jornada de 2 mil quilômetros e quase 24 horas. Seria uma provação para a maioria dos motoristas solitários de 70 anos em um sedã de pequeno porte. Mas Ruth disse ter amado cada minuto. Ela podia ir aonde quisesse e parar sempre que decidisse, sem se preocupar em ser reconhecida ou incomodada.

Recordando a viagem durante a solidão invernal em sua nova casa, disse: "Eu tinha aquele sensação de liberdade que se tem ao dirigir. Foi maravilhoso."[46]

EPÍLOGO

Em 24 de agosto de 2010, mais de um ano após sua chegada a Butner, Bernie Madoff concede sua primeira entrevista registrada,[1] sentado na sala de visitantes quase vazia da prisão e contando casos sobre sua longa carreira em Wall Street e a fraude que sempre estará associada a seu nome.

A primeira questão que exige resposta é: quem mais sabia?

Ele insiste que a família não sabia de nada. "Eu sabia que seria um desastre e tinha de assumir a culpa", diz ele. "Sentia que merecia ser punido — foi quase um alívio —, mas tinha de poupar minha família." Assim, enfrentou a tempestade da prisão e diz que ficou horrorizado quando a mulher, o irmão e os filhos foram vilificados mesmo assim. Não havia testemunhas, registros ou evidências que implicassem os membros de sua família, continua ele, porque não estavam envolvidos de nenhuma maneira. "Eu não via como eles podiam ser considerados culpados", afirma. "Sabia que não havia nada que alguém pudesse encontrar."

Então quem mais poderia ter suspeitado de que Madoff era uma fraude?

"Picower era o único que poderia ter suspeitado", diz ele. "Quero dizer, como poderia não suspeitar?" Jeffry Picower promovera duvidosas isenções de impostos para seus clientes e fora cliente do corretor corrupto de arbitragens Ivan Boesky na quente década de 1980. "Ele passou completamente dos limites", diz Madoff sobre Picower, mas não reconhece que outros gigantescos fundos feeder ou grandes investidores soubessem que estavam investindo em um esquema Ponzi. O pior que dirá é que alguns deles "não eram muito sofisticados".

A segunda questão mais urgente deve ser: quando tudo começou?

Madoff continua a insistir, como fez no tribunal, que sua vasta fraude só começou em 1992. Até então, estava fazendo investimentos legítimos. Ele alega que o governo e o administrador judicial estão simplesmente errados quando afirmam que a fraude começou mais cedo ou que tudo foi uma fraude desde o início.

E tanto depende da questão sobre quando tudo começou. Quanto antes a fraude tiver começado, mais ativos remanescentes da família Madoff o governo pode reivindicar para suas vítimas. Assim, a resposta a essa simples pergunta permanecerá elusiva ao menos até que os Madoff tenham resolvido todas as pendências financeiras que agora enfrentam. Mesmo então, é improvável que Madoff coloque esses acordos em risco respondendo a essa pergunta de maneira diferente da que faz agora.

Os promotores disseram em todas as oportunidades que o esquema Ponzi começou "no mínimo na década de 1980". O administrador judicial da falência afirma que somente uma quantidade mínima de transações foi feita em algumas poucas contas de grandes clientes durante os anos para os quais havia registros reconstruídos da corretora — no fim dos anos 1970. Mas os extratos daqueles anos mostram investimentos nas contas. Registros de bancos e câmaras de compensação datam somente de 2002; assim, não há registros de fontes independentes para verificar se Madoff realmente estava fazendo aqueles investimentos. Após quase dois anos de investigação, não há nada em nenhum dos documentos legais que prove precisamente quando o esquema começou. Os registros que poderiam responder a essa pergunta já não existem e as pessoas que poderiam responder a ela não o farão ou ecoarão a história de Madoff.

Poderia ter sido um esquema Ponzi desde o primeiro dia, mas Madoff nega enfaticamente essa hipótese. Ele diz que foi um corretor suficientemente bem-sucedido para construir o lado visível e legítimo de sua corretora nas primeiras duas décadas de sua carreira, um período rico em oportunidades de arbitragem. Não é ingênuo pensar que alguém tão bem-sucedido como ele em público poderia ter sido igualmente bem-sucedido como gestor privado

EPÍLOGO

de investimentos empregando uma estratégia comum de arbitragem, ao menos inicialmente — antes que tanto dinheiro começasse a entrar.

Há uma ligeira inclinação na balança de probabilidades na direção da noção de que o esquema Ponzi começou em larga escala em algum momento do meio ou do fim da década de 1980. Muitos investidores se lembram de ouvir que Madoff estava modificando sua estratégia de arbitragem por volta dessa época — uma mudança que pode ter sido projetada para cobrir seus rastros. Foi em 1986 que ele disse a Mike Engler, em Minneapolis, que estava abrindo um negócio de gestão "institucional" de ativos para investidores individuais, outro provável disfarce. Até 1985, Peter Madoff ocasionalmente assinava cheques de resgate para os familiares de Ruth, mas ninguém se lembra de ele fazer isso depois dessa data. Foi durante meados da década de 1980 que as contas de "amigos e familiares", originalmente criadas por Saul Alpern, começaram seu astronômico crescimento sob Avellino & Bienes, talvez canalizando mais dinheiro para Madoff do que ele podia investir em arbitragem legítima. Mesmo Madoff reconhece que o aumento dos saques após a quebra do mercado em 1987 o colocou sob intensa pressão, assim como a abundância de dinheiro que começou a entrar dos primeiros fundos hedge que se tornaram seus clientes.

Mas está claro, nas respostas de Madoff hoje, que ele se moveu na direção da fronteira entre mentira e verdade desde os primeiros dias de sua carreira. Ele fala sobre ter problemas como jovem corretor em 1962, quando perdeu dinheiro de "amigos e familiares", mas o devolveu ao fazer um empréstimo com Alpern — permitindo-lhes pensar que ele era um gênio. Ele fala sobre os estrangeiros que o usaram para escapar do controle monetário de seus países nos anos 1980 — claramente cruzando a linha de suas leis locais —, mas jamais hesitou em ajudá-los.

Assim, mesmo que Madoff tivesse de passar por um polígrafo, é provável que não respondesse quando exatamente se tornou um trapaceiro. Foi uma decisão que tomou em um único dia ou foi um destino que atingiu após uma jornada de décadas pelas fronteiras entre certo e errado?

442 O MAGO DAS MENTIRAS

O que também está evidente em suas respostas é que ele claramente se sente traído pelos grandes clientes que de forma abrupta começaram a tirar dinheiro de suas mãos após a quebra de 1987 — homens agora listados entre as vítimas de sua própria e imensa traição.

"Parte do acordo que eu tinha com eles é que os lucros seriam reinvestidos, não sacados", diz ele, soando desapontado, e não zangado. "Eles foram os únicos que não cumpriram. Picower e Shapiro foram os piores; Chais e Levy não foram tão ruins." Mas ele admite que "não era algo pelo que pudesse processá-los". E reconhece que Carl Shapiro, Jeffry Picower e Norman Levy investiram mais dinheiro quando precisava desesperadamente durante a investigação da SEC, em 1992. Mas ainda acredita que esses homens "mudaram o acordo que tinham comigo. Fiquei na mão".

Sem um traço de ironia, ele diz: "Picower afirmou que perdera muito dinheiro com bônus no Goldman Sachs. Mas mentiu — não perdeu dinheiro, e não foi por isso que retirou o que tinha investido comigo." Os outros grandes clientes também fizeram saques, mas não tantos. De forma meio vaga, ele sugere que seus ativos incluíam lucros potenciais de posições de títulos de longo prazo compensadas por posições de contraparte mantidas por clientes estrangeiros — posições que, segundo ele, não podia liquidar sem grandes perdas.

Como tanto do que ele diz, parece uma explicação plausível, detalhada e crível que começa a se desfazer após ser manuseada algumas vezes. Que tipo de posição legítima teria criado tal problema para ele? Se eram lucros potenciais sobre títulos reais, então certamente ao menos alguns desses lucros poderiam ser realizados. Por que seus sofisticados clientes não entenderam que liberar rapidamente grandes quantidades de ações baixaria os preços e reduziria ou mesmo anularia seus lucros?

Antes que quaisquer questões possam surgir, Madoff se move rapidamente para o ponto principal daqueles inoportunos saques após a quebra de 1987: "Antes que eu percebesse, estava em um buraco de bilhões de dólares."

Simplesmente admitir as perdas àquela altura "teria sido um escândalo total", continua ele. Assim, cobriu as perdas com dinheiro roubado de outras pessoas, algumas delas familiares e amigos de longa data cuja fé nele crescia a cada ano de impérvio sucesso.

EPÍLOGO 443

Quando lhe peço explique seu relacionamento com uma longa lista de investidores e gestores de fundos feeder, ele sai pela tangente, soando quase na defensiva. "As pessoas são gananciosas", diz ele, aparentemente inconsciente da audácia necessária para que Bernie Madoff expresse essa opinião sobre alguém. "Eu dizia a todo mundo 'Não invista mais da metade do seu dinheiro comigo — nunca se sabe, eu posso ficar maluco'." Mas ele pegava o dinheiro, de qualquer modo, e milhares deles ignoravam esse sábio conselho, e apostavam todo o futuro de suas famílias na fé que tinham nele.

"No início, achei que funcionaria, de algum modo", diz ele, retornando à explicação de por que começou a roubar de seus grandes clientes institucionais. "Foi quando comecei a pegar dinheiro de todos aqueles fundos hedge. E pensei 'Vou sair desse buraco'."

Mas não conseguiu. "Fiquei preso no buraco. Jamais pretendi apenas roubar dinheiro."

Mas estava roubando dinheiro; estava operando um enorme e inescapável esquema Ponzi. Se ele não planejava se matar ou fugir, como achava que tudo terminaria?

"Era quase como se... parece horrível dizer isso agora, mas eu queria que o mundo acabasse." Ele faz uma pausa, olha para o advogado e dá de ombros. É horrível dizer isso agora, mas ele continua, tentando explicar. "Quando aconteceu o 11 de setembro, eu achei que seria a única saída: o mundo acabaria e eu e todos os outros morreríamos."

Ele sabia que esse tipo de olvido não era realmente possível, é claro, a menos que tirasse a própria vida ou fugisse, e ambas as saídas deixariam sua família para enfrentar o escândalo sozinha. E ele não podia fazer isso. "Nunca me passou pela cabeça", acrescenta.

De maneira implausível e contra o peso das evidências disponíveis, ele afirma que poderia ter mantido a gigantesca fraude se quisesse. Ele insiste que não fora derrotado pelo tumulto do mercado no verão e outono de 2008; simplesmente decidira parar. "Eu poderia ter coberto tudo", diz ele. "Tinha compromissos de dinheiro que teriam entrado. Eu poderia, mas fiquei cansado [...] Eu sabia, no Dia de Ação de Graças, que ia desistir. Ia parar."

Ele recua no tempo. "Durante dezesseis anos, mantive esse segredo de minha mulher, meu irmão, meus filhos. Como eu era capaz de fazer isso e manter qualquer grau de sanidade... Isso me preocupa quando penso a respeito", diz ele, balançando a cabeça ligeiramente, como se ainda estivesse pasmo.

Mesmo no fim, "sempre esperei que as pessoas que fossem sofrer as maiores perdas fossem os fundos hedge" — não amigos, familiares, diretores de fundações, administradores de faculdades e investidores confiantes que o elogiaram durante anos. Ele se lembra dos bailes de gala para arrecadação de fundos e dos jantares de caridade, eventos comuns em sua agenda. "Eu odiava ir a esses eventos. Odiava ter todo mundo em volta, dizendo o quão maravilhoso eu era, quando sabia que não era verdade. Era tudo uma farsa."

E acrescenta: "Era como as roupas novas do imperador."

A única vez em que ele perde o controle é quando pergunto sobre a sabedoria da decisão de Ruth de ficar a seu lado após a prisão, o único tópico sobre o qual ele parece não conseguir discorrer com fluência.

"Jamais disse a Ruth que ela não podia me deixar. Eu falei para ela 'Você pode me deixar'. Os amigos a aconselharam a partir. É difícil entender." Ele faz uma pausa. "Você mantém um relacionamento durante cinquenta anos", diz ele, olhando pela janela e fazendo outra pausa. "Teria sido melhor para ela se tivesse me deixado." Os filhos "ainda estão furiosos comigo", reconhece ele. "Eles não entendem por que ela não me odeia, por que ela não está tão furiosa quanto eles."

Ela está terrivelmente furiosa, diz ele, com a voz falhando. "Mas, de alguma maneira, ainda é capaz de sentir alguma compaixão por mim."

Ele enxuga as lágrimas com alguns ásperos guardanapos de papel que o advogado encontra em algum lugar e gradualmente retoma o controle sobre as emoções.

Mais calmo agora, ele evita a questão de como ele e a mulher passaram sua última noite em casa, antes de se confessar culpado, em março de 2009. "Sempre havia a esperança" de que permaneceria livre sob fiança até a sentença, diz ele. Acha que assistiram a um pouco de TV ou talvez

EPÍLOGO

ela tenha lido algo. "Ruth manteve o controle — e eu tentei manter o controle por ela." É isso que eles fazem, aparentemente.

A despeito de sua raiva inicial com a ação que o administrador judicial moveu contra Ruth em 2009, Madoff recentemente começou a cooperar com seus esforços para compensar as vítimas do esquema Ponzi. Ele relata — e seu advogado confirma — que os membros da equipe legal do administrador o entrevistaram na prisão durante quase 16 horas naquele verão. Ele acha que foi útil.

Quando o tempo permitido para a entrevista acaba, Madoff se levanta, estende a mão para um cumprimento e agradece à visitante por ouvir e tentar entender — embora suas explicações tenham suscitado tantas perguntas quanto aquelas a que respondeu. O guarda esperando no canto destranca a pequena porta no fundo da sala de visitantes; o assistente do diretor que o escoltou até a entrevista faz um gesto para que Madoff continue em frente. Ele passa pela porta, entra no pátio e, em um piscar de olhos, está fora de vista.

*

Com seu escopo global e seu alcance de gerações, o caso Madoff deu ao mundo algumas novas e inquietantes lições sobre um crime muito antigo. Durante a história, esquemas Ponzi sempre foram profundamente ambíguos. Como um roubo, um esquema Ponzi é uma transferência de riqueza. Mas, ao contrário de um roubo, a transferência não é apenas da vítima para o vilão; é também de vítima para vítima. É um crime que o passado inflige ao futuro; no presente, no auge de seu sucesso, um esquema Ponzi é surpreendentemente indolor.

Talvez isso sempre tenha tornado mais fácil conviver com você mesmo quando está operando tal esquema. Não é como apontar uma faca para roubar uma carteira ou golpear o crânio de uma pessoa para pegar um carro ou sequestrar o filho de alguém sob a mira de uma arma. Você não vê rostos aterrorizados, sangue, horror, perda. Inicialmente, vê apenas gratidão.

Parece um crime tão sutil — até o terrível dia em que a música para. Até então, qualquer um que precise retirar dinheiro para confortos necessários ou filantropia pode fazê-lo. E os outros, aqueles que não retiram seu dinheiro, mesmo assim se sentem seguros de sua fortuna, protegidos das ansiedades financeiras do mundo. Até que o dinheiro acabe, as pessoas amam o operador do esquema Ponzi; elas são gratas a ele. Por que isso lhe causaria dor?

Sem dúvida, foi assim que Bernie Madoff viveu com seu crime dia após dia. Ele não via nenhuma "vítima", via apenas "beneficiários". É fácil compreender o quão sedutor isso pode ser. Quem não fantasiou sobre ganhar na loteria ou brincar de Deus doando vastas somas de dinheiro — a deliciosa excitação, o senso de alegre poder que isso pode produzir? Até o fim, havia somente a possibilidade de que, algum dia, os outros pudessem se machucar. E, afinal, ele podia morrer antes de ter de enfrentar isso. Ou o mundo podia acabar, como imaginou.

Ou, melhor ainda, ele poderia pensar em uma maneira de se livrar. Elie Wiesel falou da capacidade do criminoso de imaginar crimes que são impensáveis para suas vítimas. É verdade — mas, talvez, ele também possa imaginar uma fuga das consequências de seus atos. Se Madoff teve imaginação para sustentar seu crime histórico, certamente tinha imaginação para sonhar em se livrar; todo operador de um esquema Ponzi faz isso. "Todo mundo aqui sempre me pergunta por que eu nunca fugi", escreveu ele em um e-mail da prisão.[2] "Certamente tive oportunidade, nos últimos anos, de guardar dinheiro em algum lugar com todas as conexões que tinha [...] A verdade é que nunca pensei nisso. Nunca quis pensar no que estava fazendo como roubar. Em algum lugar da minha mente, eu me permiti acreditar que faria as coisas funcionarem, por mais maluco que isso pareça agora." Criminosos não são restritos pela lógica; se fossem, não operariam esquemas Ponzi, cujos únicos resultados lógicos para o operador são o suicídio, a prisão ou a vida como fugitivo.

Se Bernie Madoff pudesse ser admirado em toda parte e ainda assim ver somente um trapaceiro ao olhar no espelho, ele teria sido muito mais honesto consigo mesmo do que a maioria de nós consegue ser — muito mais

EPÍLOGO   447

honesto consigo mesmo do que foi com qualquer outra pessoa. Como todo operador de esquema Ponzi, ele foi capaz de olhar suas vítimas nos olhos todos os dias porque elas não pareciam vítimas, não até os dias e semanas finais — e a evidência é que, naqueles dias, ele estava tão atormentado pelo medo e pela culpa como qualquer ser humano culpado e contra a parede estaria.

Assim é o esquema Ponzi. É o crime do egocêntrico, não do sádico. Não é preciso apreciar a dor alheia para operar um esquema Ponzi. Até os momentos finais, não há dor. Você está ajudando, não ferindo. Essa ilusão, baseada em uma mentira, é reforçada todos os dias por cada cliente grato que diz "Deus o abençoe, Bernie!".

Mas o esquema Ponzi de Madoff não reforçou simplesmente o que sempre soubemos sobre esse tipo de crime. Ele escavou novas lições em nossos corações.

Todos os esquemas Ponzi transferem riqueza de vítima para vítima. Mas, por causa da natureza de tantas das vítimas de Madoff — organizações de caridade, dotações, grandes filantropos, pessoas generosas de todos os degraus da escada econômica —, seu esquema Ponzi transferiu riqueza das vítimas também para a comunidade mais ampla.

De fato, Madoff despia um santo para cobrir outro, e o santo coberto doava o dinheiro roubado para ajudar o restante de nós. O problemático papel de Jeffry Picower é extremo, mas revelador.

Como tantos dos investidores de Madoff, Picower construiu enorme fortuna, ao menos parcialmente com ajuda de Madoff. E então usou parte dessa fortuna para apoiar hospitais, pesquisas científicas, educação — em resumo, para tornar o mundo melhor.

O mesmo fez Carl Shapiro, o filantropo de Palm Beach. Como os investidores iniciais de todo esquema Ponzi, ele recebeu dinheiro que foi retirado das vítimas posteriores e usou esse dinheiro para favorecer hospitais, museus de arte e serviços de caridade para pessoas necessitadas.

Norman Levy morreu deixando uma fortuna em lucros fictícios nas mãos de Madoff e sua filha usou parte dessa falsa fortuna para criar uma fundação dedicada a lutar pela justiça e pela igualdade humana. As fundações familiares de vítimas de Madoff, como Fred Wilpon, o dono do New York Mets, e o famoso diretor de cinema Steven Spielberg, apoiaram várias causas dignas. Mesmo a fundação da família Madoff contribuiu para a pesquisa da leucemia.

Um traço comum nas centenas de histórias individuais sobre as vítimas de Madoff em cada nível socioeconômico é sua generosidade para com os outros. Um exemplo típico é o de Gordon Bennett, o empreendedor de alimentos naturais que se aposentou usando as economias investidas com Madoff; com sua modesta cesta de ovos gerando uma renda confortável, ele foi capaz de devotar a segunda metade de sua vida à conservação do meio ambiente, fazendo uma notável diferença em sua comunidade. Modestas fundações familiares em cidades de todos os Estados Unidos estão espalhadas pela lista de vítimas de Madoff, e cada uma delas fez pequenas e preciosas melhorias na vida das pessoas.

Ricos e possivelmente egoístas gestores de fundos hedge investiram com Madoff — e ele empregou seu dinheiro como lucro do investimento da Hadassah, que se dedica à caridade e às boas ações. Ricos fundos soberanos árabes investiram com Madoff — e ele usou seu dinheiro para pagar lucros e taxas de administração a Stanley Chais, que o passou para instituições educacionais em Israel. Ricos investidores vivendo luxuosamente deram dinheiro a Madoff — e ele o usou para fazer pagamentos reconfortantes e estáveis a modestos investidores que, consequentemente, viveram com mais conforto e morreram com mais dignidade do que teriam feito de outra forma.

Esses fins generosos nem remotamente justificam os meios viciosamente criminosos que foram empregados, é claro. Mas acrescentam uma nova faceta a nossa compreensão de como os esquemas Ponzi operam em uma sociedade e por que ganham tal dimensão nas vidas e nos sonhos das pessoas.

*

EPÍLOGO 449

Esse esquema Ponzi em particular entregou outra nova e indesejada mensagem aos que são sábios o bastante para vê-la. Com sua habilidade para desarmar mesmo os mais sofisticados investidores institucionais, Bernie Madoff revelou quão diabolicamente difícil é para os reguladores protegerem o público no século XXI.

Se a história de Madoff não provar mais nada, ela prova que os reguladores vivem em um mundo de sonhos, um muito diferente do mundo de sonhos povoado pelos investidores. De fato, se qualquer diferença de percepção justifica retomar as velhas e usadas dicotomias entre Marte e Vênus, é essa. Reguladores, mesmo os bons, são de Marte; investidores, mesmo os mais ricos, são de Vênus.

Bons reguladores acreditam em ceticismo, mas a maioria dos investidores deseja simplicidade. Se os reguladores encontram alguém afirmando ter um investimento lucrativo e seguro que sempre sobe quando todo o restante desce, eles querem levá-lo ao tribunal; mas os investidores querem levá-lo para jantar. Estão desesperados por uma resposta fácil para os problemas imensamente difíceis que os confrontam desde a lenta morte das pensões empresariais do tipo "relógio de ouro" e da ascensão dos planos de aposentadoria faça-você-mesmo. Essa necessidade por algo simples sempre parece estrangular o ceticismo antes que ele possa falar.

Para os reguladores, os atributos mais importantes em um investimento são a clareza e a liquidez, e eles acreditam que qualquer investimento atraente deve possuir ambos. Para os investidores, os únicos atributos importantes de um investimento são a segurança e o retorno — e eles teimosamente insistem, contra toda lógica, que qualquer investimento atraente deve possuir ambos. Eles têm certeza de que, em algum lugar lá fora, há um mago que pode produzir um investimento totalmente seguro rendendo ao menos 8% ao ano.

Os reguladores acreditam nas letras miúdas. Os investidores nunca, nunca leem as letras miúdas — nunca.

Em razão desse conflito cultural, o escândalo Madoff levou quase todos em Washington a fazer as perguntas erradas: como podemos melhorar o mundo em que vivem os reguladores? Como podemos fazer com que um

450 O MAGO DAS MENTIRAS

regime regulatório baseado em letras miúdas funcione melhor? As perguntas que deveriam ter sido feitas eram: como podemos melhorar o mundo em que vivem os investidores? Que tipo de regime funcionará em um mundo no qual ninguém lê as letras miúdas e no qual investir é quase sempre um salto de fé de olhos fechados?

A lição do caso Madoff é clara como cristal: o regime de "total transparência" que gerara letras miúdas para os investidores durante mais de 75 anos não funcionava — e não apenas porque a SEC falhara em investigar as críveis denúncias que recebera. Não funcionava porque não refletia a maneira como os investidores de hoje tomam decisões.

Não foram informações insuficientes que infligiram as perdas catastróficas sofridas por tantas das vítimas de Madoff. O que infligiu essas perdas foi sua falha em ao menos perguntar pela existência das letras miúdas, quem dirá lê-las. O que deu errado foi sua rejeição dos princípios básicos do investimento — altos retornos estão ligados a altos riscos; jamais se deve colocar todos os ovos em uma única cesta; jamais se deve investir em algo que não se consegue entender. Eles falharam em compreender que ninguém deveria entregar *todo o seu dinheiro* a alguém simplesmente porque confiava nesse alguém ou porque alguém que admirava confiava nele.

E, contudo, foi isso que tantos milhões de pessoas fizeram. Não consultamos as letras miúdas para decidir se confiamos em alguém. Consultamos nossos amigos, familiares, colegas de trabalho, filhos, pais, conhecidos ricos, experiências passadas e, por fim, nossos instintos. E, como Bernie Madoff descobriu, uma vez que a confiança é conquistada, ela protegerá o trapaceiro de qualquer bandeira vermelha. Afinal, *con man* [trapaceiro] é abreviatura de *confidence man*, alguém que inspira confiança suficiente para cegar as vítimas para seu crime.

Mais regras e mais letras miúdas não farão muito para impedir o próximo Bernie Madoff. O que funcionaria? Este poderia ser um jogo de salão criativo para as próximas gerações: criar um esquema regulatório que funcionasse em Vênus, não somente em Marte. Talvez alguém propusesse aprender

EPÍLOGO   **451**

uma lição com o mundo médico e desenvolver um "formulário", um rol de investimentos aprovados que seriam os únicos que o público poderia comprar com garantia oficial de segurança. Os reguladores poderiam designar amplas e regulamentadas categorias de investimentos como seguras para os investidores — fundos mútuos, aposentadorias privadas, CDBs, fundos de investimento imobiliário — e então observar essas categorias como águias para se assegurar de que os trapaceiros não poderiam infiltrá-las. O público ainda estaria livre para investir em todo o restante, é claro, mas puramente na base de *caveat emptor*. Se o investimento não estava na lista protegida quando você o comprou, não saia correndo atrás dos reguladores se descobrir que era uma fraude.

Ou talvez a resposta seja exigir que os investidores individuais sejam licenciados da mesma maneira que os condutores — após terem sido aprovados em testes sobre todas as regras básicas. Eles poderiam ser questionados sobre a maneira de reconhecer uma fraude, como escolher o melhor investimento em um teste de múltipla escolha e como reconhecer um operador de esquema Ponzi. Administrar um fundo de pensão do tipo faça-você-mesmo — que é o que cada um de nós está fazendo com nossas IRAs e nossos planos 401(k) — é muito mais difícil que dirigir um carro. Então talvez devamos fazer com que os investidores estudem e passem em um teste antes de atirar suas economias do alto de um penhasco.

Ou talvez seja uma questão de tornar as penalidades, mesmo para as menores infrações, tão draconianas que Wall Street irá policiar a si mesma, denunciando os suspeitos de chicana e protegendo os investidores de seus piores instintos. Multas são apenas dinheiro — Wall Street produz dinheiro como nuvens produzem chuva. Penalidades sérias, como perda da liberdade ou danos significativos à carreira, podem ser mais efetivas que mais regras mais enfáticas aplicadas por mais inspetores inexperientes.

O ponto aqui não é defender uma ou outra reforma em particular, mas procurar soluções fora da caixa que de fato corrijam aquilo que deu errado no escândalo Madoff e não sejam simplesmente melhorias do regime de "letras miúdas". Sem treinamento, todos superestimamos extremamente nossa capacidade de detectar riscos e reconhecer criminosos no mercado. Essa é a difícil lição do caso Madoff que nenhum de nós quer aceitar. Todos investimos na fé. Todos acreditamos que a confiança é tudo de que precisamos — na verdade, a maioria de nós não tem tempo ou informação suficiente para se apoiar em algo além da confiança. Se reguladores e criadores de políticas não reconhecerem isso, sua abordagem do crônico problema das fraudes no mercado será limitada e ineficaz.

*

Em 15 de fevereiro de 2011, Bernie Madoff concede uma segunda entrevista na prisão de Butner.[3] O labirinto de mecanismos de segurança é o mesmo, o assistente do diretor é tão gentil quanto antes e a sala de visitantes ainda está limpa, parcamente iluminada e ligeiramente gasta. Mas o homem esperando lá sozinho passou por uma chocante transformação. Está magro, quase frágil. Seu frouxo uniforme cáqui está um pouco amassado e a gola foi passada em uma dobra estranha. O excesso de comprimento de seu cinto trançado está dobrado para evitar que fique pendente ao lado do corpo. No meio da conversa, ele nota que um dos botões da camisa está aberto e rapidamente o abotoa. O que fora confiante magnetismo enfraqueceu e se tornou preocupada intensidade.

Ele ainda acredita que Jeffry Picowes era o único investidor que poderia ter suspeitado da fraude. Mas também acredita que grandes bancos e fundos que negociaram com ele foram de certo modo "cúmplices" de seu crime. Pressionado a esclarecer a contradição, acusa bancos e fundos de "cegueira voluntária", por falharem em investigar as discrepâncias entre seus formulários regulatórios e outras informações disponíveis para eles.

"Estavam ignorando deliberadamente as bandeiras vermelhas", diz ele. "Eles tinham de saber. Mas sua atitude era algo como 'Se você está fazendo alguma coisa errada, não queremos saber'." Como durante a entrevista de agosto, ele afirma estar tentando ajudar o administrador judicial a recuperar ativos para suas vítimas dessas gigantescas instituições.

EPÍLOGO

Ele novamente insiste que sua família nada sabia sobre o crime, mas evita qualquer discussão sobre o suicídio do filho, dizendo apenas que nunca esperara que sua prisão fosse causar tanta devastação pessoal. Pela primeira vez, revela que está trabalhando com um terapeuta para revelar as raízes psicológicas de sua vida de mentiras.

"Sempre quis agradar as pessoas, essa era minha fraqueza", diz ele. "Fui bem-sucedido nos negócios, competindo com a Bolsa de Valores de Nova York, então pensei 'Por que não gerir dinheiro? Por que não fazer isso também?'" Ele balança a cabeça e olha para o chão. "Como eu vivia comigo mesmo? Meu terapeuta diz que as pessoas 'compartimentalizam'. Nunca acreditei que estava roubando. Achava que estava assumindo um risco comercial, como fazia o tempo todo. Achava que era uma situação temporária."

Ele acrescenta: "Começa como uma coisa muito simples e então se complica."

Quando o assistente do diretor avisa que o tempo acabou, Madoff se levanta e se move em direção à porta do pátio. Faz uma pausa para comentar desanimadamente um artigo recente da revista *People* sobre a esposa.[4] "Fiquei triste ao ver que eles usaram aquela foto dela com Mark quando ele ainda era um menino", diz Madoff, balançando negativamente a cabeça. Então diz um adeus constrangido e segue o guarda uniformizado para fora da sala.

*

O caso Madoff demonstrou com brutal clareza outra verdade que simplesmente não queremos aceitar sobre o operador de esquema Ponzi em nosso meio: ele não é "outro", não é "diferente". Ele é exatamente igual a nós — *porém mais*.

Mesmo os advogados da SEC acharam que um estadista de Wall Street, aparentemente confiável e bem-sucedido como Bernie Madoff, não se encaixava no perfil de um operador Ponzi. Qualquer número de crimes pode ser cometido por um vigarista inarticulado de aparência esquálida e olhos furtivos, usando um terno barato e sapatos gastos, mas um operador Ponzi *jamais* será um deles. E, mesmo assim, quase toda vítima de Madoff, incluindo a SEC, confiava nele precisamente porque ele parecia tão fidedigno, um erro que as vítimas de esquemas Ponzi repetem todas as vezes.

Por quê? Talvez porque se recusem a aceitar o operador Ponzi exposto como totalmente humano.

É claro que é reconfortante pensar que somente um monstro sem alma nem coração teria infligido tanta dor àqueles que conhecia e com os quais supostamente se importava; que nenhum ser humano poderia construir uma vida sobre tais descaradas e destrutivas mentiras.

Estamos enganando a nós mesmos. Todos os seres humanos são capazes de trapaça. Todos prejudicamos e desapontamos as pessoas que amamos. Todos nos iludimos a respeito de nós mesmos, todos os dias. *Não terei câncer, mesmo sendo fumante. Posso dirigir com segurança após alguns drinques. Pagarei aquela dívida do cartão de crédito no mês que vem.* A maioria de nós já nasce sabendo mentir. Por definição, não podemos ver nossos próprios pontos cegos.

Assim, insistir, como fizeram muitas de suas vítimas, que Bernie Madoff não era completamente humano, que era uma besta, um psicopata, é uma saída fácil, uma última ilusão reconfortante que nos deixará eternamente vulneráveis aos feitiços sedutores lançados por todo operador Ponzi.

Madoff não era inumanamente monstruoso. Era monstruosamente humano. Era ávido por dinheiro e elogios, arrogantemente seguro de sua capacidade de se dar bem e orgulhosamente indiferente aos céticos — exatamente como qualquer um que tenha hipotecado a casa para investir em ações de tecnologia, usado o dinheiro dedicado exclusivamente à faculdade dos filhos para apostar em um novo negócio, investido toda a aposentadoria em um fundo hedge que não compreendia ou trapaceado um pouco o imposto de renda, o relatório de despesas ou a esposa.

Da mesma forma como nós — porém mais. Sua imaginação construiu um imenso cadafalso de mentiras que se erguia sobre as simples histó-

EPÍLOGO

rias de disfarce que ele ocasionalmente inventava. Suas mentiras foram maciçamente maiores que as nossas e duraram por mais tempo, sobreviveram a mais escrutínios e foram mais ambiciosamente concebidas e elaboradamente documentadas. Como resultado, dezenas de milhares de vítimas confiantes acreditaram que o gênio de Madoff podia desafiar os mercados, ano após ano.

E elas sustentaram essa crença exatamente da mesma maneira que ele sustentou a crença de que poderia se sair bem; uma crença reforçada pela experiência diária *seletivamente observada*. Ele ignorava o fato de que não tinha qualquer lucro com investimentos para pagar aos clientes. Seus clientes ignoravam o fato de que seus resultados eram cada vez mais implausíveis e suas operações eram suspeitamente secretas. Enquanto o dinheiro estava entrando, as vítimas não se torturavam diariamente, minuto após minuto, imaginando se seria possível que toda a sua riqueza e todo o seu status desaparecessem em uma nuvem de fumaça em um único dia. Enquanto o dinheiro estava entrando, Madoff provavelmente também não fazia isso.

Mas esse mágico por trás das cortinas — bombeando foles, apertando botões e falando ao microfone para criar ilusões profundamente convincentes, mesmo depois que as portas da prisão se fecharam atrás dele — foi capaz de construir uma Cidade das Esmeraldas somente porque um número tão extraordinário de pessoas decidiu acreditar nele. Seus cúmplices acreditaram que podiam pegar uma carona e gozar de boa fortuna, sem enfrentar um único acerto de contas. Acrescente seus amigos e familiares, reguladores burocráticos ou inexperientes, contadores e advogados espertos, insinuantes vendedores de fundos feeder, banqueiros internacionais, membros dos comitês de investimento de instituições de caridade e brilhantes especialistas em avaliação de riscos dos fundos hedge — todos disseram a si mesmos que, embora não fizesse muito sentido e fosse um pouco incomum e mesmo um pouco suspeito, daria certo no final.

O MAGO DAS MENTIRAS

Vezes sem conta, as pessoas pegaram Madoff em uma mentira óbvia e lhe deram o benefício da dúvida. Elas não fizeram isso porque ele parecia tão diferente delas, mas porque se parecia tanto com elas, porém melhor: mais esperto, mais experiente, mais confiante, mais no controle. Como era fundamentalmente humano e parecia viver no mesmo mundo em que essas pessoas viviam, elas podiam acreditar que, de alguma maneira, tudo daria certo, que poderiam ignorar as realidades desagradáveis sem incorrer em consequências desagradáveis.

Assim, como todo cônjuge tendo um caso, todo trapaceiro oportunista, todo impulsivo amante de riscos — como tantos de nós, porém mais —, Bernie Madoff achou que poderia evitar o implacável beco final do esquema Ponzi e, de algum modo, se sair bem.

O próximo Bernie Madoff também espera se sair bem.

Não importa quando você leia isto, o próximo Bernie Madoff está trabalhando em segredo, em algum lugar do país ou do mundo. Um mundo imune a esquemas Ponzi é um mundo profundamente desprovido de confiança, e ninguém quer viver nesse mundo. Na verdade, nenhum sistema econômico saudável pode funcionar em um mundo assim. Portanto, exatamente agora, algum novo Bernie Madoff está explorando nossa necessidade de confiar para construir outro mundo de mentiras.

Leremos sobre ele no próximo mês ou no ano que vem. Até lá, suas vítimas estão dizendo a si mesmas o quão generoso e respeitado na comunidade ele é. Estão admirando sua vida de discreto luxo, ficando lisonjeadas quando decide incluí-las e um pouco invejosas do dinheiro que está ganhando para seus amigos mais bem-sucedidos, aquela gente sofisticada que fala tão bem dele. Estão dizendo a si mesmas que ele é uma excelente pessoa, um cavalheiro, um bom homem.

Quaisquer que sejam suas dúvidas persistentes, estão garantindo a si mesmas, exatamente neste minuto, que se trata de um homem digno de confiança, enquanto ele tece sua bela e vibrante teia de fantasias.

Mais tarde, quando esse novo mundo de mentiras for destruído, essas pessoas se enfurecerão com a dor e a devastação que ele causou e o

EPÍLOGO

chamarão de monstro inumano e mau. Mas, se forem honestas consigo mesmas, terão de admitir que ele foi reconhecível e vergonhosamente humano a cada passo do caminho — assim como o último Bernie Madoff e o primeiro Bernie Madoff.

Esta é a lição mais duradoura do escândalo Madoff: em um mundo cheio de mentiras, as mais perigosas são as que contamos para nós mesmos.

AGRADECIMENTOS

Há três pessoas sem as quais este livro não poderia ter sido escrito.

A primeira é minha agente, Fredrica "Fredi" Friedman. Nas frenéticas semanas após a prisão de Bernie Madoff, Fredi bateu os pés elegantemente calçados e agitou as mãos cheias de anéis até, por fim, conseguir minha exausta atenção. Então disse: "Você nasceu para escrever este livro." Ela não aceitaria "Estou cansada demais", "Estou ocupada demais" ou "Estou com muito medo" como resposta. No minuto em que um editor sugeriu que deveríamos fazer um livro "rápido", Fredi se levantou, sorriu e me conduziu imediatamente para fora do edifício, a fim de beber um drinque fortificante. Eu jamais teria iniciado esta jornada se ela não tivesse me persuadido de que eu podia.

A segunda pessoa é meu extraordinário editor na Times Books, Paul Golob. Nem sempre concordamos sobre a rota a seguir nesta viagem. Encontramos alguns obstáculos na estrada, fizemos alguns desvios e repetidamente ultrapassamos o limite de velocidade nas semanas finais. Mas, quando enfim chegamos ao destino, ele era muito, muito mais alto que qualquer elevação que eu poderia ter atingido sozinha. E, de algum modo, Paul nos levou até lá com a maior parte da minha bagagem intacta — apenas embalada de maneira mais organizada, atraente e lógica. Quando eu sentia que estava dirigindo às cegas, Paul nos mantinha na rota. Eu não poderia ter chegado ao destino sem sua ajuda.

A terceira é meu encorajador marido, Larry Henriques. Durante a expedição, ele abasteceu o carro. Assegurou-se de que eu parasse para um café. Trocou cada pneu furado e substituiu cada bateria esgotada. Manteve o mapa à mão e o para-brisa limpo. Baixou os vidros e contou piadas para me manter acordada quando eu começava a cochilar. Foi meu incansável e animado companheiro em cada quilômetro do caminho, nas subidas e descidas, e eu nunca, nunca serei capaz de agradecer-lhe o suficiente.

Muitos outros fizeram inestimáveis contribuições para este projeto, começando com meus pesquisadores: a incomparável Barbara Oliver, de quem nenhum fato ou documento consegue se esconder; o talentoso Tim Stenovec, tão hábil em entrevistas emotivas como era em encontrar endereços em listas telefônicas; e nossa apoiadora na Europa, Bernadette Murphy, minha própria conexão francesa.

Toda a equipe da Henry Holt — especialmente Stephen Rubin, Maggie Richards, Patricia Eisemann, Chris O'Connell, Meryl Levavi e Emi Ikkanda — bateu todos os recordes a meu favor, assim como Alex Ward, meu confiável intermediário de desenvolvimento de livros no *New York Times*.

Os tijolos e o cimento deste livro foram as pessoas, mais de cem delas, de todos os lados do escândalo, que se mostraram dispostas a dividir seu conhecimento e suas memórias comigo. Muitas o fizeram em caráter confidencial e sou grata por sua confiança. Algumas vítimas do crime falaram comigo a despeito do desespero e das discordâncias, e sua generosidade me ensinou uma lição de humildade. Também quero agradecer a cortesia da diretora Tracy W. Johns, da vice-diretora Deborah Gonzales e de sua equipe na prisão federal em Butner, além da cooperação de Bernard L. Madoff e seu advogado, Ike Sorkin, ao facilitarem meus esforços para construir uma história tão completa quanto possível do crime. Meus agradecimentos também aos profissionais de Baker & Hostetler, Securities and Exchange Commission, Departamento de Justiça, Serviço de Delegados dos Estados Unidos, Autoridade Reguladora da Indústria Financeira e Federal Bureau of Investigation, que responderam às minhas incontáveis perguntas com infalível paciência, da primeira à última, mesmo quando a única resposta possível era "sem comentários".

AGRADECIMENTOS 461

Esboços iniciais foram imensamente melhorados por um quadro de críticos confiáveis. Além de Larry Henriques, Barbara Oliver e Tim Stenovec, eles incluíram meu querido amigo e colega Floyd Norris, correspondente financeiro do *New York Times*; meu primo, dr. Peter R. Henriques, notável historiador e professor; e o professor Mark Vamos, um talentoso educador de edição e jornalismo, cujas elegantes pinceladas estão aqui e ali nestas páginas. Agradecimentos especiais a Christine Bockelmann, por seu incomparável controle de qualidade de última hora.

Também tenho uma grande dívida para com os familiares e amigos que pacientemente sofreram durante o projeto e me perdoaram por todos os jantares perdidos, reuniões abreviadas, aniversários esquecidos, feriados cancelados e tediosos monólogos sobre Madoff. Eles incluem minha irmã, Peggy van der Swaagh; as noras Noel Brakenhoff e Teakie Welty; as primas Marsha Wolpa, Sherry Stadtmiller e Nancy Woodburn; e os queridos amigos Leslie Eaton, que me acalmou tantas vezes; Jaye Scholl Bohlen, que suportou quatro de meus projetos editoriais e ainda atende meus telefonemas; e Jonathan Fuerbringer, que sempre ri nos momentos certos. Também sou grata pelo encorajamento do reitor Michael Brown e meu fã-clube na Faculdade Elliott de Questões Internacionais da Universidade George Washington, e pela paciência e apoio de meus colegas no conselho da Sociedade Americana de Editores e Escritores de Negócios (SABEW), especialmente Beth Hunt, Bernie Kohn, Greg McCune, Kevin Noblet e Rob Reuteman.

Não tenho nem como começar a agradecer aos jornalistas do *New York Times* e outros veículos que fizeram todo o possível para me ajudar. Mas, com minhas desculpas a qualquer um que tenha sido omitido, tentarei: Charles Bagli, Vikas Bajaj, Al Baker, Alex Berenson, Alison Leigh Cowan, Julie Creswell, Eric Dash, Michael de la Merced, Claudio Gatti, Christine Haughney, Jack Healy, Dirk Johnson, Eric Konigsberg, Zachery Kouwe, Steve Labaton, Peter Lattman, Gretchen Morgenson, Joe Nocera, Catherine Rampell, William K. Rashbaum, Nelson D. Schwartz, David Segal, Louise Story, Stephanie Strom, Landon Thomas Jr., Mary Williams Walsh, Ben Weiser e Julia Werdigier.

Devo um enorme agradecimento a meu paciente e caloroso chefe de redação, Larry Ingrassia. Acrescento todos os infalivelmente solidários editores do *Times*: Bill Keller, Jill Abramson, Glenn Kramon, Adam Bryant, Winnie O'Kelley, David Gillen, Dan Niemi, Mark Getzfred, Keith Leighty, Bill Bright e Kevin McKenna. E termino a lista com os maravilhosos magos da verdade de Cass Peterson, na redação de notícias empresariais, que salvaram minha vida inúmeras vezes e jamais reclamaram em voz alta quando me viam chegar correndo minutos antes do prazo final.

Nos meses entre a prisão de Bernie Madoff e sua declaração de culpa, escrevi ou trabalhei em cinquenta histórias diferentes sobre o escândalo. Ao menos 25 outros repórteres dividiram os créditos comigo ou contribuíram para sua elaboração. Foi um exemplo perfeito de trabalho em equipe. É por isso que este livro é dedicado não apenas a meu marido, Larry, mas também a todas as pessoas generosas e talentosas que produzem o *New York Times* todos os dias, todas aquelas que vieram antes de nós e — por favor, meu Deus — todas as que virão depois.

Tem sido uma honra e uma alegria trabalhar com vocês durante esses 21 anos.

NOTAS

Exceto quando dito especificamente o contrário, todas as ações civis e casos criminais citados no texto e nas notas ainda estavam pendentes nos tribunais quando do prazo final para revisões antes da publicação deste livro, em fevereiro de 2011.

Prólogo

1. *American Greed: Madoff Behind Bars*, produzido por Kurtis Productions (Mike West, produtor executivo) para a CNBC (Charles Schaeffer, produtor executivo), estreado em 25 de agosto de 2010.
2. Dionne Searcey e Amir Efrati, "Madoff Beaten in Prison", *Wall Street Journal*, 18 de março de 2010.
3. Joseph Cotchett, advogado, citado em Brian Ross e Kate McCarthy, "First Madoff Interview: Can't Believe I Got Away with It", ABC News, 28 de julho de 2009.
4. Steve Fishman, "Bernie Madoff, Free at Last", *New York*, 14–21 de junho de 2010, p. 32.
5. Dan Mangan, "Madoff's Hidden Booty", *New York Post*, 21 de junho de 2010.
6. Segundo o ranking de cem maiores fundos hedge de 2008 do *Institutional Investor*, o JPMorgan Chase estava no topo da lista, com US$ 44,7 bilhões em ativos administrados. O Goldman Sachs estava em sétimo, com US$ 29,2 bilhões, e a Soros Fund Management ficava em 18º, com US$ 17 bilhões.
7. Entrevista com Bernard L. Madoff (de agora em diante "BLM") em 15 de fevereiro de 2011 (daqui em diante, "segunda entrevista com BLM").

O MAGO DAS MENTIRAS

1. Um terremoto em Wall Street

1. Este capítulo é baseado nas entrevistas da autora com BLM, Eleanor Squillari, Irving H. Picard, David J. Sheehan e Lee S. Richards III; em quatorze entrevistas confidenciais com pessoas familiarizadas com os eventos da semana; em e-mails e cartas de BLM; na inspeção pessoal de muitas das cenas envolvidas, incluindo o edifício do FBI e o lobby e os escritórios do Edifício Lipstick; e, quando mencionado, em registros dos tribunais, transcrições e outros relatos publicados.

2. E-mail de Jeffrey Tucker, 8 de dezembro de 2008, 12h22, *In the Matter of Fairfield Greenwich Advisors LLC and Fairfield Greenwich (Bermuda) Ltd.*, Comunidade de Massachusetts, Gabinete do Secretário da Divisão de Títulos da Comunidade, n. 2009–0028 (daqui em diante Caso *Galvin Fairfield Greenwich*), evidência 44. (Aspas são usadas apenas nas passagens em que as empregavam no próprio e-mail.) Sem admitir ou negar as alegações do Estado, o Fairfield Greenwich fez um acordo com Galvin em 8 de setembro de 2009, pagando US$ 500 mil em despesas investigativas e concordando em pagar estimados US$ 8 milhões em restituições aos investidores de Massachusetts.

3. Ibid.

4. Ibid.

5. Ibid.

6. *In re: Bernard L. Madoff Investment Securities, Debtor; Irving H. Picard, Trustee for the Liquidation of Bernard L. Madoff Investment Securities v. Stanley Chais, et al.* (daqui em diante *Picard v. Chais*), arquivada como Procedimento n. 09–01172 (BRL) no Tribunal de Falências do Distrito Sul de Nova York, declaração de Matthew B. Greenblatt, 1º de outubro de 2009, p. 3.

7. Entrevista com Squillari.

8. Ibid.

9. Gift of Life Bone Marrow Foundation, Boca Raton, Flórida, Formulário 990 do Internal Revenue Service para 2008, Seção O, p. 2.

NOTAS

10. Entrevista com Squillari; compromisso agendado de BLM; e-mail de BLM, 20 de fevereiro de 2011.

11. Entrevista com BLM em 24 de agosto de 2011 (daqui em diante primeira entrevista com BLM); David Margolick, "The Madoff Chronicles, Part III: Did the Sons Know?" *Vanity Fair*, julho de 2009, p. 72.

12. Margolick, "Madoff Chronicles, Part III", p. 72.

13. Primeira entrevista com BLM.

14. Andrew Kirtzman, *Betrayal: The Life and Lies of Bernie Madoff* (Nova York: HarperCollins, 2009), p. 229.

15. Primeira entrevista com BLM.

16. Ibid.

17. Ibid.

18. *U.S.A. v. Bernard L. Madoff*, queixa-crime do agente especial do FBI Theodore Cacioppi (de agora em diante *Queixa-crime Madoff*), Tribunal Distrital do Distrito Sul de Nova York, 11 de dezembro de 2008, p. 3.

19. Ibid.

20. Primeira entrevista com BLM.

21. Entrevista com Squillari; Mark Seal e Eleanor Squillari, "The Madoff Chronicles, Part II: What the Secretary Saw", *Vanity Fair*, junho de 2009, p. 103.

22. Kirtzman, *Betrayal*, p. 231.

23. Brian Ross, *The Madoff Chronicles: Inside the Secret World of Bernie and Ruth* (Nova York: Hyperion, 2009), p. 20.

24. Primeira entrevista com BLM; entrevista confidencial, vídeo do cômodo feito pelos delegados federais e inspeção da mobília feita pela autora durante um leilão em novembro de 2010.

25. *Queixa-crime Madoff*, p. 4.

26. Ibid.

27. Entrevista com Ruth Madoff em 10 de outubro de 2011 (daqui em diante citada como "Entrevista com Ruth Madoff"; Entrevista com Andrew Madoff.

28. Primeira entrevista com BLM; entrevistas confidenciais.

29. Entrevista com Andrew Madoff.

30. Ibid.

31. Margolick, "Madoff Chronicles, Part III", p. 72–73. London foi responsável pela defesa criminal do desacreditado vice-presidente americano Spiro Agnew quando acusações de suborno levaram a sua renúncia em 1973.

32. Ibid.; entrevistas confidenciais.

33. Entrevista com Andrew Madoff; Sandell, *Truth and Consequences*, p.183-85.

34. Kirtzman, *Betrayal*, p. 235.

35. *Queixa-crime Madoff*, p. 3.

36. Entrevistas confidenciais.

37. Primeira entrevista com BLM.

38. *In re: Bernard L. Madoff Investment Securities, Debtor; Irving H. Picard, Trustee for the Liquidation of Bernard L. Madoff Investment Securities v. Fairfield Sentry Fund LLC, et al.* (daqui em diante *Picard v. Fairfield Sentry*), queixa revisada, Procedimento 09–01239 (BRL) no Tribunal de Falências do Distrito Sul de Nova York, Evidência 78.

39. Margolick, "Madoff Chronicles, Part III", p. 73.

40. Primeira entrevista com BLM.

41. Erin Arvedlund, *Too Good to Be True: The Rise and Fall of Bernie Madoff* (Nova York: Portfolio, 2009), p. 265.

42. Margolick, "Madoff Chronicles, Part III", p. 73.

43. Jerry Oppenheimer, *Madoff with the Money* (Hoboken, N.J.: John Wiley & Sons, 2009), p. 11.

44. Seal e Squillari, "Madoff Chronicles, Part II", p. 104.

45. Primeira entrevista com BLM.

46. Kirtzman, *Betrayal*, p. 235.

47. Primeira entrevista com BLM.

48. Ibid.

49. *Queixa-crime Madoff*, p. 4.

50. Ibid.

NOTAS 467

51. Seal e Squillari, "Madoff Chronicles, Part II", p. 104-5.

52. Ibid., p. 106.

53. *U.S.A. v. Frank DiPascali Jr.*, protocolado no Tribunal Distrital do Distrito Sul de Nova York (daqui em diante *Informação Criminal DiPascali*), p. 32.

54. Entrevistas confidenciais; detalhes similares foram fornecidos em Kirtzman, *Betrayal*, p. 236-37; Ross, *Madoff Chronicles*, p. 1.

55. Primeira entrevista com BLM.

56. Ibid.

57. Mark Hamblett, "Dreier Remains Jailed as Court Imposes Bail Beyond His Reach", Law.com, 23 de janeiro de 2009. Os comentários foram registrados durante uma subsequente audiência de fiança para Marc Dreier.

58. *Securities Investor Protection Corp. v. Bernard L. Madoff Investment Securities LLC* (daqui em diante *Ação Inicial da SIPC*), 08-CV-10791 (LLS), Tribunal Distrital do Distrito Sul de Nova York, "Relatório do administrador Lee S. Richards e solicitação de término da administração judicial" (daqui em diante Primeiro Relatório Richards), 26 de fevereiro de 2009, p. 8-10.

59. Entrevista com Richards.

60. *Informação Criminal DiPascali*, transcrição da audiência de 11 de agosto de 2009, p. 85.

61. E-mail de BLM, 4 de janeiro de 2011.

62. *Ação Inicial da SIPC*, Primeiro Relatório Richards, p. 4-9.

63. Ibid.

64. Entrevista com Richards.

2. Tornando-se Bernie

1. Não está claro quem cunhou a frase e a aplicou ao mercado de ações na década de 1960, mas ela foi gravada no vocabulário de Wall Street por John Brooks, talentoso colaborador financeiro do *The New Yorker* e autor de *The Go-Go Years* (Nova York: Weybright and Talley, 1973).

468 O MAGO DAS MENTIRAS

2. Frank K. Reilly, "Price Changes in NYSE, AMEX and OTC Stocks Compared", *Financial Analysts Journal* (março–abril de 1972): 54–59. Reilly baseou seus cálculos na média do National Quotation Bureau para 35 ações, que, segundo ele, foram "consistentemente descritas como ações de primeira linha do mercado de balcão". Esses robustos retornos, que não incluíam dividendos em dinheiro, foram questionados por Paul F. Jessup e Roger B. Upson, *Returns in the Over-the-Counter Stock Markets* (Minneapolis: University of Minnesota Press, 1973), que argumentaram que o retorno total das ações de balcão não superava significativamente os retornos da Bolsa de Valores de Nova York depois do ajuste do custo das transações e da inclusão de dividendos em dinheiro. Mas as descobertas de Jessup e Upson eram misteriosas demais para ajudar a moldar a opinião pública sobre o mercado de balcão e sua metodologia era ocasionalmente bastante estranha. Por exemplo: por alguma razão, eles decidiram excluir bancos e seguradoras de sua amostra de ações de balcão, embora praticamente todas essas empresas negociassem somente no mercado de balcão e quase todas pagassem dividendos em dinheiro. A rápida evolução do mercado de balcão pode ser acompanhada comparando-se a terceira edição do livro de Leo M. Loll Jr. e Julian G. Buckley, *The Over-the-Counter Securities Markets* (Englewood Cliffs, N.J.: Prentice Hall, 1973), com a quarta edição, publicada em 1981.

3. Editores do *Institutional Investor, The Way It Was: An Oral History of Finance: 1967–1987.* (Nova York: William Morrow, 1988), p. 270–71.

4. Martin Mayer, *Wall Street: Men and Money*, edição revisada (Nova York: Harper & Brothers, 1959), p. 142.

5. E-mail de BLM, 17 de janeiro de 2011.

6. Ibid.

7. A Associação Nacional de Corretores de Títulos, que regulamentava corretores como Madoff, impunha a "regra da adequação" a seus membros desde 1939. Ela exigia que os corretores formatassem as recomendações de investimento de acordo com as circunstâncias e os objetivos de cada cliente. Como observava uma histórica revisão da regra, qualquer cor-

NOTAS

retor que a violasse estava sujeito à "suspenção da licença e/ou sanções monetárias". (Ver Nelson S. Ebaugh and Grace D. O'Malley, "Picking Your Battles", *Journal of Texas Consumer Law* [24 de janeiro de 2009].)

8. Brooks, *Go-Go Years*, p. 56-58.
9. Ibid., p. 57-58.
10. Primeira entrevista com BLM.
11. Ibid.
12. Carta de BLM para a autora, 3 de outubro de 2010.
13. Ibid. Em valores de 2009, Madoff devia ao sogro mais de US$ 200 mil.
14. Em sua forma ortodoxa, vender a descoberto é a prática de emprestar ações (especificamente, as que você acha que cairão) e vendê-las. Se os preços caírem antes do que você antecipou, você pode comprar ações mais baratas para substituir as que emprestou e embolsar a diferença como lucro. Se o preço subir, você terminará comprando ações mais caras para substituir as que emprestou e sofrerá potenciais perdas finais. Por exemplo, se emprestou e vendeu ações a US$ 10 cada e o preço cair para US$ 1, seu lucro será de US$ 9 por ação. Mas, se o preço subir sem controle, para US$ 20, 40 ou 100 por ação, suas perdas subirão junto com ele. Estar errado sobre se uma ação vai subir ou cair pode arruinar um corretor da noite para o dia. Esse jogo é arriscado o suficiente quando você empresta as ações de uma corretora disposta a cedê-las por uma taxa. Mas, como criador de mercado *bona fide*, Madoff podia vender a descoberto sem primeiro emprestar as ações — uma prática conhecida como naked shorting, que, segundo ele, às vezes empregava para seus clientes. Sem a taxa de empréstimo, o lucro potencial era maior. Mas, sem um estoque garantido de ações para cobrir as ações emprestadas, os riscos eram mais altos. Um corretor podia descobrir que simplesmente não havia ações disponíveis, exceto por um preço astronômico — uma situação ruinosa conhecida como short squeeze. Outra forma de venda a descoberto que Madoff disse ter empregado frequentemente foi shorting against the box. Nessa estratégia, um corretor vende ações que já possui. Possuir as ações o defende de um short squeeze se o preço

O MAGO DAS MENTIRAS

subir; se o preço cair, a venda a descoberto garante o lucro, sem que ele precise realmente vender as ações, o que geraria impostos. Mais tarde, a legislação reduziu os benefícios dessa estratégia.

15. A mais extensa pesquisa sobre a genealogia de Madoff está incluída em Arvedlund, *Too Good to Be True*, p. 14–15. A mudança para o Bronx foi registrada no censo de 1930.

16. Várias das biografias de 2009 de Madoff citam essa entrada; ver especialmente Kirtzman, *Betrayal*, p. 17.

17. Primeira entrevista com BLM.

18. Ver o obituário do fundador da Everlast, "Jacob Golomb, 58, a Manufacturer", *New York Times*, 25 de agosto de 1951.

19. Entrevistas com BLM e uma fonte confidencial que conheceu Ralph Madoff e está familiarizada com a história de sua família. Os quadrinhos de Ham Fisher sobre o virtuoso lutador Joe Palooka fizeram sua estreia nos jornais em 1930. Então migraram dos jornais para revistas, peças de rádio e filmes, e se tornaram um dos mais populares quadrinhos de tempos de guerra.

20. Kirtzman, *Betrayal*, p. 17–18.

21. Ross, *Madoff Chronicles*, p. 26.

22. Em valores atuais, as dívidas da Dodger Sporting Goods Corp. excediam seus ativos em mais de US$ 725 mil. A falência foi relatada na seção de registros comerciais do *The New York Times* em 23 de janeiro de 1951. Nesse relato, o negócio foi descrito como "fábrica de brinquedos e produtos esportivos e de couro", localizado na Carroll Street, 345, Brooklyn. Suas dívidas eram de aproximadamente US$ 150 mil e os ativos, mais ou menos US$ 61 mil. A empresa foi listada na edição de 1949 da Lista Telefônica Industrial do Estado de Nova York, mas não na edição de 1946, de acordo com pesquisadores da Biblioteca Firestone, da Universidade de Princeton, onde uma cópia foi encontrada. Assim, a empresa durou ao menos dois anos, mas provavelmente menos que cinco.

23. Kirtzman, *Betrayal*, p. 35. De acordo com Andrew Kirtzman, citando "os registros imobiliários mantidos pelo condado do Queens", um penhor

NOTAS   471

de US$ 9 mil — cerca de US$ 70 mil em valores de 2009 — foi imposto sobre a casa da família em 1956, o último ano de Bernard Madoff no Ensino Médio, depois que Ralph Madoff e os sócios deixaram de pagar impostos atrasados. De acordo com Madoff, o problema estava relacionado a um segundo e breve empreendimento de produtos esportivos iniciado pelo pai depois da falência da Dodger.

24. Não há relação entre a empresa fundada por Ralph Madoff e qualquer empresa atual ou anterior usando o nome Gibraltar Securities.

25. Primeira entrevista com BLM.

26. Oppenheimer, *Madoff with the Money*, p. 30–31.

27. Kirtzman, *Betrayal*, p. 24.

28. Robert Sobel, *Inside Wall Street* (Nova York: W. W. Norton, 1977), p. 103–04.

29. Editores da *Institutional Investor, Way It Was*, p. 551–53.

30. Primeira entrevista com BLM.

31. Arvedlund, *Too Good to Be True*, p. 21.

32. O pai de Michael Lieberbaum era Louis B. Lieberbaum. De acordo com os arquivos da SEC, Lieberbaum fundou a Lieberbaum & Company, na Broadway, 50, Nova York, em janeiro de 1961; em 1963, a L.B. Lieberbaum & Co. estava registrada em Exchange Place, 40. Madoff alugara um espaço na Exchange Place, 40, em 1961, mas, em 1963, estava na Broadway, 39. Durante uma entrevista, Madoff confirmou que Louis Lieberbaum foi uma das primeiras figuras do mercado de ações que ele notou e que sua amizade com Michael Lieberbaum ajudou a retirar sua atenção das mercadorias esportivas e voltá-la para Wall Street. O irmão de Michael, Sheldon, mais tarde apresentaria Madoff a um de seus primeiros grandes clientes, Carl Shapiro.

33. Oppenheimer, *Madoff with the Money*, p. 98–100.

34. Carta de BLM, 3 de outubro de 2010.

35. Entrevista de Michael Bienes para "The Madoff Affair", uma produção da RAINmedia para *Frontline*, WBGH Boston, programa 2.714, levado ao ar em 12 de maio de 2009, daqui em diante citado como entrevista de Bienes para *Frontline*.

O MAGO DAS MENTIRAS

36. Ibid.
37. Ibid.
38. Carta de BLM, 3 de outubro de 2010.
39. A conta foi criada por Edward Glantz e um sócio, Steven Mendelow, que solicitavam investidores sob o nome "fundo Telfran".
40. A arbitragem "sem riscos" não era realmente livre de riscos; falhas na negociação ou atrasos no processamento da documentação podiam arruinar a oportunidade de lucro. O termo era usado para descrever estratégias ultrarrápidas nas quais um título ou seu equivalente quase exato, como um bônus conversível ou um mandado, eram quase simultaneamente comprados a um preço e vendidos a um preço mais alto.
41. Mais comumente, essas oportunidades de arbitragem envolviam desdobramento de ações de uma empresa que já possuía ações sendo negociadas. Uma empresa pode autorizar um desdobramento a ser efetivado em determinado dia. As ações ainda não emitidas podem ser negociadas no mercado "pré-emissão" a preços que não refletem precisamente a aritmética por trás do desdobramento. Digamos que uma empresa anuncie que, em determinada data, dividirá cada uma de suas ações em duas. Após o anúncio, mas antes da data efetiva do desdobramento, as ações ainda não emitidas podem ser negociadas no mercado "pré-emissão" por precisamente metade do preço de antes do desdobramento. Se a ação está sendo negociada em determinado momento a US$ 100, por exemplos, ações "pré-emitidas" serão negociadas nesse mesmo momento por exatamente US$ 50. Mas nem sempre. Se um corretor puder comprar uma ação antes da emissão por US$ 100 e vender duas ações por US$ 51 cada, obterá um lucro de US$ 2.
42. E-mail de BLM, 13 de janeiro de 2011.
43. Um mandado permitia que seu proprietário comprasse as ações ordinárias relacionadas a ele por um preço específico, que podia ser mais alto ou mais baixo que o preço de negociação. Ao comprar ações com mandados, um corretor podia exercê-los para comprar ações a um preço, simultaneamente vendendo-as a um preço maior e obtendo lucro de arbitragem.

NOTAS

44. Peter Chapman, "Before the Fall: Bernard L. Madoff", *Traders Magazine*, março de 2009.
45. Scott L. Lummer e Mark W. Riepe, "Convertible Bonds as an Asset Class: 1957-1992", *Journal of Fixed Income* (setembro de 1993), em uma reimpressão sem data da Ibbotson Associates, Inc., Chicago.
46. *In re: Bernard L. Madoff Investment Securities, Debtor; Irving H. Picard, Trustee for the Liquidation of Bernard L. Madoff Investment Securities v. David L. Kugel, et al.* (de agora em diante *Picard v. Kugel*), p. 19-21. A ação civil afirma que, como numerosos pares de transações de arbitragem com bônus convertíveis produziam retornos altamente consistentes nas contas de Kugel, essas transações deveriam ser falsas. Mas a consistência, sozinha, não é prova de fraude: Madoff poderia simplesmente ter encerrado transações reais assim que produziam a taxa de retorno desejada. Em 21 de novembro de 2011, Kugel se declarou culpado das acusações criminais federais de ter ajudado a criar falsas transações de arbitragem para Madoff no fim da década de 1970. A análise citada aqui foi feita por Bruce G. Dubinsky, testemunha especialista na ação do administrador judicial contra os proprietários do New York Mets, infra. É o documento nº 107 do caso, protocolado em 26 de janeiro de 2012.

3. Fome de lucro

1. Comunicado da SEC datado de 15 de agosto de 1970; registros disciplinares da National Association of Securities Dealers, agora conhecida como Financial Industry Regulatory Authority ou FINRA.
2. Irwin Lipkin permaneceria na corretora durante toda a sua carreira e seu filho Eric era funcionário de Madoff na época da prisão.
3. Seu relacionamento foi confirmado por BLM e descrito em Oppenheimer, *Madoff with the Money*, que citou entrevistas com a família Joel. Ele também foi confirmado em um litígio posterior à prisão iniciado por vários membros da família Joel contra o administrador judicial, Irving Picard. Em 1981, Joel foi trabalhar para Madoff e

474 O MAGO DAS MENTIRAS

sua filha Amy o seguiu em 1989. Ele morreu em 2003, mas Amy Joel ainda pertencia à equipe na época da prisão de Madoff.

4. A lei que criou a corporação e retificou o código de falências foi a Lei de Proteção ao Investidor de Títulos, de 1970.

5. Chapman, "Before the Fall".

6. Eric J. Weiner, *What Goes Up: The Uncensored History of Modern Wall Street as Told by the Bankers, CEOs, and Scoundrels Who Made It Happen* (Nova York: Back Bay Books, 2007), p. 188–92.

7. Ibid., p. 189.

8. Criada pela Lei Maloney, de 1938, a NASD era conhecida legalmente como "organização autorregulatória" com o poder de criar e impor regras, sujeita à supervisão da SEC.

9. Chris Welles, *The Last Days of the Club* (Nova York: E. P. Dutton, 1975), p. 6–8, 286–87.

10. *Andrew M. Cuomo, the Attorney General of the State of New York v. Ivy Asset Management LLC, Lawrence Simon and Howard Wohl* (daqui em diante *Cuomo v. Ivy*), protocolada em 11 de maio de 2010, na Suprema Corte do Estado de Nova York, condado de Nova York, p. 22–23, 36–37. A ação judicial cobria eventos que ocorreram depois que Madoff reconheceu que operava um esquema Ponzi, mas fornecem citações de segunda mão de um ex-funcionário cuja experiência na corretora é anterior a esse período.

11. O website da Brooklyn Tech High School o mostra como membro da classe de 1963.

12. Em 2000, Madoff tinha um handicap 12 e consistentemente terminava o campo em oitenta e poucas tacadas — mais consistentemente que muitos especialistas em golfe podiam creditar quando foram questionados, após sua prisão, por repórteres da CNBC, com base em registros on-line fornecidos pela Associação de Golfe do Estado da Flórida. Os resultados suspeitosamente constantes de Madoff no golfe também foram citados por Robert Frank e Tom Lauricella em "Madoff Created Air of Mystery", *Wall Street Journal*, 20 de dezembro de 2008.

NOTAS 475

13. Chapman, "Before the Fall".
14. Ibid.
15. Peter Madoff mais tarde passaria a ter 9% da Cohmad Securities, fundada pelo irmão e por Maurice J. "Sonny" Cohn em 1985. Mas, ao contrário da Bernard L. Madoff Investment Securities, a empresa não estava sob controle de Bernie Madoff; ele mesmo tinha participação minoritária.
16. Entrevista confidencial com uma pessoa familiarizada com a história da família Madoff.
17. Primeira entrevista com BLM.
18. Marshall E. Blume, Jeremy J. Siegel e Dan Rottenberg, *Revolution on Wall Street: The Rise and Decline of the New York Stock Exchange* (Nova York: W. W. Norton, 1993), p. 221.
19. *The Lautenberg Foundation, Joshua S. Lautenberg and Ellen Lautenberg v. Peter Madoff* (daqui em diante *Lautenberg v. Madoff*), protocolada no Tribunal Distrital do Distrito de Nova Jersey em 24 de fevereiro de 2009, p. 4.
20. Chapman, "Before the Fall".
21. Entrevista de Bienes para o programa *Frontline*.
22. Ibid.
23. Ibid.
24. Adam Smith (George J. W. Goodman), *Paper Money* (Nova York: Summit Books, 1981), p. 271-72.
25. Carl E. Walsh, acadêmico convidado, circular econômica do Federal Reserve Bank de São Francisco, número 2004-35, 3 de dezembro de 2004, p. 1.
26. Entrevista de Bienes para o programa *Frontline*.
27. O depoimento de Avellino e Bienes à SEC em 7 de julho de 1992 (de agora em diante Transcrição SEC Avellino-Bienes) é parte do arquivo "In the Matter of King Arthur, MNY-1490". Ver o relatório apresentado a Securities and Exchange Commission pelo inspetor-geral H. David Kotz, "Investigation of Failure of the SEC to Uncover Bernard Madoff's Ponzi Scheme—Public Version", caso n. OIG-509, 31 de agosto de 2009 (de agora em diante Relatório Kotz), evidência 117, p. 33-34.

476 O MAGO DAS MENTIRAS

28. Entrevista de Bienes para o programa *Frontline*.
29. Ibid.
30. Ibid.
31. Transcrição SEC Avellino-Bienes, p. 53.
32. Ibid.
33. Ibid.

4. Os quatro grandes

1. Ver Burton G. Malkiel, *A Random Walk Down Wall Street* (Nova York: W. W. Norton, 1973).
2. *Picard v. Chais*, declaração de Stanley Chais em apoio a seu pedido para uma ordem temporária de restrição, p. 3.
3. Lewis Funke, "News of the Rialto: Inside Musicals", *New York Times*, 27 de abril de 1969.
4. Louis Calta, "News of the Rialto: A Guest Shot Back Home", *New York Times*, 24 de julho de 1966.
5. Primeira entrevista com BLM.
6. Em 1983, o aposentado Saul Alpern criou uma empresa de fachada na Flórida, chamada Onondaga Investment Company. O incomum nome "Onondaga" foi dado por Stanley Chais a algumas de suas contas Madoff — e ambos os nomes ecoam o título do anuário em Syracuse, sua *alma mater*. Alpern não tinha nenhum relacionamento conhecido com a faculdade ou com o condado de Onondaga, no qual está localizada. A empresa de fachada era uma das três que criou na época, todas encerradas em 1986. Todas as três tinham o mesmo quadro corporativo: Saul Alpern como presidente, tesoureiro e diretor, e um proeminente advogado tributário de Los Angeles, chamado Bruce M. Stiglitz, do escritório Loeb & Loeb, como segundo diretor. Stiglitz, que morreu em 2004, focara na clientela da indústria de entretenimento e era um especialista tributário cuidando da comunidade criativa de Hollywood. Não há evidências, com exceção dos registros comerciais da Flórida, de

NOTAS 477

que conhecia Saul Alpern, mas certamente conhecia Stanley Chais; eles eram vizinhos e bons amigos. E claramente conhecia Madoff: um dos administradores dos fundos fiduciários de sua família era Irwin Lipkin, funcionário de Madoff, e Stiglitz também era um investidor indireto, por intermédio de Chais. É possível que Alpern, como Madoff, tenha conhecido Chais diretamente por meio de Marty Joel, que era cliente de seu escritório de contabilidade.

7. Tribunal Distrital do Distrito Sul de Nova York em 22 de junho de 2009, p. 4–5. O caso contra o próprio Chais foi encerrado após sua morte, em setembro de 2010.

8. Entrevistas confidenciais.

9. Uma senadora de Nova Jersey lembrou que sua família chamava sua conta Chais de "sociedade de arbitragens" e sempre acreditou que o próprio Chais tomava as decisões de investimento que produziam retornos estáveis entre 10% e 14%, de acordo com um relato de sua experiência em "Victims of Scandal Reflect on a Shocking Turnabout", *Wall Street Journal*, 20 de dezembro de 2008.

10. Entrevista confidencial com um investidor de longa data de Madoff.

11. Considere o exemplo descrito anteriormente, de um bônus convertível que deveria ter sido negociado por US$ 150, mas o foi por apenas US$ 130. Se muitas pessoas tentassem comprar esses bônus convertíveis a US$ 130, o aumento da demanda empurraria o preço de volta a seu nível apropriado de US$ 150 e os lucros com arbitragem desapareceriam.

12. Primeira entrevista com BLM; entrevistas confidenciais com várias pessoas familiarizadas com as entrevistas com Madoff conduzidas pela equipe legal do administrador judicial Irving Picard.

13. Carl Spielvogel, "'Work Horse' Dress Builds a $22,000,000. Business", *New York Times*, 27 de janeiro de 1957.

14. Embora os registros regulatórios mostrem que Sheldon Lieberbaum trabalhou lá desde 1967, Madoff lembrou que ele trabalhava naquela época para a D.H. Blair, membro da Bolsa de Valores de Nova York, mas subscrevia várias ações de balcão.

478 O MAGO DAS MENTIRAS

15. Primeira entrevista com BLM.

16. Kirtzman, *Betrayal*, p. 41.

17. Ibid., p. 42.

18. Dee Wedemeyer, "At 12% Rates, a Housing Boom", *New York Times*, 29 de agosto de 1982.

19. Schlichter pode ter se tornado ele mesmo investidor de Madoff, uma vez que seu espólio apareceu na lista de contas organizada pelo administrador judicial da falência. Ainda mais significativo, ele era amigo de Gladys Luria, uma herdeira da indústria do aço cuja família investia substancialmente com a corretora.

20. Mark Seal, "Madoff 's World", *Vanity Fair*, abril de 2009; entrevista confidencial com um amigo da família Levy.

21. Documentação confidencial fornecida à autora.

22. Ibid.

23. Carta de Stephen P. Harbeck, presidente e diretor executivo da SIPC, a Scott Garrett, presidente do Subcomitê sobre Mercados de Capital e Empresas Patrocinadas pelo Governo do Comitê de Serviços Financeiros da Câmara (de agora em diante carta SIPC-Garrett), 24 de janeiro de 2011, p. 14–15. Durante a segunda entrevista na prisão, Madoff insinuou que Levy estava transferindo dinheiro entre suas várias contas bancárias e sua conta na corretora para fazer com que seu fluxo monetário parecesse mais impressionante para os credores.

24. Primeira entrevista com BLM.

25. Nathan Ward, "Madoff 's Mystery Man", *Forbes*, 11 de outubro de 2010, corrigido em entrevistas confidenciais.

26. Michael Amon, "The Jeffry Picower File", *Newsday*, 25 de outubro de 2009.

27. Ward, "Madoff 's Mystery Man". Ele era Adela Holzer, produtor do musical *Hair*, condenado por fraude em 1979. Ver Charles Kaiser, "Adela Holzer Is Given 2–to–6–Year Sentence for Investment Fraud", *New York Times*, 4 de maio de 1979.

NOTAS

28. Respostas de Jeffry e Barbara Picower a perguntas submetidas pela autora no verão de 2009.

29. "French Investor May Seek Shopwell", *New York Times*, 5 de maio de 1979. As jogadas com ações de Amsellem também foram documentadas em várias edições do *SEC News Digest* no fim da década de 1970.

30. Esses detalhes foram fornecidos por BLM e confirmados em um excelente relato francês, "Les discrets amis français de Bernard Madoff", publicado no website Eco89 em 12 de junho de 2009, disponível em: <eco.rue89.com/2009/06/12/les-discrets-amis-francais-de-bernard--madoff>.

31. Especificamente, Peter Madoff vendia os serviços da corretora como "correspondente" para as empresas menores, oferecendo-se para processar suas negociações na Bolsa de Valores de Nova York por uma pequena comissão.

32. Entrevista telefônica, em 2010, com Steven Engler, filho e ex-funcionário de Mike Engler.

33. Obituário de Mike Engler, *Star Tribune* de Minneapolis, 20 de dezembro de 1994.

34. Entrevista telefônica com Steven Engler.

35. Dave Kansas, "Madoff Does Minneapolis", Fortune/CNNMoney.com, 16 de janeiro de 2009.

36. Entrevista telefônica, em 2010, com a investidora Renee Soskin.

37. Muitas fontes afirmam que a compra ocorreu em 1980, mas um inventário dos bens de Madoff, apresentado ao tribunal após sua prisão, a data em 1979.

38. A saga do aeroplano Cessna foi citada por várias fontes, incluindo Arvedlund, *Too Good to Be True*, p. 51–52. Esses detalhes foram confirmados por três fontes confidenciais familiarizadas com a família Madoff durante os anos em que o aeroplano esteve em uso.

480   O MAGO DAS MENTIRAS

5. A torneira de dinheiro

1. Entrevista confidencial com um antigo vizinho em Roslyn.
2. Entrevistas confidenciais.
3. *In the Matter of Cohmad Securities Corporation*, ação administrativa protocolada em 11 de fevereiro de 2009 pela Comunidade de Massachusetts, Gabinete do Secretário da Divisão de Títulos da Comunidade (de agora em diante *Galvin Cohmad*), evidência 3.
4. O clube social privado no número 4 da East Sixtieth Street foi fundado em 1854 pela aristocracia judaico-alemã de Nova York e, durante anos, a ascendência alemã foi um requerimento para a filiação. Com o tempo, tornou-se o local favorito para casamentos, recepções e eventos de caridade judeus. Quando a divisão de Wall Street do Comitê Judaico Americano homenageou Madoff, em 1999, a recepção foi realizada no Harmonie Club.
5. Registros do Central Registration Depository (CRD) sobre Marcia Beth Cohn, mantidos pela FINRA.
6. *SEC v. Cohmad Securities Corporation, et al.* (de agora em diante *SEC v. Cohmad*), protocolada como caso n. 09–cv-5680 (LLS) no Tribunal Distrital do Distrito Sul de Nova York, p. 6.
7. Registros do CRD sobre Robert M. Jaffe, mantidos pela FINRA.
8. *In re: Bernard L. Madoff Investment Securities, Debtor; Irving H. Picard, Trustee for the Liquidation of Bernard L. Madoff Investment Securities v. Cohmad Securities Corporation, et al.* (de agora em diante *Picard v. Cohmad*), protocolada como procedimento n. 01305 (BRL) no Tribunal de Falências do Distrito Sul de Nova York, p. 15.
9. Ibid., p. 14.
10. Ela compensava as transações desses clientes por meio da Bear Stearns, até o fechamento da corretora, no início de 2008.
11. Harry Markopolos, *No One Would Listen: A True Financial Thriller* (Hoboken, NJ.: John Wiley & Sons, 2010), p. 27.

NOTAS 481

12. O direito de comprar uma ação é chamado de "opção de compra" [call option]. O vendedor de uma opção de compra está prometendo deixar o comprador comprar as ações por um preço específico ao fim do contrato. O direito de vender uma ação é chamado de "opção de venda" [put option]. O vendedor de uma opção de venda está prometendo deixar o comprador vender as ações por um preço específico ao fim do contrato. Os corretores tipicamente abreviam esses nomes para puts e calls e Madoff usou ambas as formas de opções em sua estratégia.

13. Madoff supostamente comprava uma amostra representativa de 30 a 35 ações de primeira linha do índice S&P 100 e então vendia opções de compra que permitiam que o comprador as obtivesse dele se chegassem a um preço específico. (Essencialmente, isso era chamado de covered call [opção de compra garantida], uma estratégia familiar a muitos investidores individuais.) A opção de compra limitava seu lucro potencial, mas ele supostamente usava o dinheiro que recebera ao vender a opção para comprar uma opção de venda que dava *a ele* o direito de vender a carteira a um preço específico um pouco abaixo do valor corrente. A opção de venda criava um limite para as perdas potenciais se o valor das ações caísse abruptamente. Assim, tanto seus lucros como suas perdas eram limitados pelo uso de opções.

14. Dados Morningstar, compilados para a autora com ajuda do correspondente financeiro do *The New York Times*, Floyd Norris.

15. Evidências do caso *Galvin Cohmad*, carta de Maurice J. Cohn datada de 21 de novembro de 1991.

16. O caso, *In re: M. Frenville*, foi citado no tribunal de falência durante anos.

17. Entrevista de Bienes para o programa *Frontline*.

18. Transcrição SEC Avellino-Bienes, p. 36.

19. Entrevista de Bienes para o programa *Frontline*.

20. Declaração juramentada de Frank Avellino durante a disputa de 1993 no tribunal de falências sobre as taxas contábeis que teria de pagar como parte da investigação de 1992 da SEC.

482   O MAGO DAS MENTIRAS

21. David A. Vise e Steven Coll, *Eagle on the Street* (Nova York: Charles Scribner's Sons, 1991), p. 1-20.

22. Shad, que era presidente do E.F. Hutton na época da nomeação, foi o primeiro executivo de Wall Street a liderar a comissão desde que o presidente Franklin Roosevelt nomeara Joseph P. Kennedy, pai do presidente John F. Kennedy, como primeiro presidente da SEC, em 1934. Reagan passou Sporkin para o cargo de conselheiro-geral da Agência Central de Inteligência (CIA) e quatro anos depois ele foi nomeado juiz federal.

23. Joel Seligman, *The Transformation of Wall Street: A History of the Securities and Exchange Commission and Modern Corporate Finance* (Boston: Northeastern University Press, 1995), p. 576.

24. Vise e Coll, *Eagle on the Street*, p. 128.

25. Ver relatório do Senado n. 94-75, 2 (1975), reimpresso em 1975 U.S.C.C.A.N. 179, 181: "O Comitê acredita [...] que organizações autorregulatórias devem apresentar mais capacidade de resposta a suas obrigações estatutárias e à necessidade de coordenar suas funções e atividades. No novo ambiente regulatório criado por esta lei, a autorregulação permanecerá, mas espera-se que a SEC desempenhe um papel muito mais amplo do que no passado para assegurar que não haverá distância entre o desempenho autorregulatório e a necessidade regulatória."

26. Seligman, *The Transformation of Wall Street*, p. 577.

27. O edifício, projetado por Kenneth Murchison, "tem a maioria dos elementos característicos do tipo: lobby elegantemente acabado de modestas dimensões, laterais iluminadas pelo sol — bem longe das fileiras de edifícios residenciais do oeste — e elegante fachada de bronze", escreveu Christopher Gray em "Streetscapes: 133 East 64th Street: If a Building Could Blush", *New York Times*, 16 de setembro de 2009.

28. Ibid. Howard R. Goldin, que foi o arquiteto da obra, "disse que alguns clientes eram tão proeminentes que lhe pediam que não listasse seus nomes no alvará, mas os Madoff não tinham esse tipo de preocupação na época. Como os clientes não eram exigentes e pagaram prontamente, 'tudo correu tranquilamente', lembrou o sr. Goldin".

NOTAS

29. Em dezembro de 1986, por exemplo, ele falou com a *Securities Week* sobre uma reunião de dois dias a que comparecera em Washington, entre oficiais da Bolsa de Valores de Singapura e outros líderes da NASD. O tópico fora a possibilidade de construir uma ligação eletrônica entre seus mercados, similar à que a NASD mantinha com a Bolsa de Valores de Londres.

30. O artigo também relatou, incorretamente, que Madoff "fundou o North Shore Hospital em Manhasset, Long Island, perto de suas três casas". De acordo com a instituição mantenedora do hospital, ele não desempenhou nenhum papel em sua fundação, embora seu amigo Sonny Cohn tenha sido um substancial benfeitor do hospital durante muitos anos.

31. Tim Metz, *Black Monday: The Catastrophe of October 19, 1987... and Beyond* (Nova York: William Morrow, 1988), p. 198.

32. General Accounting Office, "Financial Markets: Preliminary Observations on the October 1987. Crash", GAO/GGD-88–38, p. 6.

33. Citado em Metz, *Black Monday*, p. 199. Para ser justa, a tecnologia informatizada da Bolsa de Valores de Nova York também falhara. Mais tarde, os líderes da NASD argumentariam que as falhas na tecnologia da NASDAQ foram exageradas no estudo governamental sobre o crash de 1987.

34. Entrevista telefônica, em 2010, com Steven Engler.

35. Dados Morningstar compilados pela autora.

36. Segunda entrevista com BLM.

37. Primeira entrevista com BLM.

38. Como presidente de um dos comitês-chave que tentavam criar um fluxo automatizado de ordens, Bernie Madoff era um dos homens que a mídia procurava em busca de comentários. Em 16 de novembro de 1987, a newsletter *Securities Week* apresentou com destaque a notícia de que o conselho da NASD estava pronto para votar quatro itens que melhorariam a criação de mercados. O artigo dizia: "O primeiro item exigirá que todos os criadores de mercados de balcão participem do sistema de execução de pequenas ordens (SOES) da

484   O MAGO DAS MENTIRAS

NASD, de acordo com Bernard Madoff, presidente do comitê SOES e fundador da corretora nova-iorquina que leva seu nome."

39. A história oficial da própria NASDAQ mais tarde reconheceria que os corretores rapidamente aprenderam a usar o ritmo do novo sistema automatizado para manipular os preços das ações das mesmas maneiras de antigamente.

40. Em sua edição de 10 de julho de 1989, a *Forbes* comentou quão revolucionário era o sistema de Madoff ao descrever a compra automatizada de algumas ações da IBM: "Uma vez que o computador é informado de que a ação foi comprada, ele mostra ao corretor várias maneiras de garantir sua posição e quais seus custos. Ele até mesmo mostra os custos de não cobertura. A cobertura é feita pelo software de Peter Madoff. A cobertura computadorizada dos Madoff está muito à frente de qualquer coisa que os especialistas [do pregão da Bolsa de Valores de Nova York] possuam."

41. Blume, Siegel e Rottenberg, *Revolution on Wall Street*, p. 221.

42. A medida é o índice S&P 500, ajustado para a inflação e dividendos.

43. Hedy Shulman, "Prominent Attorney Howard M. Squadron to Be Honored on June 10 at Benjamin N. Cardozo School of Law Dinner", comunicado de imprensa da Universidade Yeshiva, 10 de maio de 1999. Madoff foi um dos anfitriões do evento, juntamente com o magnata da mídia Rupert Murdoch, um sócio de Squadron chamado Stanley Plesent e o dono do New York Mets, Fred Wilpon.

44. Ibid. Ver também o obituário pago de Squadron publicado pelo conselho do City Center no *The New York Times* em 28 de dezembro de 2001.

45. A conexão original de Tucker com a gestão de investimentos fora por meio de um cliente, um corretor de opções chamado Fred Kolber, com quem ele formou um fundo de opções. Tucker se tornou sócio da Fred Kolber & Company, que formou o fundo Greenwich Options.

46. *Picard v. Fairfield Sentry*, p. 80.

47. Entrevista com Sherry Shameer Cohen, ex-funcionária do Fairfield Greenwich.

48. *Picard v. Fairfield Sentry*, p. 81–82.

NOTAS 485

49. Entrevista de Bienes para o programa *Frontline*. Bienes disse: "Ele tinha uma aura. Não carisma, uma aura — sua postura, sua aparência, a maneira como falava, sua autoconfiança. Ele simplesmente evocava confiança, mostrando que estava no controle e que, se estivesse por perto, tudo ficaria bem."

50. A distribuição global dos clientes da corretora está documentada em "Fairfield Greenwich Group: Firm Profile", um documento confidencial fornecido à autora, datado de 15 de novembro de 2007, p. 5.

51. Primeira entrevista de BLM. Madoff afirmou que o Fairfield Greenwich foi o primeiro fundo hedge a investir com ele e identificou os fundos Kingate, geridos por Carlo Grosso e Federico Ceretti em Londres, e o fundo Thema, administrado pela banqueira austríaca Sonja Kohn, como outros investidores iniciais. Mas seu relacionamento com Kohn datava de 1985 e ela supostamente contribuiu para atrair vários outros fundos hedge europeus nesses anos iniciais, então a versão de Madoff pode não ser muito precisa. Ver *Irving H. Picard v. Sonja Kohn, et al.*, protocolada como procedimento n. 10–05411 (BRL) no Tribunal de Falências do Distrito Sul de Nova York, 10 de dezembro de 2010 (de agora em diante *Picard v. Kohn*), p. 6, 9 e 65.

52. E-mail de BLM, 26 de dezembro de 2010.

6. Aquilo em que queriam acreditar

1. Carta da National Association of Securities Dealers comentando a inspeção da corretora de Madoff no período que terminou em 30 de setembro de 1994, datada de 26 de janeiro de 1995. A inspeção mostrou que, em meados de 1994, a receita anual da corretora era de pouco menos de 125 milhões de dólares ao ano. Assim, essa estimativa parece provável.

2. Ibid.

3. Chapman, "Before the Fall". De acordo com Chapman, Dennis Green, ex-corretor-chefe da Legg Mason, fez esta avaliação da corretora de

Madoff: "Eles sempre têm a melhor tecnologia. Sempre. Mesmo quando nenhum de nós podia bancar aquela tecnologia [...] Eles sempre tinham os melhores sistemas."

4. Carta de BLM, 3 de outubro de 2010. Madoff estimou que os saldos das contas dos clientes totalizassem US$ 5 bilhões em 1987; se era assim, os retornos anuais que ele afirmava estar produzindo teriam elevado esse número, em uma estimativa conservadora, para cerca de US$ 8 bilhões no início da década de 1990.

5. De fato, já em 1991, o pioneiro analista quantitativo Edward Thorp olhou os resultados que Madoff estava produzindo para um fundo de pensão e encontrou algumas bandeiras vermelhas, incluindo um dia, em abril de 1991, no qual as transações relatadas de opções da Procter & Gamble eram mais de dez vezes o número total de opções da P&G negociadas naquele dia. Ver Scott Patterson, *The Quants: How a New Breed of Math Whizzes Conquered Wall Street and Nearly Destroyed It* (Nova York: Crown Business, 2010), p. 63.

6. Relatório Kotz, p. 42–44 e Relatório Kotz, evidência 113, p. 1.

7. Ibid., p. 43.

8. Ibid.

9. Transcrição Avellino-Bienes SEC, p. 12–14.

10. Glantz era sócio do contador Steven Mendelow no fundo Telfran, um fundo feeder indireto de Madoff que investia por intermédio da Avellino & Bienes. Desde ao menos 1985, Mendelow fora associado do escritório de contabilidade de Paul Konigsberg, o Konigsberg Wolf.

11. Richard Halstead, "San Rafael Lawyer Helped Friends and Family Invest Money with Madoff", *Marin Independent Journal*, 12 de fevereiro de 2009, e entrevistas com investidores de Glantz. Glantz não negou ter criado fundos por meio dos quais as pessoas investiam com Madoff, mas observou que era uma vítima tanto quanto elas, tendo perdido toda sua fortuna no esquema Ponzi.

12. Transcrição SEC Avellino-Bienes, p. 14.

13. Bienes descreveu a conversa na entrevista ao programa *Frontline*.

NOTAS

14. Bienes afirmou que Madoff recomendou Ike Sorkin, mas Sorkin contesta a afirmação, dizendo que o pedido veio de Squadron.

15. Entrevista com Ira Lee Sorkin em 2009.

16. Relatório Kotz, evidência 112, p. 1.

17. Ibid.

18. Relatório Kotz, p. 45.

19. Transcrição Avellino-Bienes SEC, p. 35.

20. Ibid., p. 67.

21. Ibid., p. 61-62.

22. Ver *SEC v. Telfran Associates Ltd., Telfran Associates Corp., Steven Mendelow, and Edward Glantz,* protocolada como 92-cv-8564 no Tribunal Distrital do Distrito Sul de Nova York e incluída no Relatório Kotz como evidência 126.

23. Transcrição da audiência de DiPascali com o juiz distrital Richard J. Sullivan, em 11 de agosto de 2009, p. 46.

24. *In re: Bernard L. Madoff Investment Securities, Debtor; Irving H. Picard, Trustee for the Liquidation of Bernard L. Madoff Investment Securities v. Frank J. Avellino, et al.* (de agora em diante *Picard v. A&B*), protocolada como procedimento n. 10-05421 (BRL) no Tribunal de Falências do Distrito Sul de Nova York, p. 3, 39. Especificamente, a ação afirmava que a Avellino & Bienes entregou à SEC uma lista mostrando que os investidores possuíam US$ 399.819.455, mas os extratos de Madoff reportavam que as seis contas detinham somente cerca de US$ 364 milhões. No momento da publicação, os advogados de Avellino e Bienes estavam contestando as alegações do administrador judicial no tribunal.

25. Ibid., p. 40.

26. Ibid., p. 51-54.

27. As acusações criminais das quais DiPascali se declarou culpado em 2009 reconhecem que havia outras pessoas envolvidas no esforço e elas sabiam que se tratava de uma atividade fraudulenta. O governo subsequentemente fez acusações criminais contra Annette Bongiorno, JoAnn

Crupi, Daniel Bonventre, George Perez e Jerome O'Hara, acusando-os de ajudar Madoff e DiPascali a executar e ocultar a fraude. Todos eles negaram as acusações. Acusações similares foram feitas em ações civis iniciadas pelo administrador judicial no tribunal de falências contra Bongiorno, Crupi, Bonventre, Eric Lipkin, o pai e a mãe de Lipkin e David Kugel, um corretor Eric Lipkin e Kugel se declararam culpados das acusações criminais em 2011; os outros réus negaram as alegações do administrador judicial.

28. Especificamente, o memorando da SEC que consta como evidência 114 no Relatório Kotz mostra, na nota de rodapé número 10, na página 9, que "Madoff garante a carteira de A&B primariamente comprando long--term equity anticipation securities ("LEAPS") [títulos de longo prazo de antecipação de ações], que são essencialmente opções de longo prazo (dois anos) sobre ações ou índices de ações. Durante o período de tempo revisado pela equipe (i.e., de maio a outubro de 1992), Madoff comprou opções de venda no índice S&P 100 e utilizou uma estratégia de short [against] the box com o intuito de garantir os lucros". Short against the box é uma venda a descoberto de ações que o investidor já possui — uma maneira de obter lucro sobre o preço atual de venda das ações, sem realmente vendê-las e gerar imposto sobre ganhos de capital.

29. Primeira entrevista com BLM.

30. Ibid.

31. Declaração juramentada de Frank J. Avellino, datada de 10 de março de 1993, arquivada em *SEC v. Avellino & Bienes, Frank J. Avellino and Michael S. Bienes* (de agora em diante "caso de 1992 da SEC"), proto-colada como 92–cv-8314 (JES) no Tribunal Distrital do Distrito Sul de Nova York, p. 1.

32. Ibid., p. 2.

33. Transcrição de uma audiência no caso de 1992 da SEC, perante o juiz distrital John E. Sprizzo, em 21 de abril de 1993, p. 147.

34. Entrevista de Bienes para o programa *Frontline*.

35. *Picard v. A&B*, p. 51.

NOTAS   489

36. Ibid., p. 55. Em uma ação separada, o administrador judicial afirmaria que Steven Mendelow, do Konigsberg Wolf, lucrou, em grau menor, tanto com os lucros garantidos como com os pagamentos "schupt", por supostamente conduzir seus antigos investidores no Telfran de volta a Madoff. Ver *In re: Bernard L. Madoff Investment Securities, Debtor; Irving H. Picard, Trustee for the Liquidation of Bernard L. Madoff Investment Securities v. Steven B. Mendelow, et al.* (de agora em diante *Picard v. Mendelow*), protocolada como procedimento n. 10–04283 (BRL) no Tribunal de Falências do Distrito Sul de Nova York, p. 25. Em uma entrevista telefônica em 10 de janeiro de 2011, Stanley Arkin, advogado de Mendelow, negou as alegações e disse que seu cliente "foi uma vítima como muitas outras e não tinha ideia de que o sr. Madoff estava conduzindo um esquema Ponzi".

37. Em fevereiro de 2011, os programadores, Jerome O'Hara e George Perez, haviam negado as alegações e aguardavam julgamento.

38. E-mail de BLM, datado de 27 de dezembro de 2010. Nesse e-mail, Madoff insiste que a mudança ocorreu quando "os problemas deram início ao crime", negando novamente que o esquema Ponzi tenha começado antes da investigação da SEC. O que é mais provável é que a escala de sua operação fraudulenta fosse compacta o suficiente para ser escondida no 18º andar, até o enorme aumento no número de contas individuais que se seguiu à ação da SEC contra a Avellino & Bienes.

39. Como notou um estudioso, "alta alavancagem, gestão especializada, taxas de desempenho e estratégias de retorno absoluto são marcas registradas da indústria. [Gestores de fundos hedge] partilham a crença de que os mercados não são fortemente eficientes e administradores hábeis podem tirar vantagem de informações e análises superiores e minimização dos custos para conseguir retornos absolutos em qualquer condição de mercado". J. W. Verret, "Dr. Jones and the Raiders of Lost Capital: Hedge Fund Regulation, Part II, a Self-Regulation Proposal", *Delaware Journal of Corporate Law* 32, n. 3. (2007): 803.

490 O MAGO DAS MENTIRAS

40. Carol Loomis, "Personal Investing: The Jones Nobody Keeps Up With", *Fortune*, abril de 1966, p. 237.

41. Carol Loomis, "Hard Times Come to the Hedge Funds", *Fortune*, janeiro de 1970, p. 134.

42. Relatório Kotz, evidência 104, p. 5.

43. Estes e outros detalhes pessoais, a menos que indicados, foram retirados de seu anúncio de noivado, "Monica Haegler Will Be Married to an Economist", *New York Times*, 8 de abril de 1962. Como em todas as colunas sociais, os detalhes foram fornecidos pelo casal e não foram independentemente verificados pelo jornal.

44. Biografia oficial de Walter Noel contida no material promocional do Grupo Fairfield Greenwich.

45. O marido de Lisina Noel, Yanko Della Schiava, era filho de um proeminente executivo italiano do ramo têxtil, ativo na indústria da moda, e da editora da versão italiana da revista *Cosmopolitan*. O marido de Alix, Philip J. Toub, tinha laços familiares com uma grande empresa de transporte marítimo na Suíça, onde fora criado. Andrés Piedrahita, marido de Corina, era o ambicioso filho educado em Boston de um corretor de commodities de Bogotá, Colômbia. Ariane Noel se casou com Marco Sodi, um banqueiro de investimentos nascido em Florença. A quinta filha de Noel, Marisa, foi a única a aceitar um noivo doméstico: ela se casou com Matthew Brown, cujo pai fora executivo da IBM e cuja mãe fora brevemente prefeita de San Marino, Califórnia. Esses detalhes foram retirados dos anúncios de noivado e/ou casamento no *The New York Times*.

46. Kristina Stewart, "Golden in Greenwich", *Vanity Fair*, outubro de 2002; Sarah Medford, "Easy in the Islands", *Town& Country*, maio de 2005, p. 207.

47. Medford, "Easy in the Islands".

48. A estimativa é baseada em comparações das taxas coletadas sobre o total de ativos do fundo Sentry, que era de US$ 4 bilhões em 2002, o que totalizava US$ 87 milhões, de acordo com as evidências protocoladas

NOTAS

491

pelo administrador da falência Madoff, investidores do fundo Sentry e reguladores de títulos de Massachusetts. Como os ativos do fundo Sentry quase chegavam a US$ 2 bilhões em 1998 — cerca de metade do nível de 2002 —, é razoável concluir que a receita da empresa com taxas era igualmente metade do nível de 2002.

49. Ver, por exemplo, *Picard v. Fairfield Sentry*, p. 34.

50. Steve Fishman, "The Monster Mensch", *New York*, 2 de março de 2009, p. 18. Fishman observou que "Ezra levou a Bernard L. Madoff Investment Securities a lugares aos quais Bernie não poderia sequer sonhar em chegar sozinho. A lista de pessoas e instituições que Ezra Merkin apresentou a Bernie Madoff é um tipo de registro social judeu. Havia Mort Zuckerman, o magnata da mídia e do mercado imobiliário, e Ira Rennert, presidente da Sinagoga da Quinta Avenida e dono de uma propriedade de 68 acres de frente para o oceano nos Hamptons. Mais de trinta instituições de caridade investiam com Ezra, muitas delas de afiliação judia" (p. 77).

51. Entrevista confidencial com um ex-associado de BLM.

52. Notas entregues à autora por Alison Leigh Cowan, repórter do *The New York Times*, baseadas em sua extensa cobertura do papel de Merkin no caso Madoff.

53. Ibid.

54. Douglas Feiden, "Famed for Piety, Jacob Merkin Put Faith and Funds in Bernie Madoff", *Daily News* de Nova York, 18 de janeiro de 2009, citando Rafi Weiss, "um investidor aposentado que frequentava com Merkin as sinagogas ortodoxas em Manhattan e Long Island". A mesma citação foi incluída em Fishman, "Monster Mensch", p. 20, atribuída a "um colega congregante".

55. Fishman, "Monster Mensch", p. 24.

56. *In re: J. Ezra Merkin and BDO Seidman* (de agora em diante *NYLS v. Merkin*), protocolada no Tribunal Distrital do Distrito Sul de Nova York como 08–Civ.-10922 (DAB), p. 23. Uma cronologia idêntica é exposta em *The People of the State of New York, by Andrew M. Cuomo, Attorney*

492 O MAGO DAS MENTIRAS

General v. J. Ezra Merkin and Gabriel Capital Corp. (de agora em diante *Cuomo-Merkin*), protocolada sob o n. 450879/09 na Suprema Corte do Estado de Nova York, Condado de Nova York, em 6 de abril de 2009, p. 24, baseada no depoimento de Merkin e outros envolvidos.

57. *NYLS v. Merkin*, p. 4, 12–18, 25–32. Novamente, essas alegações são ecoadas em *Cuomo-Merkin*, notavelmente na p. 29.

58. *Cuomo-Merkin*, p. 26–27.

59. Ibid.

60. Trechos do depoimento de J. Ezra Merkin em 30 de janeiro de 2009 (de agora em diante Transcrição Merkin), protocolada como evidência 1 em *Cuomo-Merkin*, p. 8.

61. Fishman, "Monster Mensch", p. 77.

62. Ibid.

63. *Cuomo-Merkin*, decisão negando a petição dos réus para anular o julgamento, proferida pelo juiz Richard B. Lowe III (de agora em diante Decisão Lowe MTD), 8 de fevereiro de 2010, p. 11.

64. Transcrição Merkin, p. 8.

65. Ibid.

66. Depoimento de Victor Teicher, arquivada em *Cuomo-Merkin*, p. 39–45.

67. Arvedlund, *Too Good to Be True*, p. 252–53, 258–59.

68. Decisão Lowe MTD, p. 3.

69. Notas da autora sobre o seminário Portfolio, do qual participou Wiesel.

70. Ibid.

71. Entrevista confidencial com uma pessoa de Palm Beach familiarizada com as práticas de afiliação do clube desde o fim da década de 1980. A pessoa disse que a taxa de admissão do clube era de US$ 125 mil em 1990–91 e cerca de US$ 400 mil em 2010. Assumindo que o aumento de US$ 275 mil tenha se distribuído de maneira uniforme durante o período de dezenove anos, a taxa em 1996 teria sido de US$ 197.500.

NOTAS

7. Sinais de alerta

1. O artigo foi reproduzido em Markopolos, *No One Would Listen*, p. 288.
2. Ibid.
3. Ibid., p. 289. O fundo Gateway na verdade acompanhou o fundo Fairfield Sentry de perto entre 1993 e 1997; desse momento em diante, a disparidade entre os dois fundos cresceu acentuadamente quando o Gateway se tornou mais volátil e menos rentável.
4. Michael Carroll, Hal Lux e Justin Schack, "Trading Meets the Millennium", *Institutional Investor*, janeiro de 2000, p. 36–53.
5. Artigo de Ocrant em Markopolos, *No One Would Listen*, p. 292.
6. Erin Arvedlund, "Don't Ask, Don't Tell", *Barron's*, 7 de maio de 2001.
7. *Galvin Fairfield Greenwich*, transcrição de trechos da entrevista com Jeffrey Tucker, 12 de março de 2009, p. 97. (Trechos também foram citados como evidência 85 em *Picard v. Fairfield Greenwich*.)
8. De acordo com o depoimento de Tucker, Madoff fez convites similares naquele dia a Carlo Grosso, diretor dos fundos Kingate baseado em Londres, que estava visitando Nova York.
9. Originalmente chamada de Depository Trust Company, a câmara de compensação mais tarde se combinou a uma câmara separada chamada National Securities Clearing Corporation, em cujo conselho Madoff trabalhara no fim dos anos 1980, e passou a ser chamada de Depository Trust & Clearing Corporation ou DTCC. De acordo com a história oficial da DTCC, as câmaras "foram criadas em resposta à crise burocrática que se desenvolveu na indústria de títulos no fim dos anos 1960 e início dos anos 1970. Naquela época, os corretores ainda trocavam certificados de papel e cheques para cada transação, enviando centenas de mensageiros que corriam por Wall Street agarrados a bolsas de cheques e títulos".
10. *Galvin Fairfield Greenwich*, transcrição de trechos da entrevista com Jeffrey Tucker, 12 de março de 2009, p. 97–100.
11. Relatório Kotz, p. 89.

494 O MAGO DAS MENTIRAS

12. Previamente, os fundos hedge se restringiam a menos de cem parceiros; a Lei de Melhoria dos Mercados Nacionais de Títulos de 1996 lhes permitia um número ilimitado de parceiros, desde que cada um deles fosse um "comprador qualificado" com ao menos US$ 5 milhões em ativos investidos.

13. O General Accounting Office publicou três relatórios e testemunhou perante o Congresso sobre os problemas de mão de obra da SEC: GAO-01-947, GAO-02-302, GAO-03-120 e GAO-02-662T. Nenhum relatou qualquer progresso em solucionar os profundos problemas de pessoal da agência.

14. General Accounting Office, "Securities and Exchange Commission: Human Capital Challenges Require Management Attention", relatório n. GAO-01-947, p. 1.

15. Harry Markopolos, depoimento perante o Comitê da Câmara sobre Serviços Financeiros, 4 de fevereiro de 2009, p. 5.

16. Os detalhes pessoais e profissionais foram retirados de Markopolos, *No One Would Listen*.

17. Ibid., p. 65-66.

18. Relatório Kotz, evidência 18, p. 18-19.

19. Markopolos, *No One Would Listen*, p. 161.

20. Depoimento de Markopolos, p. 9.

21. Dados Morningstar compilados para a autora e analisados no mesmo período que Markopolos usou em sua denúncia de 2000 à SEC. Ver Relatório Kotz, evidência 134.

22. Relatório Kotz, transcrição da entrevista com Ed Manion, evidência 18, p. 24.

23. Relatório Kotz, p. 64.

24. Ibid., denúncia de Markopolos em 2000, evidência 134, p. 2.

25. "Baseado no depoimento de [então administrador regional de Boston Juan] Marcelino e a declaração corroborante de [predecessor de Ward, Jim] Adelman, o depoimento de Ward ao OIG não era crível em relação: 1) a se ele se lembrava de ter se encontrado com Markopolos ou ouvido

NOTAS 495

suas preocupações sobre o fundo hedge de Madoff em 2000; e 2) a substância de sua conversa de 4 de fevereiro de 2009 com Marcelino. Assim, o OIG conclui que, com base na preponderância de evidências, Ward se reuniu com Markopolos em 2000 e disse a Manion que encaminhara a denúncia a NERO, mas nunca o fez."

26. Relatório Kotz, p. 67.

27. Ibid., p. 27.

28. Ibid., p. 72-73.

29. Fundos de fundos hedge que não são publicamente registrados como fundos mútuos estão disponíveis no mercado internacional desde ao menos 1990, quando havia aproximadamente duas dúzias deles, de acordo com a Van Hedge Fund Advisors International. Em agosto de 2005, a empresa de consultoria estimou 3 mil fundos assim, constituindo cerca de 40% dos ativos da indústria.

30. William H. Donaldson, "Testimony Concerning Investor Protection Implications of Hedge Funds", Comitê do Senado Americano sobre o Setor Bancário, Habitação e Questões Urbanas, 10 de abril de 2003.

31. Diana B. Henriques, "Questions for a Custodian After Scams Hit IRAs", *The New York Times*, 24 de julho de 2009.

32. Em 2008, a unidade que cuidava das IRAs autodirigidas foi separada da Fiserv e dividida, com os serviços autodirigidos indo para uma companhia privada criada pelo ex-presidente da unidade e o restante indo para a TD Ameritrade. A Fiserv foi processada em nome de seus clientes em 2009 por "facilitar" a fraude de Madoff e o caso ainda estava se movendo lentamente nos tribunais mais de 18 meses depois.

33. Henriques, "Questions for a Custodian". Três outros operadores de esquemas Ponzi condenados afastaram seus investidores IRAs da Fiserv. Falhas regulatórias e decisões judiciais inconsistentes sobre os deveres das empresas de apoio deixaram o cenário legal bastante enevoado; os litígios suscitados pelo caso Madoff podem ajudar a esclarecer suas responsabilidades.

34. *Cuomo v. Ivy*, p. 12.

496 O MAGO DAS MENTIRAS

35. Ibid., p. 1–4.
36. Esses detalhes e aqueles que se seguem foram retirados de várias seções de *Cuomo v. Ivy*, que cita e-mails e cartas da época encontrados nos arquivos da Ivy.
37. *Cuomo v. Ivy*, p. 23.
38. Ibid., p. 36.
39. Ibid., p. 42. O caso Ivy ainda está pendente, mas o sócio protocolou uma resposta formal no tribunal contestando as acusações do procurador-geral e negando que suspeitasse de que Madoff estava operando um esquema Ponzi durante aqueles anos. Ver *Cuomo v. Ivy*, "Resposta e defesa afirmativa de Howard Wohl", 28 de agosto de 2010.
40. Biografia oficial nos prospectos do fundo Maxam; Greg Newton, "A Talented Talent Scout", *Barron's*, 2 de agosto de 2006.
41. Newton, "Talented Talent Scout".
42. Primeira entrevista com BLM.
43. A transcrição dessa sessão, realizada em 14–15 de maio de 2003, na sede da SEC em Washington, D.C. (de agora em diante Fórum sobre Fundos Hedge de maio de 2003), foi postada no website da SEC sem número de páginas, mas de maneira que pode ser pesquisada. Em fevereiro de 2011, ela podia ser encontrada neste endereço: <www.sec.gov/spotlight/hedgefunds/hedge2trans.txt>.
44. Ibid.
45. Kevin E. Lynch, Charles Colfer e Tomas Kukla, "Flash: Rogerscasey's Buy-Rated Hedge Fund Managers Have No Exposure to Madoff Investment Securities LLC", publicação interna da Rogerscasey Inc., dezembro de 2008.
46. Os avisos surgiram no curso das ações protocoladas no Colorado pelas vítimas de Madoff, contra unidades da Fiserv que forneciam serviços de custódia para IRAs para mais de oitocentas contas de aposentadoria investidas com Madoff.
47. Lynch, Colfer e Kukla, "Flash", p. 2.
48. Diana B. Henriques, "Deal Recovers $7.2. Billion for Madoff Fraud Victims", *The New York Times*, 17 de dezembro de 2010.

NOTAS

49. James B. Stewart, *Den of Thieves* (Nova York: Simon & Schuster, 1991), p. 202-3. Stewart notou que o auxiliar de Boesky, Reid Nagle, "não tinha ideia de onde vinha o dinheiro de Picower; ele ocupava um escritório sem identificação em uma torre anônima de Manhattan".

50. Henriques, "Deal Recovers $7.2. Billion", e notas jornalísticas disponibilizadas para a autora por seu colega Peter Lattman.

51. Jake Bernstein, "Madoff Client Jeffry Picower Netted $5. Billion—Likely More Than Madoff Himself", ProPublica.org, 23 de junho de 2009 (subsequentemente atualizado) e o gráfico que acompanha o artigo, de Dan Nguyen e Jake Bernstein, "Chart: The Picower-Madoff Transfers, from 1995–2008".

52. Roger Madoff, *Leukemia for Chickens: One Wimp's Tale About Living Through Cancer* (Nova York: publicação privada, 2007).

53. Ibid., p. 273-74. A cena, dois dias antes da morte de Roger, foi descrita no livro de Roger pelo terapeuta Larry Dyche, da Faculdade de Medicina Albert Einstein: "Passei pelos longos corredores até a área de Roger. Pela porta de seu quarto, vi um homem colocando bálsamo em seus pés [...] Era o pai de Roger, um homem renomado em Wall Street. Desculpando-se por não apertar minha mão, ele se levantou e nos deixou sozinhos no quarto. Parecia que daria tudo o que tinha para manter o filho."

54. Baseado nos relatórios do *Securities Industry Yearbook* daqueles anos.

55. Em uma ação contra um fundo feeder de Madoff, o administrador da falência observou: "Baseado em todos esses fatores, muitos bancos, consultores da indústria e insiders que fizeram um esforço para conduzir razoáveis avaliações de risco se recusaram a lidar com a BLMIS e com Madoff porque temiam seriamente que suas operações não fossem legítimas. Partilhavam dessas informações e crenças Société Générale, Goldman Sachs, CitiGroup, Morgan Stanley, Merrill Lynch, Bear Stearns e Credit Suisse." Ver *In re: Bernard L. Madoff Investment Securities, Debtor; Irving H. Picard, Trustee for the Liquidation of Bernard L. Madoff Investment Securities v. Thybo Asset Management Ltd.* (de agora em diante *Picard v. Thybo*), protocolada como procedimento n. 09–01365 (BRL) no Tribunal de Falências do Distrito Sul de Nova York, p. 18.

498 O MAGO DAS MENTIRAS

8. Uma experiência de quase morte

1. Relatório Kotz. Os detalhes foram retirados de transcrições das entrevistas com Lamore, evidência 48, e Ostrow, evidências 36 e 37, de seu relato das entrevistas com o próprio Madoff, evidência 104, e de entrevistas confidenciais com pessoas familiarizadas com as operações da SEC. Quando aspas são usadas nesta passagem, trata-se de frases das transcrições oficiais lembradas pelos participantes.
2. Relatório Kotz, transcrição Ostrow, evidência 36, p. 22, 34.
3. *Securities and Exchange Commission v. Frank DiPascali Jr.* (de agora em diante *SEC v. DiPascali*), protocolada como 09–cv-7085 no Tribunal Distrital do Distrito Sul de Nova York em 11 de agosto de 2009, p. 16; e *Informação Criminal DiPascali*, p. 14–15.
4. Relatório Kotz, evidência 104, entrevista com Madoff, p. 3.
5. De acordo com o relatório Kotz, Richards se lembrou de falar com Madoff antes de uma inspeção em 2003 e concordou que a conversa pode ter ocorrido da maneira que Madoff descreveu, mas ela não podia confirmar o diálogo exato. Ver Relatório Kotz, p. 87.
6. Relatório Kotz p. 136–37.
7. Relatório Kotz, evidência 104, entrevista com Madoff, p. 1–3, 6.
8. Relatório Kotz, e-mail de 20 de abril de 2005, evidência 233.
9. Relatório Kotz, p. 145.
10. O Meritor entrara em um swap de retorno total com outra parte, que prometeu pagar ao Meritor uma taxa de retorno igual ao desempenho de um dos fundos hedge ligados a Madoff. Ver Relatório Kotz, p. 145.
11. Relatório Kotz, e-mails executivos internos da Renaissance apresentados como evidências 211, 212 e 213.
12. Ibid., evidência 211.
13. Ibid., evidência 215, p. 2.
14. Ibid., p. 151.
15. Ibid., p. 77–78.
16. Ibid., p. 97–98.

NOTAS 499

17. Ibid., Transcrição Lamore, evidência 48, p. 77.
18. Entrevistas confidenciais com pessoas familiarizadas com a mesa de operações de Madoff.
19. Relatório Kotz, p. 131.
20. Esse argumento foi apresentado em numerosas ações judiciais contra vários fundos feeder, baseado na declaração juramentada de Edward H. Siedle, protocolada em 26 de março de 2009, em *Retirement Program for Employees of the Town of Fairfield, et al. v. Bernard L. Madoff; Tremont Partners, Inc., et al.* (de agora em diante *Town of Fairfield*), protocolada no Tribunal Superior do Estado de Connecticut, Distrito Judicial de Fairfield, em Bridgeport, p. 6. Siedle era um consultor financeiro apresentado pelos reclamantes como testemunha especialista no caso.
21. Entrevista confidencial.
22. Relatório Kotz, p. 146.
23. Ibid., p. 189-90.
24. Ibid., evidência 104, p. 2; evidência 244; e evidência 245.
25. Relatório Kotz, evidência 36, p. 24.
26. Relatório Kotz, evidência 104, p. 4.
27. Relatório Kotz, evidência 245. No e-mail que inicia o conjunto de evidências, Lamore escreve para seus colegas que "Bernie está confessando". Seu supervisor mais tarde diria que as óbvias mentiras de Madoff não o preocuparam excessivamente: "[...] é difícil entrar na cabeça de alguém e saber por que está dizendo o que diz" (ibid., p. 194-95).
28. Relatório Kotz, evidência 104, p. 4.
29. Relatório Kotz, evidência 48, p. 103.
30. Relatório Kotz, evidência 247, p. 2.
31. Relatório Kotz, p. 136.
32. Ibid., p. 137.
33. Ibid., p. 222-23.
34. Newton, "Talented TalentScout".
35. Documento confidencial "Grupo Fairfield Greenwich: perfil da companhia", datado de 15 de novembro de 2007 e aparentemente preparado como

500 O MAGO DAS MENTIRAS

parte dos esforços dos sócios para encontrar um comprador ou grande investidor para a empresa (de agora em diante perfil FGG 2007), p. 13–14.

36. Ibid.

37. Carta de Samuel Israel III ao juiz distrital Colleen McMahon, 9 de abril de 2008, p. 1.

38. Gretchen Morgenson, Jenny Anderson, Geraldine Fabrikant e Riva D. Atlas, "What Really Happened at Bayou", *The New York Times*, 17 de setembro de 2005.

39. Ibid.

40. Gretchen Morgenson, "U.S. Sues Bayou; Fraud Cited", *The New York Times*, 2 de setembro de 2005.

41. Tanto Samuel Israel III quanto o diretor financeiro Daniel E. Marino foram acusados, declararam-se culpados e foram sentenciados no Tribunal Distrital do Distrito Sul de Nova York. Cada um deles pegou uma pena de vinte anos de prisão. O número do caso é 1: 05–cr–01036–CM-1.

42. Entrevista confidencial com um velho amigo da família Levy.

43. Entrevista da Fox Business News com Francis Levy, "Bulls and Bears", janeiro de 2009, de uma transcrição de *Money for Breakfast*, 9 de janeiro de 2009, postado na CEOWire e recuperado para a BNET.

44. *SIPC v. Bernard L. Madoff Investment Securities, Debtor; In re: Bernard L. Madoff, Debtor* (de agora em diante *Liquidação Principal Madoff*), caso número 08–01789–BRL no Tribunal de Falências, Distrito Sul de Nova York, "Petição para entrada da ordem referente à seção 105(a) do Código de Falências e regras 2002 e 9019 das Regras Federais de Procedimentos de Falência, aprovando um acordo entre o administrador judicial, Jeanne Levy-Church e Francis N. Levy", datada de 27 de janeiro de 2010, p. 4.

45. Essas conexões foram identificadas e documentadas pela autora, comparando reivindicações de investidores do caso de falência do Bayou Group LLC, protocolado sob o número 06–22306 (ASH) no Tribunal de Falências do Distrito Sul de Nova York, com registros do caso Madoff.

46. *Picard v. Fairfield Sentry*, p. 100–02; os e-mails são a evidência 18 em *Galvin Fairfield Greenwich*.

NOTAS

47. Transcrição de audiência em *U.S.A. v. David Friehling* (de agora em diante *Transcrição da Audiência de Friehling*), protocolado como caso n. 09–cr-700 (AKH), Tribunal Distrital do Distrito Sul de Nova York, 3 de novembro de 2009, p. 34–35.

48. *Picard v. Fairfield Sentry*, evidência 56, "Apresentação da equipe do Grupo Fairfield Greenwich, 2 de novembro de 2005", p. 15.

49. Memorando de julho de 2006 de Jonathan Clark, protocolado como evidência no caso *In re: Optimal Strategic U.S. Equity Fund Securities Litigation*, caso multidistrital n. 2073, Tribunal Distrital, Distrito do Sul da Flórida, p. 6–7.

50. Ibid.

51. *U.S.A. v. Daniel Bonventre*, queixa confidencial apresentada em declaração juramentada pelo agente especial Keith D. Kelly ao juiz magistrado Theodore H. Katz e arquivada como caso n. 10–MAG-385 em 24 de fevereiro de 2010, p. 22. A queixa, a base para o mandado de prisão no caso, foi substituída um mês depois por um indiciamento formal que combinava o caso contra Bonventre com um indiciamento já pendente contra dois outros funcionários de Madoff, Jerome O'Hara e George Perez, como comentado adiante. Bonventre negou todas as acusações.

52. Não há controvérsia legal sobre se esses programas existiam e se eram usados para enganar reguladores, contadores e investidores. A controvérsia é sobre quem os criou e por quê. DiPascali admitiu dar ordens para que fossem criados e colocados em operação; os dois programadores que ele acusou de criá-los, George Perez e Jerome O'Hara, negaram qualquer má conduta e exigiram ser julgados por um júri. Detalhes das acusações contra eles estão contidos em uma ação civil, *SEC v. Jerome O'Hara and George Perez* (de agora em diante *SEC v. O'Hara e Perez*), protocolada no Tribunal Distrital do Distrito Sul de Nova York em 13 de novembro de 2009 e em um indiciamento criminal relacionado contra Perez e O'Hara tornado público no mesmo dia. Como observado, um indiciamento acrescentando Daniel Bonventre como réu foi protocolado em 24 de março de 2010; Bonventre também negou as acusações e exigiu ser julgado por um júri.

502 O MAGO DAS MENTIRAS

53. *SEC v. O'Hara e Perez.*

54. *U.S.A. v. Daniel Bonventre, Jerome O'Hara and George Perez* (de agora em diante *Primeiro Indiciamento Substituto de Bonventre*), protocolado em 24 de março de 2010 como S1–10–cr-228 (LTS), Tribunal Distrital, Distrito Sul de Nova York, p. 29.

55. *In re: Bernard L. Madoff, Debtor; Irving H. Picard, Trustee for the Liquidation of Bernard L. Madoff Investment Securities LLC. v. Peter B. Madoff, Mark D. Madoff, Andrew H. Madoff and Shana D. Madoff* (daqui em diante *Picard v. Família Madoff*), protocolada sob o número 09–01503 (BRL) no Tribunal de Falências do Distrito Sul de Nova York, "Declaração de Martin Flumenbaum corroborando o memorando legal de Mark e Andrew Madoff em apoio de sua petição para anulação", evidência A: Memorando de Lazard Freres & Co. datado de 23 de dezembro de 2008, p. 1.

56. Bonventre foi preso em função de uma queixa criminal apresentada pelo gabinete do procurador-geral do Distrito Sul de Nova York em 25 de fevereiro de 2010, três meses após o indiciamento dos dois programadores que supostamente ajudaram DiPascali a elaborar registros falsos para a fraude. A referência aqui é às acusações formais que foram apresentadas contra Bonventre em *Primeiro Indiciamento Substituto de Bonventre*, p. 28–30.

57. Na mesma data da prisão de Bonventre, a SEC protocolou acusações civis de fraude contra ele, *SEC v. Daniel Bonventre* (de agora em diante *SEC v. Bonventre*), no Tribunal Distrital do Distrito Sul de Nova York, fornecendo detalhes adicionais sobre seu suposto papel no esquema Ponzi.

58. Ibid., p. 14.

59. Ibid., p. 2.

60. Relatório Kotz, evidência 268, p. 1.

61. Ibid.

62. Relatório Kotz, p. 240.

63. Relatório Kotz, p. 242.

64. Ibid., p. 243.

NOTAS

65. Ibid., p. 245–46.
66. Ibid., evidência 281, p. 4.
67. Relatório Kotz, p. 250–51.
68. Ibid., p. 251, nota 174. Em uma declaração em nome de Cheung, seus advogados argumentaram com Kotz que, embora a falha em descobrir o crime de Madoff "seja um fardo que a sra. Cheung carrega diariamente e continuará a carregar nos anos vindouros", ela e seus colegas conduziram "uma investigação significativa e de boa-fé" de Madoff que foi "consistente com as regras, políticas e práticas da SEC". Os advogados reclamaram porque ela estava sendo injustamente culpada pelo "que parece ser uma falha sistêmica". Ver ibid., evidência 281, p. 1–2.
69. Markopolos, *No One Would Listen*, p. 152.
70. Joe Holley, "John Wilke, 54: Acclaimed Investigative Reporter", *Washington Post*, 4 de maio de 2009.
71. E-mails que Markopolos submeteu como parte de seu depoimento ao Congresso em 2009 incluíam várias mensagens nas quais amigos o exortavam a contatar outros repórteres.
72. Markopolos, *No One Would Listen*, p. 154.
73. Ibid.
74. Joe Strupp, "Former 'WSJ' Editor Does Not Recall Madoff Tip", blog Market Rap, 5 de fevereiro de 2009. Ver também Richard J. Tofel, "Bookshelf: Shadowing a Swindler", *Wall Street Journal*, 8 de março de 2010.
75. Relatório Kotz, p. 255.
76. Ibid., p. 256.
77. Ibid.
78. Ibid., p. 271–72.
79. Ibid., p. 292.
80. A conversa que a testemunha teve com Madoff chegou às manchetes quando uma transcrição parcial foi liberada como Evidência 1 em *Galvin Fairfield Greenwich*. De acordo com a transcrição, Madoff iniciou a conversa dizendo ao conselheiro-geral do Fairfield Greenwich, Mark McKeefry: "Em primeiro lugar, Mark, obviamente esta conversa nunca

504 O MAGO DAS MENTIRAS

aconteceu, ok?" (Ver Evidência 1, p. 30.) Advogados do Fairfield Greenwich responderam que o telefonema, como quer que Madoff o tivesse descrito, ocorrera com permissão da SEC e fora revelado à agência.

81. *SEC v. Bonventre*, p. 18–19.
82. Relatório Kotz, p. 293.
83. Ibid., p. 269, nota 189.
84. A lista incluía a empresa do próprio Madoff; a DTCC; o Bank of New York; Barclays Capital of London; 42 corretores no exterior, sendo 36 na Inglaterra, dois na Irlanda e um cada na Bélgica, Alemanha, Holanda e Espanha; e doze contrapartes para suas negociações com opções, incluindo o UBS e outra instituição na Suíça, o Royal Bank of Scotland (RBS), o Bank of Bermuda em Londres, quatro entidades na Alemanha e uma cada na Áustria, França, Holanda e Espanha. Ver Relatório Kotz, evidência 334.

9. O mundo de Madoff

1. Perfil FGG 2007, p. 13.
2. *SEC v. Bonventre*, p. 22. Os três negaram as alegações do governo de que essas retiradas refletiam conhecimento sobre o esquema Ponzi.
3. Ibid., p. 17. A SEC calculou que Madoff emprestou US$ 50 milhões a membros da família entre 2001 e 2008.
4. Relatório Kotz, p. 304.
5. Ibid., p. 307–8.
6. Um professor de História que leu um esboço inicial deste livro observou que as reações da SEC no caso Madoff lembravam a resposta dos líderes estadunidenses, nos anos anteriores a Pearl Harbor, a relatos de que os japoneses planejavam um ataque aéreo ao Havaí. Dada a disparidade militar e econômica entre as duas nações, os relatos pareciam imaginativos demais para serem críveis — a não ser em retrospecto.
7. Relatório Kotz, evidência 267 (trecho da transcrição da entrevista), p. 47.
8. Ibid., p. 64–65.

NOTAS

9. Ibid., p. 88-89.

10. Relatório Kotz, evidência 104, p. 3-4.

11. Ibid., p. 3.

12. Relatório Kotz, evidência 267, p. 103-05.

13. Relatório Kotz, evidência 48, p. 182.

14. Ibid., p. 250.

15. Ibid., p. 184.

16. Relatório Kotz, evidência 390. O memorando de encerramento do caso, que continha essa conclusão, aparentemente foi escrito em janeiro de 2007, mas sua autora, Simona Suh, entrou em licença-maternidade e o derradeiro relatório encerrando finalmente o caso só foi completado quando retornou. Foi novamente atrasado quando ela investigou uma denúncia anônima relatando (de modo bastante preciso) que Madoff estava roubando o patrimônio de Norman F. Levy; Madoff negou administrar o dinheiro de Levy e a questão foi abandonada.

17. Um bom exemplo do crescimento geral do mercado de fundos hedge são os populares fundos supranacionais chamados UCITS, um acrônimo para Undertakings for Collective Investments in Transferable Securities [Empreendimento para Investimentos Coletivos em Títulos Transferíveis]. As vendas de UCITS baseados em ações — a melhor comparação para os fundos oferecidos por Madoff — cresceram 25% nos primeiros nove meses de 2006 em relação ao mesmo período de 2005.

18. Entrevista confidencial.

19. Em um litígio iniciado pelo administrador judicial do caso Madoff em dezembro de 2010, ela é descrita como sendo conhecida por dois outros nomes de solteira: Sinja Blau e Sonja Türk. Este último nome também foi citado em Miriam Shaviv, "Could This Frum Lady Be Madoff's $40m Agent?", *Jewish Chronicle*, 9 de julho de 2009, e Haig Simonian e Eric Frey, "Profile: Bank Medici's Sonja Kohn", *Financial Times*, 7 de janeiro de 2009. A mãe de Kohn, também acionada no caso do administrador judicial, foi identificada como Netty Blau.

20. *Picard v. Kohn*, p. 61.

506   O MAGO DAS MENTIRAS

21. Central Depository Records para Sonja Kohn, mantidos pela FINRA.

22. Ibid.

23. *Picard v. Kohn*, p. 62. O administrador judicial avaliou que Madoff pagou a Cohmad "ao menos US$ 526 mil", durante os anos, por essa apresentação.

24. Entrevistas confidenciais.

25. Arvedlund, *Too Good to Be True*, p. 130; Secretaria de Registros Corporativos do Estado de Nova York.

26. Entrevista com Squillari.

27. *Picard v. Kohn*, p. 23.

28. *In re: Bernard L. Madoff Investment Securities, Debtor; Irving H. Picard, Trustee for the Liquidation of Bernard L. Madoff Investment Securities v. Leon Flax, et al.* (de agora em diante *Picard v. Flax*), protocolada sob o n. 10–05267 (BRL) no Tribunal de Falências do Distrito Sul de Nova York, p. 19–20. Flax também estava entre os diretores e executivos da afiliada londrina de Madoff que foram processados por Picard nos tribunais ingleses. Nenhum advogado representara Flax no tribunal de falências ou respondera às alegações do administrador judicial quando este livro foi enviado para produção.

29. David Crawford, "Madoff Kickbacks Alleged in Austria", *Wall Street Journal*, 3 de julho de 2009, e entrevista telefônica com Andreas Theiss, advogado vienense de Kohn, em 12 de dezembro de 2010.

30. "Taki" Theodoracopulos, "Madoff 's Make Away", *Taki's Magazine*, publicado on-line em <www.takimag.com>, 12 de janeiro de 2009. Theodoracopulos era um cliente de investimentos e colega de Charles Fix.

31. Nelson D. Schwartz e Julia Werdigier, "Austria's 'Woman on Wall St.' and Madoff", *The New York Times*, 7 de janeiro de 2009.

32. Ao contrário do Banco Medici de Kohn, o Creditanstalt tinha um pedigree corporativo que realmente incluía a lendária família banqueira da Itália, os Medici.

33. *In re: Bernard L. Madoff Investment Securities, Debtor; Irving H. Picard, Trustee for the Liquidation of Bernard L. Madoff Investment Securities v.*

NOTAS

Herald Fund SPC, et al. (de agora em diante *Picard v. Fundo Herald*), protocolada sob o n. 09–01359 (BRL) no Tribunal de Falências do Distrito Sul de Nova York, p. 10.

34. Pierre Clauss, Thierry Roncalli e Guillaume Weisang, "Risk Management Lessons from Madoff Fraud", postado on-line em 8 de abril de 2009, p. 10. Cópias eletrônicas do estudo estão disponíveis em: <www.ssrn.com/abstract=1358086>.

35. *Picard v. Fundo Herald* , p. 10.

36. *In re: Bernard L. Madoff Investment Securities, Debtor; Irving H. Picard, Trustee for the Liquidation of Bernard L. Madoff Investment Securities v. UBS AG, et al.* (de agora em diante *Picard v. UBS*), protocolada sob o n. 10–04283 (BRL) no Tribunal de Falências do Distrito Sul de Nova York, p. 53.

37. Benjamin Masse-Stamberger, "Revelations: Affair Madoff: Le rapport secret qui accuse JPMorgan", *L'Express*, 7 de outubro de 2010.

38. Alan Katz, "Madoff Investor Awaits 'Imbecile' or 'Dupe' Verdict (Update 1)", agência de notícias Bloomberg, 5 de janeiro de 2009.

39. Alan Katz, "Madoff Investor's Suicide Was an 'Act of Honor', Brother Says", agência de notícias Bloomberg, 2 de janeiro de 2009.

40. Ibid.

41. Os detalhes desse episódio de 2006 foram retirados de *Picard v. UBS*, p. 55–57. De acordo com essa queixa, o relato foi baseado em registros internos intimados pelo administrador judicial a Access International e entrevistas juramentadas com o funcionário da Access, identificado como Theodore Dumbauld, e o analista independente, identificado como Chris Cutler, fundador da Manager Analysis Services LLC.

42. A descrição da abordagem de Cutler e da reação de Littaye foi retirada de e-mails entre Dumbauld e Cutler, citados em *Picard v. UBS*, p. 57.

43. Relatório geral de auditoria, Central African States Development Bank (CASDB), ano fiscal encerrado em 31 de dezembro de 2008, p. 73.

44. *In re: Bernard L. Madoff Investment Securities, Debtor; Irving H. Picard, Trustee for the Liquidation of Bernard L. Madoff Investment Securities v.*

508 O MAGO DAS MENTIRAS

Harley International (Cayman) Limited (de agora em diante *Picard v. Harley*), protocolada sob o n. 09–01187 (BRL) no Tribunal de Falências do Distrito Sul de Nova York, p. 11.

45. *Picard v. Fairfield Sentry*, p. 13.

46. *Liquidação Principal Madoff*, "Petição para entrada da ordem relativa à seção 105(a) do Código de Falências e regras 2002 e 9019 das Regras Federais de Falência aprovando o acordo entre o administrador judicial, Optimal Strategic U.S. Equity Limited e Optimal Arbitrage Limited", p. 4.

47. *Picard v. Kohn*, p. 96.

48. Esses detalhes foram retirados de *Liquidação Principal Madoff*, "Declaração juramentada de Gregory J. Adams em apoio à alegação da Anchor Holdings LLC".

49. Mark Jickling, "Hedge Funds: Should They Be Regulated?" Serviço de Pesquisas do Congresso, atualizado em 2 de julho de 2007, p. 6.

50. Ver Franklin R. Edwards, "Hedge Funds and Investor Protection Regulation", revista trimestral do Federal Reserve Bank de Atlanta, quarto trimestre de 2006; e Franklin R. Edwards, "New Proposals to Regulate Hedge Funds: SEC Rule 203(b)(3)-2", apresentado na Conferência sobre Novas Iniciativas para Regulamentar os Fundos Hedge, Universidade Columbia, 21 de outubro de 2004. Na página 15, Edwards escreve: "Em vez de focar exclusivamente na restrição de acesso aos fundos hedge como maneira de proteger os investidores, a SEC deveria explorar maneiras de tornar ao menos algumas estratégias de fundos hedge *mais* acessíveis para os investidores" (grifo no original).

51. Perfil FGG 2007, p. 64.

52. Brochura de vendas do Fairfield Sentry Ltd. Versão USD 3X Leveraged.

53. Ver "Press Release of Irving H. Picard: Trustee for Liquidation of Bernard L. Madoff Investment Securities Seeks $1. Billion from Seven Global Financial Institutions in Madoff Ponzi Scheme", 8 de dezembro de 2010. As queixas contra os bancos foram protocoladas em sigilo no Tribunal de Falências do Distrito Sul de Nova York.

NOTAS

54. O fundo Sentry produziu um retorno de 6,44% em 2004 e 7,26% em 2005, mas, em 2006, sua taxa de retorno foi de 9,38%.

55. *In re: Bernard L. Madoff Investment Securities, Debtor; Irving H. Picard, Trustee for the Liquidation of Bernard L. Madoff Investment Securities v. J.P. Morgan Chase & Co., et al.*, protocolada sob o n. 10-04932 (BRL) no Tribunal de Falências do Distrito Sul de Nova York, p. 31. O banco negou vigorosamente as alegações do administrador judicial nesse caso, que permanecia sigiloso em 2 de fevereiro de 2011.

56. Entrevistas confidenciais.

57. *Informação Criminal DiPascali*, p. 44.

58. Ibid.; "The United States of America's Application for a Preliminary Order of Forfeiture (Final as to the Defendant) etc.", protocolada em 21 de abril de 2010. Muitas das posses de DiPascali foram leiloadas pelo Serviço de Delegados dos Estados Unidos em 24 de junho de 2010. O barco e os três carros da família conseguiram um pouco menos de US$ 1 milhão.

59. *DiPascali Criminal Information*, p. 43-45; *SEC v. DiPascali*, p. 15.

60. Durante uma entrevista telefônica, Roland Riopelle, advogado de Bongiorno, disse que ela estava "contestando muito vigorosamente" os casos criminal e civil contra ela e "quer fazer seu melhor para se defender, pois é inocente".

61. Relatório Kotz, p. 408-09.

62. Relatório Kotz, evidência 104, p. 10.

63. Uma transcrição da sessão (de agora em diante Transcrição Philoctetes) foi obtida no website do Philoctetes Center. Os números de páginas se referem à versão PDF da transcrição.

64. Transcrição Philoctetes, p. 7-8.

65. Ibid., p. 8.

66. Ibid.

67. Ibid.

68. Ibid.

69. Ibid., p. 9.

10. O ano de viver perigosamente

1. Formulários públicos da SEC, formulário ADV, Aplicação para Registro de Consultoria de Investimentos feita por Bernard L. Madoff Investment Securities em fevereiro de 2005.
2. *Picard v. Família Madoff*, p. 29.
3. Essa passagem é baseada em *Securities Industry Yearbook*, uma revisão da lista de funcionários da Bernard L. Madoff Investment Securities e entrevistas com Squillari, BLM, três fontes confidenciais que compareceram à festa de 2007 e fontes confidenciais familiarizadas com a operação da corretora de Madoff.
4. Agenda 2008 de BLM.
5. Ibid.
6. Shannon Donnelly, "He's 95, and He'll Sing if He Wants To", *Palm Beach Daily News*, 20 de fevereiro de 2008.
7. *Picard v. Cohmad*, p. 15.
8. *In re: Bernard L. Madoff Investment Securities, Debtor; Irving H. Picard, Trustee for the Liquidation of Bernard L. Madoff Investment Securities v. HSBC Bank PLC, et al.*(de agora em diante *Picard v. HSBC*), protocolada sob o n. 09–01364 (BRL) no Tribunal de Falências do Distrito Sul de Nova York, p. 106.
9. Ibid., p. 16.
10. Ibid., p. 107–11.
11. Ibid., p. 111.
12. Programa do evento realizado no Harmonie Club em 15 de novembro de 1999, fornecido à autora. A lista de doadores do evento "Um tributo a Bernard L. Madoff" é uma lista das vítimas de Madoff. Os "patronos", aqueles que contribuíram com US$ 10 mil ou mais, incluíam Edward Blumenfeld, o promotor imobiliário; Stanley Chais, um dos primeiros operadores de fundos feeder; Maurice J. "Sonny" Cohn, cofundador da Cohmad Securities; Sonja Kohn, do Banco Medici; Robert I. Lappin, cuja fundação perdeu milhões; Norman F. Levy, cujos filhos veriam suas

NOTAS

fortunas comprometidas no escândalo; sr. e sra. Peter Loeb, membros de uma famosa família de Wall Street; Walter M. Noel Jr. e Jeffrey Tucker, do Grupo Fairfield Greenwich; Jeffry M. Picower, o maior vencedor do esquema Ponzi de Madoff; Carl Shapiro, um dos primeiros investidores de Madoff; e Sterling Equities, um veículo de investimento de Fred Wilpon e da família Wilpon, que era dona do New York Mets. As fileiras de doadores menores estão cheias de vítimas de Madoff: Jerome Fisher, de Nine West; sra. Martin Joel, a viúva do ex-colega de escritório de Madoff; o escritório de contabilidade de Paul Konigsberg; a família Bernard A. Marden; IvyAsset Management; o colega de Ensino Médio de Madoff, Michael Lieberbaum; a herdeira da indústria do aço Gladys C. Luria; a viúva de Mike Engler, Marja Engler; o genro de Carl Shapiro, Robert Jaffe; o proeminente advogado nova-iorquino Howard Squadron e a esposa, Anne; e o agente artístico Howard Thau.

13. E-mails entre o Fairfield Greenwich e a companhia gestora de fundos Unigestion em agosto de 2008 citam "o novo conjunto de regras que os fundos de pensão instauraram depois do colapso da Bear Sterns [sic]" como razão para a Unigestion estar retirando seu dinheiro dos fundos hedge Fairfield Greenwich investidos com Madoff.

14. *Galvin Fairfield Greenwich*, evidência FAI 00005367, e-mail de Charles Murphy enviado na sexta-feira, 25 de abril de 2008, às 12h37.

15. A passagem é baseada em entrevistas com o homem de negócios aposentado e seu contador, suportadas por registros mantidos pela secretária do homem de negócios e pela agenda de BLM.

16. O catálogo on-line da Killen Real Estate descreveu e forneceu fotografias da casa, no número 51 de Wanoma Way, quando foi colocada no mercado por US$ 7,5 milhões após a prisão de Madoff.

17. A passagem foi baseada em *Picard v. Fairfield Sentry* , p. 133–36 e evidências 76 e 77.

18. Detalhes da visita estão contidos em *MorseLife Foundation Inc. v. Merrill Lynch, Pierce, Fenner & Smith, Inc.*, protocolada no Tribunal do Décimo Quinto Circuito Judicial e para o Condado de Palm Beach, Flórida, em

512 O MAGO DAS MENTIRAS

16 de julho de 2009; e Kathleen Chapman, "Merrill Lynch Negligent on Madoff, Lawsuit States", *Palm Beach Post*, 28 de julho de 2009. A empresa negou as alegações. O caso foi subsequentemente transferido para o Tribunal Distrital do Distrito do Sul da Flórida, onde a Merrill Lynch Bank & Trust Company foi substituída pelo Merrill Lynch como réu. Em decisão de 21 de julho de 2010, o tribunal determinou que a disputa tinha de ser submetida a um árbitro, como requerido pelos contratos da fundação com as entidades do Merrill Lynch. O caso federal ficou pendente, à espera do resultado do processo de arbitragem.

19. *Galvin Fairfield Greenwich*, evidência 27.

20. Ibid., evidência 19.

21. Ibid., evidência 28.

22. Detalhes sobre a casa foram retirados de Alan Katz, "Madoff's Three--Bedroom Riviera Retreat Belied Ponzi Scheme Role", agência de notícias Bloomberg, 8 de janeiro de 2009. O restante da passagem é baseado em entrevistas confidenciais.

23. *Galvin Fairfield Greenwich*, evidência 49, p. 1.

24. Ibid., evidência 13, p. 1.

25. *Galvin Fairfield Greenwich*, p. 89, parágrafo 254 relata que tanto o diretor de riscos como outro sócio do grupo reconheceram, em declaração juramentada, que a carta aos investidores não estava correta.

26. Ibid., evidência 49, p. 2–16.

27. Os reguladores de Massachusetts resumiram a situação desta maneira: "Os investidores experimentaram uma dupla falsidade — Madoff estava enviando registros falsos para o Fairfield que o Fairfield afirmou não ter detectado e o Fairfield deturpou o que esses registros diziam aos consumidores." *Galvin Fairfield Greenwich*, p. 89, parágrafo 255.

28. Ibid., evidência 33.

29. *Picard v. Kohn*, p. 8.

30. *Picard v. Fundo Herald*, p. 11.

31. O novo edifício, chamado LUX 74, também foi a base de Ken Starr, um operador de esquema Ponzi para a estrelas que se declarou culpado em setembro de 2010.

NOTAS

32. *Informação Criminal de Madoff*, p. 22.

33. A passagem é baseada em detalhes de *Galvin Fairfield Greenwich*, relatório sobre a visita operacional de avaliação de riscos a BLM, realizada em 2 de outubro de 2008 e incluído como evidência 35.

34. Agenda de BLM; primeira entrevista com BLM.

35. *SEC Chais*, p. 12.

36. Primeira entrevista com BLM.

37. *In re: Bernard L. Madoff Investment Securities, Debtor; Irving H. Picard, Trustee for the Liquidation of Bernard L. Madoff Investment Securities v. Kingate Global Fund et al.*, segunda queixa revisada no procedimento n. 09–01161 (BRL) do Tribunal de Falências do Distrito Sul de Nova York, p. 13.

38. Essa passagem é baseada em e-mails anexados como Evidência 30 no caso *Galvin Fairfield Greenwich*.

39. Claudio Gatti e Diana B. Henriques, "JPMorgan Exited Madoff-Linked Funds Last Fall", *The New York Times*, 28 de janeiro de 2009. Um porta-voz reconheceu que o banco "ficou preocupado com a falta de transparência em relação a algumas questões que apresentamos como parte de nossa revisão". Uma fonte próxima ao banco se lembra de ouvir, na época, que "o pessoal de avaliação de riscos tem muitas dúvidas" sobre o desempenho dos fundos, que eram operados pelo Grupo Fairfield Greenwich. "Eles sentiram que a consistência de seu desempenho já não era crível", dado o declínio do mercado em geral, disse a fonte.

40. Detalhes dessa passagem foram retirados de *New York University v. Ariel Fund Ltd., Gabriel Capital Corp., J. Ezra Merkin et al.*, Suprema Corte do Estado de Nova York, Condado de Nova York, protocolada em 24 de dezembro de 2008, e do Anexo B dessa ação, a declaração juramentada de Maurice Maertens.

41. Sua falha em fazer isso seria citada entre as queixas do caso civil de fraude contra ele movido em 2009 pelo procurador-geral do estado de Nova York, Andrew M. Cuomo. O caso estava pendente no tribunal em fevereiro de 2011. Os advogados de Merkin, que negaram que ele tivesse qualquer

514 O MAGO DAS MENTIRAS

conhecimento do esquema Ponzi, também negaram perante o tribunal que tivesse enganado seus investidores ou deturpado a maneira como seus fundos hedge operavam, como afirmou Cuomo.

42. Esses detalhes foram retirados de cópias dos documentos postados por Benjamin Masse-Stamberger, autor de "The Madoff Affair: The Secret Report Accusing JPMorgan", *L'Express*, 7 de outubro de 2010. (Os documentos foram postados em inglês, embora o artigo tenha sido publicado em francês.)

43. Essas citações foram baseadas na tradução certificada da conversa, fornecida à autora.

44. O banqueiro suíço citado na conversa foi identificado no relato do *L'Express* como Laurent Mathyson-Gerst, diretor da Aurélia Finance, uma empresa de investimentos em Genebra. Ele e quatro outros diretores foram citados em acusações criminais relativas a seu suposto mau gerenciamento dos ativos de clientes investidos com Madoff. Na data da publicação, o caso ainda estava pendente e os diretores haviam negado qualquer má conduta. Nenhuma ação separada foi protocolada citando essa conversa registrada. Ver Silke Koltrowitz e Emma Thomasson, "Swiss Judge Allows Charges in Madoff Losses Case", Reuters, 24 de abril de 2009.

45. Detalhes sobre a reunião foram retirados de *Jitendra Bhatia et al. v. Standard Chartered International, et al.*, originalmente caso n. 1: 09–cv-02410 (LTS) no Tribunal Distrital do Distrito Sul de Nova York; o caso foi consolidado com *Anwar et al. v. Fairfield Greenwich Limited, et al.*, arquivo geral n. 09–cv-0118 (VM), também do Distrito Sul de Nova York, p. 5, 7–8, 10–12.

46. *Picard v. Fairfield Sentry*, Evidência 2.

47. Primeira entrevista com BLM; e-mail de BLM de 20 de fevereiro de 2011.

48. Ibid.

49. Essa passagem foi baseada nos relatos citados pela mídia, comentários do presidente do Grupo Santander (a holding do banco), notas e entrevistas confidenciais e ações contra o banco.

NOTAS

50. Confirmado por um porta-voz do banco, baseado nos comentários feitos pelo presidente durante a reunião anual da companhia, fevereiro de 2009.

51. Ibid.

52. *In re: Santander—Optimal Securities Litigation* (de agora em diante *Litígio Santander*), ação conjunta consolidada e revista, caso n. 09–cv-20125 (PCH), Tribunal Distrital do Distrito Sul da Flórida.

53. Ver Jonathan Clark, "Madoff Securities", Optimal Investment Securities, relatório interno de julho de 2006, e memorando "To: Manuel Echeverria, From: Karine Courvoisier, Re: Meetings with Bernard Madoff and lawyers in New York—September 18–19, 2002", p. 4, ambos anexados como evidências no *Litígio Santander*.

54. Terrence Owen Jones, antigo executivo do Optimal, disse aos advogados dos reclamantes do *Litígio Santander* (p. 116) que a razão para a reunião era o fato de o Optimal estar sacando US$ 400 milhões de Madoff, mas não indicou quando Madoff soube do resgate planejado. De acordo com o banco, o pedido de resgate só foi feito quando Echenique retornou a Madri, embora *El Confidencial*, uma publicação espanhola, tenha relatado que Echenique Gordillo deu a notícia, causando a resposta zangada de Madoff. (Charles Penty, "Santander Sought to Withdraw Madoff Funds, *El Confidencial* Says", agência de notícias Bloomberg, 24 de dezembro de 2008.) Mas, em um relato subsequente, o *Financial Times* disse que "o que aconteceu na reunião é contestável"; um "banqueiro com conhecimento sobre a reunião" disse que ela foi uma inspeção "de rotina". (Joanna Chung, Victor Mallet e Brooke Masters, "Santander Praised Madoff Weeks Before His Arrest for Alleged Fraud", *Financial Times*/FT.com, 23 de janeiro de 2009.) O banco confirmou para a autora que a reunião foi agendada porque o presidente estava preocupado com os investimentos Madoff e a visita não foi de rotina; assim, é mais provável que o relato do *El Confidencial* tenha capturado o humor da reunião, se não todos os detalhes.

516 O MAGO DAS MENTIRAS

55. Esses detalhes foram retirados da *Informação Criminal DiPascali*, p. 19.

56. Primeira entrevista com BLM.

57. Os promotores, nas acusações criminais contra a colega de DiPascali, JoAnn "Jodi" Crupi, afirmarão mais tarde que ela e DiPascali persuadiram Madoff a fazer esses pagamentos. De qualquer modo, ele iniciou a requisição ou a aprovou e a descreveu para os filhos como sua ideia.

58. *Informação Criminal DiPascali*, p. 20.

59. *U.S.A. v. Daniel Bonventre, Annette Bongiorno, JoAnn Crupi a/k/a/ "Jodi", Jerome O'Hara and George Perez* (daqui em diante *Segundo Indiciamento de Bonventre*), protocolado em 18 de novembro de 2010 como S2–10–cr- 228 (LTS), Tribunal Distrital do Distrito Sul de Nova York, p. 41, 69. Esse indiciamento acrescentou Bongiorno e Crupi ao indiciamento pendente contra Bonventre, Perez e O'Hara.

60. Ibid., p. 69.

11. Acordando na ruína

1. A Fundação Robert C. Lappin também fechou imediatamente; no entanto, mais tarde, reabriu com novo financiamento. A Fundação Picower recebeu uma nova dotação depois que a viúva de Jeffry Picower chegou a um acordo com o administrador judicial da falência.

2. Notas da autora, que cobriu o evento.

3. O Instituto de Pesquisas Judaicas em Manhattan organizou uma discussão: notas da autora, que cobriu o evento.

4. Comunicado de imprensa da Liga Antidifamação, 19 de dezembro de 2008.

5. Carta SIPC-Garrett, p. 10. Nem todos os titulares dessas contas fariam reivindicações. Das 846 reivindicações aprovadas de menos de US$ 500 mil, os saldos fictícios totalizavam US$ 1,6 bilhão; o total de dinheiro que essas vítimas perderam, sob o método de patrimônio líquido, foi de US$ 176,5 milhões.

NOTAS

6. Essa passagem foi esboçada pela autora no início de 2010, mas a distinção foi fraseada em termos similares no eloquente ensaio de Stephanie Halio, "How Our Lives Have Changed", em *The Club No One Wanted to Join: Madoff Victims in Their Own Words*, ed. Erin Arvedlund, comp. Alexandra Roth (Andover, Mass.: Doukathsan Press, 2010), p. 121.

7. Ver vários relatórios do GAO sobre a SIPC, incluindo "Securities Investor Protection: A Regulatory Framework Has Minimized SIPC's Losses", setembro de 1992.

8. Ver carta a John D. Dingell, Comitê de Energia e Comércio, Câmara dos Representantes, de Orice M. Williams, diretor substituto de Mercados Financeiros e Investimentos Comunitários do GAO, datada de 9 de julho de 2004, p. 5-7.

9. General Accounting Office, "Securities Investor Protection", p. 3.

10. Esses números foram retirados dos relatórios anuais da SIPC, disponíveis em <www.sipc.org>.

11. Essa passagem foi reconstruída a partir de entrevistas confidenciais com tantos participantes quanto possível e das lembranças de Madoff sobre o evento.

12. Carta datada de 17 de dezembro de 2008 para o juiz magistrado Gabriel W. Gorenstein, enviada por Marc Litt, procurador-adjunto, anexada ao caso criminal Madoff, 08-Mag. 2735, no Tribunal Distrital do Distrito Sul de Nova York.

13. Relatório Kotz, p. 363.

14. Markopolos, *No One Would Listen*, p. 207-08.

15. Ibid., p. 209.

16. Comunicado de imprensa da SEC, "Declaração sobre a Investigação Madoff", 16 de dezembro de 2008, comunicado n. 2008-297.

17. Ibid.

18. Entrevista com H. David Kotz.

19. Madoff diria ao inspetor-geral Kotzin, em junho de 2009 (ver Relatório Kotz, Evidência 104, p. 9), que Schapiro era uma "amiga querida" que "provavelmente pensa 'Eu queria jamais ter conhecido esse cara'".

518 O MAGO DAS MENTIRAS

Quando as evidências de Kotz foram liberadas, a SEC imediatamente fez uma declaração pública negando as alegações de amizade de Madoff. Kotz confirmou não ter encontrado correspondência entre Schapiro e Madoff nos arquivos da SEC.

20. Detalhes dessa passagem foram retirados de documentos e transcrições do tribunal, catálogos de leilão e entrevistas confidenciais.

21. Entrevista com Ruth Madoff.

22. E-mail de BLM, 28 de outubro de 2011.

23. Entrevista com Ruth Madoff.

24. E-mail de BLM, 28 de outubro de 2011. Naquela mensagem, Madoff também confirmou detalhes da sua tentativa de suicídio descrita por sua esposa, comentando "Por favor, entenda; isto é muito difícil de admitir."

25. Entrevista com Ruth Madoff.

12. Calculando o prejuízo

1. Arvedlund and Roth, *Club No One Wanted to Join*, p. 16–17.

2. Ibid., p. 179.

3. Ibid., p. 35–36.

4. Ibid., p. 160.

5. Ibid., p. 46.

6. Ibid., p. 117.

7. Ibid., p. 99.

8. Ibid., p. 171.

9. Entrevista com Gordon Bennett.

10. Entrevista confidencial com a vítima.

11. Markopolos, *No One Would Listen*, p. 99.

12. Entrevista confidencial.

13. Zachery Kouwe e Michael Wilson, com reportagem de Nelson B. Schwartz, "Financier Is Found Dead in a Madoff Aftermath", *The New York Times*, 24 de dezembro de 2008.

14. Entrevista confidencial.

NOTAS   519

15. Michael J. Missal, Richard A. Kirby, Rebecca L. Kline Dubill e Michael D. Ricciuti, "The Madoff Dissolution: A Consideration of the Bayou Precedent and Possible Next Steps", publicação do escritório de advocacia K&L Gates, 17 de dezembro de 2008, p. 4.

16. Embora outros aspectos dessa decisão do tribunal de falências sobre o caso Bayou tenham sido revertidos durante apelação no tribunal distrital, essa conclusão sobre os lucros fictícios foi mantida. Ver juiz Paul G. Gardephe, *In the Matter of Bayou Group LLC, et al., Debtors, Christian Brothers High School Endowment, et al., Appellants*, WestLaw 2010, WL 3839277, p. 42-43.

17. Essa passagem é baseada na transcrição oficial da audiência presidida pelo juiz Ellis, cuja cópia foi fornecida à autora.

18. Dan Slater, "SEC to Probe Relationship Between Madoff's Niece and Ex-SEC Lawyer", 17 de dezembro de 2008.

19. Katherine Griffiths, "Bernard Madoff's UK Staff Investigated by Serious Fraud Office", Telegraph.co.uk, 27 de março de 2009, entre várias outras citações de publicações inglesas.

20. Carta de Joon P. Hong, do Richards, Kibbe & Orbe, para o juiz distrital Louis L. Stanton, datada de 23 de janeiro de 2009, e Primeiro Relatório Richards.

21. "Paris Prosecutor to Investigate Madoff's France Businesses for Fraud", *Jurist Legal News & Research*, 21 de janeiro de 2009, disponível em: <www.jurist.law.pitt.edu/paperchase/2009/01/dnp-madoff-france.php>.

22. Thomas Catan, Christopher Bjork e Jose de Cordoba, "Giant Bank in Probe over Ties to Madoff", *Wall Street Journal*, 13 de janeiro de 2009.

23. "Austria Regulator Assumes Control of Bank Medici", *The New York Times*, 2 de janeiro de 2009.

24. Transcrição da audiência do caso *Liquidação Principal Madoff*, nesse momento intitulada "Sobre a questão do elo com a SIPA", p. 20-21.

25. Notas da autora, que cobriu a audiência.

26. Ibid.

27. Depoimento de Harry Markopolos, analista financeiro, examinador certificado de fraudes, perante o Comitê de Serviços Financeiros da Câmara de Representantes, 4 de fevereiro de 2009, 9h30, p. 3-4.
28. Ibid.
29. Notas da autora, que cobriu a audiência.
30. Diana B. Henriques, "Anger and Drama at a House Hearing on Madoff", *The New York Times*, 4 de fevereiro de 2009.
31. Allan Little, "Banking Crisis Killed My Father", BBC News, 12 de fevereiro de 2009; Roger Corke (produtor), Lucy Hetherington (produtora executiva) e Fiona Stourton (produtora executiva), "The Madoff Hustle", BBC 2, transmitido em "This World", 28 de junho de 2009.
32. *Repex Ventures S.A. et al., v. Bernard L. Madoff, et al.*, caso n. 09-cv-00289 (RMB) no Tribunal Distrital do Distrito Sul de Nova York; Declaração de Gregory B. Linkh, Evidência A, certificação do proposto reclamante principal em relação às leis federais de títulos, por Willard Foxton, datada de 2 de maio de 2009, p. 2.
33. Notas da autora, que cobriu a reunião.
34. As citações diretas são da transcrição da audiência, obtidas pela autora.
35. Esses detalhes foram retirados do relatório do administrador judicial para o tribunal, outros documentos e notas feitas pela autora, que cobriu esses eventos.
36. Essa passagem é baseada em observações e notas de reportagem dos colegas da autora no *The New York Times*, William K. Rashbaum e Jack Healy, vários segmentos de vídeo encontrados on-line e uma transcrição da audiência.
37. Essa passagem é baseada em notas da autora, que cobriu o evento, assim como na transcrição da audiência.

13. Vencedores líquidos e perdedores líquidos

1. William K. Rashbaum e Diana B.Henriques, "Accountant for Madoff Is Arrested and Charged with Securities Fraud", *The New York Times*, 19 de março de 2009.

NOTAS

2. Diana B. Henriques, "Court Denies Madoff Aide's Request for Bail", *The New York Times*, 28 de outubro de 2009; e notas da autora sobre entrevistas com Picard.

3. A Lei de Transmissão Fraudulenta do Estado de Nova York envolve diferentes padrões de prova para anular essas transferências daquelas contidas no código federal de falências, mas o termo *transmissão fraudulenta* costuma ser usado para descrever retiradas feitas tanto no período de dois anos como no período de seis anos.

4. Muitas vítimas se comunicaram com frequência com a autora sobre sua raiva com a carta enviada por Picard; no meio do processo de reivindicação, a carta foi revisada para parecer menos acusatória.

5. Todos os números que se seguem foram retirados das ações individuais iniciadas por Picard, que foram enumeradas como "casos associados" sob o caso principal de falência da SIPC contra a empresa de Madoff.

6. "Primeiro relatório do administrador judicial para o período entre 11 de dezembro de 2008 e 30 de junho de 2009", *Liquidação Principal Madoff* (de agora em diante *Primeiro Relatório do Administrador Judicial*), p. 34.

7. Brad A. Greenberg, "Stanley Chais Targeted in Madoff Suit", *Jewish Journal*, 6 de maio de 2009.

8. *Picard v. Cohmad*, p. 3.

9. *Primeiro Relatório do Administrador Judicial*, p. 38.

10. "Segundo relatório do administrador judicial para o período terminado em 31 de outubro de 2009", *Liquidação Principal Madoff*, p. 60-61.

11. Primeira entrevista com BLM.

12. Novamente, essa foi uma queixa comum dos investidores em e-mails e conversas telefônicas com a autora e nos blogs das vítimas.

13. Entrevistas com Picard e Sheehan, e entrevistas confidenciais com outros envolvidos no amplo esforço para responder às reivindicações.

14. Diana B. Henriques, "It's Thankless, but He Decides Madoff Claims", *The New York Times*, 28 de maio de 2009; Diana B. Henriques, "Trustee's Total of Madoff Losses Nears $3. Billion", *New York Times*, 1º de julho de 2009.

522 O MAGO DAS MENTIRAS

15. É notável que o memorando do escritório de advocacia K&LGates sobre a importância do caso Bayou para os investidores de Madoff (Missal et al., "Madoff Dissolution") tenha sido publicado dias após a prisão de Madoff. Similarmente, o recebedor em um esquema Ponzi separado, *SEC v. Joseph S. Forte et al.*, reconheceu, em uma carta de 2 de dezembro de 2009, para o juiz federal da Filadélfia que presidia o caso, que "o direito de um recebedor de recuperar 'ganhos líquidos' — a quantidade em que as retiradas excedem os investimentos — dos investidores de um esquema Ponzi está *bem estabelecido*" (grifo meu).

16. Esses detalhes foram retirados da biografia postada no website do escritório Phillips Nizer antes da partida de Chaitman para trabalhar em outro escritório, o Becker & Poliakoff.

17. Em várias ocasiões, advogados da outra parte pediram, sem sucesso, que ela fosse penalizada pelo tribunal pelo que consideravam obstrução dos procedimentos. Uma vez, ela foi disciplinada pelos reguladores bancários por sua suposta defesa ultrazelosa dos proprietários de um banco liquidado.

18. Carta de Helen Davis Chaitman à presidente da SEC, Mary Schapiro, datada de 2 de abril de 2009, p. 2.

19. As duas decisões do caso *New Times* apeladas no Segundo Circuito foram publicadas em 371. F.3d 68 (2004) (de agora em diante citada como *New Times I*) e 463. F.3d 125, 130 (2006) (de agora em diante citada como *New Times II*).

20. *New Times II.*

21. Os argumentos resumidos aqui foram feitos em centenas de petições de Chaitman e Picard no caso de falência de Madoff; para simplificar as citações, os argumentos de ambos os lados são apresentados na decisão sobre a disputa do juiz de falências Burton R. Lifland, "Memorandum Decision Granting Trustee's Motion for an Order (1) Upholding Trustee's Determination Denying Customer Claims for Amounts Listed on Last Customer Statement; (2) Affirming Trustee's Determination of Net Equity; and (3) Expunging Objections to Determinations Relating to Net Equity", datada de 10 de março de 2010, na *Liquidação Principal Madoff*.

NOTAS 523

22. O caso é *Focht v. Athens* (*In re: Old Naples Securities, Inc.*), 311. B.R. 607 (Distrito Central, Flórida, 2002); a citação está nas p. 616–17.

23. O estatuto obrigava o administrador judicial a considerar os extratos finais somente para determinar se os clientes tinham direito a reivindicações de dinheiro, limitadas a um adiantamento de US$ 100 mil, ou reivindicações de títulos, elegíveis para um adiantamento de US$ 500 mil. A SIPC já decidira que as vítimas de Madoff tinham o direito de ser tratadas como clientes com reivindicações de títulos, e não dinheiro.

24. A faculdade tinha permissão do estado para conceder diplomas de Direito, mas não era reconhecida pela American Bar Association.

25. A citação é do blog de Velvel, disponível em: <www.velvelonnationalaffairs.blogspot.com>.

26. Ver, por exemplo, o editorial "Mr. Feinberg and the Gulf Settlement", *The New York Times*, 29 de agosto de 2010.

27. Campbell Robertson e John Schwartz, "Rethinking the Process for BP Spill Claims", *The New York Times*, 15 de setembro de 2010. O programa foi oficialmente chamado de Gulf Coast Claims Facility e entrou em operação em junho de 2010, cumprindo o acordo entre a British Petroleum e a administração Obama.

28. "Mr. Feinberg and the Gulf Settlement."

29. *Mary Albanese et al. v. Irving H. Picard*, protocolada sob o n. 09–01265 (BRL), na *Liquidação Principal Madoff* em 5 de junho de 2009 e revisada em 23 de junho de 2009.

30. Declaração de Allan Goldstein, "Assessing the Madoff Ponzi [sic] and the Need for Regulatory Reform", perante o Comitê da Câmara para Serviços Financeiros, 5 de janeiro de 2009, p. 1.

31. Ibid., p. 2.

32. Ibid., p. 3.

33. Ibid.

34. *Diane and Roger Peskin and Maureen Ebel v. Irving H. Picard*, protocolada sob o n. 09–01272 na *Liquidação Principal Madoff*.

14. Os pecados do pai

1. Relatório Kotz, Evidência 104.
2. Um fundo hedge administrado pelo ex-chefe da unidade de corretagem do Merrill Lynch, John "Launny" Steffens, investira com Madoff por meio da Ascot Partners, de Ezra Merkin, e os investidores diretos de Madoff incluíam a família de Frank A. Petito, antigo presidente do Morgan Stanley & Co.
3. Entrevistas confidenciais com pessoas familiarizadas com a sessão Kotz-Madoff.
4. A carta foi anexada como documento 84 nos arquivos da *Queixa-crime Madoff*.
5. Essa passagem é baseada nos registros do tribunal anexados ao acordo do governo com Ruth Madoff.
6. Esse relato é baseado nas notas e observações da autora durante a sentença e na transcrição da audiência.
7. Entrevistas confidenciais com pessoas familiarizadas com os esforços de recuperação de ativos dos delegados federais no caso Madoff.
8. Um inventário de propriedade confiscada está anexado como evidência 121 da *Queixa-crime Madoff*.
9. The Law Blog, "Ruth the Truth? Feds Find No Evidence on Bernie's Wife", WSJ.com, 1º de julho de 2009, 15h36; também Amir Efrati, "Evidence to Charge Ruth Madoff Lacking", *Wall Street Journal*, 2 de julho de 2009.
10. Alex Berenson e Diana B. Henriques, "Inquiry Finds No Signs Family Aided Madoff", *The New York Times*, 6 de dezembro de 2008.
11. Margolick, "Madoff Chronicles, Part III".
12. Ibid.
13. Ibid.
14. Roger Madoff, *Leukemia for Chickens*, p. 132.
15. Ibid.

NOTAS 525

16. Jose Martinez e Alison Gendar, "Take Off My 'Madoff'; Daughter-in-
-Law Begs Court to Let Her and Small Kids Change Name from Hated
Label", *Daily News* de Nova York, 25 de fevereiro de 2010.

17. Professor Richard A. Shweder, um antropólogo cultural da Universidade
de Chicago, citado em Lynnley Browning, "The Loneliest Woman in
New York", *The New York Times*, 12 de junho de 2009.

18. Browning, "Loneliest Woman".

19. *In re: Bernard L. Madoff Investment Securities, Debtor; Irving H. Picard,
Trustee for the Liquidation of Bernard L. Madoff Investment Securities
v. Ruth Madoff*, protocolada sob o n. 09–01391 (BRL) no Tribunal de
Falências do Distrito Sul de Nova York, p. 3.

20. Declaração pública de Peter A. Chavkin, publicada por seu escritório
de advocacia, o Mintz Levin, em 29 de julho de 2009.

21. Sheryl Weinstein, *Madoff's Other Secret: Love, Money, Bernie, and Me*
(Nova York: St. Martin's Press, 2009), p. 43, 47, 53.

22. Diana B. Henriques e Stephanie Strom, "Woman Tells of Affair with
Madoff in New Book", *The New York Times*, 13 de agosto de 2009.

23. Inicialmente relatado por Anna Schecter e Asa Eslocker, "Ruth Madoff:
Summer in the City with No Apologies, Red Dye Job", *ABC News: Brian
Ross Investigates*, 16 de julho de 2010. Um vídeo postado no website da
Brian Ross Investigates incluía gravações com câmera telescópica dela
almoçando em um restaurante com mesas na calçada.

15. As rodas da justiça

1. Diana B. Henriques, "Judge Freezes Madoff Brother's Assets", *The New
York Times*, 25 de março de 2009.

2. *Andrew Ross Samuels v. Peter B. Madoff*, n. 09–5534, Suprema Corte
do Estado de Nova York, Condado de Nassau, 16 de março de 2009.

3. Carta a Madeline Cox Arleo, de Charles T. Spada, do Lankler, Siffert &
Wohl, datada de 26 de janeiro de 2010, arquivada como documento 40
em *Lautenberg v. Madoff*.

526 O MAGO DAS MENTIRAS

4. Parecer do juiz distrital Stanley R. Chesler em *Lautenberg v. Madoff*, Tribunal Distrital do Distrito de Nova Jersey, 9 de setembro de 2009.

5. Parecer do juiz distrital Stanley R. Chesler em *Lautenberg v. Madoff*, Tribunal Distrital do Distrito de Nova Jersey, 18 de novembro de 2010, p. 6-7.

6. *Picard v. Família Madoff.*

7. Ibid., p. 2.

8. *Picard v. Família Madoff*, "Memorando do administrador judicial em oposição à petição dos réus pela anulação", 21 de maio de 2010, p. 1.

9. *Picard v. Família Madoff*, "Resposta do réu Peter B. Madoff ao memorando, repetindo sua petição pela anulação", 21 de junho de 2010, p. 1.

10. Essa passagem é baseada primariamente nas observações e notas da autora e em uma transcrição da audiência, na qual uma das citações presentes aqui é ligeiramente confusa.

11. Entrevistas confidenciais. Uma carta anexada pelos advogados de Kohn em uma ação judicial privada também confirma que um membro de seu escritório a representou em várias questões, incluindo "uma investigação criminal conduzida pelo gabinete do promotor público de Viena". Ver carta a Richard M. Berman, Corte Distrital do Distrito Sul de Nova York, enviada por Price O. Gielen, do Neuberger, Quinn, Gielen, Rubin & Gibber, datada de 2 de novembro de 2010 e arquivada como documento 146 em *In re: Herald, Primeo, and Thema Fund Secs.*, caso n. 09–cv-00289 (RMB), p. 3. Seus advogados reconheceram que a investigação ainda estava pendente na data de publicação deste livro, mas disseram que não era provável que alguma acusação fosse feita contra Kohn, que negou qualquer participação na fraude de Madoff.

12. *Picard v. Kohn*, p. 35, 110.

13. Diana B. Henriques e Matthew Saltmarsh, "Two Decisions Reshape Inquiry into Madoff Case", *The New York Times*, 2 de fevereiro de 2010.

14. Heather Smith, "Access International's Littaye Charged in Madoff Case (Update3)", agência de notícias Bloomberg, 4 de novembro de 2009; e Benjamin Masse-Stamberger e Jean-Marie Pontaut, "Madoff L'heure des comptes", *L'Express*, 29 de setembro de 2010.

NOTAS

15. *SEC v. Cohmad*, parecer e ordem do juiz Louis L. Stanton, 2 de fevereiro de 2010.

16. Ibid., p. 4.

17. Em fevereiro de 2009, a Halliburton e sua subsidiária, Kellogg Brown & Root, pagaram US$ 177 milhões para resolver o caso SEC, sem admitir ou negar má conduta. A subsidiária KBR também pagou US$ 402 milhões para resolver acusações criminais relacionadas feitas pelo Departamento de Justiça. De acordo com a SEC, o acordo combinado foi o maior já pago sob a Lei de Práticas Corruptas de Estrangeiros. Ver comunicado de litígio SEC n. 20897A. O UBS concordou em pagar US$ 200 milhões para encerrar as acusações civis, sem admitir ou negar má conduta. Ver comunicado de litígio da SEC n. 20905. O executivo da indústria de hipotecas era Angelo Mozilo, ex-diretor executivo da Countrywide Financial, que foi processado pela SEC em 4 de junho de 2009; sem admitir ou negar má conduta, ele pagou US$ 67,5 milhões para encerrar o caso em 15 de outubro de 2010. Ver comunicado de litígio da SEC n. 21068A e comunicado à imprensa n. 2010–197. A SEC processou o Goldman Sachs em abril de 2010 por supostamente enganar os investidores na venda de complexos derivativos de hipotecas; em julho de 2010, o Goldman pagou US$ 550 milhões para encerrar o caso, sem negar ou admitir má conduta, mas reconhecendo que seu material de marketing estava "incompleto". Ver comunicado de litígio da SEC n. 21592.

18. Robert Khuzami, "My First 100 Days as Director of Enforcement", 5 de agosto de 2009, disponível em: <www.sec.gov/news/speech/2009/spch080509rk.htm>.

19. Relatório Kotz, p. 408.

20. Ibid., p. 23.

21. Ibid., p. 25.

22. Declaração da presidente da SEC, Mary L. Schapiro, feita em 2 de setembro de 2009 e disponível em <www.sec.gov/news/speech/2009/spch090209mls-2.htm>.

528   O MAGO DAS MENTIRAS

23. *Phyllis Molchatsky and Stephen Schneider, M.D. v. U.S.A.* (de agora em diante *Molchatsky v. U.S.A.*), protocolada como caso n. 09–cv-8697 (LTS/AJP) no Tribunal Distrital do Distrito Sul de Nova York. Molchatsky era uma aposentada incapacitada que investira suas economias de US$ 1,7 milhão em um fundo feeder de Madoff em 2001 e o dr. Schneider investira mais de US$ 750 mil de sua aposentadoria com Madoff em 1997.

24. *Molchatsky v. U.S.A.*, "Memorando dos Estados Unidos da América em apoio a sua petição para anulação", p. 1–2.

25. Ver "Terceiro relatório do administrador judicial para o período terminado em 31 de março de 2010", p. 27, *Liquidação Principal Madoff*. Os números foram atualizados em 21 de fevereiro de 2011 no website do administrador judicial, <www.madofftrustee.com>.

26. Essa passagem foi baseada nas observações e notas da autora e em uma transcrição da audiência.

27. *Liquidação Principal Madoff*, "Memorando sobre a decisão deferindo a petição do administrador judicial", juiz Burton R. Lifland, 2 de março de 2010, p. 6.

28. Ibid., p. 10–11.

29. Ibid., p. 30.

30. *Transcrição da Audiência de Friehling*, p. 34–35.

31. O caso original era *U.S.A. v. Jerome O'Hara and George Perez*, n. 09–mj-02484–UA-1 no Tribunal Distrital do Distrito Sul de Nova York. Esse caso foi substituído por um indiciamento subsequente, como observado previamente.

32. *SEC v. Jerome O'Hara and George Perez*, caso n. 09–cv-9425 no Tribunal Distrital do Distrito Sul de Nova York, p. 23–24.

33. *Primeiro Indiciamento de Bonventre.*

34. Diana B. Henriques, "Another Madoff Aide Faces Fraud Charges", *The New York Times*, 25 de fevereiro de 2010.

35. Entrevistas confidenciais com três pessoas informadas sobre as negociações.

36. Entrevista com David J. Sheehan.

NOTAS

16. Esperança, perdida e encontrada

1. Entrevista com David J. Sheehan.

2. *In re: Bernard L. Madoff Investment Securities, Debtor; Irving H. Picard, Trustee for the Liquidation of Bernard L. Madoff Investment Securities v. Irwin Lipkin et al.*, protocolada sob o n. 10–04218(BRL) no Tribunal de Falências do Distrito Sul de Nova York, p. 16. Gary S. Redish, advogado dos Lipkin, negou as alegações do administrador judicial. O fato de que os Lipkin haviam deixado suas contas Madoff como presentes para os netos mostrava que "não tinha absolutamente nenhum conhecimento sobre o esquema Ponzi". James K. Filan, advogado de Eric Lipkin, não quis comentar as alegações do administrador judicial.

3. *In re: Bernard L. Madoff Investment Securities, Debtor; Irving H. Picard, Trustee for the Liquidation of Bernard L. Madoff Investment Securities v. Enrica Cotellessa-Pitz and Thomas Pitz*, protocolada sob o n.10–04213 (BRL) no Tribunal de Falências do Distrito Sul de Nova York. Richard R. Leff, advogado do casal, protocolou uma resposta formal, contestando as alegações do administrador judicial e negando que Cotellessa-Pitz ou o marido tivessem qualquer conhecimento sobre o esquema Ponzi.

4. *Picard v. Kugel.* Michael V. Blumenthal, advogado da família Kugel, não respondera aos pedidos de comentário sobre as alegações do administrador judicial quando este livro foi para produção.

5. *In re: Bernard L. Madoff Investment Securities, Debtor; Irving H. Picard, Trustee for the Liquidation of Bernard L. Madoff Investment Securities v. Daniel Bonventre*, protocolada sob o n. 10–04214 (BRL) no Tribunal de Falências do Distrito Sul de Nova York.

6. *In re: Bernard L. Madoff Investment Securities, Debtor; Irving H. Picard, Trustee for the Liquidation of Bernard L. Madoff Investment Securities v. Annette Bongiorno and Rudy Bongiorno*, protocolada sob o n. 10–04315 (BRL) e *In re: Bernard L. Madoff Investment Securities, Debtor; Irving H. Picard, Trustee for the Liquidation of Bernard L. Madoff Investment Securities v. JoAnn Crupi et al.*, protocolada sob o n. 10–04216 (BRL),

530 O MAGO DAS MENTIRAS

ambas no Tribunal de Falências do Distrito Sul de Nova York. Roland Riopelle, advogado dos Bongiorno, negou as alegações da ação do administrador judicial. Eric R. Breslin, advogado de Crupi, disse que sua cliente "definitivamente" contestaria as alegações do administrador judicial e acusações similares feitas no caso civil iniciado contra ela pela SEC.

7. *Second Superseeding Bonventre Indictment.*

8. Essa passagem foi baseada nas notas e observações da autora e em catálogos disponíveis em <www.proxibid.com>, o site da Proxibid, um serviço on-line de leilões usado pelo Serviço de Delegados dos Estados Unidos.

9. O total relatado para o primeiro leilão foi de pouco menos de US$ 900 mil. Ver Les Christie, "Madoff's Mets Jacket Sells for $14,500", CNN-Money.com, 16 de novembro de 2009. A autora acompanhou todos os lances de ambos os leilões, postados na Proxibid; o total do primeiro leilão foi de US$ 854.110 e o do segundo foi de US$ 2,12 milhões, em um total de US$ 2,97 milhões.

10. A cobertura de Manhattan foi vendida por US$ 8 milhões; a casa de Montauk por US$ 9,4 milhões; e a casa de Palm Beach por US$ 5,6 milhões, consideravelmente abaixo do preço original listado, de US$ 8,49 milhões. Ver Oshrat Carmiel, "Madoff's Home in Palm Beach Sells for $5.65 Million", agência de notícias Bloomberg, 15 de outubro de 2010. Três barcos e um Mercedes conversível conseguiram cerca de US$ 1 milhão em um leilão em 2009. Ver Katya Kazakina, "Madoff's Yachts Bring $1 Million at Florida Auction", agência de notícias Bloomberg, 17 de novembro de 2009. A casa na França fora avaliada em US$ 1,6 milhão e o iate, em mais de US$ 8 milhões. Ver Erica Orden, "Madoff Sell-off", *New York*, 6 de setembro de 2009. Em dezembro de 2010, não havia relato de nenhum dos dois ter sido vendido.

11. *Picard v. UBS.*

12. *In re: Bernard L. Madoff Investment Securities, Debtor; Irving H. Picard, Trustee for the Liquidation of Bernard L. Madoff Investment Securities v. UBS et al. and M&B Capital Advisors*, protocolada sob n. 10–05311 (BRL) no Tribunal de Falências do Distrito Sul de Nova York.

NOTAS

13. Diana B. Henriques, "Madoff Trustee Sues JPMorgan for $6.4. Billion", *The New York Times*, 2 de dezembro de 2010.

14. Ibid.

15. *Picard v. HSBC.*

16. *In re: Bernard L. Madoff Investment Securities, Debtor; Irving H. Picard, Trustee for the Liquidation of Bernard L. Madoff Investment Securities v. Tremont Group Holdings et al.*, protocolada sigilosamente sob n. 10–05310 (BRL) no Tribunal de Falências do Distrito Sul de Nova York.

17. Comunicado de imprensa, "Trustee for Liquidation of Bernard L. Madoff Investment Securities Files Suit Against Sterling Equities, Its Partners and Other Related Entities Seeking Recoveries in Ponzi Scheme", 7 de dezembro de 2010, disponível em: <www.madofftrustee.com>.

18. Alison Leigh Cowan, Peter Lattman, Serge F. Kovaleski e David Waldstein, "Trustee Faults Mets Owners over Madoff Fraud", *The New York Times*, 29 de janeiro de 2011.

19. Comunicado de imprensa, "Trustee for Liquidation of Bernard L. Madoff Investment Securities and Liquidator of Madoff Securities International File Lawsuit Against Directors, Officers, Related Entities of London--Based Madoff Securities International Limited", 8 de dezembro de 2010, disponível em: <www.madofftrustee.com>.

20. Comunicado de imprensa, "Trustee for Liquidation of Bernard L. Madoff Investment Securities Seeks $1. Billion from Seven Global Financial Institutions in Madoff Ponzi Scheme", 8 de dezembro de 2010, disponível em: <www.madofftrustee.com>.

21. Comunicado de imprensa, "Trustee for Liquidation of Bernard L. Madoff Investment Securities Files Against Tremont Group and Related Entities Including Oppenheimer and Mass Mutual", 7 de dezembro de 2010, disponível em: <www.madofftrustee.com>.

22. Comunicado de imprensa, "Madoff Trustee Announces Approximately $500. Million Recovery Agreement with Swiss Bank Union Bancaire Privée", 6 de dezembro de 2010, disponível em: <www.madofftrustee.com>.

532 O MAGO DAS MENTIRAS

23. Comunicado de imprensa, "Madoff Trustee, SIPC Announces $550 Million Recovery Agreement with Carl Shapiro, Robert Jaffe and Related Entities", 6 de dezembro de 2010, disponível em: <www.madofftrustee.com>. O acordo determinava que o administrador judicial receberia US$ 550 milhões e outros US$ 75 milhões seriam pagos ao Departamento de Justiça, sob seu programa de confisco civil.

24. Comunicado de imprensa, "Madoff Trustee, Charities Negotiating Settlements", 10 de dezembro de 2010, disponível em: <www.madofftrustee.com>.

25. *Picard v. Kohn.*

26. *Picard v. A&B.*

27. Michael Rothfeld, "The Madoff Fraud: Trustee Sues Kin, Banks for Funds", *Wall Street Journal*, 9 de dezembro de 2010.

28. Entrevista confidencial. A autora também está em débito com seus colegas Peter Lattman, Elissa Gootman e Al Baker, do *The New York Times*, pelo trabalho de reportagem sobre o suicídio Madoff.

29. Diana B. Henriques e Peter Lattman, "Reopened Wounds: 'Just More Than He Could Bear'", *The New York Times*, 17 de dezembro de 2010.

30. Stephanie Madoff Mack, The End of Normal: A Wife's Anguish, A Widow's New Life (New York: Blue Rider Press, 2011), pp. 148—53. A data do incidente vem de Sandell, Truth and Consequences, p. 261.

31. Steve Eder e Mary Pilon, "A Madoff Son Looks Forward", *Wall Street Journal*, 21 de dezembro de 2010.

32. Comunicado de imprensa, "NIAP Update on HR5032", Network for Investor Action and Protection [Rede de Ação e Proteção ao Investidor], 17 de junho de 2010, no website da rede, <www.investoraction.org>.

33. Comunicado de imprensa, "NIAP President Ron Stein Statement Welcoming Legislation to Protect Investors Defrauded by Bernie Madoff", Network for Investor Action and Protection, 20 de dezembro de 2010.

34. O congressista Scott Garrett, republicano de Nova Jersey, apresentou o projeto de lei em 17 de fevereiro de 2011, como projeto da Câmara dos Representantes n. 757, 1ª Sessão, 112º Congresso.

NOTAS

533

35. E-mail de BLM para a autora, 17 de dezembro de 2010.
36. Raphael Minder e Diana B. Henriques, "Overseas Madoff Investors Settle with Banks", *The New York Times*, 24 de maio de 2010.
37. E-mail de BLM para a autora, 21 de dezembro de 2010.
38. E-mail de BLM para a autora, 19 de dezembro de 2010.

17. A longa estrada adiante

1. Carta de BLM datada de 3 de outubro de 2010; a carta foi enviada à autora por intermédio do advogado de Madoff e, dessa maneira, não esteve sujeita à revisão das autoridades prisionais, fornecendo certa credibilidade a seu relato sobre o tratamento que recebeu na prisão.
2. Entrevista com Ruth Madoff.
3. Notas e observações da autora.
4. Parecer do Tribunal de Apelação do Segundo Circuito, 16 de agosto de 2011, em *In re: Bernard L. Madoff Investment Securities LLC*, número original 10–2378–bk (L) e sequências, pp. 5, 15–17, 23–24, 27.
5. Ver *In re: Bernard L. Madoff Investment Securities, Debtor, Irving H. Picard, Trustee for the Liquidation of Bernard L. Madoff Investment Securities v. Saul B. Katz, et al.* (daqui em diante *Picard v. Katz*), protocolado como processo contencioso n. 10–05287 (BRL) no Tribunal de Falências do Distrito Sul de Nova York. As citações foram retiradas de *Picard v. Katz*, "Transcript of Trustee's Rule 2004 Examination of Fred Wilpon", 20 de julho de 2010, pp. 35, 42–43, 64.
6. Detalhes foram retirados de *In re: Bernard L. Madoff Investment Securities, Debtor, Irving H. Picard, Trustee for the Liquidation of Bernard L. Madoff Investment Securities v. American Securities Management L.P., et al.*, protocolado como processo contencioso n. 10–05415 (BRL) no Tribunal de Falências do Distrito Sul de Nova York, pp. 3, 51, 58–63.
7. *Picard v. Katz*, "Transcript of Trustee's Rule 2004 Examination of Saul B. Katz", 4 de agosto de 2010, p. 102.

8. *Picard v. Katz*, denúncia retificada, pp. 165–71. O administrador judicial também afirmou que um consultor financeiro-industrial independente, contratado pelo Sterling Stamos e pelos Wilpon, dissera, em 2003, que os retornos de Madoff "não fazem sentido". Ver pp. 176–77.

9. Ibid., pp. 195–96.

10. Ibid., pp. 196–201.

11. Ibid., pp. 172–74.

12. Ibid., p. 175.

13. Ibid., p. 176. De acordo com o administrador judicial, um aviso similar fora feito a Katz pelo "CEO de uma proeminente empresa de gestão de investimentos" que fazia parte do comitê de investimentos da Fundação da Faculdade do Brooklyn, cujos governadores honorários incluíam Katz e de cujo conselho participava Richard Wilpon, irmão de Fred. Os Wilpon negaram a alegação.

14. A autora é grata pelo acesso pré-publicação ao livro de Howard Megdal, *Wilpon's Folly: The Story of a Man, His Fortune, and the New York Mets* (Nova York: Bloomsbury USA, 2011), que examina as finanças e os extensos empreendimentos da família Wilpon.

15. Parecer e ordem judicial datados de 28 de julho de 2011, em *Picard v. HSBC*, retirada do Tribunal de Falências, consolidada com uma ação relacionada contra outras entidades do HSBC e protocolada como 11 Civ. 763 (JSR) e 11 Civ. 836 (JSR) no Tribunal Distrital do Distrito Sul de Nova York.

16. Parecer e ordem judicial datados de 27 de setembro de 2011, em *Picard v. Katz*, retirada do Tribunal de Falências e protocolada como 11 Civ. 3605 (JSR) no Tribunal Distrital do Distrito Sul de Nova York. A disputada provisão de "porto seguro" é a Seção 546(e) do Código Federal de Falências. Essas questões são descritas mais completamente nos pareceres dos juízes e foram resumidas em Diana B. Henriques, "A Lasting Shadow: Three Years After His Arrest, Bernie Madoff Still Haunts His Victims, His Family and Himself," *New York Times,* 11 de dezembro de 2011.

17. *Picard v. Katz*, parecer e ordem judicial do juiz Jed S. Rakoff , 17 de janeiro de 2012, p. 2.

NOTAS 535

18. Sandell, *Truth and Consequences*, pp. 250-51.
19. Entrevista com Ruth Madoff. O livro era Weinstein, *Madoff's Other Secret*.
20. Aaron Pressman, "Madoff Whistleblower Markopolos Blasts SEC," *Bloomberg Business Week*, 5 de junho de 2009.
21. Stuart Gittleman, "U.S. Whistleblower Program Is on the Right Track, Says Madoff Nemesis Markopolos", *Thomson Reuters* Dodd-Frank Watch website: <http://www.complinet.com/dodd-frank/news/articles/article/us-whistleblower-program-is-on-the-right-track-says-madoff-nemesis-markopolos.html#top>, postado em 29 de agosto de 2011.
22. Becker foi descrito por quase cinquenta membros da American Bar Association — incluindo o juiz distrital aposentado Stanley Sporkin, o legendário diretor de execução da SEC na década de 1970 — como "um dos mais talentosos advogados de sua geração" e uma pessoa "da mais elevada fibra moral e ética". A carta foi enviada em 22 de setembro de 2011 para os presidentes e principais membros de vários comitês e subcomitês do Congresso.
23. Becker relatou o incidente: "Quando a sra. Schapiro me telefonou, suas primeiras palavras — às quais ela sabia que eu não conseguiria resistir — foram 'David, seu país precisa de você'. Eu disse à sra. Schapiro que, para mim, aquela era uma época muito ruim para retomar meus serviços ao governo, mas concordei em conversar a respeito. Aceitei a oferta uma semana depois. Voltei à SEC porque me importo profundamente com a agência e seu pessoal, porque minha amiga Mary Schapiro me pediu e porque achei que era meu dever." Depoimento de David M. Becker perante o Subcomitê de Supervisão e Investigação do Comitê de Serviços Financeiros do Congresso e o Subcomitê de TARP, Serviços e Auxílios Financeiros e Programas Privados do Comitê de Supervisão e Reforma Governamental do Congresso, em 22 de setembro de 2011, pp. 1-2.
24. Ibid., p. 3.
25. Depoimento escrito de Helen Davis Chaitman, 15 de março de 2011, apresentado durante a audiência conjunta do Comitê de Supervisão e Reforma Governamental, do Subcomitê de TARP, Serviços e Auxílios

536 O MAGO DAS MENTIRAS

Financeiros e Programas Privados e do Subcomitê de Organização, Eficiência e Administração Financeira do Governo. (Ela se referiu a ele como "David I. Becker," mas o contexto deixou claro que falava de David M. Becker.)

26. O inspetor-geral da SEC calculou que o método do "dólar constante" reduziria em cerca de US$ 138.500 a responsabilidade financeira de US$ 1,5 milhão da família Becker. Ver o relatório do inspetor-geral da Securities and Exchange Commission, H. David Kotz, "Investigation of Conflict of Interest Arising from Former General Counsel's Participation in Madoff-Related Matters," caso n. OIG- 560, 16 de setembro de 2011. Em fevereiro de 2012, os Becker fizeram um acordo com Picard no valor de US$ 556.017.

27. Em 15 de janeiro de 2009, antes que Becker retornasse ao conselho geral em 23 de fevereiro, a comissão e a equipe se reuniram durante uma sessão executiva sobre assuntos relacionados a Madoff, mas adiaram especificamente a questão das ações de recuperação. A ata da sessão afirma: "A equipe disse que estava relutante em processar clientes para a devolução de fundos sacados e que as ações de recuperação poderiam prejudicar aqueles com poucas retiradas" (ibid., p. 30–31). A equipe disse que estudaria mais profundamente a questão. Em uma segunda reunião fechada em 12 de fevereiro de 2009, a equipe e os membros da comissão "discutiram os princípios e as possíveis injustiças" das ações de recuperação e pediu-se que a equipe questionasse novamente a SIPC a respeito delas (ibid., p. 32). Em 19 de fevereiro de 2009, Schapiro se reuniu com o presidente, o conselheiro-geral e o diretor executivo da SIPC. Segundo o diretor executivo, Schapiro afirmou que "três, possivelmente quatro membros da comissão" concordavam com a abordagem da SIPC, embora ela não se lembrasse da reunião (ibid., p. 34). Parece claro que, embora a SIPC possa ter achado que a SEC "chegara a um consenso" em 19 de fevereiro, uma opinião refletida como fato no título de um dos capítulos do relatório do inspetor-geral, a posição oficial da SEC sobre as ações de recuperação da SIPC perma-

NOTAS

necia ambígua no dia em que Becker retornou à comissão, tomando-se como base as atas das sessões a portas fechadas.

28. Mack, *End of Normal*, p. 127. Mack relatou que a fúria de Mark em relação ao pai era intensa; ele jogou fora cada peça de roupa que o pai lhe dera e "pegava desvios para evitar passar em frente" à antiga cobertura dos pais, um hábito cansativo, dada sua localização em uma grande artéria de Manhattan em direção ao sul. Ibid., pp. 127-28.

29. Entrevista com Ruth Madoff.

30. *SEC v. Eric Lipkin*, protocolada como 11 Cv. 3826 no Tribunal Distrital do Distrito Sul de Nova York, p. 6.

31. *U.S.A. v. Eric S. Lipkin*, informação criminal protocolada em 6 de junho de 2011, como S3 10 Cr. 228 (LTS), no Tribunal Distrital do Distrito Sul de Nova York (de agora em diante *Informação Lipkin*).

32. *Informação Lipkin*, transcrição da audiência preliminar perante a juíza distrital Laura Taylor Swain em 6 de junho de 2011, p. 22.

33. Carta à Excelentíssima Juíza Laura Taylor Swain, enviada por Preet Bharara (assinada por Julian J. Moore, promotor-assistente), datada de 16 de novembro de 2011, p. 1.

34. *U.S.A. v. David L. Kugel*, informação criminal protocolada em 21 de novembro de 2011, como S4 10 Cr. 228 (LTS), no Tribunal Distrital do Distrito Sul de Nova York. Transcrição da audiência preliminar de 21 de novembro de 2011, p. 31.

35. Ibid., pp. 32-33.

36. Ibid., pp. 36-38.

37. Ibid., p. 37.

38. Ibid., p. 31.

39. *U.S.A. v. Enrica Cotellessa-Pitz*, informação criminal protocolada em 19 de dezembro de 2011, como S5 10 Cr. 228 (LTS), no Tribunal Distrital do Distrito Sul de Nova York.

40. Telefonema dado à autora por BLM em 29 de novembro de 2011.

41. E-mail enviado à autora por BLM em 29 de novembro de 2011.

42. Entrevista confidencial.

538 O MAGO DAS MENTIRAS

43. Telefonema dado à autora por BLM em 3 de setembro de 2011.
44. E-mail enviado à autora por BLM em 7 de dezembro de 2011.
45. E-mail enviado à autora por BLM em 23 de janeiro de 2012.
46. Entrevista telefônica concedida à autora por Ruth Madoff em 29 de novembro de 2011.

Epílogo

1. Todas as citações desta seção foram retiradas da primeira entrevista com BLM.
2. E-mail de BLM para a autora, 23 de fevereiro de 2011.
3. Segunda entrevista com BLM.
4. Liz McNeil e Alex Tresniowski, "The Trials of Ruth Madoff", *People*, 21 de fevereiro de 2011, p. 78–82.

ÍNDICE

11 de setembro de 2001, ataques, 173, 340-341

401(k)s, 451

A.L.S. Steel, 57

ABC News, 370

Abu Dhabi, 22, 228, 278

Access International, 226-227, 236, 303-304, 382, 403

Ackerman, Gary L., 312

ações de primeira linha, 54,88, 125, 136

ações de recuperação, 330, 341-342, 398, 403-408, 411, 414, 417

ações preferenciais, 72

Akroyd & Smithers, 110

Alger, Fred, 179

Alpern, Benjamin (esposa do avô), 64

Alpern, Joan (cunhada), 65

Alpern, Sara (sogra), 64

Alpern, Saul (sogro), 19, 59, 64-65, 67-68,70, 76, 80, 85, 89, 90-91, 94, 100, 136, 182, 293, 327

  aposentadoria, 69, 85

  contas de familiares e amigos, 68-71, 73, 79, 94, 101, 104, 441

empréstimo 1962, 59, 68-70, 136, 292

Ambrosino, Dominic, 353

América Latina, 151, 231

American International Group (AIG), 257, 271, 425

Amsellem, Jacques, 102

Anchor Holdings LLC, 228-229

Anheuser-Busch, 54

antissemitismo, 278-280, 351, 354

arbitragem, 89, 94-96, 99, 104, 112, 183, 441

  sem riscos, 70-73, 114, 138

  suposta falsificação de transações, 399

Arthur D. Little Inc., 150

Arvedlund, Erin, 166, 169

Ascot Partners, 160, 162, 305

Associação da Indústria de Títulos, 120

"auction rate securities", 384

Áustria, 315, 381

automação (transações eletrônicas), 76-85, 93, 106, 127, 135, 148, 163, 165-167, 186, 196, 383

Avellino & Bienes, 69-70, 85-86, 89-90, 92, 94, 104, 107, 117, 126, 132, 136, 138-139, 141-142, 148, 441

540 O MAGO DAS MENTIRAS

"credores", 85-92

devotam o negócio a Madoff, 117

SEC encerra a, 138-149, 160, 349, 406

Sorkin e a, 320

Avellino, Frank, 68, 80, 85, 89, 91-92, 116-117, 139-141, 146, 327, 406

Bacon, Kevin, 277

Baker & Hostetler, 283-284, 397, 460

banco Barclays, 197, 218

Banco Bilbao Vizcaya Argentaria (BBVA), 231

Banco de Nova York, 218

Banco Medici, 222-225, 227, 260-261, 277, 310, 315, 381, 406

Banco Santander, 11, 22, 204, 228, 236, 270, 277, 382

bancos suíços, 277

bancos, 231-232, 259-260, 342, 384, 398. *Ver também* bancos específicos

Bank Austria, 225

Bank of America, 257-258

Banque Privée de Gestion Financière (BPGF), 113

Bard Fawloade, 161

Barnes-Hind, 54

Baroni, Lisa, 320, 322, 357

Barron's, 166, 168-170, 173, 180, 192-193, 377

BBC, 314

Bear Stearns, 31, 48, 247, 256, 271, 297

Becker, David, 430

Bell, Kevin, 316

Benbassat, Mario, 225

Bennett, Gordon, 303, 448

Benton, Thomas Hart, 401

Bernanke, Ben, 297

Bernard L. Madoff Investment Securities. *Ver também* fundos feeder; Madoff, Bernard L.; Madoff Securities International, Ltd. vítimas de Madoff; Securities and Exchange Commission; e funcionários, membros da família, contas feeder e investidores específicos

11 de setembro de 2001, ataques, 173

17º andar do Edifício Lipstick, 26-27, 32, 36, 40, 44, 148, 187, 191, 204, 215, 241-242, 258, 262, 269, 290, 393, 400

acusações de front running, 196

aparência de prosperidade, 188

arbitragem inicial, 70-74

ativos congelados e vendidos, 317

auditorias, 130, 327-328

automação e registros Ponzi, 148, 167

automação, 77, 81, 83, 106, 127

Avellino & Bienes, 69-70, 85, 117

Black Monday de 1987, 123-124

Cohmad, 109-110

conformidade regulatória e, 84-86

corretoras regionais e, 104

escândalo da NASDAQ e, 153

escritório no Edifício Lipstick, 26, 110, 121, 131, 148, 158, 167, 425

festas de fim de ano, 37, 242

filhos de Madoff se unem a, 122, 366

funcionários após a prisão, 291, 333

funcionários, 121, 242

ÍNDICE

funcionários, ações de recuperação e prisão, 394, 399
fundação e anos iniciais, 55, 58
fundos das vítimas, 317
gerente de *back office*, 76
investidores e fundos feeder iniciais, 94-107, 136
investigação da SEC em 1992, 138-147
investigação da SEC em 2001–4, 188, 192, 199
investigação da SEC em 2005, 191-199, 205
investigação da SEC no fim de 2005–6, 208-214, 218-222, 229, 295, 348
Lipkin, Eric S., 434-436
liquidação, 283-291, 305-306, 309, 317, 334-341
lucros com criação de mercado, 236
Madoff como único proprietário, 366
mercado em alta dos anos 1980, 119
operação oculta de investimento, 135-138
patrimônio líquido em 2004, 188
patrimônio líquido na década de 1980, 119, 122
primeiros escritórios, 76, 81
Primex e, 165
prisão de Madoff e tomada da, 26, 36-37, 44, 49-50, 279, 289
SIPC e, 77, 289
terceiro mercado e, 84, 153
transações legítimas, 44, 51, 84, 135, 187, 196, 207, 212-213, 215, 246
Bernfeld, Ellen, 302

Bharara, Preet, 415-416
Bienes, Emily Picower, 101
Bienes, Michael, 69, 80, 85-87, 89, 91-92, 101, 116-117, 139, 141, 182, 327, 496
ação judicial, 406
casamento, 182
investigação da SEC, 139-142
Blumenfeld, Ed, 28
BNP Paribas, 277
Boesky, Ivan, 183, 439
bolha das ações de tecnologia, 54, 57, 163, 230, 234
bolha imobiliária, 230, 242-243, 451. *Ver também* crise hipotecária
Bolsa de Opções de Chicago, 177
Bolsa de Valores Americana, 109
Bolsa de Valores de Boston, 71
Bolsa de Valores de Cincinnati, 106, 127
Bolsa de Valores de Londres, 110
Bolsa de Valores de Nova York (NYSE, "Big Board"), 53-54, 83-84, 106, 121, 128, 453
Bolsa de Valores do Pacífico, 71
Bongiorno, Annette, 40, 121, 237, 399, 435
bônus, 71, 179
Bonventre, Daniel, 121, 204, 207, 213, 215, 394-395, 399
Braman, Norman, 28, 277
Brasil, 151, 155, 235, 278
Breeden, Richard, 413
Brighton Company, 95
British Petroleum, 341
Brown, Matthew C., 155

542   O MAGO DAS MENTIRAS

Buffett, Warren, 97

Bunker Ramo, 80

Cacioppi, Ted, 38-40, 320, 322

Calamari, Andrew, 44, 49

Cannon Mills, 54

Caribe, 83, 155, 226, 340, 377, 404

Carnegie Hall, 161, 284

Carolan, Kate, 303

Casale, Nick, 295

caso *New Times*, 336, 338, 391

caso *Old Naples Securities*, 336

Cédille, Jean-Michel, 113

Ceretti, Federico, 180, 225

Chais, Pamela, 93-94

Chais, Stanley, 10, 27, 93, 95, 97, 106,
    130, 136, 164, 188, 264-265, 280,
    330, 384, 448

    ação de recuperação, 330

    ações judiciais da SEC, 384

Chaitman, Helen Davis, 334-338, 344,
    390-391, 422, 424, 430

Chapman, Peter, 82

Chase Manhattan Bank, 231

Chavkin, Peter, 320, 351, 353, 368-369

Chemical Bank, 91, 151

Cheung, Meaghan, 210, 218

Chin, Denny, 319-325, 350-351, 353, 355,
    358, 368, 419

Citibank, 232

Club No One Wanted to Join, The
    (coleção de ensaios), 395

cobertura, 280

    transações com opções e, 97-98

    transações institucionais e, 279-281

Cohmad Securities, 28, 109, 164, 187,
    203, 247, 261, 331, 383

Cohn, Delaire & Kaufman, 109

Cohn, Marcia Beth, 110, 187, 246-247,
    331

Cohn, Maurice "Sonny", 28, 108, 223,
    331, 383

Comitê Judaico Americano, 247

Comitê Olímpico Internacional, 278

companhia Erko, 223

Complexo Correcional Federal de Butner,
    16-18, 419-420

Congresso Americano, 77, 118, 169-170,
    229, 280, 285-286, 383

    audiências do Comitê de Serviços Fi-
    nanceiros da Câmara, 311

Congresso Judaico Americano, 129, 280

conta rei Arthur, 137-139

contas A&A e A&B, 69. *Ver também*
    Avellino & Bienes

Contrafund, 152

Coreia, 62, 228

corretoras regionais, 104

corretoras

    comissões fixas, 103

    crise do papel, 76

    falência, 77, 103

    melhores da década de 1950, 64

    quebra da década de 1960, 66-67

Cotellessa-Pitz, Enrica, 399, 436

Cowen & Company, 111

Cox, Christopher, 296-298

Credit Suisse, 151, 181, 194

Creditanstalt, 225

ÍNDICE

criação de mercados, 72, 73, 119, 122-124, 186, 262, 316

crise de poupança e empréstimos, 88

crise financeira de 2008, 29, 48, 255-274, 312-313, 342

crise hipotecária, 235, 247, 286, 342

Cross & Brown, 100

Crupi, JoAnn "Jodi," 272-274, 399-400, 435

Cuomo, Mario, 422

Daily News de Nova York, 277

De Bello, Nicole, 43, 46-47, 292, 347

de la Villehuchet, René-Thierry Magon, 226-227, 303-304, 403

Della Schiava, Yanko, 155, 265

Denver, John, 277

Departamento de Justiça, 42, 285, 312, 333, 381, 384, 387, 460

Departamento do Tesouro, 88, 259

Depository Trust & Clearing Corporation (DTCC ou DTC), 167-168, 204-205, 214, 220, 317, 328, 349, 378

derivativos de hipotecas, 235

derivativos, 23, 181, 210, 230-235, 257, 265-268, 382, 404

desemprego, 118, 341

desregulamentação, 119-120, 229, 234, 296

DiPascali, Frank, 27, 31, 36, 40-41, 45, 50, 121, 143-145, 147-148, 167, 183, 186, 191, 195, 199, 204, 379

    falsos registros, 143-144, 148, 153, 192, 195, 379-380, 393

    história na corretora, 121

    investigação da SEC, 144, 191, 195, 198, 213, 349

    Picower e, 184

    prisão de Madoff e, 41, 45, 50, 291

    prisão de, 293, 323, 379-381, 384, 393, 399, 412

    renda, 237

Dodger Sporting Goods, 61-62

Donaldson, William H., 175

Donghia, Angelo, 120

Donnelly, Shannon, 244

Douglas, Michael, 277

Dow Jones Industrial Average, 54, 123

Dreier, Marc S., 46-47

Dreyfus, Jack, 66

Dubai, 228, 268, 278

E.F. Hutton & Company, 111

Eaton, Douglas, 46-47, 293, 308

Ebel, Maureen, 325, 354

Echenique Gordillo, Rodrigo, 270-271

Echevarria, Manuel, 236

economias para a aposentadoria, 230, 451

Ellis, Ronald, 307-309

empresa Tampax, 54

Engler & Budd, 104

Engler, Mendel "Mike", 104-105, 107, 124, 136, 188, 301, 441

Enron, 170

escola preparatória Ramaz, 157, 161

escolha seletiva, 197

Espanha, 1, 22, 228, 231, 317

esquema Ponzi. *Ver também* Madoff, Bernard L.

  caso Chaitment e regras de liquidação para, 334-337

  definição, 59

  derivativos e, 210

  Grupo Bayou exposto como, 200-203

  lições do escândalo Madoff, 447-456

  mercados em alta e, 54

  número do em 2008–9, 343

  roubo de Wall Street das contas dos clientes, 137

Estados Unidos da América v. Bernard L. Madoff, 47

estagflação, 87

estratégia de bull spread, 114

estratégia de conversão split-strike, 114, 125, 136, 138, 151, 159, 162, 165, 254, 263, 348

  limitações de tamanho, 136

Euro-Dutch Management, 228

Europa, 35, 167, 232, 310, 381-383

  bancos, 204, 277, 405, 418

  fundos hedge, 187, 222-229, 418

Eurovaleur, 223-224

Everlast Sporting Goods, 61

exigências por transparência, 111

"expectativas legítimas", 307

Faculdade de Direito de Massachusetts, 338

Faculdade de Direito de Nova York, 161

Fairfield, Conn., fundos de pensão públicos, 180

família Wilpon, 129, 202, 391, 404, 425

Fannie Mae, 48, 254-256, 271

Federal Bureau of Investigation (FBI), 36, 38, 40-43, 273, 291-292, 297, 312, 316-317, 320, 327, 333, 375

Federal Deposit Insurance Corporation (FDIC), 259

Federal Reserve, 87, 230, 247, 259, 297

Feinberg, Jay, 28-29

Fidelity, 106, 152, 288, 377

Financial World, 122

FINRA (Financial Industry Regulatory Authority), 40, 43, 174, 218, 297

Fiserv Inc., 176

Fitzmaurice, Thomas, 354

Fix, Charles, 225

Flumenbaum, Martin, 34-35, 37, 363, 408

Forbes, 183

Fortis, 232

Foxman, Abraham, 279

Foxton, William, 314-315

França, 114, 181, 227, 235, 237, 250, 256, 310, 313, 317, 382, 403

Frangipane, Noelle, 347

fraternidade Ravens, 62

fraude por afinidade, 280

Freddie Mac, 48, 255, 271

Friehling & Horowitz, 130, 202-203

Friehling, David, 203-204, 327, 384, 393, 413

Frisch, Andrew, 395

front running, 172, 196, 199, 208, 211, 222, 349

fundação Chais, 276

ÍNDICE

Fundação da Comunidade Judaica de Los Angeles, 280
Fundação da família Madoff, 186, 448
Fundação Picower, 276, 416
fundações da família Levy, 145, 276, 389
Fundo Fairfield International, 131
Fundo Fairfield Sentry, 27, 152, 215, 231, 233-234, 248-249, 265-266, 268-269
retiradas, 249, 251-254, 257, 264-266, 269
Fundo Fairfield Sigma, 232
Fundo Gabriel, 158
Fundo Gateway, 116, 125, 138
Fundo Harley, 225
Fundo Magellan, 97, 105, 152
Fundo Meritor, 193
Fundo Odyssey Partners, 160
Fundo Reserve, 257
Fundo Santa Clara, 229
Fundo Sterling Stamos, 202
Fundos Ariel, 158, 266
fundos de fundos, 175, 181
fundos de pensão do estado de Nova York, 178
fundos de pensão estatais da Califórnia, 178
fundos de pensão sindicais, 177-180, 230, 281
fundos de pensão, 54, 176-181, 228-230, 278, 281-282
fundos do mercado monetário, 88, 258
fundos feeder, 94, 136
ações judiciais, 330-332, 377-379, 383, 397, 403, 405
crise de 2008, 260
derivativos, 230-233
europeus, 222-228
investigações, 382
liquidação Madoff, 276, 301, 305, 314, 388, 411-412
Madoff sobre, 439
retiradas em 2008, 251
suspeitas iniciais de Madoff, 202-205, 235, 245
taxas de retorno, 233
taxas e comissões, 228
fundos fiduciários da família Chais, 94, 97
fundos hedge, 23. *Ver também* fundos feeder; e bancos, fundos e gestores específicos
ações judiciais de Picard, 405
ações judiciais, 355, 369, 405-406
ausência de regulamentação, 120, 127-128, 173-174, 296
crescimento, 126-130, 172-173
crise de 2008, 255
derivativos, 256-257
escândalo Bayou, 200-202
estrutura de taxas, 103, 147
fundos de pensão e, 176-182
Madoff e, 280-281, 355, 369, 405, 428, 448
offshore, 128, 132, 156, 164, 180, 223, 226, 228, 245, 265, 341
suspeitas sobre Madoff, 280-281, 355, 405, 428, 448
uso de informações privilegiadas, 384

Fundos Herald, 226, 228, 261, 266, 314-315

Fundos Kingate, 25, 180, 182, 225, 236, 330

Fundos Lux-Alpha, 226-227

fundos mútuos, 75, 77-78, 88, 95, 118, 121, 135, 150, 195

Fundos Oppenheimer, 180-181, 223

Fundos Optimal, 204, 228, 236, 270, 277, 310, 328, 382

Fundos Primeo, 225, 228

Fundos Rye, 180

Fundos Thema, 225

fusões e incorporações, 71, 102, 176

Gabelli, Mario, 179

gabinete do procurador-geral, 35, 42, 45, 290, 384, 396, 415

Garrett, Scott, 432

Geffen, David, 277

General Accounting Office (GAO), 123, 169, 287

Genevalor, Benbassat & Cie, 225

Gibraltar Securities, 62, 67

Gibraltar, 25, 224, 317

Gift of Life Bone Marrow Foundation, 27, 425

Glantz, Richard, 139, 142

Goldman Sachs, 22, 165, 183, 384, 442

Goldstein, Allan, 343

Goodman, Jerry, 87

Gorenstein, Gabriel W., 294, 308

Grã-Bretanha, 267, 317

Serious Fraud Office (SFO), 309, 382

Serious Organised Crime Agency (SOCA), 267

Grande Depressão, 58, 63, 100, 302

Greensberg, Alan C., 247

Grosso, Carlo, 180, 225, 236, 330

Grupo Bayou, 200-201, 203, 306, 426

Grupo Fairfield Greenwich, 25, 150-151, 153, 182, 184, 212, 248, 252, 254, 258, 277, 331

ações judiciais, 330

auditorias, 203

Comitê de Avaliação de Riscos, 255

crise de 2008, 249, 252-255, 257-259, 262-266, 269

investigação da SEC, 207, 212-213

perdas com Madoff reveladas, 276

resgates, 200-206

taxas, 155

guerra do Vietnã, 87

Hadassah, 280, 355, 369, 405, 428, 448

Halio, Robert, 302

Halio, Stephanie, 302

Halliburton, 384

Halpern & Mantovani, 130

Harris, J. Ira, 29

Hirschhorn, Carla, 354

holandeses, 25, 228, 278

Hong Kong, 278, 320

Hooper, Catherine, 364, 409

Horowitz, Jerome, 85

Horwitz, Daniel J., 42-43, 45-48, 292

Hospital North Shore, Long Island, 187

HSBC, 232, 245-246, 254, 277, 404, 427, 102-103, 226

ÍNDICE

Igoin, Albert, 102-103, 226

Ilhas Cayman, 22, 25, 228, 317, 397

impostos, 22, 113-114, 120, 125, 395

inflação, 53-55, 87-89, 92, 118, 179, 431

Infovaleur, 224

instituições de caridade e dotações, 156-157, 164, 183, 280, 354, 405, 448

instituições de caridade judias, 128-129, 157, 161, 280

Instituto de Ciência Weizmann, 331

Instituto de Pesquisas Judaicas, 279

Instituto de Tecnologia de Massachusetts, Instituto Picower de Aprendizado e Memória, 184

Instituto de Tecnologia Technion-Israel, 331

Internal Revenue Service (IRS), 69, 102, 237

investidores acreditados, 229

investidores de média renda, 175-179, 229, 378

IRAs, 175-176, 451

autodirigidas, 175-176

Roth, 228

Israel, 188, 329

Israel, Samuel, III, 201

Ivy Asset Management, 176-178, 188, 426

Jacobs, Dennis, 423-424

Jaffe, Robert "Bob", 28, 111, 187, 245, 405

Jewish Journal, 281

Joel, Martin J., Jr., 76, 94, 374

Joel, Zuchs & Company, 76

Johnson, William F., 42, 292

Jones, Alfred W., 149

JPMorgan Chase, 22, 101, 200, 205, 231-233, 235, 248, 262, 265-266, 268, 403

ação judicial contra, 423-424

caixa 2 de Madoff, 147-150, 158, 162, 177, 207

derivativos, 231-232, 235

Kaiser Steel, 54

Kang, B. J., 38-41

Katz, Saul, 425

Katzenberg, Jeffrey, 277

Kay Windsor Inc., 98

Kelly, Keith, 322

Khuzami, Rob, 384-385

King, Larry, 281

Kohn, Erwin, 222

Kohn, Sonja Blau, 25, 222-226, 232, 260-261, 381, 405-406

Konigsberg, Paul, 107

Konigsberg, Wolf, 107, 130

Kotz, H. David, 296, 347, 385

Koufax, Sandy, 277

Kugel, David, 399, 434

Kurland, Lola, 138, 140-141

Lambeth Company, 95

Lamore, Peter, 191-193, 196-199, 211-212, 218, 220-221

Lankler, Andrew, 328

Lauer, Matt, 437

Lautenberg, Frank, 283-284, 374-375

Laventhol & Horwath, 101

548   O MAGO DAS MENTIRAS

Lawson, Ernest, 402

Lax & Nevill, 343

Lax, Barry, 423

Lehman Brothers, 48, 247, 255-257, 271, 288, 297, 305, 329

lei de alegação de injustiça federal, 387

lei de falências do estado de Nova York, 329

Lei de Proteção aos Investidores em Títulos (1970), 304-305, 424

Lei de Reforma dos Litígios sobre Títulos Privados (1995), 169

"Lei de Tratamento Equânime dos Investidores", 411

"Lei dos Direitos das Vítimas de Esquemas Ponzi", 411

leis de confisco criminal, 352

leis de falência, 77, 304-305, 309, 318, 329-330, 334, 340-341

Leukemia for Chickens (Roger Madoff), 186

Leval, Pierre, 423

Levy, Frank, 238

Levy, Norman F., 97, 100-103, 106, 112-113, 125-126, 136, 145, 201-202, 238, 276, 389, 442, 447

Lichtenstein, Roy, 250, 316

Lieberbaum, Michael, 66, 99

Lieberbaum, Sheldon, 99

Lifland, Burton R., 309-310, 390-392

Liga Antidifamação, 279

Lipkin, Carole, 76, 398

Lipkin, Eric, 398

Lipkin, Irwin, 76, 398

Lissauer, Sharon, 354

Litt, Marc, 45, 47, 292, 294, 299, 307-309, 320-322, 324-325, 379

Littaye, Patrick, 226-227, 236, 382

Littlestone Associates, 154

livranças, 91

Loeb, 64

London, Martin, 34

Luxemburgo, 278, 317, 382, 397

Lynch, Merrill, 165, 223, 232, 253, 426

Lynch, Peter, 97, 179

Madoff Securities International, Ltd. (subsidiária de Londres), 44, 49, 107, 204, 224, 323-324

Madoff, Andrew (filho), 32, 37, 256, 360, 363-364, 370, 407

ações judiciais, 367, 382, 384

acusações contra, 360-371

divórcio, 364

doença, 186, 262

empréstimos a, 178, 187, 206

prisão do pai, 15-19, 276, 279, 289, 294-295, 297-299

suicídio do irmão, 409-410

Madoff, Bernard L. *Ver também* Bernard L. Madoff Investment Securities; Madoff Securities International, Ltd.; vítimas de Madoff; e agências, fundos e indivíduos específicos

ações de recuperação, 330, 332, 341-345, 396-397, 405, 411-412, 418, 427, 431-432

ÍNDICE

ações judiciais civis das vítimas de, 299–302

ações judiciais, 330-332

acordo Picower, 331-332

acusações de Markopolos, 170, 172-173, 194-195

afirmação do poder de negociação, 165

alegações de caso extraconjugal, 355, 428-429

alegações de ser o único responsável, 293, 325

arbitragem, 70-74

ativos, congelados e vendidos, 297, 324

audiências no Congresso sobre, 169-170, 293-298

auditorias, 203-204

automação e, 79-81, 83, 238

Avellino & Bienes e, 69-70, 85-86, 89-92, 104, 117, 126, 143-149, 160, 378, 406, 441

Bear Stearns, 247

Bolsa de Valores de Cincinnati e, 106, 127

casa de Palm Beach, 46, 155, 161, 352, 388, 389

casa de praia em Montauk, 45, 255, 352, 388

casa de Roslyn, 81, 107-108, 223

casa na França, 227, 235, 256, 310, 403

casa-se com Ruth Alpern, 81

cheques assinados antes da confissão, 25, 29, 30-31, 36, 45, 206, 261, 264, 273, 399

cobertura em Manhattan, 120, 160, 351-352, 400

Cohmad fundada por, 109-116

compensação para as vítimas, 445

conexões judias, 97-98, 105, 161, 279-280

confiança e credibilidade, 57, 85, 98, 99, 104, 106-107, 112, 120, 159, 188, 232, 279-281, 450, 455

confissão, 320-326

corretora fundada por, e mercado de balcão, 23-29, 32-36, 53-60

criação de mercados, 72-73, 166, 187, 263, 316-317, 324

crise monetária 2005–6 e recuperação, 206-207, 231-233

crise monetária 2005–6 e risco de exposição, 196-214

crise monetária de 1962 e empréstimo, 24–30, 225, 351

crise monetária de 1987, 53-60, 292, 441

crise monetária de 1992, 125

crise monetária de 2008 levou ao colapso de, 255-274

declaração de culpa, 323-326, 356-357

derivativos, 230-234

dinheiro dos funcionários administrado por, 238

DiPascali e a fraude, 121, 143-149, 153, 167-168, 187, 195, 199, 204, 258-259, 273-274, 379-381

discurso no Philoctetes em 2007, 238-239

doenças na família, 185-186

DTCC e, 167-168, 204-205, 214, 220, 317, 328, 349, 378

empréstimo a familiares e funcionários, 187, 238, 242

entrevistas com o inspetor Kotz da SEC, 347-350

entrevistas na prisão, 21-22, 70, 99, 102, 114, 124-125, 410, 445

escândalo Bayou, 200-206

escritório no Edifício Lipstick, 26, 110, 121, 148, 167

esquema Ponzi descrito para os promotores federais, 233-235

esquema Ponzi e corretora legítima, 137, 143-145, 151, 156, 160, 172, 182, 256, 260-262

esquema Ponzi facilitado por Wall Street, 23

estratégia de conversão split-strike, 114, 125, 136, 138, 151, 159

exclusividade e segredo, 96, 187, 195, 262-263, 444

executor do espólio de Levy, 100-101, 202

Fairfield Greenwich e, 26-27, 130-131, 151-156, 164, 182

falência da corretora do pai, 66-67

falhas da SEC expostas pela prisão de, 295-298, 307

Falsificação de registros, 76, 85, 96-97, 113, 117, 144-146, 148, 153, 167-168, 191-193, 195, 205-207, 291, 349

família e impacto do crime, 206, 298-299

família e questões sobre conhecimento sobre a fraude, 29-30, 293-294, 299, 307, 354, 360

fiança, 43, 293-294, 297

fluxos monetários de 2002, 182

fluxos monetários dos anos 1990, 135-137

fortuna da família, 161-162, 216, 236, 324, 378

fortuna e estilo de vida, 20, 124, 188, 216

fragilidades econômicas em 2007 e, 234-238, 241-243

fundos de pensão e, 176-180

fundos estrangeiros, 70, 77-78, 88, 166-171, 245-246, 376-377

fundos feeder iniciados pelo sogro, 68-70

fundos feeder iniciados por não familiares, 94, 200, 202, 225-226, 236

fundos hedge, 105, 128, 149-156, 160, 166, 169, 174, 194

humanidade de, 348-350

iate e ancoradouro, 235, 237, 310, 403

inauguração do escritório de Londres, 107, 154, 224

infância e educação, 63-67

início da fraude, 60, 74, 82, 89-92, 112, 250-251, 270, 273-274

instituições de caridade, 28, 97, 128, 184, 317, 405

investidores iniciais e facilitadores, 95, 135-136, 147, 447

ÍNDICE

investigação da SEC de 1992, 141-149, 206, 406

investigação da SEC de 2003, 175, 192-193

investigação da SEC de 2005, 191-199

investigação da SEC do fim de 2005, 208-214

investigação da SEC revelada em 2009, 307-308

investigações da SEC entre 1992–2005, 208-214, 215

IRAs e, 175-176

lições para investidores e reguladores, 445-452

liquidação da SIPC, 286-290, 305-307, 334

mentiras, 19, 20-21

mercado moderno modelado por, 23

morte do filho Mark, 407-409

morte dos pais, 83

NASDAQ e, 79-80, 120, 123-124, 126-127, 153-154

pagamentos de comissão, 103-104, 112, 135-136, 205

pequenos investidores, 228-230

perdas e extensão da fraude, 287

perdas e extratos finais, 259

perdas e número de vítimas, 291

Picower e, 101-102, 106, 124-126, 145, 182-189, 415-417

poder de sedução do esquema Ponzi, 335

prisão domiciliar e presentes à família, 294-295, 298-299

prisão, 16-19, 36, 47, 276, 323, 358, 419, 460

problemas da falência expostos pela prisão, 329-330

Rakoff, Jed S., 426-428

razões para não fugir, 22, 361

relacionamento com a esposa Ruth, 298-299, 354, 357

relacionamento com o irmão Peter, 81-85, 373-376

relacionamento com os filhos, 32, 294, 354, 360

retiradas de dinheiro em 1994–2003, 183-186

retornos, 27, 34, 85, 89, 91, 105, 11, 120, 137, 159, 378

salários dos funcionários, 187

SEC fecha a Avellino & Bienes, 151

sentença, 308, 314, 321, 350-359

sentimentos pela família, 361

sentimentos pelas vítimas, 355-357

solicitações de retirada de dinheiro em 2008, 243, 248, 253, 260, 264-274

Sorkin como advogado e conflito de interesses, 314

suspeitas, 160, 164, 167, 177-178, 185, 189, 195, 203, 213-215, 217-218, 235, 246, 261, 264, 362, 403, 439

tamanho do esquema Ponzi, 23, 119, 205, 274, 293, 319

taxas de fundos feeder, 171, 213-214, 228, 233

terceiro mercado, 122, 153

transações não relatadas com opções, 144

transações sintéticas e taxas, 125

viagens para a França, 237, 256

Madoff, Deborah (ex-nora), 364

Madoff, Marion (cunhada), 81

Madoff, Mark (filho), 76, 81, 122, 251, 264, 362-363

   ações judiciais, 367, 382, 384, 388

   acusações contra, 360-371

   empréstimos a, 213, 241-242, 255, 261

   mulher altera sobrenome, 365, 407

   prisão do pai, 29-39, 46, 302, 410

   suicídio, 409, 432, 446

Madoff, Peter (irmão), 421

   ações judiciais, 85, 373-374

   Bolsa de Valores de Cincinnati, 106

   casa de Palm Beach e, 244

   cheques de resgate da família, 441

   Cohmad, 110

   DiPascali e, 121

   Engler e, 104

   escritório de Londres e, 82, 107

   fundos hedge, 236

   Madoff confessa para, 29-33

   morte do filho, 30, 186, 216

   papel na corretora, 27, 82-85, 122, 127, 186, 206, 241

   presentes e empréstimos a, 238, 242

   prisão de Madoff e, 40-41, 43, 50, 294, 298

   suicídio de Mark e, 409

   vida inicial, 60, 81

Madoff, Ralph (pai), 61, 63, 67, 82

Madoff, Roger (sobrinho)

   doença e morte de, 27, 29, 186, 216, 365

Madoff, Rose (avó), 60

Madoff, Ruth Alpern (esposa), 247, 354, 420-421, 428, 432, 437-438, 441

   ações judiciais, 368, 375, 445

   acusações contra, 361-367, 371-379

   acusações criminais não apresentadas contra, 352

   amizades, 105, 161, 201

   ano após a prisão, 28, 238, 244, 256

   ativos confiscados, 298, 310, 352, 369, 415

   casa-se com Madoff, 64-67

   cobertura de Manhattan, 120

   confissão de Madoff, 31-34, 45

   doenças na família, 186

   envia joias para a família, 298, 309

   filhos e, 76, 82

   instituições de caridade e, 28, 243

   permanece ao lado do marido após a prisão, 419, 444

   primeira festa de fim de ano, 37, 242

   prisão de Madoff, 39, 41-44, 47, 294, 298, 308, 353

   sentimentos pelas vítimas, 325, 357

   suicídio do filho Mark, 409

   trabalho na corretora, 56

   vida inicial, 64

Madoff, Shana (sobrinha), 44, 81, 112, 186, 237, 307, 375, 385, 409

Madoff, Solomon David (avô), 60

Madoff, Sondra (irmã), 61, 81

ÍNDICE

Madoff, Stephanie (nora), 251, 302, 365, 408-409, 432, 434

Madoff, Sylvia Muntner (mãe), 61, 62, 64, 82

Maertens, Maurice E., 266

"maior fundo hedge do mundo é uma fraude, O" (Markopolos), 208

Malkovich, John, 277

mandado de arbitragem, 71

Manion, Ed, 177-173, 210

Manzke, Sandra, 179-181, 200, 404

MARHedge, 164

Markopolos, Harry, 170, 194-195, 210, 217, 230, 295, 303, 311, 377, 429

Maxam Capital, 200

Maxam Fund Group, 404

McKeefry, Mark, 262

mercado de ações. *Ver também* bolsas de valores específicas
  alta de 1949–61, 54, 75, 136
  alta dos anos 1960, 53-54, 66, 75
  alta dos anos 1980, 106, 117, 119, 129
  crise do papel e automação do, 76-77, 79-81, 106, 127, 148
  quebra de 1987, 22, 123, 131, 137, 183, 441
  quebra de 2008, 247, 256
  queda dos anos 1970, 87, 136, 150, 179
  regulamentação inicial do, 67

mercado de balcão, 53-56, 59-60, 78-81, 84, 109, 219
  automação do, 77-81
  escândalo de fixação de preços e, 153
  perdas de Madoff em 1962 no, 58-59
  quebra de 1987 e, 123, 126

mercado de "novas emissões", 57

mercados de crédito, 241, 256, 384

mercado pré-emissão, 71

Merkin, Hermann, 156-157, 159

Merkin, J. Ezra, 28, 156-161, 164, 168, 188, 202, 225, 232, 266, 277, 280, 305
  perdas de Madoff reveladas a, 211

Merrill Lynch, 165, 223, 232, 253-254, 257-258, 348, 377, 426
  fusão com o Bank of America, 257-258

Miterrand, François, 114

modelo de leilão, 78

moeda estrangeira, 22, 107, 264, 442

Moragne, Maria, 42

Morgan Stanley, 165, 247, 255, 348

Morgenthau, Robert, 42

MorseLife Foundation, 253

Mukasey, Marc, 379-381

Muntner, Harry (avô), 61

Murdoch, Rupert, 130

Murray, Tim, 301

NASD (National Association of Securities Dealers), 80, 195, 297
  conselho diretor, 120
  regulamentação, 79, 118, 119, 128

NASDAQ (National Association of Securities Dealers Automated Quotations), 79, 120, 234, 279
  automação, 79-81, 106, 127, 148
  bolha de ações de tecnologia, 163
  escândalo de fixação de preços, 153, 236
  Madoff como presidente da, 127
  quebra de 1987, 123-124

554 O MAGO DAS MENTIRAS

Nash, John, 160
National Quotation Bureau, 55
negociação de opções, 114, 118, 121, 195, 227, 252, 259, 263
 investigação da SEC de 2005-6 e, 198, 212-214, 217-221
 limitações de tamanho e, 136, 177
New York City Center, 129, 243
New York Mets, 28, 129, 202, 277, 281, 317, 340, 383, 401, 404, 422, 424, 448
New York Post, 19
New York Times, 93, 98, 313, 363, 404, 460
News Corporation, 130
Nierenberg, George, 325
Noel, Monica Haegler, 151
Noel, Walter, Jr., 26, 130, 136, 150-152, 154-156, 160, 222, 225, 232, 262, 331
Nomura Bank International, 231
Norton, Steven, 302
notas do Tesouro, 88, 258-259
Nova York à beira da falência, 100

O'Hara, Jerome, 393-395, 399
Oak Ridge Country Club (Hopkins, Minnesota), 105
Obama, Barack, 269, 279, 297
Ocrant, Michael, 164, 180, 197, 198
opções de ações, definição, 114
Oppenheim, Appel, Dixon & Company, 223
Ostrow, William David, 191-193, 196-199, 211

pagamentos por fluxo de ordens, 128, 135
pânico financeiro de 1907, 231
Paul, Weiss, Rifkind, Wharton & Garrison, 34
Paulson, Henry, 253, 297
Peretz, Martin, 279
Perez, George, 393-395, 399
Persico, Carmine, 419
Philadelphia Eagles, 28, 277
Phillips Nizer, 334
Philoctetes Center, 238
Picard, Irving H., 283-286, 348, 352, 368, 375, 383, 388, 395-396, 398
 ação judicial das vítimas contra, 342-344
 ações de recuperação e, 331, 332, 376, 395-400, 403-408, 411
 ações judiciais contra a família Madoff, 352, 368, 407-408, 410
 caso Picower e, 389, 415-418
 designado administrador judicial de Madoff, 283-285, 290, 306, 317
 disputas sobre patrimônio líquido e, 334, 335-338, 344, 388, 391, 422
 fundos feeder e, 383
 investidores indiretos e, 412
 reguladores estrangeiros e, 309
 reivindicações aprovadas por, 389, 414
 taxas legais de, 318
 valor coletado por, 388, 405, 414
 vítimas localizadas por, 313
Picower, Barbara, 102, 120, 183, 331, 389, 416

ÍNDICE

Picower, Jeffry M., 101-106, 124-125, 136, 145, 182-184, 186, 217, 245, 270, 332, 389
  ação judicial contra, 331, 389, 391, 415-418
  filantropia, 156, 446
  morte, 389
  retiradas, 182-186, 442
Piedrahita, Andrés, 154
Piedrahita, Corina Noel, 154
Pink Sheets, 55-56, 78-79
Pitt, Harvey, 413
Polaroid, 66
Pollard, Jonathan, 419
Popham Company, 95
PricewaterhouseCoopers, 203
princípio da imunidade soberana, 386-387
projeto contrário a ações de recuperação, 410-412
Programa Meals on Wheels, 433
Prudential Bache, 154

Qatar, 228
Queens College, 66, 81, 161

Rampart Investment Management, 170
Reagan, Ronald, 118-119
rede Shopwell, 102
regra da adequação, 58
reguladores de títulos do estado de Massachusetts, 111
regulamentação. *Ver também* Securities and Exchange Commission; Secu-

rities Investors Protection Corporation; e empresas e investigações específicas
  automação e, 76-77, 79, 83
  desregulamentação e, 119-120, 234, 296
  Europa e, 107
  comissões fixas e, 103
  fundos hedge e, 149, 181, 229
  história da, 58, 67, 75
  proteção aos investidores e, 430-437
  críticas de Madoff, 238
  negligência e, 343
  controvérsia sobre o fluxo de ordens e, 128
  reforma da, após 2008, 312-313
Renaissance Technologies, 193-195, 212
Retirement Accounts Inc., 176
revista *New York*, 19
Richards, Lee S., III, 49, 290, 309
Richards, Lori, 192, 194, 198-199
Richmond Fairfield Associates, 201
Rockefeller, David, 232
Rogers, Casey & Barksdale, 179
Rogerscasey Inc., 181-182
Roman, Bob, 432
Roman, Joan, 433
Ross, Burt, 354
Roth, Eric, 277
Rothko, Mark, 160
Rothschild et Cie, 227

S&P 500, 123, 138, 152, 171, 234, 269, 377
Sage, Maurice, 100, 102

Salomon Brothers, 109

Salomon Smith Barney, 165

Samuels, Andrew Ross, 374

Sandell, Laurie, 433

Sarbanes, Paul, 170

Schama, Simon, 279

Schapiro, Mary, 297, 312, 384-386, 413, 429-430

Schlichter, Arthur, 100

Schulman, Robert I., 180-181

Schwartz, Michael, 355

Sears Roebuck, 425

Securities and Exchange Commission (SEC), 35, 62

    artigo da *Barron's* e, 168-170

    Chais e, 94, 384

    Cohmad e, 383

    comissões fixas e, 103

    crise financeira de 2008, 259, 297

    crítica de Madoff a, 238

    Departamento de Inspeções de Conformidade, 169

    desregulamentação e, 118

    falha da, e reforma após 2008, 311-312, 384-387, 395, 413

    falha no caso Madoff, 275, 295-299, 341, 379, 453

    família Madoff não acusada pela, 366, 374

    filhos de Madoff delataram o pai a, 35, 38, 40

    Friehling e, 328, 384

    funcionários de Madoff acusados pela, 380, 394

    fundos hedge e, 175, 194, 229

    investigação da, após a confissão de Madoff, 44, 296, 310, 312, 316, 347-349

    investigação de 1992, 137-147, 349, 442

    investigação de 2001-4, 188, 192, 199

    investigação de 2005-6, 207-213, 217-222, 229, 295, 349

    investigação de 2005, 191-201, 205

    Joel suspenso pela, 76

    marido de Shana Madoff e, 237

    Markopolos e, 170-173, 195, 208-212, 217, 295

    mercado de balcão, 79-80

    NASD e, 127

    prisão de Madoff e, 43, 50, 292, 353

    regulamentações nos anos 1970, 75, 118

    relatório de Kotz em 2009, 385-386

    vítimas de Madoff e, 287, 289, 307, 310, 339, 343, 386-387

Securities Investor Protection Corporation (SIPC), 77, 283

    acordo Picower e, 415-417

    adiantamentos de dinheiro, 287, 289, 334, 389-392

    caso Madoff assumido pela, 287-289, 292

    despesas legais e, 317, 396

    disputa sobre patrimônio líquido e, 334, 336-338, 344, 350, 390

    investidores indiretos e, 305, 412

    Picard designado como administrador judicial pela, 283-285

ÍNDICE

reforma, 395, 413

reuniões dos credores e, 315

Sedgwick, Kyra, 277

seguradoras, 235, 341

Serviço de Delegados dos Estados Unidos, 310, 460

Serviço de Pesquisas do Congresso, 229

Shad, John, 118-119, 127, 140

Shapiro, Carl, 28, 97-99, 111-112, 124, 136, 145, 187, 207, 213, 244-245, 269, 391, 405

   acordo, 405

   filantropia, 99

Shapiro, Ellen, 111

Shapiro, Ruth, 161

Shearson Lehman Hutton, 154

Sheehan, David J., 283-286, 290-291, 306-307, 310, 315-316, 332, 338, 342, 345, 376, 396

Siegman, Miriam, 355, 381

Simons, Nat, 194

Sinagoga da Quinta Avenida, 188

Singapura, 228, 278

sistema Primex, 165

Smith Barney, 165, 180

Sociedade de Analistas Financeiros de Boston, 170

Sonar Report, 408

Sorkin, Ira Lee "Ike", 26, 30, 40, 44, 47, 140, 146, 292, 308, 313, 320-323, 325, 347, 350, 353

Sorkin, Nathan, 313

Sorkin, Rosalie, 313

Soros, George, 22, 97

Spielberg, Steven, 277, 282, 448

Spitzer, Eliot, 312

Sporkin, Stanley, 118

spread, definição, 78

Squadron, Howard, 129-130, 139

Squillari, Eleanor, 28, 31-32, 36, 216

Stanton, Louis L., 50, 290, 383

Steinhardt, Michael, 55

Suh, Simona, 218-220

Suíça, 268, 317

Sullivan, Richard J., 379-381

Swanson, Eric, 237, 307, 385

taxas de juros, 77-78, 175-176

taxas retroativas, 228

Teicher, Victor, 158-160

Telfran Associates, 142, 146

Templo Israel (Minneapolis), 105

teoria do empréstimo subordinado, 178

terceiro mercado, 84, 121-122, 153

Thomajan, Mary, 301

Thomsen, Linda Chatman, 312

títulos convertíveis, 72-74, 96, 99

títulos estrangeiros, 107, 122

Toub, Alix Noel, 155

Toub, Philip J., 155

Town & Country, 155

Traders Magazine, 79, 82

transmissões fraudulentas, 330

Tremont Partners, 179-181, 200, 214, 232

Tribunal de Apelações do Segundo Circuito, 393

tribunal de falências de Londres, 403

558   O MAGO DAS MENTIRAS

tribunal de falências, 275, 286, 305, 309-310, 388, 397

Tucker, Jeffrey, 26-27, 36, 130, 150-151, 154, 160, 166, 205, 214, 232, 262, 331

UBS, 227, 277, 384, 403

UJA — Federation of New York, 161

União Soviética, antiga, 226

Unicredit holding, 225, 228

Union Bancaire Privée (UBP), 225, 227, 405

Universidade de Nova York, 161, 266

Universidade Hebraica de Jerusalém, 331

Universidade Hofstra, 53, 65, 236

Universidade Tufts, 161

Universidade Yeshiva, 157, 160-161, 279-280

uso de informações privilegiadas, 102-103, 113, 226

Velvel, Lawrence R., 337-338

vendas a descoberto, 60, 259-260

Vijayvergiya, Amit, 254-255, 258, 262, 265

vítimas de Madoff. *Ver também* indivíduos específicos

  acordo Picower, 418

  acusações contra a família, 371, 374, 377

  acusações contra Picard, 291, 338

  confiança em Madoff, 377-379, 455

  confissão de DiPascali, 379-381

  declaração de culpa de Madoff, 324

  descobrem sobre a fraude, 22, 51, 275-282, 301-304, 307

  disputa sobre o patrimônio líquido (dinheiro que entrou, dinheiro que saiu), 307, 319, 329-345, 389-393

  e Congresso, 311

  ensaios, 3956

  fundo alternativo de compensação, 340-343

  fundos feeder e bancos processados pelas, 382-384

  instituições de caridade das, 448

  investidores indiretos como, 412

  listadas, 314

  necessidade de dinheiro e grandes perdas, 306-307, 329, 358

  número de reivindicações protocoladas pelas, 388, 414

  perdedores líquidos, 339-343, 389, 391, 403, 410

  Picard como administrador judicial, 283-285, 314-319

  reivindicações de pagamento, 316, 333-334, 342, 396, 417-418

  sentença de Madoff, 350, 353-359

  suicídios, 315

  tentativa de processar a SEC, 386-387

  vencedores líquidos, 334, 337-339, 340, 342, 344-345, 388

Wagner, Karen, 422

Wall Street (filme), 183

ÍNDICE

Wall Street Journal, 124, 146, 211, 296, 307, 313, 360

Walters, Barbara, 120, 437

Ward, Grant, 172

Weinstein, Sheryl, 355, 369, 428-429

Wiener, Charlie, 185

Wiesel, Elie, 161, 278, 446

Wilke, John, 211

Wilpon, Fred, 28, 277, 404, 425, 448

Windsor IBC, 223

Wing, John R. "Rusty", 374

Wolfe, Mauro, 44

World Trade Center, 174, 218

Zabel, William D., 389, 396, 416

Zarb, Frank G., 239

Zuckerman, Mort, 277

Este livro foi composto na tipologia Minion
Pro Regular, em corpo 11/16, e impresso em
papel off-white no Sistema Cameron da
Divisão Gráfica da Distribuidora Record.